그림 1 | 1917년 여름 임시정부에 맞선 볼셰비키 쿠데타가 수포로 돌아간 뒤 레닌은 페트로그라드에서 도망쳐 이 위조 여권을 가지고 국경을 넘어 핀란드로 갔다.

그림 2 | 독일과 러시아 병사들이 춤을 추며 대전을 종식하는 두 나라 간의 휴전을 축하하고 있다. 이 화기애애한 순간은 전쟁 동안의 일반적인 분위기와 이후의 무력 분쟁과 날카롭게 대비된다.

그림 3 동부전선의 승리는 독일군 최고사령부가 최후의 승부를 거는 1918년 봄 대공세에 나서게 만들었다. 처음에 독일군은 특별히 훈련된 돌격대를 선봉으로 하여 급속도로 진격했다.

그림 4 봄 대공세의 궁극적 실패와 그해 여름 연합군의 반격으로 독일군의 기강의 붕괴되었다. 수만 명의 병사들이 순순히 투항하여 연합군 포로수용소에 수감되었다.

그림 5 | 비토리오 베네토에서 이탈리아 병사들. 비토리오 베네토 전투가 이탈리아군의 승리로 막을 내리며 합스부르크 제국의 전쟁은 사실상 끝이 났다. 휴전은 11월 3일 체결되었다.

그림 6 | 독일 병사들과 마찬가지로 수만 명의 이전 합스부르크 제국 소속 병사들은 전쟁 막바지에 연합군의 포로가 되었다. 이 사진은 1918년 11월 트렌토의 한 포로수용소 안의 모습이다.

그림 7 | 1919년 발트해 지역의 독일 의용군. 1918년 11월 독일의 패전은 새로 독립한 발트해 국가들에 소련의 군사적 개입을 촉발했다. 의용군은 볼셰비키와 발트해 지역 민족주의자들 모두에 맞서 싸웠다.

그림 8 | 핀란드는 인구의 1퍼센트가 죽임을 당할 만큼 현대 유럽사에서 가장 잔혹한 내전을 겪었다. 싸움은 1918년 승리한 백군 병사들의 이 사진이 찍힌 탐파레 전투에서 절정에 달했다.

그림 9 | 러시아 내전은 교전 당사자 모두가 엄청난 잔학행위를 저지르며 전개되었다. 야만성은 농촌 주민들이 레닌의 집산화에 격렬히 반발했던 이른바 농민전쟁에서 특히 두드러졌고, 붙잡힌 적을 목 매다는 일은 다반사였다.

그림 10 | 볼셰비키 정부는 러시아 고아들한테 양부모를 구해주려고 했다. 수년간의 전쟁과 내전에 심각한 기근까지 겹쳐 수만 명의 어린이들이 극빈 고아가 되었다.

그림 11 ㅣ 1918년 11월 11일 독일 다수파사민당의 공동 의장 필리프 샤이데만이 베를린 제국의사당 발코니에서 독일 공화국을 선포하고 있다.

그림 12 | 1918년 10월 31일 부다페스트에서 합스부르크를 상징하는 장미를 대신하여 단 꽃 이름을 딴 소위 과꽃혁명은 헝가리를 독립시키고, 미하이 카로이가 이끄는 단명한 민주공화국으로 변신시켰다.

그림 13 | 오스트리아 역시 혁명을 통해 의회제 민주국가로 탈바꿈했다. 1919년 6월 중순 신생 공화국은 공산주의자 쿠데타에 도전받았고 비록 정권 찬탈 시도는 궁극적으로 실패했지만 격렬한 무력 충돌을 낳았다.

그림 14ㅣ 1919년 1월 베를린 스파르타쿠스단 봉기 당시 공산당과 독립사민당 지지자들이 독일 수도의 이곳 신문사 구역에서 정부군과 총격을 주고받고 있다.

그림 15ㅣ 스파르타쿠스단 봉기는 도심 베를린 대성당 인근에서 찍힌 이 사진에 나오는 의용군과 정부군 병사들에 의해 잔혹하게 진압당했다.

그림 16 | 1919년 헝가리 혁명 지도자 벨러 쿤이 모여든 학생들과 노동자들 앞에서 연설하고 있다. 그의 단명한 정권은 같은 해 루마니아의 침공으로 전복되었다.

그림 17 | 쿤 정권의 '적색 테러' 동안 '반혁명분자'로 의심된 수백 명이 1919년 5월 이 사진에서 보이는 대로 살해당했다. 쿤의 몰락 이후 반혁명 병사들은 동일한 방식으로 보복한다.

그림 18 | '전부 다 우리 것': 쿤 정권의 몰락 이후 돌아다닌 한 반유대주의적인 헝가리 포스터는 소비에트 공화국 유대인 인민위원이 헝가리 상이군인의 소지품을 모조리 훔쳐가는 모습을 보여준다.

그림 19 | 뮌헨 '소비에트 공화국'의 붕괴 이후 체포된 지난 정권의 지지자들이 시가지를 가로질러 의용군과 정부군 병사들에게 끌려가고 있다.

그림 20 | 승자와 패자들: 뇌이유 조약에 서명하고 있는 불가리아 총리 스탐볼리스키(중앙)와 그의 왼쪽의 클레망소, 오른쪽의 로이드 조지.

그림 21 | 불가리아에서의 반혁명: 반 바누 쿠데타 이후 잔혹하게 살해된 스탐볼리스키의 지지자들은 — 여기에 찍힌 그의 하인을 비롯해 — 대거 체포되어 상당수가 처형당했다.

그림 22 | 1922년 '로마 진군' 당시 비록 연출된 이미지이긴 하지만 이탈리아 검은셔츠당 지도자들 — 특히 베니토 무솔리니와 가까운 동지인 에밀리오 드 보노와 이탈로 발보 — 의 아이콘이 된 이미지.

그림 23 | 1919년 부다페스트 중심에서 벌어진 루마니아 군대의 열병식. 헝가리인들은 전년도에 자신들이 군사적으로 패배시키는 데 일조한 나라에 의해 수도가 점령되고 약탈당한 것에 격분했다.

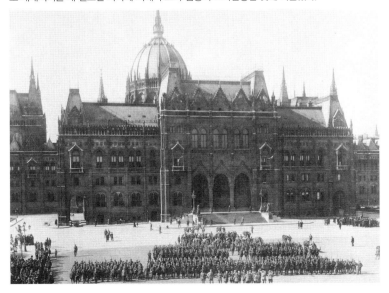

그림 24 | '체코 폭정 타도': 1919년 3월 빈의 시위자들이 새로 독립한 체코슬로바키아 공화국 정부의 결정에 항의하는 집회를 열고 있다. 체코슬로바키아 정부는 주데텐의 독일계 주민들이 1919년 오스트리아 총선에 참여하는 것을 금지시켰다.

그림 25 | 1920년 국민투표에 따라 서프로이센에서 독일로 향하고 있는 독일계 난민들.

그림 26 │ 그리스 보병들이 그리스−터키 전쟁 동안 아나톨리아 고원을 가로질러 진군하고 있다. 초기에 승리를 거두었던 침공군은 터키군의 거센 저항에 직면하고 있었다.

그림 27 │ 전략을 논의 중인 무스타파 케말과 참모부. 서부 아나톨리아에 그리스군이 상륙함에 따라 케말이 이끄는 터키 민족주의자들의 저항도 더욱 거세졌다.

그림 28 ｜ 터키가 스미르나를 재정복한 직후 기독교도 민간인에 대한 폭력이 격화되었고 아르메니아인 거주 구역의 화재는 곧 도시의 다른 지역으로도 퍼져나갔다.

그림 29 ｜ 그리스군이 무스타파 케말을 무찌르는 데 실패함으로써 파국적 결과들이 뒤따랐고 궁극적으로는 100만 명이 넘는 오스만 기독교도와 무슬림 그리스인 간의 강제 '인구 교환'이 이루어졌다.

그림 30 │ 파리강화조약의 합의 내용들에 반발한 항의는 유럽의 모든 패전국에서 여러 해 동안 이어졌고 그 항의가 헝가리보다 더 오래간 곳도 없었다. 이 사진에 나오는 부다페스트의 한 집회는 조약이 체결되고 무려 10년도 더 뒤인 1931년에 열린 것이다.

그림 31 │ 대전 패배의 굴욕은 히틀러의 연설에서도 두드러진 주제였다. 1940년 프랑스 항복 이후 독일 병사들이 1918년 정전에 서명했던 열차 차량을 박물관에서 옮겨오는 모습을 지켜보고 있다. 프랑스 대표단은 이제 동일한 차량에서 패전 조건을 수용해야만 한다.

왜 제1차 세계대전은 끝나지 않았는가
THE VANQUISHED

왜
제1차
세계대전은
끝나지
않았는가

THE VANQUISHED

로버트 거워스 | 최파일 옮김

김영사

왜 제1차 세계대전은 끝나지 않았는가

1판 1쇄 발행 2018. 11. 2.
1판 2쇄 발행 2021. 3. 10.

지은이 로버트 거워스
옮긴이 최파일

발행인 고세규
편집 박민수
발행처 김영사
등록 1979년 5월 17일 (제406-2003-036호)
주소 경기도 파주시 문발로 197(문발동) 우편번호 10881
전화 마케팅부 031)955-3100, 편집부 031)955-3200, 팩스 031)955-3111

값은 뒤표지에 있습니다.
ISBN 978-89-349-8390-3 93900

홈페이지 www.gimmyoung.com   블로그 blog.naver.com/gybook
인스타그램 instagram.com/gimmyoung   이메일 bestbook@gimmyoung.com

좋은 독자가 좋은 책을 만듭니다.
김영사는 독자 여러분의 의견에 항상 귀 기울이고 있습니다.

이 도서의 국립중앙도서관 출판시도서목록(CIP)은 서지정보유통지원시스템 홈페이지
(http://seoji.nl.go.kr)와 국가자료공동목록시스템(http://www.nl.go.kr/kolisnet)에서
이용하실 수 있습니다. (CIP제어번호 : CIP2018034399)

오스카Oscar와 루시언Lucian에게

THE VANQUISHED

3부 제국의 붕괴

노르웨이
크리스티아나
스웨덴
핀란드
페트로그라드
스톡홀름
북해
발트해
덴마크
함부르크
동프로이센
민스크
브레멘
베를린
네덜란드
부크강
루르
독일제국
바르샤바
키예
엘베강
오더강
폴란드
라인강
프랑크푸르트
프라하
비스와강
갈리치아
드네스트르강
뮌헨
빈
오스트리아
베사라비아
잘츠부르크
인스부르크
부다페스트
헝가리
밀라노
베네치아
트리에스테
도나우강
포강
루마니아
부쿠레슈티
프루트강
이탈리아
아드리아해
보스니아
사라예보
베오그라드
세르비아
불가리아
로마
몬테네그로
소피아
알바니아
콘스탄티노
마케도니아
살로니카
그리스

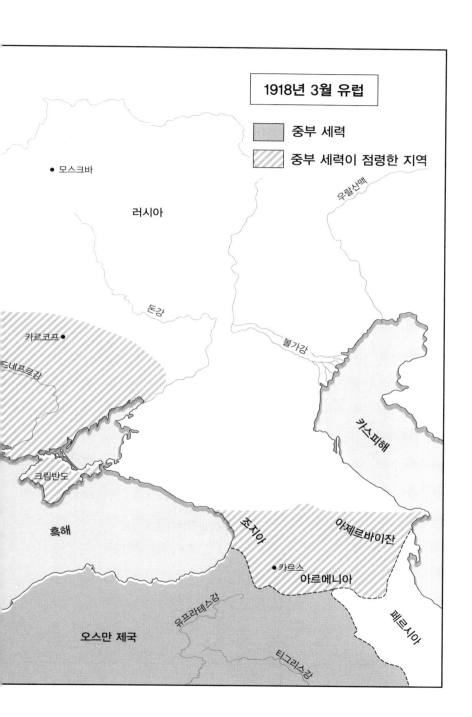

1918년 3월 유럽

중부 세력
중부 세력이 점령한 지역

● 모스크바

러시아

우랄산맥

돈강

볼가강

카르코프 ●

드네프르강

카스피해

크림반도

흑해

조지아

아제르바이잔

● 카르스

아르메니아

페르시아

유프라테스강

오스만 제국

티그리스강

노르웨이
크리스티아나
스웨덴
스톡홀름
핀란드
페트로그라
에스토니아
북해
라트비아
덴마크
리투아니아
메멜
민스크
함부르크
단치히
동프로이센
브레멘
베를린
부크강
독일
바르샤바
폴란드
엘베강
오더강
테신
비스와강
프랑크푸르트
키예
프라하
드네스트
체코슬로바키아
뮌헨
빈
오스트리아
스위스
부다페스트
헝가리
루마니아
밀라노
포강
트리에스테
베네치아
도나우강
이탈리아
베오그라드
부쿠레슈티
아드리아해
유고슬라비아
사라예보
불가리아
소피아
로마
콘스탄티노
에게해
살로니카
그리스
발트해
라인강

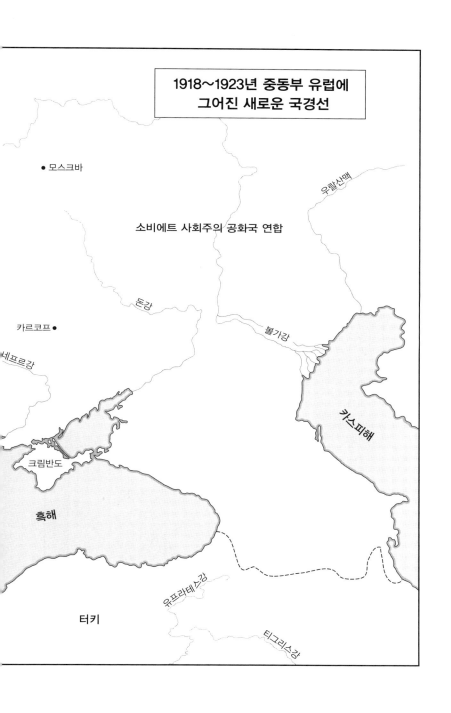

1918~1923년 중동부 유럽에
그어진 새로운 국경선

모스크바

우랄산맥

소비에트 사회주의 공화국 연합

돈강

볼가강

카르코프

네프르강

카스피해

크림반도

흑해

유프라테스강

터키

티그리스강

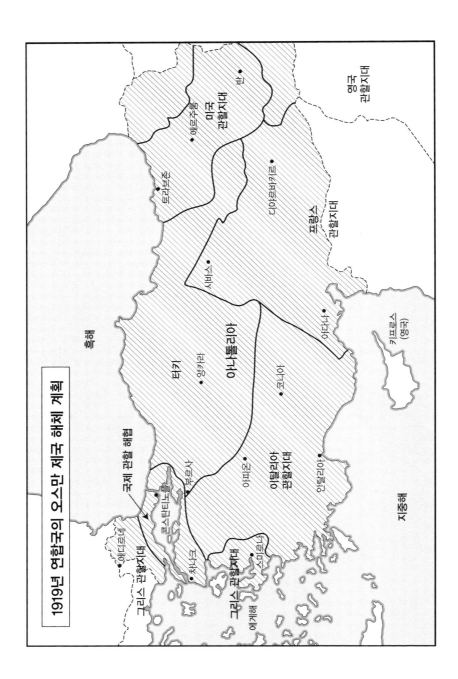

1919년 연합국의 오스만 제국 해체 계획

흑해

영국
관할지대

반

미국
관할지대

에르주룸

프랑스
관할지대

토라브존

디아르바키르

시바스

아다나

키프로스
(영국)

터키

앙카라

아나톨리아

국제 관할 해협

콘스탄티노플

부르사

코니아

이탈리아

국제 관할 해협

에디르네

그리스 관할지대

체니크

스미르나

이탈리아
관할지대

아피운

지중해

에게해

그리스 관할지대

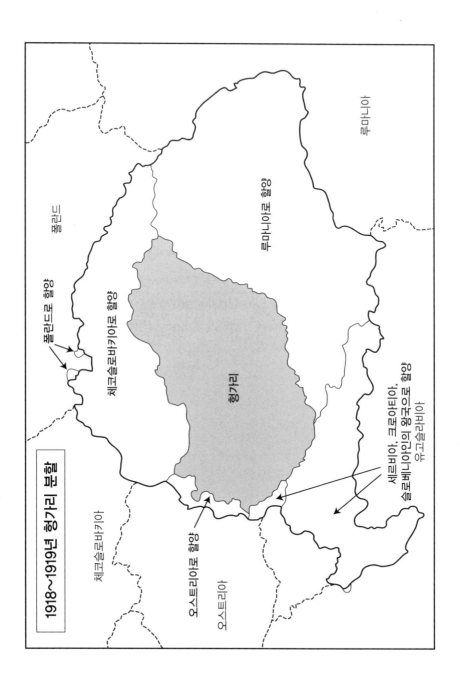

1918~1919년 헝가리 분할

헝가리

루마니아

우크라이나 공화국

폴란드

체코슬로바키아로 합양

폴란드로 합양

루마니아로 합양

유고슬라비아,
슬로베니아인의 왕국으로 합양
크로아티아, 세르비아

체코슬로바키아

오스트리아로 합양

오스트리아

O 승자와 패자 양측 모두 파멸했다. 황제나 왕위 계승자들 모두 참살되거나 폐위되었고 (…) 모두가 패배했다. 모두가 고통에 시달렸다. 그들이 내놓은 모든 게 소용없었다. 아무것도 얻지 못했다. (…) 살아남은 자들, 헤아릴 수 없는 전장의 나날을 버텨낸 참전 군인들은 승리의 화관을 썼던 재앙의 소식과 함께였든 간에 이미 파국에 휩싸여 있던 고국으로 돌아왔다.

_윈스턴 처칠, 《알려지지 않은 전쟁》(1931)

△ 이 전쟁은 폭력의 끝이 아니라 시작이다. 그것은 이 세계를 새로운 국경선들과 새로운 사회들로 벼려낼 장이다. 새로운 거푸집들은 피로 채워지길 원하며, 권력이 굳센 주먹으로 휘둘러질 것이다.

_에른스트 윙거, 《내적 체험으로서의 전투》(1928)

서문

    10년간의 전쟁으로 자극된 감정들이 스미르나 시를 덮친 것은 1922년 9월 9일이었다. 터키 기병대가 한때 오스만 제국에서 가장 번영한 국제 도시였던 곳에 입성하자 주민 가운데 다수를 이루는 기독교도들은 불안한 예감을 느끼며 이를 지켜봤다. 스미르나는 무슬림과 유대인, 아르메니아인, 동방정교를 믿는 그리스계 기독교도가 수 세기 동안 그럭저럭 평화롭게 살았던 도시였다. 그러나 10년간의 전쟁은 도시 내부의 종족 간 관계를 변화시켰다. 1912~1913년 발칸전쟁들(1, 2차 발칸전쟁을 말한다—옮긴이)로 유럽 지역 영토를 거의 다 상실한 오스만 제국은 1914년 8월 대전the Great War(흔히 영국과 영연방 지역에서 1차 세계대전을 가리킬 때 쓰는 표현. 이하 본문에서 '대전'이나 '세계대전'이란 표기는 특별한 설명이 없는 한 1차 세계대전을 가리킨다—옮긴이)에 독일의 동맹국으로 참전했다가 이번에도 다시금 지는 편에 가담했음을 깨닫게 되었다. 이후로 '중동'으로 알려지게 되는 아랍 영토마저 상실한 패전국 오스만 제국과 굴욕을 당한 그곳의 무슬림 터키계 주민들은 곧 또 다른 위협에 직면했다. 그리스 침공군이 1919년 스미르나에 상륙한 것이다. 영국 총리 데이비드 로이드 조지David Lloyd George의 부추김을 받은 그리스 침공군은 1919년 스미르나에 상륙하여 기독교도가 부분적으로 거주하고 있는 소아시아 영토에 자체적으로 새로운 제국을 건설할 작정이었다.[1]

무슬림과 기독교도 민간인 양측 모두에 엄청난 만행이 자행된 3년간의 잔혹한 무력 충돌 뒤에 전세는 이제 확실하게 그리스 측에 불리해졌다. 무능한 지휘에 시달리던 그리스 군대는 터키 민족주의자들의 유능한 지도자 무스타파 케말Mustafa Kemal에 의해 중앙 아나톨리아 내륙으로 유인되어 대책 없이 무리하게 확대 배치된 상태였다. 결국 그리스 군대는 케말―아타튀르크('튀르크인의 아버지'라는 영예로운 호칭으로 더 잘 알려진 ― 이 1922년 대규모 반격에 나섰을 때 붕괴했다. 궤멸된 그리스군의 황급한 퇴각은 서부 아나톨리아의 무슬림 주민을 상대로 한 약탈과 살인, 방화를 동반했고 이는 스미르나의 기독교도 주민들 사이에 보복에 대한 근거가 충분한 공포를 자아냈다. 그러나 스미르나 시의 그리스 점령군 당국에서 나온 기만적인 안전 보장성 발언들과 스미르나 항구에 정박해 있는 무려 21척의 연합군 전함의 존재에 그리스인과 아르메니아인 주민들은 착각에 빠져 안심하고 말았다. 서구 연합국―특히 영국―이 아테네의 스미르나 정복을 부추긴 만큼 아무려면 무슬림의 보복에 맞서 기독교도 주민들을 보호하기 위해 그들이 개입하지 않겠는가?

그러한 희망은 곧 도시를 둘러싸고 커다란 비극이 펼쳐지면서 기대와 어긋난 것으로 드러난다. 승리한 터키군이 스미르나를 함락한 직후 병사들은 그리스 침공을 거리낌없이 지지했던 동방정교 대주교 크리소스토모스Chrysostomos를 붙잡아 그들의 지휘관인 사칼리 누레딘 파샤Sakalli Nureddin Pasha 소장에게 인도했다. 소장은 숙소 바깥에 모여서 대주교의 머리를 요구하던 터키 군중에게 크리소스토모스를 넘겨주었다. 이 일을 목격한 어느 프랑스 병사가 회상한 대로 "군중은 목쉰 소리로 괴성을 지르며 크리소스토모스에게 달려들어 이리저리 끌고 다니다가 이스마엘이라는 유대인 주인이 문간에 서서 불안하게 밖을 살피고 있던 이발소에 도착했다. 누군가가 이발사를 밀치고는 흰 천을 집어서 크리소스토모스의 목에 두른 다음 '이발해'라고 외쳤다. 그들은 그 고위 성직자의 수염을 잡아 뜯고, 칼로 눈알을 도려내고, 코와 귀, 양손을 잘랐다." 누구도 말리지 않았다. 폭도는 고문당한 크리소스토모스를 근처 뒷골목으로 끌고 가 구석에 내던진 뒤 죽게 내버려두었다.[2]

스미르나의 동방정교 대주교가 맞은 끔찍한 죽음은 17세기 유럽의 종교전쟁 동안 적의 도시를 약탈하던 일을 떠올리게 하는 광란의 폭력의 서곡에 불과했다. 다음 2주에 걸쳐 3만 명으로 추정되는 그리스인과 아르메니아인이 학살당했다. 더 많은 이들이 터키 병사들과 준군사 조직원들, 현지의 십대 폭력배에게 약탈을 당하거나 두들겨 맞거나 강간당했다.[3]

9월 13일 오후 늦게 도시 내 아르메니아인 구역 집들에 처음 불이 붙었다. 다음 날이 되자 스미르나의 기독교도 구역 대부분이 불길에 휩싸였다. 몇 시간 안으로 수천 명의 남녀와 아이들이 부둣가로 피신했다. 영국 기자 조지 워드 프라이스George Ward Price는 항구에 정박한 안전한 전함에서 흉악한 참상을 목격하고 '형용할 수 없는' 상황을 기록했다.

아이언가드호 갑판 위에 서서 내가 보는 것은 3킬로미터 길이로 이어진 불길의 벽이다. 그 안쪽으로는 스무 군데에서 사납게 날뛰는 화염이 혓바닥을 날름거리며 30미터까지 치솟는다. (…) 바다는 짙은 구릿빛으로 붉게 타오르며, 무엇보다도 끔찍하게도, 좁은 부두에 빽빽하게 모여 있는 수천 명의 피난민 무리에서 몇 킬로미터 떨어진 곳에서도 들을 수 있을 만한 공포에 사로잡힌 비명 소리가 끊임없이 들려온다.[4]

터키 병사들이 부둣가를 차단했지만 절박한 다수의 피난민들은 항구에 정박해 있는 연합군 배로 건너갈 길을 찾으려고 했다. 연합군이 개입하거나 보트로 그들을 구조하려는 생각이 없음이 분명해지자 겁에 질린 일부는 바다로 뛰어들거나 투신하여 스스로 목숨을 끊었다. 어떤 이들은 연합군 선박에 닿기 위해 안간힘을 쓰면서 안전을 찾아 헤엄쳐 가려고 했다. 아이들과 노인들은 불타는 주변 건물에서 나오는 참기 힘든 열기를 피하려고 몰려든 필사적인 군중에 이리저리 떠밀렸다. 이런 상황에서 대피시키는 게 불가능한 소와 말 떼는 앞다리가 부러진 채 바다로 떠밀려 결국 물에 빠져 죽었다. 당시 무명이었던 〈토론토스타Toronto Star〉의 해외통신원 어니스트 헤밍웨이가 쓴 단편 〈스미르나 부둣가에서On the Quai at Smyrna〉로 영원히 남게 된 광경이다.[5]

헤밍웨이는 스미르나 약탈을 기록한 여러 서양 기자들 중 한 명이었을 뿐이다. 도시의 비참한 운명은 여러 날 동안 전 세계의 헤드라인 뉴스를 장식했다. 여기에 영국 식민성 장관 윈스턴 처칠은 제국 자치령의 총리들에게 보낸 서신에서 스미르나 파괴를 '인류 범죄사에 유사한 사례가 거의 없는' '극악무도한 광란'이라고 규탄했다.[6]

스미르나 기독교도 주민들의 참혹한 운명과 그보다 앞서 무슬림 터키인 학살이 소름 끼치게 예시하듯이 대전의 종결에는 평화가 곧장 뒤따르지 않았다. 처칠의 규탄은 사실 스미르나의 잔학행위가 갖는 유례없는 성격과 관련해 틀렸다. 서부 아나톨리아에서 벌어진 것과 같은 끔찍한 폭력 사

왜 제1차 세계대전은 끝나지 않았는가

태는 흔히 (그렇지만 다소간 오해를 낳게) '전간기interwar-period'로 불리는 시기, 즉 1918년 11월 11일 종전으로 시작되어 1939년 9월 1일 히틀러의 폴란드 침공으로 끝났다고 알려진, 깔끔하게 구획된 한 시대에서 드문 일이 아니었다. 그러나 그러한 시대 구분은 1차 세계대전의 주요 승전국, 즉 서부전선에서 적대 행위의 중지가 정말로 전후 시대의 시작을 알리는 영국(아일랜드 독립전쟁은 눈에 띄는 예외로 하고)과 프랑스에만 말이 된다.

1919년에 리가, 키예프, 스미르나, 그리고 동유럽, 중유럽, 남동 유럽의 여타 많은 지역에서 살고 있던 사람들한테는 평화가 아니라 오로지 끝없는 폭력만이 있었을 뿐이다. "세계대전은 정전협정과 함께 공식적으로 끝났다"고 러시아 철학자이자 박학가인 표트르 스트루베Piotr Struve는 조국의 폭력적 내전 와중에 볼셰비키에서 백군 진영으로 전향한 당대의 공공 지식인이라는 위치에서 고찰했다. "그러나 사실 그때부터 줄곧 우리가 경험해왔고 또 계속해서 경험하는 것은 세계대전의 지속과 변환"이다.[7]

스트루베는 자신의 요지를 입증하기 위해 멀리 갈 필요가 없었다. 상이한 규모와 정치적 목적을 띤 무장 세력이 동유럽과 중유럽 전역에서 계속 충돌하고, 대규모 유혈 사태 속에서 새로운 정부가 들어섰다가 사라지는 가운데 폭력은 어디에나 있었다. 1917년과 1920년 사이에 유럽은 무려 27차례의 폭력적 정권 교체를 경험했고, 그중 다수는 잠재적이거나 전면적인 내전을 동반했다.[8] 가장 극단적인 경우는 물론 다름 아닌 러시아로, 1917년 10월 레닌의 볼셰비키 쿠데타 지지자와 반대자 간의 적대는 역사적으로 전례가 없을 정도의 내전으로 급속히 비화하여 결국에는 300만 명이 넘는 사람의 목숨을 앗아갔다.

그러나 폭력이 훨씬 약했던 곳에서조차도 많은 당대인들은 대전의 종식이 안정을 가져오는 대신 평화가 완전한 환상까지는 아니더라도 기껏해야 위태롭게 유지될 뿐인 일촉즉발의 상황을 가져왔다는 스트루베의 믿음을 공유했다. 혁명 이후 오스트리아—더이상 유럽 최대 육상 제국의 중심이 아니라 알프스 산자락에 위치한 자그마한 공화국으로 축소된—에서 발행 부수가 많은 한 보수 신문은 1919년 5월 '평화 속의 전쟁'이라는 제목의 사설에서 유사한 주장을 했다. 유럽 패전 제국들의 영토에서 지속적으로 자행되는 고강도 폭력을 지적하면서 신문은 전후 광범위한 폭력지대가 이제 핀란드와 발트 3국부터 러시아와 우크라이나, 폴란드, 오스트리아, 헝가리, 독일을 거쳐 발칸반도와 아나톨리아와 캅카스 내륙까지 뻗어 있다고 주장했다.[9]

신기하게도 사설은 당시 등장하고 있던 한 서유럽 국가, 아일랜드는 언급하지 않았다. 아일랜드는 적어도 아일랜드 독립전쟁(1919~1921)과 이후의 내전(1922~1923) 동안 1918년과 1923년 사이 중동부 유럽 국가들과 유사한(덜 폭력적이긴 했지만) 경로를 따른 것처럼 보인다.[10] 그러나 아일랜드와 중유럽 사이의 유사점은 아일랜드의 난국이 유럽의 더 폭넓은 병증, 즉 1914~1918년의 세계적 위기에서 기인하여 지금도 지속 중인 갈등의 일부임과 동시에 한편으로 그와 뚜렷하게 구분되는 사태라고 본 당대 더블린의 예리한 관찰자들의 시선을 피해 가지 않았다. 노벨 문학상 수상자 W. B. 예이츠가 그의 가장 유명한 시 〈재림The Second Coming〉(1919)에서 표현한 대로 말이다.

> 모든 것이 산산이 부서지니, 중심은 더 이상 버틸 수 없다
> 완전한 무정부 상태가 세상에 펼쳐진다
> 피에 물든 조수가 밀려들어…
> 그럼 어떤 사나운 짐승이 마침내 때가 와서

탄생을 위해 베들레헴으로 엉금엉금 향하는 것이냐?[11]

세계대전에서 혼돈의 '평화'로 유럽의 폭력적인 이행은 이 책의 주제다. 영국과 프랑스의 익숙한 역사나 1918년 서부전선에서 화평이라는 역시 잘 알려진 이야기를 넘어 대전에서 진 쪽이었던 나라들에 살았던 사람들의 경험을 재구성하고자 한다. 바로, 합스부르크, 로마노프, 호엔촐레른, 오스만 제국(그리고 그 후계 국가들)과 불가리아다. 그러나 1차 세계대전 패전국을 다룬 어떤 역사든 그리스와 이탈리아를 빠트려서는 안 된다. 이 두 나라는 1918년 가을에 승전국이었지만 곧 자신들의 명운이 기울고 있음을 발견하게 된다. 아테네의 경우 그리스-터키 전쟁(1919~1922)은 대전의 승리를 1922년의 '대참사'로 탈바꿈시킨 한편, 많은 이탈리아인들은 1918년 합스부르크 제국을 상대로 힘겹게 얻어낸 승리가 제대로 보상받지 못했다고 느꼈다. 약 60만 명의 사상자에 대해 받은 전후 보상에 대한 불만은 이탈리아에서 강박적인 관심사가 되어 — 비토리아 무틸라타vittoria mutilata('불구가 된 승리')라는 대중적 관념으로 가장 강력하게 표현된 — 과격 민족주의에 대한 지지를 낳았고, 심각한 노동 불안과 농장 점거에 많은 이들은 이탈리아에서 볼셰비키 혁명이 임박했다고 확신하게 되었다. 1922년 10월 최초의 파시스트 총리 베니토 무솔리니의 임명으로 정점에 달하는 이탈리아의 전후 경험은 많은 측면에서 프랑스나 영국보다 동부와 중부 유럽 패전 제국들의 경험을 더 닮았다.

유럽의 패전 육상 제국들과 대전 이후 그곳들이 어떤 모습을 띠게 되었는지에 초점을 맞춤으로써, 이 책은 전시 프로파간다의 프리즘이나, 중동부 유럽 신생 국가들을 정당화하기 위해 그들이 승계한 이전 제국들을 악마화해야 했던 1918년의 관점을 통해서 흔히 묘사되어 온 국가들을 다룬다. 이러한 독해는 서구의 일부 역사가들로 하여금 1차 세계대전을 민주적 연합국 진영 대 독재적인 중부 세력Central Powers 간의 장대한 대결로 (가장 독재적인 제국이었던 제정 러시아가 3국 협상의 한 축이었다는 사실을 무시하면서) 그릴 수 있게 했다. 그러나 더 근래에는 오스만, 호엔촐레른, 합스부르크 제국을 연구하는 점점 더 많은 학자들이, 중부 세력이 단순하게 악당 국가이자 시대착오적인 '민족의 감옥'이었다는 검은 전설을 반박하고 있다. 이러한 재평가는 1918년 이후 80년 동안보다 오늘날의 역사가들에게 훨씬 더 호의적인 (아니면 적어도 훨씬 더 양가적인) 시각에서 조명되는 독일 제국과 합스부르크 제국의 경우에는 단호하다.[12] 전시 아르메니아인 학살이 영내의 소수집단을 난폭하게 찍어 누르는 억압적 제국의 악질적 성격을 확인해주는 것처럼 보이는 오스만 제국의 경우에도 더 복잡한 그림이 점차 떠오르기 시작했다. 최근에 일부 역사가들은 1911~1912년까지도 오스만 제국 내에서 살아가는 모든 종족적, 종교적 집단에 동등한 권리와 시민권을 부여하는 미래가 실현될 잠재적 가능성이 남아 있었다는 점을 부각시켜왔다.[13] 1908년 혁명에 의해 집권한 통합과 진보 위원회CUP: Committee of Unity and Progress(터키 외부에는 흔히 '청년튀르크당'으로 더 잘려진 오스만 제국의 근대화 세력이자 민족주의 세력—옮긴이) 정부의 민족주의가 오스만 제국의 더 포괄적인 시민적 민족주의civic nationalism와 극명한 대비를 이루는 반면, CUP는 1911년에 이르자 대중의 지지를 크게 상실했다.[14] 그 해에 이탈리아가 오스만 제국의 속령인 트리폴리타니아(리비아)를 침공한 것과 1912년 1차 발칸전쟁이 CUP의 독재정권 수립을 가능케 했고, 이는 종족 간 관계를 심대하게 변화시켰다. 일부 지도적 CUP 정치가들의 가족을 포함해 30만 명에 이르는 무슬림이 발칸의 고향에서 쫓겨나, 난민 위기와 콘스탄티노플의 정치적 급진화를 촉발한 것이다.[15]

왜 제1차 세계대전은 끝나지 않았는가

전전戰前 육상 제국들에 대한 근래의 학문적 '명예 회복'이 지나치거나 과장된 것이라 해도 전후의 탈脫제국post-imperial 유럽이 1914년의 유럽보다 더 안전하고 나은 곳이었다고 주장하기는 힘들다. 유럽에서 17세기 30년전쟁 이래로, 상호 연결된 일련의 전쟁과 내전이 1917~1918년 이후 시기보다 더 치명적이고 뒤죽박죽이었던 적은 없었다. 내전이 혁명, 반혁명, 그리고 분명하게 확정된 국경이나 국제적으로 인정된 정부가 없는 상태에서 생성 중인 국가들 간의 국경 분쟁과 중첩되면서, 1918년 대전의 공식적 종식과 1923년 7월 로잔 조약 사이 '전후' 유럽은 지구상에서 가장 폭력적인 공간이었다. 비록 우리가 1918년과 1920년 사이 스페인 독감으로 목숨을 잃은 수백만 명이나 적대 행위 중지 이후에도 경제 봉쇄를 계속 유지하기로 한(1918년 11월 11일의 종전은 원칙적으로 적대 행위의 중단만을 명시한 휴전이었고, 연합국은 향후 회의를 통해 강화 조건들이 합의될 때까지 경제 봉쇄를 지속하기로 했다―옮긴이) 연합국의 결정으로 아사한 베이루트와 베를린 사이 수십만 명의 민간인을 배제한다 하더라도, 전후 유럽의 무력 갈등의 결과 죽은 사람의 숫자는 400만 명―대전 당시 영국, 프랑스, 미국의 전사자를 합친 것 이상―이 훌쩍 넘는다. 게다가 중부, 동부, 남부 유럽에서 온 수백만 명의 곤궁한 난민들이 안전과 더 나은 삶을 찾아 전쟁으로 찢긴 서유럽 곳곳을 배회했다.[16] 동유럽의 일부 역사가들이 1918년 직후 시기를 '장기 유럽 내전'으로 분류하는 데도 충분한 근거가 있다.[17]

　'전후' 유럽의 상당 지역에서 벌어진 끔찍한 사건들에도 불구하고 1917~1918년 이후 시기의 무수한 분쟁들은 앞선 4년에 걸쳐 서부전선에서 일어난 사건들만큼 많은 관심을 끌지 못했다. 윈스턴 처칠 같은 당대 영국인 관찰자들은 전후 분쟁을 '피그미들의 전쟁'이라는 유명한 표현으로 일축했다. 이 짐짓 깔보는 촌평은 1918년 이후 수십 년 동안 서유럽 교과

서를 지배하는, 동유럽을 향한 오리엔탈리즘적인 (그리고 암묵적으로 식민주의적인) 태도를 반영한다.[18] 이런 태도는 또한 대체로 대ㅅ동방 위기(1875~1878)와 1912~1913년 두 차례 발칸전쟁 사이 시대에서 기인하는 생각, 즉 동유럽은 문명화되고 평화적인 서구에 비하여 다소간 '내재적으로' 폭력적이라는 생각에 기대고 있다. 이러한 좁은 시야의 전제들과 1914~1918년 동안 전반적인 담론의 악화는 영국과 프랑스 정책 결정자들로 하여금 이제 중동부 유럽에서 펼쳐지는 파국에 대해 대단히 근시안적인 시각을 갖게 했다. 비록 그 파국들이 대전 전에는 오랫동안 문화적으로 세련되고, 평화로우며, 대단히 법을 잘 지키는 지역이었던 곳에서 벌어졌더라도 말이다.

전쟁에서 평화로 유럽의 이행 이야기는 많은 서유럽 독자들에게 대전 자체의 이야기보다 여전히 훨씬 더 생소하지만, 1917년과 1923년 사이 파란만장한 시절은 중동과 아일랜드 출신 사람들과 마찬가지로 동부, 중부, 남부 유럽 출신 사람들의 집단적 기억 속에 아직 생생하게 남아 있다. 그들에게 대전의 기억은 1918년을 전후로 한 독립 투쟁과 민족 해방, 혁명적 변화의 건국 이야기에 의해 비록 완전히 빛이 바래지는 않더라도 흔히 흐릿해진다.[19] 예를 들어 러시아에서 레닌의 1917년 볼셰비키 혁명은—그에 선행하는 '제국주의 전쟁'이 아니라—수십 년 동안 중요한 역사적 기준점이었다. 오늘날 우크라이나에서 1918년의 국가 독립은 (아무리 단명했다 할지라도) 푸틴의 러시아가 제기한 지정학적 위협에 관한 공적 토론에서 결코 빠지지 않는다. 일부 탈脫제국 국가들—특히 폴란드, 체코슬로바키아, 세르비아-크로아티아-슬로베니아인의 왕국(미래의 유고슬라비아)—의 경우에, 1918년 민족국가의 탄생(혹은 재탄생)이라는 승리를 기리는 인식의 초점은 그 나라의 시민 수백만 명이 패전한 중부 세력의 군대에서 싸웠다는 사실을 편리하게 '잊게' 만들었다.

다른 곳에서는 1917~1918년 이후 시기가 역사에서 특히 분열적 순간을 대표하기 때문에 집단 기억 속에서 두드러진다. 대전에 참전하지 않았던 핀란드에서는 6개월이 안 되는 기간 동안 인구의 1퍼센트 이상을 죽인, 지독하게 피로 얼룩진 1918년 내전이 이후로 줄곧 정치 논쟁에 그 그림자를 드리워왔고, 아일랜드에서는 1922~1923년 내전 당시의 엇갈린 충성심과 딜레마들이 오늘날까지 나라의 정파 시스템을 형성하고 있다. 중동 지역 내에서도 대전은 연합국의 추후 '국가의 발명'(이라크나 요르단 같은)과 국제연맹에 의해 부과된 위임 통치, 그리고 팔레스타인을 둘러싸고 여전히 진행 중인 갈등과 비교하여 주변적 관심만 받는 주제다. 많은 아랍인들에게 이 갈등은 '팔레스타인에 유대인을 위한 민족적 고향을 수립'하는 것을 지원하겠다는 영국 외무장관 아서 밸푸어Arthur Balfour의 약속, 그리하여 '밸푸어 선언'으로 알려진 것에서 기인했다.[20]

1,000만 명에 가까운 전사자를 낳고 2,000만 명 이상의 부상자를 낳은 분쟁에서 빠져나온 유럽의 복잡한 그림은 대전에 뒤이은 폭력적인 격변에 대한 손쉬운 범주화나 정의를 거부한다. 그러나 단순화의 위험을 무릅쓴다면 추후의 '유럽 내전' 안에서 서로 구분되면서도 상호 갈등을 강화하고 흔히 중첩되는 최소한 세 가지 유형의 갈등을 확인할 수 있다. 첫째, 유럽 '전후' 시기는 폴란드-소비에트 전쟁, 그리스-터키 갈등이나 루마니아의 헝가리 침공처럼 국가 간 전쟁에서 정규 군대나 이제 막 생겨나고 있던 국방군들 사이 전투의 발발을 목격했다. 대전에서 남겨진 무기를 가지고 싸운 이러한 국가 간 갈등은 합스부르크, 로마노프, 호엔촐레른, 오스만 제국의 해체가 흔히 신경질적으로 공격적인 민족국가의 등장을 위한 공간을 제공한 지정학적 지대에서 벌어진 경향이 있다. 이 신생 민족국가들은 무

력을 통해 영토를 확장하거나 공고히 하고자 했다. 그러한 전쟁 가운데 하나인 러시아와 폴란드의 전쟁(1919년부터 1921년까지)은 25만 명으로 추정되는 사람들이 죽거나 실종되는 결과를 가져왔고, 1919년과 1922년 사이 터키와 그리스 사이 전쟁으로 인한 전사자 수는 최대 20만 명에 달했다.[21]

둘째, 1917년과 1923년 사이 짧은 기간에, 러시아나 핀란드의 경우는 물론이고 헝가리, 아일랜드, 독일 일부 지역의 경우에서처럼 내전이 엄청나게 급증했다. 로마노프 제국의 이전 영토들에서는 상호 연결되는 각종 갈등들이 서로를 부채질했기 때문에 국가 간 정규전과 내전을 구분하기가 언제나 쉽지는 않다. 붉은 군대는 폴란드와의 전쟁과 서부 국경지대와 캅카스 지방에서 공화국들의 분리 움직임을 억제하는 데 개입하는 한편으로, 레닌은 또한 반대 세력인 백군과 실제든 가상이든 온갖 적들―쿨라크 kulak(러시아 부농―옮긴이)부터 무정부주의자와 온건 사회주의자, 볼셰비키 혁명을 전복하려 한다고 의심되는 자들―에 맞서 승리를 거두고자 했다. 러시아에서 상황은 백군을 지원하기 위해 파견된 연합군, 1918년 이후 영토와 영광, 모험을 추구하며 발트 지역을 떠돌면서 라트비아와 에스토니아 민족주의자들과 함께 (그리고 그들과 맞서서도) 싸운 독일 의용군 같은 외부 세력의 개입으로 복잡해졌다.

셋째, 일반적으로 이 시기 유럽을 괴롭힌 내전은 1917~1923년 시기를 지배한 독특한 형태의 정치적 폭력, 즉 사회, 민족 혁명에 의해 촉발되었다. 만약 대전의 후반부 동안 많은 참전국들이 물자 부족과 전쟁에 대한 피로에 의해 유발된 파업과 조업 정지를 목격했다면 전쟁의 종식은 유럽의 모든 패전국에서 본격적인 혁명과 폭력적인 정권 교체를 동반했다. 1917년과 1923년 사이에 일어난 혁명들은 러시아, 헝가리, 불가리아, 독일의 경우처럼 권력과 토지, 부의 재분배를 추구한 사회−정치적 성격의

왜 제1차 세계대전은 끝나지 않았는가

혁명으로 볼 수 있다. 아니면 패전한 합스부르크, 로마노프, 호엔촐레른, 오스만 제국의 파쇄지대shatter zone(원래는 그 아래 흔히 광상鑛床이 자리잡고 있어 암반이 갈라지고 금이 간 지형을 가리키는 광물학 용어다. 근래에는 지정학적인 이유로 인한 분쟁 다발 지역을 가리키는 비유적 표현으로 쓰이고 있다―옮긴이)의 경우처럼 '민족' 혁명일 수도 있다. 파쇄지대에서 민족자결주의에 고무된 신생 국가와 재생 국가 들은 확고하게 자리를 잡고자 했다.[22] 이 두 가지 혁명 조류의 빈번한 중첩과 동시적 발생은 1917년과 1923년 사이 시기의 특이성 가운데 하나다.

1914년에 대전이나 그에 뒤따른 혁명적 격변이 얼마나 오래가고 지독할지 내다본 사람은 거의 없었을 것이다. 또 1923년에 이르자 혁명 이데올로기의 두 가지 특정한 변종, 즉 볼셰비즘과 파시즘이 러시아와 이탈리아에서 각각 대두하게 될지 누구도 예견하지 못했으리라. 서구의 많은 이들은 1차 세계대전이 '모든 전쟁을 끝내고' 세계를 '민주주의를 위한 안전한' 곳으로 만들 거라 기대하지 않았던가?[23] 결국 현실은 그 정반대였고, 세계대전이나 1919~1920년의 강화조약들이 제기했지만 해소하지 못한 쟁점들은 1914년 이전에 존재했던 것보다 훨씬 더 위험한 힘의 불균형을 가져왔다. 대전 전에 자리잡고 있던 유럽 질서는 흔히 여겨지는 것보다 훨씬 더 안정적이었다. 유럽 대륙과 중동을 지배하던 육상 제국들 내의 모든 상황이 좋지는 않았지만(1894~1896년의 하미드 학살이나 1905년 러시아 혁명의 진압과 같은 폭력 사태들이 예시하듯이), 1914년 8월 적대 행위가 발발했을 때 대륙 육상 제국들의 완전한 해체와 혁명적 정권 교체는 누구도 상상할 수 없었을 것이다. 비록 유럽 육상 제국들의 쇠망은 흔히 1918년의 사후적 관점에서 역사적 필연으로 그려져왔지만 전전 지배 왕조들은 단단히 자리를 잡고 있는 듯이 보였고, 대부분의 지역에서 각자 제국의 광대한 영

역을 완전히 장악하고 있었다.[24]

대체로 평화롭고 경제적으로 활력이 넘치는 1914년 이전의 유럽이라는 전체적 그림에서 중요한 예외는 발칸과 오스만 제국에서 찾을 수 있다. 남동유럽과 지중해 지역에서는 전쟁이, 1914년이 아니라 이탈리아가 과거 오스만 제국의 속령이었던 트리폴리타니아를 병합한 1911년에 시작되었다. 이듬해 발칸 국가들의 연합은 동부 트라키아의 조그만 교두보를 제외하고 콘스탄티노플의 모든 유럽 영토에서 오스만 세력을 싹 몰아내, 대량 학살과 강제 개종, 추방을 비롯해 그 지역들의 무슬림 민간인을 향한 극단적 폭력의 물결을 촉발했다.[25]

그러나 서유럽이나 중유럽에서는 그와 유사한 폭력의 확대가 없었다. 비록 발칸전쟁은 이후 몇십 년에 걸쳐 유럽 대륙 곳곳으로 퍼져나갈 폭력 형태들을 예고했지만 말이다. 여기서, 유럽사에서 보기 드문 오랜 평화를 갑작스레 끝장낸 것은 1914년 8월의 전쟁 발발 — 조지 케넌George Kennan의 표현으로는 20세기의 '가장 중대한 대大파국' — 이었다.[26]

케넌과 다른 많은 역사가들이 주장한 대로 '극단의 시대'(에릭 홉스봄Eric Hobsbawm이 만든 표현)와 수십 년에 걸친 폭력적 격변의 시작을 알린 것은 1차 세계대전이었다. 1939년 이후, 1차 세계대전보다 더욱 파괴적인 충돌로 인한 폭력의 확대는 스탈린이나 히틀러, 무솔리니의 침략적인 독재가 1914~1918년의 사건들로까지 그 기원을 거슬러 갈 수 있는가 하는 문제를 제기했다. 많은 이들은 대전이 1919~1920년의 파리 강화조약들로 통제할 수 없는 광포한 분노를 풀어헤쳤다고 확신했다. 독일의 경우를 설명하기 위해 (그리고 이후 유럽 전역으로 확대된) 조지 L. 모스George L. Mosse의 《전사자 숭배Fallen Soldiers》에서 발전되어 나온 이 유명한 '야만화brutalization 테제'는 본질적으로 1차 세계대전의 참호 경험이 수용 가능한 폭력에 대해 전례 없는 수준의 새로운 기준을 확립함으로써 전쟁과 사회 양쪽의 야만화를 낳았다고 지적한다. 이 새로운 폭력 수준은 2차 세계대전의 참상으로 향하는 길을 닦았고, 민간인 사망자 수가 전투원의 사망자 수를 능가한 2차 세계대전만이 그 수준을 뛰어넘었다.[27]

그러나 더 근래에 역사가들은 '야만화 테제'의 설명 가치에 의구심을 제기해왔는데, 특히 전쟁 경험 자체는 정치와 사회가 어떤 참전국들에서는 야만화된 반면 어떤 참전국들에서는 그렇지 않았는지를 설명하지 않기 때문이다. 따지고 보면 연합국 병사들과 중부 세력 병사들 사이 전쟁 경험에는 근본적 차이가 없었다. 전쟁의 결과만 제외하고 말이다. 다른 비판자들은 중부 세력 소속으로 싸우고 전쟁에서 살아남은 참전 병사들의 압도적 다수가 1918년 말이 되자 평화로운 민간인의 삶으로 복귀했음을 지적한다. 대전에서 싸운 사람들 전부가 원형적 파시스트나 볼셰비키가 되거나 1918년 11월 적대 행위의 공식적 종결 이후에도 싸움을 지속하길 바랐던 것은 아니다.[28]

전후 폭력 가운데 어느 것도 대전을 언급하지 않고 설명할 수 없음은 분명하지만 1차 세계대전은 유럽의 정치적, 사회적, 문화적 의제를 이후 수십 년 동안 형성하게 될 사회 혁명이나 민족 혁명을 뜻하지 않게 가능케 한 것으로 보는 게 더 적절할 듯하다. 1917년 볼셰비키 혁명으로 러시아가 전쟁에서 발을 빼고, 미국의 참전으로 세력이 강화된 서구 연합국이 유럽 육상 제국들의 해체를 전쟁 목표로 갈수록 지지하게 되면서 대전은 최종 국면인 1917년부터 죽 그 성격이 변했다. 러시아에서 벌어진 사건들은 특히 이중의 효과를 낳았다. 페트로그라드가 패배를 시인하자 중부 세력 사이에서 승리가 임박했다는 기대감이 고조된 한편(중부 세력이 궁극적으로 패배하여 자신들의 붕괴를 야기했다고 하는 '내부의 적들'을 찾아나서기 고작 몇 달 전이었다) 4년의 싸움으로 갈가리 찢기고, 혁명의 기회가 무르익은 유럽 대륙에 강력한 새로운 에너지가 주입된 것이다.

바로 이 시기에, 특히 파멸적이었지만 궁극적으로는 국가 간의 재래식 갈등—1차 세계대전—이었던 것은 논리와 목적이 훨씬 더 위험한 일련의 상호 연결된 갈등들로 바뀌었다. 적국이 특정한 강화 조건(그게 아무리 가혹하다 할지라도)을 받아들이게 하려는 목적을 가지고 싸운 1차 세계대전과 달리 1917~1918년 이후의 폭력은 훨씬 더 통제가 불가능했다. 이것들은 종족적 적이든 계급적 적이든 적을 절멸하기 위해 싸운 **실존적** 갈등이었다. 그것은 1939년과 1945년 사이 유럽의 상당 지역에서 지배적이게 되는 인종 학살의 논리였다.

1917~1918년 이후 분출한 갈등들에서 또 주목할 만한 것은 그것들이 유럽 국가들이 한 세기 동안 합법적 폭력에 대한 독점을 그럭저럭 성공적으로 유지해온 뒤에 일어났다는 점이다. 한 세기 간의 합법적 폭력의 독점으로 전투원과 비전투원 간 근본적으로 중요한 구분이 성문화되었다(물론 그 성문화된 교전 수칙은 실제로는 자주 위반되기는 했다). 전후 갈등들은 그 경향을 역전시켰다. 유럽의 이전 제국 영토들에서 제대로 작동하는 국가가 부재한 가운데 다양한 정치적 신념을 지닌 민병대들이 스스로 국방군의 역할을 떠맡았고, 적과 아군, 전투원과 민간인 사이 경계가 끔찍하게 흐릿해졌다.[29]

모스의 포괄적이지만 오도하는 '야만화 테제'와 대조적으로 이 책은 전쟁에서 평화로 유럽의 이행에 관해 여러 가지 다른 주장을 제시한다. 유럽이—러시아와 중동의 과거 오스만 영토를 비롯해—20세기 내내 따라간 폭력적 궤적을 이해하기 위해 우리는 1914년과 1917년 사이 전쟁 경험보다는 대전의 패전국들에게 전쟁이 어떤 방식으로 끝났는지에 주목해야 한다. 그들에게 전쟁은 패배, 제국의 붕괴, 혁명의 혼란으로 끝났다.

이러한 요인들 가운데 하나―혁명―는 개별 국가들, 특히 러시아와 독일의 경우에 잘 연구되어왔지만, 이 주제에 관한 문헌들은 마치 1917년과 1920년대 초반 사이 유럽을 뒤흔든 혁명적 사건들이 전혀 연결되어 있지 않다는 듯 여전히 매우 국가 중심적이다.[30] 전간기戰間期 독일의 '패전의 문화' 역시 역사 연구의 주제였지만 한 권의 책 안에서 유럽 패전국들 전부의 경험을 살펴본 연구서는 어떤 언어로도 나오지 않았다.[31] 이는 참 이상해 보이는데, 전후 폭력의 점증에 대한 한 가지 명백한 설명은 분명히 1918년 패전(이탈리아의 경우에는 '불구가 된 승리'라는 인식)의 동원력에 있기 때문이다.[32] 유럽의 승전국들(다시금 이탈리아와 영국에서 아일랜드 지역은 제외)에서는 1918년 이후 정치적 폭력의 실질적인 증대가 없었는데, 부분적으로는 대전에서 군사적 승리가 전시의 희생을 정당화했고, 최종적으로 승리한 국가의 정통성을 강화했기 때문이다.[33] 패전국의 경우에는 같은 이야기를 할 수 없다. 대전의 패전국 가운데 어느 나라도 전전 수준의 국내적 안정과 내부 평화에 도달하지 못했다.

1918년 후 폭력 급증의 또 다른 주요 요인은 유럽 육상 제국들의 급작스런 해체와 후계 국가들의 힘겨운 탄생이었다. 파리 강화조약들은 수백만 명의 주민들―특히 체코슬로바키아, 이탈리아, 폴란드의 독일계 주민, 체코슬로바키아와 유고슬라비아, 루마니아의 마자르족, 루마니아와 그리스의 불가리아인―을 신생 국가들에 맡겼지만 그 나라들은 근본적 딜레마에 직면해 있었다. 그들은 **민족**국가를 추구했지만 특히 폴란드와 유고슬라비아, 체코슬로바키아는 축소판 다민족 제국이었던 것이다. 그들과 전임자 합스부르크 제국 간의 주요 차이점은 그들이 열망하는 종족적 순수성이 아니라 나라의 크기와 역전된 종족적 위계질서뿐이다.[34]

다음 몇십 년에 걸쳐 유럽에서 영토 변경을 요구하는 시도들의 무게중심이 다민족 구舊제국들의 영토에 쏠려 있었음은 우연이 아니다. 그 제국들의 해체가 새로운 '폭력의 변경지대'를 창출했다.[35] 1918년에 상실한 '유서 깊은' 땅과 주민들을 되찾는 것은 2차 세계대전이 끝날 때까지 중동부 유럽의 국내 정책과 대외 정책에 결정적 역할을 했고, 이따금은 1945년 이후에도 특히 헝가리와 불가리아, 독일한테는 중요한 정책 변수였다. 영토 수복은 대전으로 정복지를 박탈당했을 뿐 아니라 제정 러시아 시절의 서부 국경지대도 상실한 소련에도 중요했다. '상실한' 영토에 다시 자리를 잡고, 더 일반적으로는 중동부 유럽에 영향력을 굳히려는 모스크바의 시도는 상상을 초월하는 폭력적인 상황 속에서 1940년대와 그 이후까지 지속된다.

혁명과 중부 세력의 패배, 이전에 제국들에 의해 지배되던 한 대륙의 영토 재편은 새롭고 지속적인 갈등들에 안성맞춤인 조건을 창출했다. 물론 그러한 갈등들의 점증에 대한 어떤 설명이든 흔히 훨씬 더 오래된 갈등에서 기인하는 국지적인 전통과 조건들의 중요성을 염두에 두어야 하는데, 그 국지적인 전통과 조건들이 1차 세계대전 이후에 등장하는 폭력을 형성한 것이다. 예를 들어 발칸의 게릴라 전쟁에서 체트니크chetnik(20세기 전반기에 활동한 세르비아 민족주의 유격대―옮긴이) 전통과 1914년 이전 아일랜드 공화주의 운동, 그리고 러시아에서의 전전 혁명적 긴장이 바로 그런 경우다.[36] 그러나 이런 요인들을 고려하더라도 위에서 언급한 포괄적 요인들―혁명, 패전, 제국의 폐허에서 민족적 '재생'―이 1923년까지 유럽의 일부 지역들에서 지속된 무력 분쟁의 초국적인 물결을 촉발하는 데 결정적이었다. 한시적인 종결은 그해 7월 로잔 조약의 체결과 함께 왔다. 로잔 조약은 신생 터키 공화국의 영토를 확정하고, 광범위한 강제 인구 교환을

왜 제1차 세계대전은 끝나지 않았는가

통해 소아시아에서 그리스의 영토적 야심을 종식시켰다.

1924년과 1929년 사이 유럽은 짤막한 안정기를 경험하나, 1917년과 1923년 사이 제기되었지만 해소되지 않은 핵심 쟁점들은 1929년 대공황이 들이닥치면서 국내와 국제 정치 무대에 다급한 의제로 재부상하게 된다. 그러므로 1917~1923년 기간 동안 유럽의 이야기는 20세기 유럽을 특징지은 폭력의 사이클을 이해하는 데 결정적이다. 그리고 그 이야기의 출발점은 대전의 참전국 가운데 가장 인구가 많은 나라가 혁명과 군사적 패배의 혼돈으로 가장 먼저 빠져든, 1917년 초 러시아에서 전개된 격동의 사건들이어야 한다.

1부

패배

O 러시아와의 강화 (⋯) 그리고 이 시기 영국을 상대로 한 대승들은 모든 독일인의 가슴에 두 차례 얼얼한 맹타를 가한 것과 같다. (⋯) 독일의 승리를 소심하게 의심해온 사람들과 승리를 믿지 않았던 사람들은 이제 승리가 이룰 수 있는 목전의 가능성임을 알고 있으며, 독일의 승리라는 생각 앞에 무릎을 꿇어야 한다.

_알프레트 후겐베르크가 파울 폰 힌덴부르크에게, 1918년 3월 26일

△ 전쟁에 승리했다면 혁명은 일어나지 않았을 것이며 강화에 시의적절하게 합의만 했더라도 혁명은 방지되었을 것이다.
지금 우리는 모두 패전의 자식들이다.

_하인리히 만, 〈혁명의 의미와 이념〉, 뮌헨 최신 통신, 1918년 12월 1일

1

**봄의
기차 여행**

　1917년 부활절 일요일 볼셰비즘의 '승리의 행진'이 기차 여행과 함께 시작되었다. 4월 9일 늦은 오후 러시아인 볼셰비키 블라디미르 일리치 울리야노프와 그의 아내이자 동료 운동가 나데즈다('나댜') 크룹스카야 그리고 그와 가장 가까운 동지 서른 명은 취리히 중앙역에서 독일로 향하는 열차를 타고 출발했다.[1]

　중립국 스위스에서 독일 영토를 통과하는 그 비밀 여행을 승인하고 러시아로 가는 계속되는 여정을 조율하고 이동 수단을 제공한 베를린 당국은 당시 사회주의자 인터내셔널 바깥으로는 거의 알려진 바 없고, 극히 적은 부수만 발행되는 비주류 급진 좌파 인쇄물에서 '레닌'이란 가명을 쓰던 사람에게 커다란 희망을 걸고 있었다. 상당한 자금 지원을 받은 레닌은 고국에서 소규모 볼셰비키 운동을 떠맡아, 그해 초에 차르 정권을 무너트린 2월혁명을 한 단계 더 급진화하고 중부 세력과의 전쟁을 끝낼 예정이었다.[2]

　1914년 7월 말 전쟁 발발 이후로 독일 외무성은 상이한 정치적 색깔을 딴 혁명 움직임들을 지원함으로써 연합국의 후방전선을 교란할 비밀 계획들을 줄곧 발전시켜왔다. 영국과의 연계를 끊고 싶어 하는 아일랜드 공화파, 영국과 프랑스 제국의 지하디스트(성전을 수행하는 무슬림 전사들―옮긴이), 페트로그라드에서 차르 독재정권에 맞서 혁명을 꾀하는 러시아 혁명가들이 바로 지원 대상이었다.[3] 이런 움직임들 각각의 정치적 야심에는 대체로 무심했지만 베를린은 연합국을 내부로부터 약화시킬 시도에서 그들을 전략적 파트너라고 보았다.[4] 하지만 독일 수도의 전략가들한테는 유감스럽게도 그들의 노력 가운데 무엇도 바라는 결과를 가져오는 것 같지는 않았다. 1914년에 독일 수도 근처 초센에 있는 특별 '반달 캠프'에 수감되었다가 프로파간다 목적으로 메소포타미아와 페르시아 전선으로 파견된 대략 3,000명의 무슬림 포로들은 대량의 지하디스트를 동원하는 데 실패했다. 1916년 봄 독일이 지원한 부활절 봉기가 아일랜드에 대대적 혁명을 촉발하는 데 실패하면서 베를린은 또 한 차례 좌절을 겪었다. 독일 제국에 2년간 머물면서, 그곳에 갇혀 있는 영국군 포로들 사이에서 '아일랜드 여단'을 일으키려고 애쓴 로저 케이스먼트Roger Casement(영국의 외교관이자 아일랜드 민족주의자, 콩고와 아마존 지역에서 원주민에 대한 만행을 고발한 인도주의 활동가―옮긴이)는 부활절 봉기를 지원하기 위해 독일 유보트를 타고 4월 아일랜드 케리 앞바다에 상륙한 직후 체포되어 8월에 반역죄로 처형당했다.[5]

1917년 2월 차르의 몰락 이후 베를린은 혁명가들을 모국으로 몰래 들여보내는 전략을 부활시키기로 했다. 연합국의 후방전선에서 소요를 야기하려는 베를린의 전략적 야심과 발맞춰 중립국의 독일 공관들은 1914년부터 러시아 망명 혁명가 리스트들을 작성해왔다. 레닌의 이름은 이런 리스트들 가운데 1915년에 처음 등장한다. 차르의 퇴위 후 독일 외무성은 정부와 육군 최고사령부OHL: Oberste Heeresleitung에, 페트로그라드로 돌아가면 러시아 극좌파 중 반전反戰 볼셰비키 분파를 강화할 만한, 중립국 스위스에 있는 급진 마르크스주의자들을 다수 알고 있다고 알렸다. 베를린의 정치적, 군사적 정책 결정자들은 이 계획을 지지했다.[6]

1917년 4월 기차 여행길에 올랐을 때 레닌은 46세였고 이미 수십 년에 걸친 혁명 운동 경력을 자랑했다. 원래 볼가 강변 심비르스크(울리야놉스크) 출신인 블라디미르와 그의 가족은 세습 귀족이자 장학사인 아버지 일리야가 1886년 뇌출혈로 사망했을 때 카잔 근처 외가의 영지로 이사했다. 아버지가 돌아가신 직후 블라디미르는 신앙을 버렸다. 가족에게는 다시금 재앙이 닥쳐서 형인 알렉산드르가 차르 알렉산드르 3세 암살 음모에 가담했다는 혐의로 체포되어 처형당했다. 형의 죽음에 뒤이어 블라디미르도 마르크스주의자 서클에 점점 더 연루되었다. 차르 반대 시위들에 참가했다가 카잔 대학교에서 쫓겨난 그는 러시아의 수도에서 법학도로 지내는 동안 정치적 관심의 끈을 놓지 않았다. 대학 졸업 시험을 치른 뒤에는 변호사로서 혁명 운동에 열심히 참여했고 러시아의 대표적인 사민주의자들과 인맥을 넓혔다. 1897년 2월에 유럽 여행에서 돌아온 뒤 레닌은 정치 선동가로 3년간 시베리아 유형에 처해졌다.[7] 차르 치안 당국을 혼란시키기 위해 '레닌'이라는 가명을 취함으로써―아마도 시베리아에 있는 레나강에서 따왔을―널리 퍼진 혁명가들의 관행을 채택한 것은 이 유형기 동안인 1897년과 1900년 사이의 일로 추정된다.[8]

1900년부터 줄곧 레닌은 서유럽에 살아서, 처음에는 스위스에 있다가 뮌헨으로 건너가 〈이스크라Iskra〉(불꽃) 신문을 편집하고, 거기에 그의 유명한 강령적 에세이 〈무엇을 할 것인가?〉도 발표했다(1902년). 공산주의 사회 건설을 위한 레닌의 사상은 카를 마르크스의 자본주의 분석에 확고하게 기반을 두기는 했지만 적어도 한 가지 중요한 점에서 달랐다. 마르크스에게 부르주아 사회와 자본주의 경제 질서의 최종 단계는 계급 적대로 야기되는 자발적인 인민 봉기로 자연스럽게 이어질 터였다. 그와 대조적으로 레닌은 이 자발적 혁명의 순간이 오기를 가만히 기다리고 싶지 않았다. 혁명은 선진 산업 사회와 산업 노동자들 사이에서 그만큼 발전된 계급의식에 정초했지만 두 조건 모두 러시아에는 존재하지 않았다. 혁명의 도래를 기다리는 대신 그는 결연하고 잘 훈련된 직업 혁명가들이라는 전위가 실행하는 쿠데타를 통해 폭력으로 정권을 잡기로 결심했다.[9] 1905년 혁명 과정에서 러시아 제국의 많은 대도시에 자발적으로 생겨난 것과 같은 유형의 소비에트(노동자 평의회)는 옛 권력 구조를 대체하고 아직 대체로 문맹인 러시아 농민들과 노동자들 사이에 계급의식의 하향식 발전을 가속화할 것이었다.[10]

1905년 러시아에서 혁명적 격변들과 추후 10월 선언에 천명된 차르의 양보 조치들에 따라 레닌은 러시아로 돌아왔지만 그해 12월에 또다시 도망쳐야만 했다. 그는 다음 12년을 다시금 망명지에서 보낼 운명이었다. 그 시기 동안 그는 유럽의 다양한 도시들에서 살았다. 제네바, 파리, 런던, 크라쿠프를 거쳐 1916년부터는 취리히에 머물렀다. 스위스 최대 도시는 당시 딱히 매력적인 망명지는 아니었지만 훌륭한 연락망과 반체제 인사들을 보호해주는 전통이 있었다. 취리히는 카바레 볼테르에서 후고 발Hugo Ball 과 트리스탕 차라Tristan Tzara를 중심으로 한 아방가르드 다다이즘 운동의 탄생지였을 뿐 아니라, 혁명을 전파함과 동시에 그 목적을 어떻게 달성할 것인지를 둘러싸고 흔히 자기들끼리 의견 충돌을 빚던 무수한 유럽 좌파 급진주의자들의 한시적 고향이었다.[11]

사회주의 좌파 구성원들 사이에서 그러한 불화는 새삼스럽지 않았다.

1889년 7월 제2차 인터내셔널 수립 이래로 상이한 분파들이 프롤레타리아 유토피아를 어떻게 실현할 것인지에 관해 끝없이 다퉈왔다. 개혁을 지지하는 측과 혁명을 주장하는 측 사이 분열은 20세기 들어서 더 깊어졌다. 러시아 사회민주주의 노동자당Social Democratic Workers' Party의 경우에 가장 중요한 두 분파 — 레닌의 급진 볼셰비키와 (마르크스 이론들을 따라서) 프롤레타리아 혁명이 일어나기 전에 러시아 사회의 부르주아 민주주의로의 재편을 옹호한 더 온건한 멘셰비키 — 사이의 도저히 화해 불가능한 입장 차이는 1903년에 당이 완전히 쪼개지는 결과를 낳았다. [12]

1914년 전쟁 발발은 유럽 노동 운동 내 균열을 심화했다. 사민주의 정당들 다수는 1914년에 조국의 전쟁 공채를 승인했고, 그리하여 국제적 계급 연대보다 국가적 충성심을 우위에 두었다. [13] 레닌은 개혁주의 좌파에 대한 비타협적 비판가이자 급진 혁명의 열렬한 주창자로, 이런 입장에서 베를린이 평가하기에 러시아의 국내 상황을 더욱 불안정하게 만들 이상적 적임자로 그만한 인물도 없었다. [14]

대부분의 시간을 취리히의 공공 도서관에서 글을 쓰는 데 보내며 비교적 조용한 분위기에서 살고 있던 레닌 본인은 페트로그라드에서 로마노프 왕가에 맞서 2월혁명이 터져 나왔을 때 깜짝 놀랐다. 취리히 망명객들은 러시아에서의 상황을 알기 위해 전적으로 신문 보도에 의지했고, 레닌은 1917년 3월 초에 가서야 그에 관한 사실을 알게 되었다(2월혁명이 그레고리우스력으로 3월 8일에 일어났기 때문에 레닌이 스위스에서 3월 초에 소식을 접했다면 뒤늦게 안 것이 아니라 바로 안 것이다. 저자가 여기서 구력과 신력 간 2주가량의 차이를 깜빡 잊고 착각한 듯하다. 아니면 실제로 레닌이 소식을 늦게 들은 것인데, 그렇다면 문맥상 4월 초에 가서야 알았다고 해야 맞는다. 원서의 'March'가 오기인 듯하다. 구력과 신력 간 차이는 다음 장에서 저자의 설명을 참고 — 옮긴이). 두마Duma(러시아 의회—옮긴이) 대표단과 고위 장성들의 촉구에 따라 차르는 퇴위했고, 그의 동생 미하일도 왕위를 공식적으로 포기했다. 비록 혁명이 정확히 어떤 식으로 결론 날지는 이 시점에서 여전히 미정이었지만 레닌은 자신의 기회를 알아차렸다. 혁명의 진행 경로에 영향을 미칠 기회를 놓쳤던 1905년과 달리 이번에 그는 조금도 시간을 허비하고 싶지 않았다. 현장에 개입할 수 있도록 가능한 한 신속하게 러시아로 귀환하고 싶었다.[15]

레닌은 전쟁으로 찢긴 유럽을 횡단하려면 독일의 지원이 필요함을 잘 알고 있었다. 연합국은 러시아가 전쟁에서 발을 빼게 만들지도 모르는 일을 지원할 리 없었지만, 독일인들은 오랫동안 적을 내부로부터 약화시키기 위해 노력해왔다. 자신이 독일인들에게 이용당하고 있다는 사실을 알았지만 레닌은 목적—러시아에서 잠재적으로 볼셰비키 혁명의 성공—이 수단을 정당화한다고 생각했다. 그는 1917년 4월 독일 대표들과의 협상에서 자신이 탈 객실과 함께 여행할 동료 러시아인들의 객실에 치외법권의 지위를 부여해줄 것을 요구했다. 열차 차량은 분필로 그은 '독일 영토'와 '러시아 영토'로 나뉘었고, 레닌은 열차에 동승한 독일 장교들과 러시아 혁명가들 사이에 더는 아무런 접촉도 없어야 한다는 요구도 관철시켰다.[16]

그들을 태운 열차는 곧 독일 영토로 진입했다. 북쪽으로 속도를 높여 독일의 기차역과 도시들을 지나가는 사이 중립국 스위스에서 온 여행객들은 수척한 병사들과 지친 민간인들을 처음으로 보았고 전쟁이 곧 독일에서도 혁명으로 이어질 것이라는 레닌의 희망은 높아졌다. 독일 발트해 연안 뤼겐 섬에서 레닌과 그를 수행한 동승객들은 코펜하겐으로 향하는 배에 탔고, 이내 스톡홀름으로 여행을 이어가 그곳에서 다시금 페트로그라드행 열차에 올랐다. 레닌의 걱정과 달리 그와 동료들은 러시아 영내로 무사히 진입했다. 1917년 4월 16일 — 12년간의 망명 생활 끝에 — 레닌은 러시아의 수도로 돌아왔고 볼셰비키를 지지하는 군중에게 열렬한 환영을 받았다. 페트로그라드의 핀란드역으로 기차가 들어올 때 군중은 마르세예즈를 연주하고 붉은 깃발을 흔들며 꽃다발을 건넸다.[17] 레닌이 집에 돌아온 것이다.

러시아 혁명

레닌이 페트로그라드에 도착했을 때 러시아는 1905년 그가 떠났을 때의 그 나라가 아니었다. 아마도 세기 전환기에 유럽에서 가장 권위주의적인 국가였을 제정 러시아는 모순투성이의 나라이기도 했다. 1861년 농노해방 이후에도 반半봉건적 구조의 압도적인 농업 국가임에도 러시아는 낮은 기반에서 이례적인 산업 성장률을 경험했다. 특히 철강과 석유 같은 부문에서 경제적 후발 국가는 세기 전환기에 미국과 독일, 영국의 경제 성장률을 능가하면서 근대성으로 '뜀뛰기'를 하고 있었다.[1]

물론 서부의 동東폴란드부터 동부의 시베리아 해안까지 뻗어 있는 거대 제국 내부의 모든 사정이 좋지만은 않았다. 러시아 사회의 상당 부분은 급속한 경제 성장의 혜택을 받지 못했다. 제국의 사회 구성은 주로 농민과 대도시의 성장하는 산업 프롤레타리아로 이루어진 "기단부가 넓은 피라미드를 닮아 있었고, 피라미드는 꼭대기로 갈수록 점차 좁아졌다".[2] 꼭대기에는 아버지 알렉산드르 3세를 따라서 백성의 '자비로운 아버지'로서 차르라는, 제정 이전의 옛 러시아 전통을 되살린 황제 니콜라이 2세가 있었다. 사회적 엘리트 계층은 주로 귀족이었지만 러시아 귀족층은—대전 전야에 약 190만 명—통일된 정치적 관점을 지닌 동질적 사회 계급을 닮지 않았다.[3]

1914년 전쟁 발발 직전 몇십 년 사이에 많은 지주 귀족층이 공유한 것은 하나의 위기의식, 즉 경제적 근대화가 귀족의 전통적 생활양식을 심대하게 변화시킬 것이라는 믿음이었다. 이 위기의식은 무엇보다 안톤 체호프Anton Chekhov의 유명한 희곡 《벚꽃 동산》(1904)에서 강렬하게 포착되었는데, 여기서 비극적 주인공 류보프 안드레예브나 라넵스카야는 벚나무 동산을 별장지로 바꾸길 거부했다가 가문의 영지를 잃는다.[4] 미래에 대한 귀족층의 불안감과 퇴락에 대한 인식으로 가득한 전전 세계는 러시아 작가 최초로 노벨 문학상을 수상한(1933) 이반 부닌Ivan Bunin에 의해서도 강렬하게 묘사되었다. 한때 부유했던 귀족 가문의 후손이지만 술에 빠진 아버지가 가산을 탕진한 부닌은 1912년 중편소설 《수호돌Sukhodol》에서 음울하게 예언적인 전망을 펼쳐 보였다. 이야기는 한때 부유했던 귀족 가문인 흐루셰프 집안을 중심으로 전개되는데 흐루셰프 가문은 몰락을 거듭하다 소설 말미에 이르면 흔적도 없이 사라진다.[5]

몰락에 대한 예감에도 불구하고 지주 귀족층은 사회 위계질서에서 밑바닥을 차지한 막대한 수의 러시아 농민들에 비하면 사정이 훨씬 나았다. 비록 농노제는 폐지되었지만 그 유산은 여전히 지속되었다. 가난한 많은 농민들이 도시에서 일자리를 찾도록 내몰렸고, 새로 들어서는 도시의 공장들은 갈수록 더 많은 산업 노동자를 요구했다. 공장의 작업 조건은 참혹했고, 높은 인플레이션과 맞물린 저임금 때문에 많은 노동 계급 가족들은 끔찍한 환경에서 살아갈 수밖에 없었다.[6] 범죄와 매춘이 들끓고 위생시설이 미비한 공동주택에서 복작복작 살아가는 노동자와 그 가족들은 티푸스와

콜레라, 결핵 같은 질병에 걸리기 매우 쉬웠다.[7]

　20세기 초에 이르자 사회 불평등 문제를 다루지 못하는 국가의 무능력과 정치 개혁을 바라는 국민의 요구를 들어줄 생각이 없는 차르 때문에 일상의 폭력이 적잖이 증대했다. 이런 상황은 극동의 일본을 상대로 한 굴욕적 패전이, 노동자 소요부터 정치적 호전성과 서부 국경지대와 캅카스 지방에서의 종족 갈등에 이르기까지 다수의 내부 갈등과 결합한 1905년 혁명에서 절정에 달했다.[8] 차르의 양보 조치 — 국가 두마, 즉 의회의 수립과 헌법 통과를 비롯해 — 로 이후 제정 러시아의 국내 상황은 다소간 안정되었지만 통제력을 되찾으려는 차르 경찰의 지속적인 노력에도 불구하고 혁명적 폭력은 잦아들지 않았다.[9] 1908년 1월과 1910년 5월 사이에만 700명 이상의 정부 관료와 일반 시민 3,000명이 살해당했고, 추가로 4,000명이 다쳤다.[10] 2년 뒤 1912년 봄에 남동 시베리아 레나 금광에서의 대규모 파업은 정부군에 의해 잔혹하게 무력 진압되어 500명가량이 죽거나 다쳤고, 그리하여 제국 곳곳에 연대 파업을 부채질했다.[11]

　그러나 대전이 없었다면 국가 권력을 상대로 한 사회적, 정치적 소요나 폭력 행위가 차르 정권의 완전한 붕괴를 야기했을 것 같지는 않다.[12] 오히려 로마노프 정권은 대전 전야에 지난 몇 년보다 더 안정적인 듯했다.[13] 한때 변변찮은 동유럽 공국에 불과했던 모스크바 대공국을 유럽 열강 가운데 하나이자 지구상 마른 땅의 6분의 1을 차지하는 제국으로 변모시킨 자기 가문의 공로를 기리기 위해 차르 니콜라이와 그의 정권은 로마노프 왕조의 러시아 통치 300주년을 축하하는 공식 행사를 주문했다.[14]

　1914년에 터진 전쟁은 열강 가운데서 러시아의 지위를 굳힐 것이라고 여겨졌고, 애국주의의 물결이 — 다른 교전국들의 경우와 유사하게 — 제국 내의 깊은 사회적, 정치적 긴장을 일시적으로 덮었다. 그러나 전쟁 발발이 불을 댕긴 도취적 희열이 러시아에서만큼 재빨리 사그라진 곳도 없었다. 초창기 동프로이센으로 성공적인 공세를 전개하고 캅카스 지방을 가로질러 공격해 오는 오스만 군대를 격퇴한 뒤 전국戰局은 러시아에 불리하게 바뀌었다. 1914년과 1915년에 독일을 상대로 차르의 군대가 겪은 패전들은 제국의 서쪽 국경지대를 관통하여 러시아 병사들의 '대퇴각'으로 이어졌고, 국내 소요와 직물과 금속 산업계의 파업을 촉발한 한편, 1916년 중앙아시아에서는 대규모 징병 반대 봉기도 일어났다.[15] 러시아 군대의 최고사령관 역할을 직접 맡기로 한 니콜라이의 결정도 국내 상황을 개선하지 못했다. 차르가 수시로 수도를 떠나 있다보니 대중은 정치권력이 이제 그의 인기 없는 아내인 독일 태생 차리나(황후 — 옮긴이) 알렉산드라 표도로브나와 다른 누구보다도 시베리아 수도사 그리고리 라스푸틴을 비롯한 차리나의 측근 집단에 있다고 인식하게 되었다. 차리나에 대한 라스푸틴의 영향력이 커지는 것에 참다못한 두 러시아 귀족과 한 우파 두마 의원이 행동에 나서기로 했다. 1916년 12월 30일 세 사람은 수도사를 잔혹하게 암살했다. 제국의 엘리트 계층 사이에서마저도 그토록 폭력적인 행위는 차르 정권에 대한 불신이 급속히 커져가고 있음을 분명히 보여주었다.[16]

그사이 전황은 계속 악화되었다. 비록 1916년 6~9월의 브루실로프 공세는 대비가 부족했던 갈리치아의 오스트리아-헝가리 군대에 대규모 사상자를 안겨 사실상 독일로 하여금 동부전선을 안정시키기 위해 베르됭에서 대규모 병력을 이전시키게 만들었지만, 이 공세는 러시아에도 손실이 극히 큰 것으로 드러난다. 100만 명에 가까운 러시아 병사들이 공세 동안 죽거나 다쳐서 1917년 초가 되자 러시아 사상자 숫자는 대략 270만 명에 달했다. 게다가 이 시점에 이르자 포로로 잡힌 러시아 병사의 수도

400~500만 명에 달했다.[17]

전황의 지속적인 악화는 신병 약 230만 명이 머물고 있던 병영에 일촉 즉발의 분위기를 가져왔다. 흔히 엄청난 압력하에 강제로 군 복무를 하게 된 이들은 전투를 치르며 환멸을 느끼고 갈수록 정치화되던 고참병들과 접촉했다. 주둔군들, 특히 페트로그라드(1914년 9월 이후 애국적 분위기에서 독일식 지명인 상트페테르부르크에서 이름이 바뀐) 인근의 수비대들은 다음 몇 달에 걸쳐 혁명 활동의 특별한 초점이 된다.[18]

비록 군사적 실패가 러시아 전역에 이미 긴장된 국내 상황을 더 악화시 킨 전쟁 피로감을 야기했지만, 1917년 혁명의 주요 원인은 경제 문제였 다. 대규모 곡물 수출국으로서의 명성에도 불구하고 러시아는 대전 전야 에 모든 유럽 국가 가운데 농업 생산성이 가장 낮았다. 전쟁 발발은 농업 노동자와 농장 가축을 앗아감으로써 기근 위협을 더 키웠다. 전쟁 동안 러 시아 남성은 1,800만 명이 동원되었는데 대부분은 농민이었고, 200만 필 의 말도 징발되었다. 전쟁이 길어질수록 식량 공급 사정은 악화되었고 1916년부터 러시아 대도시의 주민들은 영양실조와 즉각적인 아사의 지속 적인 위협 아래 있었다.[19] 1916년 후반 차르 비밀경찰 오흐라나Okhrana의 한 보고서는 러시아 후방전선이 붕괴 직전이라고 경고했다. 심각한 식량 부족 사태로 혁명 위협이 현실화될 듯하다고 보고서는 결론 내렸고, 임박 한 기아 반란에 '극히 흉악한 난폭 사태'가 뒤따를 것 같았다.[20]

식량 위기는 사회적 긴장을 고조시켰고, 결국에는 1917년 봄에 차르 정 권을 무너트리는 혁명적 사건들에 영향을 미쳤다. 직접적 계기는 러시아 수도에서 빵 부족 사태를 두고 벌어진 항의 시위였다. 유럽에서 다섯 번 째로 큰 도시 페트로그라드는 혁명 활동의 이상적 온상이었다. 도시 노동 자의 70퍼센트가 대형 공장에 고용되어 있었다. 임금은 형편없었고 노동자와 그 가족들의 생활환경도 마찬가지였다. 구할 수 있는 거처의 대략 절반이 상수도나 하수도가 없었다. 비보르크의 공장 노동자 지구와 네바 강 너머 부유한 네프스키 대로 지역 간의 대비는 그보다 더 클 수도 없었다. 설상가상으로 전쟁이 한없이 길어지면서 식량은 갈수록 귀해지고 비싸졌다.[21]

1917년 3월 8일 목요일 아침(1918년 2월 볼셰비키 정권이 서력 그레고리우스력으로 전환하기 전까지 러시아에 통용된 구력 율리우스력에 따르면 2월 23일), 7,000명이 넘는 비보르크 지구 직물 공장 여성 노동자들이 공구를 내려놓고 부족한 식량 조달에 항의했다. 1917년 식량 부족 사태와 치솟는 식량 가격으로 페트로그라드 노동자들은 엄청난 타격을 입었고 굶주린 그들은 절박해졌다. 위기가 커져감에 따라 그해 첫 두 달 동안 수도와 제국 곳곳의 도시에서 파업과 시위가 급증했다. 3월 8일, 여성들이 거리를 따라 행진하는 동안 인근 공장에서 나온 다른 노동자들도 합세하여 시위대는 급속히 불어났다. 정오가 되자 5만 명이 넘는 참가자들이 가두시위를 벌이고 있었고 날이 저물기 전까지 8만에서 12만 명의 사람들이 거리로 나왔다.[22]

처음에 페트로그라드 당국은 경각심을 느끼지 않았고 심지어 남쪽으로 800킬로미터 떨어진 모길료프 사령부에 있는 차르에게 시위 상황을 보고하지도 않았다. 그러나 다음 날 아침, 부유층이 거주하는 페트로그라드 도심 근린 지구를 가로질러 행진하는 시위자들의 숫자는 전날의 두 배로 불어나 있었다. 그리고 그 숫자는 계속 늘고 있었다. 3월 10일 토요일, 30만 명가량의 노동자들이 거리로 나왔다.[23] 당국에는 설상가상으로, 식량 부족에 대한 불만으로 시작된 시위는 민주주의와 전쟁 종식을 요구하고 니콜라이 2세 차르 정권의 무능을 비판하는 정치적 방향으로 재빨리 선회했다.[24]

그날 저녁 차르는 마침내 수도의 소요 사태에 대한 소식을 전해 들었다. 빵과 평화를 요구하는 자신의 신민에게 도통 공감하지 못한 그는 페트로그라드 군구軍區 지휘관 세르게이 카발로프 장군에게 필요하다면 무력을 써서라도 즉각 시위를 진압하라고 지시했다. 어쨌거나 페트로그라드는 도시와 바로 인근 지역에 30만 명이 넘는 병사들이 머무르는 방대한 주둔지였다.[25] 3월 11일 일요일 아침, 차르에게 충성하는 병력이 명령에 따라 시위 군중을 향해 발포하여 수십 명의 시위자들이 총에 맞아 죽었다. 이것은 치명적 실수로 드러난다. 그날 시간이 흐르면서 다른 부대의 점점 더 많은 병사들이 비무장 시위자들에게 총을 쏘길 거부했고 정권에 대한 충성을 버렸다.[26]

다음 날, 상황은 더 격화되어 반란 병사들과 노동자들이 도시 형무소로 행진하여 수감자들을 풀어주고 경찰서와 내무부, 오흐라나 본부를 습격했다. 카발로프 장군이 차르에게 수도의 상황을 더이상 통제할 수 없다고 알려오자 차르는 충성스러운 부대를 수도로 파견하는 방안을 잠시 고려했다.[27] 그러나 때는 이미 늦었다. 페트로그라드에서 차르의 대신들이 사임하고 도망치는 동안, 모길료프에서 니콜라이는 마침내 주변의 건의를 받아들여 동생 미하일 알렉산드로비치 대공을 위해 퇴위했으나 미하일은 자신의 안전을 우려하여 이 독이 든 잔을 즉시 사양했다.[28]

니콜라이가 퇴위하면서 로마노프 왕가와 러시아에서 1,000년에 걸친 군주제도 막을 내렸다. 이 체제 변화의 효과는 러시아와 그 너머에서 날카롭게 감지되었다. 2월혁명은 전쟁으로 찢긴 유럽에 새로운 역학을 도입했고, 이는 나라마다 장차 정치적 정당성의 성격에 관해 심오한 질문들을 제기하게 만든다. 혁명이 어느 방향으로 흐를지는 아직 불분명했지만, 1917년 2월의 사건들은 1789년 이후 처음으로 유럽에서 주요 권위주의 정권이 성공적으로 타도되었음을 알렸다.

페트로그라드와 모스크바, 그리고 제국 곳곳의 도시들에서 환희에 찬 군중이 축하하는 가운데 구질서가 붕괴하자, 두마 의원들은 자유주의적인 게오르기 예프게녜비치 르보프Georgy Yevgenyevich Lvov 공을 수반으로 하여 임시정부Provisional Government로 알려지게 되는 것을 구성했다. 새로운 행정부의 다른 중요 일원들로는 두마 의장 미하일 로드지안코Mikhail Rodzianko, 입헌 민주당의 지도자인 역사가 파벨 밀류코프Pavel Miliukov, 그리고 부의장으로 사회주의자 변호사 알렉산드르 케렌스키Alexander Kerensky가 있었다.[29]

임시정부가 업무를 개시하자―1905년 혁명 모델을 따라―평범한 민중의 이해관계를 대변하고 그들을 위해 싸우려고 만들어진 지역 소비에트의 형태로 라이벌 정치권력이 등장했다.[30] 임시정부는 민주적 개혁을 지향하는 자유주의자와 중도 우파 정치가들이 지배한 반면, 페트로그라드 소비에트는 특히 극좌, 즉 멘셰비키와 볼셰비키, 그리고 사회주의혁명당SR: Socialist Revolutionaries의 수중에 있었다. 소비에트의 성립은 드보에블라스티예dvoevlastie, 즉 '이중권력'으로 알려지는 시기를 열었고, 장차 민주 선거에 의해 구성될 제헌의회가 국가의 정치적 미래를 결정할 터였다. 당분간 임시정부와 페트로그라드 소비에트는 정부와 풀뿌리 압력 집단이라는 각자의 역할을 인정했지만, 물론 그들은 혁명의 미래 방향에 관해 근본적으로 다른 시각을 갖고 있었다.[31] 소비에트의 조건부 지지를 얻어내기 위해 임시정부는 여덟 가지 조건에 동의해야 했다. 여기에는 모든 정치범 사면, 언론·출판·집회의 자유, 계급·종교·민족에 근거한 모든 제약의 폐지 등이 있었다. 레닌이 혁명 이후 러시아를 '세상에서 가장 자유로운 나라'라고 한 유명한 표현은 바로 이런 맥락에서였다.[32]

임시정부는 오흐라나와 헌병대를 폐지하는 데도 동의했다. 이는 차르 정부의 지방 관료제 해체와 더불어 심각한 결과를 낳게 된다. 기존 기관들을 대신할 새로운 기관이 없는 상태에서 임시정부는 러시아가 더 큰 혼란으로 빠져들어가고 있던 바로 그 순간에 나라를 효과를 다스리거나 치안을 유지할 수 없었다.[33]

그러나 2월혁명 후 러시아의 문제는 단순히 폭력에 대한 국가 독점의 부재나 두 권력 중심의 공존으로부터 기인하지 않았다. 민주적인 2월혁명의 운명은 러시아의 1차 세계대전 개입과도 떼려야 뗄 수 없게 엮어 있었다. 페트로그라드 임시정부가 기존의 약속을 이행할 거라고 연합국을 안심시켰다는 것은 당연히 그 끔찍한 전쟁을 계속한다는 의미였다. 혁명은 즉각적인 강화와 토지개혁에 대한 기대를 부추겼지만 이제 그 약속들은 실현될 수 없었다. 이것이 러시아 사회 주요 일각에 야기한 실망은 새로운 정치 행위자들의 신망과 권위를 손상시켰다. 전쟁을 계속하겠다는 임시정부의 약속에 병사들은 신정권으로부터 멀어졌다. 농촌 주민들은 약속한 토지개혁을 전쟁이 끝날 때까지 연기하기로 한 임시정부를 용서하지 않으려 했다.[34]

그러므로 4월 초에 러시아로 돌아왔을 때 레닌은 이미 일어난 정권 교체와 임시정부가 변화를 향한 높은 기대와 희망을 충족시키지 못한다는 사실 양쪽으로부터 덕을 봤다. 임시정부가 부분적으로는 연합국의 압력 때문에 전쟁 수행을 계속한다고 결정한 반면, 레닌은 유명한 4월 테제 바로 첫머리에서 이 전쟁이 반드시 끝나야 할 '절대적으로 약탈적인 제국주의 전쟁'이라고 선언하면서 논의를 더 급진적인 방향으로 밀어붙일 기회를 붙잡았다.[35]

그사이 1917년 여름, 임시정부의 전쟁부 장관으로 최근 임명된 케렌스키는 혁명의 에너지를 군대로 돌릴 수 있길 기대하며 새로운 공세를 지시했다. 1917년 7월 1일에 개시된 공세에서 러시아 군대는 갈리치아에 있는 오스트리아-헝가리와 독일 세력을 공격하여 전선을 렘베르크 방면으로 밀어붙였다. 렘베르크 시를 손에 넣고 오스트리아-헝가리를 전쟁에서 나가떨어지게 하려는 이중의 목표는 전년도 브루실로프 공세의 목표와 비슷했다. 1917년 7월 러시아군의 초창기 승리는 강력한 포격에 뒤이은 보병 공격의 결과로, 보병 공격 시 다수의 돌격대가 운용되었다. 그러나 특히 독일군의 완강한 저항은 결정적인 돌파구가 열리지 못하도록 막아서 공격하는 러시아 쪽에도 다수의 사상자가 생겼다.[36]

치솟는 사상자 비율은 그나마 남아 있던 병사들의 전투 의지를 바닥냈다. 제7군과 제8군의 보병들은 적의 1차 방어선이 무너진 뒤에 더 진격하기를 거부했다. 이 다음 무엇을 할 것인지 논의할 병사 위원회들이 결성되었다. 심지어 한 사단이 전투를 딱 잘라서 거부하지 않았을 때도 사단 위원회의 사전 논의 없이는 어떤 명령도 준수되지 않았다. 악천후와 식량 보급 부족에 시달리는 가운데 7월 첫 2주 사이에 공세는 서서히 중단되었다.[37]

러시아군의 진격은 독일과 오스트리아-헝가리 군대가 반격에 나선 7월 중순에 완전히 끝장났다. 두 나라의 군대는 별다른 저항을 받지 않고 갈리치아와 우크라이나, 발트 지역을 가로질러 진격했다. 단 며칠 사이에 러시아군은 대략 240킬로미터를 후퇴했다. 8월에 제국에서 두 번째로 큰 항구 도시 리가가 독일군에 함락되었다.[38] 중부 세력이 진격하면서 러시아 제국군은 분해되었다. 러시아군 부대들은 자취를 감추거나 서로 싸우거나 도시를 약탈하거나 영지의 대저택들을 불태우거나 뿔뿔이 흩어져 집으로 향했다. 1917년 말에 이르자 탈영병 수는 무려 37만 명에 달했다.[39]

임시정부에 탈영병보다 더 심각한 문제는 배후지와 주둔지에 배치된 100만 명이 넘는 병사들이었다. 봄 이후로 이 병사들은 전선 파견을 점점 더 거부했다. 대도시에 주둔한 수비대들은 이제 그 자체로 하나의 정치적 인자因子가 되었다. 그 결과 그들은 소비에트와 한편이 되어 갈수록 볼셰비키나 사회주의혁명당과 손을 잡고서 정부의 현지 대표들을 지지하길 거부했다. 전체적 기조는 페트로그라드 수비대에 의해 세워졌으니 페트로그라드 수비대는 자신들이야말로 혁명의 수호자라고 여겼고, 그들을 전선으로 파견하려면 아주 힘겹게 설득해야만 했다.[40]

군사적 실패는 러시아군의 붕괴 자체로 이어졌을 뿐 아니라 임시정부를 전복하려는 내부 시도들도 부추겼다. 7월 중순 볼셰비키 적위대赤衛隊 대원들과 페트로그라드 수비대 병사들 그리고 크론슈타트 해군 기지에서 온 수병들이 수도에서 쿠데타를 시도했다. 정부군이 페트로그라드 소비에트의 회합 장소인 타브리다 궁전을 급습할 때까지 볼셰비키 지지자들과 임시정부에 충성하는 병사들 사이의 싸움으로 400명가량의 사망자가 발생했다. 비록 쿠데타는 진압되어 레닌과 그의 가까운 동지 그리고리 지노비예프Grigory Zinovyev는 핀란드로 잠시 망명을 가야 했지만, 볼셰비키는 단 몇 달 뒤에 2차 쿠데타를 시도하여 성공할 수 있었다.[41]

이번에는 상황이 더 호의적이었다. 7월 볼셰비키 정권 탈취 시도가 수포로 돌아간 뒤 임시정부 총리가 된 케렌스키는 그의 여름 공세가 완전한 실패로 끝나면서 군부에 남아 있던 모든 지지를 잃었다. 독일 군대가 리가를 함락하고 6일 뒤에 육군 총사령관 라브르 코르닐로프 장군Lavr Kornilov이 임시정부를 상대로 권력 찬탈을 시도했다. 쿠데타는 페트로그라드와 모스크바 소비에트의 무장 저항과 철도와 전신 노동자들의 소극적 저항에 직면하여 금방 무너졌다. 코르닐로프와 다른 여러 장군들은 체포되었다.[42]

코르닐로프 사건의 주요 수혜자는 볼셰비키였다. 케렌스키는 코르닐로프로부터 혁명을 '지키는' 데 그들의 도움을 요청했다. 그는 볼셰비키들을 가둬두는 대신 투옥된 볼셰비키 지도자들을 풀어주고(하지만 레닌은 여전히 핀란드에 머물고 있었다) 반혁명 위협을 막아내기 위해 그들에게 무기와 탄약을 지급했다. 볼셰비키는 뜻밖에 운수가 되살아난 반면, 케렌스키는 보수파와 자유주의자들, 군 지도부와 심지어 온건 좌파 상당수에 남아 있던 지지를 모두 잃었다.[43]

볼셰비키는 미국에 망명 중이던 특출하게 유능한 조직가 레프 트로츠키 Lev Trotsky가 복귀한 덕도 보았다. 레프 다비도비치 브론슈타인Lev Davidovich Bronstein이 본명인 트로츠키는 야노프카에서 그럭저럭 부유한 유대계 농민의 자식으로 태어나 레닌처럼 여러 해 동안 유배 생활을 했는데, 처음에는 시베리아 유형에 처해졌다가—거기서 그는 그를 감시하는 간수 가운데 한 명한테서 트로츠키라는 가명을 취하고 1902년 그 간수의 여권을 훔쳐 탈출했다—이후로는 러시아 바깥을 전전했다. 과거 멘셰비키 좌파였던 트로츠키는 또 다른 저명한 공산주의자이자 훗날 코민테른 집행부의 총서기가 되는 니콜라이 부하린Nikolai Bukharin과 함께 망명자 신문을 편집하며 뉴욕에서 몇 년을 보냈다. 트로츠키가 점점 볼셰비즘으로 기울면서 레닌은 그의 지적 능력과 조직화 재능을 높이 사게 되었다. 트로츠키는 이런 재능에다 혁명 신조의 적들을 분쇄하기 위해 과도한 무력 사용도 서슴지 않는 태도와 가차없는 야심까지 겸비했다. 1905년 이래로 발전시켜온 트로츠키의 '영구 혁명' 이론은 혁명이 러시아처럼 비교적 낙후된 나라에서도 일어날 수 있고, 다른 지역으로도 '수출'될 수 있다는 레닌의 신념을 뒷받침했다. 망명지에서 페트로그라드로 돌아오자마자 트로츠키는 볼셰비키 준군사 조직, 바로 적위대를 설립하는 데 핵심 인물이 된다. 트로츠키와 그의 적위대는 몇 달 뒤 페트로그라드 쿠데타에서 결정적 역할을 하게 된다.[44]

레닌 본인은 이 시기에 《국가와 혁명》(1917)이라는 강령적 에세이를 쓰면서 여전히 핀란드에 있었는데, 이 에세이에서 그는 본국의 사회민주당과 멘셰비키의 타협적 태도를 비판했다. 레닌은 혁명적 '전위'에 의한 더 철저한 국가의 파괴를 부르짖으며 궁극적으로 계급 없는 사회로 이어질 프롤레타리아 독재 수립을 요청한 마르크스를 원용했다.[45]

페트로그라드에서 케렌스키는 1917년 8월 말, 오래전에 약속된(그렇지만 거듭하여 연기된) 제헌의회 선거를 11월 25일로 결정해 발표했을 때도 나라 안의 분위기를 진정시키는 데 실패했다. 여름이 지나고 가을로 접어들면서 러시아의 상황은 갈수록 일촉즉발로 흘러 중앙 정부는 러시아의 광대한 영토 전역에 더이상 '폭력을 독점'한다고 할 수 없었을뿐더러, 그와 동시에 중앙아시아와 더불어 이전 제국의 서부 주변부 여러 지역에서 터져 나오는 자치 요구에도 직면했다.[46] 토지 문제를 다루기로 약속된 제헌의회 구성을 기다릴 생각이 없는 시골의 농민들은 문제를 스스로 해결하려고 나서서 토지를 몰수하기 시작했다.[47] 최대 규모의 농민 폭동이 전통적으로 불안정한 지역인 볼가강 유역, 특히 사라토프, 사마라, 펜자, 심비르스크 지방에서 일어났다.[48]

이런 농민 폭동들과 비교할 때 결국 10월 25~26일(그레고리우스력으로는 11월 7일과 8일) 발생한 볼셰비키의 권력 찬탈은 대체로 무혈로 이루어졌다. 여기에는 세르게이 에이젠슈타인Sergei Eisenstein의 유명한 영화 〈10월〉(1928)에 암시되었듯이 대규모 혁명 군중이 개입하지도 않았다. 그 대신 볼셰비키는 레닌의 지지자들이 페트로그라드 수비대를 장악하고 수도의 최고 전략 요충지 몇 군데를 점거하는 소규모 쿠데타로 임시정부를 전복했다. 전략 요충지로는 발전소와 중앙우체국, 국영은행, 중앙전신교환소 그리고 핵심 다리들과 기차역들이 있었다. 10월혁명은 유럽의 나머지 패전 지역 곳곳에서 곧 걱정스러울 만큼 친숙해질 혁명의 모델이었다. 순양함 오로라호 수병들로부터 엄호 포격 지원을 받은 친親볼셰비키 병사들은 이제 고립된 임시정부의 거처인 겨울궁전을 점거했다. 수병으로 변장한 케렌스키는 미국 대사관으로 가까스로 피신할 수 있었고 곧 러시아를 완전히 떠나게 된다.[49]

이튿날 아침 레닌은 〈러시아 시민들에게〉라는 유명한 포고문을 발표했다.

> 임시정부는 쫓겨났다. 정부는 페트로그라드 소비에트 조직의 수중으로 넘어왔다. (…) 인민들이 쟁취하기 위해 오랫동안 애써온 과제가 확보되었다. 바로 즉각적인 민주적 강화 제안, 지주의 토지 소유 철폐, 노동자의 생산 통제, 소비에트 정부의 수립이다. 노동자와 병사, 농민의 혁명이여 영원하라![50]

이후 발생하는 내전에서 자행될 엄청난 폭력과 비교할 때 이것은 평화로운 혁명이나 마찬가지였다. 겨울궁전 급습으로 여섯 명이 사망했다. 러시아 수도에서 10월혁명으로 인한 사망자들은 이들이 전부였다. 사관후보생들이 1주일 동안 볼셰비키에 저항한 모스크바에서는 사정이 달랐지만, 다른 혁명들과 비교할 때 볼셰비키의 초창기 집권 과정은 대단히 비폭력적이었다.[51] 그럼에도 불구하고 레닌은 볼셰비키의 집권이 바람 앞의 등불 같은 처지임을 잘 알고 있었다. 그는 이전 제국 전역에 걸쳐서 정권을 공고히 해야 했으나, 광대한 영토와 그곳에서 살아가는 주민들을 고려할 때 이는 결코 쉬운 일이 아니었다. 볼셰비키 지지자들은 기하급수적으로 불어나고 있었지만 볼셰비키당 자체의 중핵 당원들은 이 시점에 1만 5,000명 정도였을 것이다. 레닌은 약속된 제헌의회 구성을 위한 총선을 1917년

11월에 실시하도록 허락하여 당에 시간을 벌어주었다. 그러나 더 온건한 사회주의혁명당이 41퍼센트의 득표로(볼셰비키는 23.5퍼센트를 득표한 데 반하여) 커다란 승자로 부상하자 그는 조금도 지체하지 않고 페트로그라드에서 단 하루 만에 의회를 해산해버렸다.[52]

레닌은 가장 인기 있는 몇몇 공약들을 재천명함으로써 단명한 러시아 민주주의의 종말을 좋게 꾸며보려 했다. 즉각적 강화, 군대 내에서의 완전한 민주주의, 모든 민족에 대한 자결권의 허용, 노동자들의 공장 통제, 귀족과 부르주아, 교회, 그리고 국가가 가진 모든 토지를 '인민'의 수중으로 이전한다는 약속 등이었다. 레닌의 선언은 사회주의혁명당과 멘셰비키당이 볼셰비키의 권력 찬탈에 항의하여 파멸을 자초한 채 회의장을 나가버린 직후 페트로그라드에서 열린 2차 소비에트 대회에서 채택되었다.[53]

레닌 정권은 이러한 약속들을 실행하기 위해 재빨리 입법을 단행했는데 특히 토지와 사유재산과 관련한 개혁 조치였다. 1917년 8월 소비에트 대회가 채택한 토지개혁 법령은 부의 광범위한 재분배와 토지의 사적 소유 철폐에 대한 '법적' 토대를 마련했다. 재산을 빼앗긴 자들은 손실에 대해 보상을 받을 수 없었다. 유일한 예외는 농민들에 의해 경작되는 토지로서 그들은 토지를 보유하도록 허용되었다.[54] 토지 법령은 대체로 시골에서 농민들의 직접 행동에 대응하여 발효되었는데, 시골에서는 현지의 자발적인 움직임에 의해 갈수록 많은 사유지가 무단으로 점유되어 더 가난한 농민들에게 넘겨지고 있었다. 그러므로 법령은 이미 벌어지고 있던 일을 승인한 것에 불과했다. 1918년 2월에 이르자 러시아의 모든 영지의 75퍼센트가 몰수되었다.[55] 그 피해자는 지주 귀족층만이 아니었다. 재산이 재분배된 '부유한' 농민들도 피해를 보았다.[56] 볼셰비키는 1,000여 곳의 수도원을 비롯하여 동방정교회가 소유한 토지도 국유화했다. 더 나아가 레닌은

1917년 11월 중순과 1918년 3월 초 사이에 민간 산업과 은행, 제조회사를 국유화하는 30가지의 법령을 발효했다.[57]

레닌의 두 번째이자 똑같이 인기 있던 약속은 전쟁에서 발을 빼는 것이었다. 늘 그렇듯 냉정하게 실용주의적인 그는 이 국면에서 러시아의 군사적 패배가 불가피해졌음을 알고 있었지만, 한편으로 그 패배에 담긴 커다란 기회를 알아차렸다. 러시아의 군사적 불운은 애초에 볼셰비키의 집권을 가능케 했을 뿐 아니라 이 분쟁에서 완전한 철수는 이제 볼셰비키 혁명을 구원할 현실성 있는 유일한 선택지였다. 전쟁에서 벗어나면 그는 산적한 내부의 적들을 처리하는 데 집중할 수 있으리라. 그와 동시에 그는 서유럽과 중유럽에서 전쟁 피로감과 물질적 결핍은 곧 다른 교전국들 사이에서도 전 지구적으로는 아니더라도 범유럽적인 볼셰비즘의 승리를 위한 길을 닦을 혁명을 초래하리라 기대했다. 1917년 12월 15일, 레닌의 특사들은 중부 세력과 정전에 합의했다.

브레스트리토프스크

러시아와 중부 세력 간 정전의 효력이 발휘된 지 단 며칠 만인 1917년 12월 22일, 당시 동부전선에서 독일군 사령부의 소재지인 요새 도시 브레스트리토프스크에서 강화 회의가 열렸다. 볼셰비키 프로파간다를 확산시키고 독일의 제국주의를 폭로하기 위한 전례 없는 조치로서, 볼셰비키는 강화 협상이 공개적으로 진행되어야 한다고 주장하여 뜻을 관철했다.[1]

강화 회의는 그 이질적인 조합, 즉 구세력 제국 대 신세력 혁명 국가 간의 충돌이라는 점에서도 독특했다. 중부 세력 대표단 14인(5명은 독일, 4명은 오스트리아─헝가리, 3명은 오스만 제국, 2명은 불가리아 대표)은 볼셰비키 대표들의 테이블 매너에 관해 거듭 불평을 늘어놓던, 신경이 예민한 오스트리아─헝가리 외무대신 오토카르 체르닌Ottokar Czernin 백작의 경우처럼 구체제의 찬란한 영화榮華를 대변하거나 아르메니아 학살을 유발한 장본인 중 한 명인 탈라트 파샤Talaat pasha의 경우처럼 극렬 민족주의 세력을 대변했다. 처음에는 아돌프 요페Adolph Joffe가 이끌다가 외무인민위원으로 새로 임명된 레프 트로츠키가 이끈 브레스트리토프스크의 볼셰비키 대표단은 자신들이 정확히 그 반대를 대변함을 분명히 했다. 볼셰비키를 권좌로 끌어올린 세력을 반영하도록 구성된 트로츠키의 대표단은 격의 없이 차려입은 노동자와 병사, 선원, 여성 들과 농민 한 명을 비롯하여 28명으로 구성되었다. 독일과 그 동맹 세력은 공식 외교 회담에서 그와 같은 것을 본 적이 없었다.[2]

외무대신 리하르트 폰 퀼만Richard von Kühlmann이 이끈 독일 대표단은 동부전선에서 전쟁을 종결할 되도록 가장 빠른 길을 추구하는 동시에 러시아 서부 변경에 신생 독립국들로 이루어진 비공식 제국을 중동부 유럽에 수립하고자 했다. 이 비공식 제국의 미래는 장차 독일이 좌우할 수 있을 터였다. 베를린과 빈 둘 다 중부 세력이 다른 전선에서 전쟁을 지속해나가는 데 필요한 곡물과 광석을 원활히 공급받을 수 있도록 우크라이나의 독립을 확보하는 데 열심이었다.[3] 동부전선의 참모장 막스 호프만Max Hoffmann 장군이, 베를린은 폴란드와 리투아니아, 쿠를란트 지방의 민족자결권을 지지한다고 밝혔을 때 트로츠키는 그가 제대로 간파한 대로 본색을 거의 감추지 않은 독일 제국주의에 격분했고 협상을 결렬시키겠다고 위협했다. 협상은 열흘 뒤, 러시아 대표단이 페트로그라드 정부와 상의할 기회를 가진 다음에야 재개되었다.[4]

볼셰비키 지도부는 다음 단계에 어떤 행보를 취해야 할지를 두고 의견이 엇갈렸다. 레닌은 상황을 실용주의적으로 평가했고, 러시아에서 볼셰비키의 지위를 안정시키고 혁명이 이룩한 것들을 보전하기 위해 어떤 대가를 치르고라도 강화하는 쪽을 선호했다. 레닌의 상황 판단에 반대한 이들은 볼셰비키 지도부 가운데 트로츠키처럼 유럽 다른 지역들에서 혁명의 발발은 시간문제에 불과하며 따라서 그렇게 될 때까지 중부 세력과 협상을 최대한 끌어야 한다고 생각했다. 그러므로 페트로그라드에서 상의한 뒤 브레스트리토프스크로 돌아왔을 때 트로츠키는 시간을 벌고 있었다. 중부 세력의 병합 계획에 반대하는 그의 열정적인 연설은 강화를 염원하는 독일 국민들에 대한 호소와 합쳐져 확실히 어느 정도 영향을 미쳤다. 1918년 1월 14일 오스트리아 사회민주당이 대규모 시위를 선언한 가운데, 파업 물결이 부다페스트와 베를린으로 급속도로 퍼져나가 베를린에서는 무려 50만 명의 노동자가 장비를 내려놓았다.[5]

베를린과 빈, 여타 도시들에서 1월에 벌어진 대규모 파업은 볼셰비키 혁명이 곧 서쪽으로 퍼져나갈 것이라는 트로츠키의 기대를 더욱 고무했지만, 브레스트리토프스크에 있는 퀼만과 중부 세력의 다른 대표들은 그런 생각을 전혀 받아들이려 하지 않았다. 인내심을 잃은 그들은 2월 9일 우크라이나와 개별적인 강화조약을 체결했다. 이른바 이 '빵 강화Bread Peace' 아래 우크라이나는 최근에 러시아로부터 독립을 선언한 우크라이나 인민공화국UNR: Ukrainian People's Repulbic을 인정받는 대가로 독일과 오스트리아–헝가리에 연간 100만 톤의 빵을 공급하기로 합의했다.[6]

트로츠키는 개별 강화조약에 관한 소식을 듣고는 회의장을 박차고 나가 더이상의 협상을 거부했다. 중부 세력은 적대 행위를 재개하는 것으로 맞받아쳤다. 2월 18일자로 100만 명의 독일과 오스트리아–헝가리 병사들이 동쪽으로 진격하고 있었다. 급속히 진격하는 동안 그들은 거의 아무런 저항도 받지 않으면서, 도르파트(타르투), 레발(탈린), 나르바를 점령하는 등 광대한 지역을 정복했다. 중부 세력은 라트비아와 리보니아, 에스토니아, 벨라루스의 나머지 지역을 휩쓸고 3월 1일 우크라이나의 수도 키예프를 점령했다.[7]

이 공세는 페트로그라드에 협상 불가능한 새로운 강화 조건이 날아드는 결과로 이어졌다. 키예프 함락 직후인 3월 3일, 볼셰비키는 브레스트리토프스크 조약에 서명했다. 정부가 어떤 대가를 치르고라도 강화를 받아들이지 않는다면 레닌이 당수黨首와 인민위원회 의장 자리에서 물러나겠다고 협박한 다음이었다. 강화조약은 1914년 이래로 독일의 원래 전쟁 목표, 즉 유럽을 지배하는 강국이 되겠다는 목표에 가장 근접한 결과를 선사해주었다. 중부 세력에 이것은 엄청난 승리의 순간이었다.

볼셰비키한테는 배상금을 지불할 재정적 자원이 전혀 없다는 것을 알고서, 베를린은 장래 베르사유 조약에 포함될 병합 조건들은 상대적으로 점잖아 보일 만큼 가혹한 영토 병합 형태로 그 빚을 받아내기로 결정했다. 독일은 페트로그라드가 필수적인 천연자원을 보유한 과거 차르 시절의 광대한 영토들이 '독립'(많은 경우 강력한 독일 군사력의 존재를 포함하는 독립)을 이루는 것을 허용해야 한다고 요구했는데, 여기에는 핀란드, 러시아령 폴란드, 에스토니아, 리보니아, 쿠를란트, 리투아니아, 우크라이나, 베사라비아 등이 포함되었다. 게다가 볼셰비키는 아르다한, 카르스, 바투미 지방 — 1877~1878년 러시아-터키 전쟁으로 획득한 영토 — 도 오스만 제국에 반환해야 했다. 그러므로 소비에트 러시아는 이전 로마노프 제국의 서부 비非러시아계 영토 거의 전부를 상실한 셈이었다. 이는 160만 제곱킬로미터의 영토 — 독일 제국 면적의 2배 — 와 전전 러시아 제국 인구의 3분의 1에 해당되었다. 그에 따라 러시아 철광석 산출량의 73퍼센트와 석탄 생산량의 무려 89퍼센트가 산업의 상당 부분과 함께 상실되었다.[8] 이렇게 해서 러시아는 대전에서 최초의 패전 국가가 되었다. 비록 볼셰비키들은 전쟁에서 진 장본인들은 차르 정권과 임시정부라는 사실을 지치지도 않고 강조했지만 말이다.

브레스트리토프스크 조약의 가혹한 조건들에 대한 반대는 심지어 볼셰비키 진영 안에서도 강했지만 레닌은 정권의 생존이 외부적 평화 — 내부의 적들로부터 프롤레타리아 독재를 안전하게 지킬 시간을 벌어줄 평화―에 달려 있음을 인식했다. 브레스트리토프스크 조약은 전쟁을 끝내겠다는 레닌의 국내적 약속을 달성함과 더불어 독일의 방대한 제국주의적 전쟁 목표를 고스란히 드러냈다. 그와 동시에 러시아에 갇혀 있던 중부 세력 전쟁포로들의 석방은 중유럽에서 예견되는 혁명을 가속화하는 데 보탬이 될 수 있을 것이었다.

레닌의 이런 가정들 대부분이 옳았음은 곧 입증될 터였다. 수십만 전쟁포로의 석방, 특히 오스트리아―헝가리 병사들의 석방은 본국에서 심각한 급진화 효과를 초래했다.[9] 그러한 귀환 병사들 가운데에는 볼셰비키 이데올로기에 영향을 받은 이들과 중유럽과 남동부 유럽에서 훗날 좌파 지도자가 될 이들이 정말로 많았다. 바로 오스트리아인 사회주의자 오토 바우어Otto Bauer, 헝가리인 벨러 쿤Béla Kun, 크로아티아인 선임하사 요시프 브로즈Josip Broz―훗날 공산주의자 시절의 별호인 티토Tito로 더 잘 알려진―같은 이들이었다.[10]

승리의 맛

러시아의 패배만이 1917년 말 중부 세력 군 지도부에 퍼진 낙관주의의 원인은 아니었다. 비록 크리스마스 직전에 오스만 제국이 영국군에게 예루살렘 시를 잃었지만 전쟁에서 발을 빼기로 한 레닌의 결정은 콘스탄티노플 세력이 동부 아나톨리아 전역을 다시 장악할 수 있도록 했을 뿐 아니라 그곳의 군사 정책 결정자들로 하여금 캅카스 침공 계획을 되살리도록 부추길 정도였다. 한 터키 신문은 이렇게 천명했다. "러시아 혁명은 우리를 즉각적 위협에서 구해냈다. 러시아에서 일어나는 사건들의 중요성을 망각하지 않고 면밀하게 주시하는 한, 우리는 이제 진정하고 심호흡을 할 수 있다."[1]

비록 미국이 1917년 4월 독일에 한 선전포고를 그해 12월에 오스트리아−헝가리로까지 확대하긴 했지만 이 시점까지 유럽에 도착한 미군 병력은 17만 5,000명에 불과했고 그중 다수는 전투 경험이 없었다.[2] 반면 이제 중부 세력이 전략적 주도권을 잡았다고 — 적어도 서부전선에서 연합국 진영이 미국 병사들로 충원될 때까지는 — 믿을 만한 근거는 충분했다. 더욱이 러시아의 퇴장은 연합국의 또 다른 일원인 루마니아가 강력한 독일, 오스트리아-헝가리, 불가리아 세력에 포위되어 고립되는 결과를 낳았다. 1917년 12월 9일, 부쿠레슈티는 새로운 현실을 받아들이고 가혹한 조건의 포크샤니 정전협정에 서명했다.[3]

그러나 더 중요한 것은 이손초강을 따라 알프스 산자락에 위치한 남부 전선에서 전황의 변화였는데, 이곳에서 합스부르크 병사들은 주로 이탈리아 적군과 1916년과 1917년 내내 뚜렷한 승패가 나지 않는 공세와 반격을 반복해왔다.[4] 그때까지의 전쟁은, 1914년 7월 위기 동안 갈등의 격화에 핵심적 역할을 했던 합스부르크 제국에 잘 풀리지 않았다. 개전 후 몇 년 동안 빈은 여러 전선에서 처참한 좌절을 경험했다. 개전 국면에서 오스트리아-헝가리 군대는 군소국인 세르비아 침공을 시도했다가 굴욕적으로 격퇴당했고, 이듬해 독일과 불가리아의 상당한 지원을 업고서야 베오그라드를 패배시키는 데 간신히 성공했다. 더욱이 제정 러시아 군대는 처음에는 개전 국면에 그리고 다시금 1916년 봄에 강타한 브루실로프 공세로 합스부르크령 갈리치아를 침공하는 데 두 차례 성공했다.[5]

그러나 1917년 10월, 인근 마을 이름을 딴 카포레토 전투로 더 잘 알려진 12차 이손초 전투에서 합스부르크 군대는 이탈리아 군대에 기습 공격을 감행하는 데 성공했다. 에르빈 로멜Erwin Rommel이라는 전도유망한 젊은 보병 장교를 포함한 독일군 6개 사단의 도움을 받은 공격군은 공격 개시 당시 안개 낀 날씨의 덕도 봐서 완벽하게 이탈리아군의 허를 찔렀다. 사전 일제 엄호 포격에 뒤이어 합동군은 이탈리아 제2군의 전선을 거의 즉시 돌파했고, 돌격대는 그날이 저물 때까지 25킬로미터라는 놀라운 거리를 진격했다. 합동군의 공격은 이탈리아군을 압도했고, 허겁지겁 퇴각하던 이탈리아군은 결국 베네치아 북쪽에 새로운 방어선을 형성했다. 3만 명의 이탈리아 병사들이 죽거나 다쳤고 26만 5,000명이 포로로 붙잡혔다. 이탈리아군 참모총장 루이지 카르도나Luigi Cardona 장군의 해임과 파올로 보셀리Paolo Boselli 총리의 실각으로 이어진 카포레토 패주는 이탈리아 군대의 완전한 붕괴를 가져오지는 않았지만, 1917년 11월 상황에서 볼 때 로마가 바랄 수 있는 최선은 영토 상실 없이 명예로운 강화조약을 체결하는 것뿐인 듯했다.[6]

1917년 11월 11일 서부전선에서 전쟁이 종식될 날짜로부터 정확히 1년 전, 독일의 고위 군사전략가이자 병참감 에리히 루덴도르프Erich Ludendorff 장군은 서부전선에서 최종 결전으로 이어질 미래를 낙관적으로 내다봤다.

> 러시아와 이탈리아에서의 전황 덕분에 새해에 전쟁의 서부 교전 권역에 일격을 가할 수 있을 것 같다. 양측 간 군사력은 대략 균형을 이룰 것이다. 공세를 위해서 약 35개 사단과 1,000문의 중포가 동원 가능할 것으로 보인다. (…) 현재 우리의 전반적 상황을 고려할 때 최대한 이른 시일 내에 적을 쳐야 한다. 이상적으로는 미국이 이 무력 균형 상태에 상대편에 강한 힘을 실어주기 전인, 2월 말이나 3월 초가 좋을 것이다.[7]

그의 참모 장교 가운데 한 명인 알브레히트 폰 테어Albrecht von Thaer 대령 역시 루덴도르프의 낙관론을 공유하여 1918년 새해 전야에 일기에 이렇게 적었다.

> 정말이지 우리 입장이 이보다 더 유리한 적은 없었다. 군사적 거인 러시아가 끝장나서 강화를 애원하고 있다. 루마니아도 마찬가지다. 세르비아와 몬테네그로는 사라져버렸다. 이탈리아는 영국과 프랑스가 어렵사리 떠받쳐주

고 있을 뿐이며 우리는 이탈리아에서 가장 좋은 지방에 버티고 있다. 영국
과 프랑스는 여전히 전투에 나설 준비가 되어 있지만 크게 지친 상태이고
(특히 프랑스인들) 영국인들은 유보트에 의한 압박을 심하게 받고 있다.[8]

　확실히 독일 최고사령부는 신속히 승리를 얻어내야 함을 잘 알고 있었
다.[9] 전쟁 피로감과 사기 저하가 중부 세력을 비롯해 모든 교전국들 사이
로 퍼져나가고 있었다. 1917년 후반부와 1918년 초에 심신 고갈과 정치
적 불만을 보여주는 표시들이 갈수록 눈에 띄었고, 이런 징후는 빈과 부다
페스트, 베를린에서 대규모 파업으로 절정을 이루었다. 그러나 그와 동시
에 독일은 48개 사단을 동부에서 빼내 서부전선의 탈진한 연합국 병사들
을 상대로 배치할 수 있는 운 좋은 입장에 있었다.[10]
　이런 기회 의식은 독일 군부에만 국한되지 않았다. 브레스트리토프스크
조약이 체결될 무렵에 이르자 콘스탄티노플은 이미 오스만 제국 제3군에
동부 아나톨리아 전역을 재정복할 공세를 개시하고, 단명할 운명인 트랜
스캅카스 연방Transcaucasian Federation을 상대로 군사 작전에 나서라고 지시
했다. 트랜스캅카스 연방은 볼셰비키 10월혁명을 독립을 위한 둘도 없는
역사적 기회로 본 아르메니아, 조지아, 아제르바이잔 분리주의자들이 건
립한 국가였다. 트빌리시(오늘날의 조지아에 위치한)에 있는 연방 정부는 브
레스트리토프스크에서 러시아가 콘스탄티노플에 영토를 할양한 사실을
재빨리 부인하기는 했지만 러시아가 패배한 가운데 캅카스 지방으로 오스
만 제국의 확장 위협이 크게 부상했다. 트빌리시는 연방의 국경지대로 향
하는 오스만 제국의 일체의 진격에 군사적으로 저항하겠다는 의사를 확고
하게 밝혔다.[11]
　격렬한 저항에도 불구하고 오스만 제국 부대는 연방의 영토 내로 진격

했다. 1918년 3월 초에 이르자 그들은 에르주룸 초입에 도달했고, 그다음 흑해 항구 트라브존에 접근했다. 비록 트라브존은 큰 싸움 없이 함락되었지만 에르주룸 정복은 끔찍한 학살을 동반했다. 에르주룸에서 퇴각하던 아르메니아 병사들이 자행한 4,000명가량의 현지 무슬림 민간인 학살은 오스만 제국 군대가 1877년 당시의 국경을 따라 있는 마을들과 도시들을 거쳐 진군하면서 저지른 무차별적인 보복 살해의 물결로 이어졌다. 1918년 4월 그들은 적잖은 폭력과 함께 아르메니아인들의 근거지 카르스를 점령했다.[12]

이 승리들에 대담해진 오스만 제국 장성들과 민족주의적인 집권당 통합과 진보 위원회CUP의 지도자들은 캅카스 지방에서 제국적 팽창에 대한 자신들의 약속을 되살렸다. 구할 수 있는 모든 병력을 메소포타미아 전선으로 이전하는 대신 전쟁대신 엔베르 파샤Enver Pasha와 오스만 제국 최고사령부는 영국을 상대로 전쟁을 계속 수행하면서 동시에 캅카스 지방으로 더 깊숙이 진격할 수 있다고 자신했다. 승기는 중부 세력 편에 있었다. 아니 그들은 그렇게 믿었다. 오스만 제국의 한 대신은 공언했다. "이제 우리는 앞으로만 나아간다."[13]

그리하여 전쟁의 마지막 해 동안 여러 사건들이 전개되면서 중부 세력의 수도들에서는 신속하고 즉각적인 승리에 대한 높은 기대감과 잘못된 낙관론의 기운이 퍼져 있었다. 임박한 승리 가능성은 병사들의 사기를 진작하는 한편, 높아진 희망은 전쟁의 명운에 걸린 판돈도 올렸고 심각한 좌절과 추후 광범위한 사기의 붕괴 위험도 높아졌다.[14]

이제 모든 것은 1918년 봄 대공세의 성패에 달려 있었다. 루덴도르프가 잘 알고 있었듯이 이것은 잠재적으로 대가가 매우 큰 도박이었다. 이전 3년 반 동안의 전투들은, 산업적 화력을 동원해 싸우는 전쟁은 방어 전략에 결정적으로 유리한 반면 공세 전략은 막대한 인력 손실의 위험 부담을 떠안아야 함을 입증해 보였다. 그러나 파울 폰 힌덴부르크Paul von Hindenburg 원수와 루덴도르프는 다른 진지한 대안이 없었다. 그들의 병사들은 아마도 갓 도착하여 경험 없는 미국 신병들에게 막대한 손실을 입히면서 견고한 방어 위치를 고수할 수도 있었을 테지만 중부 세력의 후방전선이 전쟁을 오래 용납하지 않으리라는 것은 의심의 여지가 없었다.[15]

루덴도르프의 봄 대공세의 목적은 그러므로 해협(영국해협―옮긴이) 방면으로 영국 원정군을 몰아붙임으로써 신속하게 전쟁을 끝내는 것이었다. 영국군이 해협에서 철수하면 프랑스군에 결정적 타격을 가할 수 있을 터였다. 미카엘 작전이란 암호명이 붙은 대공세의 주요 목표는, 독일 공격군이 수적으로 대략 2대 1로 우세할 솜―아라스 구역에서 영국군 전선을 돌파하는 것이었다.[16]

기습 공세는 1918년 3월 21일 아침에 전례 없는 고강도 집중 포격과 함께 개시되었다. 거의 다섯 시간 동안 독일군 대포는 100만 발이 넘는 포탄을 발사하며 영국군 전선으로 중단 없는 탄막 포화를 퍼부었다. 독일 보병 소위 에른스트 윙거Ernst Jünger가 일기(1920년에 출간되어 국제적인 베스트셀러가 된 《강철 폭풍 속에서》)에 적은 대로 맹렬한 포격이 "무시무시한" 불의 "폭풍을 일으켜 우리가 여태 겪은 전투 가운데 최대의 전투마저도 그에 비하면 애들 장난 같아 보일 정도였다". 그다음 보병이 투입되어 적의 전선을 향해 진격하라는 명령을 받았다. "중대한 순간이 왔다. 잠행 탄막이 참호들을 넘어 서서히 이동했다. 우리는 공격에 나섰다."[17]

진격하는 독일군 32개 사단의 보병들은 재빨리 전선의 남부 구역을 휩쓸었다. 이 공격 첫날에만 독일 군 3개가 2만 1,000명을 포로로 붙잡고 1만 7,500명 이상의 사상자를 냈다.[18] 연합군은 적어도 일시적으로는 패닉 상태에 빠졌다. 3월 24일 육군 원수 더글러스 헤이그Douglas Haig는 프랑스 총사령관 필리프 페탱Philippe Pétain에게 영국군 전선이 더이상 버틸 수 없으며, 아미앵 방어를 포기해야 할 것 같다고 알렸다. 이튿날 헤이그는 실제로 영국군에 1916년에 유지했던 옛 위치들로 물러나라고 명령했다.[19] 혼란스런 후퇴의 와중에 루덴도르프가 의도했던 대로 영국 원정군을 해협을 따라 있는 프랑스 항구들을 통해 철수시키는 방안이 마련되었다. 그것은 전쟁을 통틀어 영국이 겪은 최악의 패배였고, 4월 3일, 페르디낭 포슈 Ferdinand Foch 장군 아래 합동 최고사령부를 창설함으로써 연합군 내부의 대립을 극복하도록 만들었다.[20]

독일의 초기 승전들은 최고사령부의 희망과 기대가 옳았음을 확인시켜주는 듯했다. 모든 것이 계획대로 흘러가는 듯 보였다. 일찍이 3월 23일에 카이저 빌헬름 2세는 독일이 "전투를 이겼고" "영국군은 완전히 패퇴했다"고 확신하게 되었다.[21] 승리가 임박했다는 낙관적 시각은 독일 후방전선도 사로잡았으니, 이는 나중에 독일인들이 패배를 어떻게 이해하게 되는지에 결정적이었다. 3월 26일 크루프 사의 경영 이사회의 의장인 알프레트 후겐베르크는 힌덴부르크 장군에게 축하하는 전보를 보냈다. "러시아와의 강화 (…) 그리고 이 시기 영국을 상대로 한 대승들은 모든 독일인의 가슴에 두 차례 얼얼한 맹타를 가한 것 같다. (…) 독일의 승리를 소심하게 의심해온 사람들과 승리를 믿지 않았던 사람들은 이제 승리가 이룰 수 있는 목전의 가능성임을 알고 있으며, 독일의 승리라는 생각 앞에 무릎을 꿇어야 한다"[22]

그러나 실제로는 미카엘 작전 동안 독일군의 진격은—비록 매우 인상적이긴 해도—전혀 결정적인 수준에 도달하지 못했다. 4월 5일 작전이 끝났을 때 제18군의 독일 병사들은 적의 영토 안쪽으로 50킬로미터를 훌쩍 넘겨 진격한 상태였는데, 이는 1914년 이후 서부전선에서 최장 진격 거리였다. 약 9만 명의 연합국 병사들이 항복했고 1,300문의 포가 포획되었다.[23] 그러나 달성된 전략적 이득은 미미했다. 영국군은 상처를 입었지만 무너지지는 않았다. 독일이 획득한 영토는 상당했지만 대부분은 전쟁으로 황폐해진 쓸모없는 황무지로, 이제 그들은 그 위로 이미 늘어날 대로 늘어난 보급선을 유지해야 했다.[24] 설상가상으로 독일은 이 공세 동안 병력을 24만 명가량 잃었는데 대체 불가능한 엘리트 강습 부대에서 사상률이 특히 높았다.[25] 반대로 영국군은 손실 병력 대부분을 해협 너머에서 수송해 온 신병들로 거의 즉시 대체했는데, 4월 말에 이르자 프랑스 항구들에는 10만 명이 넘는 신병들이 도착해 있었다.[26]

봄 대공세에 모든 것을 거는 도박을 한 뒤 반드시 승리를 가져와야 한다는 압력 아래 루덴도르프가 엉뚱한 실수를 하기 시작한 것은 바로 이 시점이었다. 미카엘 작전이 영국군을 꺾는 주요 목표를 달성하지 못했음을 깨달은 그는 전선의 또 다른 구역에 다시금 운을 걸어보기로 했다. 1917년 말에 봄 대공세를 고안할 때 그는 원래 미카엘 작전의 대안으로 게오르크 Georg라는 암호명이 붙은 플랑드르에서의 대규모 공격을 계획했었다. 미카엘 작전이 실패하자 작전의 새로운 암호명, '조르제트Georgette'('ette'는 지소指小 접미사다—옮긴이)에 반영되어 있듯이 게오르크 작전이 더 줄어든 규모로 다시금 현안으로 복귀했다. 독일군 2개 군이 독일군 전선과, 연합군의 핵심 보급선을 통제하는 전략적으로 중요한 철도 교차점 아즈부르크 사이에 있는 연합군 9개 사단—8개는 영국군, 1개는 포르투갈군—을 격파하라는 명령을 받았다. 9월 4일 이른 아침에 맹렬한 포격과 함께 시작된 공세는 처음에는 대단히 성공적인 듯했다. 독일군 돌격대는 포르투갈군 방어선을 격파하고 날이 저물 때까지 10킬로미터 정도 진격했다. 공세는 다음 며칠에 걸쳐 계속되었지만 결국에는 아즈부르크를 단 몇 킬로미터 앞두고 서서히 중단되었다. 루덴도르프의 되풀이된 실패는 영국군의 완강한 저항과 독일 병사들의 전반적인 탈진 탓이었는데, 많은 독일 병사들이 앞선 미카엘 작전에도 참가했었던 것이다.[27]

조르제트 작전의 실패와 함께 독일군의 공세는 갈수록 일관성이 없고 미친 듯이 진행되었다. 영국군에 대한 더이상의 공격을 포기한 루덴도르프는 이제 전선의 또 다른 구역을 쳤다. 프랑스군을 상대로 한 엔Aisne 공세는 네 시간 반 동안 200만 발의 포탄을 퍼붓는, 전쟁에서 독일군 최대의 포격 활동과 함께 5월 늦게 개시되었다. 그것은 승리를 거두기 위한 독일의 최후 시도였고 서부에서 최대 규모의 진격을 달성했다. 마른Marne 강변에 있는 샤토티에리를 접수한 뒤 독일 병사들은 다시 한 번—1914년처럼—프랑스 수도 도달 범위 안으로 들어왔고, 파리에서는 900명에 가까운 시민이 장거리포 포격에 죽임을 당했다.[28]

전세의 역전

1918년 봄과 초여름에 독일군의 대공세는 문제를 해결하기보다 더 많은 문제를 만들어냈다. 연락선과 보급선이 전보다 더 길어졌고 예비 부대를 전선으로 데려오기가 더 힘들어졌다. 황급히 버려진 적진 참호에서 발견된 연합군의 보급 식량 ─ 흰 빵과 쇠고기 통조림, 비스킷과 와인 ─ 은 궁핍한 독일 병사들에게 적들의 경제적 우위를 문자 그대로 맛보게 해주었다. 더욱이 인적 손실이 막대하여, 전쟁 첫 두 달을 제외하고 어느 시기보다 컸다. 1918년 6월 말에 이르자 총 91만 5,000명의 병력이 손실되었다. 루덴도르프의 도박으로 인해 흘린 엄청난 양의 피는 결실을 보지 못했다. 가장 뛰어나고 노련한 전사들 사이에서 흔히 야기된 독일군의 인명 손실은 너무 커서 도저히 신병으로 보충될 수 없었던 반면, 연합군은 이제 달마다 25만 명씩 유럽에 속속 도착하고 있는 미국 병사들로 전력을 증강했다.[1]

군사적 손실에다가, 궁극적으로 전 세계 인구 5,000만 명 이상의 목숨을 앗아갈 악성 인플루엔자 바이러스 '스페인 독감'의 첫 물결이 그해 여름 독일군 전선에 도달했다. 처음에 바이러스는 연합국 병사들보다 독일 병사들한테 더 심각한 피해를 입혔다.[2] 보통은 어린이와 노약자에게 영향을 미치는 바이러스에 의해 야기되는 이 독감 유형은, 엘리트 강습 부대의 병사들을 비롯해 나이와 신체적 건강에 상관없이 모든 병사들을 감염시켰다.[3] 알자스 지방의 독일 제6군의 경우에만 7월 전반기 동안 매일 1만 건의 새로운 감염 사례가 보고되었다. 1918년 5월과 7월 사이에 모두 합해 100만 명이 넘는 독일 병사가 병에 걸려 쓰러졌다. 반대로 6월과 7월 두 달간 영국군의 인플루엔자 감염 사례는 5만 건이었다.[4] 다른 질병들—폐렴, 이질, 심지어 말라리아까지—도 독일군의 전력을 더욱 약화시켰다.[5]

전력이 감소한—이전의 여러 차례 공세들과 다양한 질병들로 약화되었다—독일군은 한여름부터 연합군의 지속적인 반격에 직면했다. 1918년 7월 2차 마른 전투로 시작된 프랑스군의 반격과 아미앵 바깥에서 8월 8일 개시된 영국군의 공격은 전세가 연합국 쪽으로 역전되었음을 확인시켜주었다. 연합군의 반격 동안 독일군 16개 사단이 전멸했다. 비록 완전한 붕괴는 피했지만 독일군은 거의 전부 사기가 꺾이고 탈진했으며, 자신들이 처하게 된 절박한 상황에 갈수록 지도부를 탓했다.[6] 예를 들어, 제6군의 우편 검열부는 8월 동안 갈수록 더 많은 병사들이 '프로이센 군국주의'와 '피에 굶주린' 카이저 개인한테 공공연하게 등을 돌렸다고 보고했다.[7]

전력 증원이 없는 상태에서, 공세로 인한 막대한 병력 손실과 질병으로 약화되고 과중한 부담을 받게 된 독일군은 연합군에 효과적으로 저항할 수 있는 처지가 아니었다. 독일은 여름 공세 동안 획득한 모든 영토를 단기간 내에 모조리 상실했다. 연합국이 독일군 방어선을 심하게 훼손한 8월 8일(독일군의 '암흑의 날')로부터 1주일 뒤, 루덴도르프는 카이저에게 독일이 협상에 의한 강화—전쟁 기간 내내 거부해왔던 입장—를 추구해야

한다고 알렸다.[8]

　이 시점에서 루덴도르프는 예전의 모습은 온데간데없이 사라지고 없었다. 1914년 이후 그는 독일 참모부 안에서 급부상했는데, 타넨베르크 전투(1914)와 마주리아호 전투(1915)를 통해 동프로이센에 대한 러시아의 위협을 격퇴하는 데 중심적 역할을 했기 때문이다. 비록 루덴도르프의 직속 상관이자 1870~1871년 프랑스-프로이센 전쟁에 참전한 바 있는 역전노장으로서, 전전에 퇴역했다가 복귀한 파울 폰 힌덴부르크가 공개적으로는 그 모든 공로를 차지했지만 말이다. 그러나 힌덴부르크는 1916년 독일군 참모총장으로 임명되었을 때 재능이 뛰어난 루덴도르프를 자신의 병참감으로 삼았을 만큼 영리한 사람이었다. 다음 2년 동안 힌덴부르크와 루덴도르프는 사실상 군사 독재를 수립했지만 독일의 전쟁 수행 과정 전체를 이끈 사람은 실질적으로 루덴도르프였다. 1917년 러시아와 루마니아의 패배가 그로 하여금 대담한 입장을 취하게 만들었다면, 이후 1918년 봄과 여름 서부에서 공세들의 실패는 그의 자신감을 치명적으로 약화시켰다.[9] 비록 루덴도르프가 신경쇠약으로 완전히 무너졌다고 지금도 끈질기게 제기되는 소문은 과장되었을지라도, 그는 분명히 심한 스트레스를 겪고 있었다.[10]

　1918년 늦여름과 초가을에 중부 세력의 상황은 다른 전선들에서도 나을 바가 없었다. 연합군은 9월 14일 마케도니아 전선에서 공격에 나서 불가리아군을 패주시켰고, 결국 2주 만에 불가리아는 강화를 요청하고 나왔다. 이 갑작스러운 붕괴는 많은 관찰자들을 깜짝 놀라게 만들었다. 1915년 10월에 참전한 이래로 불가리아 군대는 용감하게 싸워왔고, 1915년(니시, 오프체 폴레, 코소보, 크리볼라크)과 1916년(레린, 체간, 비톨라, 스트루미차, 체르나, 투트라칸, 도브리치, 코바딘, 부쿠레슈티)에 일찍이 중요한 승리들을 거두었다. 1918년 이전에 불가리아는 어떤 전투에서도 크게 패배한 적이 없었다. 예를 들어 불가리아군은 도이란에서 연합군의 공격을 거듭 격퇴했는데, 그 마케도니아의 소읍에 강력한 방어선을 형성한 불가리아군은 프랑스와 영국, 제정 러시아 병사들의 조직적인 공격을 막아냈다.[11]

그러나 결국 협상 세력the Entente Powers(영국 · 프랑스 · 러시아, 즉 이른바 3국 협상국을 중심으로 한 연합국 진영. 전쟁 대부분의 기간 동안 대체로 3국이 주축이었지만 세르비아, 이탈리아, 벨기에, 포르투갈, 일본, 미국 등도 협상 세력이었다—옮긴이)은 불가리아 남서부 전선의 또 다른 지점에서 돌파구를 내는 데 성공했다. 1918년 여름 동안 연합군은 살로니카 북쪽 마케도니아 전선에 65만 병력으로 31개가 넘는 사단을 집결시켰다. 1918년 9월 14일에 프랑스와 세르비아 병사들에 의해 개시된 공세는 불가리아 방어군을 완전히 압도했다. 프랑스와 세르비아 병사들은 도브로 폴레에서 적의 방어선을 격파했고, 영국과 그리스 병사들은 도이란 호湖에서 불가리아 방어선을 뚫었다. 단 며칠 만에 불가리아군 대부분이 붕괴했다. 9월 25일에 이르자 불가리아 정부는 연합국에 적대 행위 종결을 요청하기로 결정했다.[12]

고작 나흘 뒤 불가리아 대표단이 살로니카에서 정전협정에 서명했을 때, 중부 세력에 마지막으로 가담한 국가인 불가리아는 전쟁에서 퇴장하는 독일의 첫 번째 동맹국이 되었다. 협정에서 불가리아는 불가리아군의 완전한 동원 해제(터키와의 국경과 철도선을 경비할 소수의 병력만 빼고), 연합군의 여러 전략 요충지 점령, 연합군에 군사 장비 인도, 그리고 소피아에서 가장 논란을 자아낸 조건인 전쟁 동안 정복한 그리스와 세르비아 영토 전역에서의 철수에 동의했다. 여기에는 19세기 말에 독립한 이래로 불가리아가 계속해서 영유권을 주장해온 영토인 마케도니아도 포함되어 있었다. 정전협정에는 또한 불가리아가 전쟁에서 퇴장하는 것을 보장하기 위한 조치로 연합국의 일시적 점령 가능성을 시사하는 비밀 조항도 포함되어 있었다. 패전국에 또 다른 심각한 타격은, 소피아 정부가 '바르게 처신'하는 것을 확실히 하기 위해 상당수의(8만 6,000명에서 11만 2,000명 사이) 불가리아 병사들이 가까운 장래에 여전히 전쟁포로로 남아 있어야 한다는 조건이었다.[13]

불가리아에 1918년 후반에 끝난 전쟁은 실질적으로 6년 전, 1912년 10월에 시작되었다. 그 당시에 불가리아, 세르비아, 그리스, 몬테네그로는 남동부 유럽에서 콘스탄티노플의 지배를 이참에 확실하게 끝장내겠다는 공통의 열망에 이끌려 오스만 제국에 맞선 공격에 힘을 합쳤다.[14] 그러나 14세기 이래 실질적으로 줄곧 오스만 제국 치하에 있었다가 1878년 자치를 얻어낸 불가리아는 오스만 제국령 마케도니아와 트라키아를 원했다. 곧 1차 발칸전쟁으로 알려질 이 분쟁은 오스만 제국의 신속한 참패로 1913년 5월 끝났고, 수천 명의 무슬림 민간인들이 살해되거나 추방당하는 종족 청소의 물결이 뒤따랐다.[15] 그러나 몇 주 안으로 승리한 발칸 동맹의 일원들은 전리품 분배를 둘러싸고 사이가 틀어졌고 6월 말 다시금 전쟁에 돌입했다. 이번에 불가리아는 패자였던 반면 그리스와 세르비아, 루마니아는 소피아를 희생시켜 추가로 영토를 확대했고, 오스만 제국은 동부 트라키아를 되찾는 데 성공했다.[16]

오스만 제국의 복수를 두려워한 다수의 불가리아계 주민들은 1913년 동부 트라키아에서 도망치고자 했는데, 이 지역에서 이제 콘스탄티노플은 1912년과 1913년에 발칸 거주 무슬림을 상대로 한 모든 학살에 대한 보복으로 강제 추방 정책을 실시했다. 두 차례 발칸전쟁 동안 자행된 범죄 행위를 조사하는 임무를 맡았던 카네기 위원회의 보고에 따르면 5만 명 이상의 사람들이 ─ 당시 트라키아에 거주하던 불가리아계 인구의 20퍼센

트―이 과정에서 살해당했다.[17]

20세기에 불가리아가 겪게 되는 여러 차례의 '국가적 참사' 가운데 첫 번째인 2차 발칸전쟁의 결과는 '불가리아계 주민'이 사는 모든 영토를 통일하려는 소피아의 꿈을 일시적으로 종식시켰다. 1913년 국가적 굴욕감과 절망감의 강도는 1914년 8월 대전이 발발했을 때 불가리아의 입장을 설명하는 데 도움이 된다. 비록 상실한 영토의 수복은 여전히 불가리아의 민족적 염원의 일부였지만, 그해 여름 적대 행위가 터져 나왔을 때 소피아는 처음에 중립을 선언했었다. 작센―코부르크―고타 가문의 대공으로서 빈에서 태어난 페르디난트 국왕과 바실 라도슬라보프Vasil Radoslavov 총리는 중부 세력을 지지하는 쪽이었지만, 많은 불가리아인들은 친親러시아 정서를 품고 있었다. 일부 불가리아 장교들은 ― 장군 열한 명을 비롯하여 ― 실제로 러시아 군대에 복무를 자원했다.[18]

그러나 불가리아의 정치 지도부는 1913년 8월 부쿠레슈티 조약의 재앙과도 같은 조항들을 뒤집을 수 기회를 감지했지만 어느 한편에 가담하기 전에 전쟁의 명운이 어느 쪽으로 기우는지 살피기 위해 1915년 10월 초까지 기다렸다. 불가리아는 1915년 여름까지 중부 세력과 협상 세력 둘 다와 협상했다. 양측 모두 불가리아가 어느 편으로 참전하든지 소피아가 원하는 대가는 2차 발칸전쟁에서 상실한 영토의 최소 두 곳 ― 마케도니아와 동부 트라키아 ― 의 반환이라는 사실을 알고 있었다. 이를 통해 소피아는 에게해 연안뿐 아니라 중유럽과 남유럽하고 중동을 잇는 철도 네트워크도 지배할 수 있을 터였다. 협상 세력이 제시할 수 있는 최선의 조건은 동부 트라키아(당시 오스만 제국 수중에 있던)가 전부였는데, 세르비아가 마케도니아 땅을 한 뼘도 내놓을 생각이 없었던 탓이었다. 이리저리 계산해본 끝에 그리고 갈리치아와 갈리폴리에서 연합군의 실패에 고무되어 차르(불가리아 국왕은 1908년부터 '차르'라는 칭호를 취했다 — 옮긴이) 페르디난트와 불가리아 정부는 중부 세력이 더 좋은 거래 조건을 제시했다고 결론 내렸다. 1915년 가을, 불가리아군은 마케도니아와 코소보를 급습하여 아우구스트 폰 마켄젠August von Makensen 장군 휘하 오스트리아—독일 합동군의 세르비아 공격을 지원했다.[19] 이 독일 주도 침공은 세르비아를 곧장 제압했고, 세르비아는 동맹인 프랑스의 도움을 받아 15만 명가량의 세르비아인을 알바니아 산악지대를 넘어 아드리아해 연안으로 가까스로 소개疏開시킬 수 있었다.

1916년 봄, 아마도 그리스 정부의 친親협상 세력적 태도에 대한 대응으로서(그리스는 1917년 연합국에 공식적으로 가담하기 전까지는 엄밀하게 말해 중립국이었지만 이미 1915년에 그리스 영토인 살로니카에서 연합국의 작전 수행을 허용하는 등 실질적으로 연합국에 우호적이었다 — 옮긴이) 독일은 불가리아군의 그리스 진격을 승인하여 (그리고 군사적으로도 지원하여) 살로니카 북동부 스트루마 강변에 위치한 루펠 요새가 함락되고 북부 그리스 일부 지역이 점령되었다.[20] 1916년 8월, 오스트리아—헝가리를 상대로 한 루마니아의 선전포고에 따라 불가리아는 다른 중부 세력에 합세하여 2차 발칸전쟁에서 불가리아의 패배에 크게 기여한 루마니아 공격에도 참가했다. 이제 그 패배를 복수할 때가 온 것이었다. 9월 초 불가리아군은 도브루자 지역으로 진격하여 적군에 여러 차례 심각한 타격을 입혔고, '루마니아 베르됭'으로도 알려진 투트라칸 전투에서 특히 적의 피해가 컸다. 투트라칸 요새를 방어하려다 8,000명이 넘는 루마니아 병사들이 전사했고, 이 패배는 루마니아의 전략적 입지를 심하게 약화시켰다.[21]

불가리아의 군사적 성공에도 불구하고 길어지는 전쟁은 나라에 심각한 효과를 미치기 시작했다. 늘어나는 인명 손실과 후방에서 경제를 지탱할

인력 자원의 감소는 1917년에 이르자 점점 더 많은 불가리아인들을 전쟁에 지치게 만들었고, 그 무렵의 식량 위기는 도시들과 군에 영향을 미쳤다. 많은 불가리아인들은 이 위기 동안 베를린의 전쟁 노력을 지속시키기 위해 부족한 원자재와 식량이 불가리아에서 독일로 인도되어 갈수록 많은 자국민이 심각한 영양실조를 겪는다는 사실에 격분했다.[22]

6월 중순 전선의 병사들이 처한 여건에 관한 심상치 않은 보고가 차르 페르디난트 앞으로 도착했다. 불가리아 최고위 장성 니콜라 제코프Nikola Zhekov가 보낸 이 보고서는 병사들의 곤경에 대하여 형편없는 운영과 조직을 노골적으로 탓했다. "병사들은 생존을 위해 하루하루 씨름하고 있다. (…) 고기는 1주일에 한 번씩만 나온다. 의복의 상황은 더 끔찍하다. 병사들은 초라한 의복을 걸치고 있고, 신발은 아예 없다. 그들은 적에 맞서 맨발로 바위에서 내달려야 한다. 군모 대신 찢어진 모래주머니를 잘라내 만든 머릿수건을 둘렀다. 그리고 겨울이 다가오고 있다. (…) 현 정부가 이런 사태를 초래했다."[23] 이 보고서를 받은 직후 차르 페르디난트는 라도슬라보프 내각을 알렉산드르 말리노프Alexander Malinov가 이끄는 새로운 정부로 교체했다.[24]

불가리아의 1918년 9월 패배는 중부 세력 지도자들 사이에 전쟁에서 졌다는 인상을 강화했다. 이 패배는 오스만 제국과 나머지 중부 세력 간 육상 연결을 단절시켰을 뿐 아니라 연합군이 콘스탄티노플을 서부에서, 그리고 합스부르크가 점령한 세르비아를 동부에서 공격할 수 있는 길을 닦은 셈이었다.[25] 중부 세력은 포위해 오는 이 위협에 대처할 수 있는 추가 병력이 없었다.

그사이 이탈리아 전선에서는 이른바 2차 피아베 전투로 전세가 중부 세력에 불리하게 돌아가기 시작했다. 제대로 된 준비가 부족하고 무분별한 합스부르크 군대의 공세는 무려 80킬로미터 전선에 걸쳐 6월 15일 개시되었다.[26] 공세는, 전년도 카포레토에서 이탈리아의 군사적 참사 이후 이탈리아군 최고사령관으로 임명된 아르만도 디아즈armando Diaz 장군 휘하 이탈리아군의 완강한 저항에 부닥쳐 재빨리 무너졌다.[27]

다수의 관찰자들한테는 매우 놀랍게도 이탈리아군은 카포레토 패주 이후 다시 결집했는데, 특히 군대와 정치 지도부에서 얼마간 급격한 교체가 이루어진 덕분이었다. 저명한 법학 교수에서 정치가로 변신한 신임 총리 비토리오 에마누엘레 오를란도Vittorio Emanuel Orlando는 원래 1914년 이탈리아의 중립을 지지했었다가 갑자기 이탈리아군의 부침이 그의 총리 임기에서 무엇보다 중요한 이슈가 되어버린 처지였다. 파리강화회의에서 협상이 지지부진한 데 항의하여 1919년 6월 사임할 때까지 계속 자리를 지키게 되는 오를란도는 눈앞의 도전에 적임자였다. 그는 '우니오네 사크라unione sacra'(프랑스의 '성스러운 통합'을 의도적으로 환기하는)라는 슬로건 아래 야심 찬 재동원 캠페인에 착수한 한편, 사기를 진작하기 위해 농업 노동자들과 참전 군인들에 대한 복지 규정을 개선했다('성스러운 통합union sacrée': 전쟁이 발발하자 좌파 진영이 정부에 대한 반대와 파업을 중지하기로 하는 등 그때까지 정치적으로 대단히 불안정했던 프랑스 사회가 보인 거국적인 통합 움직임을 말한다—옮긴이). 오를란도의 시도는 효과가 있었다. 이탈리아 정치는 1917년 군대의 붕괴 직전 상황에 놀라 활기를 되찾았고 새로운 에너지들이 전쟁 수행 노력에 투입되었다. 사기가 고양되었고 그와 더불어 승리가 가져다줄 영토 획득에 대한 기대도 숙명적으로 높아졌다.[28]

2차 피아베 전투는 합스부르크 군대에 종말의 시작을 고했다. 이 전투로 합스부르크 병사는 14만 2,000명이 죽거나 부상당했고 2만 5,000명이 연합군의 포로가 되었다.[29] 이중 군주국은 그러한 손실을 더이상 신규 병력으로 충원할 수 없었다. 심지어 1918년 7월 중순, 오랫동안 복무해온 참모총장 프란츠 콘라트 폰 회첸도르프Conrad von Hötzendorf의 해임도 이 시점에는 아무런 영향을 미칠 수 없었다.[30] 9월 14일 오스트리아 황제 카를 1세가 강화를 호소했다. 그러나 프랑스와 영국 지도자들은 그의 움직임이 연합국 진영을 분열시키려는 시도일 뿐일지도 모른다고 의심한 반면, 미국은 자신들은 이미 강화 조건을 전달했다고 응답했다. 따라서 더이상의 논의는 하나 마나였다.[31]

합스부르크 군대가 피아베 강변에서 불운하게 끝난 공세로 약화된 반면, 로마는 되찾은 전략적 고지를 십분 활용하여 전쟁이 끝난 뒤에 협상 테이블에서 입지를 강화하고자 했다. 10월 24일 이탈리아군은 몬테 그라파와 피아베강 건너 비토리오 베네토에 이중 공격을 개시했다. 5일 만에 합스부르크 군대는 전면적으로 후퇴했다. 최소 30만 명의 병사들과 24명의 장성들이 포로로 붙잡혔다. 10월 30일 이탈리아군은 비토리오 베네토를 손에 넣었다. 이를 배경으로 헝가리 정부는 11월 1일 헝가리 병력을 불러들이기로 결정했고, 이는 나머지 합스부르크 군대의 붕괴를 가속화했다.[32] 11월 2일 오스트리아 최고사령부는 정전을 요청했고, 이에 아르만도 디아즈는 휘하 병사들에게 득의만면한 '승전 공고문'을 보냈다. "오스트리아-헝가리 군대는 완파당했다. (…) 과거에 세상에서 가장 강력한 군대 중 하나였던 군대의 패잔병들은 거만한 자신감을 내보이며 내려왔던 계곡을 넘어 절망과 혼란 속에 되돌아가고 있다."[33]

11월 4일 오스트리아-헝가리와의 정전이 발효될 무렵, 중부 세력의 또다른 핵심 행위자인 오스만 제국은 이미 패배를 받아들인 상태였다. 1918년 10월 30일 서명된 무드로스 정전협정은 오스만 제국에는 실질적으로 1911년 9월에 시작되었던 전쟁을 끝냈다.[34] 그 당시 이탈리아는 — 오스만 제국이 충분히 허약하다고 여기고 — 오스만 제국령 트리폴리와 키레나이카(오늘날의 리비아)는 물론 지중해의 도데카네스 제도를 공격했다.[35] 1년 뒤인 1912년 10월 초, 이탈리아와 여전히 전쟁 중이던 콘스탄티노플은 불가리아와 그리스, 몬테네그로, 세르비아 합동군이 침공을 개시하면서 또 다른 군사적 도전에 직면했다.[36] 오스만 제국은 2차 발칸전쟁으로 한때 제국의 수도였던 에디르네를 탈환하는 데 성공했지만 유럽 영토를 거의 다 상실했다. 발칸에서 패배의 여파로 1913년 1월 23일, 엔베르 베이 중장이 이끄는 청년튀르크당 장교 무리가 술탄의 수상에게 총부리를 겨누며 사임을 강요한 결과 메흐메트 카밀 파샤 정부는 무너졌다.[37] 청년튀르크당의 눈에 러시아는 북쪽과 동쪽에서 제국의 국경지대에 위협을 제기했고 영국은 키프로스와 이집트에 전략적으로 핵심 기지를 수립하여 오스만 제국의 아랍 영토를 육상과 해상 병력에 의한 잠재적 공격에 노출시켰다.[38]

제국의 경계지대에 대한 이러한 위협이 제국의 존재 자체를 위태롭게 한다고 여긴 오스만 제국 지도자들은 영국과 동맹을 맺으려고 애썼지만 이 제의는 영국에 의해 거절당했다. 이제 그들은 콘스탄티노플의 지배 아래 있는 영토 어디에도 기득권이 없는 유일한 유럽 열강인 독일로 눈길을 돌리기 시작했다. 독일은 영국과 러시아의 제국주의로부터 안보를 제공하리라. 아니, CUP 지도자들은 그럴 거라 믿었다. 독일과의 동맹은 그리하여 오스만 제국의 내부 통합과 제국적 팽창에 필요한 안정을 제공할 터였다.[39] 오스만 제국 지도자들은 사전 선전포고 없이 공격에 나서기로 하여, 결국 1914년 10월 29일 극적인 야간 기습 작전으로 러시아 항구 세바스토폴과 오데사에 함포 사격을 감행하고 흑해의 러시아 선박들을 침몰시키기에 이른다.[40]

제국의 허약함에 관한 온갖 무성한 말들에도 불구하고 1912~1913년의

1차 발칸전쟁에서의 패배 사이 단기간에, 이제 CUP가 완전히 좌지우지하던 오스만 제국 정부는 군대를 과감하게 개혁했다. 독일 군사 고문관의 도움과 매우 유능한 신세대 젊은 장교들 덕분에 오스만 제국 군대는 진지한 전투 병력으로 거듭났다.[41] 비록 콘스탄티노플의 최초 캅카스 군사 활동은 참사로 드러났지만 재편된 오스만 제국 군대는 동부 아나톨리아부터 시나이 반도까지, 그리고 바그다드부터 다르다넬스 해협까지 다양한 전선에서 적군을 격퇴하며 다른 곳에서는 잘 싸웠다. 갈리폴리에서 그리고 1916년 4월 쿠트에서 인도군을 상대로 한 오스만 제국군의 승리를 비롯하여 중동의 여타 군사 활동에서 서방 연합국이 비싼 교훈을 얻은 것처럼, '유럽의 병자'는 여전히 기운이 남아 있었다.[42] 1916년 1월 갈리폴리에서 연합군의 굴욕적인 철수와 바그다드에서 남동쪽으로 160킬로미터 정도 떨어진 쿠트에서 영국과 인도 병사 1만 3,000명의 항복은 본국 런던의 애스퀴스 내각을 심히 난처하게 만들었다.[43]

그러나 전쟁이 한없이 길어지면서 오스만 제국은 협상 세력의 자원과 수적 우위에 상대가 되지 않았다. 비록 제국은 1917년 러시아 혁명으로 이전에 제정 러시아에 상실했던 영토를 수복했지만 전세는 궁극적으로 오스만 제국에 불리하게 바뀌었다. 아마 콘스탄티노플은 각각 1917년 3월과 12월에 영국군에 함락된 바그다드와 예루살렘의 상실도 감수할 수 있었을 테지만, 1918년 9월 19일 개시된 팔레스타인 전선에서 영국군의 추가적 공세는 12일 만에 오스만군 3개를 패주시키면서 예루살렘 북쪽의 방어군을 궤멸했다. 일대 혼란이 뒤따랐다. 오스만 제국 병사들이 한꺼번에 수천 명씩 탈영하고, 완전히 무질서하게 후퇴하면서 집단으로 투항하고 있었다. 10월 1일에 이르자 연합군은 다마스쿠스에 입성했다. 10월 26일에 영국-인도군은 성도 메카와 메디나의 수호자 후세인 빈 알리Hussein bin Ali

가 이끄는, 히자즈에서 온 아랍 반군과 함께 북부 시리아의 알레포를 함락했다.[44]

제2의 영국군이 살로니카에서 불가리아 전선을 돌파한 뒤 북쪽으로부터 오스만 제국의 수도를 향해 다가오고 있었다. 대량 탈영과 막대한 수의 사상자로 이미 전력이 크게 약화된 오스만 제국 지도부는 도저히 또 다른 전선에서 싸울 수 있는 입장이 아니었다. 제국을 전쟁으로 이끌었던 CUP 지도부는 10월 첫 주에 사임한 뒤 독일 전함을 타고 도망친 한편, 술탄 메흐메트 6세가 신속히 임명한 자유주의적 신정부는 영국 측에 강화 의사를 전달했다. 전쟁 영웅 출신으로 브레스트리토프스크 강회회의 동안 오스만 제국 대표단의 일원으로 활동하기도 한, 최근 임명된 해군대신 휘세인 라우프 오르베이Hüssein Rauf Orbay는 에게해 림노스 섬에서 영국 대표들을 만났다. 영국 전함 아가멤논호 선상에서 나흘간 논의한 끝에 1918년 10월 30일, 라우프 오르베이는 영국군 지휘관 아서 칼스로프Arthur Clathrope 제독이 임석한 가운데 무드로스(연합국이 그 섬을 부르는 이름에 따라) 정전협정으로 알려지게 되는 것에 서명했다.[45]

무드로스 정전협정은, 개전 직후 영국 총리 허버트 애스퀴스Herbert Asquith가 이 전쟁은 오스만 지배의 종식으로 이어질 거라고 천명한 이래 오스만 제국 사람들이 품어온 제국의 미래에 대한 최악의 우려를 확인시켜주었다. 이러한 우려들은 1917년 11월 볼셰비키가 고소해 하며 공개해버린 사이크스-피코-사조노프 협정(1916)의 비밀 합의 내용으로 확인되었다. 공개된 내용에 따르면 3국은 전쟁에서 승리한 뒤 현재 오스만의 속령인 아랍 영토를 각자의 세력권으로 분할하기로 합의했다. 거의 비슷한 시기에 영국 외무장관 아서 밸푸어는 '팔레스타인에 유대인들을 위한 민족적 고향'을 수립하는 데 자국 정부의 지원을 약속했고('밸푸어 선언'), 미국 대통령 우드로 윌슨은 (그의 '14개조'의 일환으로) 종족적 구분선에 따른 오스만 제국의 해체 의사를 표명했다.[46]

정전협정이 체결될 무렵 오스만 제국의 아랍 속령들은 — 메소포타미아 (영국인들이 과거 오스만 제국의 속령인 모술, 바그다드, 바스라를 뭉뚱그려 부를 때 사용한 표현)부터 팔레스타인까지, 시리아부터 멀리 아라비아 반도까지 — 이미 사라져버렸다. 동쪽에서는 1918년 5월에 아르메니아가 민주공화국을 선포했고, 쿠르드족 지도자들도 쿠르드족만의 국가 수립을 요구하고 있었다. 그러나 콘스탄티노플의 새로운 지도자들은 윌슨의 민족자결주의 원칙이 적어도 내륙의 터키어권인 아나톨리아와 동부 트라키아에는 적용될 것이라고 기대하고 있었다. 나중에 밝혀지게 되듯이 연합국 진영의 일부 승전국들은 그 지방에 다른 계획을 품고 있었다.

협정 조건 하에 술탄 정부는 완전한 동원 해제와 더불어 캅카스와 아랍 지방에 남아 있던 병력의 전면 철수에도 동의했다. 연합군은 또한 아나톨리아의 전략 요충지들을 — 도로부터 전신국, 철도선과 터널에 이르기까지 — 임의로 점령할 수 있는 권한도 보유했다. 비록 수도 콘스탄티노플은 처음에는 공식적으로 점령되지 않았지만 협정 체결 한 달 안에 연합국 전함들이 보스포루스 해협 내로 진입했다(보스포루스 해협의 폭이 매우 좁아 콘스탄티노플 전체가 함포의 사정권 안에 들어오므로 수도에 외국 점령군이 주둔한 것과 다를 바 없었다 — 옮긴이).[47]

오스만 측 협정 서명자인 라우프 오르베이는 명예로운 강화는 없으리란 것을 깨달았을 때 느낀 배신감을 나중에 이렇게 회고했다. "당시 우리나라에는 영국과 프랑스는 서면 협정뿐 아니라 구두 약속들에도 충실한 나라라는 전반적인 믿음이 있었다. 그리고 나도 그런 믿음이 있었다. 우리의 믿음과 신뢰가 얼마나 끔찍한 착각이었는지!"[48] 남쪽으로 멀리 떨어진, 시리아 국경지대 임지에서 라우프의 친구인 37세의 무스타파 케말 준장은 정부의 성급한 동원 해제에 반하여 엄중한 경고를 보냈다. "만약 우리가 협정 내용에 대한 잘못된 해석과 오해를 불식하기 위한 조치를 강구하지 않은 채 군대를 해산하고 영국이 원하는 모두 요구에 굴복한다면 영국의 탐욕스런 속셈에 제동을 걸기는 일체 불가능하리라는 것이 저의 진정하고 솔직한 의견입니다."[49]

  케말은 협상 세력에 맞서 오스만 제국의 최후 공세를 지휘했던 팔레스타인 전선에서 콘스탄티노플로 신속히 복귀했다. 1918년 말에 콘스탄티노플에서 그는 수도가 해상 봉쇄로 크게 고통받아왔음을 발견했다. 도시에는 석탄이 없었고 식량도 극히 적었다. 비탄에 빠진 과부들과 고아들, 상이군인들이 거리를 배회하고 있었다. 거리 구석마다 불구가 된 병사들이 음식을 구걸하고 있었고, 수만 명의 피난민들—볼셰비키를 피해 도망쳐 온 러시아인들, 중동과 유럽 지역을 떠나온 터키인들—이 길바닥에 나앉아 있었다. 케말은 주변이 온통 비非무슬림—주로 인종 학살에서 살아남은 아르메니아인과 그리스인—주민들이라는 사실도 깨달았다. 그들에게 오스만 제국의 패배는 기쁜 소식이었으니 모두가 그리스와 연합국 국기를 흔들며, 콘스탄티노플로 다가오고 있는 연합국 전함들을 환영했기 때문이다.[50]

  정전은 전쟁에서 오스만 제국의 퇴장을 알렸을 뿐 아니라 실질적으로 역사상 가장 오래 존속한 제국 가운데 하나의 종말도 고했다. 오스만 왕가는 대략 1299년 이래로 오스만 영토를 다스려오면서 14세기에 남동부 유럽으로 팽창했고, 16세기에는 아라비아 동부를 정복했다. 이 시점에 오스만 술탄은 이슬람 선지자 무함마드의 정치적, 종교적 후계자이자 무슬림 세계의 지도자인 칼리프의 칭호도 취했다. 비록 오스만 왕가의 마지막 술탄 메흐메트 6세는 1922년 11월 17일에야 콘스탄티노플을 떠나 망명을 갔지만 그의 제국은 이미 해체된 뒤였다. 제국의 적들은 오스만 제국을 합스부르크 제국만큼 '민족들의 감옥'이자 부패하고 억압적인 과거의 유물이라고 반세기 넘게 규탄해왔었다. 오스만 제국의 패배는 이제 콘스탄티노플이 수세기 동안 억압해왔다고 하는 기독교도 주민과 아랍 주민들을 '해방'시키리라. 아니 서방의 많은 사람들의 주장에 따르면 그랬다.[51]

11월 초에 이르자 전쟁에 마지막까지 남아 있던 중부 세력은 독일뿐이었다. 갈수록 절망적인 군사적 상황에도 불구하고 서부전선의 독일군은 대단히 놀랍게도 맹방인 불가리아가 붕괴한 뒤에도 400킬로미터에 걸친 전선을 거의 한 달 반 동안이나 지켰다. 그럼에도 불구하고 이 국면에서 전쟁의 불가피한 결과를 의심하는 사람은 거의 없었다. 불가리아의 퇴장은 루덴도르프에게 결과들에 책임을 지지 않고 전쟁을 끝낼 편리한 구실을 제공했다. 불가리아 정전일인 9월 29일에 루덴도르프와 힌덴부르크는 카이저 빌헬름 2세에게 자신들이 군사적 상황과 그에 따른 정치적 결과들을 어떻게 평가하고 있는지를 밝혔다. "나는 폐하께 우리를 현 상황으로 빠트리는 데 대체로 책임이 있는 분파들을 정부로 불러들여달라고 부탁했다"고 루덴도르프는 10월 1일 육군 최고사령부OHL의 고위 장교들에게 알렸다. 그는 독일군의 항전 의지가 무너졌음을 솔직하게 인정했다. "병사들을 더이상 믿고 의지할 수 없다"고 주장했다.[52] 그러나 루덴도르프는 그가 '불가피하게 임박'했다고 여긴 독일의 패배에 책임을 져야 할 자들은 군 지도부가 아니라 제국의회 내 정치적 좌파들이라고 확신하고 있었다. "사태가 이 지경에 이르게 된 데 감사해야 할 분파들을 정부로 불러들이라고 폐하께 건의했다. 우리는 이제 이 신사분들이 나라의 각 부처로 입각하는 모습을 보게 될 것이다. 지금 당장 이루어져야 할 강화를 그들이 타결하게 하자. 그들이 우리 먹으라고 쑨 죽을 자신들이 먹게 하자."[53] 제의된 '위로부터의 혁명'은 최고사령부의 패전 책임을 떠넘기게 하는 것 말고도 추가적 이점이 있었다. 윌슨 대통령은 민주적으로 승인된 베를린 정부와 협상한다면 자신의 14개조에 입각하여 강화 협상을 타결할 용의가 더 있으리라.[54]

최고사령부의 조언을 받아들여 빌헬름 2세는 9월 30일 "국민의 신뢰를 받는 사람들이 정부의 권한과 의무를 더 폭넓게 공유해야 한다"는 뜻을 공개적으로 밝혔다.[55] 이 칙령과 함께 카이저는 철저하게 냉소적인 민주화 과정을 개시했으니, 러시아에서 차르 정권을 타도했던 것과 유사한 잠재적으로 혁명적인 상황이 독일에서 벌어지는 것을 미연에 방지하려는 목적이었다.

이 급작스러운 개혁의 첫 번째 결과는 재상 게오르크 폰 헤르틀링Georg von Hertling ─ 강성 개혁 반대파 ─ 을 51세의 막시밀리안 폰 바덴Maximilian von Baden으로 교체한 것이었다. 남독일 출신의 지적인 자유주의자인 바덴 공은 광범위한 정파들이 뒷받침하던 그의 정부와 마찬가지로 전임자들과 크게 달랐다.[56] 바덴 공은 진보인민당, 국민자유당, 가톨릭중앙당, 사회민주당 ─ 의회에서 압도적 다수를 대표하던 ─ 의 지지를 기대할 수 있었다. 1917년 7월 이 정당들은 적국의 영토 상실이나 여타 정치적, 경제적, 재정적 침해 행위 없는 강화 협상에 나설 용의가 있음을 천명했었다(소위 '병합이나 배상 없는 강화'를 말한다. 프랑스가 알자스로렌 지방을 할양하고 전쟁 배상금을 물었던 1870~1871년 프랑스─프로이센 전쟁의 사례에서 보듯, 이전까지 유럽의 전쟁들은 흔히 패전국이 영토적, 경제적 보상을 하면서 끝났다─옮긴이). 1918년 전세의 역전은 마침내 그들을 집권시켰고 입헌군주정에서 의회민주정으로 독일의 변신은 1918년 10월 28일, 1871년 헌법이 제국의회에서

정식으로 수정되면서 완료되었다.[57]

그 시점에 이르자 새로운 정부는 이미 미국과 가능한 휴전에 관해 몇 주째 대화 중이었다. 수상으로 임명된 바로 그날, 적대 행위의 '최대한 신속한' 종결을 주장하는 루덴도르프의 재촉을 받은 수상 바덴 공은 14개조에 입각한 적대 행위의 즉각적 종결을 요청하면서 윌슨 정부와 접촉을 시작했다.[58] 그러나 양측 간 전문의 교환은 바덴 공과 그의 신정부가 희망한 것만큼 그렇게 간단하지 않았다. 원래, 10월 8일자 윌슨의 답변은 신중한 낙관주의를 품을 만한 근거를 주었다. 미국 측 답변은 독일 정부가 이제 인민 의지의 대표자인지 그리고 그 정부가 14개 조항을 수용하는지를 분명히 하고자 했기 때문이다. 그러나 10월 10일 아일랜드 더블린 근해에서 독일 유보트에 의한 영국 여객선 렌스터 호 격침에 따라 윌슨은 두 번째 전문을 보내 '불법적이고 비인간적인 전투 관행'을 지속한다고 독일을 강하게 비판했다. 윌슨은 또한 독일이 아직도 '자의적 권력'—아마도 카이저와 최고사령부—에 의해 지배되고 있다고 말했다. 독일은 10월 20일에 잠수함전을 중단시켰고 헌정의 민주화에 속도를 올렸지만 10월 23일자 미국 대통령의 세 번째 전문은 그가 독일의 개혁을 불충분하다고 여기고 있음을 의심의 여지 없이 보여주었다. 윌슨은 "미합중국은 독일의 진정한 대표가 아닌 어느 누구와도 상대할 수 없다. (…) 만약 미합중국이 독일 군부의 지배자들과 군주정의 독재자들과 상대해야 한다면 (…) 강화 협상이 아니라 항복을 요구할 것이다"라고 주장했다.[59]

독일 최고사령부는 윌슨의 전문을 그 자리에서 거부하고 치욕스러운 항복을 피하기 위해 '피비린내 나는 최후까지 싸울' 각오를 하라고 병사들에게 명령을 내렸지만 막스 폰 바덴은 이제 무슨 수를 써서라도 전쟁을 끝내야 한다고 마음을 굳혔다. 더 나은 협상 조건을 얻어내기 위해서는 다름 아닌 카이저가 퇴위해야 한다는 목소리가 갈수록 커지는 데 직면하여 빌헬름은 이제 최고사령부에 맞서 신임 수상을 지지할 태세였다.[60] 10월 26일에 루덴도르프와 힌덴부르크는 빌헬름 2세를 알현하기 위해 베를린 벨뷰 궁으로 불려갔다. 루덴도르프는 이 알현 자리에서 해임되었다. 힌덴부르크는 정부를 떠날 경우 군의 사기가 더 떨어질지도 모른다는 우려 때문에 자리에 남으라는 지시를 들었다. 그러나 이제 그는 최고사령부의 새로운 제1병참감 빌헬름 그뢰너Wilhelm Groener에 의해 사실상 옆으로 밀려났다.[61]

그러나 지도부에서 이러한 변화들은 너무 늦은 것이었다. 전세가 독일에 분명하게 불리해지자 민간과 군의 사기는 곤두박질쳤다. 전년도의 러시아에서처럼 군사적 참사와 전반적 전쟁 피로감은 혁명을 위한 조건들을 창출했다. 패배를 야기한 것은 — 이후에 민족주의 진영에서 주장하게 되는 것과 달리 — 혁명이 아니었다. 러시아에서처럼 독일에서 혁명적 사변들은 물질적 궁핍과 산업 노동자들의 파업, 그리고 병사들 사이에서 불만으로 촉발되었다. 전쟁이 주는 중압은 제정의 정통성과 전쟁의 마지막 2년 동안 그 제정이 점차 전락해가며 취한 '무언의' 군사 독재의 정당성을 약화시켰다. 그것은 민간이 겪는 곤경을 완화하지도 못하고 전쟁을 약속한 승리로 이끌지도 못하는 정권이었다.[62] 1918년 가을 군의 붕괴와 더불어 제국에 대해 남아 있던 일체의 지지는 증발했다. 군 기강의 악화와 권위주의적 통치 체제의 붕괴, 연합국으로부터의 외적 압력(특히 윌슨에 의해 표명된 14개조)과 후방에서의 극단적인 전쟁 피로에 의한 압박, 거기에 러시아의 사례까지(이것은 1918년 후반 독일에 등장하는 노동자와 병사 평의회에 영감을 주었다) 그 모든 것이 합쳐져 압도적인 정통성 위기를 불러왔다.[63]

독일 혁명 자체는 독일 내에 배치되어 있던 병사들과 수병들의 반란으로 시작되었다. 즉각적인 도화선은 1918년 10월 28일 라인하르트 셰어 Reinhard Scheer 제독 예하 제국 해군 최고사령부가 영국 해군에 맞서 최후의 결전을 벌이라고 함대에 내린 명령이었다. 10월 16일자 한 해군 전략 문서는 이렇게 적고 있다. "비록 이것이 사태의 추이에 결정적인 반전을 가져올 거라 기대되지 않는다 해도, 그럼에도 불구하고 도의적 관점에서 보았을 때 마지막 전투에서 최선을 다해야 한다는 것은 해군의 명예와 존망이 걸린 문제다."[64]

'명예'를 회복하는 것이 제국 해군 최고사령부에는 특히 중요한 사안이었던 것 같은데, 값비싼 전함들을 보유한 독일 함대는 영국 해군을 결정적으로 격파하기에는 규모가 작았고 독일을 굶주리게 만들어 항복시키려는 영국의 해상 봉쇄도 막을 수 없어서 전쟁 기간 내내 대체로 효과를 보지 못했다. 1916년 5월 31일~6월 1일 승패가 나지 않았던 유틀란트 해전 이래로 독일 해군의 활동은 잠수함전으로 국한되어 있었다.[65] 이제 전쟁이 끝나가고 패배가 불가피해 보이자 제독들은 뭔가 극적인 행위—적 영국 해군을 상대로 한 전면적 공격—가 필요하다고 보았다. 비록 그것이 독일 대양함대High Sea Fleet의 전멸을 의미할지라도 말이다.[66]

수병들의 시각은 달랐다. 명령에 복종하는 대신 그들은 군항 빌헬름스하펜에 정박해 있는 여러 척의 배에서 반란을 일으켰다. 해군 지도부는 과격한 대응 조치로 맞섰지만 이는 병사들의 항명 사태에 기름을 부었을 뿐이었다. 소요는 킬 해군 기지로 퍼져나갔고 킬의 조선소 노동자들도 반란에 합류했다. '자살 임무'에 맞선 반란은 혁명가들이 무조건적인 강화와 카이저의 즉각적 퇴위를 요구하기 시작하면서 이제 더 노골적으로 정치적인 방향으로 돌아섰다. 그것은 1917년 초에 페트로그라드에서 러시아 시위자들이 표명한 것과 불편할 만큼 비슷하게 들리는 요구였다.[67]

연합국과의 협상이 이어지는 동안 질서를 회복하기 위한 시도로서 바덴 수상은 자신의 친구이자 제국의회 내 자유주의적인 진보당 의원 콘라트 하우스만Conrad Haussmann과 전직 바구니 제조업자이자 이제는 제1당인 사민당 의원 구스타프 노스케Gustav Noske에게 사실 수집 임무를 맡겨 킬Kiel로 파견했다. 그는 두 의원에게 상황을 진정시켜달라고도 부탁했다. 두 의원은 킬에 도착하자마자 수병 반란을 진화하기 어렵다는 것을 즉시 깨달았다. 기지로 간 그들은 자신들의 요구를 되풀이하고 있는 대규모 시위 군중과 만났다. 노스케는 반란 관련자들에게 사면을 약속하는 연설을 했다. 그는 며칠 내로 정전협정이 이루어질 거라고도 알렸다. 그날 저녁 그는 베를린의 내각에 현장의 상황에 관해 보고했다. 반란자들이 즉각적인 정전과 카이저의 퇴위를 요구하고 있으며, 다름 아닌 자신을 그 지역의 지사로 선출했다고 알린 것이다.[68]

　킬 반란이 진화될 수 있으리라는 일체의 희망은 재빨리 꺼졌다. 그것은 항구 도시 브레멘, 뤼베크, 비스마르, 쿡스하펜, 함부르크, 틸지트로 퍼져 나가면서 전면적 혁명이 되었다.[69] 11월 7일에 혁명은 내륙으로 이동했다. 뮌헨에서는 수천 명의 사람들이 사회주의 집회에 모였다. 이튿날 독립사민당원 쿠르트 아이스너Kurt Eeisner가 바이에른 사회주의 공화국을 선포했다. 혁명 병사들과 수병들은 혁명의 전도사 역할을 했고 노동자와 병사 평의회가 결성되었다.[70] 대중 시위가 며칠째 이어지자 작센 국왕은 작센 수도인 드레스덴에서 퇴위하여 베틴 가家의 작센 지배를 끝냈다. 베를린에서는 전직 외교관이자 공화주의자 귀족인 하리 케슬러Harry Kessler가 이렇게 관찰했다. "함부르크발 베를린행 기차마다 적색분자들이 쉴 새 없이 올라타고 있다. 오늘 밤 여기서 봉기가 예상된다."[71]

　혁명의 첫 희생자들은 그렇게 오랫동안 독일 국가들을 다스려왔던 왕가들이었다. 바이에른을 1,000년 넘게 다스려온 비텔스바흐 가문의 연로한 국왕 루트비히 3세를 비롯해 22명의 국왕과 군주, 대공 들이 아무런 반발 없이 폐위되었다. 11월 9일까지 남아 있던 군주는 프로이센 국왕이자 독일 황제인 빌헬름 2세뿐이었다.[72]

그사이 정부는 혁명을 관리하려, 아니 적어도 그 급진화를 막아보려 했다. 필리프 샤이데만과 함께 사민당SPD: Social Democratic Party의 공동의장인 프리드리히 에베르트Friedrich Ebert는 수상 못지않게 볼셰비키 혁명이 일어날까봐 두려워하고 있었지만 혁명가들의 핵심 요구 사항들을 들어주어야 한다는 결론에 도달했다. 11월 7일 에베르트는 막스 폰 바덴에게 "만약 카이저가 퇴위하지 않는다면 사회 혁명이 불가피하다"고 경고했다. 그날 나중에 카이저와 황태자가 이튿날 정오까지 퇴위해야 한다는 최후통첩이 정부에 들어왔다. 그러나 빌헬름 2세는 불가피한 일을 받아들이려 하지 않았다. 그 대신 그는 11월 8일 저녁 전화 통화로 막스 공에게 질서를 회복할 충성스러운 병사들을 이끌고 베를린으로 복귀하겠다는 의사를 밝혔다.[73]

그러나 이 시점에서 빌헬름은 더이상 자신의 정치적 운명의 주인이 아니었다. 11월 9일 그뢰너 장군이 주재한 39명의 서부전선 중간급 일선 지휘관들의 모임은 카이저가 베를린으로 진군하기로 결정한다 해도 군대가 그의 명령을 따를 가망은 거의 없다고 밝혔다.[74] 한편 수도에서 독립사민당USPD(1917년 사민당 내 좌파가 분당해서 만든 당이다. 이들과 구분하기 위해 본래의 사민당을 다수파사민당이라고 부른다―옮긴이)은 이튿날 아침 대중 집회를 소집했다. 다수파사민당MSPD은 막스 공에 대한 압박 수위를 높였고, 막스는 빌헬름의 승인을 기다리지 않고 정오에 카이저의 퇴위를 발표했다. 그다음 그는, 수십만 명의 군중이 베를린 거리로 나와 카이저에 반대하며 공화국 수립을 요구하는 시위를 벌이고 있는 와중에 에베르트를 불러서 수상직을 맡아줄 것을 요청했다.[75]

에베르트와 함께 다수파사민당의 공동 의장인 필리프 샤이데만이 그날 오후 제국의사당 발코니에서 공화국 수립을 선포하여 이러한 요구에 응했다. 비록 샤이데만의 공화국 선포는 주로 더 급진적인 사회주의자들의 유사한 선언에 선수를 치려는 의도였지만, 그는 열광하는 군중에게 신정부는 제국의회 내 두 사민당을 모두 포함하여 구성될 거라고 안심시켰다. 그의 연설은 공화국의 탄생을 패배 속의 승리로 해석하려는 시도로 끝을 맺었다. "독일 민족은 어디서나 승리해왔다. 썩어빠진 구체제는 무너졌다. 군사주의는 끝장났다!"[76]

11월 9일 저녁이 되자 구체제는 완전히 뒤집혔다. 카이저는 이튿날 아침 네덜란드로 망명을 떠났고 베를린에서는 평의회들이 독일 공화국의 임시 정부를 선출했다. '인민 위원들의 평의회'라는 혁명적 명칭이 붙은 임시 정부는 6인으로 구성되었다. 셋은 다수파사민당 인사였고(에베르트, 샤이데만, 오토 란츠베르크Otto Landsberg) 셋은 독립사민당 인사(후고 하세Hugo Haase, 빌헬름 디트만Wilhelm Dittmann, 에밀 바르트Emil Barth)였다. 에베르트가 정부를 이끌 터였다.[77]

에베르트의 주요 목표는 전쟁을 최대한 빨리 종결짓고, 내전을 피하면서 병사들을 고국으로 귀환시키는 것이었다. 1918년 11월 11일 아침 일찍 중앙당 의원 마티아스 에르츠베르거Matthias Erzberger가 이끄는 독일 대표단은 콩피에뉴 숲속 열차 차량 안에서 정전협정에 서명했다.[78] 정전 조건은 고작 몇 달 전만 해도 머지않은 승리가 4년간의 오랜 고생과 희생을 정당화해줄 거라고 여겨온 나라로서는 받아들이기 힘든 것이었다. 독일군은 서부전선의 침공 영토 전역에서 즉시 철수해야 하고 대량의 무기와 해군의 대양함대도 연합국에 넘겨줘야 했다. 알자스로렌 지방은 프랑스에 반환될 것이며 프랑스는 라인강 서안도 점령하기로 했다. 독일 정부가 약속을 충실히 이행하도록 영국의 해상 봉쇄는 계속될 예정이었고, 따라서 독일 민간인 상당수가 여전히 아사의 위협에 처하게 되었다. 베를린 대표단은 이런 정전 조건이라면 독일은 혼돈 상태에 빠질 거라고 경고했다. 에르츠베르거는 합의 조건들에 항의하기는 했지만 결국 협정에 서명했고, 정전은 여섯 시간 뒤인 오전 11시에야 발효되었다. 서부전선의 포성이 마침내 그쳤다.[79]

혁명과 반혁명

○ 사람들이 우리에게 전쟁이 끝났다고 말했을 때 우리는 웃었다. 왜냐하면 우리가 바로 전쟁이었으니까. 전쟁의 불꽃은 우리 안에서 계속 타올랐고, 무시무시한 파괴의 이글거리는 기운에 휩싸인 우리의 행위 속에서 전쟁은 계속 살아갔다. 우리는 내면의 부름을 따랐고, 전후 시대의 전장으로 행진했다.

_프리드리히 빌헬름 하인츠, 《화약》(1930)

△ 우리 주변은 온통 광기와 위험이 지배한다. (…) 짙어가는 먹구름이 머리 위로 몰려들고 거대한 검은 심연이 눈앞에 펼쳐진다.

_솔로몬 그리고레비치 구레비치, 《스몰렌스크, 1917》

□ 1789년의 부르주아 혁명—그것은 전쟁과 혁명이 하나로 합쳐진 것이었다—은 세계의 문을 부르주아지 앞에 활짝 열어젖혔다. (…) 역시 전쟁이기도 한 지금의 혁명은 미래의 문을 대중 앞에 활짝 열어젖히는 듯하다.

_베니토 무솔리니, 1918년 5월 19일 볼로냐 연설

끝없는 전쟁

1918년 11월 11일 서부에서 적대 행위가 종결된 지 이틀 뒤 러시아의 붉은 군대가 라트비아 볼셰비키들의 적잖은 지원을 등에 업고 이전 차르 제국의 서부 국경지대에서 대규모 공세를 시작했다. 그들의 목표는 독일의 패배가 가져온 기회를 놓치지 않고 브레스트리토프스크 조약 결과 상실한 영토를 수복하는 것이었다. 그와 동시에 베를린과 뮌헨, 빈, 부다페스트에서 일제히 발생한 혁명은 레닌으로 하여금 볼셰비즘이 정말로 서쪽으로 수출될 수도 있겠다는 기대를 품게 했다. 그에게 승산이 있었다. 사기가 바닥에 떨어지고 불온한 병사들이 제국으로 귀환하기 위해 줄줄이 동부 주둔지로 모여들고 있었고 중동부 유럽의 새로운 국방군들은 이제막 창설되었을 뿐이었다. 미미한 저항만 받은 붉은 군대는 1919년 1월 3일 리가를 재정복하면서 최근에 독립한 에스토니아와 라트비아를 점령하고 리투아니아로 밀고 들어가 닷새 뒤 빌뉴스를 정복했다.[1]

레닌은 한시도 지체 않고 새로운 정복지에 혁명을 도모하러 나섰다. 브레스트리토프스크 조약을 체결하고 그리하여 러시아에서 사회주의 생존에 집중하기로 한 레닌의 결정은 중부 세력의 군사적 진격에 의해 그에게 강요된 것이었다. 이제 독일과 그 동맹국들이 패배했으니 그는 전 지구적인 볼셰비키 혁명에 불을 댕긴다는 궁극적 목표를 추구하는 일로 돌아갈 수 있었다. 볼셰비키가 후원하는 라트비아와 리투아니아 소비에트 공화국들 그리고 그들보다 훨씬 작은 규모의 에스토니아판 소비에트 공화국 — 나르바 시에 본부를 둔 노동 인민 코뮌the Commune of the Working People — 은 중간 계급의 자산 몰수와 토지 국유화를 비롯한 급진적 개혁 조치들을 신속히 도입하는 한편, 굶어 죽어가는 주민들의 저항을 무자비하게 진압했다.[2]

그러나 급조된 발트 소비에트 공화국들은 모두 오래가지 못할 운명이었다. 나르바 코뮌은 에스토니아의 반혁명 단체 인민의 힘People's Force에 의해 몇 주 만에 끝장난 반면, 라트비아와 리투아니아 소비에트는 반대 세력이 상당한 외부 지원을 받고서야 무너트릴 수 있었다. 이러한 급속한 사태 전개에 직면하여 서방 연합국은 프리드리히 에베르트 휘하 독일의 신정부에 조심스레 접근하여 발트 지역에서 병력 철수를 중지시켜달라고 요청했는데, 영국이나 프랑스 어느 쪽도 그 지역에 이렇다 할 병력이 없었기 때문이다. 리가가 함락되기 직전인 1918년 12월 29일, 라트비아 정부도 영국의 묵인 하에 발트 지역 독일인 반反볼셰비키 자위군인 발티셰 란데스베어Baltische Landeswehr('발트 국토방위군'이란 뜻. 이하 발트 국방군으로 표기—옮긴이) 창설을 요청했다. 발트 국방군은 그 지역의 소수민족인 독일계 자원병들과 독일 제국에서 온 증원 병력으로 구성되었다. 발트 지역에 아직 주둔 중이던 독일 제8군의 잔존병들과 더불어 독일에서 온 자원병들로 구성된 '철 사단Iron Division'은 전체 1만 6,000명의 상당한 전력으로 성장했다. 철 사단은 카리스마 넘치고 숱한 훈장을 받은 요제프 비쇼프Josef

Bischoff 소장이 이끌었는데 그의 길고도 파란만장한 군 경력에는 1904~1906년 독일령 서남아프리카에서 헤레로족과 나마족을 상대로 한 인종 학살에 가까운 군사 활동에 직접 관여한 것과 1차 세계대전의 사실상 모든 전선에서 싸운 것도 포함되어 있었다.[3]

독일 제국에서 신생 공화국으로 더 많은 자원자들을 끌어오기 위해, 라트비아 정부는 볼셰비키에 맞서 최소 4주를 복무한 독일인은 농부로서 그곳에 정착하는 것이 허용될 거라고 밝혔다. 정착과 토지 불하 약속은 전후 독일에서 실업과 불확실성이라는 암울한 미래에 직면한 퇴역병들에게 매력적인 제안이었던 한편, 정착을 통한 동부 팽창이라는 독일의 오래된 환상과도 일맥상통했다.[4] 라트비아 정부의 제안이 1919년 1월 9일 독일에 공표되었을 때 수천 명의 자원자들이 베를린과 제국 전역의 여타 도시들에 위치한 모병소에 신고했다.[5]

그러나 살 집과 농장에 대한 약속은 왜 많은 독일인들이 동부 국가들에서 복무에 자원했는지를 설명하는 여러 이유 가운데 하나였을 뿐이다. 어떤 이들은 발트 지역의 법과 질서의 붕괴에 이끌렸다. 길게 수염을 기르고 현지에 빌붙어 살아가는 그들은 자신들을 근대 초기의 약탈자들이나 해적에 비유하기를 즐겼고, 그 지역에 만연한 무법 상태에서 잘 살아나갔다. 어떤 이들은 군인으로서의 존재의 존속, 특히나 볼셰비즘에 맞선 싸움 속에서 그 존재의 존속을 열망했고, 라트비아에서의 군사 활동이 패전과 전후 합의의 굴욕에 복수하기 위한 마지막 시도에 근간을 제공할 수 있을 거라고 믿었다. 많은 자원 부대들이 자신들을 '의용군Freikorps'— 프로이센이 프랑스에 당한 군사적 치욕에 자극을 받아 입대한 독일 자원병들이 나폴레옹의 종국적 패배에 적잖은 공헌을 했던 반反나폴레옹 '해방 전쟁Wars of Liberation'(1813~1815) 동안 만들어진 이름 — 이라고 불렀던 것은 우연이 아니었다.

1919년 2월에 다수의 의용군 병사들이 표면적으로는 그 지역과 유럽을 볼셰비즘에 맞서 보호한다는 임무를 띠고 발트 지역에 도착했고, 발트 국방군과 철 사단은 앞서 1918년 봄에 핀란드 내전에서 핀란드 좌파 진영에 맞서 핀란드 '백군'이 승리를 거두는 데 도움을 준 전직 보병 장군 뤼디거 폰 데어 골츠Rüdiger von der Goltz가 통솔했다. 독일 병력—골츠에 따르면 3만에서 4만 전력—은 2월 중순에 볼셰비키와 전면적인 교전을 벌이기 시작했다.[6] 라트비아에서 골츠의 공세는 처음에는 인구 구성상 독일계 도시인 골딩겐(쿨디가), 빈다우(벤츠필스)와 미타우(옐가바)를 손에 넣고 그 과정에서 라트비아 해안으로부터 볼셰비키의 공격을 격퇴하는 데 초점을 맞췄다. 그러나 그의 중심 목표는 라트비아 수도이자 가장 인구가 많은 도시 리가 정복이었다.[7]

이 기간 내내 전개된 군사 작전은 지난 4년간 벌어졌던 싸움과는 눈에 띄게 달랐는데, 무엇보다도 그것이 본질적으로 분명하게 구분된 전선이나 쉽게 알아볼 수 있는 전투원이 없는 무력 분쟁이었기 때문이다.[8] 러시아계와 라트비아계, 심지어 이전 독일인 전쟁포로까지 볼셰비키 편에서 싸웠고, 그들은 종종 급조한 군복을 걸쳤거나 민간인으로 위장했기 때문에 독일 병사들 사이에서 이것은 게릴라전이며, 게릴라전에서 적은 무자비하게 사정없이 처단해야 한다는 인식을 강화했다. 한 발트 독일인 자원병 알프레트 폰 잠존힘멜스테르나Alfred von Samson-Himmelstjerna는 이렇게 회고했다. "누구도 살려둘 수 없었다."[9]

가차 없는 폭력에 대한 묘사는 발트 전역에 대한 무수한 자전적 이야기에서 두드러지게 등장하는데, 여기에는 1918년 이후 자원병으로 라트비아에서 복무한 루돌프 회스Rudlf Höss, 바로 장래 아우슈비츠 수용소 소장의 회고록도 있다. "발트 국가들에서의 전투는 내가 전에 겪었던 어떤 폭력보다도 더 잔악하고 처절했다. 거기에는 전선이라고 할 만한 게 없었다. 적은 어디에나 있었다. 양측이 충돌하는 곳마다 아무도 남지 않을 때까지 살육이 벌어졌다."[10]

나치가 점령한 폴란드에서 저지른 전쟁 범죄로 1947년 처형되기 직전에 쓴 회스의 회고록은 자신의 야만화가 전쟁과 야만성의 시대에 어떻게 일어나게 되었는지를 설명하고자 한 것이므로 물론 신중하게 접근해야 한다. 그러나 독일이 수행한 발트 지역 군사 활동의 특징이 극한 폭력과 볼셰비키 동조자로 의심되는 민간인을 의도적 표적으로 삼았다는 점은 의심의 여지가 없다. 미타우(옐가바)에서만 의용군 병사들은 볼셰비키를 방조했다는 혐의를 받은 라트비아 민간인을 500명가량 처형했다. 투쿰(투쿰스)과 뒤나뮌데(다우가우그리바)에서도 325명이 처형당했다.[11] 비록 민간인을 대상으로 한 폭력은 지난 4년간의 전쟁에서도, 특히 동부전선에서는 분명히 드문 일이 아니었지만, 적어도 정규 전투원들 사이에서 대규모 전쟁이라는 일반적인 맥락 안에서 여전히 예외적인 사례였다. 1918년 이후, 전통적인 군법이나 규정에 더는 얽매이지 않는 병사들에 의한 '의심 가는' 민간인 표적화는 일반이 되었다.

거침없이 약탈하고 다니는 독일 병사들은 적병과 민간인 모두에 대한 제어되지 않은 폭력을, 흔히 자신들도 상대방의 무제한적 폭력에 노출되어 있다고 강조함으로써 정당화했다. 독일 자원병 에리히 발라Erich Balla는 1919년 초에 의용군 병사들이 어느 라트비아 마을을 점령한 직후 겪은 체험에 대해 생생히 묘사한 바 있다. 두 라트비아 여성이 머물고 있는 가옥을 수색하던 중 발라와 동료들은 "잔혹하게 훼손된 독일군 시신 5구"를 발견했다. "그들의 눈과 코, 혀, 성기가 잘려 있었다."[12] 병사들의 훼손된 시신을 발견한 순간의 공포는 곧장 격노로 바뀌었다. "같은 생각에 사로잡힌 두세 사람이 위층으로 뛰어올라갔다. 라이플 소총의 개머리판이 부딪히는 둔탁한 소리가 들렸고 두 여인이 죽은 채 바닥에 쓰러져 있었다."[13]

독일인 자원병들과 라트비아 정부 간의 어울리지 않는 제휴는 라트비아 민간인에 대한 의용군의 폭력으로 심각한 긴장이 맴돌고 1919년 3월에 이르러 전역의 목표—붉은 군대 축출—가 대체로 달성되자 완전히 무너졌다. 라트비아 인민평의회People's Council는 1918년 11월에 이미 러시아로부터 독립을 선언했었다. 그러나 미국에서 교육받은 평의회의 유력자 카를리스 울마니스Karlis Ulmanis가 붉은 군대 축출 이후 독일 병사들이 라트비아 농업 노동자가 될 거라고 생각했다면, 골츠와 그의 병사들은 다른 계획을 갖고 있었다. 울마니스 정부가 독일 병력의 철수를 요청했을 때 그들은 쿠데타를 감행하는 것으로 대응했다. 1919년 4월 16일, 의용군 병사들은 정부를 안드레아스 네드라Andreas Needra 목사가 이끄는 괴뢰 정권으로 교체했다. 골츠는 네드라가 독일의 이해관계를 수용할 사람이라고 믿고서 그를 꼭두각시 수장으로 내세웠다.[14] 이 쿠데타에 서방 연합국은 의용군을 독일로 즉각 복귀시킬 것을 요구했다. 베를린의 에베르트 정부는 런던이나 파리의 정부가 자체 병력을 파견할 준비가 되어 있지 않다면 독일의 철수는 필연적으로 발트 지역에서 볼셰비키의 승리로 이어질 거라고 대답했다.[15]

1919년 5월 말 발트에서 독일군의 군사 활동은 이미 지난 몇 년에 걸쳐 크게 고통받아온 도시인 리가 공방전으로 절정에 달했다. 전전에 리가는 제정 러시아에서 네 번째로 큰 도시이자 상당수의 독일계 소수집단을 비롯해 인구가 50만 명이 넘는 발트해의 다문화적 메트로폴리스였다.[16] 1915년 서부 국경지대에서 러시아군의 '대퇴각' 동안 리가의 전시 산업 노동자들과 그 가족들이 강제 소개된 결과 도시의 인구는 크게 줄었다.[17] 1917년 9월 독일군은 마침내 리가 시에 입성했으나 1918년 가을 독일의 패전 이후 도시를 버렸다. 그다음 리가는 1919년 1월 초에 라트비아와 러시아 볼셰비키 병력이 차지했다. 이 3년간의 격변을 겪는 동안 리가의 인구는 반토막이 났다.[18]

1919년 5월 말 독일군의 공습은 그런 상황을 호전시키지 못했다. 리가 전투에서 볼셰비키 세력을 상대로 독일군이 승리한 직후, 독일 병사들을 향해 총을 쏘았다고 하는 공산주의 지지자들을 상대로 남녀를 가리지 않는 처참한 보복이 시작되었다. 공산주의자 '플린텐바이버Flintenweiber', 즉 여자 소총수들에 대한 증오가 특히 심했다. 그 여성들은 리가 공방전에 참가했던 에리히 발라 같은 의용군 병사들의 회고록에서 두드러지게 등장한다.

> [발트 독일인들]의 분노는 이제 리가 거리 곳곳을 미친 듯이 휩쓸었다. 인정하기 끔찍하지만 그 분노는 대체로 16세에서 20세 사이의 젊은 여성들을 향했다. 이들은 이른바 '플린텐바이버', 밤에는 난잡한 섹스에, 낮에는 광란의 폭력에 빠져 보내는 (…) 대체로 예쁘장한 것들이었다. (…) 발트 독일인들은 자비를 보이지 않았다. 그들은 그 여자들의 어린 나이나 매력에 눈길을 주지 않았다. 그들은 그 여자들이 눈에 띌 때마다 두들겨 패고, 총을 쏘고, 찔러 죽이면서 오직 악마의 얼굴을 보았을 뿐이다. 1919년 5월 22일에 400명의 여자 소총수들이 피를 흘린 채 리가 길거리에 쓰러져 있었다. 행진하는 독일 자원병들의 징을 박은 군화가 무심히 그들을 밟고 지나갔다.[19]

살인과 강간을 비롯하여 여성에 대한 폭력은 이 분쟁에서 흔했다. 사실 너무 흔해서 이는 가장 유명한 전간기 소설 가운데 하나인 마르그리트 유르스나르Marguerite Yourcenar의 《은총의 일격》(1939)에서 중요 테마가 된다. 독일계 라트비아인 공산주의자 파르티잔 조피 폰 레발은 그녀의 과거 애인이자 장교인 소설의 화자 에리히 폰 로몬트를 배신했다가 붙잡혀서 처형을 받기 위해 그 앞으로 끌려온다.

> 나는 권총을 꺼내 무의식적으로 한 걸음 앞으로 나왔다. (…) 그녀의 입술은 움직이지 않았다. 자신이 무엇을 하고 있는지 거의 의식도 못한 채, 마치 내가 자신의 심장에 총을 갖다 대기라도 할 것처럼 그녀는 입고 있던 재킷의 위쪽 단추를 끄르기 시작했다. 그 순간 들었던 몇몇 생각들은 그 몸, 진정 살아 있고 따뜻한 그 몸뚱이로 향했음을 시인해야겠다. (…) 그리고 나는 안타까움 비슷한 가책을 느꼈다. 너무나 어이없게도, 훗날 이 여인이 낳을지도 모를, 그렇다면 그녀의 용기와 눈동자를 물려받았을 아이들에 대한 가책을. 나는 겁먹은 아이가 크리스마스이브에 폭죽을 터트릴 때처럼 고개를 돌리고 총을 발사했다. 첫 발은 그녀의 얼굴을 찢어놨을 뿐이다. (…) 두 번째 사격에 모든 것은 끝났다.[20]

유르스나르의 허구적 묘사는 현실에 필적하고도 남는다. 비록 현실에서 폭력의 희생자는 남녀를 가리지 않았지만 말이다. 대략 3,000명의 사람들이 리가 함락에 뒤이은 반反볼셰비키 테러로 죽었다.[21] 리가에서 패배의 여파로 볼셰비키 세력은 발트 지역에서 물러갔다. 성공에 아찔해진 독일군은 에스토니아 침공을 계획했고 의용군을 철수시키라는 영국의 요구를 무시했다. 그러나 승리가 독일 침공자들에게 비극으로 바뀐 것은 바로 이 시점이었다. 에스토니아 병사들의 지원을 받은 라트비아 군대가 6월 23일

벤덴 전투에서 의용군에 참패를 안기고, 그들을 7월 3일까지 이어지는 일련의 무력 충돌 과정 속에서 몰아낸 것이다. 폰 데어 골츠는 스트라즈두미자 조약을 체결하고 잔존 병력을 이끈 채 리가에서 철수할 수밖에 없었던 반면, 1919년 4월 독일군의 쿠데타로 쫓겨났던 울마니스는 총리로 복귀했다.[22]

이 퇴각 동안 전세의 역전과 1919년 6월 말에 서방 연합국과 베르사유 조약을 체결한 독일 정부의 결정에 격분한 의용군은 반란을 일으켜 독일로 복귀하기를 거부했다.[23] 귀국하는 대신 1만 4,000명가량의 중무장 군인들은 라트비아에 남아 괴짜 파벨 베르몬트아발로프Pavel Bermondt-Avalov 대령이 지휘하는 러시아 백군 서부군White Russian Army of the West에 합세했다.[24] 여러 달 동안 독일 자원병들은 계속해서 베르몬트아발로프의 군대와 함께 라트비아인들과 맞서 싸웠다. 베를린으로부터 물적 지원을 박탈당한 의용군 병사들은 굶어 죽어가고 있던 농촌 주민들한테서 식량을 징발해가며 갈수록 현지에 기대 살아갔다. 여기에 투쟁 의지가 더욱 결연해진 라트비아인들은 결국 독일인들이 리투아니아로 물러가게 만드는 데 성공했고, 독일 자원병들은 거기서 한 번 더 패배를 겪게 되었다.[25]

퇴각하는 독일 병사들은 그 자신들의 주장에 따르면 볼셰비즘으로부터 '해방'시키고자 했던 발트 주민들한테 배반당했다고 느꼈고, 그들이 지나간 자리에 눈물의 발자취를 남겼다. 농장과 작은 농가들이 깡그리 불에 탔고, 민간인들이 살해되었다. 한 독일 자원병이 나중에 회상한 대로였다. "우리는 파괴의 욕망으로 주먹을 내리쳤다. (…) 그렇다, 우리가 이룩한 것은 파괴였다."[26] 또 다른 자원병 에른스트 폰 잘로몬Ernst von Salomon은 퇴각 당시 그의 경험을 지배했던 폭력의 제의들을 자랑스럽게 기억했다.

우리는 놀란 군중을 향해 발포했고, 미쳐 날뛰고 총을 쏘고 사냥했다. 우리는 들판에서 토끼몰이를 하듯 라트비아인들을 추격했고, 모든 집을 불태웠으며, 모든 다리와 전신주를 파괴했다. 우리는 시체들을 우물 안으로 던진 다음 그 위에 수류탄을 떨어트렸다. 우리 수중에 떨어진 사람은 모조리 살육했다. 불이 붙는 것은 뭐든 태웠다. 우리의 가슴속에는 인간의 감정이 남아 있지 않았다. (…) 거대한 연기의 흔적이 우리가 지나간 길을 표시했다. 우리는 말뚝에 불을 붙였고, 거기서 (…) 문명사회의 법과 가치들을 화형시켰다.[27]

잔존 의용군 병사들은 결국 1919년 말에 독일로 무사히 귀환했다. 그들 중 일부는 1921년 베르사유 조약 서명자 마티아스 에르츠베르거 살해나 1922년 독일의 유대계 외무장관 발터 라테나우Walther Rathenau 암살에 직접 개입하는 등 지하 조직에서 폭력적 경력을 이어갔다.[28] 다른 이들은 고향으로 돌아가 수년간 중단 없이 이어진 전쟁으로부터 휴식을 찾았다. 그러나 더 동쪽에 살고 있던 이들에게 폭력은 조금도 수그러들지 않고 지속되었다.

러시아 내전

    독일 의용군이 1919년 말에 발트 지역에서 물러갈 즈음 이전 러시아 제국의 영토들은 완전한 혼돈 상태로 빠져들었다. '러시아 내전'으로 흔히 알려진 것은 사실 중첩적이고 상호 보완적인 일련의 갈등들이었다. 그것은 우선, 레닌의 볼셰비키 정부 세력과 '반혁명' 반대 세력 간 급속하게 격화되는 투쟁이었다. 또한 이전 러시아 제국의 서쪽 변경 여러 지역에서의 페트로그라드의 지배로부터 완전히 벗어나려는 움직임이었다. 마지막으로, 공산당이 절실한 식량을 강제 징발하여 촉발된 농민 반란이었다. 뚜렷하지만 상호 연관된 이 세 가지 갈등은 외부 세력의 개입으로 더 복잡해졌다. 1918년 11월 패배할 때까지 중부 세력은 이전 로마노프 제국의 서쪽 주변부의 광대한 지역을 지배했던 한편, 서방 연합국은 1917년 10월 레닌이 전쟁에서 발을 빼기로 결정한 직후 무르만스크, 아르한겔스크, 블라디보스토크, 오데사 같은 다양한 입항지에 병력을—1919년 말에 이르러서는 약 18만 명—보냈었다. 원래는 중부 세력이 전략적 요충지를 장악하는 것을 막기 위한 의도였지만, 연합국 개입의 목적은 곧 '붉은' 볼셰비키에 맞선 싸움에서 '백군'으로 알려진 반공산주의 세력의 느슨한 연합체에 대한 군사적 원조도 포함하게 되었다.[1]

이전 러시아 제국의 혁명 후 영토들에서 복잡하게 뒤엉킨 폭력 행위자들 가운데 두 집단이 순전히 그 규모만으로 특히 두드러졌다. 적군赤軍(붉은 군대, 이 장에서 적군은 모두 붉은 군대를 말한다―옮긴이)―처음에는 곳곳에 산재한, 와해된 제정 러시아군의 병사와 수병 집단, 노동자 민병대, 그리고 최근에 풀려난 오스트리아―헝가리 전쟁포로들로 구성된―과 그보다 구성이 훨씬 더 다양한 적대 세력 '백군'이었다.[2] 적어도 이론상으로는 볼셰비키 세력은 마르크스와 레닌의 저술에 제시된 프롤레타리아 유토피아를 실현하기 위해 애쓴 반면, 그들의 반대파는 정치적 견해의 측면에서 서로 굉장히 이질적이었다. 그들의 공통점이란 그들이 극렬 반볼셰비키이거나 '반빨갱이'였다는 것이다.[3] 그러나 반볼셰비키라는 것은 군주정주의자부터 민족주의자까지 근본적으로 상이한 집단들에 적용되는 꼬리표였다. 그들과 똑같이 레닌의 지배에 반대하는 자들은 멘셰비키와 사회주의혁명당으로, 그들은 자신들한테서 권력을 박탈한 볼셰비키 쿠데타에 분개했다.

이 집단들 간의 상호 불신과 경쟁의식은 그들이 전국적으로 통합된 군사적 지휘 아래 결집된 움직임을 이루는 것을 방해했다. 그 결과 다양한 지도자들이 서로 독자적으로 활동했다. 동부에서는 알렉산드르 콜차크 Alexander Kolchak 제독, 북서부에서는 니콜라이 유데니치Nikolay Yudenich 장군과 파벨 베르몬트아발로프 중령, 북부 캅카스와 돈강 유역에서는 안톤 데니킨Anton Denikin 장군, 크림반도에서는 표트르 브랑겔Pyotr Wrangel 장군, 시베리아와 남부 러시아에서는 그리고리 세메노프Grigory Semenov나 로만 폰 웅게른슈테른베르크Roman von Ungern-Sternberg 같은 군벌이나 '아타만Ataman

(카자크족의 족장이나 수장을 일컫는 칭호―옮긴이)들'이 있었다.[4]

백군과 적군 간의 무력 충돌은, 시골의 혼란과 무법상이 대규모의 '녹색' 농민 자위 운동의 등장을 초래하면서 여타 국지적 행위자들의 개입으로 한층 복잡해졌다. 내전 동안 가장 잔혹한 전투를 겪은 영토 가운데 하나인 우크라이나에서는 차르 치하에서 옥고를 치르다 1917년에야 풀려난 무정부주의자 농민 네스토르 마흐노Nestor Makhno가 제법 많은 병력을 이끌고 백군과 적군 둘 다와 수차례 충돌했다.[5]

궁극적으로는 300만 명이 훌쩍 넘는 사람들이 죽은 러시아 내전의 규모와 강도는 1917년 가을에 페트로그라드와 모스크바, 러시아의 여타 주요 도시와 읍에서 볼셰비키가 권력을 장악한 처음 몇 주 사이에는 예측하기 어려웠을 것이다. 물론 볼셰비키들은 이전 로마노프 제국 곳곳에 대규모 저항 세력이 산재한다는 것을 잘 알고 있었다. 레닌의 지배에 반대하는 지역은 우선 남서쪽의 벨라루스에 있는 모길료프(거기에 제정 군대의 본부가 있었다), 동부와 남부 러시아의 카자크 지역들, 그리고 볼셰비키 세력이 독립 운동 진영으로부터 강한 반대에 부닥친 독일 점령 서부 국경지대 상당 부분들―특히 우크라이나와 발트 지역―이 있었다.[6] 그러나 처음에 트로츠키의 병사들이 우크라이나의 수도 키예프와 카자크 지역들에 볼셰비키의 지배를 확립하기 위해 퍼져나갔을 때, 그들은 산발적이고 비조직적인 저항만을 만났고, 레닌은 혁명 후 처음 몇 달간을 볼셰비즘의 '승승장구 행진'이라고 부를 수 있었다.[7]

이 기간 동안 레닌은 분명히 러시아가 전쟁에서 발을 빼게 한 덕을 보았다. 얼마나 굴욕적이고 대가가 컸든 간에 브레스트리토프스크 조약은 1917년 말에 공산당으로 이름을 바꾼 레닌의 당이 대단히 인기 없는 전쟁을 계속하는 대신 에너지와 자원을 국내의 적들과 싸우는 데 집중해서 쓰도록 해주었다. 1918년 초에 레닌이 수도를 페트로그라드에서 덜 노출된 도시인 모스크바로 옮기는 사이 신임 전쟁인민위원 트로츠키는 점점 불어나는 농민 징집병들을 훈련시키고 지휘할 과거 차르 시절 장교들을 끌어들이며 적군을 효율적인 군사 전력으로 조직하는 데 집중했다.[8]

그러나 두 사람 다 자신들의 반대파가 무수히 많으며 그들이 갈수록 결연하게 볼셰비키 지배에 무력으로 도전하려 한다는 사실을 알고 있었다.[9] 폭넓은 대중적 지지가 부족하고, 숱한 실제와 가상의 적들에 둘러싸인 볼셰비키는 광범위한 반대파를 찍어 누르기 위해 재빨리 테러에 의존했다. 백군(과 그들의 외국 후원자들), 볼셰비키 지배에 굴복할 생각이 없는 온건 사회주의자나 무정부주의자들, 부르주아지, 더 불투명한 '쿨라크'(부농), '약탈자', '투기꾼', '축재자', '암거래꾼', '사보타주 행위자'는 이제부터 '인민의 적'으로 선언되었다.[10]

볼셰비키의 주요 테러 도구는 '반혁명과 사보타주 분쇄를 위한 전 러시아 특별위원회', 바로 러시아어 머리글자만을 딴 이름으로 더 잘 알려진 '체카Cheka'였다. 체카는 1917년 12월 20일에 폴란드 출신 혁명가 펠릭스 제르진스키Felix Dzerzhinsky를 수장으로 하여 레닌에 의해 창설되었다. 체카에서 일한 많은 사람들처럼 제르진스키는 차르 시대 비밀경찰 오흐라나에 의해 잔혹한 체제로 운영된 감옥과 노동수용소에서 인생의 태반을 보냈다. 수감 중에 제르진스키는 간수들한테 너무 심하게 두들겨 맞아서 턱과 입이 영영 보기 흉하게 되고 말았다. 1917년 2월혁명의 여파로 풀려난 지 열 달쯤 지나 제르진스키와 이데올로기에 추동된 그의 체카 동료들은 과거 그들을 가뒀던 자들을 본받아, 자신들이 받았던 부당한 처우에 대한 끔찍한 복수를 가하기 시작했다.[11]

레닌이 경제 국유화와 자원의 강제 징발, 그리고 일체의 조직적 반대를 금지하기 위한 다수의 법령을 도입하자 신생 국가는 주민을 감시하고 치안을 유지할 체카 같은 도구가 필요했다. 혁명이 내부의 적에 의해 분쇄될지도 모른다는—그들이 테러를 자행해서가 아니라 그것을 충분히 자행하지 않아서 말이다—볼셰비키의 걱정은 거의 강박적 라이트모티프leitnotiv(주도동기라고도 함. 음악에서 특정 인물이나 주제, 분위기를 표현하기 위해 반복되는 주악상主樂想—옮긴이)가 되었다.[12] 일찍이 1918년 1월, 권력을 장악하고 두 달 뒤에 레닌은 볼셰비키가 계급의 적들에게 너무 관대하게 나가고 있다고 불평했다. "만약 우리한테 뭔가 잘못이 있다면, 그건 우리가 극악무도한 배반을 저지른 부르주아-제국주의 세계의 대표들과 관련하여 너무 인간적이고, 너무 점잖게 군다는 것이다."[13]

그러한 정서는 1918년 여름, 사회주의혁명당이 주도했으나 결국에는 실패한 모스크바와 중앙 러시아에서의 봉기와 볼셰비키 지도자들에 대한 일련의 암살 시도로 신정권이 위협받았을 때 더욱 강화되었다. 처음에는 레오니드 카네기서Leonid Kannegisser라는 젊은 장교 후보생이, 볼셰비키들이 몇몇 제정 장교들을 가혹하게 다루는 것을 보고 격분하여 8월 17일 페트로그라드 체카의 수장 모이세이 유리츠키Moisei Uritsky에게 총을 쏴 치명상을 입혔다. 암살자는 나중에 처형당했다. 8월 30일에는 과거 무정부주의자였다가 이제는 사회주의혁명당 지지자가 된 파냐 카플란Fanya Kaplan이, 레닌이 모스크바의 어느 노동자 모임에서 자리를 뜨려고 할 때 그를 향해 총을 쐈다. 두 발 가운데 한 발이 명중하여 레닌은 하마터면 죽을 뻔했다. 1906년 키예프에서 테러 행위에 참여한 죄목으로 차르 정권 치하 시베리아 유형지에서 11년을 지냈던 카플란은 9월 3일 처형되었다.[14]

암살 시도는 볼셰비키가 행동에 나서게 부추겼고 거세진 '적색 테러' 물결의 시작을 알렸다. 카플란의 레닌 암살 미수 몇 주 만에 페트로그라드 체카는 512명의 인질을 총살했는데 그중 다수가 과거 제정 시절 고위 관리들이었다. 크론시타트에서는 하룻밤 사이에 400명의 인질이 총살되었다.[15] 그러나 이러한 공포 정치의 도입이 반작용의 결과이거나 비합리적 행위라고 주장하는 것은 잘못일 것이다. 비합리적이기는커녕 볼셰비키는 테러를 전략적인 방식으로 이용했다. 그것은 공산주의 유토피아 실현을 향한 도상에서 이중의 목표에 복무했다. 테러는 계급의 적으로 인식된 자들에게 '외과 수술'을 가능케 한 한편, 잠재적 적들에게 억지력을 발휘했다.[16]

적색 테러가 격화되면서 점점 더 많은 사람들이 체카의 일원으로 고용되었다. 이후 몇 년 사이에 그 숫자는 놀라운 속도로 불어나, 1918년 중반 2,000명에서 내전이 끝날 즈음에는 14만 명 정도가 되었다. 추가로 10만 명의 변경 병사들이 '반혁명' 활동을 진압하는 데 체카를 지원했다. 비록 후속 조직인 엔케베데NKVD(내무인민위원회)만큼 효율적이고 잘 조직되어 있지는 않았지만 체카는 나라 전역에 현지 부서들로 이루어진 광범위한 네트워크를 수립했고, 볼셰비키 지배를 경제적으로나 정치적으로 사보타주한다고 의심되는 사람이면 거의 누구든 표적으로 삼았다.[17]

1918년 봄과 초여름에 볼셰비키가 계급 전쟁을 의도적으로 농촌으로 확대하면서 폭력은 더욱 증가했다. 애초에 러시아 혁명을 촉발했던, 전쟁이 야기한 식량 공급 위기가 몇 년째 이어지자 볼셰비키 정부는 1918년 5월에 식량 분배에 광범위한 독점을 확립하는 결정적 조치를 취했다. 빈농 위원회가 설치되어 '더 부유한' 농민들부터 잉여 농산물을 징발하는 임무를 맡았다. 레닌은 '잉여 곡물을 은닉하는' 자들에 대한 '무자비하고 테러리즘적인 투쟁과 전쟁'을 선포하면서 빵을 위한 '십자군'을 공개적으로 요청했다.[18] 전투적 볼셰비키와 노동자, 군에서 해산된 병사들로 구성된

식량여단과 식량징발대 — 1920년에 이르자 거의 30만 명에 달한 — 는 신
질서를 강제하려 애썼지만 제한된 성과만 거뒀다.[19]

무력 위협을 동원한 레닌의 강제 징발은 즉각적으로 극한 폭력의 증대
로 이어졌다. 감히 징발에 반대한 농촌 주민들은 가혹한 처벌을 받았다.
식량여단은 그들을 죽이겠다고 협박하고, 가족을 인질로 삼았으며, 막대
한 벌금을 부과하고, 가옥을 수색하고, 수확물을 감춘 자들의 마을에 불을
지르는 짓도 서슴지 않았다.[20]

협조를 거부할 경우 잔혹한 탄압이 돌아왔다. 한 예로 1918년 8월 펜자
지역에서 식량 징발에 맞서 농민 저항이 일어나자 레닌은 현지 추종 세력
에 책임자들을 '가차 없이 진압'하라고 지시했다.

> 혁명 전체의 이해관계가 이를 요구하는바, 지금 어디서나 쿨라크와의 '최후
> 의 결전'이 진행되고 있기 때문이다. 본보기가 필요하다. 1. 그 지역에 알려
> 진 쿨라크와 부자, 착취자를 최소 100명 정도 목매단다(인민들이 볼 수 있
> 게 반드시 목을 매단다). 2. 그들의 이름을 공표한다. 3. 그들한테서 **모든** 곡
> 물을 빼앗는다. 4. 인질을 지명한다. (…) 인질을 지명하는 과정은 인민이 보
> 고, 전율하고, 받아들여, 소리치게 진행한다. 우리는 착취자를 옥죄고 있고,
> 그들이 죽을 때까지 옥죌 것이라고 말이다.[21]

당연히 농촌 주민들은 징발에 저항하여 들고일어났다. 저항은 수확량
일부의 은닉부터 공공연한 무장 봉기에 이르기까지 다양한 형태를 띠었
다.[22] 볼셰비키의 대응은 아사 위협에 직면한 마을 주민들의 폭력적 반발
만 더 불러왔을 뿐이다. 가족을 먹여 살릴 곡물이 부족하여 절박하고, 자
신들한테서 생계를 앗아가려는 볼셰비키의 시도에 격분한 농민 반란자들

은 흔히 매우 표현적인 — 또는 상징성이 풍부한 — 폭력 형태를 동원하여 자신들의 반대파에 분명한 메시지를 전달했다. 분노한 농민들한테서 곡물을 징발하려 한 볼셰비키 인민위원들은 먹을 것을 훔친 자들이라는 것을 누가 봐도 확실히 알 수 있게 사람들이 보는 앞에서 창자가 들어내어지고 뱃속에는 곡물이 채워졌다. 사지를 찢어 죽이거나 손발을 자르는 것 같은 도둑질에 대한 구식 처형법이나 처벌 방식도 부활했다. 농민들은 탄약이 부족했기 때문에 포로를 죽일 때 들판에서 일할 때 필요한 농기구나 칼을 종종 이용했다. 어떤 경우에는, 징발대원들의 이마에 낫과 망치 같은 볼셰비키의 상징을 칼로 새기기도 했다. 또 어떤 경우에는 공공연한 무신론자인 볼셰비키들에게 기독교 정체성을 강요하기 위해 십자가 낙인을 찍거나 십자가에 매달기도 했다.[23] 막심 고리키Maxim Gorky(여전히 레닌 지지자였던)는 이렇게 적었다. "탐보프 지방에서 공산주의자들은 왼손과 왼발에 철로용 대못으로 지면에서 1미터 위 나무에 못 박혔고, [농민들은] 의도적으로 기이한 십자가형에 처해진 이 사람들의 고통을 지켜보았다."[24]

볼셰비키는 같은 식으로 대응했고, 레닌의 법령에 반대한다고 여겨진 자들을 고문하고, 신체를 절단하고, 죽이는 방식의 창의성에는 한계가 없었다. 적군과 체카가 자국민을 상대로 갈수록 전시 관행 — 마을 공중 폭격과 독가스 사용도 포함하여 — 을 적용하면서 이 '식량 전쟁'에서 25만 명 정도가 죽임을 당한 것으로 추정된다.[25]

레닌이 농촌으로 테러를 수출하기 시작한 바로 그때, 볼셰비키의 집권은 내전의 또 다른 행위자에 의해 도전을 받았다. 1918년 5월 체코슬로바키아 군단이 반란을 일으킨 것이다. 체코슬로바키아 군단은 원래 1914년 이전 러시아에서 활동하던 체코인과 슬로바키아인들, 즉 합스부르크 군주정에 맞선 싸움을 간절히 바라던 사람들로 이루어져 있었다. 오스트리아-헝가리 군대 출신 전쟁포로들과 탈영병들로 수가 불어나면서 군단의 규모는 제법 커졌고, 결국 잘 훈련받고 중무장한 총 4만 명의 병사들로 독자적인 2개 사단을 구성하기에 이르렀다.[26] 브레스트리토프스크 조약 체결 이후 그 부대원 다수는 시베리아의 항구 블라디보스토크를 통해 러시아를 떠나려고 했다. 그들의 목표는 배에 올라 프랑스로 가서 체코슬로바키아 독립을 위한 싸움을 이어가기 위해 연합군에 합류하는 것이었다. 처음에 소비에트 정부는 그들이 러시아를 떠나는 것을 허락했지만, 블라디보스토크까지 가기 위해 시베리아 횡단철도를 따라 러시아 전 영토를 가로질러 가야 하는 군단병들은 만약 적군과 나란히 싸우길 거부한다면 볼셰비키가 자신들을 독일과 오스트리아에 넘기지나 않을지 갈수록 의심하게 되었다. 그들은 최근에 풀려난 헝가리 전쟁포로들과 격렬하게 충돌했는데, 그 가운데 3만 명 정도는 실제로 적군에 가담하고 있었다. 5월에, 소비에트 당국에 의해 곧 무장해제 될 거라는 두려움에서, 그리고 아마도 서방 연합국의 부추김을 받아서 군단병들은 볼가강부터 극동 러시아까지 철도선을 따라서 반란을 감행했다. 그들의 전략은 단순한 만큼 효과적이었다. 러시아 같은 크기의 나라에서 철도선이 인력과 물자를 수송하는 데 군사적으로 중요하다는 것을 잘 알고 있던 그들은 자신들이 지나가는 기차역을 차례차례 장악하고 열차를 탈취했다.[27]

모스크바의 볼셰비키 지도자들은 놀라서 현지 지지자들에게 모든 체코인을 열차에서 하차시켜 적군이나 노동 대대로 징집하라고 지시했다. 첼랴빈스크 기차역을 장악하고 있던 체코 병사들은 이 전보는 물론, 이틀 뒤에 체코와 슬로바키아 병사들을 즉각 무장해제 하라고 트로츠키가 보낸 추가 메시지까지 가로챘다. 저항하는 자들은 '그 자리에서 사살'될 것이었다.[28]

볼세비키에게 투항하는 대신 군단병들은 저항하기로 했다. 전체적으로 폭력이 확대되는 분위기 속에서 그들은 재빨리 적응했다. 나중에 한 체코 베테랑이 군단병 시절을 회고한 대로였다. "우리는 그 러시아인들을 뒤쫓았다. 명령은 하나였다. 아무도 살려주지 않고, 아무도 포로로 잡지 않는다. (…) 그리고 우리는 야수처럼 그들을 덮쳤다. 우리는 총검과 나이프를 썼다. 마치 어린 거위의 목을 치듯 그들의 목을 잘랐다."[29] 볼셰비키를 잔혹하게 다룬 경험을 떠벌리는 게 1920년대와 1930년대에 전직 군단병들 사이에서 널리 퍼진 현상이었지만, 반란 동안 광범위한 만행이 자행되었음에는 별로 의심의 여지가 없다. 관련 증거가 잘 남아 있는 공개 처형 사례들, 특히 적군에 들어간 독일이나 헝가리 자원병들 또는 볼셰비키가 군단병들 손에 공개 처형당한 사례들이 여럿 존재한다. 예를 들어 1918년 6월 러시아 남서부 사마라 시 약탈에는 공개 집단 교수형과 붙잡힌 적군 병사들을 산 채로 불태워 죽이는 만행이 뒤따랐다.[30]

체코슬로바키아 군단의 반란은 그때까지 산발적이고 국지적인 소규모 접전에 국한되어 있었던 다른 반볼셰비키 움직임에 자극제가 되었다. 이제 그들은 들고일어나 재빨리 중부 볼가강 유역과 시베리아 지역을 장악했고, 볼가강 동안東岸 사마라에 자체 정부를 수립했다.[31] '제헌의회 의원들의 위원회', 즉 코무흐Komuch로 불린 독자 정부는 사회주의혁명당이 지배적이었다. 그들은 레닌에 의해 해산되기 전 러시아 제헌의회 선거에서 승리했기 때문에 자신들이 러시아의 유일한 합법 정부라고 생각했다.[32]

1918년 여름에 이르자 반볼셰비키 세력들이 우랄 지방 적군의 근거지이자 차르와 그 가족들이 여러 달 동안 억류되어 있었던 예카테린부르크로 진군하고 있다는 소문이 퍼졌다. 비록 레닌은 아직 왕실의 미래에 관해 확실한 결정을 내리지 않았지만, 차르가 풀려나 왕당파 세력에 넘겨질 수

120

2부
혁명과
반혁명

있다는 가능성만으로도 니콜라이 2세의 존재 자체가 볼셰비키 진영에는 골치 아픈 부담이었다.[33]

1918년 7월 16일 모스크바의 승인을 받은 뒤, 체카의 예카테린부르크 지부 부위원장 야코프 유롭스키Yakov Yurovsky 휘하 일단의 볼셰비키들이 7월 17일 이른 아침 왕실 가족들과 그들을 가장 가까이에서 시중드는 하인들을 깨웠다. 니콜라이와 알렉산드라, 그들의 다섯 자식과 네 수행원은 그다음에 아래층으로 내려와 지하의 빈방으로 끌려갔고, 거기서 유롭스키는 일단의 무장 병사들에 에워싸인 가운데 왕실 가족에게 사형 선고가 내려졌다고 밝혔다. 그러고서 유롭스키가 차르를 향해 권총을 빼 들고 발사했다. 다른 가족들과 하인들도 총에 맞고 총검에 찔려 마지막 한 명까지 모조리 죽었다. 살해가 마무리된 뒤, 처형자들은 시신을 인멸하기 위해 폭약을 썼고, 산을 적셔서 유해를 불태웠다.[34]

로마노프 황가의 살해에 서방과 백군 진영은 경악했고, 이는 볼셰비키의 입지를 개선하는 데 별로 도움이 되지 않았다. 사실, 1918년 여름에 볼셰비키 권력이 줄어들고 있다는 분명한 표시가 있었다. 8월에 체코슬로바키아 군단의 지원을 받은 코무흐 세력은 모스크바에서 800킬로미터 떨어진 카잔 시를 함락했다. 러시아의 서부 국경지대는 여전히 독일의 통제 하에 있고, 캅카스 지방은 오스만 제국이 차지했으며, 서부와 동부의 광대한 지역은 다양한 반공산주의 세력과 군벌들이 장악하고 있고, 연합국이 보낸 간섭군은 무르만스크와 아르한겔스크에 상륙한 가운데, 볼셰비키의 미래는 대단히 불확실해 보였다.[35]

그러나 볼셰비키는 승리했다. 트로츠키는 탁월한 병참과 혁명적 수사, 적과 교전을 회피하는 자에 대한 가차 없는 처벌로써 아직 성장 중이던 적군을 규합할 수 있었다. 1918~1919년 아르한겔스크 주재 영국군 지휘관

고든핀리슨Gordon-Finlayson 장군이 런던의 참모부에 보고한 대로 트로츠키는 적군을 진지한 전력으로 거듭나게 하는 데 성공했다. "영국에는, 볼셰비키 군대가 피를 찾아서 입에 게거품을 물며 돌아다니는 자들, 잘 겨냥한 소총 사격 몇 발이면 금방 와해되어 줄행랑을 치는 자들, 막대기와 돌멩이, 권총으로 무장한 오합지졸로 대표된다는 인상이 있는 듯하다." 그러나 핀리슨은 적군이 "무장을 잘 갖추고, 잘 조직되어 있으며, 제법 훈련을 잘 받았다"는 것, 한마디로 적에 맞설 만한 더할 나위 없는 군대라는 것을 알게 되었다.[36] 그의 평가는 정확한 것으로 드러났다. 볼셰비키의 한 차례 반격은 반대 세력의 볼가강 진격을 막았다. 1918년 9월에는 카잔이 탈환되어, 체코 군단과 코무흐 세력은 우랄산맥 너머로 후퇴할 수밖에 없었다.[37]

　그러나 저항은 다른 지역들에서, 특히 북부 캅카스에서 계속 이어졌다. 1918년에 독일은 카자크인들의 역사적 정주지 중 하나인 돈강 충적평야에 한 반볼셰비키 정부가 자리잡는 것을 지원했다.[38] 더 남쪽 쿠반카자크인의 땅에서는 심지어 더욱 위험한 러시아 민족주의 세력이 형태를 갖추어가기 시작했다. 이전 제정 장교들이 지배적인 자원군Volunteer Army이었다. 정치적 대표인 미하일 알렉세예프 장군은 1915년부터 1917년까지 니콜라이 2세의 참모장이었고, 과거 제정 육군의 최고사령관이었던 코르닐로프 장군은 1918년 초에 적군으로부터 쿠반 지방의 수도 에카테리노다르 함락을 시도하다가 전사할 때까지 자원군의 초대 사령관이었다. 코르닐로프의 뒤로는 또 다른 제정 시절 장교, 안톤 데니킨 장군이었다. 우크라이나에서 독일군의 존재 덕분에 북쪽 방면의 소비에트 공격으로부터 보호받은 자원군은 1918년 여름에 걸쳐 쿠반에서 입지를 공고히 다질 수 있었다.[39]

　1918년 늦여름과 초가을 — 내전 첫해가 저물 무렵 — 의 상황은 그러므로 정신을 차릴 수 없을 정도로 복잡했다. 레닌의 세력은 이제 멀리 동쪽의 우랄산맥까지 북중부 유럽러시아(우랄산맥 이서以西 지역 — 옮긴이)를 통제하고 있었다. 그러나 서부와 남부 국경지대, 핀란드, 과거 발트 속령들, 폴란드, 벨라루스, 우크라이나, 캅카스에서 적군은 민족 독립 운동 진영과 현지 군벌들, 그리고 여타 반볼셰비키 세력의 완강한 저항에 부닥쳤다. 동쪽에서는 1918년 11월에 전직 제정 흑해함대 사령관으로서, 연합국의 지원을 받는 콜차크 제독 휘하 반볼셰비키 정부가 사회주의혁명당이 주도한 코무흐를 전복했다. 더 통합된 백군 운동을 기대하고 있던 연합국의 후원을 받아, 콜차크는 '최고 지도자'로 앉혀졌다. 콜차크는 주 근거지인 시베리아 남서부 옴스크 시에서, 이제 볼가강부터 바이칼호 사이에 있는 모든 반볼셰비키 세력을 이끌었다.[40]

그해 11월 중부 세력의 패배는 지형을 급격하게 변화시켰고, 특히 독일과 오스트리아–헝가리 병력이 황급히 철수하면서 거대한 정치적 진공이 생기자 러시아 서부 국경지대에서 내전의 모든 행위자들은 저마다 그 진공 상태를 이용하고자 했다. 1919년과 1920년 대부분의 기간 동안 서부 국경지대는 볼셰비키와 백군, 그리고 그 양자에 의해 독립 선언이 거부당한 일단의 민족주의 진영 간의 3자 투쟁을 겪었다. 상황은 연합국이 파견한 간섭군의 존재로 더욱 복잡해졌다.[41]

그러나 러시아 내전의 결과에 미친 연합군의 영향력은 제한적이었다. 그들은 어떤 대규모 전투에도 적극적으로 개입하지 않았고, 그들이 백군 측에 제공한 원조 물자의 태반은 비효율성과 부패로 인해 허비되었다. 전선 뒤의 하급 관리들은 병사들 몫인 군복을 가로챘고, 그들의 아내들과 딸들은 영국군 간호사 제복 치마를 가로채 입었다. 데니킨의 트럭들과 탱크들은 추위에 먹통이 되었고, 부동액은 증류주 대용으로 선술집에서 팔려

나갔다.[42]

　정작 서방의 개입이 달성한 것은 레닌과 볼셰비키로 하여금 자신들이 국제적 음모에 위협받고 있다고 확신시키면서 이것은 내외부의 적들에 맞서 실존이 걸린 전쟁이며, 승리를 달성하기 위해서는 모든 수단이 허용된다는 인식을 강화한 것이었다. 연합국의 개입은 1917년 2월혁명부터 줄곧 존재한 경향, 즉 눈앞에 전개되는 사태를 1789년 프랑스 혁명의 프리즘을 통해 보는 시각도 강화했다. 만약 축출된 임시정부 수장 케렌스키가 프랑스의 부추김을 받아 혁명 에너지를 독일에 맞선 전쟁 수행 노력으로 돌릴 수 있는 러시아의 당통으로 자신을 여겼다면, 볼셰비키들은 자신들을 훨씬 더 급진적인 자코뱅으로, 카자크 지역은 프랑스 혁명에서 왕당파 반대 세력의 중심지였던 방데 지역의 현대판으로 인식했다.[43]

　심지어 1917년 10월 이전에도 레닌은 자코뱅주의를 역사적 영감으로서 거듭하여 거론했었다. 볼셰비키가 현대판 '자코뱅'이라고 비난하는 비판가들에게 응수하여 그는 1917년 7월에 이렇게 썼다.

　　부르주아 역사가들은 자코뱅주의를 타락으로 본다. 프롤레타리아 역사가들은 자코뱅주의를 피억압 계급의 해방 투쟁의 최고봉 가운데 하나로 본다. (…) 부르주아지가 자코뱅주의를 증오하는 것은 당연하다. 프티부르주아지가 그것을 두려워하는 것도 당연하다. 계급의식을 갖춘 노동자와 노동 인민은 일반적으로 혁명적, 피억압 계급으로의 권력 이양에 신뢰를 보내는데, 그것이 바로 자코뱅주의의 정수이자, 현재의 위기에서 빠져나올 유일한 방도, 그리고 경제적 와해와 전쟁에 대한 유일한 치유책이다.[44]

　과거의 교훈을 배운다는 것은 레닌과 볼셰비키가 또 다른 '테르미도르',

막시밀리앙 로베스피에르와 그의 공안위원회가 전복된 1794년 7월 27일의 쿠데타가 일어나는 것을 허용할 수 없다는 뜻이었다. 테르미도르 쿠데타의 결과로 자코뱅 지도자들은 처형되었고, 자코뱅 정부는 처음에는 보수적인 총재정부로, 그다음에는 나폴레옹의 지배로 대체되었다. 그러한 시나리오가 러시아에서 반복되는 것을 방지하기 위해 더 많은—더 적은 게 아니라—테러가 요구되었다.[45]

그러한 추론과 추가적인 식량 부족 사태의 결과, 내전은 길어질수록 점점 더 잔혹해졌다. 끊임없는 전황의 부침은 한 지역 전체가 거듭하여 정권이 교체되면서, 끝없는 보복의 악순환을 촉발했고, 백군이든 적군이든 휘하 병사들의 폭력을 제어하는 데 손을 놓고 있었다.[46] 오히려 반대였다. 특히 악명 높은 백군 장성 로만 폰 웅게른슈테른베르크 남작의 사례가 입증하듯이 현지 군벌과 장군들은 흔히 잔학 행위의 증대를 조장했다. 원래 웅게른슈테른베르크는 카자크 연대의 일원으로서 러시아의 동프로이센 침공 당시, 용맹하지만 무모하고 정신적으로 불안정한 장교라는 평판을 얻으면서 딱히 좋다고만은 할 수 없는 명성을 쌓았다.[47]

광신적인 반볼셰비키이자 반유대주의자인 웅게른슈테른베르크는 내전 동안 시베리아 백군에 가담했고, 붙잡힌 볼셰비키 인민위원들과 '의심스러운' 민간인의 살가죽을 산 채로 벗기는 것을 비롯해 다양한 야만적 방식으로 도륙하도록 지시하여, 비이성적인 잔혹성으로 악명을 떨쳤다.[48] 1920년 2월 콜차크 제독이 패배하여 볼셰비키에 의해 처형된 뒤로, 그는 공식적으로는 아타만 그리고리 세메노프 휘하였지만 실제로는 대부분의 기간 동안 독자적으로 활동했다. 압도적으로 비러시아계 병사들로 구성되었고, 타타르인과 몽골, 중국과 일본인 병사까지 포함한 다민족 기병대를 통솔한 웅게른슈테른베르크는 1920년 여름에 국경을 넘어 몽골로 가서

1921년 2월, 중국이 점령하고 있던 우르가(울란바토르)를 정복했다. 비록 처음에는 몽골의 자치를 회복시켜주었다고 현지 주민들에게 환영을 받았지만 웅게른슈테른베르크와 부하들이 워낙 야만적으로 행동하여 그들에 대한 전반적인 분위기는 금방 바뀌었다.[49]

웅게른슈테른베르크 사단 소속의 전직 장교가 회상한 대로 우르가 정복에는 전례 없는 만행이 자행되었고, 당시 병사들은 특히 "유대인들을 가만 놔두지 않고 죽도록 고문했다. 여자들이 겪은 능욕은 끔찍했다. 나는 어느 장교가 면도날을 들고 집 안으로 걸어 들어가 한 여자에게, 자기 부하들이 덮치기 전에 자결하라고 권하는 것을 보았다. 그녀는 눈물을 흘리며 그에게 감사를 표한 다음 스스로 목을 그었다. (…) 악몽은 사흘 밤낮으로 계속되었다."[50]

우르가에서 웅게른슈테른베르크의 공포정치는 잔혹했지만 단명했다. 1921년 8월, 그가 볼셰비키 군대의 진격에 직면하여 서몽골로 전략적 철수를 지시했을 때 그에 대한 믿음을 잃은 부하 장교들은 반란을 일으켰다. 자기 부하들에게 체포된 '백군 남작'은 적군에게 넘겨졌고, 노보니콜라옙스크에서 볼셰비키에 의해 재판에 회부된 뒤 신속히 총살되었다.[51]

비록 극단적 잔학성을 보이긴 했지만 웅게른슈테른베르크는 그의 시각이나 행동에서 결코 유별나지 않았다. 특히 반유대주의적 포그롬pogrom(동유럽, 러시아 등지에서 일어난 전통적인 유대인 박해—옮긴이)은 내전의 영향권 안에 있는 여러 지역에서, 특히 서부 국경지대 소읍과 쉬테틀shtetl(과거 러시아와 동유럽에 산재했던 유대인 마을—옮긴이)에서 흔한 일이었다.[52] 공산주의 지도부에서 유대인 비율이 상대적으로 높은 사실에 부채질되어 반볼셰비키 진영은 10월혁명을 금방 유대인 음모의 소산으로 낙인찍었다.[53] 예를 들어 콜차크 제독은 병사들에게 '유대인들이 차르를 죽였다'는 계획적 제목이 붙은 팸플릿을 제공했다. 이것은 전통적인 기독교 반유대주의의 핵심에 자리잡은 서사와 통하면서 이를 강화하는 주장이었다. 바로, 유대인들이 예수의 죽음에 책임이 있고, 따라서 수 세기에 걸쳐 추적될 수 있으며 현재에까지 이르는 간악한 배반의 전통을 세웠다는 주장이다.[54]

혁명의 중심에 유대인의 음모가 자리잡고 있다는 관념은, 그것만 아니라면 모집 신병들에게 훨씬 더 매력적인 약속('토지, 빵, 해방')을 제시하고 있었던 볼셰비키에 맞서 저항 움직임을 통일적으로 전개하려 애쓰던 백군의 프로파간다에 중심이 되었다.[55] 반유대-볼셰비키 카드는 백군에게 최소한 사람들이 동일시할 수 있는 대중적인 뭔가를 제공할 수 있었고, 이 프로파간다는 금방 로마노프 제국 전역에 반유대주의적 폭력이 터져 나오게 만들었다. 카우나스와 다른 리투아니아 소읍들, 그리고 라트비아에서 유대인들은, 유대인을 리가의 단명한 볼셰비키 독재와 연관시킨 반혁명 세력에 시달림을 당했다.[56] 유대인들이 반볼셰비즘 주요 희생자 집단 가운데 하나가 된 서부 러시아와 우크라이나에서는 상황이 더 나빴다. 1918년 6월과 12월 사이에만 약 10만 명의 유대인이 살해되었는데, 이 학살에서는 데니킨 장군의 자원군 병사들이 특히 두드러졌지만 전적으로 그들만의 소행도 아니었다. 우크라이나와 폴란드 민족주의 세력과 다양한 농민군도 유대인이 적을 돕고 있다거나 식량을 축재하고 있다는 풍문에 선동되어 학살에 가담했는데, 보통은 음주가 기름을 부은 이 포그롬에 관한 기록은 1918년 후반과 1920년 사이 그 지역에서 1,000건이 넘는다.[57] 한때 오스트리아-헝가리 제국에서 네 번째로 큰 도시였고, 이제는 폴란드와 우크라이나 민족주의자들이 각자 신생 조국을 위해 영유권을 주장하던 갈리치아의 수도 렘베르크(폴란드 지명: 르부프)에서는 1918년 11월 말에 일단의 폴란드 병사들이 우크라이나군을 몰아내자 끔찍한 포그롬이 일어났다. 우크라이나군의 철수를 돕던 저격수를 수색한다는 구실로 폴란드 병사들은 도시의 유대인 구역을 외부와 차단한 다음 총과 칼로 무장한 소부대를 들여보냈다. 병사들이 유대인 구역을 돌아다니며 병역 연령대의 남자들을 죽이기 시작하자 폭력은 신속히 격화되었다. 사흘간의 포그롬으로 유대인 구역의 거주민 73명이 살해되고 수백 명이 다친 한편, 상점들이 약탈되고 건물들이 불에 탔다.[58]

물론 우크라이나인들이라고 유대인을 더 잘 대우해준 것은 아니다. 오히려 정반대였다. 예를 들어 1919년 2월, 우크라이나 민족 공화국을 위해 싸우는 카자크인들은 프로스쿠로프에서 특히나 관련 증거가 많은 포그롬을 자행하여 2,000명의 유대인을 살해했다. 볼셰비키 군대와의 전투에서 승리한 뒤 카자크 지휘관 아타만 세모센코는, 한 부하 장교에 따르면, "우크라이나인과 카자크인의 최악의 적은 유대인이었다. 우크라이나와 우크라이나인의 생명을 구하기 위해서 유대인들은 말살되어야 한다"고 말했다.[59]

이튿날 세모센코의 부하들은 현지의 유대인 주민들을 습격했다.

그들은 사브르(기병대 군도軍刀 ― 옮긴이)뿐 아니라 총검도 썼다. 화기는 희생자들이 달아나려고 하는 소수의 경우에만 사용되었다. (…) 크로착의 집에는 여덟 명의 남자들이 들이닥쳐 유리창을 모조리 부수기 시작했다. 다섯 명은 집 안으로 들어가고 세 명은 밖에 남아 있었다. 집 안에 들어간 자들은 크로착 노인의 수염을 붙잡고 부엌 창가로 질질 끌고 가서 창밖으로 내던졌고, 밖에 있던 세 명이 노인을 죽였다. 이어서 그들은 노파와 두 딸도 죽였다. 그 집에 찾아와 있던 어린 소녀는 긴 머리채가 붙잡혀 다른 방으로 끌려간 다음 창밖의 거리로 내던져져 거기서 죽임을 당했다. 그다음에 카자크인은 집 안으로 다시 들어가 열세 살 먹은 소년한테 여러 군데 상처를 입혔고, 그 애는 결국 귀가 멀게 되었다. 그 애의 형은 먼저 어머니의 시신 위에 쓰러트려진 다음 배와 옆구리 아홉 군데를 찔렸다.[60]

학살은 키예프 정부의 어느 현지 대표가 개입한 다음에야 중지되었지만 며칠 뒤 인근 마을 펠슈틴에서 재개되어 목격자들의 증언에 따르면 100명이 살해되었다. 한 식당 주인 요셉 압트만은 이렇게 기억한다. "거의 모든 여자들이 강간당한 다음 죽었다, 사브르에 난자당해서. 길에는 핏물이 흐르고 있었다. (…) 모니치 브렌만의 집에는 갈리치아 출신 유대인과 그의 아내가 있었다. 그들은 집 밖으로 끌려 나왔고, 여자는 발가벗겨져서 알몸으로 억지로 춤을 춰야 했다. 네 명의 악한이 남편이 억지로 지켜보게 하는 가운데 그녀를 강간했다. 그다음 두 사람은 난자당했다."[61]

시간이 흐르면서 볼셰비즘과 유대인은 불가분이라는 주장은 자기실현적 예언이 되었다. 레닌의 해방의 언어와, 반유대주의와 포그롬에 대한 볼셰비키의 공개적 규탄은 종족적, 종교적 '무차별'을 암시했고, 이는 당연히 많은 유대인들과 조지아인, 아르메니아인, 라트비아인, 폴란드인 같은 제국 내 여타 소수민족들에 호소력이 있었다.[62] 그러나 이 모든 집단 가운데 유대인이 인구수 대비 가장 많은 수로 볼셰비키의 지지 호소에 응했고, 적지 않은 수가 적군과 체카, 공산당에 가입했다.[63] 이것은 그러나 적군 부대도 때로 반유대주의 포그롬에 가담하는 것을 막지 못했다.[64]

내전의 희생자 가운데 유대인이 특히 두드러지긴 하지만, 갈등은 남녀노소를 가리지 않고 모든 사회집단을 괴롭혔고, 거친 생존 투쟁과 보복 폭력의 끝없는 악순환을 촉발했다. 1919년 봄까지 백군과 적군 어느 쪽도 결정적 승리를 거둘 수 없었다.[65] 일시적 교착 상태는 그해 봄과 여름에 백군 세력이 널리 흩어져 있는 병력을 규합할 목적으로 적군을 상대로 대규모 공세를 개시했을 때에야 끝났다. 북쪽에서 3월 초에 콜차크의 군대가 시베리아에서 아르한겔스크로 진격하기 시작한 가운데 제2의 공세는 우랄산맥을 향했다. 한편 남쪽에서 데니킨의 '남러시아군Armed Forces of South Russia'은 그해 여름 모스크바를 향해 공세를 개시했다. 4월 중순이 되자, 콜차크는 아르한겔스크에 포위된 소규모 전위대와 접촉하는 데 성공한 한편, 그의 다른 군대들은 30만 제곱킬로미터 면적의 영토에서 볼셰비키 세력을 밀어냈다. 그러나 궁극적으로 콜차크는 결정적 승리를 거두고 적군의 완강한 저항을 분쇄하는 데 실패했다. 한여름이 되자 그의 군대는 우랄산맥 너머로 밀려났다. 시베리아 횡단철도를 따라서 가는 동쪽으로의 긴 후퇴 동안 콜차크의 부대는 추위와 티푸스, 파르티잔들의 끊임없는 습격으로 사상자가 엄청났다.[66] 그의 부하들은 전세의 역전과 후퇴라는 적대적 상황에 더 많은 폭력으로 대응했다. 콜차크는 동쪽으로 이동하면서 포로들을 총살하거나, 목매달거나, 산 채로 태워 죽이라고 지시했다. 예카테린부르크 지역에서만 콜차크의 병사들은 2만 5,000명을 처형한 것으로 추정된다.[67] 그러나 북부에서 이 마지막 반볼셰비키 폭력의 폭발이 콜차크와 그의 군대가 끝장났다는 사실을 감출 수는 없었다. 콜차크의 수도 옴스크는 1919년 11월 함락되었다. 콜차크 본인은 동쪽 이르쿠츠크로 후퇴했다가 결국 그곳에서 붙잡혀 재판에 회부된 뒤 총살되었다.[68]

사정은 남쪽의 백군에도 별로 나을 게 없었다. 1919년 여름과 가을, 자원군과 강력한 카자크 부대로 구성된 데니킨의 '남러시아군'은 모스크바에서 400킬로미터 떨어진 북쪽의 오룔까지 진격할 수 있었지만 결국 적군에게 격퇴되었다. 오룔 공세의 실패는 1919년 11월과 1920년 1월 사

이, 자원군과 카자크 부대 간 정치적 갈등 속에 데니킨 세력의 붕괴로 이어졌다.[69]

1920년 초에 이르자 적군이 내전에서 이기고 있음은 갈수록 분명해졌다. 자원군의 잔존 세력이 크림반도에서 일시적 피난처를 찾았을 때, 데니킨은 발트 지역 독일계 가문에 뿌리를 둔 차르 시절 경력 장교로서 대전 동안 다양한 기병 부대를 지휘한 바 있는 표트르 브랑겔 장군으로 대체되었다.[70] 크림반도에서 백군의 피난처는 육상으로 접근하는 길이 좁은 페레콥뿐이라 방어가 용이했지만, 백군은 수적으로 갈수록 열세였고, 군수 물자도 부족했다. 국제적 지지도 줄어들고 있었다. 백군의 패배를 불가피하다고 보게 된 영국은 더이상의 지원을 거부했다. 1918년 12월 흑해 항구 오데사와 세바스토폴에 그리스와 폴란드 분견대와 더불어 자체 병력을 상륙시켰다가 군사 반란의 위협 속에서 이듬해 4월 결국 철수시킨 프랑스는 러시아 내전에 다시 엮이고 싶은 마음이 없었다. 반대로 적군은 1919~1921년 러시아-폴란드 전쟁이 마무리되자, 남부전선에 병력을 증강할 수 있었다. 결국 1921년 늦게 적군은 크림반도에서 마지막 저항을 분쇄했다.[71]

비록 국지적인 농민 저항은 1922년까지 이어지지만 브랑겔의 패배로 러시아 내전은 사실상 종결되었다. 적군이 승리한 이유야 많지만, 아마도 가장 중요한 이유는 볼셰비키가 많은 이들에게 차악으로 보이게 되었다는 사실일 것이다. 그들은 상대방보다 미래에 대해 다소간 더 일관되고 설득력 있는 비전을 제시한 반면, 백군은 볼셰비키 지배를 끝장내겠다는 것 말고는 어떤 정책상의 목표에도 뜻을 하나로 뭉칠 수 없었다. 물론 적군도 규율을 유지하는 데 엄청난 문제를 겪었고 집단 탈영으로 애를 먹었다. 그러나 그들은 언제나 페트로그라드와 모스크바를 중심으로 러시아 전시경제의 중핵을 장악한 반면, 이질적인 그들의 반대파는 주변부로 널리 흩어져 있었고, 흔히 정치적으로, 또 공간적으로 분리되어 있었다.[72]

볼셰비키 승리의 결정적 이유가 무엇이든 간에, 레닌의 궁극적 승리는 나라에 엄청난 희생과 함께 왔다. 두 차례 혁명과 중단 없이 이어진 7년간의 무력 갈등을 거친 1921년의 러시아는 폐허가 되어 있었다. 대전으로 170만 명이 죽은 데 덧붙여 300만 명 이상이 내전으로 죽은 한편, 수년간의 싸움과 앞선 한두 해 동안 연이은 가뭄으로 촉발된 1921~1922년의 대기근 동안에만, 약 200만 명이 아사했다.[73] 내전과 강제 추방, 이민, 그리고 기근의 결과를 통틀어, 1922년 공식적으로 소비에트 연방(소련)이 된 영토에서 인구는 1917년 대략 1억 4,200만 명에서 1922년 1억 3,200만 명으로, 총 1,000만 명 정도가 감소했다.[74]

살아남은 자들에게 미래는 암담해 보였는데, 러시아 경제가 전쟁과 내전 동안 사실상 붕괴했기 때문이다. 이미 1920년에 이르자 산업 생산량이 1914년에 비해 80퍼센트 정도 급감했고, 전전 농지의 60퍼센트만이 여전히 경작지였다. 농민 반란을 종식시키고, 전쟁으로 찢긴 나라를 다시 일으켜 세우기 위해 1921년에 도입된 레닌의 신경제정책(네프NEP)은 대부분의 사람들에게 너무 늦게 찾아왔다.[75] 도시에서는 심각한 식량 부족이 대량 아사를 초래했다. 굶주림은 어디에나 존재했고, 특히 어린이와 노인에게 타격이 컸다. 날뛰는 물가로 부정기적 수입의 가치가 더욱 하락한 지식인층 역시 대단히 취약했다. 1923년 미국 원조국의 한 보고서는 러시아 인텔리겐치아 전체가 아사로 소멸할 위기에 처했다고 시사한다.

죽음은 이제 삶보다 더 눈에 잘 띈다. 유명한 문헌언어학자인 표도르 바투이슈코프가 먹을 수 없는 더러운 양배추를 먹었다가 바로 내 눈앞에서 식중

독으로 죽었다. 굶어 죽은 또 다른 사람은 역사와 문학 교수 S. 벤게로프, 러시아인들에게 셰익스피어와 실러, 푸시킨 전집을 선사한 그 사람. (…) 같은 시기에 철학자 V. V. 로사노프가 기아로 모스크바에서 세상을 떴다. 그런 죽음을 맞기 전에 로사노프는 굶주림을 달래줄 담배꽁초를 찾아서 거리를 헤맸다.[76]

내전이 끝날 즈음 러시아는 완전히 피폐해졌다. 수백만 명의 남녀가 전쟁과 기아의 결과로 죽었고, 700만 명으로 추정되는 고아들이 집을 잃고 거리에서 구걸하며, 생존을 위해 몸을 팔았다.[77] 당시 러시아에 얼마나 절망이 만연했는지는 엄청난 숫자의 난민으로 가늠할 수 있는데, 1922년에 이르자 총 250만 명이 과거 러시아 제국의 영토였던 곳을 떴다.[78] 대전 동안 특히 동유럽 지역을 중심으로(비록 그 지역에만 국한되지는 않지만) 총 770만 명이 이미 터전을 잃었는데, 내전은 안전과 더 나은 삶을 찾아 황폐해진 동유럽 곳곳을 떠도는 새로운 난민 물결을 촉발했다.[79] 1921년 7월에 이르자 이전 러시아 국민 55만 명이 폴란드로 도망쳤다.[80] 또 다른 5만 5,000명이―20세기 대표적 정치사상가가 되는 이사야 벌린Isaiah Berlin의 가족을 비롯해―1922년에 이르자 발트 3국에 도착했지만 곧 더 서쪽으로 옮겨가게 된다.[81]

러시아 난민들이 희망한 목적지는 런던, 프라하, 니스를 아울렀다.[82] 그러나 이민 공동체들의 정치 지도자들을 포함해 가장 많은 수는 독일로 갔는데, 근래의 패전에도 불구하고 그곳은 대부분의 중유럽 국가들보다 더 나은 경제적 전망을 제공했다. 독일로 간 난민은 1920년 가을에 이르자 55만 명에 달했다. 베를린은―특히 쇠네베르크, 빌머스도르프, 샤를로텐부르크(당시 '샤를로텐그라드'라는 별명을 얻은) 지구에서―러시아 망명 사회의 정착 중심지가 되어 1922년에 이르자 독일 수도에는 러시아 출판사가 72군데쯤 있을 정도였다.[83]

서부 국경지대의 난민 대다수는 서유럽으로 가려 했던 반면, 만주의 하얼빈 시는 시베리아에서 망명한 러시아인들의 주요 목적지가 되었고, 망명자들은 거기에 극장과 음악학교를 건립했는데, 훗날 할리우드 스타가 되는 율 브리너Yul Brynner도 그곳에서 공부했다.[84] 여기에 크림반도의 마지막 전투에서 살아남은 12~15만 명가량의 백군 생존자와 그 가족들도 있었는데, 이들은 콘스탄티노플과 갈리폴리 인근 난민 캠프에 몰아넣어졌다.[85] 많은 난민 캠프들이 금세 초만원이 되면서 연합국은 피골이 상접한 수천 명의 러시아 난민들을 마르마라 해상의 선박들에 수용하는 것 말고는 달리 방도가 없었다. "600명의 승객을 수용하게 되어 있는 블라디미르호에는 현재 7,000명이 넘는 사람들이 타고 있다!"고 어느 국제적십자사 일원은 콘스탄티노플에서 보고했다. "대부분은 갑판 위에서 살며, 화물칸에 있는 사람들은 질식해 죽어가고 있다."[86]

이 인간 비극의 엄청난 규모를 인식한 국제연맹은 결국 1921년, 전설적인 노르웨이 탐험가 프리드쇼프 난센Fridtjof Nansen을 초대 고등판무관으로 하여 난민 고등판무관사무소를 창립했다. 난센은 널리 알려진 1890년대 중반의 극지 탐험의 명성을 통해서라기보다는 1918년 이후 전쟁포로 송환 사업에서 쌓은 경험을 통해 그 일의 적임자가 되었다. 그러나 역사적으로 그의 가장 중요한 업적은 러시아 난민 위기에 대응하는 과정에서 만든 법적 서류, 바로 난센 여권으로, 이를 통해 무국적 난민들은 국제연맹과 난민 고등판무관사무소의 후원 아래 여행하고, 해외에 정착할 수 있었다.[87]

200만이 넘는 러시아 내전의 난민들의 앞날은 상황과 운에 따라 크게 달랐지만 그들 다수는—놀랍지 않게도—확고부동한 반볼셰비키 시각에서는 한마음이었다. 베를린은 특히 반볼셰비키 러시아 망명 사회 프로파간다의 온상이 되었다. 발트 지역 출신 독일계 난민들의 동조에도 힘입은 러시아 망명자들은 재빨리 레닌의 볼셰비키 운동에 관한 무시무시한 이야기들을 퍼트리기 시작했고, 그리하여 독일과 그보다 더 먼 지역에서 부상하던 극우 세력에 새로운 에너지를 주입해주었다.[88]

그 결과 볼셰비키 혁명과 과거 러시아 제국 영토에 걸쳐 벌어진 내전은 급격한 사회경제적, 그리고 정치적 변화를 갈망하는 이들에게는 희망의 횃불로서, 또는 정치화된 대중에 의해 임박한 권력 찬탈이라는 악몽과도 같은 비전으로서 더 먼 곳의 혁명과 반혁명 운동과 빠르게 상호작용했다.[89] 마르크스와 엥겔스가 《공산당 선언》을 통해 1848년 봄에 유럽에서 포착한 '공산주의라는 유령'은 실제로는 1917년 이후 유럽에서 모든 사람들에 의해 훨씬 더 날카롭게 감지되던 것이었다. 1914년 이전에 마르크스주의에 영감을 받은 혁명적 폭력은 왕족을 상대로 개인적 암살을 감행하는 극좌파의 지하 운동에 국한되어 있었다. 볼셰비키 혁명은 모든 것을 변화시켰다. 1789년 이래 처음으로 혁명 운동이 한 국가를 장악했다.

서방의 보수적 정치가들과 자유주의적 정치가들, 심지어 사민주의자들도 러시아에서 벌어진 사건들에 경악했다. 하기야 신문 보도들이 적색 테러에 초점을 맞추면서 '백군' 세력에 의해 자행된 만행들은 대체로 무시하는 경향이 있었다는 사실은 많은 것을 시사한다. 많은 이야기들이 물론, 혁명으로 모든 것을 잃었고 따라서 볼셰비키 지배를 되도록 가장 암울한 방식으로 그리는 성향이 있는 러시아 망명 귀족들한테서 나왔다. 그들은 서유럽과 중유럽에서 자신들의 사연을 잘 들어주는 청자를 찾았고, 거기서—보수 정파 쪽에서 충격과 냉담함을 보인 1918년 가을의 짧막한 순간이 지나고 — 정치가들과 기업가들이 러시아 혁명과 유사한 사태가 자국에서도 되풀이될지도 모른다고 걱정하기 시작하며 반공 운동들은 추진력을 얻어가고 있었다.[90]

1918년이 저물어가면서 영국 군수성 장관 윈스턴 처칠은 던디의 선거구 연설에서 유권자들에게 이제 패배한 악한 훈족(독일인에 대한 멸칭 — 옮긴이)은 도덕적으로 타락한 동쪽의 새로운 세력, 자유세계의 가치들을 위협하는 유령으로 교체되었다고 말했다. "러시아는 볼셰비키에 의해 야수적 형태의 야만성으로 급속히 전락하고 있다. (…) 문명이 광대한 지역에서 완전히 소멸해가고 있는 반면, 볼셰비키들은 폐허가 된 도시의 잔해들과 그들의 희생자들의 시체 더미 위에서 흉포한 비비원숭이 떼처럼 날뛰고 있다."[91]

1918년 후반에 이르자 소문의 진상을 확인하거나 사실과 허구를 구분해줄 만한 서방 외교관이나 외신 통신원은 러시아에 남아 있지 않았다. 비록 내전의 현실은 너무도 끔찍하여 달리 더 부풀릴 필요도 없었지만 레닌 정권에 관한 허황된 이야기들이 꽃을 피워 서쪽으로 흘러들러 왔다. 사회질서가 완전히 뒤집히고, 전에 유럽 열강 중 하나였던 나라에서 도덕적 와해 속에서 끝없이 자행되는 만행과 보복의 악순환에 관한 이야기들이. 여러 미국 신문들은 볼셰비키가 한 시간에 500명의 죄수들을 참수하도록 설계된, 전기로 작동하는 기요틴을 페트로그라드에 도입했다는 보도를 실었고, 영국에서는 다종다양한 출판물에 볼셰비키가 자행할 수 있는 악에는 한계가 없다는 것을 역설하는 말세적 목격담들이 실렸다. 볼셰비키는 중간 계급과 상류 계급 여성들을 '국유화'하여 프롤레타리아 계급 누구든 이제 그들을 마음대로 강간할 수 있다는 주장이 유포되는가 하면, 동방정교 교회들은 귀족 여성들이 평범한 노동자들에게 강제로 성적 서비스를 제공하는 매음굴로 바뀌었다는 주장도 있었다. 또 중국인 처형인들이 고대 동양의 고문 기술을 많이 알고 있기 때문에 볼셰비키들에게 고용되었으며, 악명 높은 체카 감옥에서는 억지로 정보를 빼내기 위해 굶주린 쥐가 가득한 우리에 수감자들의 얼굴을 밀어넣는다는 이야기도 돌았다.[92]

더욱이, 1918년 여름 전 세계적으로 보도된 차르와 그의 일가 살해 소식은 1793년 루이 16세와 마리 앙투아네트 왕비 처형 이후 격화된 프랑스 혁명에 관한 불편한 기억들을 되살렸다. 러시아에서 흘러나오는 소식들의 성격을 고려할 때 당연하게도 서방 언론들은 경쟁이라도 하듯 볼셰비키 지도부와 그 지지자들에 관해 되도록 가장 어두운 이미지를 그려냈다. 〈뉴욕타임스〉는 레닌과 그 추종자들을 '인간쓰레기'라고 지칭했고, 런던의 보수지 〈모닝포스트〉는 볼셰비키 정권을 "풀려난 범죄자와 난폭한 이상주의자, 유대인 국제주의자, 광신적 괴짜 전부와 대부분의 사기꾼이 비이성과 격정의 광란에 서로 손을 잡은" 정권이라고 묘사했다.[93] 한 독일 신문은 '중간 계급'으로 간주되는 것 일체에 대한 볼셰비키의 '무제한적 테러리즘'에 관한 장문의 기사를 실었고, 독일 대사 빌헬름 폰 미르바흐Wilhelm von Mirbach 백작이 1918년 7월 모스크바 자택에서 사회주의혁명당원 야코프 블룸킨Yakov Blumkin이 쏜 총에 맞아 죽은 뒤로 언론 보도들은 러시아의 상황에 대해 갈수록 비판적이 되었다.[94] 파국은 갑자기 새로운 이름을 얻었다. '러시아 상태'란 '서방'의 모든 도덕적 가치들이 전도된 상황을 묘사하기 위해 흔히 쓰인 표현이다. 우파의 정치 포스터들은 볼셰비즘을 입에 피 묻은 단검을 물고 있는 유령이나 해골 같은 인물로 그리기 시작했다. 이런 포스터의 변종들은 프랑스와 독일만이 아니라, 폴란드와 헝가리에서도 등장했다.[95]

기겁한 유럽의 엘리트 지배층이 자코뱅의 '묵시록적' 전쟁을 두려워했던

18세기 말의 상황과 그리 다르지 않게, 1917년 이후 많은 유럽인들은 볼셰비즘이 퍼져나가 구세계 나머지 지역을 '전염'시킬 것이라고 전제하며, 그 가정된 위협에 맞선 폭력적 동원과 행동을 촉구했다. 이 위협에서 특징적인 것은, 유럽 거의 전역에서 인식된 것처럼 기존 질서에 대한 그 위협이 정체를 분간할 수 없어 보인다는 점이었다. 그것은 부르주아적 소유권 관념을 공격하는 익명의 군중부터 유대-볼셰비키 세계 지배 음모까지 모든 것에 걸쳐 있었다. 그러한 추상적 두려움은, 적지 않은 것이 사실이고 또 어떤 것은 과장되기도 하면서 서유럽에 널리 유포된 볼셰비키의 잔학상에 관한 소식들로 부채질되었다. 볼셰비즘이 서쪽으로 확산될까 근심하던 이들은 세계 혁명을 부르짖는 레닌이나 트로츠키의 연설을 읽고서나, 유럽 곳곳에서 공산당이 결성되고 있다는 뉴스를 듣고서, 혹은 볼셰비키에 영감을 받은 무력 정권 찬탈 시도나 내전이 일어나고 있음을 알게 되면서 자신들의 두려움이 옳았음을 확인했다.[96]

최초이자 가장 인접한 '전염' 케이스 — 또는 그렇게 인식된 케이스 — 는 1918년 핀란드였다. 러시아 제국 내 자치 공국이라는 지위 때문에 핀란드는 대전에 참전하지 않았고, 1914년과 1918년 사이에 약 1,500명의 핀란드인들이 개별적으로 러시아나 독일 편에 자원하여 싸웠을 뿐이다.[97] 전쟁을 통한 '야만화'의 부재에도 불구하고 핀란드는 20세기에 인구 비례상 유달리 피비린내 나는 내전을 겪었다. 3만 6,000명 이상(인구의 1퍼센트)이 고작 석 달 동안의 갈등과 그 직후의 여파 속에서 죽었다. 내전의 전주곡은 1917년 11월 중순, 러시아에서 전개되는 혁명적 사변의 영향 아래 핀란드 노동조합들이 총파업을 부르짖는 사민당과 오토 쿠시넨Otto Kuusinen의 핀란드 볼셰비키당에 합세하여 총파업에 가담했을 때 찾아왔고, 이 총

파업으로 무장 적위대와 핀란드 독립 지지자들이 충돌했다.[98]

페흐르 에빈드 스빈후프부드Pehr Evind Svinhufvud의 중도우파 정부가 12월 초에 혁명 러시아로부터 분리 독립을 선언한 지 단 7주 만에, 페트로그라드의 지원을 받은 적위대는 1918년 1월 27일 헬싱키 정부를 무너트렸다. 스빈후프부드가 쇄빙선을 타고 발트해를 건너 도망친 사이 신정부 — 인민 대표 평의회Council of People's Representatives — 가 수립되었다. 쿠데타의 시나리오는 몇 달 전 페트로그라드에서 볼셰비키 혁명의 친숙한 궤적을 따르는 듯했다. 그러나 추후 핀란드 내전에서 양측이 '백군'과 '적군'을 자칭했음도 불구하고, 당대인들이 흔히 그랬듯이 두 갈등, 즉 러시아 내전과 핀란드 내전을 뒤섞는 것은 잘못일 것이다. 사실 두 내전은 뚜렷하게 구분되며 핀란드 혁명에서 흔히 주장되는 '러시아 개입'은 실제로는 다소 주변적인데, 핀란드 적군을 위해 싸운 사람 가운데 5~10퍼센트 정도만이 러시아 자원병이기 때문이다. 그보다 더 중요한 것은 핀란드 '적군'은 볼셰비키가, 적어도 다수파는 볼셰비키가 아니었다는 사실이다. 비록 볼셰비키에 영감을 받은 적위대가 헬싱키 쿠데타를 일으켰고, 그리하여 내전을 촉발하긴 했지만 혁명적 움직임을 거의 그 즉시 장악한 것은 더 온건한 핀란드 사민당으로서, 그들은 핀란드 남부 산업 중심지와 소도시에서 일시적으로 권력을 장악했다.[99]

한편, 보수파가 지배하는 원로원에 의해 뒷받침된 그들의 반대파는 더 농촌에 가까운 핀란드 중부와 북부를 지배했다. 독일군의 적극적 지원을 받은 '백군'의 군사 지도자이자 제정 러시아 육군의 전직 장군이었던 카를 만네르하임Karl Mannerheim은 1918년 초에 탐페레, 비푸리, 헬싱키, 라티에서 벌어진 결정적 전투들에서 반대파를 패퇴시켰다. 이후의 추가적인 저항은 동일한 지역사회의 구성원들 사이에서 벌어진 내전들에서 전형적인 극단적 폭력으로 진압되었다. 예를 들어 만네르하임의 반혁명 군대는 혁명 핀란드의 '붉은 수도'인 남부 도시 탐페레를 3월에 점령했을 때 1만 명이 넘는 '붉은' 병사들을 붙잡아 처형한 한편, 일부 포로들은 급조된 포로수용소에서 영양실조로 죽었다.[100]

비록 핀란드 내전은 백군의 승리로 끝났지만 서방의 관찰자들은 여전히 걱정이 컸다. 그들에게 '볼셰비즘'은 러시아에만 특유한 것이 아니다. 그것은 분명히 서쪽으로 퍼져나가고 있었다. 이런 인상은 1918~1919년 중부 유럽의 여러 혁명들로 강화되었다. 당대인들은 볼셰비즘을 곪는 상처나 전염병으로 인식하고 묘사했다. 이는 1919년 봄에 볼셰비즘이 더 서쪽으로, 중유럽의 심장부로 이동하는 것처럼 보이면서 더욱 두드러지게 되는 관념이었다.

8

민주주의의
외관상 승리

　1918년 11월 10일, 독일 최초의 민주정 탄생 하루 뒤, 자유주의 성향 일간지 〈베를리너 타게블라트〉의 저명한 편집장 테오도어 볼프는 카이저 빌헬름 2세의 퇴위로 이어진 전날의 사건들을 칭송하는 열광적인 사설을 발표했다.

　　갑작스럽게 몰아치는 폭풍처럼, 모든 혁명 가운데 최대의 혁명이 제정과, 그것을 구성하던 모든 것을 꼭대기부터 밑바닥까지 모조리 무너트렸다. 그 것은 모든 혁명 가운데 최대의 혁명이라 부를 수 있는데, 그토록 견고하게 지어지고 단단한 벽으로 둘러싸인 바스티유가 단번에 무너진 적은 없기 때 문이다. (…) 어제 아침, 적어도 베를린에서는 모든 것이 여전히 거기에 있 었다. 어제 오후에 그 모든 것은 사라졌다.[1]

　물론 모두가 볼프의 열광을 공유했던 것은 아니다. 1918년 11월 독일에 서 벌어진 사건들에 대한 반응은 사실 극단적으로 달랐다. 독일 병사들 대다수는 전쟁에서 살아남았다는 데 안도하며, 소속 부대가 독일 영토로 들어오자마자 흩어져 집으로 돌아갔다. 일부, 특히 전시에 후방에서 복무한 수병들과 병사들은 독일 군주정을 무너트리는 혁명에 적극적으로 참여했다. 대전의 참전 군인들 중 많은 이들은 평화주의자가 되었고, 자신들이 지난 4년 동안 겪어야 했던 일들을 누구도 다시 겪게 하고 싶지 않다는 생각이 확고했다.[2]

유달리 힘들었던 전쟁의 마지막 몇 주 동안 변함없이 규율을 유지했던 일선 병사들과 장교들 사이에서는 혁명에 대한 태도가 더 적대적이었다. 아마도 1차 세계대전의 가장 잘 알려진 참전병일 29세의 일병 아돌프 히틀러가 보인 최초 반응은 전형적인 일선 병사들의 반응이었다. 전쟁 마지막 몇 주 사이에 독가스에 노출되어 의식을 잃고, 일시적으로 실명이 된 히틀러가 1918년 11월 12일 프로이센의 도시 파제발크의 군병원 침상에서 깨어났을 때, 그는 자기 주변의 세계가 딴판으로 변해버렸다고 느꼈다. 한때 막강했던 독일 제국 육군, 그가 연락병으로 복무했었던 그 군대는 와해되었다. 카이저는 혁명적 소요에 직면하여 퇴위했다. 히틀러의 고향 오스트리아―헝가리는 더이상 존재하지 않았다. 중부 세력의 패전 소식을 듣고 그는 정신적 붕괴를 경험했다. "나는 침대에 몸을 던지고, 불덩이 같은 이마를 베개와 이불 속에 파묻었다. 어머니의 무덤 앞에 섰던 날 이후로 나는 한 번도 울지 않았지만 그때는 우는 것 말고는 아무것도 할 수 없었다." 그가 느낀 1918년의 굴욕은 베를린 벙커에서 끔찍하게 생을 마감할 때까지 히틀러의 이후 인생에서 중심적 지주로 남았다. 심지어 1945년 4월 그의 최후 명령에서도 그는 1918년이 두 번 다시 되풀이되는 일은 없을 거라고, 1차 세계대전의 끝에 있었던 '비겁한' 항복의 새로운 버전은 결코 없을 거라고 역설했다. 그는 독일과 독일 국민은 어떤 후퇴나 항복이

있기 전에 모든 것을 불태울 거라고 천명했다.[3]

후방전선에서도, 의견들은 대체로 정파 노선을 따라서 극명하게 나뉘었다. 하이델베르크에 근거를 둔 중세사학자 카를 함페Karl Hampe는 1871년 비스마르크의 민족국가가 독일 민족사의 최정점이었다고 본 중간 계급 지식인의 관점에서 11월 9일의 혁명을 묘사했다. 함페에게 11월 9일은 "내 인생 최악의 날이었다! 카이저와 제국에 무슨 일이 생긴 건가? 우리는 외부로부터 사지 절단 (… 그리고) 일종의 채무 노예 상태에 직면했다. 내부적으로는 (…) 내전, 기아, 혼돈에 직면했다".[4] 제1의 보수주의 정치가 엘라르트 폰 올덴부르크야누샤우Elard von Oldenburg-Januschau(그는 1933년 1월에 전개된 정치적 사건들에서, 오랜 친구 파울 폰 힌덴부르크 대통령에게 히틀러를 수상으로 임명하라고 조언함으로써 불운한 역할을 하게 된다)가 "1918년 11월의 사건들에 관해 내가 느끼는 슬픔을 표현할 말을 찾을 수 없다"고 썼을 때 그는 많은 독일 귀족들을 대변했다. "내가 얼마나 충격을 받았는지는 도저히 말로 표현할 수 없다. 세상이 무너진 것 같았다. 그 잔해 아래 지금까지 내가 인생의 목표로 여기고 살아온 모든 것과 부모님이 내가 어린아이였을 때부터 소중히 여기라고 줄곧 가르쳐왔던 모든 것을 파묻어버린 느낌이었다."[5]

전직 제국 재상 베른하르트 폰 빌로Bernhard von Bülow는 눈앞에 펼쳐지는 사태에 대한 경악을 표현하기 위해 과거에서 유사한 전례를 필사적으로 찾았지만 소용없었다.

> 11월 9일 베를린에서 나는 혁명의 시작을 목도했다. 아아 슬프게도, 혁명은 페르디난트 라살레가 그린 것처럼 찾아오지 않았다. (…) 빛나는 여신의 형상으로, 바람에 머리칼을 흩날리며, 철로 만든 샌들을 신은 모습으로 찾아

오지 않았다. 그녀는 이빨이 다 빠지고, 머리가 벗어지고, 신발은 뒤축이 다 닳은 영락하고 추한 노파 같았다. (…) 그것은 파리 대로大路 위에 우뚝 선 청동상, 대좌 왼편에는 착검한 보병 소총을 든 상퀼로트(프랑스 혁명 당시 급진적인 평민 분파 ― 옮긴이)를, 오른편에는 총동원을 알리며 북을 두드리는 고수를 거느린 채 주먹을 꽉 쥐고 당당하게 서 있는 당통의 청동 조각상 같은 인물을 드러내지 않았다. 우리의 혁명은 최후까지 혈전을 선언하며, 우리의 항전을 다섯 달까지 연장할 강베타(1870~1871년 프랑스-프로이센 전쟁에서 나폴레옹 3세의 제정 군대가 패배하자 프랑스 공화국을 선포하고 항전을 이어간 정치가 레옹 강베타를 가리킨다 ― 옮긴이)를 불러오지 못했다. (…) 술 취한 수병들과 예비대대 출신 탈영병들이 운전하는 탱크와 대형 트럭이 11월 9일 베를린 시가지를 아무렇게나 줄줄이 지나가는 모습보다 더 야만적으로 천박한 것은 내 평생 본 적이 없다. (…) 사민주의의 붉은 옷소매로 치장한 덜 큰 촌뜨기들이, 한 번에 여러 명씩 무리를 지어 철십자 훈장이나 푸르르메리테 훈장을 단 장교만 보면 살금살금 다가가 그의 팔을 움직이지 못하게 옆구리에 꽉 붙이고, 어깨의 견장을 떼버리는 광경만큼 그렇게 구역질나고, 미치도록 혐오스럽고, 저속한 것은 좀처럼 본 적이 없다.[6]

다른 이들의 절망감은 그보다 한발 더 나갔다. 유대계 선박왕이자 빌헬름 2세의 개인적 친구이기도 한 알베르트 발린은 독일 제국의 붕괴에 미칠 것만 같고, 불확실한 재정적 미래에 직면하여, 1918년 11월 9일 스스로 목숨을 끊었다. 하팍HAPAG ― 한때 세계 최대의 해운사 ― 의 수장인 발린은 그가 보는 조국의 암울한 미래를 도저히 감당할 수 없었다.[7]

그와 동시에 제한된 의회 참여 권한만 있는 입헌군주정에서 현대적 공화국으로의 변신을 독일 국민의 압도적 다수는—적어도 1918년 가을과 1919년 봄까지는 줄곧—지지했다는 사실을 명심할 필요가 있다. 그들은 신념에서 우러나와서, 아니면 나라의 내부적 민주화가 곧 있을 파리강화회의에서 더 관대한 강화 조건으로 보상받으리라고 느껴서 사태의 중대한 국면 전환을 반겼다.[8]

11월 9일 독일에서 군주정이 무너졌을 때 의사 결정 권력은 전쟁에 대해 엇갈리는 태도 때문에 쪼개진 두 사민당, 즉 온건한 다수파사민당과 더 급진적인 독립사민당을 잠시 재통합한 국민 대표 위원회Rat der Volksbeauftragten가 맡았다. 위원회 구성원은 두 당에서 각각 세 명씩 지명했고, 오랫동안 사민당 간부로 일해왔고 흠잡을 데 없는 노동 계급 자격 증명서를 갖춘 프리드리히 에베르트가 의장을 맡았다. 1871년 제국 창건 이래 독일을 통치한 최초의 '보통 사람들의 정치인'인 에베르트는 11월혁명에서 중심인물이 될 운명이었다. 장차 바이마르 공화국의 초대 대통령(1925년에 때 이른 죽음을 맞이할 때까지 재직하게 되는 자리)이 될 에베르트는 변변찮은 집안 출신이었다. 1871년 대학 도시 하이델베르크에서 재단공의 아들로 태어난 그는 마구馬具 제조공의 견습생으로 일을 배우던 중 초창기 노동조합운동에 관여하게 되었다. 그는 북부 도시 브레멘에서 사민당 계열 신문의 편집부에서 일했지만 1890년대에 재빨리 지역 정치 활동의 중심지가 되는 선술집도 운영했다. 노동 계급 이익의 지칠 줄 모르는 옹호자라는 명성에 뛰어난 조직화 능력이 결합하여 그는 1912년 총선에서 의원으로 당선되었고, 사민당도 제국의회에서 최대 다수당이 되었다.[9]

에베르트는 여러 측면에서 독일의 제2세대 사민주의 지도자들을 특징짓는 실용주의의 전형적 실례였다. 마르크스주의자이긴 해도 그의 주요 정치 목표는 개혁을 통한 노동 계급 삶의 일상적 개선이었다. 1913년, 에베르트는 저명한 독일－유대계 변호사이자 동프로이센 도시 쾨니히스베르크 출신의 사회주의 정치인인, 더 급진적인 후고 하세와 더불어 사민당의 공동 당수로 뽑혔다.[10]

평화주의자인 하세는 1914년에 내키지 않지만 당 규율을 지켜서 전시공채에 찬성표를 던졌다. 하지만 결국 1917년에 에베르트와 갈라져, 즉각적 강화를 요구하는 독립사민당을 창당해 수장이 되었다. 그사이 에베르트는 러시아의 경험을 특징짓는 혼돈으로 빠져드는 것을 막기 위해, 더 중간 계급 지향인 중앙당과 자유주의 좌파 계열 진보당과 더불어 정부에 협조하는 것이 그와 다수파사민당의 '빌어먹을 의무이자 책무'라고 느꼈다. 그의 마르크스주의적 배경과 신념에도 불구하고, 볼셰비키 스타일의 혁명이 아니라 의회제로의 전환이 에베르트의 목표였다. 그가 카이저의 마지막 재상 막스 폰 바덴 대공과의 대화에서 지적한 대로 공산주의 혁명은 그가 바라는 것이 결코 아니었다. "나는 그걸 원하지 않소. 정말이지, 난 그걸 죄악처럼 싫어합니다."[11]

에베르트의 발언은 1918년에 이르자 다수파사민당이 전통적 마르크스주의의 의미에서 더이상 혁명당이 아니라는 사실을 반영했다. 그 대신 그 정책들은 의회 민주정의 발달, 여성 투표권, 물리적인 작업 환경 개선, 복지국가 확대에 초점을 맞췄다. 이 모든 것은 혁명이 아닌 점진적 개혁을 통해 달성될 터였다. 에베르트는 차르 체제 러시아와 달리 제정 독일은 독재국가가 아니라는 것을 온전히 의식하고 있었다. 내각을 임명, 구성하고 해산할 권한을 의회가 아니라 카이저한테 둔 반+권위주의적 헌법에도 불구하고 독일 제국은 노동 계급에 상당한 조직화 기회와 남성보통선거권을 통해 일정 정도의 정치적 참여를 제공했다. 그것은 당시 대다수의 러시아인들은 꿈만 꿀 수 있는 수준의 사회적, 경제적 안정과 법적 시스템을 제공했다. 물론 독일 사회 내 확연한 사회정치적 불평등은 여전히 존속했지만, 1914년에 이르자 더 많은 것이 혁명이 아닌 개혁을 통해 달성될 수 있음이 노동자 계급 대다수 사이에서 널리 받아들여졌다. 바로 이 깨달음이 '에베르트 세대'가 볼셰비키 스타일의 집권 시도를 결정적으로 거부한 이유였다.[12]

일단 위원회가 에베르트 지도부 아래 구성되자 일시적인 무풍 상태가 찾아왔다. 그러나 위원회의 탄생은 독일 개혁과 재건의 장래 방향에 관한 뜨거운 질문을 뒤로 미뤘을 뿐이었다. 독립사민당의 좌파와 달리 다수파 사민당의 지도자들은 내전과 연합국 침공을 부를 수도 있는 어떤 급진 사회주의적 실험도 감행하고 싶어 하지 않았다. 사민당은 오랫동안 독일을 민주적으로 갱생하는 것을 지지해왔고, '계급 전쟁'이라는 정통 마르크스주의의 주문으로 복귀하는 것은 그 오래된 개혁주의 입장에 대한 배반으로 인식되었을 것이다. 에베르트와 여타 사민당 지도자들은 당면한 가장 시급한 문제들을 다루는 데 관심이 있었다. 공식적으로 전쟁을 종결시킬 강화조약을 준비하고, 기아 인구를 위해 적절한 비축 식량을 공급하고, 수백만 병사들의 동원을 해제하는 것이었다.[13] 이 문제들 각각은 아직 미숙한 정부에 엄청난 도전이었다. 독일은 전례 없는 규모와 파괴의 전쟁—1,300만 명이 넘는(1914년 인구의 거의 20퍼센트) 독일인이 복무했고, 200만 명이 죽은—에서 이제 막 패했다. 더욱이 약 270만 명의 병사들이 전쟁 동안 육체적으로 다치거나 정신적으로 상처를 입었다. 대전에서 승리한 나라들과 달리 패전 뒤 아들과 형제, 아버지들의 희생을 어떻게 정당화해야 할지가 이후 독일 국민을 사로잡은(그리고 분열시킨) 중대 관심사였다. 1918년 가을에 패전을 겪은 다른 유럽 국가들의 국민들과 마찬가지로 말이다.[14]

바로 이런 딜레마를 배경으로 한 채 1918년 12월 10일, 베를린 브란덴부르크 문에서 에베르트는 전선에서 귀환하는 병사들을 다음과 같은 유명한 말로 환영했다. "어떤 적도 여러분을 무찌르지 못했습니다." 에베르트의 말은 자기기만적이라기보다는, 우익 반대파나 독일에서 더 급진적인 혁명을 지지하는 자들에 의해 잠재적 도전에 직면하여 신정권을 지지하도록 군을 정부 편으로 끌어들이려는 바람에서 나온 것이었다. 같은 이유로 에베르트는 육군 최고사령부에서 루덴도르프의 후임자 빌헬름 그뢰너 장군과도 실용주의적인 합의, 종종 구제국 육군과의 파우스트적 계약으로 잘못 비판받는 합의에 도달했다. 11월 10일 그뢰너는 에베르트에게 군대의 충성을 보증했다. 그에 화답하여, 에베르트는 좌익의 잠재적 봉기에 정부가 신속한 조치를 취할 것이며, 의회 구성을 위한 총선을 실시하고, 직업 장교 집단이 계속해서 군 지도부를 지배하게 할 거라고 약속했다.[15]

그러므로 폭력적인 격변이 아니라 타협에 의한 변화가 1918년 11월 독일 혁명 초기 국면의 특징이었다. 이것은 정치 세계와 사회적 장 둘 다에 적용되었다. 11월 15일 기업계 지도자들과 노동조합은 임금 중재, 1일 8시간 노동제 도입, 50인 이상 사업체에서 노동자 대표 도입에 관한 협약을 맺었다. 두 대표 서명자 — 저명한 기업가 후고 슈틴네스Hugo Stinnes와 자유노동조합 의장 카를 레긴Carl Legien — 의 이름을 따서 슈틴네스-레긴 협약으로 알려진 이 거래는 고용주들이나 사민당이 지배적인 자유노동조합 어느 쪽에도 이득이 되지 않았을, 아래로부터의 잠재적인 국유화나 사유재산의 급진적 재분배를 미연에 방지했다.[16]

그러나 독일의 정치적 미래에 대한 장기적 문제들은 민주적으로 선출된 제헌의회에 의해 결정될 터였다. 적어도 그것이 에베르트와 다수파사민당 그리고 독립사민당 일부가 뜻한 바였다. 이런 이유로 제헌의회의 구성을 위한 총선은 최대한 빠르게 실시되었다. 1919년 1월 총선이 실시되었을 때, 유권자들은 독일의 민주주의적 갱생을 확고히 대변하는 세 당에 76퍼센트의 지지를 보냈다. 바로 다수파사민당, 자유주의적인 독일민주당DDP: German Democratic Party, 그리고 가톨릭 중앙당이었다.[17]

독일의 민주적 탈바꿈은 이웃 오스트리아-헝가리에서 일어난 사건과 굉장히 유사했다. 그러나 그곳에서 혁명을 더 복잡하게 만든 것은 민족 혁명과 사회 혁명의 중첩이었다.[18] 전전 이중 군주국은 유럽에서 세 번째로 인구가 많은 국가였고(제정 러시아와 독일 제국 다음으로), 종족 다양성이 가장 큰 제국 중 하나였다. 1918년 이래로 오스트리아-헝가리 제국이 붕괴, 해체된 이유는 주로 민족주의 — 19세기에 기하급수적으로 성장한 이데올로기 — 의 원심력이라고 흔히 주장되어왔다. 이제는 시대에 뒤떨어진 이 독해에 따르면, 빈의 군사적 패배는 제국 내 다양한 민족집단들에 그들이 오랫동안 소망해온 독립 국가 수립을 실현할 기회를 제공했을 뿐이다.[19]

더 근래 들어 역사가들은 상이한 그림을 그린다. 비록 슬라브 민족주의가 특히나 다종족 제국의 존재에 도전을 제기하기는 했지만 제국의 궁극적 소멸 이유는 전전 소규모 민족주의 운동들에서보다는 대전 시기 자체에서 찾아야 한다.[20] 오스트리아-헝가리에서 혁명을 가능케 한 단기 요인들 가운데 두드러진 것은 적지 않은 인구 부문, 특히 전시 오스트리아 도시 인구의 물질적 곤궁이었다. 1917년 후반에 이르자 오스트리아의 도시 인구는 아사하기 시작했고, 그리하여 사회 소요의 잠재적 가능성이 커졌다.[21] 오스트리아에서 파업은 처음에는 고물가와 형편없는 식량 배급에 대한 항의의 형태를 띠었다. 1917년 러시아와 1918년 독일에서와 마찬가지로 '빵과 평화'에 대한 요구가 궁극적으로 광범위한 파업을, 특히 1918년

1월에 불러왔다. 며칠 만에 오스트리아, 헝가리, 갈리치아, 모라비아 전역에서 근 900만 명의 노동자가 작업 도구를 내려놓았다. '최대한 신속한 전쟁 종식'과 민족 자결에 대한 요구가 커져갔다.[22] 뒤이어 2월 초에는 식량 부족에 관한 불만과 즉각적 종전 요구로 추동된, 수병 반란이 군항 폴라와 카타로에서 일어났지만 곧 진화되었다.[23]

   독일에서처럼 오스트리아−헝가리에서 파업과 반란은 정권의 붕괴나 전쟁 수행 노력의 붕괴를 야기하지 않았다. 그보다 더 문제가 되는 것은 1차 세계대전 동안 여러 차례 심각한 패배를 겪은 군대 내 전반적 분위기가 바뀌고 있다는 것이었다. 특히 동부전선에서 오스트리아−헝가리군은 지속적인 압박을 받고 있었고, 포로로 인한 병력 손실이 막대했다. 빈은 갈리치아와 이탈리아 전선 양쪽에서 갈수록 독일의 군사적 지원에 의존했다. 이런 누적되는 압력들은 전쟁이 길어지면서 점차 심해졌다. 전쟁의 마지막 몇 달 사이에, 한때는 다종족 제국의 대들보였던 오스트리아−헝가리 군대는 무너졌다. 1918년 가을에 이르자 군대는 보급이 부족했고, 병사들은 굶주려갔다. 탈영이 증가하면서 군대는 도저히 효과적으로 싸울 수 있는 처지가 아니었다.[24] 이탈리아에서 오스트리아의 최종 공세 실패와 서부에서 독일의 패배들과 더불어 일단 전쟁에서 졌다는 것이 분명해지자, 합스부르크 제국 군대는 군 기강이 붕괴한 만큼 산산이 무너졌다.[25] 오스트리아−헝가리 군대 내 비독일계 병사들은 이제 독립 민족국가들로 대체될 운명에 처한 것으로 보이는 제국을 위해 더이상 싸우길 거부했다. 1918년 10월, 이미 진 전쟁을 지속시키고 싶지 않았던 슬라브인과 헝가리인 병사들은 명령 복종을 거부하고 있었다.[26] 전쟁 마지막 몇 주 사이에 제국적 충성의 종말은 독일의 '등에 칼 꽂기' 전설의 오스트리아 버전을 탄생시키게 된다. 전시 합스부르크 제국군의 두 참모총장 프란츠 콘라트 폰 회첸도르프와 아르투어 아르츠 폰 슈트라우센부르크Arthur Arz von Straussenburg 같은 합스부르크 고위 장교들은 나중에 제국이 슬라브 신민들이 싸우려고 하지 않았기 때문에 패배했다고 주장한다.[27]

군 규율의 완전한 붕괴는 1918년 10월 30일, 심지어 수도에 있던 독일어를 사용하는 오스트리아 병사들마저도 붉은 코케이드(모자나 가슴에 다는 작은 장식—옮긴이)를 달고 빈 거리로 나왔을 때 분명해졌다. 어떤 이들은 적색, 흑색, 금색—바로 자유주의적인 1848년의 범독일 혁명을 상징하는 3색—코케이드를 달고 있었다. 점점 더 많은 일반 사병들과 하급 장교들이 제국의 수도, 빈과 부다페스트에서 혁명 운동에 동참했다.[28]

10월 30일의 시위는 공화국 선포와 오스트리아 사민당의 창립자 빅토르 아들러의 급진주의자 아들 프리드리히 아들러Friedrich Adler의 석방 요구를 중심으로 결집했다. 20세기 첫 10년대에 프리드리히 아들러는 대단히 뛰어난 과학자로서 명성을 쌓았다. 하지만 그는 정치에 전념하기 위해 취리히 대학 이론물리학 교수 자리를 거절했다(이 자리는 나중에 아들러의 일생의 친구 알베르트 아인슈타인에게 돌아간다). 1911년 그는 오스트리아 사민당의 당서기가 되었지만 당이 1914년 전쟁 공채에 찬성했을 때 동료들과 사이가 틀어졌다. 갈수록 급진화한 아들러는 곧 일련의 신문 논설과 팸플릿을 통해 당 지도부(자기 아버지도 포함하여)와 오스트리아-헝가리의 기성 정치계를 공개적으로 공격했다. 1916년 10월에 그는 한발 더 나가, 전쟁에 대한 의도적 항의 행위로서 키슬라이타니아(이중 군주국의 북부와 서부 '오스트리아' 부분) 총리 카를 폰 슈튀르크Karl von Stürgkh를 저격했다. 슈튀르크 피살 죄목으로 원래는 사형을 선고받은 아들러는 카를 황제의 사면 덕분에 징역 18년으로 감형되었다. 황제로서의 마지막 행위 가운데 하나로 카를은 1918년 11월에 아들러를 석방시켰다.[29]

빈 정치 무대에 아들러의 재등장은 시위에 더욱 활기를 불어넣었고, 시위대는 이제 황제의 퇴위를 큰 소리로 요구하기 시작했다. 11월 3일 한 오스트리아 일간지는 빈의 혁명 열기와 스페인 독감으로 인한 혼수상태를 생생하게 비교한다.

> 타는 듯한 고열이 많은 주민들을 덮쳐서 그들의 사지를 거쳐 감각을 마비시켰다. 그들의 다리는 말을 듣지 않는다. 그들의 머리는 심란한 악몽과 고통스러운 환영을 암시하는 '괴로운 덩어리'로 가득하다. 개별 시민들처럼 도시의 '거대한 아픈 몸' 전체가, 무거운 짐을 그렇게 오랫동안 지고 갈 수 있게 해주었던 원기를 앗아가는 열병에 시달린다. '붉은 깃발'처럼 고열의 불꽃이 깜빡이며, 수십만 명의 외침 속에서 표현된다. 혁명![30]

러시아에서의 사건들에 고무되어 등장한 이른바 '적위대'는 시가지를 가로질러 행진하며 급진화된 노동자들과 병사들뿐 아니라 유명한 저널리스트 에곤 에르빈 키슈Egon Erwin Kisch와 표현주의 작가 프란츠 베르펠Franz Werpfel 같은 좌파 지식인들을 끌어당겼다. 빈의 전후 초대 외무장관이 되는 오스트리아 마르크스주의자 오토 바우어는 갈수록 근심을 품으며 도시에서의 사태 전개를 주시했다.

> 거친 선동에 자극받은 귀환병과 절박한 남녀 실업자들, 낭만적인 혁명 이상에 빠진 전투적 인물들이 전쟁으로 불구가 되어, 자신들의 개인적 운명에 책임이 있는 사회질서에 복수를 원하는 사람들과 합세했다. 여기에, 몇 년째 전쟁포로로 썩어가고 있는 남편들을 둔, 소름 끼치게 흥분한 여성들, 사회주의에 직면하여 갑작스레 초심자다운 유토피아적 급진주의로 충만한 온

갖 종류의 지식인들과 작가들이 합류했다. 그들한테 러시아에서 고향으로 돌려보낸 볼셰비키 선동가들이 합세했다.[31]

이 국면에 이르자 제국은 저항의 측면에서 할 수 있는 게 거의 없었다. 매일 수천 명의 퇴역병들이 빈과 여타 오스트리아 도시들로 돌아왔고, 그들 다수는 정치화되었고 중무장을 하고 있었다.[32] 물론 그들 전부가 제국의 패전과 혁명에 관해 열광한 것은 아니었다. 일기와 회고록을 보면 많은 오스트리아 전직 장교들은 1918년 전선에 돌아왔을 때, 군의 위계질서와 공공질서의 일시적 붕괴로 촉발된 정치적, 사회적 격동을 겪고 있는, 전적으로 적대적인 세계와 마주했을 때 느낀 경악을 상기시킨다. 훗날 2차 세계대전 동안 네덜란드 점령지의 친위대와 경찰 상급 지도자Higher SS and Police Leader가 되는 한스 알빈 라우터Hans Albin Rauter는 1918년 오스트리아의 도시 그라츠로 귀환했을 때, '붉은 폭도'와의 첫 접촉이 '눈을 뜨게 해주는' 경험이었다고 역설한다. "마침내 그라츠에 도착했을 때 나는 공산주의자들이 거리를 점거했음을 발견했다." 일단의 공산주의자 병사들과 맞닥뜨린 "나는 총을 빼 들었고, 체포되었다. 이게 하이마트Heimat(고향, 고국이란 뜻—옮긴이)가 나를 반긴 방식이었다".[33]

하급 병사들한테 체포당했다는 사실도 자신이 '완전히 뒤집힌 세계'로 돌아왔다는 라우터의 인식을 강화했다. 지금까지 의심할 바 없이 받아들여진 규범들과 가치들, 사회 위계질서, 제도와 권위가 갑자기 구닥다리가 된 혁명적 세계였다. 대중 소요와 개인적 모욕과 맞닥뜨린, 반혁명가들의 '쓰라린 분노'는 곧 '군인의 존재로 최대한 빨리 돌아가고 싶다는, 치욕을 당한 조국을 위해 맞서 싸우고 싶다는 (…) 타오르는 열망'으로 바뀌었다. 그런 다음에야 '암울한 현재의 수치'가 잊힐 수 있을 터였다.[34]

그러나 혁명의 초기 국면에서 그러한 목소리는 소수였는데, 중유럽의 정치적 우파들은 패전과 혁명에 마비가 된 듯했다. 예를 들어 11월 11일, 빈의 치안감 프란츠 브란들은 오스트리아 우익 세력들은 자취를 감춘 반면, 좌파가 현장을 지배하고 있다고 평가했다. "기독사회당이나 독일민족당 지도부 측의 활동에 관해서는 보이는 바나 들리는 바가 없다. 마치 땅이 꺼져 그들을 몽땅 집어삼키기라도 한 것 같다. 빨갱이들이 모든 패를 쥐고 있다!"[35]

폭력의 가능성이 엄청나게 컸음에도 불구하고 오스트리아 혁명은—독일 혁명처럼—무력 쿠데타보다는 대중 시위를 통해 의사를 표현하면서 대단히 평화로웠다. 극좌파에 중대한 영향력을 행사한 프리드리히 아들러마저도 볼셰비키 스타일 혁명을 공개적으로 반대했다.[36] 11월 11일 결국 불가피한 결과를 받아들인 카를 황제는 표현을 신중하게 고른 선언문에서 오스트리아 국민이 장래 국가 형태를 결정한 권리를 인정하고, '그 국가의 통치'에 자신의 참여는 공개적으로 포기했다. 그는 '그의 백성들'이 장래 어느 시점에 자신을 다시 부를 거라는 희망에서 의식적으로 '퇴위'라는 단어는 쓰지 않았다. 카를과 그의 아내 지타는 이듬해 봄 스위스로 망명을 떠났다. 그는 1918년 11월에 내린 자신의 결정을 재고해온 게 분명한데, 1921년 헝가리 왕위를 되찾으려고 두 차례 진지한, 하지만 수포로 돌아가는 시도를 했기 때문이다. 부다페스트에서 두 번째 왕정복고 시도가 실패하자 연합군은 그를 포르투갈의 외딴 마데이라 섬으로 이송했고, 합스부르크 제국의 마지막 황제는 1922년 4월 1일 그곳에서 서른넷에 폐렴으로 사망했다.[37]

1918년 11월 12일, 황제의 퇴위 하루 뒤에 빈에서 열린 임시 국민의회는 사민당의 카를 레너Karl Renner를 수상으로 선출했다. 독일에서처럼 정부의 미래는 총선을 통해 결정될 예정이었고, 1919년 2월 16일에 실시된 총선으로 두 주요 민주주의 정당인, 사민당과 보수적인 기독사회당의 대연립 정부가 들어섰다. 오스트리아 공화국의 탄생과 경제 봉쇄를 해제하지 않기로 한 연합국의 결정으로 증폭된 식량 부족 사태라는 힘든 상황에도 불구하고, 많은 오스트리아인들은 성공적인 민주정의 도입은 파리에서 강화 협상가들에게 신생 공화국에 우호적인 시각을 심어줄 거라고 기대했다.[38]

유사한 희망이 1918년 10월 말, 정부 권력이 민주적인 연립 진영에 넘어간 헝가리에서도 표출되었다. 연립 진영을 이끈 미하이 카로이 백작은 자신의 정치 이념의 뿌리를 1848년 혁명 전통에 둔 자유주의자였다. 카로이는 헝가리 독립을 목표로 한, 그러므로 오스트리아−헝가리 이중 군주국을 수립한 1867년 '타협'의 파기를 겨냥한 정강을 오랫동안 설파해왔다. 그는 또한 보통선거권과 토지개혁을 지지했다. 그가 헝가리에서 최대 토지 소유자 중 한 명이었다는 사실을 생각하면 흥미로운 입장이었다. 자신의 목표를 달성하기 위해 카로이의 독립연합당(일반적으로 카로이당으로 알려진)은 부르주아 급진당과 헝가리 사민당과 연합을 형성하여, 국민 위원회를 수립했다. 카로이는 스스로 임시 대통령이라고 선언했고, 이 지위는 국민 위원회가 1919년 1월 그를 대통령으로 선출하면서 공식 승인되었다. 전후 세계에서 헝가리의 영토를 보전할 유일한 길은 오스트리아와의 헌정적 연합을 파기하는 데 있다고 확신한 카로이는 1918년 11월 16일 빈과의 모든 법적 유대를 단절했다. 1526년 이래로 합스부르크 가문이 다스려온 헝가리는 독립 공화국이 되었다.[39]

헝가리 분리 독립과 민주화 과정이 부분적으로 부다페스트에 우호적인 강화 조건을 얻어내기 위한 소망에 따라 추진된 실용주의적 사건들이었다면, 중부 세력 가운데 가장 먼저 패배를 받아들인 불가리아에서 일어난 혁명적 사변들은 처음에는 훨씬 혼란스러웠다. 독일이나 오스트리아-헝가리와 달리, 불가리아는 국가 지도부가 1915년 10월 협상 세력에 맞서 참전하기로 결정한 이래 후방과 전선 양쪽에서 반전 항의를 겪어왔다. 만성적 식량 공급 문제, 전쟁 피로감, 독일 그리고 불가리아의 오랜 지역 라이벌인 오스만 제국과 어깨를 나란히 하고 싸우는 데 대한 대중의 반발은 전선에서 지속적으로 높은 건수의 소요 사례를 야기했다. 1915년과 1918년 봄 사이 약 4만 명의 불가리아 병사들이 군법회의에 회부되었고, 그중 1,500명이 사형 선고를 받아 총살되었다.[40]

소요는 불가리아 후방전선에서도 만연하여, 식량 부족을 둘러싸고, 특히 1916년과 1918년에 나라 전역에서 여성들의 폭동과 항의 시위로 표출되었다. 여성 폭동은 일선 병사들의 사기에 상당한 타격을 입혀, 싸움을 거부하는 무수한 항명 사례를 촉발했다. 1917년 러시아 혁명 소식과 1918년 1월 우드로 윌슨 대통령의 14개조에 관한 소식은 병사들 사이에서 반군反軍 프로파간다의 새로운 물결을 자극했고, 전쟁을 끝내길 원하는 그들의 바람은 더욱 커졌다.[41]

1918년 여름부터 전선 상황은 갈수록 지탱하기 어려워졌다. 수년간의 중단 없는 싸움에 지치고, 후방전선에서 무너져가는 사기에 점차 허물어지고, 사회주의자들과 농지개혁주의자들의 반군 프로파간다에 영향을 받은 불가리아 병사들은 혁명적 동요 상태였다. 9월 중순까지 강화조약이 체결되지 않으면 군대가 붕괴할 거라고 경고하는 일선 장교들의 편지가 소피아에 도착했다. 한 병사는 전선에서 보낸 편지에 이렇게 적었다. "내 평생 그렇게 지칠 대로 지치고 고통받는 많은 사람들이 그토록 끔찍한 불만을 품은 것은 본 적이 없다." 심지어 불가리아 군대의 총사령관도 정부에 보내는 편지에서 이렇게 실토해야 했다. "역할이 뒤바뀌어, 이제 지휘 체계는 지휘관들에게 의존하는 게 아니라 사병들에게 의존합니다. 사병들이 지휘관들에게 자신들의 의지와 이해를 강요합니다."[42]

사회적, 경제적 위기는 곧 정부에 영향을 미쳤다. 1918년 6월 21일 바실 라도슬라보프 수상이 사임했다. 협상 세력과 정전을 협의할 용의가 있는 더 유화적인 알렉산드르 말리노프의 정부가 그를 대체했다. 그러나 시간은 자꾸만 흘러가고 있었다. 연합군이 마케도니아 전선을 돌파함에 따라 불가리아와 연합국 간에 9월 29일 살로니카 정전이 체결되기 전에도 전쟁에 환멸을 느낀 수천 명의 병사들이 소피아를 향해 진군하기 시작했다. 그들은 정부를 전복하고 차르 페르디난트의 퇴위를 강요할 작정이었으니, 병사들은 애초에 불가리아가 중부 세력 편에 가담하여 참전한 것이 페르디난트의 책임이라고 여긴 것이다. 그 가운데 약 1만 5,000명이 수도 남서부의 소도시 라도미르에서 장래 불가리아의 카리스마적인 총리 알렉산드르 스탐볼리스키와 조우했다. 불가리아 전국농민연합BANU: Bulgarian Agrarian National Union(이하 '바누'로 표기 — 옮긴이)의 대표이자 공공연한 공화주의자였던 스탐볼리스키는 1915년 페르디난트가 중부 세력과 한편이 되었을 때 차르를 알현한 자리에서 그를 공격하고, 자기 신문에 두 사람 간의 대립에 관한 자세한 내용을 실은 탓에 전쟁 시절을 감옥에서 보냈다.

갈수록 불어나는 반란 병사 무리가 9월 30일 소피아 외곽에 접근했을 때 그들은 충성스러운 불가리아 육군 장교 후보생들과 독일 병사들로 이루어진, 전투욕에 불타는 세력과 맞닥뜨렸다. 불온한 '반역자'들에 대한 그들의 분노는 이미 이틀 전에 장교 후보생들이 부상당한 불가리아 병사들을 전선에서 이송하던 열차를 멈춰 세웠을 때 출구를 찾았다. 그들이 패배주의에 빠져 있고 전선에서 볼셰비키 전복을 시도한다고 비난한 충성파 병사들은 부상병 가운데 약 500명을 처형했다. 다음 며칠에 걸쳐 그들은 라도미르 반란을 대규모 포격으로 분쇄했고, 집단 검거와 학살이 뒤따라 대략 3,000명의 봉기 지지자들이 죽임을 당하고 1만 명이 다쳤다.[43]

스탐볼리스키를 비롯해 살아남은 반란 지지자들은 몸을 숨겼다. 구정권에 충성스러운 불가리아인들이 보기에 라도미르 반란은 내부 배신을 반영하는 사례, 공산주의 프로파간다가 군대에 얼마나 깊숙이 침투했는지, 그리하여 일반 병사들로 하여금 무기를 내려놓고 군주정에 등을 돌리도록 얼마나 부추기고 있는지를 입증하는 사례였다. 다음 시대 불가리아 정치에서 깊은 내부 분열은 '선서 파기자들'의 반역적 반란 행위 또는 안타깝게도 러시아에서의 혁명과 유사한 혁명으로 탈바꿈하지 못한 사건이라는 라도미르 반란에 대한 확연히 다른 해석에 반영되었다.[44]

반란 실패에도 불구하고, 그들의 핵심 요구 사항 가운데 일부 — 무조건적 강화와 민주화 — 는 실제로 정전협정의 체결과 10월 4일, 연합국이 강화를 위해 내건 핵심 조건 중 하나였던 차르 페르디난트의 퇴위로 충족되었다. 비록 페르디난트는 나라를 떠나 자신의 방대한 국외 영지 가운데 한 곳으로 물러났고, 차르는 장남 보리스로 교체되었지만, 그의 퇴장은 새로운 시대의 시작으로 마땅히 기려졌다. 실제 권력은 이제 정부에 있었고, 11월 말리노프 행정부가 사임한 뒤 사민당과 바누의 연립 정부가 구성되었다. 오데사와 파리에서 법학을 공부한 뒤 자유주의적 법률 개혁가이자 전전 재무상으로 명성을 쌓은 테오도어 테오도로프 휘하 신정부는 이제 거의 6년 동안 중단 없는 전쟁으로 극심한 고통에 시달려온 나라에 평화를 가져와야 하는 난망한 과업을 떠맡았다.[45]

1912년 양차 발칸전쟁의 개시 이래로 남부 도브루자, 마케도니아, 동부 트라키아는 전례 없는 참상 속에 수복되었다가 다시금 상실되었다. 불가리아 군대는 15만 명의 중상자를 비롯하여 25만 명의 사상자가 났다. 유럽의 여타 지역들과 마찬가지로, 군복무 중에 불구가 되거나 눈이 멀거나 사지를 잃은 사람들은 전간기 소피아와 소도시, 마을들의 일상 어디에나 존재했다. 1918년에만 후방전선에서 18만 명이 굶주림과 질병으로 사망했다. 그러나 불가리아의 국가적 파국은 1912~1913년 양차 발칸전쟁의 인명 피해를 고려할 때만 온전히 파악될 수 있다. 1912년과 1918년 사이 6년 동안 총 500만 명의 인구 가운데 대략 15만 7,000명이 죽고, 15만 4,000명이 부상을 당했다. 게다가 10만 명 이상의 불가리아계 난민이 이제는 상실한 영토인 도브루자, 마케도니아 동부 트라키아에서 밀려들어와 파산한 패전국에 도저히 극복하기 힘든 어려움을 제기했다.

적어도 이런 측면에서, 불가리아의 경우와 오스만 제국의 경우에는 얼마간 유사성이 있었다. 비록 콘스탄티노플은 1917년과 1919년 사이 유럽의 여타 지역들에서 일어난 것과 같은 종류의 사회주의 혁명을 경험하지 않았지만, 대전에서의 군사적 패배는 전시 오스만 제국을 지배해온 CUP의 소멸을 가져왔다. 1918년 10월 무드로스에서 제국이 무조건으로 항복하고 CUP의 전시 지도부가 오데사로 도망친 뒤 과거 야권이었던 자유주의 성향의 자유와연립당이 정치 무대에 나서 정전 기간 동안(1918~1923) 나라를 다스렸다.[46] 고작 넉 달 전에 술탄으로 등극한 메흐메트 6세의 지지를 받아, 자유주의자들은 신속히 CUP의 전시 정책들을 뒤집었다. 강제 이송된 쿠르드족과 터전에서 쫓겨난 아르메니아 학살의 생존자들은 귀환이 장려되었다. 심지어 콘스탄티노플의 새로운 통치자들은 국제적이고 공개적인 압력을 받은 끝에 1919년 1월, CUP의 전시 정책들에 대한 공식 범죄 조사를 개시했다. 콘스탄티노플 경찰은 대량 학살과 부패 혐의로 300명이 넘는 개인들에게 발부된 공식 영장에 근거하여 다수의 저명한 CUP 인사들을 체포했다. 술탄의 자유주의자 인척인 다마드 페리드 파샤 Damad Ferid Pasha가 제국 수상으로 임명된 뒤 체포는 1919년 봄 내내 이어졌다.[47]

중유럽에서의 상황과 다르지 않게 콘스탄티노플의 신정부는 무수한 방식으로 전쟁에 의해 피폐해진 나라에 대한 정치적 책임을 물려받았다. 오스만 군대는 약 80만 명의 병력을 잃었다(전체 병력의 25퍼센트에 가까웠다).[48] 민간인 사상자는 그보다 더 많았다. CUP가 주도한 인종 학살에 가까운 전시 강제 이주로 죽은 아르메니아인 100만 명 이상을 비롯해 1차 세계대전은 오스만 제국 주민 최소 250만 명의 목숨을 앗아갔다. 그 대다수는 질병이나 기아로 인한 민간인 사망자였는데, 영불英佛 해상 봉쇄와 희소한 식량자원 분배의 부실 관리, 그리고 시리아에서만 인구 일곱 명 가운데 한 명꼴로 아사를 초래한 메뚜기 떼 습격이라는 심각한 충해가 합쳐져 영향을 미친 결과였다.[49]

이러한 끔찍한 유산에도 불구하고 오스만 제국의 자유주의적인 새 지배자들은 처음에는 대중의 지지(적어도 수도에서는)를 등에 업었다. 중유럽의 패전국들에서처럼 이런 지지는 자비로운 강화조약을 얻어낼 수 있으리라는 헛된 희망에 근거했다. 이제 와서 돌이켜보면, 독일 신학자이자 철학자 에른스트 트뢸치Ernst Troeltsch가 '정전 시기 꿈나라'라고 불렀던 시기의 초기 낙관주의는 틀림없이 순진해 보일 테지만, 그것은 당시 유럽 패전국 전역에서 강력했던 정서다.[50] 어쨌거나 1918년 말과 1919년 초의 관점에서 보면, 이전 중부 세력 소속 제국들에서는 온건 개혁가들이 승리한 반면 볼셰비키 스타일 혁명 지지자들은 주변화한 듯했다. 새로운 지배자들은 파리의 협상가들에게 자신들의 정권은 과거의 독재적 정권과 단절했고, 그러므로 '정의로운 평화'라는 윌슨 14개조의 핵심 기준을 충족했다는 확고한 믿음을 전달했다.

지금 우리는 그러한 수사가 패배의 그늘 아래 순전히 도구적이거나 심지어 기회주의적인 움직임이었다고 일축하기 쉽다. 그러나 패전국들, 특히 중유럽의 많은 정책 결정자들은 1848년의 연쇄적인 자유주의 혁명들이 실패했던 것을 자신들이 마침내 달성했다고 굳게 믿었다. 1919년 1월 제헌의회가 소집되었던 중부 독일 도시의 이름을 따 국호를 정한 바이마르 공화국이 1848년 혁명의 적색, 흑색, 금색 깃발을 국기로 채택한 것은 우연이 아니다. 한편 오스트리아에서는 민주주의자들이 독일계 오스트리아 공화국이 1848년 빈 혁명에 맞서 빈디슈그래츠 원수Windisch-Graetz가 승리한 지 거의 정확히 70년 뒤에 탄생한 역사적 일치를 축하했다.[51] 이 모든 것의 의미는 모든 이에게 분명했다. 1918년의 온건한 혁명들이 1848년 이래 잘못된 정치적 발전상을 바로잡고 있다고. 당시 탄생하지 못했던 자유민주주의가 마침내 당당하게 승리했다고.

9

급진화

1918년 늦가을에 민주주의가 중유럽에서 이론의 여지 없는 국가 정부 형태가 된 것처럼 보였다면, 그해 겨울 온건 혁명가들과 급진 혁명가들 사이의 해소되지 않은 긴장이 폭력적으로 분출하면서 상황은 변했다. 독일에서 다수파사민당은 민주적으로 선출된 국민의회만이 국가의 장래 헌법을 결정할 수 있다는 입장을 강경하게 고수했다. 그러나 모두가 이런 입장을 기꺼이 받아들이려 했던 것은 아니다. 독립사민당의 좌익 대표들, 이른바 '스파르타쿠스단'(고대 로마 최대의 노예 반란 지도자의 이름을 딴)은 국민의회라는 아이디어를 거부하고, 모든 권력이 노동자와 병사 평의회의 손에 있는 정치 체제를 선호했다. 그들은 결국 다른 급진 좌익 분파들에 합류하여 1918년 말 독일공산당KPD: Communist Party of Germany을 구성했다.[1]

당시 독일 공산주의 좌파에서 지배적인 두 인물은 로자 룩셈부르크Rosa Luxemburg와 카를 리프크네히트Karl Liebknecht였다. 아마도 러시아 바깥에서 급진적 변화의 가장 탁월한 주창자였을 카를 리프크네히트는 독일에서 가장 이름난 사회주의자 집안 출신이었다. 1871년 라이프치히에서 태어난 그는 카를 마르크스의 가까운 친구이자 협력자였고, 당수를 장기 역임한 아우구스트 베벨과 더불어 사민당의 창립자 중 한 명인 빌헬름 리프크네히트의 아들이었다. 카를 리프크네히트는 아버지보다 훨씬 더 급진적이었다. 라이프치히와 베를린 대학에서 법학을 공부한 뒤, 그는 1899년 베를린에서 법률 사무소를 열었고 독일 법정에서 동료 사회주의자들을 전문적으로 변호했다.[2]

1907년 리프크네히트는 반군사주의 저술로 법원과 마찰을 빚게 되었고, 결국 징역 18개월을 선고받았다. 그러나 그의 투옥은 추종자들 사이에서 그의 위상만 높였을 뿐이었다. 리프크네히트는 1912년 사민당 소속으로 제국의회 의원으로 선출되었다. 1914년 그는 전쟁 공채에 반대표를 던진 유일한 의원이었다. 리프크네히트와 전쟁에 반대한 다른 저명한 좌익 비판가들은—로자 룩셈부르크와 사회주의 여성 운동의 선구자인 클라라 체트킨Clara Zetkin을 비롯해—곧 사민당 안에 자체 조직을 결성했다. 이 '인터내셔널 그룹Group of the International'은 1916년에 스파르타쿠스단으로 이름을 바꾼다. 정기 간행물 《스파르타쿠스브리페Spartakusbriefe》(스파르타쿠스 서한)에서 리프크네히트와 그 추종자들은 사회주의 혁명과 즉각적 종전을 주창했다. 당연히 《스파르타쿠스브리페》는 곧 출판 금지를 당했고, 리프크네히트는—의원으로서의 외관상 면책권에도 불구하고—체포되어 동부전선으로 보내졌다. 건강이 나빠 1915년 현역 복무에서 해제된 그는 베를린 포츠담 광장에서 불법 반전 시위를 주도했다는 이유로 1916년 노동절에 다시 체포되었다. 이번에 그는 반역죄로 4년형을 선고받았다. 1918년 10월 말, 독일 제국의 전반적 민주화의 일환으로 정치범들이 사면을 받았을 때 함께 풀려난 그는 베를린으로 돌아왔다. 여기서 리프크네히트는 또 다른 반전 시위를 주도하여 상징적 의미가 두드러지도록 러시아 대

사관으로 행진했고, 그곳에서 볼셰비키 사절들은 그를 위한 환영회를 열었다.[3]

종전 후 몇 주나 몇 달 동안 리프크네히트의 가장 중요했던 동지는 폴란드 출생 마르크스주의 운동가이자 지식인인 로자 룩셈부르크로, 그는 그녀와 함께 공산주의 출판물 《로테 파네Die Rote Fahne》(붉은 깃발)를 공동 편집했다. 1871년 당시 러시아 영토였던 자모스크 시에서 루자 룩셈부르크Róża Luksemburg로 태어난 그녀는 딸들한테 광범위한 인문주의 교육을 시킬 경제적 능력이 있던 세속 유대인 목재상의 자식이었다. 로자는 바르샤바에서 학교에 다닐 때 혁명 활동에 참여했다가 차르 경찰의 탄압을 피하기 위해 그곳에서 도망쳐야 했다. 1889년부터 그녀는 유럽 전역에서 온 사회주의자 난민들의 중심지 중 한 곳인 취리히에서 살았다. 여기서 룩셈부르크의 연인이자 빌뉴스 출신 사회주의자 레오 요기헤스Leo Jogiches가 그녀가 취리히 대학에서 공부하는 동안 그녀를 물질적으로 지원했다. 요기헤스는 그녀가 폴란드와 리투아니아의 사민당을 창립할 때도 지원했는데, 여기 당원 중에는 훗날 러시아 체카의 수장이 되는 펠릭스 제르진스키도 있었다.[4]

1898년 룩셈부르크는 취리히 주인집의 외아들 구스타프 뤼베크와 결혼을 통해 독일 시민권을 획득한 한편, 요기헤스와의 관계도 여전히 지속했다. 같은 해 베를린으로 옮겨간 그녀는 즉시 사민당에 입당하여 개혁주의 분파와 혁명 분파 간에 계속되고 있던 논쟁에 적극적으로 참여했다. 급진적인 혁명 주창자로서 그녀는 1904년과 1906년 사이에 세 차례 투옥되었고, 대전 동안 다시 투옥되었지만 브로츠와프 감방에서 몰래 반출한 일련의 팸플릿을 통해 평화와 혁명을 부르짖는 정치 활동을 계속 이어갔다. 1918년 11월 초에 석방되자마자 그녀는 베를린으로 돌아와 급진 좌파의

지도자 가운데 한 명으로서 리프크네히트한테 합류했다.[5]

'모든 권력을 평의회에!'라는 구호 아래 룩셈부르크와 리프크네히트는 특히 그들의 《로테 파네》에 실은 논설을 통해 '제2의 혁명'을 끊임없이 요구했다. 브로츠와프 감옥에서 풀려나 베를린으로 돌아온 지 열흘 만인 11월 18일에 룩셈부르크는 제정의 전복을 넘어선 혁명의 속행을 요구했다. "샤이데만−에베르트는 현 국면에서 독일 혁명의 지도자로 지명된 자들이다. 그러나 혁명은 가만히 멈춰서 있지 않는다. 혁명의 생존 법칙은 급속한 전진이다."[6]

독일 노동 운동 내 상이한 분파들 간 긴장 관계가 얼마나 팽팽해졌는지는 1918년 크리스마스에 좌파 성향 인민수병단Volksmarinedivision과 베를린의 군사령관인 다수파사민당의 오토 벨스Otto Wels 간에 오랫동안 표면 아래서 끓던 갈등이 마침내 격화되며 분명해졌다. 벨스는 인민수병단의 감축을 주장했고 병사들의 월급을 지렛대로 삼아 뜻을 관철하기 위해 월급 지급을 거부했다. 12월 23일 이에 대응하여 반란 수병들이 벨스를 포로로 붙잡았다. 수상 프리드리히 에베르트는 신속히 대응했다. 그는 연립내각의 파트너 독립사민당과 상의하지 않고 군에 즉각적인 무력 개입을 요청했다. 이에 따라 도심 호엔촐레른가 왕궁 주변에서 일어난 유혈 충돌은 정부군의 민망한 군사적 패배로 끝났다.[7]

'크리스마스이브 전투'는 에베르트 정부의 상대적 허약성을 부각시켰고, 두 가지 즉각적 결과를 가져왔다. 첫째는 독립사민당과 다수파사민당 사이 단명한 실용적 연합의 종식이었다. 12월 29일 독립사민당 측 세 대표가 수병들을 상대로 병력을 파견한 에베르트의 일방적 결정에 강하게 항의하며 국민 대표 위원회를 떠났다. 둘째, 프로이센 총리 파울 히르슈Paul Hirsch(다수파사민당)가 베를린 치안총감으로서, 베를린 방위대를 보내 인민

수병단을 도운 에밀 아이히호른Emil Eichhorn(독립사민당)을 해임하기로 한 것이다.[8] 독립사민당과 독일공산당을 포함해 더 급진적인 좌파는 그들이 보기에 이 의도적인 도발에 1919년 1월 5일 에베르트 정부에 반대하는 대중 시위를 선언함으로써 맞받아쳤다. 상황은 재빨리 악화되었다. 일단의 무장한 시위자들이 사민당 신문 〈전진 Vorwärts〉 건물과 베를린 신문사 지구에 있는 여타 신문사 건물들을 점거했다. 1월 5일 저녁, 이 즉흥적인 행위들에 뒤이어 '혁명 위원회'가 결성된 한편, 리프크네히트는 '에베르트−샤이데만 정부의 타도'를 다시 한 번 요구하여 상황을 더 걷잡을 수 없게 몰아갔다. 그에 따라 일어난 '스파르타쿠스단 봉기'의 이중의 목표는 1월 말로 예정된 국민의회 총선 실시를 막고, '프롤레타리아 독재'를 수립하는 것이었다.[9]

스파르타쿠스단의 실제 권력 기반은 미미했을지라도 그 존재 자체가 다수파사민당의 주도적 인사들에게 걱정을 자아냈다. 에베르트는 위협을 매우 심각하게 받아들였다. 그에게 러시아에서의 볼셰비키 혁명은 결연한 급진주의자 소수파가 더 온건한 정부로부터 권력을 찬탈할 수 있다는 사실을 생생하게 예증하는 실례였다. 비록 그 소수파가 인민 대중의 지지 같은 것을 받고 있지 않다 해도 말이다. 에베르트가 보기에 1919년 1월 초 베를린에서 일어난 공산주의자 봉기는 1917년 가을 볼셰비키의 성공적인 권력 장악 시도를 충분히 닮고도 남았다. 그는 페트로그라드에서의 사건들이 베를린에서 되풀이되는 것을 막으려고 단단히 작심했다. 필요하다면 무력을 써서라도 말이다.[10]

이런 상황의 해결에서 중심인물은 다수파사민당의 군사 전문가 구스타프 노스케로, 그는 독립사민당 대표들이 정부를 떠남에 따라 국민대표 위원회 내 육군과 해군의 책임을 맡게 되었다. "누군가는 사냥개가 되어야 하며, 나는 이 책무를 회피하지 않겠다"라는 유명한 말과 함께 노스케는 베를린과 그 근린 지역 정부군의 통수권을 맡았다.[11] 그의 임무는 구할 수 있는 모든 수단을 동원하여 '법과 질서'를 재확립하는 것이었다. 이를 위해 그는 정규군에만 의존하지 않고, 비정규군, 그것도 주로 의용군 자원병들에게도 의존했는데, 그중 일부는 1918~1919년 겨울에 본국에서 복무하다가 다음 몇 달 동안 발트 지역 군사 작전에 참가한 병사들이었다.[12]

독일 수도에 드리운 것처럼 보이는 볼셰비즘의 위협을 끝장내기 위해 자원병을 요청하면서, 노스케는 독일 사회 구성원들 가운데 시작부터 혁명을 질색하고 반대했던 자들, 그리고 지난 두 달 동안 그 묵은 원한을 풀려고 벼르고 있던 자들을 불러들이고 있었다. 그들은 공화국을 **위해서** 싸우고 있지 않았다. 그들은 '볼셰비즘'에 맞서 싸우고 있었을 뿐이다. 의용군 안에서, 패전과 이후 일어난 혁명에 격분한 과거 일선 병사들은 전쟁의 시험을 받지 않은 장교 후보생들과 우익 학생들하고 손을 잡았는데, 이들은 흔히 급진성과 행동주의, 잔혹성 측면에서 참전 군인들을 능가함으로써 자신들의 실전 경험 부재를 상쇄했다.

이 나이 어린 다수의 자원병들, 영웅적 유혈의 이야기로 물든 호전적인 분위기 속에서 어른이 되었지만 '강철 폭풍'을 직접 체험할 기회를 놓친 그들에게, 민병대는 낭만화된 전사의 존재로 살아갈 반가운 기회를 제공했다. 한 민병대 지도자가 평가한 대로, 많은 나이 어린 자원병들은 '거친 군사주의적 행동'으로 상관에게 깊은 인상을 심어주려 애썼는데, 그 태도는 '전후 여러 청년층에서 미덕으로 함양'되었고, 1918년 이후 준군사 조직 내 전체적 기조와 분위기에 깊은 영향을 주었다.[13] 일단 이전 돌격대 장교들이 지배하는 준군사 부대에 들어가자 더 젊은 자원병들은 종종 수차례 훈장을 받은 전사들과 '전쟁 영웅'들의 공동체 안에서 자신의 가치를 입증

하려 애썼다.[14]

전투로 단련된 대전의 베테랑들과 더 젊은 '낭만적인' 자원병들은 함께, 비록 바람직하지는 않아도 용인 가능한 정치적 표현의 한 형태인 잔혹한 폭력 속에서 폭발적인 남자들만의 하위문화를 형성했다. 이데올로기가 아니라 행동이 이런 집단들을 규정하는 특징이었다. 그들은 새로운 정치적 유토피아의 혁명적 비전이 아니라 질서 회복이라는 흔한 수사와 서로 맞물린 일련의 사회적 반감들에 의해 추동되었다.[15] 주변에서 벌어지고 있던 사회적 격변과는 극명하게 대조적으로 민병대는 분명하게 규정된 위계와 친숙한 소속감과 목적의식을 제공했다. 준군사 집단들은 군인다운 동료애의 보루이자, 준군사 조직 활동가들이 민주적 평등주의와 공산주의적 국제주의라고 생각한 적대적 세계 한가운데 자리한 '질서'의 보루였다. 이런 반항의식이 전후 재건 프로젝트의 일부가 되고 싶다는 욕망과 합쳐져 전쟁 동안 대량 살상과 패배라는, 이제는 무의미해 보이는 경험들에 의미를 부여해주게 되고, 그것이 이들 집단들을 하나로 뭉치게 했다. 그들은 자신들이 민족의 영구적 가치들과 그 민족이 번영할 수 있는 국가를 위한 새로운 권위주의적 개념들을 대변하는, 전사들로 이루어진 '새로운 사회'의 중핵이라고 여겼다.[16]

그들 가운데 한 명으로, 1918년 전후 혁명을 16세의 장교 후보생으로서 경험했던 에른스트 폰 잘로몬은 혁명에 대한 그의 인식을 1923년 자전적 소설 《무법자들》에 묘사했다.

> (붉은) 깃발 뒤로 지친 군중이 무질서하게 밀려들었다. 여성들이 앞장서 행진했다. 날카로운 광대뼈 위로 주름살이 진 잿빛 얼굴의 그들은 넓은 치맛자락을 펄럭이며, 앞으로 밀치고 나갔다. (…) 남자들, 젊은이, 늙은이, 병사

들과 노동자들, 그 사이의 많은 프티부르주아들은 지치고 생기 없는 얼굴로 터벅터벅 걸었다. (…) 그렇게 그들은 행진했다, 그 혁명의 투사들은. 이 우중충한 군중한테서 타오르는 혁명의 불꽃이 솟아오를 것이었던가? 그들한테서, 피와 바리케이드의 꿈이 실현될 것이었던가? 그들 앞에 굴복할 수 없던 (…) 나는 자긍심도, 승리에 대한 믿음도 없는 그들의 주장에 조소를 보냈다. (…) 나는 허리를 꼿꼿이 펴고 서서 '어중이떠중이', '떼거리', '쓰레기'를 떠올렸고, 이 해쓱하고 궁핍한 인물들을 실눈으로 바라보며, 등에 시궁창의 먼지를 뒤집어쓰고 있는 쥐 같다고 생각했다.[17]

잘로몬처럼, 이전의 많은 일선 병사들은 1918년 혁명의 발발에 맹렬히 반발했고, 자신들의 희생이 후방에 의해 배신당했다고 느꼈다. 전선에서 귀환하는 부대들은 때때로, 지나가는 길에 있는 소도시들의 노동자와 병사 평의회 지지자들에 의해 무장해제 되고, 모욕을 받고, 견장을 뜯겼다. 어떤 이들은 그들의 오랜 부재와 그에 따른 가족 내 수입 상실의 정당성이 승리로써 입증되지 못했기 때문에 가족한테서 전혀 환영받지 못한다고 느꼈다. 요제프 로트의 유명하고 대단히 통찰력 돋보이는 1923년 소설 《거미줄》에서 탐구되는 테마다. 로트의 소설은 전후 베를린의 격변을 중심으로 돌아간다. 소설의 주인공 테오도어 로제 중위는 동원 해제된 중부 세력의 무수한 장교들 가운데 하나로, 그에게 패전은 전후 질서에 반하여 정치적 동원의 중요 원천으로 기능한다. 부유한 유대인 사업가 집안에서 가정교사로 변변찮은 생계를 이어가야 하는 로제는 곧 자기가 보기에 군사적 붕괴로 야기된 국가적 굴욕과 가족이 플랑드르 전장에서 돌아온 자신을 맞았을 때 보인 적의에 절망하게 된다.

그들은 테오도어가 ― 전투 보고서에서 뛰어난 수훈으로 두 번 언급된 그가 ― 중위로서 장렬하게 전사하지 못한 것을 용서할 수 없었다. 전사한 아들은 집안의 자랑거리가 되었을 것이다. 동원 해제된 중위, 혁명의 희생자는 집안 여자들에게 짐이었다. (⋯) 그는 누이들에게, 자신의 불운은 자기 책임이 아니라고 말할 수도 있었다. 자신이 혁명을 저주하고, 사회주의자와 유대인들에 대한 증오가 자신의 마음을 갉아먹고 있고, 굽은 목에 멍에를 진 듯 하루하루를 견뎌내고 있으며, 볕이 들지 않는 어떤 감옥 안에 있는 것처럼 자신의 시대 안에 갇힌 느낌이라고 말할 수도 있었으리라.[18]

존재 근거가 사라진 '볕이 들지 않는 감옥'으로부터 로제가 탈출할 수 있는 유일한 경로는 다른 수단을 통해 전쟁을 계속해나갈 가능성이었다. 그 결과, 그는 재빨리 전후 유럽에서 우후죽순처럼 생겨나던 무수한 준군사 조직 중 하나에 들어가고, 이는 1918년 직후에 대륙 대부분의 지역이 직면했던 주요 문제를 구체화한다. 바로 많은 이들이 이제 전쟁을 뒤로한 채 평화의 도래를 받아들이지 못했다는 점이다. 유명한 실제 의용군 병사 중 한 명인 프리드리히 빌헬름 하인츠Friedrich Wilhelm Heinz가 회상록에서 표현한 대로였다. "그들이 우리에게 전쟁이 끝났다고 말했을 때 우리는 웃었다. 우리가 바로 전쟁이었으니까."[19]

11월 11일 적대 행위의 공식적 종결 전에 독일 영토에 연합군이 진입하지 않은 사실은 중부 세력이 실은 외부로부터 패배한 것이 아니라, 후방전선의 전복 세력이나 '제5열'의 '등에 칼 꽂기'의 결과로 붕괴했을 뿐이라고 주장하는 강력한 음모론을 낳았다. 이런 정서가 가장 만연했던 독일에서는, 전직 독일 육군 최고사령관(이자 장래 대통령)으로서, 독일군은 '전장에서 패배하지 않았다'는 관념을 적극 전파한 파울 폰 힌덴부르크 같은 이들이 더 오래되고 잘 자리잡은 배반의 서사를 기반으로 음모론을 구축할 수 있었다. 그런 오랜 서사 가운데 주목할 것은 중세 니벨룽의 전설로, 여기서 게르만족 영웅 지크프리트는 이야기 속 악한 하겐이 태연자약하게 등 뒤에서 찌른 창에 찔린다. 그것의 현대판, 다시 말해 1918년 이후 버전은 국제주의적 음모와 후방전선의 배신을 독일 패배의 주요 원인으로 부각시켰고, 이는 전간기 독일 우익의 신념의 주춧돌이 된다.[20]

이 등 뒤에 칼 꽂기 신화에서 중심적인 것은 '심판의 날'에 그 배신은 반드시 되갚아야 한다는, 때로는 암묵적이거나 더 흔히는 명시적인 관념이었다. 그날이 오면 '내부의 적'은 가차 없이 무자비하게 처단될 터였다. 악명 높은 독일 의용군 지도자이자 전직 해군 장교이고 미래 부쿠레슈티 주재 나치 대사가 되는 만프레트 폰 킬링거Manfred von Killinger는 가족에게 보내는 편지에서 이렇게 힘주어 말했다. "아버지, 저는 스스로에게 약속했습니다. 무력으로 저항해보지도 못하고, 저는 적에게 제 어뢰정을 넘겼고, 해군기가 내려가는 것을 지켜보았습니다. 저는 이 일에 책임이 있는 자들에게 복수하겠다고 맹세했습니다."[21]

볼셰비키의 위협이라고 생각한 것을 진압하기 위해 킬링거 같은 사람들을 불러들이기로 한 노스케의 결정은, 그러므로 그런 사람들에게 폭력적 보복의 판타지에 따라 행동할 국가 공인 기회를 제공했다. 1919년 1월 베를린, '스파르타쿠스단 봉기'를 진압하는 동안 11월혁명과 그 지지자들을 향해 쌓여왔던 증오가 폭발했다. 1월 11일 의용군은 베를린으로 진군하여, 같은 날 신문사 지구를 습격했다. 〈전진〉 건물을 점거하고 있던 공산주의자 다섯 명은 투항 조건을 협상하려 하다가 붙잡혀 사살되었고, 중간에 붙들린 급사急使 두 명도 함께 사살되었다. 격렬한 시가전에서 약 200명이 죽었고, 400명이 추가로 체포되었다. 그날 오후 노스케는 공산주의 적대

세력에 맞선 질서의 세력의 승리를 축하하며 베를린 중심가로 군대의 행렬을 이끌었다.[22]

공산당 중앙위원회의 가장 저명한 두 위원 로자 룩셈부르크와 카를 리프크네히트는 몸을 숨겼고, 베를린의 은신처를 지속적으로 바꿈으로써 보복 살해를 모면하려 했다. 그들의 마지막 은신처는 부유한 빌머스도르프 근교의 어느 아파트였다. 여기서 그들은 《로테 파네》에 실을 자신들의 마지막 논설을 썼다. 리프크네히트는 열렬한 텍스트 〈그 모든 것에도 불구하고!Trotz alledem!〉를 발표했는데, 여기서 그는 일시적 패배를 시인했지만 추종자들에게 참고 이겨낼 것을 요청했다. 그는 공산주의 혁명을 위한 때가 아직 무르익지 않았다고 쓴다. "인민의 후진적 분파들과 유산 계급에서 온 끔찍한 반혁명의 산사태가 혁명을 삼켜버렸다." 그렇지만 "오늘의 패자는 내일의 승자가 될 것이다".[23] 룩셈부르크도 〈베를린에서 질서가 회복되다〉라고 비꼬는 제목을 단 강력한 논설에서 이러한 정서에 맞장구를 쳤다. "아둔한 앞잡이들! 너희들의 '질서'는 모래성이다. 내일 혁명이 우레와 함께 다시금 고개를 쳐들고, 팡파르를 울리며 겁에 질린 너희들에게 알릴 것이다. '나는 과거에도 있었고, 지금도 있으며, 앞으로도 영원할 것이다!'라고."[24]

1919년 1월 15일 저녁 시간에 우익 준군사 조직원들이 아파트에 들이닥쳤다. 리프크네히트와 룩셈부르크는 체포되어 구 제국군의 엘리트 부대로 이제는 악명 높은 반볼셰비키 발데마르 팝스트Waldemar Pabst 대위 휘하가 된 근위기병 쉬첸 사단Garde-Kavallerie-Schützen Division에 넘겨졌다.[25] 고급스러운 에덴 호텔에 자리한 사단 본부에서 병사들은 리프크네히트를 구타하고, 그에게 침을 뱉고, 소총 개머리판으로 가격해 쓰러트렸다. 그날 밤 10시 45분에 의식 불명인 공산당 지도자는 베를린 중심부에서 가장 커다

란 공원인 티어가르텐으로 실려가 아주 가까이에서 쏜 총 세 발을 맞고 죽었다.[26]

병사들이 호텔로 돌아왔을 때 룩셈부르크는 팝스트의 임시 사무실에 앉아 괴테의 《파우스트》를 읽고 있었다. 그녀도 개머리판으로 얼굴을 두 차례 가격당했다. 심하게 피를 흘리던 그녀는 차 안으로 던져졌다. 차가 잠시 주행한 뒤에 한 중위가 자동차 왼쪽 발판에 올라타 룩셈부르크의 머리에 대고 총 한 발을 발사했다. 그녀의 시신은 란트베어 운하에 버려졌고 몇 주 뒤에야 발견되었다.[27]

심지어 '스파르타쿠스단 봉기'가 진압된 뒤에도 독일 수도의 상황은 일촉즉발이었다. 새로 선출된 제헌국민의회가 베를린 대신 지방 도시 바이마르에서 열렸을 정도였다. 1919년 봄 내내 독일 곳곳은 계속해서 혁명적 사변을 겪었다. 루르 지역과 중부 독일의 산업 배후지들에서는 파업이 일어나 광산업의 국유화를 요구했다. 드레스덴에서는 작센 주 전쟁부 장관 구스타프 노이링Gustav Neuring이 드레스덴의 엘베강에 던져진 다음 강둑으로 헤엄쳐 나오려 하다가 사살되었다. 1919년 3월 9일에는 베를린의 무질서와 파업에 대한 대응으로 노스케가 무기를 든 자는 보는 즉시 그 자리에서 발포하라고 정부군에 지시하자 수도에 일대 혼란이 벌어졌다. 정부군은 기관총과 탱크, 심지어 폭탄을 떨어트릴 비행기 몇 대까지 동원하여 반대 세력을 습격했고, 1,000명이 사망했다. 3월 봉기도 오랫동안 예견되어 온 앙갚음을 위한 반가운 구실을 제공했다. 정부군 병사들은 룩셈부르크의 이전 연인이자 《로테 파네》의 후임 편집장이었던 레오 요기헤스와, 1918년 크리스마스이브 전투에서 굴욕적 패배를 안겼던 인민수병사단의 일원 29명도 살해했다.[28]

소요는 뮌헨으로도 퍼져나가, 처음에는 무혈이었던 그곳의 혁명도

1919년 봄에 급진화되었다. 1918년 11월 초에 가두시위에 직면한 바이에른 국왕 루트비히 3세는 퇴위하여 오스트리아로 달아났다. 노동자와 농민, 병사 들의 사회주의 평의회가 〈뮌헤너포스트〉의 유대계 연극 비평가 쿠르트 아이스너 휘하 바이에른 공화국의 독립을 선포했다. 베를린 출신 아이스너는 슈바빙 보헤미안 지구의 카페들을 들락거리는 좌파 지식인이라는 상투적 묘사에서 그대로 튀어나온 사람 같았다. 그는 1899년 〈전진〉 편집장으로 일하다가 1905년 그 자리에서 잘렸다. 그다음 바이에른으로 옮겨가 계속 저널리스트로 일했다. 그 시기 동안 그의 시각은 꾸준하게 왼쪽으로 옮겨갔다. 1917년 봄에 아이스너는 바이에른 독립사민당을 창당했고, 1918년 1월 전국적 총파업을 지지했다.[29] 이 총파업에 관여한 죄로 아이스너는 유죄 판결을 받고 다음 8개월 반을 슈타델하임 감옥에서 보냈다. 10월 15일 그는 갑자기 석방되었고, 재빨리 바이에른 혁명의 지도자가 되었다.[30]

아이스너는 괴짜였고, 혁명적 변화를 증진하는 데 헌신했다. 바이에른 총리로서 그는 1914년의 전쟁은 '소수의 정신 나간 프로이센 군부' 인사들과 '그들과 손을 잡은' 산업가, 자본가, 정치가, 제후 들에 의해 야기되었음을 입증해준다고 믿은 국가 문서를 유출했다.[31] 1919년 2월 스위스 베른에서 열린 사회주의자들의 국제 총회에서 아이스너는 1914년 전쟁을 시작한 독일의 책임을 인정하길 거부한다고 에베르트 정부를 공격했다. 그의 메시지 자체와 발언 시점(파리강화회의가 막 열린 때였다)은 아이스너의 지배가 보수 분파들의 환심을 사는 데 보탬이 되지 못했다.[32]

비록 급진 개혁에 확고한 신념을 갖고 있었지만 아이스너는 민주주의 원칙들에 반대하지 않았다. 그는 1919년 1월 12일 바이에른 의회 구성을 위한 총선을 요청했다. 총선에서 그의 독립사민당은 전체 156석 가운데

3분의 1밖에 얻지 못해 참패를 당했다. 사임하려고 의회로 걸어가던 중 아이스너는 22세의 민족주의자 법학도 안톤 아르코팔라이 백작Anton Arco-Valley한테 등 뒤에서 총을 맞아 살해되었다.[33] 바이에른 독립사민당에 대한 이 공격에 반발해, 알로이스 린트너Alois Lindner라는 한 사회주의 급진주의자가 바이에른 의회로 들어가 발포하여, 바이에른 다수파사민당의 지도자 에르하르트 아우어Erhard Auer가 중상을 입고, 다른 두 명은 사망했다.[34]

아이스너의 피살과 아우어 살해 미수에 따라 바이에른 의회는 전직 교사이자 다수파사민당원인 요하네스 호프만Johannes Hoffmann을 총리로 선출했다. 그러나 극좌파는 신정부를 받아들이려 하지 않았다. 4월 3일 아우구스부르크 시의 사회주의자들이 헝가리에서 일어난 최근의 사건들에 자극받아 바이에른 평의회 공화국 창립을 선포했다. 헝가리에서는 3월 22일 공산당 지도자 벨러 쿤이 소비에트 공화국을 선포함과 동시에 바이에른과 오스트리아 급진주의자들에게 자신의 예를 따르라고 호소했던 것이다.[35]

"헝가리에서 온 소식은 뮌헨을 폭탄처럼 강타했다"고, 바이에른의 수도에 있던 무정부주의자 에세이스트이자 시인인 에리히 뮈잠Erich Mühsam은 썼다.[36] 전직 교사 에른스트 니키슈Ernst Niekisch의 지도 아래, 바이에른 공화국 중앙 평의회는 요하네스 호프만 휘하 선출 정부는 끝났다고 선언하고 그 대신 뮌헨 소비에트 공화국을 선포했다. 그러나 애초부터 뮌헨 소비에트 공화국은 대체로 농업적이고, 보수적이며, 가톨릭을 믿는 바이에른 국가에서 별다른 지지를 기대할 수 없었다. 신정권의 지도부는 25세의 자유분방한 시인 에른스트 톨러Ernst Toller나 무정부주의자 작가이자 셰익스피어 번역가인 구스타프 란다우어Gustav Landauer와 같은 도회적(이고 흔히 유대계)인 슈바빙 출신 문인들이 지배했다. 그들의 혁명적인 의제는 야심 찬 만큼 비현실적이었다. "은행과 대형 기업체는 국유화될 것이다. 자본주의를 폐지하기 위해 '자유 화폐'가 발행될 것이다. 대학은 학생들이 운영할 것이다. 언론은 란다우어가 맡은 계몽과 공공 교육부에 의해 검열을 받을 것이다."[37] 그것은 바이에른보다 사회 시스템이 훨씬 더 망가지고 혼란에 빠진 국가에나 부과될 수 있었을 것이다.

뮌헨에서 일어난 사건들에 대한 소식은 독일 전역의 공산주의 혁명이 임박했음을 가리키는 징후로서 러시아 볼셰비키들에게 환영받았다. 정치부 일원이자 새로 창립된 코민테른의 의장 그리고리 지노비예프는 모스크바에서 열광적인 메시지를 보냈다. "우리는 독일 전체가 소비에트 공화국이 될 날이 그리 멀지 않았음을 깊이 확신한다. 공산주의 인터내셔널은 독일의 여러분이 이제 가장 책임이 큰 위치에서 싸우고 있음을 알고 있다. 바로 거기에서 전 유럽 프롤레타리아 혁명의 즉각적 운명이 결정될 것이다."[38] 다른 당대인들도, 비록 공산주의에 반대할지라도 이런 판단에 동의했다. 정치적으로 보수적이며, 장래 노벨 문학상을 수상할 토마스 만은 당시 뮌헨에 살고 있었는데, 볼셰비키 혁명이 확산될 거라고 굳게 믿고 있었다. "독일의 나머지 지역도 뒤따를 거라고 전제해도 된다"고 만은 1919년 4월 7일 일기에 적었다.[39]

연합국은 파리와 서방의 여타 수도들에서 중동부 유럽에서 펼쳐지고 있던 사건들을 지켜보며 점차 우려하고 있었다. 미국 국무장관 로버트 랜싱 Robert Lansing은 1919년 4월 4일 말했다. "중유럽이 무정부 상태로 불타오르고 있다. 사람들은 아무런 희망도 보지 못한다. 러시아의 붉은 군대가 서쪽으로 진군하고 있다. 헝가리는 혁명가들의 손아귀에 있다. 베를린, 빈, 뮌헨은 볼셰비키 쪽으로 방향을 틀고 있다. (…) 온 세상이 불타고 있는 지금 가만히 손 놓고 있어서는 안 된다."[40]

그사이 호프만 정부는 독일 국민의회가 베를린을 떠나 바이마르로 피신한 것처럼 뮌헨을 떠나 북부 프랑켄의 밤베르크 시로 피신했다. 그러나 호프만은 싸워보지도 않고 뮌헨에서의 무력 정권 찬탈을 받아들일 생각은 없었다. 1919년 4월 13일 종려 주일(예수 부활 축일의 바로 전 주일—옮긴이), 호프만 정부에 충성하는 바이에른 공화국의 한 민병대가 뮌헨 소비에트 공화국을 무력으로 전복하려 시도했지만 중무장한 공산주의 진영 병사들의 완강한 저항에 부닥쳐 실패했다.[41] 무력으로 바이에른의 합법 정부를 복귀시키려 한 호프만의 시도는 즉각적인 급진화 효과를 초래했다. 뮌헨에서 바이에른 소비에트 공화국은 상당히 왼쪽으로 이동하여, 더 급진적인 정치 변화를 오랫동안 요구해온 러시아 출신 혁명 운동가 막스 레빈Max Levin과 오이겐 레비네Eugen Leviné가 제2차 뮌헨 소비에트 공화국으로 알려지게 되는 것의 지도부를 장악했다.[42]

종려 주일의 패배는 사흘 뒤 뮌헨 외곽 다하우에서 또 다른 무력 개입 시도의 실패와 더불어 반볼셰비키 세력의 과격화도 초래했다.[43] 처음에는 반공화주의적 자원병을 끌어들이거나 베를린 중앙 정부에 지원을 요청하길 망설였던 호프만은 이제 마음을 바꿨다. 그는 평의회 공화국을 분쇄하기 위해 바이에른 내 모든 반볼셰비키 세력에 호소했다.

> 바이에른인들! 동포 여러분! 뮌헨에서는 지금 외국 분자들이 풀어 헤친 러시아식 테러가 횡행하고 있습니다. 바이에른에 대한 이 모독이 하루도, 아니 한 시간도 더 지속되게 할 수는 없습니다. 모든 바이에른인들은 어느 정파 소속이든 상관없이 즉각 도와야 합니다. (…) 뮌헨이 여러분의 도움을 요청하고 있습니다. 자, 어서 앞으로 나오십시오. 뮌헨의 치욕을 지워야 합니다.[44]

호프만의 요청은 볼셰비즘 세력에 앙갚음을 할 기회를 알아본 자들을 동원하는 데 도움이 되었다. 그들 중 다수는 전직 바이에른 근위기병대의 지휘관으로, 오버란트 의용군을 이끌었던 프란츠 리터 폰 에프Franz Ritter von Epp 소장이나 그의 부관으로 여러 훈장을 받은 31세의 전쟁 영웅이자 훗날 나치 돌격대의 수장이 되는 에른스트 룀 대위Ernst Röhm처럼 옛 제국 정권에 충성스럽게 복무했고 그 복고를 간절히 바라고 있었다. 모두 합해 약 1만 5,000명의 병사들이 바이에른에서 무기를 들라는 호프만의 호소에 응답했다.[45]

현지에서 모집된 병력에 덧붙여 베를린 정부도 뮌헨의 공산주의 정권을 끝장내기 위해 프로이센 소장 폰 오펜 휘하 1만 5,000명가량의 정규군을 파견했다.[46] 4월 중순부터 병력이 바이에른으로 쏟아져 들어오면서, 평의회 공화국이 무장 병력을 강화하기 위해 다수의 범죄자들을 석방, 무장시키고, 과거 러시아 전쟁포로들도 끌어들였다는 소문이 퍼져나갔다.[47] 정부군이 뮌헨 시에 닿기 전에 군 지휘부와 호프만 바이에른 정부 공동 명의로 성명이 발표되었다. "정부군에 맞서 무기를 든 자는 누구든 죽음으로 응징될 것이다. (⋯) 붉은 군대 일원은 한 명 한 명이 바이에른 주민과 독일 제국의 적으로 간주될 것이다."[48]

5월 1일 개시된 뮌헨 전투는 반볼셰비키들이 이런 명령에 따라 행동할 수 있게 해주었다. 하루 전날, 정부군과 의용군이 도시를 포위하자 붉은 군대 반란자들은 현명치 못하게 여자 한 명을 포함해 뮌헨 뤼티폴트 김나지움에 붙잡아둔 인질 10명을 사살하기로 했다. 문제의 여성이 의용군 지휘관 중 한 명의 귀족 친척이었고, 그녀가 처형되기 전에 성폭행을 당했다는 소문이 떠돈 사실도 물론 상황을 호전시키지 못했다. 처형은 중대한 실수였는데, 반혁명 세력에 폭력적 복수를 위한 안성맞춤의 구실을 제공했

기 때문이다.[49]

유대계 독일인 문학 교수로, 훗날 1933년 이후 나치 치하에서 자신이 겪은 탄압을 기록한 일기로 전 세계적으로 유명해지는 빅토르 클렘페러 Victor Klemperer는 바이에른의 수도에서 1919년 뮌헨 소비에트의 종말을 직접 목격했다.

> 오늘, 이 문장을 쓰고 있는 이 순간 문자 그대로 전투가 격렬하게 진행되고 있다. 비행 편대가 발포하고 사격을 받고, 화염을 투하하며, 뮌헨 상공을 날고 있다. (…) 보병의 화기가 덜컥거리며 불을 뿜고 있다. 점점 더 많은 병사들이 박격포와 포를 가지고 루트비히가를 따라 행진하거나 차나 말을 타고 지나간다. 그리고 거리 구석, 안전하고 시야가 좋은 곳에서 구경꾼 무리가 종종 오페라글라스를 손에 들고서 안전하게 지켜보고 있다.[50]

군대와 의용군 병사들이 도시로 진입하면서 600명 이상의 사람들이 교전 중에 사망했는데, 그 가운데 많은 이들이 전투와 무관한 민간인이었다. 구스타프 란다우어, 평의회 공화국의 전쟁인민위원 루돌프 에겔호퍼Rudolf Egelhofer를 비롯해 포로들의 약식 처형이 5월 2일과 3일에 이어졌다. 붉은 군대에 복무한 53명의 러시아인들이 뮌헨 외곽 파징에서 고문을 받고 사살되었다. 다음 몇 주에 걸쳐 평의회 공화국 사람 약 2,200명이 사형이나 장기 징역형을 받은 한편, 바이에른 소비에트 공화국 기간에 저질러진 범죄와 관련하여 총 5,000건의 재판이 진행되었다.[51]

뮌헨 안팎에서 펼쳐진 혁명적 격변은 이전까지 대체로 평화롭고 대단히 부르주아적인 메트로폴리스라 자부해왔던 도시에 항구적인 영향을 미쳤다. 대전이 건드리지 않은 — 경제적 곤궁과 머나먼 전선에서 희생된 이곳

시민들의 아들들을 제외한다면 — 뮌헨은 갑자기 혁명적 소요, 시가전, 심지어 포격과 공중 폭격까지 겪었다. 토마스 만이 5월 1일 일기에 적은 대로, 독일 제2도시의 시민들은 경악했다. 비록 중간 계급 관찰자들은 폭력의 격화와 무질서를 전적으로 적화 세력 탓으로 돌리는 경향이 있었지만 말이다. 부유한 보겐하우젠 주택 지구에 살고 있던 만은 관청가에 더 가까이 살고 있던 장모를 통해 시내의 상황을 알고 있었다.

> K(카티아. 만의 아내 — 옮긴이)의 어머니가 오늘 아침 다녀감. 비텔스바흐 왕궁 위로 백기가 휘날리고 있었던 것 같음. 적색분자들이 오전 4시에 항복. 알고 보니 사실이 아니었음. 투항은 아직 고려되지 않고 있으며, 총격이 간헐적으로 이어지고 있음. 시내에서 (…) 엄청난 소란이 벌어지고 있음. 밤 동안 뤼티폴트 김나지움에 구금되어 있던 중간 계급과 귀족 계급 인질들이 (…) 처형, 시신 훼손됨. 중산층 시민들 사이에서 어마어마한 격분. 그 많던 붉은 완장이 순식간에 자취를 감춤.[52]

기존 사회질서와 위계가 폭력적으로 뒤집힌 세계에서 살고 있다는, 마음 깊이 자리잡은 인식이 바이에른에 우익 반동을 촉발했다. 특히 뮌헨은 바이마르 공화국에서 가장 굳건한 민족주의, 반볼셰비키 도시가 된다. 그리고 그 바이에른의 수도가 나치즘의 탄생지로 부상하게 되는 것은 우연이 아니다.

바이에른 소비에트 공화국의 몰락 이후 세계혁명에 대한 레닌의 희망도 사그라졌다. 이 시점에서 러시아 바깥 유럽 유일의 공산주의 국가는 32세의 전직 변호사이자 저널리스트 벨러 쿤이 이끌던 헝가리였다. 트란실바니아 농촌에서 세속 유대인 공증인의 아들로 태어나 법학을 전공해 변호사 자격을 얻은 쿤은 전전에 급진적 저널리스트로 이름을 날렸다. 1914년 이후에 그는 합스부르크 제국군 소속으로 동부전선에서 싸웠고, 거기서 러시아군에 붙잡혀 포로수용소로 보내졌다. 러시아에서 보낸 이 기간 동안 볼셰비즘으로 전향한 쿤은 10월혁명의 결과 자유의 몸이 되어 1918년 11월 17일 부다페스트로 돌아왔다.[53]

쿤이 부다페스트로 귀환한 시점은 그보다 더 좋을 수 없었다. 필수 배급 식량이 사라지고 영토가 조각조각 떨어져나가는 굴욕을 겪은 많은 헝가리인들은 갈수록 급진화되었다.[54] 1918년 가을 헝가리가 오스트리아와 갈라섰을 때 많은 헝가리인들은 순진하게도 장래 독립 민족국가가 성 이슈트반 왕관의 역사적 영토로 구성될 거라고 생각했다(성 이슈트반은 헝가리 왕국의 초대 국왕을 말하며, 12세기에 출현한 성 이슈트반 왕관은 특정한 왕조가 아니라 헝가리 왕국 자체와 결부되어 있다. 따라서 '성 이슈트반 왕관의 역사적 영토'란 역대 헝가리 왕국의 모든 영토를 가리킨다 — 옮긴이). 1867년 오스트리아-헝가리 아우스글라이히Ausgleich('타협', '협약'이란 뜻으로, 그때까지 오스트리아 제국의 일부였던 헝가리에 왕국의 지위를 회복시키고 자치권을 허용한 타협안. 이로써 오스트리아-헝가리 이중 군주국이 수립되었다. 이후 '타협'으로 표기 — 옮긴이)와 이듬해 크로아티아-헝가리 협정에서 확정되었듯이, 그 영토들에는 오늘날의 헝가리와 슬로바키아, 트란실바니아, 우크라이나의 루테니아, 보이보디나, 크로아티아가 포함되어 있었다. 그러나 1918년 말에 이르자 라이벌 신생 국가들이 이 가운데 거의 모든 영토들에 대한 영유권을 주장하고 있었다. 미하이 카로이 백작이 이끌고 사민당이 뒷받침한 헝가리의 자유당 정부는 헝가리를 반봉건 과두제 국가에서 근대적인 민주 국가로 전환하기 위해 시급한 여러 개혁들을 추진하는 한편으로, 나라의 영토를 보전하는 데 에너지를 집중했다. 이 두 가지 프로젝트는 모두 처참하게 실패했다.[55] 1919년 초에 이르자, 수십만 명의 마자르계 주민이 살고 있던, 나라의 역사적 영토의 대략 절반이 서방 연합국이 조장하고 헝가리의 이웃 국가들이 지원한 분리 운동을 통해 떨어져 나갔다. 국내적으로 카로이는 오랫동안 미뤄진 토지개혁에 에너지를 집중했고, 심지어 의회에서 자신이 주도한 새로운 법에 따라 자신의 모든 소유지를 농민들에게 분배하겠다고 밝혔다. 다섯 달 동안 카로이는 좌익과 우익 세력 사이 힘든 경로를 간신히 헤쳐나갔고, 좌파와 우파는 저마다 그가 상대편에게 너무 무르게 나간다고 비난했다. 그러나 양측 모두 카로이가 연합국 협상가들한테 너무 무르다는 데에는 의견이 일치했다.

1919년 1월이 되자 갈수록 걱정스러운 보고들이 서방 세계 독자들에게 도달하고 있었다. 〈뉴욕타임스〉는 "러시아 전염병 볼셰비즘이 악성 단계에 도달했다. 기아와 추위는 볼셰비즘의 활발한 우군이다. 새해 전야는 시가지에서 폭동, 살인으로 축하되었다"고 보도했다.[56] 폭동은 쿤의 신문 가운데 하나를 폐간하기로 한 정부의 결정으로 촉발되었다. 쿤의 지지자들과 정부에 충성하는 세력 간에 여러 차례 유혈 충돌이 벌어진 뒤, 2월 21일 쿤은 마침내 다른 공산당 지도자들과 함께 체포되었다. 쿤이 전복하려고 애쓴 정부는 신기하게도 그가 감방에서 공산당 서기국을 세우는 것을 허용했다. 전반적인 불만의 분위기는 헝가리와 그 영토를 향한 국제 사회의 태도에 대한 커져가는 반감으로 악화되었다. 서방 연합국은 부다페스트의 희생을 토대로 한 땅따먹기를 용인하고 때로는 조장하기까지 했다. 파리의 강화협상가들이 루마니아에 방대한 헝가리 영토를 주기로 결정하고, 국경 지역 '비무장지대'에서 헝가리 병력을 모조리 철수시킬 것을 지시하자, 3월 21일 카로이는 이에 항의하여 사임했다.[57]

같은 날 사민당은—내전을 걱정하여—쿤과의 연립정부 구성에 동의하고 그를 석방했다. 이튿날 그는 헝가리가 소비에트 공화국임을 선포했다. 쿤은 재빨리 혁명 이념들을 실천하는 데 착수했다. 133일의 집권 기간 동안 쿤의 공화국은 급격하고 대체로 시행 불가능한 개혁 조치들을 발표했다. 모든 대규모 농지는 쪼개져서 재분배될 것이다. 25인 이상을 고용한 기업체는 국유화될 것이다. 교회 재산은 몰수한다. 학교는 과학 교육과 사회주의 원칙들을 가르치는 데 초점을 맞춰 재조직될 것이다. 주류 소비는 불법이 되었다. 각종 귀족 칭호가 폐지되었다. 아사해가는 수도를 먹여 살리기 위해 농촌 비축 식량이 징발되었다. 노동자, 수병, 병사의 평의회들로 이루어진 소비에트 정치 구조가 부과되었고, 정치 사건을 재판할 특별 혁명 재판소 설치와 더불어 국가의 사법 권력 전체가 평의회의 수중에 들어갔다.[58]

계급의 적들에 대한 레닌의 십자군을 본떠 쿤과 군사인민위원 티보르 서무에이Tibor Szamuely는 '혁명적 테러'의 물결을 일으켰다. 쿤처럼 과거 러시아 전쟁포로 출신으로 철저하게 이데올로기를 따르는 서무에이는 《붉은 뉴스Vörös Újság》에 이렇게 썼다. "어디서나 반혁명분자들이 으스대며 활보한다. 그들을 쓰러트려라! 그들을 보면 머리를 쳐라! 반혁명분자들이 한 시간 동안만이라도 우위를 점하면, 어느 프롤레타리아에게도 자비는 없을 것이다. 그들이 혁명을 목 조르기 전에 그들의 피로 그들을 질식시켜라!"[59] 요제프 체르니Jósef Cserny와 더불어 서무에이는 레닌 청년단Lenin Boys으로 알려진 500명가량의 특수대를 조직했다. 검은색 재킷과 바지를 입은 레닌 청년단은 '반혁명분자'를 찾아 무장 열차를 타고 헝가리 농촌 지역을 활보했다. 부다페스트와 농촌 지역에서 좌파의 그런 준군사 집단들은 추정상의 적이나 실제의 적들을 검거하고, 그 과정에서 600명을 죽인 것으로 추

정된다.[60]

쿤의 정권은 산업 노동자와 부다페스트 인텔리겐치아의 지지를 얻었지만 시골 사람들의 지지를 얻는 데는 그리 성공적이지 못했다. 좌파 성향 도시 지식인들은 농민들이 — 흔히 문맹이고, 비참한 생활 조건에 노출되어 있으며, 정치적으로 냉담한 — 수도에서 포고한 정책들을 묵묵히 따르고, 프롤레타리아 지배를 받아들일 거라고 당연하게 여겼다.[61] 부다페스트로의 농산물 공급이 줄어들자 정부는 농촌 강제 징발 캠페인에 나섰고, 그리하여 볼셰비즘 반대파를 한층 적으로 돌렸다.[62] 요제프 포가니Jósef Pogány 같은 정부 일원이 아사하는 주민들한테 공산주의의 가치를 늘어놓으며 자기는 온천 도시 시오포크에서 퇴폐적 파티를 주최한 것도 쿤 정부에는 도움이 되지 않았다.[63]

모스크바와 긴밀한 관계를 유지하는 한편, 쿤은 오스트리아의 급진 혁명가들에게 자신의 선례를 따르라고 호소했다.[64] 오스트리아의 지지는 부다페스트 공산 정권에 핵심적이었다. 정권의 생존 여부는 전쟁의 명운에 달려 있었고, 오스트리아는 과거 오스트리아−헝가리 군부의 소유였던 상당량의 무기를 보유하고 있었다. 그러므로 1919년 3월 22일, 헝가리인들은 빈 노동자 평의회 집행위원회에 '오스트리아 소비에트 공화국'을 선포하고 헝가리와 동맹을 맺으라고 호소했다.[65] 빈의 사민주의자들이 거절하자 쿤은 오스트리아 공산당원들에게 쿠데타를 일으키라고 요청했다. 쿤의 호소와 며칠 전 바이에른 평의회 공화국 선포에 대응하여 4월 18일, 수백 명의 오스트리아 공산당원들이 오스트리아 국회의사당으로 난입하여 불을 질렀다. 경찰과 충성스러운 사민당 민병대 폴크스베어Volkswehr가 봉기를 진압하도록 소집되었다. 치안 유지 세력 가운데 6명이 총격으로 사망했고, 봉기는 진압되었다.[66]

대략 한 달 뒤, 쿤이 파견한 특사 에른스트 베텔하임Ernst Bettelheim이 빈에 도착했다. 자신이 대표한다고 주장하는 공산주의자 인터내셔널의 이름으로, 베텔하임은 오스트리아 공산당KPÖ 지도부 전원을 해임하고 새로 지명된 집행부에 2차 쿠데타를 준비하라고 지시했다. 이번에 공산당은 전직 적위대와 오스트리아군의 임박한 감축에 불만을 품은 일부 폴크스베어 병사들의 도움을 기대할 수 있었다. 그와 동시에 헝가리 군대가 국경을 넘어 오스트리아로 올 예정이었다.[67] 모의자들한테는 안타깝게도, 정부는 공산당의 모의에 관해 밀고를 받았고, 충성파 군대를 동원했다. 6월 14~15일 밤 동안 공산당 지도자들 대다수가 체포되었다. 이튿날 시간이 흐르면서 수천 명의 시위자들이 구금자 석방을 요구하며 경찰 구치소로 행진했을 때, 도시 방위를 위해 파견된 한 분견대가 발포했다. 발포로 20명이 죽고 80명이 다치면서 임박한 쿠데타와 그 지역에서 강력한 우군을 얻겠다는 쿤의 꿈도 끝장났다.[68]

국제적 후원이 부재하고 국내적 지지는 줄어드는 상황에서 헝가리 소비에트 공화국의 미래는 암울해 보였다. 쿤 정권이 급진적 의제를 실행하고 그것을 무력으로 강제하려 하면서 최소 7명의 사제를 살해하고 교회 재산을 세속화하려는 공산당의 계획에 기겁한 가톨릭교도부터 검열과 자의적 체포, 비밀경찰에 경악한 자유주의자들에 이르기까지, 각계각층의 헝가리 국민이 정권으로부터 멀어졌다.[69] 여론은 무엇보다도 인플레이션과 식량 부족에 대처하지 못한 무능과 부패를 두고 정권을 규탄했다.[70] 이제는 전전의 특권적 지위를 상실한 젠트리 계층 다수가 농민들과 있을 법하지 않은 동맹을 형성하게 되었으니, 농민들은 농민들대로 부다페스트의 소비에트 정권이 자신들에게 토지를 재분배해주지 않는 데 안달이 났고 격분했다. 반反도시, 반反근대적 젠트리-농민 동맹은 국민 전체를 대변한다고 주장하면서 붉은 부다페스트의 메트로폴리턴적 엘리트 계층에 경멸을 쏟아냈다.

1919년 5월 30일, 반공산주의 정치가들은 당시 프랑스가 점령하고 있던 남부 도시 세게드에 반혁명정부를 구성했다. 반혁명정부의 군대 '국민군National Army'은 대전의 훈장 영웅이자 오스트리아−헝가리 해군의 마지막 총사령관이었던 미클로시 호르티Miklós Horthy 휘하였다.[71] 러시아 '백군'과 다르지 않게 호르티의 '국민군'은 고급 장교 쏠림 현상이 심했다. 1919년 6월 5일, 반혁명 국민군 결성을 위해 호르티의 최초 소집에 응한 6,568명의 자원병 가운데 거의 3,000명이 전직 합스부르크 장교였고, 추가로 800명은 군대화된 국경 수비대인 헝가리 왕립 헌병대Magyar Királyi Csendőrség 출신이었다. 그중 다수는 농촌, 특히 새롭게 국경지대가 된 곳이나 아니면 주변국들에 상실한 영토인 트란실바니아 출신이었는데, 그곳에서는 공격에 시달리는 종족성의 이슈들이 수도에서보다 훨씬 더 실제적인 일이었다. 많은 활동가들이 흔히 농촌적 배경에서 나온 사람들이다보니, 이름난 준군사 조직원들이 '붉은 수도' 부다페스트에 맞서 규합할 때 반도시적 적대감은 분명하게 존재했다.[72]

이들 가운데 많은 사람이 1918년 혁명 동안 동원 해제된 독일과 오스트리아의 장교들과 유사한 귀향을 경험했다. 1918년 겨울에 전선에서 헝가리로 돌아오자마자 경기병대 장교 미클로시 코즈머Miklós Kozma는 귀환 장교들에게 야유를 퍼붓거나 신체적으로 공격하는 무질서한 군중에게 '환영받은' 무수한 참전 군인 가운데 한 명이었다.[73] 코즈머의 이야기에서 혁명 활동가들은—그런 서사들에서 다소 특징적으로—'붉은 아마존'이 이끄는 여자처럼 약해빠진 '더러운 군중'으로, '몇 주 동안 씻지 않았고, 몇 달 동안 옷도 안 갈아입은' 군중으로 나온다. "그들의 몸에서 썩어가는 옷가

지와 신발의 악취는 참을 수 없다".[74]

코즈머와 다른 많은 이들이 자전적 이야기에서 묘사한 것은 1789년 프랑스 혁명 이래로 유럽의 보수 기득권층을 괴롭혀 온 악몽의 현현이었다. 그것은 법과 질서에 대한 얼굴 없는 혁명 군중의 승리였다. 그들이 환기한 이미지는 어느 정도는, 세기 전환기부터 유럽 전역의 우익 서클에서 널리 논의된 사상이 담긴 귀스타브 르 봉의 《군중심리Psychologies des foules》(1895)에 대한 통속적 이해에 영향을 받았다. 르 봉의 '야만적' 대중과 '문명화된' 개인의 병치는, 전직 장교들이 흥분한 군중이나 계급이 낮은 사병들한테서 훈장이나 견장을 뜯긴 굴욕적인 경험을 묘사하는 방식에도 반영되었다. 이런 경험을 공유한 전직 장교들 다수가 결국 호르티의 '국민군'에 들어가게 되었다.[75]

그러나 궁극적으로 쿤 정부를 몰락시킨 것은 헝가리 '국민군'이 아니라 그보다는 나라의 외적들이었다. 쿤에 대한 서방 연합국의 적대는 1919년 4월, 남아프리카 공화국의 총리 얀 크리스티안 스뮈츠 장군Jan Christiaan Smuts이 이끄는 연합국 대표단이 쿤을 만나러 부다페스트를 방문했을 때 이미 분명해졌다. 만약 쿤이 대표단의 방문이 정권에 대한 국제적 인정을 가져오길 바랐었다면 그 희망의 불꽃은 재빨리 꺼졌다. 스뮈츠나 동석한 영국 고위 외교관 해럴드 니컬슨Harold Nicholson이나 쿤 혹은 그의 정권에 호의적 인상을 받지 못했다. 니컬슨은 쿤의 외양을 '통통한 흰 얼굴에 축 처지고 축축한 입술 — 짧게 깎은 머리 — 살짝 붉은 기가 도는 머리카락 — 이리저리 흔들리는 수상한 눈동자'를 지닌 '부루퉁하고 불안한 범죄자' 같다고 묘사했다. 쿤과 동석한 외교 정책 자문도 니컬슨의 서술을 보건대 딱히 좋은 대접을 받지 못하여, 그의 계급에 흔한 인종적, 사회적 스테레오타입을 반영했다. "작고 기름기 흐르는 유대인 — 다소 좀먹은 모피

코트 — 가는 넥타이 — 더러운 칼라."[76] 스뮈츠와 니컬슨은 쿤에게 아무런 인정도 해주지 않고 도착한 지 고작 이틀 만에 부다페스트를 떠났다.[77]

스뮈츠가 떠난 직후, 1919년 4월 중순에 루마니아군이 프랑스의 암묵적 동의 아래 헝가리를 침공했다.[78] 부쿠레슈티는 자위 차원에서 행동하고 있다고 주장했으니, 헝가리 정부가 봉기를 촉발하고자 (이제는 루마니아 영토인) 트란실바니아 마을들에서 볼셰비키 프로파간다 활동을 조직하고 보조해왔다는 것이다. 며칠 뒤 체코도 유사한 구실을 들어 북쪽에서 슬로바키아를 침공했다.[79]

헝가리인들은 외세의 위협에 직면하여 내부적 차이를 잠시 접어두었다.[80] 루마니아가 헝가리의 영토 보전을 위협하자 쿤은 계급전쟁 웅변의 톤을 낮췄고, 볼셰비즘에 제한적이나마 공감을 보이는 보수적인 장교들을 비롯한 군대는 나라의 국경 방어를 위해 결집했다. 이탈리아는 헝가리의 또 다른 적대적 인접국인 유고슬라비아와의 라이벌 의식이 대체로 동기로 작용하여 쿤 정부에 총포와 탄약을 팔았다. 5월 중순에 이르자, 헝가리 군대는 슬로바키아에서 체코인들을 몰아냈지만 루마니아를 상대로는 그만큼 성공을 거두지 못했다. 그해 7월, 티서강 건너편으로 침략자들을 몰아내려 한 시도는 루마니아군의 영리한 반격에 부닥쳤다. 많은 헝가리군 장교들과 병사들이, 루마니아가 쿤의 소비에트 공화국을 끝장내주길 바란 반대파 헝가리 국민군의 부추김을 받아 싸움을 그만두기로 한 것은 바로 그때였다. 다수 병사들의 지지를 상실한 헝가리군의 전선은 붕괴했고, 루마니아군은 쿤과 그의 정부를 몰아냈다. 쿤은 오스트리아로 도망쳤고, 그다음 소련으로 갔지만 결국 스탈린의 대숙청 기간에 처형된다.[81]

1919년 8월 3일, 루마니아군은 부다페스트에 입성했고 1920년 초까지 머물렀다.[82] 루마니아군의 점령기 동안 현지 주민들에게 자행된 여러 만행과 광범위한 수도 약탈은 당대의 많은 헝가리인들이 공유하고 있던 무도한 불의에 대한 의식을 고조했다. 이러한 행위들이 서방 승전국들이 아니라 1918년 중부 세력에 패배했던 나라에 의해 자행되었다는 사실은 그 경험을 한층 더 굴욕적으로 만들었다.[83]

루마니아군이 연합국의 압력 하에 1919년 가을 마침내 철수했을 때, 호르티 제독의 반혁명 세력은 기회를 보았다. 11월 16일 호르티는 그의 '국민군' 선두에 서서 백마를 타고 부다페스트에 입성했다. 호르티는 부다페스트를 혁명의 '죄의 도시'(민족주의적 소설가 데죄 서보Dezső Szabó가 처음 만든 표현)로 묘사하면서 수도를 징벌하고 정화하러 왔다는 점을 분명히 했다.[84] 호르티 휘하 다수의 병사들과 나란히 다양한 준군사 조직들은 '적색 테러'의 범죄들에 복수하겠다는 욕망에 사로잡혀 있었다. 이미 8월에 코즈머는 일기에 이렇게 썼다. "우리는 징벌도 할 것이다. 몇 달 동안이나 극악한 범죄를 자행해온 자들은 응징을 받아야 한다. 우리가 몇몇 붉은 악당들과 테러분자들을 벽 앞에 세우면 타협자들과 배짱 없는 인간들은 앓는 소리를 하며 불평할 게 (…) 뻔하다. 휴머니즘과 여타 '이즘'들의 거짓된 슬로건이 전에 이 나라를 파멸로 몰아넣는 데 일조했다. 이번에는 그들도 울고불고해봐야 소용없을 것이다."[85]

일시적인 권력 공백은 민병대원들로 하여금 이러한 폭력적 보복의 판타지에 따라 행동하도록 허용했다. 저널리스트 벨러 바스코Béla Bascó와 사민당 일간지 〈넵서버Népszava〉 편집장 벨러 쇼모지Béla Somogyi 같은 헝가리 백색 테러에 대한 저명한 지성인 비판가들은 우익 준군사 조직원들한테 납치되어 살해당했다.[86] 헝가리 우파 민병대들은 좌파 지지자들뿐 아니라 비정치적인 중간 계급 유대인들도 겨냥했다. 1919년 후반과 1920년대 초반, 정치 폭력은 최대 5,000명에 이르는 목숨을 앗아갔다.[87] 추가로 7만

9장
급진화

189

△

5,000명이 투옥되었고, 10만 명이 망명을 떠났다. 쿤을 비롯해 헝가리 혁명의 다수 지도자들이 검거되기 전에 나라에서 도망쳤음을 고려할 때, 남은 자들이 그들의 '반역'에 대한 대가를 치러야 했다.[88]

사회주의자, 유대인, 노동조합원 들은 붙잡히면 병영으로 끌려와 의식 불명이 되도록 두들겨 맞았다. 존경받는 지주 젠트리 가문 출신으로, 악명 높은 헝가리 민병대장이자 호르티 호위대의 임시 수장이었던 팔 프로너이 남작Pál Pronáy은 회상했다. "이럴 때면 나는 뒤틀린 마르크스 이데올로기에 취한 이 광신적 인간 짐승들한테 50대의 매질을 추가로 지시했다."[89] 프로나이와 다른 우파 민병대장들에게 비인간화되고('인간 짐승') 비민족화된('볼셰비키') 적은 아무런 가책 없이 고문하고 죽여도 되는 존재였으니, 이런 행위들은 거룩한 대의에 의해 그 필요성이 요청되고 정당화되었기 때문이다. 그리고 그 거룩한 대의란 사회주의적 심연과 영토 분할의 위협을 받는 국가의 구원이었다. 전쟁과 혁명이라는 배경 속에서, 활동가들은 '문명화된' 군사 활동의 규칙을 깨트린 내부의 적은, 바이에른과 헝가리의 짧막한 '적색 테러' 기간 동안 동원되었다고 —옳게든 그르게든— 여겨지는 같은 종류의 극단적 폭력을 통해서만 막을 수 있다고 확신했다[90]

국가에서 내부의 적들을 '청소'하는 전후 프로젝트는 국가적 재탄생을 위한 필수적 선행 조건, 패전과 혁명에도 불구하고 전쟁 당시 치른 희생들을 정당화할 폭력적인 재생의 한 형태로 여겨졌다. 어떤 의미에서 제국의 폐허에서 국가적 재탄생을 꿈꾸는 이런 추상적인 희망은 오스트리아와 헝가리의 고도로 이질적인 준군사 조직들을 하나로 묶는 유일한 것이었다. 현 시점에서 되돌아보면, 1918년 11월 이후 몇 달 동안 준군사 조직의 급증은 어떤 특정한 권위주의적 신질서를 수립하기 위한 일치된 시도라기보다는 서방 연합국에 의해 승인된 새로운 정치 질서와 영토 분할에 대한 공

190

격에 더 가까워 보인다. 혁명을 공통적으로 반대하고, 민족적 부활에 대한 희망을 공유했음에도 불구하고, 우익 준군사 활동에 관여한 활동가들이 반드시 동일한 이데올로기적 목표와 야심을 품고 있지는 않았다. 오히려 정반대였다. 오스트리아와 헝가리 정치 우파의 준군사 활동가들은 사실 각자 선호하는 장래의 국가 형태를 둘러싸고 엇갈리는 비전들을 품고 있었다. 예를 들어, 오스트리아와 헝가리 우파 가운데에는 강력한 '정통파' 세력이 존재했고, 특히 빈의 헝가리인 공동체에서 강력했던 이 분파는 카를 황제를 성 이슈트반의 보좌에 복위시키려고 두 차례 시도했지만 실패했다. 반면, 다수의 원原파시스트 활동가들은 거의 공산주의 수준으로 군주정도 경멸했다. 오스트리아의 일부 왕당파 준군사 조직원들도 합스부르크 왕정복고를(반드시 이전 황제 카를 휘하의 왕정복고일 필요는 없었지만) 요구했고, 따라서 오스트리아와 독일 제국과의 통일을 찬성하는 자들과 정면 대립하게 되었다.[91]

정치적 목표상의 그러한 차이들은 심각한 긴장을 낳을 수도 있었고 실제로 그랬다. 1921년 10월에 카를 황제의 실패한 두 차례 쿠데타 가운데 하나에서, 호르티는 작곡가 프란츠 레하르Franz Lehár의 동생인 안톤 레하르 Anton Lehár 대령 같은 일부 왕당파 민병대장들을 제거할 수 있었다. 1919년 헝가리에서 가장 커다란 민병대를 지휘한 안톤 레하르는 나라를 떠나 베를린에서 경음악 출판업자로 제2의 인생을 출발할 수밖에 없었고, 그곳 베를린에서 안톤과 그보다 훨씬 더 유명한 형 프란츠는, 프란츠가 유대인 아내를 두었다는 사실(나치 당국이 그녀를 '명예 아리안'으로 만듦으로써 해소하기로 한 문제)에도 불구하고 나치 독재 시절 내내 계속 잘나갔다.[92]

그러나 왕당파를 옆으로 제쳐두더라도 중유럽의 급진 우파 사이에 미래는 어떤 모습이어야 하는가에 관해 합의된 것은 없었다. 그들이 서로 동의할 수 있었던 것은 그들이 무엇과 맞서고 있느냐는 것이었다. 범독일적인 '오버란트 리그'가 그들의 팸플릿 《독일 저항 정책》에서 표현한 대로, 국가적 재탄생은 오로지 1789년의 이념들, 즉 계몽과 인간주의, 자연권의 이념들과의 철저한 비판적 투쟁을 통해서만 가능했다. "1789년의 이념은 근대 개인주의, 그 단어와 경제에 대한 부르주아적 관점, 의회주의, 근대 민주주의에 드러난다. (…) 우리 오버란트 리그의 일원들은 미래 제국을 위해 죽어간 독일 순교자들의 피에 의해 표시된 우리의 길을 계속 걸어갈 것이며, 그때와 마찬가지로 지금도 우리는 계속해서 독일 저항 운동의 돌격대가 될 것이다."[93] 1919년 베를린에서 로자 룩셈부르크와 카를 리프크네히트의 살해에 책임이 있고 이후 오스트리아로 건너가 하임베어Heimwehr('향토방위군')의 주요 군사 조직가가 된 발데마르 팝스트도 "프랑스 혁명의 옛 삼위일체[자유, 평등, 우애]를 (…) 신 삼위일체, 즉 권위, 질서, 정의로 대체"할 것을 요청했을 때 그와 유사한 추상적 사상을 표명했다.[94]

두 텍스트는 모두 합스부르크 제국 이후 중유럽의 준군사 조직 세계가 관념이 아니라 행동의 세계였음을 분명하게 입증한다. 그에 따라 이러한 '행동들'이 누구를 향해야 하는지는 준군사 조직들에서 가장 널리 논의된 테마가 되었다. 합스부르크 제국 동부군의 전직 총사령관이었던 알프레트 크라우스Alfred Kraus에게 '독일 민족의 적들'에는 '프랑스인, 영국인, 체코인, 이탈리아인'이 포함되어 있었으니, 이는 1918년 이후에도 전시 사고思考가 지속되었음을 분명히 가리킨다. 그러나 타국의 민족주의적 적들보다 더 위험한 것은 국제주의적 적들이었다. 그들은 '붉은 인터내셔널', '검은 인터내셔널'(정치적인 가톨릭주의), 그리고 '무엇보다도 독일 민족을 지배할 속셈을 품고 있는 유대 민족'이었다. 여타 모든 적들은 유대인들의 수하에 고용된 자들에 불과하다고 크라우스는 확신했다.[95]

뮌헨에서 발트 독일인 난민(이자 훗날 동부 점령 지역의 나치 장관이 되는) 알프레트 로젠베르크Alfred Rosenberg는 1919년 5월 한 논설에서 이렇게 논평한다.

> 레닌은 인민위원들 가운데 유일한 비유대인이다. 그는 말하자면 유대인 사업의 러시아인 간판이다. (…) 그러나 우리는 러시아에서 유대인들을 향한 증오가 모든 테러에도 불구하고 지속적으로 퍼져나가고 있음을 관찰할 수 있고, 또 근래의 모든 뉴스도 이를 확인해준다. (…) 만약 현 정부가 무너진다면 어느 유대인도 러시아에서 살아남지 못할 것이다. 죽임을 당하지 않는 유대인은 쫓겨날 거라고 확실하게 말할 수 있다. 그럼 그들은 어디로 갈 것인가? 폴란드인들은 이미 그들을 저지하고 있으며, 그러므로 그 유대인들은 모두 옛 독일로 올 것인즉, 옛 독일에서 우리는 유대인들을 너무도 사랑하기에 그들을 위해 가장 따뜻한 자리를 마련해두었다.[96]

유대인들이 볼셰비즘의 주요 추진자들이자 수혜자들이라는 관념은 분명히 러시아에서, 무엇보다도 백군 프로파간다에서 기원했지만 이런 생각은 유럽 전역으로 재빠르게 퍼져나갔다. 상대적으로 높은 비율의 유대인들이 추후 1918~1919년 중유럽 혁명들에서 두드러진 역할을 했다는 사실―베를린에서 로자 룩셈부르크, 뮌헨에서 쿠르트 아이스너, 헝가리에서 벨러 쿤, 빈에서 빅토르 아들러(문맥상 아들인 프리드리히 아들러를 말하는 듯하다. 빅토르 아들러는 1918년에 사망했다―옮긴이)―은 그러한 비난들이 심지어 프랑스와 영국의 관찰자들한테도 그럴듯하게 들리도록 만들었다. 예를 들어 당시 많은 프랑스 신문들은 볼셰비키 혁명을 유대인 영향력 탓으로 돌렸다.[97] 런던에서 영국 외무성의 정책 결정자들도 유사한 결론에

도달했다. "유대인들은 독립적인 대大폴란드의 성립을 저지하기 위해 있는 힘을 다하려고 작정했다"고 한 외교 관리는 썼고, 또 다른 관리는 이렇게 평가했다. "유대인이 볼셰비즘의 중추라는 주장에는 얼마간 정당한 근거가 있는 것 같다."[98] 1920년에 윈스턴 처칠은 유럽 대륙의 혁명들을 유대인 탓으로 돌리는 악명 높은 논설을 썼다.

> 스파르타쿠스-바이스하우프트(아담 바이스하우프트. 계몽주의 시대에 비밀결사 광명회를 창립했으며 광명회 내에서 '스파르타쿠스 형제'라는 가명을 썼다─옮긴이) 시대부터 카를 마르크스의 시대까지, 그리고 트로츠키(러시아), 벨러 쿤(헝가리), 로자 룩셈부르크(독일), 엠마 골드만(미국)에 이르기까지, 문명의 전복을 꾀하고, 발전 지체, 시기에 찬 악의, 그리고 불가능한 평등에 기초한 사회 재구성을 위한 이 전 세계적인 혁명 음모는 꾸준하게 성장해왔다. (⋯) 그것은 19세기 동안 모든 전복 운동의 원동력이었다. 그리고 이제 마침내, 유럽과 미국 대도시들 지하세계에서 온 이 엄청난 인물 집단이 러시아 국민의 머리채를 휘어잡고, 광대한 제국의 사실상 누구도 부인할 수 없는 주인이 되었다. 볼셰비즘의 탄생과 러시아 혁명을 실제로 야기하는 데 이 국제적이고 대체로 무신론적인 유대인들의 역할을 과장해야 할 필요는 없다. 그것은 확실히 매우 커다란 역할이고, 아마도 다른 모든 이들의 역할을 능가할 것이다.[99]

그러한 견해들은 19세기 말 유대인 지도자들이 만나서 유대인의 세계 지배를 어떻게 달성할 것인지 논의한 기록이라고 알려진 날조 문서 〈시온 장로 의정서〉의 국제적이고 광범위한 유포로 더욱 부채질되었다. 의정서는 1919년부터 줄곧 서유럽의 여러 언어들로 번역되었으며, 미국에 배포

되도록 50만 부 이상의 인쇄 비용을 댄 미국의 산업가 헨리 포드처럼, 흔히 부자들이 개인적으로 자금을 댔다. 1921년 의정서가 날조된 문서라는 것이 폭로되었어도 반혁명 진영의 상상력에 미친 엄청난 영향을 되돌릴 수는 없었다. 그러나 반유대주의와 반볼셰비즘의 불경한 결합은 유럽의 상이한 배경들에서 매우 상이한 결과들을 낳았다. 라인강 동쪽에서만 (그리고 더 극적으로는 엘베강 동쪽에서) 반'유대볼셰비즘'은 1917~1923년의 대단히 끔찍한 특징이었던 유대인 대량 학살과 포그롬 그리고 1939년 이후의 유대인 대량 학살과 포그롬으로 다시 이어지게 된다.[100]

널리 퍼진 그 같은 정서를 고려할 때, 당연하게도 중유럽 유대인들은—비록 오스트리아-헝가리 인구의 5퍼센트 이하에 불과한 소수파였지만—대전 이후 우익 준군사 조직의 폭력을 가장 심하게 겪었다. 극우가 멸시하는 모든 것을 대변한다고 하는 유대인들은 기독교 중유럽의 전통적 질서를 위협하는 '동방'에서 온 범슬라브 혁명 위협의 구현으로, 모스크바의 '붉은 첩자들'로 그려지면서, 그와 동시에 (또 역설적으로) 불분명한 자본주의 '황금 인터내셔널'이자 서구 민주화 세력으로 그려질 수 있었다. 이러한 비난들에 공통으로 담긴 것은, 유대인이 민족국가와 그들이 기대어 살아가는 '주인host 민족들'한테 '타고난' 국제적인 증오를 품고 있다는 전제였다.

독일계 오스트리아와 대조적으로, 헝가리에서는 반유대주의 폭력이 국가 권력에 의해 묵인되었고 때로 민족주의적 언론에 의해 환영받았다.[101] 1922년 빈의 유대인 공동체에서 펴낸 반유대주의 폭력에 관한 한 보고서는 도나우강 서쪽에 자리한 넓은 헝가리 땅 "트랜스다뉴비아에서 3,000명 이상의 유대인이 살해당했다"고 보고했다.[102] 비록 이러한 수치들은 아마도 과장되었겠지만 백색 테러가 상당수의 유대인들을 특정해 겨냥했다는 점에는 의심의 여지가 없다. 헝가리에서 반유대주의 폭력의 한 전형적 사례는 1919년 뵈회네에서 이그나츠 빙에 의해 경찰에 보고되었다. "10월 1일 전날 밤에 60명의 백위대가 우리 마을로 와서 모든 유대인 남성은 즉시 시장 광장으로 나오라고 명령했다. 공산주의 활동과 전혀 무관한, 모두 합해 열일곱 명의 유대인 남성들이 명령을 따랐다." 광장에 모이자 "그들은 구타와 고문을 당했고 — 아무런 심문도 없이 — 병사들은 유대인들을 목매달기 시작했다". 이 극단적 폭력 행위는 '볼셰비즘의 근원'을 제거하고 백위대 손에 떨어지는 적에게는 무슨 일이 일어날지를 공개적으로 보여주는 이중의 목적을 띠었다.[103]

오스트리아에서도 반유대주의는 유사하게 널리 퍼져 있었지만, 1938년 이전에는 특별히 폭력적 성격을 띠지는 않았다. 1914년 이전에 오스트리아에서 반유대주의는 우익 정치인들 사이에서 흔했던 일이라, 그들은 갈리치아와 부코비나 출신 유대인들이 빈으로 너무 많이 이주해 온다고 불만을 맹렬히 토로했었다. 전쟁 기간 동안 더 많은 갈리치아 유대인들이 이제는 전선 지역이 된 곳에서 도망쳐 오스트리아 수도로 엄청나게 몰려들었다. 그와 동시에 금융 부문이나 군수품, 식품 산업 부문에 종사하는 더 부유한 오스트리아 유대인들은 '유대인 폭리 취득자'들로 낙인찍혔다.[104] 1918년 갈리치아가 폴란드에, 부코비나가 루마니아 수중에 떨어졌을 때, 갈리치아와 우크라이나에서 대규모 포그롬으로 이민이 급속히 늘어났고 유대인 이민자 수는 더욱 증가했다. 1918년 빈에는 약 12만 5,000명의 유대인이 살고 있었지만, 독일계 오스트리아 민족주의자들은 그 숫자가 45만 명에 달한다고 주장했다.[105]

상황은 포그롬을 피하여 도망쳐나온 동유럽 유대인 다수가 선택한 목적지였던 독일에서도 다르지 않았다. 붕괴한 로마노프 제국의 서쪽 국경지대나 이전 합스부르크 제국 소속 갈리치아에서 전후에 폭력을 피해 도망쳐나온 유대인들은 새로운 고향에서 기껏해야 미적지근한 환영을 받았을 뿐이다. 심지어 이미 독일 제국이나 빈에 자리를 잡고 있던 유대인 공동체도 동방정교 유대인 난민들을 사회적 지위나 문화적 교양이 결여된 이방인으로 취급했다.[106]

수십 만 오스트유덴Ostjuden('동방 유대인'이라는 뜻—옮긴이)의 도래는 유대교 신앙을 유지하는 동료 시민을 오랫동안 2류 시민 취급해온 독일인들, 그리고 옷도 다르게 입고 문화적 전통과 언어도 다른 동유럽 유대인들이 도착했을 때 유대인의 '타자성'에 대한 오랜 선입견이 확인되고 강화되었다고 느낀 독일인들 사이에서 반유대주의도 부채질했다. 홀로코스트의 핵심 기획자인 라인하르트 하이드리히Reinhard Heydrich의 장래 부인인 리나 폰 오스텐Lina von Osten이 동방정교 유대인 난민들을 처음 접했을 때, 그녀는 혐오감밖에 느끼지 못했다. 1920년 말에 하이드리히에게 나치즘을 소개하는 폰 오스텐은 나중에 회상록에서 1918년 이후 독일에 대거 유입된 동방 유대인들을 '침입자이자 달갑지 않은 손님'이라고 여겼고, 그들의 존재만으로도 너무나 '짜증이 나서' 그저 '미워할 수밖에 없었다'고 회고한다. "우리는 그들과 함께 살아가는 것을, 한쪽이 상대방의 냄새를 도저히 참을 수 없어 하는 강제 결혼에 비교했다."[107]

그러한 견해들이 독일과 오스트리아 우파 다수에 널리 퍼져 있었고, 그들 사이에서 '유대인'은 무방비 상태의 독일 민족의 '노예소유주'가 되었다는 비난은 '폭리 취득자'라는 유대인에 대한 전시 관념을 토대로 하여 전후에 매우 두드러지게 등장한다. 이런 독해에 따르면 유대인들은 "사업을 잘하기 위해 우리의 난국을 이용하고 (…) 우리의 마지막 피 한 방울까지 쥐어짜려고" 작정했다.[108] 유대인을 혁명과 제국 붕괴의 '배후 조종자'와 동일시하는 시각은 일반적으로 '독일 거인이 언젠가 다시 일어설 것'이며 그러면 '모든 배반과 위선, 야만주의, 독일 민족과 인류에 반하는 그들의 모든 범죄에 대한 심판의 날이 반드시 찾아올 것'이라는 희망과 연결되어 있었다.[109]

헝가리의 반유대주의자들처럼 오스트리아의 반유대주의자들도 보통은 기독교 원칙들에 호소했고, 군사적 붕괴에 대한 유대인의 책임 관념을 '유대인의 배반'이라는 더 오래된 기독교 스테레오 타입과 연결지었다.[110] 그 결과, 티롤 출신 하임베어 지도자 리하르트 슈타이들레Richard Steidle 같은 기독사회당 정치인들은 "유대민족 정신과 그 조력자들에 대한 철저한 심판만이 독일계 알프스 지방을 구할 수 있다"고 주장했다.[111] 1918년 이후 반유대주의는 '유대인 음모'가 1918~1919년 혁명들의 중심에 자리잡고 있다는 널리 퍼진 인식으로 악화되었다. 오스트리아 적위대의 지적인 지도자 레오 로트치겔Leo Rothziegel과 빅토르 아들러, 오토 바우어 같은 사민당의 유명한 당원들이 유대인이라는 사실은 우익 언론에서 지속적으로 언급되었다.

헝가리에서도 혁명과 전쟁 직후 기간 동안의 적색 테러는 보수적 장교들이 보기에 유대인들과, 가장 중요하게는 혁명 지도자 벨러 쿤, 그의 주요 군사 자문 티보르 서무에이와 떼려야 뗄 수 없이 엮여 있었다.[112] 쿤 지지자들의 압도적 다수가 실은 비유대인이라는 사실은 헝가리나 여타 지역의 반유대주의 민족주의자들에게 별로 문제가 되지 않았다. 1919년 8월 초 쿤 정권의 몰락 직후 변호사 오스카르 죌뢰시Oszkar Szöllösy는 널리 배포되는 한 신문에 '프롤레타리아 독재의 범죄자들'에 관한 논설을 발표했는데, 거기서 그는 유대계의 '피에 물든 증오의 붉은 기사들'을 적색 테러의 주요 장본인이자 공산주의의 추진 세력으로 지목했다.[113] 헝가리에서 (오스트리아에서와 마찬가지로) 유대인들은 중부 세력의 군사적 패배에 대한 직접적 책임도 뒤집어썼다. 추후 헝가리 총리가 되는 줄러 굄뵈시 Gyula Gömbös에 따르면, 패배는 합스부르크 제국 인구의 유대인 비율(1:56)이 협상 세력 국가들에서보다(1:227) 상당히 높았다는 사실의 직접적 결과였다.[114]

자신의 반유대주의를 공개적으로 밝히고, 유대인 민간인들한테 무자비한 폭력을 행사했다고 자랑스럽게 내세우는 일은 이후 중유럽 준군사 활동가들 사이에서 흔한 영예의 표상이 되었다. 유대인에 대한 준군사적 만행이 보통 당국의 암묵적 승인 아래 이루어진 헝가리에서 상황은 특히 극단적이었다. 예를 들어 팔 프로나이는 유대인 희생자들한테서 잘라낸 귀를 행운의 부적으로 모았다.[115] 프로나이의 장교 중 한 명인 죄르지 게서이 György Geszay는 어느 디너파티에서 그날 오후에 기차에서 어느 유대인을 산 채로 불에 구웠기 때문에 오늘 저녁 특히나 식욕이 돈다고 자랑스럽게 이야기했다.[116]

오스트리아에서 상황은 그보다 훨씬 덜 극단적이었다. 그러나 오스트리아 준군사 조직원들이 구사한 폭력의 언어는 확실히 미래를 예시했다. 한스 알빈 라우터가 '가능한 한 빨리 유대인을 제거하겠다'는 목표를 밝히고, 그라츠의 어느 학생 지도자이자 훗날 하임베어 지도자가 되는 에른스트 뤼디거 슈타렘베르크Ernst Rüdiger Staremberg가 '유대인 전시 폭리 취득자'를 '기생충'으로 공격했을 때, 폭력적 반유대주의의 수사는 이후 과격 민족주의자들이 발전시키게 될 전통을 시작했다.[117]

오스트리아에서 상황이 비교적 여전히 차분했던 반면, 불가리아에서는 강한 반유대주의적 색채가 없고 살짝 지연되기는 했지만 혁명과 반혁명의 폭력이 터져나왔다. 무수한 내부 문제들에도 불구하고 불가리아는 1919년에 간신히 민주 선거를 치를 수 있었다. 주요 선택지는 한편으로는 최근에 창당되어 레닌의 볼셰비키 정치 노선을 충실하게 따르는 공산당과 다른 한편으로는 바누 사이에 있었다. 공산당은 특히 도시 지역에서 상당한 대중 지지를 누렸다. 그러나 농민당이 알렉산드르 스탐볼리스키의 카리스마적인 리더십 아래 더 강력한 정파로 부상했다.[118] 스탐볼리스키는 여러 명의 공산당 입후보자들을 절차상 근거에서 자격 정지시킴으로써 의회 내 다수당의 지위를 확보했다. 그는 일체의 반대 의견을 탄압하기 위해 갈수록 독재적이고 폭력적인 수단을 동원해가면서 다음 4년간 집권했다. 이상하게도 그는 왕정을 폐지하려는 움직임은 보이지 않았다.[119]

독일에서 공부했음에도 불구하고, 스탐볼리스키는 소박한 배경 출신의 농민 지도자로 자신의 이미지를 구축했다. 검은 머리에 무성하게 콧수염을 기른 당당한 풍채의 그는 당대 한 영국인 관찰자에 의해 '블랙베리 수풀 사이로 돌아다니는 산적'이라는 생생한 비유로 묘사되었다.[120] 농민 청중이 알아들을 수 있는 단순한 언어를 구사한 스탐볼리스키는 공산주의자라기보다는 농민 사회주의자였고, 이는 소농이 많은 나라에서 매력적인 조합이었다. 특히 스탐볼리스키는 도시민들과 상류 계급을 미심쩍게 바라보는 농민층의 태도를 표명했다. 그는 "누가 여러분을 참호로 보냈습니까?"라고 물었다. "그들이 그랬습니다. 누가 마케도니아와 트라키아, 도브루자를 상실하게 만들었습니까? 그들이 그랬습니다."[121]

그의 웅변 능력과 친親농민적 정책들은 그에게 많은 소농들의 충성심을 확보해주었을지도 모르지만, 스탐볼리스키는 재빨리 거의 모든 계층을 정권에서 멀어지게 만들었다. 민족주의자들은 선임 총리인 테오도어 테오도로프가 사임한 후 1919년 11월, 신임 총리가 무지막지한 뇌이 조약에 서명한 것을 마지못해 용서했는데, 정부가 연합국의 조건을 수용하는 것 말고는 도리가 없다는 것이 빤히 보였기 때문이다. 그러나 많은 이들이 감수하기 힘들었던 것은 스탐볼리스키가 불가리아의 이웃 적국들과 기꺼이 화해하고자 한 것으로, 이 가운데 가장 강력한 나라는 세르비아—크로아티아—슬로베니아인의 왕국, 즉 유고슬라비아('남슬라브'란 뜻—옮긴이) 왕국이었다. 1923년 3월, 불가리아의 국제적 고립을 극복하기 위해 스탐볼리스키는 유고슬라비아 정부와 니시 협약을 체결했는데, 이로써 마케도니아 극단주의자들이 벌이던 테러 활동을 근절하기 위한 국경 안보에 협조가 가능해졌다. 발칸 지역에 대한 오스만 제국 지배의 황혼기 이래로 줄곧 불가리아 독립 국가 소속이 되기를 열망해온 마케도니아 민족주의자들에게 이 협정은 (뇌이 조약 수용에 이어) 제2의 '등에 칼 꽂기'로 여겨졌다.[122] 대전 이후 마케도니아 민족주의자들은 마케도니아내부혁명기구IMRO: Internal Macedonian Revolutionary Organization(이하 '임로'로 표기—옮긴이)를 통해 마케도니아의 자치와 그곳의 불가리아계 주민의 보호를 주요 목표로 천명하며 활동을 계속해왔다. 1920년 2월 게릴라 부대(이른바 '체타cheta')가 바르다르와 에게해 마케도니아—이제는 그리스와 유고슬라비아 왕국이 지배하는 영토—에서 전전의 활동을 재개했다. 그들은 또한 스탐볼리스키의 농민당 의원들을 비롯하여 불가리아에서 정치인을 겨냥한 암살 활동도 시작했다. 니시 협약은 임로의 활동을 종식시키기 위한 것이었다.[123]

스탐볼리스키는 토지 재분배—자산 소유 농민들의 나라에서 중요한 주제—분야에서 급진 정치적 의제를 추구했을 때 국내에 적을 더 만들었다. 스탐볼리스키 행정부는 최대 토지 소유 면적을 30헥타르로 제한하여, 정부가 교회, 지방 당국, 국가로부터 토지를 몰수할 수 있게 했다. 토지 소유 제한의 주요 목표는 모든 농민을 비교적 평등한 재산 소유자로 만드는 것이었다. 그러나 이 개혁은 헌법으로 보장된 사적 소유권을 침해했고—비록 많은 농민들에게 지지를 받았지만—농지개혁은 예상 가능하게도 다른 사회 부문들 사이에서 주요 논란거리가 되었다.[124]

유사한 정책들이 경제의 다른 영역들에서 뒤따랐으니, 산업과 무역, 금융에서 대규모 자본 집중을 제한하기 위한 조치들이 특히 두드러졌다. 스탐볼리스키는 도심에서 부동산 보유 상한 개념을 도입하고, 남녀 불문 모든 시민이 도로 공사와 학교 건설 같은 공공사업에 여러 달 동안 투입되어 일해야 하는 노무 의무제도 수립했다. 비록 이 기획의 취지는 전후 재건에서 중요한 기간시설 사업에 노동력을 확보하기 위한 것이었으나 원성이 심했다. 급진적 사상은 불가리아 정치 시스템의 재편과 관련해서도 드러났다. 스탐볼리스키는 모든 정당을 폐지하고 노동관계 원칙에 기반을 둔 세 가지 정치 조직, 즉 농민연합, 노동계급기구, 수공업자연합만 남긴다는 아이디어를 추진했다.[125] 이러한 조치들은 다른 정치 분파들에 스탐볼리스키가 뒷문을 통해 농민 독재를 도입하려 한다는 의심을 불러일으켰다.

1922년 7월 불가리아의 주요 정당인 자유당, 보수당, 사민당은 의견 차이를 극복하고 이른바 헌법 블록Konstitutsionen blok을 결성했다. 농지개혁주의자들을 향해 공유하는 적대감으로 주로 굴러간 헌법 블록의 대표들은 스탐볼리스키 지배를 불가리아 농민 계급의 악질 쓰레기들이 이끄는 독재이자, 가능한 모든 수단을 동원해 싸워야 할 독재라고 공개적으로 규탄했다.[126]

스탐볼리스키는 1913년과 1918년의 두 차례 군사적 패배로 이미 굴욕을 당한 군부 엘리트도 멀어지게 만들었다. 그들은 정치적 권력과 사회적 위신을 얻을 기회를 박탈당했을 뿐 아니라, 전통적인 기성 군부 사회에 대한 정권의 빤히 보이는 멸시의 대상이었다. 군부 엘리트는 스탐볼리스키

자신의 준군사 조직인 오렌지 친위대Orange Guards의 성장에 관해서도 우려
했다. 바누와 그 정치 지도자에게만 충성하는 군사화된 농민들로 구성된
오렌지 친위대[127]는 '국내 질서' 유지와 정치적 반대파를 겁박하는 일에만
전적으로 헌신하는 조직이었다. 비록 스탐볼리스키의 당은 진정한 농민
독재를 수립하는 데 결코 근접하지 않았지만, 오렌지 친위대의 존재 자체
가 정부의 반대파, 보수적 기득권층, 군 엘리트를 위협했고, 이 가운데 군
엘리트 계층은 자체적으로 이른바 군부동맹Military League을 결성했는데, 법
학 교수인 알렉산드르 찬코프Alexander Tsankov가 이끄는 이 단체는 1919년
창설되어 갈수록 힘을 얻어가던 중이었다. 불가리아 장교들 다수가 가입
한 군부동맹은 창립 당시부터 농민당의 지배를 끝낼 알맞은 때를 기다려
왔다.[128]

아이러니하게도 기회는 1923년 4월 1일 스탐볼리스키의 농민당이 의회
선거에서 승리했을 때 찾아왔다. 정부가 반대파의 집회를 금지하고 농민
당에 불리하게 작용했을 비례대표제를 폐지한 데 크게 힘입어 거둔 승리
였다. 음모자들은 스탐볼리스키 정부에 대한 모든 반대를 갈수록 주변화
하는 데 맞서 1923년 6월 9일 기습을 감행했다. 하룻밤 사이에 군대가 수
도의 전략 지점을 모조리 점령하고 스탐볼리스키 정부의 각료들과 농지개
혁 운동의 여타 저명인사들을 체포했다. 군부동맹(쿠데타에 결정적인 역할을
한)의 지도자 알렉산드르 찬코프가, 공화주의자 스탐볼리스키와 언제나
긴장 관계에 있었던 차르 보리스의 지지를 받아 대신 총리가 되었다.[129]

쿠데타 당시 고향 마을 슬라보비차의 친척들을 방문하고 있었던 스탐
볼리스키를 붙잡기 위해 모의자들은 불가리아에서 빠져나갈 수 있는 경
로를 모두 차단하고 스탐볼리스키가 지명 수배자임을 알리는 전단을 뿌
렸다. "그를 붙잡거나 사살하는 것이 ─ 도시민이든 농민이든 ─ 모두의

의무다. 이 명령을 따르지 않는 자는 누구든 체포될 것이다."[130] 며칠 만에 농민당 지도자는 임로 대원들에게 붙잡혔고, 잔혹하게 고문당한 뒤 결국에는 그의 형제와 죽음을 맞았다. 뇌이와 니시 조약에 서명했던 손은 잘렸고, 잘린 스탐볼리스키의 머리는 커다란 비스킷 상자에 담겨 소피아로 보내졌다.[131]

스탐볼리스키의 잔혹한 죽음은 지지자들로부터 즉각 폭력적인 반응을 이끌어냈다. 농민 단체들과 오렌지 친위대원들이 쿠데타를 막아내기 위해 세력을 동원하는 가운데 시골 전역에서 대중 폭동이 터져나왔다. 농민당이 공산당의 지지를 기대했다면 그들은 낙담할 터였다. 공산당은 이 갈등이 부르주아지 내부의 두 부문('농촌' 부문과 '도시' 부문) 사이의 갈등이라는 시각을 취하고 여기에 개입하지 않기로 했다. 고립되고 무장이 부족했던 농민 폭동은 군대에 의해 매우 잔혹하고 신속하게 진압되었다. 그사이 찬코프는 놀란 서방 연합국에 그의 정부는 뇌이 조약의 조건들을 고수하고, 불가리아에 민주적 지배를 재수립할 거라고 안심시켰다.[132]

찬코프는 약속의 앞부분은 지켰지만 뒷부분은 지키지 않았다. 민주적 지배는 쉽사리 재수립되지 않았고 1920년대 나머지 기간 동안 폭력은 불가리아 정치 생활의 한결같은 이슈로 남았다. 6월에 불가리아 농민들이 시골에서 학살을 당하는 동안 군부와 싸우지 않는 편을 택했던 공산주의자들은 모스크바로부터 혁명을 기획하라는 지시를 받았다. 이것은 1923년 9월 찬코프 정부를 상대로 한 공산주의자와 무정부주의자, 농민 들의 봉기를 낳았으나 수포로 돌아갔다. 주로 불가리아 북서부와 중부에서 퍼져나간 봉기는 참사로 끝났다. 1,200명에서 1,500명 사이의 공산주의 지지자들이 살해되고, 살아남은 자들 다수는 가혹한 형을 선고받고 투옥되는 등 불가리아 역사에서 '백색 테러'로 알려진 시기가 열렸다. 군과 치안

대가 봉기를 진압하면서 보인 잔혹성은 물밀듯이 쏟아져나온 소설과 시들에 영감을 주었으니, 이 가운데 1924년에 쓰인 게오 밀레프Geo Milev의 시 〈9월〉보다 더 유명한 것도 없다.

> 마을 광장은 다시 한 번 피로 붉게 물들고
> 잔인하게 베인 목에서 죽음이 비명을 지른다
> 족쇄가 쩔렁이는 흉흉한 소리
> 감옥은 다시 북적이네
> 병영 막사와 감옥 뒤뜰에서
> 구령이 울리고
> 일제 사격의 총소리가 울려 퍼지네
> 문이 닫히면
> 시커먼 방문객들이 문을 두들긴다
> 공이치기를 당긴 피스톨을 쥔 아들이
> 문간에 쓰러져 죽어 있고
> 아버지는 목매달려 있으며
> 누이는 유린당했네
> 병사들에게 호위되어
> 마을에서 끌려 나온 농민들:
> 총살대 앞으로 향하는
> 암울한 호송대 (…)

이 시를 쓰고 1년 뒤 밀레프 본인도 다른 좌파 성향 불가리아 지식인들과 함께 경찰 구치소에서 살해되었다.

더 나아가 봉기의 직접적 결과로 공산당과 모든 관련 단체들이 금지되었다. 이에 대한 보복으로 어느 공산주의 운동가 지하 그룹이 1925년 4월 16일, 며칠 전 공산주의자들에게 암살된 콘스탄틴 게오르기에프 장군의 공개 영결식이 거행되고 있던 소피아의 스베타 네델리아 성당 지붕에 폭탄을 터뜨렸다. 이 폭발로 성당 지붕이 무너지면서 많은 고위 장교들과 정치인들을 비롯해 130명이 넘는 추도객이 사망하고, 500명 이상이 다쳤다. 이 폭탄 공격에 공산당원과 그 지지자들, 많은 일반 시민들에 대한 또 한 차례 대대적인 일제 검거가 뒤따랐다. 검거된 자들은 고문과 투옥을 겪었고, 그 가운데 대략 1,000명이 폭탄 공격 첫 한 달 사이에 실종되었는데, 그 대부분은 경찰 구치소에서 구류 중 살해되었다.[133]

볼셰비즘에 대한 공포와
파시즘의 부상

중유럽과 동유럽, 남동부 유럽의 패전국들에서 혁명적 사변들은 곧 승전국들과 심지어 더 서쪽에 위치한 전쟁 당시 중립국들로까지 퍼져나갈 기미가 보였다. 대전 기간 동안 중립을 유지했던 에스파냐는 1918년부터 1920년까지 트리에니오 볼셰비케Trienio Bolchevique (볼셰비키 3년) 동안, 전전에 이미 흔했던 심각한 노동자 소요가 남부 농촌으로 확산되었고 도시에서 격화되면서 노동조합 지지자들과 고용주, 그리고 치안 유지 세력 간의 투쟁에서 750명 이상이 사망하며 공공연한 내전 상태에 근접했다.[1] 카탈루냐, 특히 바르셀로나에서는 노동연맹CNT: Confederation of Labour이 인기 없던 수도 마드리드와의 모든 연계를 끊을 카탈루냐 노동자 공화국 수립을 주창했다. 그들은 이미 1917년 8월에 바르셀로나에서 총파업을 선언하며 사회주의 노동총연맹UGT: Socialist General Union of Labour에 가입했다. 총파업은 70명이 죽고, 혐의를 받은 수천 명의 '혁명가'들이 투옥되면서 무력으로 잔혹하게 진압되었다. 1919년 봄에, 러시아와 중유럽의 혁명들에 고무된 CNT는 또 다른 총파업을 주창하여, 바르셀로나에서 약 10만 명의 노동자들이 꼬박 한 달간 도구를 내려놓게 했다.[2] 파업은 여기에 관여한 모든 분파들을 만족시킬 영구적인 해법을 가져다주는 데 실패했다. 몇 주 만에 에스파냐의 다른 지역들, 특히 남부에서 대파업들이 벌어졌다. 특히 세비야와 그라나다를 포함하여 안달루시아에서 대규모 조업 중지가 있었던 한편, 에스파냐 남부 내륙 반봉건적인 대토지에서 일하는 가난한 토지 노동자들은 레닌과 볼셰비키들이 러시아에서 토지 문제를 해결하는 데 동원한 급진주의에 자극받았다. 코르도바의 한 무정부주의-생디칼리슴(19세기 말과 20세기 전반기에 특히 라틴계 국가들에서 발전한 노동 운동. 생산수단의 국유화보다는 노동자와 산업 조직에 의한 생산 통제를 주창한다는 점에서 공산주의와 구분된다 — 옮긴이) 신문, 〈라 보스 델 칸테로La Voz del Cantero〉(채석장의 목소리)가 표현한 대로였다.

> 에스파냐의 노동자들이여, 언제든 정의의 나팔 소리가 울려 퍼질 수 있음에
> 대비하라! 억압받고 절박한 인민이여, 우리의 적들한테 그들이 이제까지 노
> 동 계급과 생산 계급에 저질러온 죄에 대한 보상을 요구할 때가 왔다.[3]

갈수록 일촉즉발의 상황이 계속되었고, 선동된 무無토지 노동자들을 직면한 대지주들은 시골 저택들을 버렸다.[4] 한편 볼셰비즘에 대한 공포는 정부가 약 800명의 러시아 시민과 당시 에스파냐에 살고 있던 여타 공산주의 혐의자 외국인들을 일제 검거하여 증기선 마누엘 칼보 호에 태워 오데사로 강제 이송할 정도로 심해졌다. 이들을 태운 증기선 마누엘 칼보 호는 1919년 봄에 에스파냐를 떠났다.[5] 경제 불안정과 내부 갈등이 심화되는 와중에 1917년과 1923년 사이에 정부가 열다섯 차례 교체된 한편, 1921년에는 극좌파가 에스파냐 공산당PCE을 창립했다. 결국 1923년 9월

미겔 프리모 데 리베라 장군이 국왕 알폰소 13세의 지지를 받아 집권하면서 나라를 보수적인 독재국가로 변모시켰을 때, 에스파냐는 매우 중유럽적인 패턴을 따르게 된다.[6]

전쟁의 핵심 전승국들 — 영국과 프랑스 — 에서는 혁명 위협이 유럽 다른 나라들에서보다 훨씬 덜 심각했다. 아일랜드 독립전쟁이 시작된 1919년 4월 후반에 아일랜드 서부에 수립된 '리머릭 소비에트'는 볼셰비즘보다는 공화주의에 자극을 받았고, 어쨌거나 영국군에 의해 2주 만에 끝장나 단명했다. 그러나 영국이나 프랑스에서 공산당에 의한 어떤 진지한 집권 시도도 없었음에도 불구하고, 당시 두 나라 사람들은 볼셰비키 전염이라고 여기는 위협에 사로잡혀 있었다. 1919년 2월, 무정부주의자 외젠 코탱의 조르주 클레망소 총리 암살 미수 사건은 일회적 사건으로 치부될 수 있었지만, 프랑스의 정책 결정자들은 대전의 마지막 2년 동안 나라 전역에서 일어난 심각한 파업 물결을 잊지 않았다.

프랑스의 금속산업 부문에서는 1916년 7월과 1918년 5월에 심각한 조업 중지 사태가 여러 차례 발생했었다. 1917년 봄에는 파업이 확산되어 임금 인상과 전쟁 종식에 대한 일반적인 요구로 이어졌다. 설상가상으로 프랑스군에서는 군사 반란이 일어났다. 1917년 5월과 6월에 서부전선에 배치된 프랑스군의 사단들 거의 절반이 이 항명 사태에 연루되었다.[7] 항명 사태와 조업 중지는 혁명으로 확대되지 않았지만, 1917년의 기억들은 러시아에서 혁명적 사변들로 증폭되어 뇌리를 떠나지 않았다. 1920년 봄, 노동총연맹CGT의 지원을 받은 일련의 파업들에 다시금 시달리고 있을 때, 볼셰비키 전염에 대한 공포는 프랑스의 기성 정치계와 중간 계급 사이에서 재빨리 확산되었다. 그해 12월, 노동자 인터내셔널 프랑스 지부(곧 프랑스 공산당으로 이름을 바꾼다)의 창립은 그들의 의심을 가라앉히는 데 보탬이 되지 않았다. 독일이 지정학적 현상 유지에 대한 주요 위협으로서 완전히 대체되지 않은 상황에서, 프랑스의 보수적 기득권층의 새로운 정치적 메시지는 이제 프랑스 국경 동쪽으로부터 **두 가지** 위협이 제기되고 있다는 것이었다. 바로 독일 수정주의(베르사유 조약 내용을 수정하려는 움직임—옮긴이)와 러시아 볼셰비즘이었다.[8]

영국 역시 2주 반 동안 이어지면서 나라를 일시적인 정지 상태에 빠트린 1920년 10월의 전국 광부 파업을 비롯해 1920년대에 여러 차례 노동 소요를 겪었다. 노동 소요는 영국 산업의 모든 부문을 아우른 1926년 총파업에서 절정에 달했다. 그러나 파업의 원인은 주로 경제적이었지, 기존 체제의 혁명적 전복을 바라는 열망에서 기인하지는 않았다. 급진적 변화를 공공연히 옹호한 유일한 정당으로서 1920년에 창당된 영국 공산당은 이렇다 할 대중적 지지를 받지 못했다. 그럼에도 불구하고 적어도 1918년 가을과 1920년대 초반 사이에 영국의 많은 사람들은 러시아와 중유럽에서 일어난 사건들이 본국에서도 재연될 수 있다고 믿었다. 사회 개혁가이자 지식인이며 남편과 함께 런던 정경 대학을 창립한 비어트리스 웨브는 런던에서 서부전선에서 적대 행위가 종식된 1918년 11월 11일 일기에 이렇게 적었다.

평화! 왕좌는 어디서나 부서지고 있고 유산 계급은 어디서나 남몰래 떨고 있다. 혁명의 조류가 언제쯤 승전의 조류를 따라잡을 것인가? 그것이 지금 화이트홀과 버킹엄 궁을 근심에 빠트리고 더 사려 깊은 민주주의자들 사이에서도 불안을 야기하고 있는 문제로다.[9]

러시아가 내전의 와중에 자국민들의 피에 잠겨가고 혁명이 서쪽으로 확산되면서 불안은 이듬해 봄 공포로 바뀌었다. 1919년 3월 말, 근래 헝가리와 바이에른 소비에트 공화국 수립의 여파 아래 작성된 퐁텐블로 각서에서 영국 총리 데이비드 로이드 조지는 "내가 보기에 현 상황에서 최대의 위험은 독일이 볼셰비즘과 한배를 타서 독일의 자원과 두뇌, 방대한 조직력을 무력으로 볼셰비즘 세계 정복을 꿈꾸는 혁명 광신자들의 수중에 맡길지도 모른다는 것이다"라고 주장했다.[10]

그러한 공포는 대중의 상상력을 곧장 파고들었고, 공산주의는 미래의 주요 위협으로서 전시 영국의 적이었던 사악한 훈족을 점차 압도했다. 1924년 매우 유명한 인기 작가 존 버컨이, 사방에서 영국을 위협하는 음험한 적들에 맞서 영국과 제국, 영국의 계급 시스템을 수호하는 상류 계급 주인공을 소재로 한 '리처드 해니' 시리즈 제4권을 발표했을 때 공산주의는 작중에서 크게 두드러졌다. 총 다섯 권의 이 베스트셀러 스릴러 소설 가운데 앞 세 권에서 위협은 독일이었던 반면, 네번째 권인 《세 명의 인질The Three Hostages》의 악당은 도미닉 메디나, 겉보기에는 도회적인 영국인 보수 정치가의 전형이나 실상은 '결코 좋은 조합이 되지 못하는 (…) 먼 곳을 응시하는 듯한 라틴인의 구석이 있는 뿌리 뽑힌' 아일랜드인이었다. 메디나는 기성 질서를 위협하는 것처럼 보이는 새로운 종류의 니힐리즘, 바로 볼셰비즘을 상징했다.[11]

볼셰비즘의 먹구름이 몰려오고 있다는 걱정은 1919~1920년에 이탈리아계 미국인 무정부주의자들이 일련의 폭탄 공격을 저지른 미국으로까지 확대되었다. 폭탄 테러는 1920년 9월 16일 대낮에 뉴욕 월스트리트를 상대로 한 치명적 폭탄 공격에서 절정을 이뤄, 38명이 사망하고 100명 이상이 다쳤다. 당국은 범인들을 끝내 잡지 못했지만 무정부주의자들이 폭탄 테러를 저질렀다는 생각이 널리 퍼져 있었고, 이에 따라 '적색 공포'와 추

가적인 소요에 대한 두려움이 생겨나 극단적인 반공 심리 상태의 조성에 일조했다.[12]

대전의 승전국들 가운데 볼셰비키 혁명의 위협은 유럽 열강 가운데 세력이 가장 미미한 나라, 바로 이탈리아에서 가장 컸을 것이다. 전쟁 기간 동안에도 1917년 봄과 여름에 북부 이탈리아는 식량 공급 부족과 전쟁의 지속에 항의하는 대중 시위들을 목격했었다.[13]

1917년 카포레토 전투에서의 대참사에 가까운 패배 이후로 전세의 역전은 1918년 오스트리아―헝가리군을 상대로 한 놀랄 만큼 신속한 '비토리오 베네토의 승전'과 더불어 일시적으로 내부 긴장을 완화하고 나라가 붕괴 직전인 게 거의 확실해 보였던 전년도 가을의 비극적 기억들을 지울 수 있었다. 오스트리아―헝가리의 패배는 이탈리아 민족국가 역사상 첫 대규모 군사적 승리였고 이는 허황된 생각과 염원을 부추겼다.[14] 새롭게 '수복한' 영토들, 특히 이전 오스트리아―헝가리 도시 트리에스테에서 이탈리아계 주민들은 이탈리아군의 승리를 반기며 한없이 기뻐했다. "오늘 하루 남녀노소, 정파를 불문하고 13만 명의 사람들이 트리에스테의 거리와 광장으로 쏟아져 나왔다. (…) 모두가 기뻐서 환호하며, 마치 같은 어머니 뱃속에서 나온 사람마냥 서로 껴안고 입을 맞췄다. 이 어머니는 이탈리아다. 그녀의 이름이 모두의 입에 오르내린다."[15]

예리한 당대의 관찰자들은 정확히 인식하고 있던 대로, 사실 이탈리아는 대단히 분열된 채 전쟁에서 빠져나왔다. 유명한 이탈리아 철학자 베네데토 크로체Benedetto Croce는 예를 들어 친구인 독일 문학자 카를 포슬러Karl Vossler에게 빈과 정전에 합의한 날에 "이탈리아는 이 전쟁에서 심각하고 치명적인 질병과 아물지 않은 상처를 안고, 신체에 위험한 약점들을 안은 채 빠져나왔다"고 썼다.[16]

참전을 옹호하는 측과 중립을 선호하는 측 사이에서 격렬한 대중적 논쟁이 터져나왔던 1914년으로 거슬러가는 이탈리아 사회의 깊은 분열을 군사적 승리가 치유해줄 리 없다고 관찰한 점에서 크로체는 물론 옳았다. 비록 이탈리아는 (독일, 오스트리아−헝가리와 함께) 여전히 3국 동맹의 일원이었지만 개입주의자들은 마땅히 이탈리아 영토라고 여긴 것, 즉 트렌티노와 트리에스테 시를 합스부르크 지배로부터 되찾기 위해 중부 세력에 반하여 참전할 것을 정부에 촉구했다. 다른 이탈리아인들은 참전에 회의적이었고, 이탈리아 사회당PSI: Partito Socialista Ialiano은 전쟁에 반대했다. 1915년 봄 연합국에 가담하여 참전하기로 한 정부의 결정은 자연히 매우 분열적인 것으로 드러났다.[17]

1917년 말과 1918년 초에 정부가 1917년 이탈리아군의 카포레토 패주에 대응하여 검열을 강화하고, 평화주의 운동을 범죄화하고, 민족주의적 동원 캠페인을 대대적으로 개시하면서, 사회주의자와 노동조합원, 사제들과 평화주의자들을 '내부의 적'으로 지목하고 군 규율의 붕괴에 책임이 있다고 비난하자 이러한 분열은 한층 심화되었다.[18] 당연히 비토리오 오를란도 총리의 캠페인은, 1914년에 '중립주의자들'과 '개입주의자들' 사이의 격론에서 시작되어 카포레토 이후 더욱 긴박해진 '이데올로기적 내전의 기후'를 악화시켰다.[19] 전쟁을 반대하는 사회주의자들과 가톨릭 비판가들은 참전으로 인한 엄청난 전사자 수를 개탄한 반면, '개입주의자들'은 반대파를 후방전선에서 병사들에 대한 지지의 토대를 약화시킴으로써 '국가의 등에 칼을 꽂는' 반역자로 낙인찍으며 이탈리아의 군사적 불운을 그들의 탓으로 돌렸다.[20]

그러한 비난들로 야기된 깊은 분열은 심지어 1918년 말에 승리를 거머쥔 뒤에도 이탈리아가 직면한 유일한 내부 문제가 아니었다. 아마도 승전국 가운데 가장 빈국일 이탈리아는 전시에 영국과 미국에 엄청나게 많은 돈을 빌려서 감당 못할 국가 부채를 지게 되었다. 부채를 짊어지고 사회적, 정치적 갈등에 시달리던 이탈리아 전후 정부는 극도로 불안정했다. 귀환 병사들은 이미 불안정한 고용 시장에 압력을 더했고, 높은 인플레이션은 가계 저축을 다 없애버렸다. 승전에도 불구하고 식량 공급은 여전히 심각하게 저해된 한편, 정부는 한참을 기다려온 토지개혁을 아직도 미루고 있었다.

전쟁 기간 동안 지배 계급은 수백만 명의 무토지 농업 노동자들, 이제는 조국을 위해 목숨을 내놓거나 불구가 될 위험을 무릅쓰고 있는 그들에게 솔깃한 약속을 제시했었다. 전후 개혁은 그들에게 그때까지 개간되지 않은 토지에 접근하고 그것을 소유할 수 있는 권리를 줄 터였다. 전쟁이 승리로 끝났을 때 이 약속은 지켜지지 않았고 전전 갈등, 특히 이탈리아 농촌 지역에서의 전전 갈등을 악화시켰다. 그에 대응하여, 그리고 1917~1918년 러시아에서 일어난 사건들에 고무된 사회당은 1919년 10월 전국 대회 기간 동안 볼셰비키 노선을 따라 사회 혁명을 옹호하는 강령을 채택하는 한편, 레닌의 제3차 인터내셔널에 대한 충성도 약속했다. 오랫동안 예견된 자본주의 질서가 붕괴할 때가 왔다는 믿음이 동기가 되고, 동유럽에서 일어난 사건들에 고무된 이탈리아 사회당의 새로운 정치 강령은 '프롤레타리아 독재'는 '폭력적인 정권 탈취'를 통해서만 가능하다고 주장하여, 당내 개혁주의 진영과 혁명주의 진영 간의 기존 간극을 넓혔다.[21]

사회당의 급진화는 이탈리아 국민의 상당 부문의 분위기를 포착한 듯했다. 1919년 11월 총선에서 사회당은 총 투표수 가운데 3분의 1이 넘는 표를 얻어 원내 최대 정당이 되었고, 사회 개혁 정강을 내세워 총 투표수 가운데 5분 1을 득표한 보수적인 가톨릭민중당PPI: Partito Popolare Italiano이 뒤를 이었다. 이전의 다수당인 자유당과 민주당은 의석을 크게 잃었다.

사회당 주도 중앙 정부의 탄생과 1919년 10월과 11월 지방선거에서 사회주의자들의 선거 승리로(특히 포강 유역에서), 당 지도자들은 급진적 개혁을 실시할 때가 왔다고 느꼈다. 그사이 '러시아 상태'에 대한 부르주아들의 공포는 실제 폭력과 몰수 행위들로 심해졌다. 예를 들어, 크레마 주변 롬바르디아 시골에서 1920년 6월 노동조합 단체들이 이전의 노동 협약들을 깨트렸다고 여겨지는 지주들에 맞서 폭력적인 시위를 유발했다. 수백 명의 농민들이 파업에 돌입하여, 놀란 현지 지사가 로마에 보고한 대로 농장을 점거하고, 식량을 몰수했으며, 때로는 지주들의 개인 거처를 빼앗기도 했다.[22]

유사한 사건들이 이탈리아 농촌 다른 곳에서도 일어났고 이런 사건들은 폭력적으로 변하는 경우가 비일비재했다. 1920년 4월 풀리아의 소읍 나르도에서 농장 노동자들이 현지 경찰서를 습격했을 때, 그들은 전신선을 잘랐을 뿐 아니라 철도 일부 구간도 날려버렸고, 바리케이드를 세운 다음 읍내의 저장고를 약탈했다. 이튿날 군대가 도착하자 격렬한 충돌이 발생하여 많은 사람들이 부상을 당하고, 농민 세 명과 병사 한 명이 사망했다.[23]

국영과 민간 부문에서의 끊임없는 파업을 비롯해 격렬한 계급 투쟁은 노동자들이 600군데 이상의 공장을 점거하고, 산업 도시들에 자치 기구인 노동자 평의회를 설립한 1920년 가을 절정에 달하여, 이탈리아가 볼셰비키 지배를 받기 일보 직전이라는 인상을 심어주었다. 소요는 무력한 법 집행과 노사 분쟁에 개입하길 꺼리는 듯한 조반니 졸리티Giovanni Giolitti 정부의 태도와 합쳐져 산업가들과 대지주들 사이에 커다란 불안을 야기했고, 이들은 자신들을 적색 위협으로부터 보호해줄 구세주가 없을까 갈수록 절박하게 주변을 두리번거렸다. 그리고 마침내 베니토 무솔리니와 갓 탄생한 그의 파시즘 운동에서 구세주를 찾았다.

이 시점에서 무솔리니는 전전 이탈리아의 저명한 사회주의자에서 급진적 민족주의자로의 변신이라는 개인적 여정을 최근에야 마친 참이었다. 이 여정은 1914년 11월, 그가 이탈리아의 참전을―이탈리아 사회당의 공식 노선에 반하여―지지했을 때 시작되었다.[24] 전전에 그는 이탈리아 사회당 내 최대주의 분파의 지도자였고, 1912년부터 1914년까지 당 공식 기관지 《아반티Avanti!》(전진!)의 편집장이었다. '자본주의' 전쟁에서 중립을 옹호한 당 공식 노선에 대한 무솔리니의 거부는 1914년 11월 출당 조치로 이어졌다. 같은 달에 그는 자신의 신문 〈일 포폴로 디탈리아Il Popolo d'Italia〉(이탈리아 민중)를 창간했다. 생각이 비슷한 사업가들로부터 자금을 얻고 또 자신의 수사적 재능에 힘입어 무솔리니는 곧 중부 세력에 맞선 참전을 지지하는 '개입주의' 캠페인의 지도자로 부상했다.

이탈리아가 결국 1915년 5월 연합국에 가담하여 참전했을 때, 무솔리니는 입대하여 이손초 전선에서 병사로 복무하다가 1917년 2월 매독에 걸렸다(파시즘 치하 이탈리아에서 나온 공식 역사서에서 제시된 것처럼 박격포탄에 부상을 당한 게 아니라).[25] 그는 전쟁 마지막 해를 〈일 포폴로 디탈리아〉 데스크에서 지켜보며 이탈리아의 미래에 관한 자신의 시각을 재정립했다. 그의 격론의 주요 공격 표적은 과거 그의 사회주의자 동지들이었다. 그는 사회당을 '오스트리아 군대보다 더 위험한 적'으로 낙인찍으면서 독자들에게 '칼과 불'로 그에 맞서 싸우라고 촉구했다.[26] 무솔리니의 수사는 러시아에 볼셰비키 혁명이 일어난 후 더욱 과격해졌는데, 그는 러시아 혁명을 폭력을 통해서만 저지될 수 있는 공산당 세계 지배의 첫 단계일 뿐이라고 여겼다. "지금은 천사들을 위한 시간이 아니라 악마들을 위한 시간이다. 그것은 겸허함이 아니라 혹독함을 요구한다. (…) 긴 칼과 엄청난 불길을 요구한다. (…) 그것 아니면 죽음이다. 그것 아니면 러시아다."[27] 전전 사회주의 운동에서 자신의 행동주의가 기껏해야 아득한 기억에 불과한 상황에서 무솔리니는 이제 '민족주의 혁명'을 염원했다. 미래는 '트린체로크라치아trincerocrazia'(참호 정치), 즉 참호의 진흙과 피에서 탄생한 새로운 귀족정으로 다스려질 터였다.[28]

1919년 3월 무솔리니는 밀라노에서 파시 디 콤바티멘토 Fasci di Combattimento(전투 연맹)을 창단했다. 그러나 처음에 그의 운동은 새로운 지지자를 끌어들이는 데 딱히 성공하지 못했다. 그해 말에 이르렀을 때 연맹의 가입자는 모두 합해 800명에 불과했고, 그중 다수는 전직 아르디티arditi, 즉 대전 당시 이탈리아군의 돌격대원이었는데, 그들에게 무솔리니의 불과 칼의 수사는 특히 호소력이 컸다.[29] 운동은 1920년부터 비로소 기하급수적으로 성장하기 시작했는데, 어느 정도는 볼셰비키 혁명 위협이 존재한다는 생각에 대한 반응이었다. 무솔리니의 지지자들이 노동 조직, 사회주의 평의회, 신문사를 상대로, 특히 사회당이 지배적인 포강 유역에서 폭력적인 캠페인을 개시하기 시작한 것은 이때였다.[30] 독일 의용군에서처럼 무솔리니의 파시스트 스콰드리스티squadristi(단원)는 너무 어려서 대전에 참전하지 못했던 젊은이들을 끌어당겼다. 그들에게 파시스트단은 그들이 놓친 경험에 대한 대리물이었다.[31]

1920년 10월 16일, 무솔리니의 공식 신문은 파시즘의 사회주의 적들을 상대로 폭력적인 캠페인을 공공연하게 선언했다. "만약 내전이 불가피하다면 어쩔 수 없다!" 무솔리니의 수사도 의학적 은유를 동원하여 볼셰비즘과 그에 맞서 계획된 싸움을 언급하여 똑같이 호전적으로 나왔다. 만약 볼셰비즘이 근절해야 할 '괴저', '감염', 또는 '암'이라면 파시즘은 국가의 '정치체body politic'를 치료하기 위해 '외과적으로 정밀하게' 휘둘러져야 할 '메

스'였다.[32]

자극적인 언사에 폭력 행위가 재빨리 뒤따랐다. 사회당이 지배하던 볼로냐에서 파시스트 단원들은 지방 정부 청사를 공격하기 시작했고, 수천 명의 사람들이 마조레 광장에서 사회주의자 시장의 당선을 축하하던 1920년 11월 21일에 일단의 파시스트들이 군중을 향해 발포했다. 사회주의 준군사 조직 '적위대'가 응사하며 수류탄을 투척했다. 이 사건으로 10명이 죽고 대략 60명이 다쳤으며, 사회당 시의회는 사임할 수밖에 없었다. 무솔리니와 파시스트 단원들에게 그것은 중요한 교훈을 주었다. 폭력은 효과가 있다는 교훈을.[33]

농촌 지역에서 파시스트당은 여타 모든 정치 단체와 노조 조직, 특히 사회당 계열 단체들과 그보다는 덜하지만 민중당 계열 단체들을 탄압하는 데 결정적으로 이바지했다. 수천 명의 단원들은 '전복적' 정당들의 당사를 파괴하고, 마을 전체를 점령하고, 정치적 반대파를 구타하거나 모욕하면서—무솔리니의 '질서 세력'을 호의적으로 바라보는 사람들이 많았던 경찰은 흔히 그들의 행태를 잘 알고 암묵적으로 지지했다—시골 곳곳으로 테러를 확산시켰다. 갈수록 공공연한 내전처럼 보이는 상황에서, 무력 충돌에서 사망한 사람들의 숫자는 치솟았다. 이탈리아에서는 대략 3,000명이 1919년과 1922년 사이에 죽은 것으로 추정된다.[34] 정치 폭력의 주요 희생자는 사회주의자들과 비非파시스트당들의 투사들이었다. 1920년에만 172명의 사회주의자와 더불어 민중당원 10명, 파시스트당원 4명, 무관한 구경꾼 51명, 경찰 51명이 살해당했고, 심각한 부상자도 약 1,600명에 달했다.[35]

이듬해 봄, 폭력이 이어지는 가운데 이제 국가 파시스트당PNF: Partito Nazionale Fascista으로 이름을 바꾼 무솔리니의 운동 세력은 가입자가 무려

열 배 가까이 늘어나면서 이탈리아에서 가장 강력한 정당으로 부상했다.[36] 무솔리니 당의 급속한 성장에 대응하여 자유연합 소속 총리 조반니 졸리티는 1921년 5월 총선을 위해 그의 '내셔널 블록'에 파시스트당을 포함시키기로 하는 치명적인 결정을 내렸다. 파시스트당을 억제하는 대신 졸리티의 결정은 '점잖은' 정치인으로서 무솔리니의 위상을 높이는 데 일조했다. 한편, 그사이 그의 단원들은 경찰의 개입으로부터 사실상 면제받다시피 하며 캠페인을 이어갔다. 반대파를 무력한 상태로 전락시킨 파시스트당은 이탈리아 반도 북부와 중앙의 여러 지역들에서 아무런 반대도 받지 않고 지배했다.[37]

그러므로 무솔리니는 볼셰비즘에 대한 널리 퍼진 공포와 이탈리아 중앙 정부의 불안정성 둘 다를 유리하게 이용할 수 있었다. 1919년과 1922년 사이에 불안정한 다수를 점하며 연달아 들어선 다섯 개의 정부는 의회 체제의 위기를 악화시켰고, 질서를 유지하지 못하는 국가의 무능력을 확인시켜줌으로써 '민주주의의 세기는 끝났다'는 파시스트당의 반민주적인 프로파간다에 신빙성을 부여했다. 아이러니하게도, 무솔리니의 파시스트당, 바로 나라에 만연한 폭력적 혼란의 상당 부분에 책임이 있는 정치 운동 세력이 질서를 회복할 수 있는 유일한 세력으로 비치기 시작한 반면, 민주 정부는 무력해 보였다.[38]

이런 상황에서 파시스트당은 집권을 시도할 때가 무르익었다고 판단했다. 1922년 10월 27일 저녁, 무솔리니는 그의 준군사 조직원들에게 '로마 진군'을 지시했다. 여기에 대응하여 당시 총리인 자유연합의 루이지 팍타는 국왕 비토리오 에마누엘레 3세에게 비상사태를 선포해달라고 요청했다. 비토리오 에마누엘레는 처음에는 동의했으나 생각을 고쳐먹고는 이튿날 아침 포고령에 서명하기를 거부했다. 로마로 '행진'하는 대신 기차를 타기로 한 무솔리니가 이탈리아 수도 바깥에 진을 치고 있던 대략 2만 5,000명의 준군사 조직원들과 합류한 것은 비로소 국왕이 그 파시스트 지도자의 총리 임명 요구를 수락한 다음이었다. 그러나 그즈음에는 파시스트 당원들이 이미 이탈리아 전역의 많은 지방 도시들을 사실상 장악한 상태였다.[39]

무솔리니의 이중적 전략 — 의회와 사회 엘리트층의 지지를 얻어냄과 동시에 국가를 상대로 한 스콰드리스티 폭력을 후원한 — 은 분명하게 통했다. 그에 따라 국왕은 무솔리니를 불러들여 파시스트, 자유주의자, 민족주의자, 가톨릭민중당 인사로 구성된 연립내각을 구성하라고 요청할 수밖에 없었다.[40] 무솔리니는 레닌과 볼셰비키한테서 아마 본인이 인정하고 싶은 것보다 더 많은 것을, 특히 의회 내 다수파라는 지위는 반대파에게 두려움을 주입하고 기회가 왔을 때 가차 없이 행동할 능력과 결연한 의지보다 훨씬 덜 중요하다는 교훈을 얻었다. 1918년 민주적으로 선출된 러시아 의회를 해산한 레닌에 뒤이어, 무솔리니의 총리 임명은 지난 5년 사이에 폭력적 수단을 통해 권위를 부과한 민병대 정당의 수장에게 권력이 넘어간 두 번째 경우였다.[41]

대다수의 역사가들은 오늘날 이탈리아 국가의 군대가 파시즘 준군사 조직을 쉽사리 물리칠 수 있었으리라는 데 동의한다. "그러나 국왕도 정부도, 나라의 정치, 경제 엘리트 어느 누구도 의회 체제를 구할 수도 있었을 질서를 부과할 정치적 의지나 용기가 없었다. 그보다 그들은 파시스트의 맹공을 탄압하면 사회주의 혁명에 새 생명을 불어넣을 수도 있다고 걱정했고, 정부의 책임은 파시스트당을 설득하여 그들의 폭력적 준군사 조직을 공식 거부하게 만드는 데 족할 것이라는 환상을 키웠다."[42] 극소수만이 1922년 10월의 사건들의 장기적 결과와 그 사건들이 시작을 알린 새로운 형태의 정치를 온전히 이해했다. 자유주의적 부르주아들은 파시스트들을 정부에 참여시킴으로써 파시즘을 길들일 수 있을 거라고 믿었던 한편, 반파시스트 정당들 대다수는 파시즘이 일단 부르주아 국가의 무장 경비대로서의 역할에 실패하면 이내 흐지부지될 운명인 한시적 운동에 불과하다는 견해를 품었다. 이러한 착각들은 '로마 진군' 이후에도 만연했다. 사실 무솔리니는 처음부터 의회 민주정을 폐지하고 독재를 수립하려 했고, 1925년에 결국 목표를 달성했다.[43]

폭력이 민주주의를 능가할 수 있다는 교훈은 유럽의 다른 극우 지도자들, 아닌 게 아니라 무솔리니의 사례를 다른 사람들도 따를 수 있다고 걱정한 자유주의 좌파 진영의 예리한 관찰자들도 놓치지 않았다. 독일의 자유주의적 언론인이자 전직 외교관인 하리 케슬러 백작은 1922년 10월 29일 일기에 이렇게 적었다.

> 파시스트들이 이탈리아에서 쿠데타를 감행하여 집권했다. 만약 그들이 그 권력을 계속 유지할 수 있다면, 이는 이탈리아뿐만 아니라 유럽 전체에 헤아릴 수 없는 결과를 가져올 역사적 사건이 될 것이다. 그것은 반혁명의 승승장구하는 행진의 첫걸음이다. (…) 어떤 의미에서 무솔리니의 쿠데타는 비록 그 안티테제로서라도 레닌의 1917년 10월혁명에 비견될 수 있다. 어쩌면 그것은 유럽에서 혼란과 전쟁이 재개되는 시대의 도래를 알릴 것이다.[44]

케슬러와 대조적으로 극우 진영은 무솔리니의 사례를 본받아야 할 선례로 보았다. 1923년 11월 9일, 갓 탄생한 독일의 나치당 지도자 아돌프 히틀러는 전날 밤 '국가 혁명'을 선포한 뒤 지지자들과 함께 뮌헨에서 '펠트헤른할레 진군'을 연출하여 전년도 무솔리니의 '로마 진군'에 필적하려 했다. 뮌헨 진군 다음에는 '베를린 진군'이 뒤따를 예정이었다.[45]

당시 독일에서 히틀러를 성공적인 '국가 혁명'을 가져올 수 있는 '제2의 무솔리니'가 될 가능성이 큰 자로 여긴 사람은 거의 없었을 것이다. 그는 심지어 독일 시민도 아니었다. 오스트리아 소도시 브라우나우 암 인(인 강변의 브라우나우―옮긴이) 출신 가난한 세관원의 아들로 태어난 히틀러는 엽서 그림 그리기를 비롯해 벌이가 형편없는 일을 하면서 인생 초년을 보냈다. 빈에서 목적 없이 이곳저곳 전전하며 실패한 미술가로 지냈다. 1913년 5월, 그는 오스트리아―헝가리에서 군복무를 피하기 위해 빈에서 뮌헨으로 옮겨갔지만 1914년 전쟁이 터지자 바이에른 군대에 입대했다. 서부전선에서 연락병으로 복무하며, 상사로 승진하고 철십자훈장을 받은 뒤, 그의 종전 직후 시절은 이데올로기적 혼란으로 특징지어진다. 전쟁, 더 구체적으로는 1918년 11월 중부 세력의 패배는 히틀러를 급진화시켰지만, 그는 자신의 극단주의가 좌편향인지 우편향인지 확신이 서지 않았다.[46] 사실, 동원 해제되어 뮌헨으로 돌아왔을 때, 그는 쿠르트 아이스너의 혁명 정부 안에서 동료 병사들에게 민주주의를 교육하는 임무를 맡았던 선전부 소속으로 잠깐 동안 일하다가, 1919년 4월에 뮌헨 소비에트 공화국의 병사 평의회 일원으로 선출되었다. 그러나 사회주의에 대한 히틀러의 관심은 단명했고 그는 곧 극우로 전향했다.[47]

독일 라이히스베어Reichswehr(제국군―옮긴이)에 의해 교육가이자 비밀 정보원으로 고용된 히틀러는 1919년 9월 급진 우익 독일노동자당DAP: Deutsche Arbeiterpartei의 비어홀 모임에 처음 참석했다. 그는 1920년 2월에 독일 국가사회주의 노동자당NSDAP으로 개명한 당을 곧 장악했다. 1919년 그의 초창기 연설들에서 유대인을 독일의 주적으로 규정하기는 했지만, 인종주의, 생물학적 반유대주의와 폭력적 팽창주의에 뚜렷하게 방점이 찍힌 훗날 히틀러의 독특한 세계관은 이 시점에서는 아직 명확하고 온전하게 표출되지 않았다. 이 시기에 히틀러를 형성한 것은 전쟁부터 패전과 혁명까지, 1919년 강화조약들로부터 독일은 내전 직전 상태라는 당대의 흔한 전제에 이르기까지, 항구적인 위기의 체험이었다.[48]

1919년 뮌헨 소비에트가 몰락한 뒤에도 독일에서 혁명적, 반혁명적 혼란들이 지속된 만큼 그러한 인식들은 근거가 없지 않았다. 이듬해 독일군 병력을 10만 명으로 감축한다는 베르사유 조약의 조항과 이후 독일 정부의 의용군 부대 해산 명령에 자극을 받은 독일 우파는 베를린에서 쿠데타를 기획했다. 1920년 3월 쿠데타 배후의 핵심 인물 가운데 한 명인 발터 폰 뤼트비츠 장군Walter von Lüttwitz은 의용군을 해산하고 군대를 동원 해제하라는 명령을 따르지 않았다가 국방장관 구스타프 노스케에게 해임되었다. 그러나 뤼트비츠는 많은 의용군 병사들의 지지를 받았고, 지도자인 해군 대위 헤르만 에어하르트Hermann Ehrhardt의 이름을 딴 악명 높은 에어하르트 여단에서 특히 그랬다. 그들의 충성을 자신한 뤼트비츠는 이제 독일 대통령 프리드리히 에베르트에게 최후통첩을 보내, 만약 군대와 의용군의 동원 해제가 즉각 중단되지 않는다면 무력으로 정부를 전복할 거라고 협박했다. 쿠데타 모의자들은 에베르트 정부가 과반수를 차지하지 못할 거라 믿고 총선을 새로 실시할 것도 요구했다.[49] 에베르트가 최후통첩을 거부하자 에어하르트 여단은 베를린으로 진군했다. 3월 13일 뤼트비츠와 동프로이센 문관이자 전시 극우당인 조국당의 공동 창립자 볼프강 카프Wolfgang Kapp 박사는 제국 정부가 더이상 존재하지 않는다고 선언했다.[50]

에베르트와 내각은 베를린을 떠나 드레스덴으로 피신했다가 다시 슈투트가르트로 이동했다. 사민당이 군대의 확실한 지지를 받지 못했기 때문에 민주 선출 정부의 미래는 운명의 저울추에 매달려 있었다. 제국군의 고위 지휘관 한스 폰 젝트Hans von Seeckt 장군은 바이마르 헌법을 수호하겠다는 자신의 선서와 동료 장교들에 대한 충성 사이에서 갈등했다. 어쨌거나 그는 '병사들이 병사들한테 발포'하는 것을 허락하지 않았다. 군사적 지원을 받지 못한 에베르트는 두 사민당과 노동조합의 지지를 받아 총파업을 선언하기로 했다. 총파업은 사민주의 풀뿌리의 힘을 인상적으로 과시하면서 독일에서의 모든 생활을 급작스레 중단시켰다. 나흘과 반나절이 지난 뒤 쿠데타 시도는 무너졌다.[51]

그러나 파업을 철회시키는 것은 쉽지 않은 일로 드러났다. 카프 쿠데타 지지자들에 대한 승리에 대담해진 급진 개혁의 좌익 옹호자들은 기회가 왔다고 생각했다. 그들은 카프 쿠데타와 그 와해로 창출된 일시적 권력 진공 상태가 1918년에 충족되지 못했던 몇몇 혁명적 요구들을 실현할 가능성을 제공한다고 생각했다. 그 목표를 위해, 극좌파는 중부 독일의 사회주의자 근거지들에 노동자 평의회 정부를 재수립했다. 이는 후퇴하는 카프 쿠데타 모의자들과 사회주의자 반란군 사이에, 다른 한편으로는 질서를 회복하려는 제국군 정규군과 평의회를 지지하는 자칭 적위대 사이에 싸움을 야기했다. 하리 케슬러가 3월 19일과 20일자 일기에 적은 대로 베를린에서는 격렬한 싸움이 벌어졌고,[52] 보복 살해가 비일비재했다. "베를린의 다양한 지점에서 군중이 퇴각하는 쿠데타 세력의 장교들을 붙잡아 살해했다. 군부에 대한 노동 계급의 원한은 끝이 없는 듯하다. 그리고 성공적인 총파업은 그들의 권력 의식을 크게 증대했다."[53]

중부 독일과 루르 지역의 산업 배후지에는 더 큰 긴장감이 감돌았다. 이른바 3월 봉기 기간 동안 사회주의 투사들은 산업 국유화와 노동자 평의회의 재도입을 요구하는 산업 노동자들과 광부들에게 합세했다. 에베르트 정부는 무력으로 대응했고, 제국군과 의용군에서 열성적 우군을 얻었다. 카프 쿠데타에서와 달리 군 지도부는 파업 노동자들한테 발포하는 데 전

224

2부
혁명과
반혁명

혀 거리낌이 없었다. 약 1,000명의 '붉은 군대' 반란자들이 죽은 뒤 3월 봉기는 마침내 정부군에 의해 진압되었다.

1919년, 1920년과 같은 추가적 좌익 혁명 위협에 대한 두려움은 뮌헨에서 확실하게 자리를 틀었고, 뮌헨은 바이마르 독일에서 가장 굳건한 우익 도시가 되었다. 바로 이 도시에서 히틀러가 극우로 전향하고서 반볼셰비즘과 민족적 재생을 부르짖는 자신의 메시지에 넘어가기 쉬운 청중을 발견한 것은 우연이 아니었다. 그러나 1923년, 무솔리니의 선례를 따라 권력을 장악하려 한 그의 시도는 비참한 실패로 끝났다. 11월 9일 정오에 바이에른 경찰이 뮌헨을 관통하여 행진하던 히틀러의 지지자들을 향해 발포하여 16명이 사망했다. 히틀러 본인은 가까스로 피신했지만 이틀 뒤 반역죄로 체포되어 란츠베르크 감옥에 수감되었다.[54] 무솔리니의 '로마 진군'을 본받으려 한 시도에서 히틀러가 간과한 것은 이탈리아에서 두체(총통—옮긴이)의 성공은 대체로 합법성과 불법성 사이를 오고가는 이중 전략에서 기인했다는 점이다. 그것은 거리에서의 잔혹한 폭력 행사에 질서와 국가적 가치를 회복하겠다는 의회 내 약속을 결합한 이중 전략이었다.[55] 고작 8개월 남짓 지난 뒤 바이에른 최고법원에 의해 사면을 받아 석방되었을 무렵, 히틀러는 자신과 자신의 당이 권력의 자리에 근접할 희망을 가지려면 합법성 경로를 추구해야 한다는 사실을 알고 있었다. 이러한 깨달음이 1933년 1월 그의 두 번째이자 성공한 집권 시도에 결정적으로 작용했다.

3부

제국의 붕괴

O 민족들 간의 관계를 규제하는 또는 규제하기로 되어 있는 근래의 조약들은 사실 끔찍한 퇴보에 불과하다.

_프렌체스코 사베리오 니티(파리 강화조약들 체결 당시 이탈리아 총리),

《평화 없는 유럽》(1921)

△ 황제가 '안녕히 주무시오'라고 인사하자마자 우리는 수백 개로 산산조각 날 것이다. (…) 모든 민족이 저마다 지리멸렬한 소국을 세울 것이다. (…) 민족주의는 새로운 종교다.

_요제프 로트, 《라데츠키 행진곡》(1932)

판도라의 상자:

파리와 제국의 문제

중유럽과 동유럽이 혁명과 반혁명의 혼돈에 빠진 가운데 패전국들의 미래를 결정하기 위한 파리강회회의가 1919년 1월 중순 개최되었다. 영국의 총리로서 데이비드 로이드 조지는 훗날 이때를 돌이켜보며 이 강화회의가 지난 세기 유럽의 대규모 강화회의와 성격이 달랐음을 인정했다. 그가 말한 지난 세기의 회의는 1814~1815년의 빈 회의였다. 첫째, 그리고 무엇보다도 중요하게, 패전 제국들과 그 후계 국가들—독일, 오스트리아, 헝가리, 불가리아, 그리고 오스만 제국—은 파리에서의 협상 과정에서 배제된 반면, 프랑스는 새로운 국제 질서 창출과 관련한 빈의 논의에서 중심 행위자였다. 대전의 패전국들은 자국에 부과될 다양한 강화조약들이 타결된 뒤에야 회의장으로 불려 나오게 되었다. 러시아—1914년과 1917년 사이에 영국과 프랑스의 핵심 맹방—도 파리에서 찬밥 신세였는데, 대체로 영국과 프랑스가 반대파 백군에 물자와 군사적 지원을 제공함으로써 레닌의 볼셰비키 정부를 무너트리려는 움직임에 여전히 적극적으로 개입하고 있었기 때문이다. 두 번째 차이는 파리강화회의 구성의 엄청난 규모에 있었다. 빈 회의가 유럽의 다섯 국가가 참여한 전적으로 유럽의 일이었던 반면, 파리강화회의에는 30개가 넘는 연합국과 관련국이 참석했다.[1] (이 설명은 다소 오도의 소지가 있다. 빈 회의가 독일 문제와 관련하여 이따금 프로이센이 참가한 가운데 영국, 프랑스, 러시아, 오스트리아의 주도로 진행되긴 했지만, 거기에는 에스파냐, 포르투갈, 덴마크, 스웨덴, 스위스 연방, 네덜란드, 뷔르템베르크, 바이에른 공국 등 주변국의 대표들과 무수한 도시, 영방 국가의 대표들도 참석했다—옮긴이) 명백하게도, 모든 참가국이 논의에서 동등한 권리와 발언권을 가지지는 않았다. 위계적인 피라미드의 꼭대기에는 '10인 협의회'가 있었고, 이것은 1919년 3월 말부터 강회회의의 주최 측인 프랑스 총리 조르주 클레망소를 의장으로 하는 '4인 협의회'로 교체되었다. 클레망소 외에는, 비록 이탈리아 정부 수반 비토리오 에마누엘레 오를란도도 '4인 협의회'에 참석했지만, 미국 대통령 우드로 윌슨과 영국 총리 데이비드 로이드 조지가 핵심 행위자였다. 4월 말부터 이탈리아가 아드리아해 항구 도시 피우메에 관한 로마의 영유권 주장이 답보 상태에 머무는 데 분노하여 일시적으로 회의에서 철수하며 중요한 결정을 내린 사람들은 실질적으로 '거물 3인방'—클레망소, 윌슨, 로이드 조지—이었다. 그들은 협의 과정에서 배상 문제와 새로운 국경선 같은 복잡한 쟁점들을 다루는 총 52개의 전문가 위원회의 자문을 받았다.[2]

강화회의가 열린 직후 각 대표단 지도자들은 저마다 목표를 가지고 파리에 왔고, 이들의 목표는 다른 연합국 지도자들의 목표와 종종 양립 불가능하다는 것이 분명해졌다. 프랑스로서는 동쪽에 이웃한 전통적인 강국, 즉 독일의 미래는 의제에서 그 무엇보다 중요한 쟁점이었다. 클레망소는 의도적으로 회의를 1월 18일에, 바로 1870~1871년 프랑스—프로이센 전쟁에서 프랑스의 굴욕적인 패배 이후 베르사유에서 탄생한 독일 제국의 창건 기념일에 개최하기로 결정했다. 프랑스-프로이센 전쟁 이후로 줄곧 파리를 괴롭혀온 '독일 문제'에 대한 해법을 찾는 것은 집단 안보와 정의 둘 다의 문제로 여겨졌다. 대전 동안 프랑스의 10개 도道가 전투나 점령을 직접적으로 겪었고, 프랑스 북동부의 방대한 지역들이 폐허가 되었다. 설상가상으로 프랑스는 18세와 27세 사이 남성 인구의 4분의 1을 잃었다. 모든 서방 연합국 가운데 프랑스는 이 갈등으로 가장 직접적이고 심대한 피해를 입은 나라였다. 클레망소는 프랑스 국민의 압도적 다수가 패전국에 대한 응징과 승자들(특히 프랑스)에 대한 적절한 보상을 요구하고 있다는 점을 너무도 잘 알고 있었다. 독일이 프랑스를 두 번 다시 위협하지 못하게 하기 위해 클레망소와 그의 자문들은 다양한 방안을 논의했다. 독일 제국의 완전한 해체, 라인란트의 상당 부분 점령, 그리고 독일의 동쪽 국경에 프랑스의 강력한 우방국가들 만들기.[3]

영국—전쟁 이전과 마찬가지로 당시에도 대륙에서 '세력 균형'에 신경을 쓴—에 프랑스 헤게모니의 전망은 전전 독일 지배의 위협만큼 위협적이었다. 비록 본국의 대중적 압력은 독일 제국에 대한 모종의 응징을 요구하고 있었지만, 프랑스의 요구를 모두 지지하는 대신 로이드 조지는 궁극적으로는 독일과의 무역 연계를 다시 확립하고 싶어 했다. 전 세계적 차원에서 독일의 중요성은 축소되겠지만(독일의 해외 식민지를 빼앗고 함대를 몰수함으로써) 쌍방 간 무역이 완전히 중단될 수준까지 축소될 필요는 없었다. 독일은 전전에 영국의 주요 무역 파트너였고, 따라서 완전히 궁핍해지고 심지어 볼셰비키가 될 수도 있는 독일은 도저히 런던의 최상의 이해관계를 반영한다고 볼 수 없었다. 그러나 그와 동시에 로이드 조지는 1918년 12월 실시된 총선을 바탕으로 하여 독일에 가혹한 강화 조건을 부과하라는 상당한 국내적 압력에 시달리고 있었는데, 전쟁 범죄로 카이저 빌헬름

2세를 법정에 세우고 처형할 것과 함께 상당한 배상을 요구한 노스클리프 경 Lord Northcliffe의 〈데일리메일〉과 〈타임스〉 같은 보수적 신문들로부터 압력이 특히 컸다. 영국의 이해는 불가결한 전략적, 경제적 이해관계가 걸린 중동에서 프랑스의 이해관계와 충돌했다.[4]

반면에 미국 대통령 윌슨은 회의의 결과는 '정의로운 평화'가 되어야 하며, 전 지구적으로 적용되는 인민 주권에 대한 급진적으로 새로운 해석에 정초한 국제 관계 체제의 재설계로 이어져야 한다고 줄곧 주장해왔다. 어디서나 합리적이고 도덕적으로 해명의 책임이 있는 개인들이 주권 정부를 선출할 터였다. 윌슨에게 가장 소중한 주제들 — 민족 '자결' 원칙의 실현(이 말로 그는 인민 주권으로부터 유래한 정부를 의미했다) 그리고 집단 안보와 국제 평화를 보장함으로써 앞으로 전쟁을 불가능하게까지는 아니더라도 그 발생 가능성을 줄일 국가들의 연맹체 창설 — 은 그의 의제에 특히 두드러지게 등장했다.[5] 윌슨은 미합중국의 사례를 염두에 두고 있었고, 이를 보편화하여, 특히 유럽에 적용하고자 했다. 유럽 제국들의 후계 국가들 내부에서 소수집단들은 비록 그들이 살아가는 국가 공동체의 전반적 가치들은 고수해야 할지라도 그들의 종교적, 종족적 차이들은 보존되고 보호될 것이었다.[6] 그러나 윌슨의 명백한 이상주의 뒤로는 계산된 목적이 깔려 있었다. 만약 대전과 연합국의 승리가 전 지구적 세력 균형의 추를 유럽에서 미국 쪽으로 이동시켰다면, 그가 도모하는 신 세계 질서는 정치적, 경제적으로 미국의 지구적 지배를 굳건히 하는 것이었다.[7]

연합국들의 상충하는 입장을 조화시키는 동시에 파리에 온 군소국 대표단들도 만족시키는 것은 사실상 불가능한 과제였다. 비록 본인들은 시인하기를 꺼렸다 해도, 서방 연합국의 정치 지도자들은 파리에서 처음 협의를 시작할 때부터 강화조약들의 최종안은 타협, 승전국과 패전국 간의 타

협이 아니라, 승리한 연합국 진영 내 핵심 행위자들 사이의 타협이 되리라는 것을 잘 알고 있었다.[8]

당대의 복잡한 기대들과 대비할 때 파리 강화 조약들이 관련자 전원을 실망시킬 수밖에 없음은 거의 불가피했다. 사후적 판단의 혜택 덕분에 역사가들은 조약들에 대한 평가가 당대인들보다 다소 너그럽다. 역사가들은 파리의 평화 협상가들이 종종, 현장에서 이미 창출된 새로운 현실들을 받아들일 수밖에 없었고, 따라서 자신들의 역할을 다양한 당사자들 간의 상충하는 야심들 사이에서 판결을 내리는 데 한정할 수밖에 없었다는 사실을 인정한다.[9] 그러나 모든 역사가들이, 평화 협상가들이 어려운 과업에서 최선을 이끌어냈다고 생각하지는 않는다. 그 대신 그들은 파리 강화 협상이 그 궁극적 목표에 못 미쳤음을 강조한다. 바로 안전하고, 평화적이고, 항구적인 세계 질서의 수립 말이다.[10]

파리에서 수립된 질서가 채 20년도 못 되어 와해된 것은 유럽의 패전국들에서 강력한 수정주의와 민족주의 세력이 부상한 탓이 크다. 특히, 1929년 이후 대공황의 여파로 경제적 혼란 속에서 히틀러 나치즘의 움직임에 넘어간 독일은 필요하다면 무력으로라도 베르사유 체제의 '강요된 평화'를 뜯어고치겠다는 입장을 초지일관 고수해왔다. 바로 그 나치즘의 부상 때문에 역사가들과 일반 대중 모두 강화협상 과정의 다른 측면보다는 베르사유 조약에 훨씬 더 큰 관심을 기울여왔다. 그러나 베르사유(그리고 특별히 배상 문제와 적대 행위 발발의 유일한 책임을 베를린에 돌린 '전쟁 책임' 조항)에 대한 초점은 파리강화회의에 대한 우리의 이해를 좁혀왔고, 가장 많은 것이 걸려 있던 당시 최대의 쟁점을 다소간 주변화해왔다. 최대 쟁점이란 이전까지 육상 제국들에 의해 지배되어온 하나의 대륙 전체를 다수의 '민족국가들'로 구성된 대륙으로 전환시키는 일이었다. 이 쟁점은 갈등의 최종 국면에 가서야 비로소 1차 세계대전의 중심이 되었다. 영국이나 프랑스 어느 쪽도 1914년에 '국가들의 유럽Europe of nations'을 창출하겠다는 목표를 갖고 전쟁에 나서지는 않았으며, 1918년 초부터 비로소 육상 제국들의 해체가 명시적 전쟁 목표가 되었다.[11]

이러한 전환이 얼마나 엄청난 규모로 이루어졌는지를 떠올려보는 게 좋을 것이다. 1차 세계대전이 연합국의 승리로 공식 종결되었을 때 유서 깊은 왕조가 수 세기에 걸쳐 다스려온 광대한 육상 제국 세 곳—오스만 제국, 합스부르크 제국, 로마노프 제국—이 지도상에서 사라졌다. 대전 기간 동안 중동부 유럽에서 방대한 영토를 획득하여 네 번째로 대형 육상 제국이 된 독일 제국은 영토가 크게 축소되었고, 해외 식민지들을 박탈당했으며, 정치적 스펙트럼 전역에 걸쳐 모든 독일인들이 동쪽을 향해 '피 흘리는 국경'이라고 부른 경계선을 가진 의회민주주의 국가로 탈바꿈했다.[12] 승전한 서유럽 제국들도 전쟁의 파국에 영향을 받지 않은 것은 아니다. 아일랜드는 1916년에 일어난 민족주의 봉기가 수포로 돌아갔지만, 결국 1922년에 영국군을 상대로 피비린내 나는 게릴라 전쟁을 벌인 뒤 독립을 쟁취했다.[13] 다른 곳에서는 인도부터 이집트까지, 막 모습을 드러내기 시작한 민족주의 운동들이 우드로 윌슨과 러시아 볼셰비키들의 지도자 레닌에 의해 (서로 매우 다른 의도를 가지고) 장려된 '자율적 발전'과 '민족자결'에 관한 공개적 담론에 고무되었다.[14] 시오니스트와 아르메니아인, 아랍인 들을 비롯해 국가 수립 권리를 인정받고자 하는 이들의 대변자들은 자신들의 '자결권'을 주장하기 위해 파리까지 왔다. 최초의 범아프리카 회의 같은 다른 새로운 행위자들도 동일한 권리를 주장한 한편, 파리 리츠 호텔의 부주방장인 베트남 청년 은구옌 신 쿵(훗날 그의 가명 호찌민으로 더 잘 알려진)은 우드로 윌슨에게 조국의 독립을 요구하는 편지를 썼다.[15]

궁극적으로 이러한 비유럽의 작은 탈식민 운동 진영은 파리강화회의 결과들에 실망하게 될 운명이었으니, '민족자결권'이 연합국들이 선호한 중유럽의 일부 후계 국가들에만 허용되고 여타 지역들에는 부정되었기 때문이었다. 실망은 곧 폭력적 행동주의로 탈바꿈했다. 이집트와 인도, 이라크, 아프가니스탄, 버마에서 영국은 제국적 소요에 적잖은 무력으로 대응했고, 다음 몇십 년에 걸쳐 프랑스는 알제리와 시리아, 인도차이나, 모로코에서 프랑스의 제국적 야망에 대한 저항에 맞서 싸웠다.[16] 그러나 패전과 제국 구조의 내파 효과가 가장 즉각적이고 날카롭게 감지된 곳은 중동부 유럽과 패전한 오스만 제국의 이전 영토들이었다. 대륙의 제국들이 분해되면서 그 폐허에서 열 개의 신생국이 부상했다. 핀란드, 에스토니아, 라트비아, 리투아니아, 폴란드, 체코슬로바키아, 독일계 오스트리아, 헝가리, 유고슬라비아, 그리고 이제는 확고하게 아시아에 기반을 둔 터키였다. 한편, 수 세기 동안 오스만 제국이 지배한 아랍 레반트(동지중해 연안 지역을 가리키는 느슨한 용어―옮긴이)에서는 영국과 프랑스가 새로운 '국가들'을 발명해냈다. 팔레스타인, 트랜스요르단(요르단), 시리아, 레바논, 메소포타미아(이라크)는 국제연맹의 '위임통치령'이 될 것이었다. 영국과 프랑스가 행정을 담당하는 이들 나라는 장래 불분명한 시점에 위임통치령에서 벗어나 독립국의 지위로 승격될 터였다.[17] 이론상으로는 파리강화회의는 자결 민족국가만을 유일한 합법적 정치 조직 형태로 규정했지만 승전국들은 이런저런 형태로 모두 제국이었다. 이는 기존의 대양 제국들이 위임통치를 통해 더욱 확대된 영국과 프랑스뿐만 아니라, 19세기에 제국들이 벌인 땅따먹기 게임에서 뒤처진 것을 1918년 이후 열심히 만회하고 있던 지중해와 아시아의 제국 지망생들인 이탈리아, 그리스, 일본에도 해당되었다. 심지어 알래스카, 하와이, 푸에르토리코, 파나마, 필리핀 같은 영토에 다양한 형태의 종주권을 행사하고 있던 미국도 제국이었다. 여기에 쿠바와 아이티, 멕시코 같은 독립국들에 행사하던 미국의 강력한 비공식적 영향력은 말할 것도 없었다.[18]

1918년 말, 심지어 중동의 장래 모습에 관한 그 어떤 결정이 내려지기 전에도 미래 이탈리아 독재자 베니토 무솔리니는 놀랄 만큼 묵시록적인 어조로 유럽의 대大육상 제국들의 해체에 관한 유명한 논평을 남겼다. 그는 자신의 신문 〈일 포폴로 디탈리아〉에 실은 논설에서 고대 로마 제국의 멸망이나 나폴레옹의 패배도 역사에 미친 충격에서 현재 유럽 정치 지도의 재편에 비할 수 없다고 주장했다. "온 땅이 진동한다. (…) 구 유럽에서 사람들이 사라지고, 체제가 무너지고, 제도들이 붕괴한다."[19] 딱 한 번 무솔리니는 일리 있는 말을 했다. 수 세기 동안 유럽의 역사는 제국들의 역사였다. 대전 전야에 지구상에 사람이 거주하는 땅 덩어리의 대부분은 유럽 제국들의 일부로 나뉘어 있었거나, 경제적으로 의존적인 영토였고, 육상 제국들의 시대가 곧 끝날 조짐은 거의 보이지 않았다.

물론, 19세기 민족주의 운동에 기인한, 과거 유럽에서 '민족들의 깨어남'은 제국 지배의 미래에 도전을 제기했고, 경쟁하는 민족적, 제국적 이해관계들이 대전에 선행하는 역사를 갖고 있던 발칸 지역에서는 그러한 도전이 특히 강했다. 1804~1813년 1차 세르비아 봉기부터 1821년 그리스 혁명과 1870년대 중반의 대大동방 위기, 1897년의 그리스-오스만튀르크 전쟁과 1903년의 마케도니아 봉기, 1908년 청년 튀르크 혁명, 1909~1912년 알바니아 반란까지 발칸 지역은 오스만 제국의 지배에서 독립과 민족국가 수립으로 이행해가는 동안 폭력적 무질서로 얼룩진 기나긴 한 세기를 지나왔다.[20] 발칸 민족주의는 세르비아와 몬테네그로, 그리스, 불가리아가 힘을 합쳐 유럽의 잔존 영토에서 오스만 세력을 몰아낸 다

236
○

음 전리품을 놓고 서로에게 무기를 겨눴던 1912~1913년 양차 발칸전쟁 동안 격렬하게 터져나왔다.[21] 이후 잔학 행위를 겪고 무일푼이 된 무슬림 난민들이 아나톨리아로 대거 유입되면서, 줄어들고 있던 오스만 제국 내 기독교도─무슬림 간의 급속히 악화되고 있던 관계에 심대한 영향을 미치게 되었다.[22]

그러나 1912~1913년 발칸에서의 상황은 다른 지역에서의 상황과 상당히 달랐다. 다른 지역들, 특히 오스트리아─헝가리와 러시아에서는 제국 구조 내에서 더 많은 자치에 대한 요구는 존재했지만, 1914년에 그해 8월 적대 행위가 터져나올 때까지 유럽 대륙 제국들의 완전한 해체를 예견한 (아닌 게 아니라 요구한) 사람은 거의 없었을 것이다. 기존의 제국 구조에 공공연한 비판을 표명한 사람들이 염두에 두고 있었던 것은 민족 혁명이 아니라 개혁이었다. 비록 1918년 이후 유럽 육상 제국들의 쇠퇴와 몰락은 종종 역사적 필연으로 묘사되어왔지만, 1914년의 관점에서 봤을 때는 전 세계의 지배 왕조들은 확고하게 자리를 잡고 자신들의 제국에 속한 광대한 영역을 자신 있게 장악한 듯이 보였다는 것을 기억할 필요가 있다.[23]

1914년에 존재했던 제국 세계의 복잡성은 오스트리아─헝가리의 경우로 예시될 수 있다. 전전에 이중 군주국은 유럽에서 세 번째로 인구가 많은 국가(제정 러시아와 독일 제국 다음으로)이자 종족적, 언어적으로 가장 다양한 제국이었다. 1910년 공식 인구조사에 따르면 제국 인구의 23퍼센트 이상이 독일어를 제1언어로 사용한 한편, 거의 20퍼센트는 헝가리어가 모어라고 답했다. 독일어와 헝가리어는 가장 많이 쓰이는 언어였지만 유일한 언어는 결코 아니었다. 합스부르크 시민의 16퍼센트 정도는 체코어나 슬로바키아어를 썼고, 10퍼센트 가까이는 폴란드어, 9퍼센트 가까이는 세르비아어나 크로아티아어, 보스니아어를, 8퍼센트는 우크라이나어를,

6퍼센트는 루마니아어, 2퍼센트는 슬로베니아어, 1.5퍼센트는 이탈리아어를 썼다. 나머지 230만 명은 다른 다양한 언어를 구사했다.[24] 이같이 상이한 종족언어학적 공동체들의 충성심은 본질적으로 왕조적, 다시 말해, 이중 군주국의 장기 재위 황제를 향했다. 1866년 프로이센에 당한 빈의 처참한 패배에 따라 프란츠 요제프는 여러 가지 개혁을 실시했고, 1867년의 타협, 즉 헝가리를 제국 내에 별개 의회를 두고 그 휘하에 여러 민족을 통치하는 주권 왕국으로 전환시킨 것이었다. 부다페스트에 대한 특별한 양보는 다른 종족 집단들, 특히 체코인과 폴란드인, 그리고 크로아티아인 엘리트 계층 사이에 질투심과 더 큰 자치를 원하는 정치적 욕망을 불러일으켰지만, 제국으로부터 완전한 독립을 요구하는 목소리는 드물었다. 세르비아인과 공통의 남슬라브(유고슬라브) 정체성을 공유하는 것에 관해 쓴 크로아티아인과 슬로베니아인 지식인들은 소수파에 불과했다.[25]

갈수록 복잡해지는 지역적 타협의 시스템과, 오스트리아-헝가리 제국 내 제국적 분리 통치의 전반적 전략을 약화시킨 것은 1914년 전쟁의 발발이었다. 1914년 12월에, 이른바 니시 선언에서 세르비아는 남슬라브 독립국가 수립을 공식 전쟁 목표로 천명했다.[26] 그러나 처음에는 오스트리아-헝가리군 소속으로 싸운 슬로베니아인이나 크로아티아인 가운데 이 선언에 관심을 보인 사람은 거의 없었던 듯하다. 폴란드인, 체코인, 크로아티아인, 심지어 세르비아인과 이탈리아인도 합스부르크군 소속으로 싸웠고, 전쟁의 상당 기간 동안 제국에의 충성심(분명 탄압과 보복에 대한 두려움과 결합된)은 민족적 충성심을 압도했다. 체코인은 특히 제국의 전쟁 수행 노력에 내키지 않는 지지자였다는 종종 되풀이되는 이야기는 — 야로슬라프 하셰크의 국제적 베스트셀러 소설 《좋은 병사 슈베이크》(1921~1923)에 반영된 생각 — 대체로 전후의 창작품, 합스부르크 '억압'에 대한 오랜 증오를 강조하기 위한 체코 민족주의자들과 오스트리아-헝가리군의 패배를 설명하려는 오스트리아 민족주의자들 둘 다가 채택한 신화다.[27]

이중 군주국의 내부 결속은 1916년 11월 21일 오랫동안 재위하며 대중의 신망을 받은 프란츠 요제프 황제가 죽은 뒤 제국 지도부가 교체되자 물론 약화되었다. 별세한 황제는 거의 60년간 제국을 다스리면서 종족적으로 복잡한 국가의 통일성을 상징했었다. 위대한 '트란실바니아 3부작'(1934~1940)으로 유명한 작가, 헝가리 정치가이자 소설가인 미클로시 반피Miklós Bánffy가 그날 일기에 적은 대로였다.

> 대체로 저녁이면, 부다페스트의 사람들은 똑같은 소식만 들려오는 전쟁 뉴스의 단조로움에 질려 음울한 신문 가판대 앞을 빠르게 지나가곤 하지만, 오늘밤 그들은 멈춰 서서 가판대를 들여다보고 뉴스를 읽었다. (…) 오늘 그들은 전선에 있는 사람들에 대한 매일 같은 불안을, 포로가 된 남편과 아들, 형제에 대한 걱정과 근심을, 죽은 자들에 대한 괴로운 심경을 잠시 묻어두었다. 오늘은 모두가 커다란 국가적 재난에 대한 의식에, 앞날이 어찌될지에 대한 두려움에, 미지의 미래에 대한 공포에 압도되었다. 모든 사람을 환하게 불 밝힌 저 신문 가판대로 끌어당긴 것은 프란츠 요제프의 죽음을 알리는 뉴스였다.[28]

1848년 혁명 이래로 지속성과 안정성의 구현이었던 황제의 죽음과 함께 제국은 제국을 통합시켜준 상징적 수장을 잃었다. 그의 죽음은 합스부르크 제국이 전쟁 3년째에 접어들던 때 불확실성을 야기했다.[29] 그러나 중부 세력의 종국적 패배가 없었다면 이중 군주국은 분명히 프란츠 요제프로부터 그의 29세 조카이자 후계자인 카를에게로의 권력 이동을 버티고 살아남았을 것이다. 합스부르크 제국의 운명에 결정적이었던 것은 전쟁의 승패, 그리고 프랑스, 영국, 미국의 정책 결정자들이 점차 제국을 해체하는 쪽으로 전쟁 목표를 이동시켰다는 사실이었다. 전쟁이 시작되었을 때부터 합스부르크 군주국의 체코(슬로바키아)와 남슬라브 망명 시민들은 인맥이 좋은 〈타임스〉 저널리스트 헨리 위컴 스티드Henry Wickham Steed(전전에 빈에서 특파원으로 일했다), 로버트 시튼왓슨Robert Seton-Watson(1916년부터 주간지 〈뉴유럽〉의 발행인), 소르본 대학 역사학자 에르네스트 드니 Ernest Denis(보헤미아 지방과 관련한 전쟁 목표에 관해 프랑스 정부의 자문에 응했다) 같은 다수의 유력한 전문가들과 접촉하면서 이런 목적을 위해 로비해왔다. 이 세 사람은 모두 이중 군주국이 '민족의 감옥'이며, 그곳의 비독일계, 비마자르계 민족들은 해방되어야 한다는 연합국의 공적 인식을 형성하는 데 핵심적 역할을 했다.[30]

철저하게 의제 중심으로 돌아가는 그들의 글은 체코 철학 교수이자 민족주의 정치가로 1914년 후반에 프라하를 뜬 토마시 가리구에 마사리크Tomáš Garrigue Masaryk의 의도대로 작동했다. 마사리크는 런던으로 가, 런던 대학에서 슬라브학을 가르치는 한편, 중유럽의 미래에 관한 영향력이 막중한 대화에 참여했다. 1918년 초에는 미국으로도 건너가 윌슨 대통령을 만나서 독립국가 체코슬라바키아에 대한 인정을 얻어내려 했다.[31] 역사가 안드레아 오르초프Andrea Orzoff가 지적한 대로 마사리크가 유포한 서사의 본질은 다음과 같았다.

체코인들은 그들의 가치관과 정치적 지향에서 서구인들만큼 서구적이다. 그들은 오스트리아 압제로부터 자유로워지길 갈망하는 계몽 합리주의자들이다. 그들은 동포 슬라브족인 슬로바키아인과 합세하여 관용과 평등주의,

인권에 헌신하는 동유럽 국가를 이끌어야 하며, 서방과 보조를 함께할 수 있다. 우연치 않게도, 바로 이 나라는 서방의 지원을 받아서 독일의 침략을 막아내고, 볼셰비키 사회 급진주의를 저지하는 데 도움이 될 수도 있다.[32]

그러나 1918년 초까지도 협상국의 정책 결정자들은 이중 군주국의 해체를 전쟁 목표로 공식적으로 수용하기를 망설였다. 합스부르크 제국의 전후 미래에 대한 연합국의 계획은 그 존재 자체를 의문시하지 않고 제국의 헌정적 구성에만 초점을 맞췄다.[33] 1918년 1월, 윌슨 대통령은 그의 유명한 '14개조' 연설에서 제국 소속의 민족들이 '자율적 발전을 위한 자유로운 기회를 얻어야 한다'고 주장하면서 오스트리아―헝가리 연방제를 지지했다. 하지만 체코슬로바키아와 남슬라브 자치는 같은 연설에서 폴란드에 약속된 독립과 같지 않았다. 그러나 6월에 이르자 윌슨의 입장은 강경해졌고, 그는 이제 '슬라브족에서 갈려 나온 모든 민족들이 독일과 오스트리아 지배에서 완전히 자유로워야 한다'는 입장을 옹호했다. 물론 연합국 진영의 모두가 슬라브 민족의 독립에 윌슨처럼 열성적이지는 않았다. 1918년 8월까지도 영국의 외무차관 로버트 세실은 외무부 각서에서 이렇게 진술했다. "슬라브 국가가 두세 곳 더 추가된 새로운 유럽이 옛 유럽보다 더 평화로울지 나로서는 솔직히 말해 매우 의심스럽다."[34] 그러나 9월 3일 연합국이 파리에 주재한 마사리크의 반체제 체코슬로바키아 국민 위원회를 체코슬로바키아 국가의 법적 대표로 공식적으로 인정했을 때 오스트리아―헝가리 제국의 최후의 날이 다가오고 있음이 분명해졌다. 비록 남슬라브족의 독립 요구가 처음에는 무시되었다 하더라도 말이다. 폴란드, 체코슬로바키아와 달리 세르비아―크로아티아―슬로베니아인 왕국은 1919년에 가서야 연합국에 의해 공식 인정되었고, 그 국경은 파리강화회

의에서 결정하기로 했다.[35]

전쟁 기간 동안 미래의 다민족 국가에 대한 대안적 개념이 1918년부터 1920년까지 오스트리아 공화국의 초대 수상을 지내게 되는 카를 레너 같은 오스트리아 마르크스주의자들에 의해 제안되어왔다. 레너는 미래 '인류의 민족적 질서에 본보기를 제시'하기 위한 '[여러] 민족들의 합스부르크 국가'를 지지했다.[36] 1918년 10월 16일, 카를 황제는 '민족 선언 Peoples' Manifesto'을 발표하여 민족 혁명들의 위협에 반격하고자 (그리고 윌슨의 호의를 얻고자) 했다. 이 선언에서 그는 제국의 오스트리아 쪽 절반을 연방제를 기반으로 하여 재편할 거라고 약속했다. 카를은 독일계, 체코계, 남슬라브계, 우크라이나계 영토가 각자 의회를 두어서 자치하는 느슨한 제국적 상부구조를 구상했다. 합스부르크령 폴란드는 분리되어 윌슨이 14개조에서 요구한 대로 폴란드 독립 국가를 구성하는 것이 허용될 터였다.[37] (폴란드는 18세기에 두 차례에 걸친 분할을 통해 프로이센, 오스트리아, 러시아 영토로 병합되었다―옮긴이).

그러나 진지한 연방제 개혁을 위한 '민족 선언'과 오스트리아 마르크스주의 진영의 제안들 모두 빈과 완전히 절연하기를 바라는 사람들을 만족시킬 수 없었다. 체코인, 슬로바키아인, 남슬라브인 정치인들은 완전한 독립만이 유일한 대안임을 분명히 했고, 1918년 여름부터 그들의 입장은 연합국 지도자들의 지지를 받았다.[38] 7월에 체코와 슬로바키아 정치인들은 파리에 체코슬로바키아 국민 위원회를 결성했다.[39] 10월 5일과 11일 사이에 다른 집단들도 유사한 조치를 취했다. 세르비아, 크로아티아, 슬로베니아 국민 위원회가 자그레브에 결성되었고, 그에 상응하는 폴란드인의 단체도 합스부르크령 갈리치아를 포함하는 '자유롭고 독립적인 폴란드'를 선언했다.[40]

연합국의 시각에서 볼 때는, 비록 중동부 유럽 못지않게 종족적, 종교적 구성이 복잡하다는 사실에도 불구하고 오스만 제국의 경우에는 문제가 다소 더 명확해 보였다. 서방 외교관들과 정치가들에 의해 '유럽의 병자'이자 기독교 소수민족들의 압제자로 오래전에 낙인찍힌 오스만 제국이 중부 세력 편으로 참전하고, 아르메니아인들에 대한 인종 학살적 정책을 취한 것은 (로이드 조지같이) 오스만 제국을 해체하려고 결심한 사람들의 마음을 더욱 굳혔다. 문화적, 종교적 이해관계와 더불어 지정학적, 경제적 이해관계도 오스만 제국에 대한 태도에 중요한 역할을 했다. 제국의 아랍 영토는 모술과 여타 지역들에 대규모 석유 매장지를 포함하고 있었고, 보스포루스 해협과 수에즈 운하는 전략적 요충지로서, 해상과 육상으로 인도로 가는 안전한 통로를 확보하고 싶어 하는 영국에는 특히 그렇게 여겨졌다.[41] (이집트는 명목상 오스만 제국의 속령이었으나 이집트 부왕副王 케디브는 이미 1800년 초부터 나라를 독자적으로 통치했고, 1882년, 자신들이 대부분의 지분을 보유한 수에즈 운하를 보호한다는 명목으로 영국이 군대를 파견한 이후 사실상 영국의 보호령이 되었다―옮긴이) 더욱이 시리아와 레바논에 대한 프랑스의 영유권 주장은 그 지역 기독교도 소수집단들에 대한 보호자라는 프랑스의 자기 인식과 '지중해' 프랑스'Mediterranean' France라는 꿈과 크게 상관이 있었다.[42]

전쟁 동안 연합국은 오스만 제국의 미래에 관해 여러 차례 논의했다. 1915년 봄에 페트로그라드는 양 해협(보스포루스 해협과 다르다넬스 해협―옮긴이), 콘스탄티노플, 아르메니아에서의 러시아의 이해관계가 보호될 거라는 확인을 받았다. 1년 뒤인 1916년 5월, 외교관인 마크 사이크스와 프랑수아 조르주피코가 중동에서 영국과 프랑스의 전후 야심에 관해 비밀 협상을 진행했다. 사이크스-피코 협정은 런던에 바스라와 바그다드를 포함해 오늘날의 이라크 남부에 대한 지배권을, 프랑스에는 현재의 레바논 대부분과 북쪽으로 킬리키아(소아시아 남부 해안 지역)까지 확대된 시리아 연안에 대한 지배권을 주었다. 팔레스타인은 국제적 관리를 받을 터였다. 오스만 제국의 나머지 아랍 영토 — 오늘날의 시리아 동부와 이라크 북부, 요르단을 포함하는 거대한 지역 — 는 북부의 프랑스와 남부의 영국 감독 하에 현지 아랍 족장들에게 남겨질 터였다. 1916년 갈리폴리 반도와 메소포타미아 전선에서 영국군의 근래 패배를 고려할 때 당시 이 협정은 대단히 야심 찬 것이었다. 그러나 영국과 프랑스의 관점에서 볼 때는 향후 강화 협정이 언제 합의되어 서명되든 간에 이를 위한 이해관계 영역을 분명히 표시해두는 것이 중요했다.[43]

사이크스–피코 협정이 합의되기 전에도 — 그리고 그 협정 내용에 반하여 — 영국은 오스만 제국의 지배에 맞서 원주민 반란을 조장하기 위해 '아랍 민족주의'라는 흙탕물을 휘저어왔다. 1915년 이집트 주재 영국 고등판무관 헨리 맥마흔 경Sir Henry McMahon은 메소포타미아 전선에서 영국의 전쟁 수행을 지원할 아랍인 반란에 대한 대가로 전후 '아랍인들의 독립'에 관해 메카의 샤리프 후세인 빈 알리Hussein bin Ali에게 서면 약속을 해주었다. 그 미래 아랍 국가에서 빠지는 것은 대략 알레포부터 다마스쿠스까지 시리아와 레바논 해안선, 그리고 옛 오스만 속주인 바그다드와 바스라였다. 이러한 약속들에 대한 대가로, 아랍 반란은 1916년 6월 시작되었다.[44] 다음 2년 동안 후세인 빈 알리의 야심만만한 셋째 아들 파이살과 그의 영국군 소속 연락장교 토머스 에드워드 로런스Thomas Edward Lawrence(아라비아의 로런스) 휘하 아랍 비정규군은 오늘날의 사우디아라비아와 요르단, 시리아가 되는 땅에서 오스만 병사들과 맞서 싸웠다.[45]

볼셰비키들이 '제국주의 국가들'을 당혹스럽게 만들고 그들의 비밀 외교의 평판을 떨어트리기 위해 1917년 말에 고의적으로 연합국의 비밀 조약과 차르 정권 시절 여타 외교 문서들을 공개해버리자 아랍 반란군에 한 약속이 사이크스-피코 협정 그리고 1917년 11월 밸푸어 선언의 조항들과 모순된다는 것이 모두에게 명백해졌다. 밸푸어 선언에서 영국 정부는 '팔레스타인의 기존 비유대인 공동체들의 종교적, 시민적 권리들이나 다른 나라의 유대인들이 누리는 권리나 정치적 지위를 침해할 수도 있는 어떠한 조치도 취해지지 않을 것'이라는 조건과 함께 팔레스타인에 '유대인을 위한 민족적 고향의 수립'을 지지하기로 약속했다.[46]

밸푸어 선언은 여러 해에 걸친 로비, 특히 장래 이스라엘의 초대 대통령 (1949~1952)이 되는 차임 바이츠만Chaim Weizmann의 로비의 결과였다. 대전 동안 영국에서 시오니즘 운동의 주도적 인물로 부상한 바이츠만은 러시아의 벽지, 핀스크에서 서쪽으로 30킬로미터 정도 떨어진 모탈의 쉬테틀(유대인촌)에서 태어났다. 그는 페일Pale(제정 러시아 시절 서부 국경지대에 허락된 유대인 영구 정착 지역—옮긴이) 지역 수만 명 유대인의 예를 따라서 경제적 궁핍과 러시아의 반유대주의를 피해 서쪽으로 이주했다. 그는 독일에서 화학을 공부하다가 1896년에 출판된 시온주의의 바이블인 테오도어 헤르츨Theodor Herzl의 강령적 책《유대 국가》를 처음 접하고서 헤르츨의 유토피아를 실현하기 위한 운동에 적극 가담하게 되었다.[47]

1904년 7월 바이츠만은 처음으로 교직에 몸담았던 스위스를 떠나 맨체스터 대학으로 가서 생화학 부교수로 학생들을 가르쳤다. 영국에서 그의 정치적 야심은 줄어들기는커녕 오히려 정반대였다. 맨체스터에 도착하고 나서 2년 뒤 그는 지인을 통해 전직 영국 총리 아서 밸푸어를 만났다. 밸푸어는 유대인의 조국을 추구하는 바이츠만에게 동조적이었고, 두 사람은 밸푸어가 다시 입각한 뒤에도 접촉을 유지했다. 영국의 사회, 정치 기성세력에 재빨리 연줄을 대는 바이츠만의 능력은 외국인으로서 놀라운 것이었다. 그는 로스차일드가와 같은 영국의 유력한 유대인 가문들 그리고 〈맨체스터 가디언〉 같은 중요 신문들의 저널리스트들과 인맥을 쌓았고, 심지어 권력 최정상에 있을 때 데이비드 로이드 조지, 허버트 애스퀴스와도 만났다. 그의 로비 노력은 1917년 11월, 밸푸어 경이 팔레스타인의 '유대인을 위한 민족적 고향'에 대한 영국의 지지를 약속했을 때 마침내 결실을 보았다. 시오니즘의 대의를 위한 영국 정부의 지지는 진심인 것 같았다. 유대인이 아니라 아랍인들과 합의에 도달하는 게 순수하게 전략적인 관점에서는 훨씬 더 이치에 맞았을 것이다. 물론 '민족적 고향'이란 서방 연합국이 폴란드에 대해 구상했던 것과 같은 독립국가는 아니었다. 그것은 우드로 윌슨이 1918년 1월에 체코인과 슬로바키아인, 남슬라브인에게 약속했던 '가능한 최대한의 자치'에 더 가까웠다. 그러나 그것은 헤르츨의 비전을 실현하기 위해 시온주의가 발판으로 삼을 수 있는 결정적으로 중요한 토대였다.[48]

하지만 이 약속에는 심각한 문제가 좀 있었다. 유럽에서 여러 차례 이민 물결이 있었음에도 불구하고, 팔레스타인 지역의 유대인은 여전히 소수민족이어서 1914년 당시 전체 인구의 6퍼센트밖에 되지 않았다. 70만 명에 달하는 팔레스타인 인구의 압도적 다수는 아랍인으로, 대다수는 무슬림이었지만 기독교도도 얼마간 있었다.[49] 더욱이 적어도 1917년까지는 팔레스타인 거주 유대인의 압도적 다수는 독립국가를 요구하고 있지 않았다. 그대신 많은 이들은 오스만 제국 내 유대인 자치권을 지지했다. 제국에 대한 충성심은, 예를 들어, 1914년 〈하헤루트ha-Herut〉 신문에 실린 오스만 제국 군 소속 유대인 병사의 애국적 연설에 드러나 있다. "이 순간부터 우리는 개별적인 개인들이 아니다. 이 나라의 모든 사람들은 하나이며, 우리는 모두 우리 나라를 보호하고 우리 제국에 경의를 표하기를 원한다."[50] 이 시기 오스만주의Ottomanism의 또 다른 지지자는 장래 이스라엘의 총리가 되는 다비드 벤구리온David Ben-Gurion으로, 콘스탄티노플에서 (장래 이스라엘 대통령 이츠하크 벤즈비Itzhak Ben-Zvi와 함께) 공부했었던 벤구리온은 개전 초기에 오스만 제국을 지원할 유대인 자원 병력을 모집했다. 벤구리온과 여타 사람들이 편을 바꿔 1918년 유대인 군단에 입대함으로써 연합국의 전쟁 노력을 지지하도록 고무한 것은 전세의 변화와 밸푸어의 유대인을 위한 '민족적 고향'에 대한 약속이었다.[51]

팔레스타인의 아랍인들은 반대로 밸푸어 선언에 격분했다. 에드먼드 앨런비Edmund Allenby 장군의 예루살렘 정복 이후 1917년 12월부터 새롭게 '해방된' 팔레스타인을 어떻게, 누가 통치할 것인가는 더욱 시급한 문제가 되었다. 미래 독립을 희망하는 팔레스타인 아랍인들로서는 대단히 화가 나게도, 영국 정부는 다름 아닌 바이츠만이 이끄는 시온주의 위원회가 1918년 봄에 이제는 영국이 점령하고 있던 팔레스타인에 도착할 수 있도록 편의를 봐주었다.[52] 팔레스타인의 아랍 주민들은 전쟁으로 무너진 오스만 제국의 지배가 그 장래 형태는 아직 불분명한 채 새로운 제국적 상부구조로 대체되고 있다는 인상을 받을 수밖에 없었다. 그 지역의 미국 정보 장교 윌리엄 예일William Yale은 일찍이 1918년 4월에 이렇게 보고했다.

많은 고난과 곤궁을 겪어왔고, 1916년과 1917년 터키 정권에 대한 불만이 대단하여 거의 모든 아랍인이 오스만 정부에 맞선 반란을 공공연히 거론했고, 터키인들로부터 조국의 구원을 간절히 열망해온 팔레스타인에서, 영국군 점령 직후 1918년 봄 영국 측 정치 첩보원에 따르면 장래에 터키의 종주권 아래서 살아가길 바라는 당파가 생겼다는 것은 꽤 의미심장하다. 이 당파의 정서는 유럽인들에 대한 내재적 거부감과 무슬림이라면 무슬림 지배자 치하에 있길 원하는 매우 자연스러운 바람만으로는 온전히 설명될 수 없다. 이 당파의 정서에는 터키 치하에서는 시온주의자들이 팔레스타인에 지금보다 더 강력한 교두보를 얻도록 허락되지 않을 거라는 믿음이 분명히 개입한다.[53]

1년이 채 되지 않아 예일의 평가는 시리아와 팔레스타인에 사실 수집 임무를 띠고 파견된 한 미국 대표단에 의해 뒷받침되었다. 대표단의 두 리더, 즉 기독교 고등교육 개혁가 헨리 처칠 킹Henry Churchill King과 부유한 민주당 지지자이자 외교 정책 기획가인 찰스 R. 크레인Charles R. Crane의 이름을 딴 이른바 킹-크레인 위원회는 1919년 가을 본국에 팔레스타인의 아랍인들이 '시오니즘 프로그램 전체를 단호히 반대'한다고 보고했다. 킹-크레인 위원회는 그러므로 파리강화회의가 유대인 이민을 제한하고 팔레스타인을 유대인의 고국으로 만든다는 생각을 포기하라고 권고했다.[54] 하지만 킹-크레인 위원회의 권고는 무시되었다. 그 대신 1920년 4월, 영국과 프랑스는 리구리아의 해안 도시 산레모에서 개최한 회의에서 영국이 팔레스타인의 위임통치 권한을 받아 밸푸어 선언을 이행하도록 하는 데 합의했다(이 결정은 1922년 7월 국제연맹에 의해 승인되었다). 팔레스타인의 아랍인들은 산레모에서 목소리를 내지 못했지만 서방의 관찰자들에게 유대인 국가는 고사하고 미래의 유대인 이주에 대해 자신들의 감정이 어떠한지를 의심의 여지 없이 드러내 보였다. 1920년 4월 4일 반유대인 폭동이 예루살렘 거리 곳곳에서 터져나와 3일 동안 다섯 명이 사망하고 수백 명이 다쳤다.[55]

이후 수십 년에 걸쳐 팔레스타인은 1915년과 1917년 사이에 다양한 이해관계 당사자들에게 해준 약속이 치명적으로 모순적이었으며 흔히 정직하지 못하게 이루어진 것임을 고통스럽게 상기는 역할을 하게 된다. 전쟁 기간 동안 그러한 약속들은, 특히 아랍인들이 전제했던 것처럼 장기적 의도를 담은 선언이라기보다는 현지 주민의 지지를 동원하기 위한 단기적인 방편으로 의도된 것이었다. 이러한 전시 전략의 결과는 오늘날까지도 중동을 괴롭히고 있다.

12

중동부 유럽의
재발명

1918년 10월 31일 아드리아해를 근거지로 한 합스부르크 함대의 지휘관 미클로시 호르티는 카를 1세에게 '흔들림 없는 충성'을 다짐하는 최종 전보를 보냈다. 몇 분 뒤 그는 함대의 기함 비리부스 유니티스 호의 기를 내렸고, 주변의 체코인, 크로아티아인, 폴란드인, 독일계 오스트리아인 장교들과 승무원들을 탈제국post-imperial의 신민이라는 불확실한 미래로 놓아주었다.[1]

그 시점에 이르자 제국 내에서는 이미 민족 혁명이 일어나 있었다. 다소 아이러니하게도 독립국가로 가장 먼저 이행한 사람들은 이중 군주국 아래서 가장 잘나갔던 독일인들과 헝가리인들이었다. 빈에서는 독일계 오스트리아 임시국민의회가 10월 21일 수립되었다. 11월 11일 카를 황제는 실제로 퇴위하지는 않은 채 '국가 통치에 대한 일체의 참여를 공식 포기'한다는 일반 선언을 했다. 이튿날 임시국민의회는 사민당의 카를 레너를 초대 수상이자 사민당, 기독사회당, 독일국민당으로 구성된 대연립내각의 수반으로 하여 독일계 오스트리아 공화국을 선포했다. 윌슨의 민족자결권 수사修辭와 발을 맞춰 신생 공화국은 오스트리아령 슐레지엔, 남티롤의 일부, 독일어권 보헤미아 영토를 비롯하여 이전 합스부르크 제국 가운데 독일어권 전부를 자체 영토로 주장했다. 무엇보다도 공화국의 새로운 통치자들은 오스트리아가 독일 제국의 일부가 되어야 한다고 밝혔다. 윌슨의 원칙과 전적으로 부합하는 요구였다.[2]

헝가리에서 민족 혁명은 더 혼란스러웠다. 산도르 베케를레 Sándor Wekerle 휘하 보수적인 전시 내각은 1918년 10월 16일, 애초에 이중 군주국을 수립했던 오스트리아—헝가리의 1867년 타협이 더이상 부다페스트를 법적으로 구속하지 않는다고 선언했다. 그렇지만 야당들의 눈에는 이것만으로는 제국에 대한 단호한 반대 입장 표명으로서 충분하지 않았다. 10월 23일 헝가리 사민당과 급진당은 자유주의자인 미하이 카로이 백작 휘하에 국민 위원회를 설립했다. 국민 위원회는 자신들이 헝가리 국민의 유일한 합법적 대표자라고 주장했다. 위원회의 12개조 프로그램은 헝가리의 완전한 독립, 남녀 보통선거권의 도입, 즉각적 종전, 검열 폐지, 농지개혁을 요구했다. 개혁과 독립에 대한 요구는 헝가리의 역사적 영토 전체를 보전하기 위한 신생국 헝가리의 노력에 도움을 줄 거라고 국민 위원회는 순진하게 기대했다.[3]

그러한 요구들은 10월 28일, 경찰과 격렬한 충돌 과정에서 세 명의 시위자가 죽고 50명이 다친 부다페스트의 가두시위에 나온 수만 명의 시위자들과 파업 노동자들에 의해 지지되었다.[4] 이쯤 되자 헝가리는 완전한 독립국가가 되고, 합스부르크 구정권 충성파는 민족주의 성향 장교들과 병사들 다수의 지지에 의지할 수 있는 국민 위원회로 대체될 것이 분명했다. 이튿날 아침 카로이가 총리로 임명되었고, 국민 위원회의 집행부는 내각이 되었다. 혹자들에게는 이것도 충분하지 않았다. 신정부가 집권한

지 단 몇 시간 만에 다수의 병사들이 빈에 대한, 이제는 시대에 뒤떨어진 충성심의 화신이자 지난 몇 년간 헝가리의 수난에 책임이 있는 장본인으로 여겨진 전직 총리 이슈트반 티서 백작István Tisza의 빌라로 난입했다. 티서는 가족들 앞에서 살해되었다.[5] 이것만 뺀다면 헝가리의 민족 혁명은 비교적 평화적이었다. 적색, 백색, 녹색의 삼색기가 부다페스트 전역 관공서에서 이중 군주국의 깃발을 대체했고, 수만 명이 도시 광장에 나와 독립을 축하했다.[6]

헝가리 공화국이 탄생했을 무렵, 10월 말 제국군의 결정적 패배로 촉진된 민족 혁명은 제국 전역으로 퍼져나갔다. 패전의 불가피성은 제국군이 비토리오 베네토 인근에서 1918년 10월 24일 시작된 이탈리아군의 대공세를 저지하지 못하자 모두에게 분명해졌다. 공세를 저지하기는커녕 합스부르크 군대는 패주했다. 더이상 싸우기를 거부하는 병사들을 보고, 빈은 10월 28일 정전을 요청했다.[7]

합스부르크의 정전 요청에 고무된 체코슬로바키아 국민 위원회는 10월 28일 프라하에서 사태를 장악했다. 사람들이 적색과 백색의 보헤미아 깃발을 든 채 거리로 쏟아져 나와 이제는 크나큰 비방의 대상이 된 합스부르크 제국의 상징들을 망가트린 한편, 연합국은 토마시 마사리크를 국가수반으로—그가 다음 17년간 유지하게 될 자리—공식적으로 인정했다.[8]

부다페스트와 프라하에서처럼 처음에 합스부르크 제국의 이전 영토들은 전년도 러시아에서의 경우보다 '볼셰비키' 성격이 훨씬 옅은 혁명들을 경험했다. 대신에 민족적이었고 아닌 게 아니라 빈으로부터의 정치적 독립을 겨냥한 대단히 평화적인 혁명이었다. 남슬라브 국민 위원회가 1918년 10월 말에 빈으로부터 독립을 선포한 크로아티아 수도 자그레브에서는 혁명가들이 새로운 국가의 탄생과 윌슨주의의 승리를 축하했다. 크로아티아 지도자 중 한 명인 스테판 라디치Stjepan Radić가 독립을 성취하고 하루 뒤에 자랑스럽게 발언한 대로였다. "민족들이 스스로의 피로 자유를 구원하기 위해 들고일어났고, 전 세계에서 윌슨의 원칙들이 승리를 구가하고 있다".[9]

물론 모두가 이러한 정서를 공유하지는 않았다. 1918년 크로아티아 권리당의 당서기이자 장래 크로아티아 우스타샤Ustashe(크로아티아의 반反유고슬라비아 분리주의, 극우 파시스트 테러 조직―옮긴이)의 지도자 안테 파벨리치Ante Pveilić가 회상록에서 이렇게 회상한 대로였다. "12월 1일[1918년으로, 섭정 알렉산드르가 공식적으로 세르비아-크로아티아-슬로베니아인의 왕국을 선포한 날이다]은 슬프고 흐릿한 날이었다. 사람들은 메스꺼움과 씁쓸함을 느낀 채 무표정하게 거리를 지나갔다. (…) 그날 크로아티아는 대大세르비아 정책에 의해 무덤에 넣어졌고, 크로아티아는 두 번 다시 존재하지 못할 거라는 깊은 확신이 있었다."[10]

이전 합스부르크 영토의 여타 지역들과 마찬가지로 자그레브에서 처음 민족 혁명은 비교적 무혈이었다. 그러나 이는 다민족 제국을 복수의 민족 국가로 대체하는 일에 위험 부담이 없었음을 의미하지는 않았다. 그 지역들의 복잡한 종족적 구성과, 현지의 종족 집단들이 윌슨의 자결 원칙을 영유권 주장을 정당화하는 데 이용할 가능성이 높았음을 고려할 때 폭력 사태는 예견 가능했을 것이다.[11] 이중 군주국 내 민족 혁명들의 초기 국면은 국가 간 전쟁과 내전의 형태로, 특히 동부 국경지대에서 폭력적 사변으로 곧 탈바꿈했다. 예를 들어 11월 1일 이른 시간에 갈리치아의 수도 렘베르크(폴란드 지명: 리부프, 우크라이나 지명: 리비프)에 있는 우크라이나 국민 위원회에 충성하는 이전 합스부르크 군대 소속 병사들은 그 지역의 관공서를 점령하고 합스부르크 총독을 구금했다. 9일 뒤에 국민 위원회는 렘베르크를 수도로 삼아 서西우크라이나 인민공화국을 선포했다. 그 결과 서우크라이나 공화국과 역시 렘베르크와 동갈리치아의 영유권을 주장하던 폴란드 공화국 사이에 전쟁이 발발했다. 양측은 분쟁 지역에 대한 군사적 점령은 파리의 강화 협상가들이 무시할 수 없을 현지의 현실을 만들어낼 것임을 잘 알고 있었다. 2주간의 싸움 뒤 폴란드 군대가 렘베르크를 정복했으나 전쟁 자체는 우크라이나가 최종적으로 패배하는 1919년 7월까지 계속되었다.[12]

폴란드의 경우는 더 일반적으로 유럽 육상 제국들의 갑작스러운 해체와, 이웃 국가와의 영토 분쟁을 평화롭게 해소하지 못하는 후계 국가들의 무능력이 1차 세계대전 이후 폭력을 촉발하는 데 중요한 역할을 했음을 입증한다. 프랑스는 1917년 가을에 폴란드 독립 구상을 지지했었고, 윌슨은 14개조 원칙에서 재건될 폴란드는 '논쟁의 여지 없이' 폴란드 것인 영토를 받는 한편 '바다로의 자유롭고 안전한 접근'도 보장받을 것이라고 약속했다.[13] 독일인 공동체들이 발트해 연안을 따라 곳곳에 정착해 있음을 고려할 때 이러한 약속들을 동시에 실현하기는 불가능했고, 이는 중동부 유럽에서 누구도 이의를 제기하지 않는 국경선을 설정하여 제대로 국가 구실을 하는 후계 국가를 탄생시키는 것이 얼마나 힘든 도전인지를 예시한다. 이 도전은 다른 요인들로 더욱 복잡하게 꼬였다. 동부전선에서 4년간의 무장 충돌로 폴란드가 될 땅은 황폐해졌다. 수십만 명의 주민들이 죽임을 당하거나, 점령 독일군이나 오스트리아군, 러시아군에 의해 멀리 동쪽과 서쪽으로 강제 이송되었다. 유행병과 기아가 1918년 후반 농촌과 도시 인구를 덮쳤다. 당시 미국 구호 행정청의 청장이었으며 장래 미국 대통령이 될 허버트 후버Herbert Hoover는 1919년에 폴란드의 상당 부분들이 전쟁 기간 동안 다양한 군대들에 의해 무려 일곱 차례의 침공과 퇴각을 경험했

고, 그때마다 대량 살상과 수십만 명의 사상자가 뒤따랐다고 지적했다.[14]

　폴란드는 또한 동일한 영토를 두고 다투는 다양한 종족집단들로 내부적으로 깊이 분열되어 있었다. 서부에는 독일인들이, 북부에는 리투아니아인들이, 동부에는 우크라이나인들과 벨라루스인들이, 남부에는 체코인들과 슬로바키아인들이 있었다. 온통 적대적 이웃들로 둘러싸인 신생 폴란드 민족국가의 군대는 대전 기간 동안 세 개의 제국군에 소속되어 흔히 서로 싸운 병사들로 처음부터 다시 만들어야 했다. 체코 지도부는 파리강화회의에서 정치적 대표가 하나로 통일되어 있었지만 폴란드 지도부는 새로운 국가수반이자 총사령관 유제프 피우수트스키Józef Piłsudski와 로만 드모프스키Roman Dmowski 휘하의 파리 폴란드 국민 위원회로 양분되어 있었다.[15]

　피우수트스키가 권력 투쟁에서 승리하게 되었는데, 이는 그가 현지의 현실에 집중한 반면 파리의 협상가들은 여전히 중동부 유럽의 미래 국경선을 논의하고 있었던 탓이 크다. 가난에 시달리는 빌뉴스(폴란드 지명: 빌노) 출신 폴란드계 리투아니아 귀족의 아들로 러시아령 폴란드에서 태어난 피우수트스키는 어린 시절부터 정치적으로 적극적이었다. 대체로 러시아의 지배에 대한 반발이었는데, 러시아의 지배는 가톨릭을 믿는 그에게 동방정교 예배에 참석하고 폴란드어보다는 러시아어로 말하도록 강요했기 때문이다. 그는 1887년에 레닌의 형이 꾸민 차르 알렉산드르 3세 암살 미수 음모에 가담했다가 처음으로 체포되어 5년간의 시베리아 유형에 처해졌다. 1900년에 그는 다시 체포되었지만 도망쳤다. 그는 자신의 정치적 대의를 위해 절실한 자금을 조달하려고 은행과 열차를 털면서 전전 시절을 사회주의 지하 조직에서 보냈다.[16]

　1914년 대전이 시작되었을 때 다수의 폴란드계 병사들은 세 개의 제국군, 즉, 오스트리아–헝가리 군대, 독일 군대, 러시아 군대 소속으로 싸웠다. 피우수트스키는 처음에는 중부 세력을 지지했고, 국가 독립을 위한 폴란드의 희망에 주요 장애물인 러시아에 맞선 전쟁을 돕기 위해 심지어 자원병 부대인 폴란드 군단도 모집했다. 독일과 피우수트스키는 그러므로 러시아군을 무찌르기 위한 열망에서 한마음이었다. 그러나 1917년 러시아가 무너졌을 때, 그는 승승장구하는 독일이 너무 강력한 이웃 나라가 되지는 않을까 점점 걱정하게 되었다. 1915년 이후 러시아령 폴란드를 점령한 독일인들과 갈수록 긴장 관계에 놓이게 된 그는 결국 투옥되었고, 전쟁이 끝날 때까지 줄곧 그곳에 처박혀 있었다.[17] 1918년 11월 석방되어 옛 폴란드의 수도 바르샤바로 돌아온 피우수트스키는 그의 군단병들에 의해 '폴란드 초대 원수'로 선포되었다. 그와 다른 사람들에게 러시아, 독일, 오스트리아–헝가리의 거의 동시적인 붕괴는 18세기 후반에 집어삼켜진 나라를 부활시킬 둘도 없는 역사적 기회를 제공할 것이 분명했다. 그렇지만 폴란드의 경계는 정확히 어디까지인가? 옛 폴란드 국가의 경계는 거듭 변경되었고, 18세기 후반 두 차례의 분할 이후로 폴란드는 지도상에서 완전히 사라졌다. 폴란드계 주민들은 폴란드 분할 이후로 러시아, 독일, 오스트리아–헝가리 치하에서 살아갔고, 부활한 폴란드의 인구 패턴, 도시 구조, 경제는 18세기 폴란드–리투아니아 공화국과도 공통점이 거의 없었다.[18]

피우수트스키의 군사적 리더십 아래, 1918년과 1921년 사이에 폴란드는 공공연하게 혹은 공식적인 선전포고는 하지 않은 채 계속 전쟁 상태에 있는 국가였다. 동쪽으로는 러시아인, 우크라이나인, 벨라루스인들과 싸우고, 북쪽으로는 리투아니아인과, 서쪽으로는 독일인과, 남쪽으로 체코인과, 그리고 이미 폴란드가 장악하고 있던 영토상의 유대인들('내부의

적')과 싸웠다.[19] 동쪽에서, 우크라이나 군대를 상대로 한 갈리치아에서의 폴란드의 교전은 심지어 서부전선에서 적대 행위가 공식적으로 종결되고 제2의 폴란드 공화국이 선포되는 11월 11일보다도 앞서 1918년 11월에 막 접어들 때 개시되었다.[20] 다른 곳에서와 마찬가지로 여기서도 다양한 종족집단들로 나뉜 지역에 대한 영토적 야심이 갈등의 근원이었다. 크라쿠프 시를 비롯하여 갈리치아의 서쪽 절반은 분명하게 폴란드인이 다수파였지만— 렘베르크와 타르노폴(우크라이나 지명: 테르노필) 시를 제외하고는— 폴란드계 주민이 루테니아인(가톨릭을 믿는 우크라이나인)에게 수적으로 압도적 열세인 더 동쪽에서는 문제가 복잡해졌다. 1918년 11월 합스부르크 제국으로부터 독립을 이룬 루테니아인들은 이제 우크라이나 공화국과의 통일을 추구하고 있었다.[21] 그러나 폴란드인들은 그러한 염원에 전적으로 비동조적이었고 통합 움직임에 무력으로 저항했다.[22]

1919년 봄이 되자 피우수트스키의 재조직된 폴란드 군대는 상부 슐레지엔에서, 서쪽에서는 강력한 독일군 자원병 부대에 맞서, 북쪽에서는 근래에 분쟁 도시 빌뉴스를 점령한 리투아니아 볼셰비키에 맞서 싸우고 있었다.[23] 하지만 새로 재건된 폴란드 민족국가의 실존 자체를 위협하는 가장 심각한 무력 충돌은 1919년 봄과 1920년 가을 사이에 소비에트 러시아를 상대로 한 전쟁이었다. 폴란드-소련 전쟁은 1919년 폴란드의 벨라루스 침공과, 1920년 4월 제2의 키예프 진격으로 시작되었다. 격전을 벌인 폴란드군은 동쪽으로 진격하여 5월에 키예프를 점령했지만 그들의 위치를 유지시켜주리라 기대한 현지 지원이 부족했다. 레프 트로츠키의 붉은 군대는 굳건하게 버텼다. 6월에 붉은 군대는 폴란드군을 우크라이나 수도에서 몰아냈고, 벨라루스의 민쿠스를 통과하여 우크라이나 서부에 걸쳐 그에 병행하는 공세를 전개하기 시작했다. 레닌은 병사들에게 바르샤바로 진격하라는 명령을 내리면서, 그의 견해에 따르면 부르주아 정부인 폴란드 정부를 전복하고 더 서쪽으로 혁명을 수출할 기회를 잡았다. 1920년 여름 그는 붉은 군대가 이미 정복한 영토를 다스리기 위해 괴뢰정부를 — '펠릭스 제르진스키 휘하의 폴란드 소비에트 사회주의 공화국' — 세우기까지 했다. 고작 3주라는 짧막한 존속 기간 동안 '폴란드 소비에트 사회주의 공화국'은 스몰렌스크와 비알리스토크 사이를 왕래하는 무장 열차에서 통치되었다.[24]

군사 활동 내내, 양측은 적군과 민간인, 특히 유대인을 상대로 셀 수 없는 만행을 저질렀다.[25] 독일계 유대인 참전 군인이자 소설가인 아르놀트 츠바이크Arnold Zweig는 1920년에, 특별히 증거가 많이 남은 핀스크에서의 포그롬에 대한 반응으로 짐작되는 글에서 이렇게 적었다. "폴란드인과 포그롬이 대도시에 모여 살고 읍과 마을 곳곳에 흩어져 살던 동부 유대인들을 덮쳤다. 대도시로부터는 충격적 소식이 들어오지만, 철도도 전신국도 없는 읍과 마을들은 오랫동안 침묵을 지켰다. 사람들은 서서히 그곳에서 무슨 일이 벌어지고 있는지를 듣는다. 살인과 학살의 소식을."[26]

8월에 이르러서는 소비에트 병력이 바르샤바 근교에서 점차 공세를 조여오고 있었다. 폴란드군은 젊고 유능한 참모 장교 샤를 드골Charles de Gaulle을 대동한 막심 베강Maxime Weygand 장군 휘하 소규모 프랑스 분견대를 제외하고 연합국의 지원이 대체로 차단되어 있었다.[27] 외국의 외교관들이 폴란드 수도에서 철수하기 시작하는 가운데, 폴란드의 국가적 신화에서 '비스와강의 기적'으로 기려지는, 피우수트스키에 의해 능수능란하게 실행된 반격으로 폴란드군은 우위를 점하게 되었고, 붉은 군대는 궤멸했다. 9월, 레닌은 강화를 요청했다. 1921년 3월 18일에 체결된 리가 조약으로 폴란드는 벨라루스와 우크라이나 서부를 얻었다. 이 영토들은 앞으로도 여러 해 동안 영유권 분쟁을 겪게 되는데, 무엇보다도 이 지역들이 폴란드의 종족 구성에 소수집단을 더 추가했기 — 약 400만 명의 우크라이나인, 200만 명의 유대인, 100만 명의 벨라루스인 — 때문이었다.[28]

신생 폴란드 국가의 남부에서는 연합국이 두 '승전국'의 경쟁하는 이해관계 사이에서 중재자 역할을 했다. 예를 들어 과거 합스부르크의 소공국 테셴(폴란드 지명: 치에신, 체코 지명: 테신)에 대해서는 폴란드와 체코슬로바키아가 저마다 영유권을 주장했다. 1910년 합스부르크 제국의 인구 조사에 따르면 테셴에서 '체코계' 주민 수는 2대 1의 비율로 '폴란드계' 주민한테 밀렸던 한편, '독일계' 주민도 상당한 비율을 차지하고 있었다.[29] 이 합스부르크 공국은 크기는 아주 자그마했지만 상당한 탄전炭田을 보유했고, 따라서 중유럽의 주요 철도 교차점으로서 인식된 전략적 중요성에 경제적 차원이 추가되었다. 서방 연합국의 총애를 받은 후계 국가 체코슬로바키아는 그곳이 자국의 경제적, 전략적 미래에 불가결하다고 주장한 반면, 폴란드어 사용자가 인구의 과반수를 차지했다. 1919년 1월, 프라하와 바르샤바는 파리에서 결정이 내려지기 전에 현장에서 상황을 처리하기 위해 각자 병력을 파견했다. 중유럽에서 서방 연합국의 두 핵심 우방국을 어떻게 달래야 할지 알 수 없었던 파리의 강화협상가들은 1920년 7월에 주민투표를 실시하지 않고 테셴 공국을 분할했다. 거주민들에게 암울한 결과를 가져온 해법이었다.[30]

파리에서 연합국이 어떻게 처리할지 결심하기 전에, 새로운 현실들을 만들어내려는 목적에서 땅따먹기를 하는 관행은 폴란드에만 국한되지 않았다. 1919년 여름까지, 그리고 일부 경우에는 그보다 더 나중까지도, 더 이상 존재하지 않는 합스부르크 제국의 승전 후계 국가들은 새로운 '현실들'을 확립하기 위해 모두 준군사 조직의 활동을 통해 자국 경계를 확대하고자 했다. 특히 국경의 분쟁지대에서는, 비정규 민병대나 갓 탄생한 군대 — 제국의 내파와 새롭게 부과된 국경선 변경을 통해 '국방군화'된 — 가 무력으로 새로운 현실을 창출했다. 신생국 체코슬로바키아도 종전 후에 독일계 주민이 많이 거주하는 주데텐란트로 병력을 파견했다. 여기서 영토를 보전하기 위한 목적을 띤 무력 개입은 비무장 시위 군중을 향해 체코 병사들이 발포하여, 여자들과 아이들을 포함해 54명의 독일계 주민이 사망하고 1,000명이 넘게 다친 1919년 3월 4일의 학살로 절정에 달했다.[31] 1918년과 1920년 사이에 대략 150명의 민간인이 체코 영토에서만 종족 갈등과 정치 혼란으로 죽은 한편, 1919년 봄과 여름 동안 프라하가 헝가리 소비에트 공화국을 상대로 벌인 전쟁에서는 1,000명 이상의 인명 피해가 발생했다.[32]

　　민간인을 상대로 한 비정규적 폭력을 자행한 이들의 다수는 러시아에서 점차 귀환한 뒤 프라하의 새로운 공화국 국방군의 중핵을 이루게 된 이전 체코 군단병들이었다.[33] 전쟁과 러시아 볼셰비즘에 맞선 싸움에서 그들의 적극적 역할을 고려할 때 전직 군단병들은 공산주의자와 독일계와 헝가리계 '분리주의자들', 그리고 유대인에 맞서 새로운 국가를 수호하는 것이 자신들의 '의무'라고 느꼈다.[34] 예를 들어 1919년 5월, 군단병들은 프라하 시가지에서 유대인과 독일인의 재산을 공개적으로 약탈하는 데 두드러진 역할을 했다.[35] 더 극적인 폭력 사태는 국경지대에서 벌어졌다. 체코슬로바키아의 슬로바키아 침공 동안 그리고 헝가리 붉은 군대가 프라하 병력을 격퇴하고 단명한 슬로바키아 소비에트 공화국을 도입한 뒤에 체코 병사들은 민간인, 특히 유대인과 가톨릭 사제 그리고 공산주의 혐의자 들에 대한 테러에 의존했다.[36] 또 다른 국경 지역, 우주고로트 인근에서는 한 가톨릭 사제가 공격을 받아 결국에는 겁에 질린 마을 주민들 앞에서 총검에 찔려

죽었다.[37]

오스트리아-헝가리가 패전한 순간부터 세르비아 군대 역시 합스부르크 영토로 진입했는데, 처음에는 북쪽과 남쪽으로, 11월에 이르자 크로아티아와 슬로베니아로 진입했다.[38] 세르비아는 이런 식의 땅따먹기를 통해 영유권을 주장할 이유가 충분했다. 이 나라는 대전 동안 모두 합해 약 40만 명의 병사를 잃었는데, 특히 독일이 주도한 1915년 침공 이후 알바니아를 가로지르는 '대퇴각' 동안 약 24만 명의 병사와 민간인이 목숨을 잃었다.[39] 1912년 발칸전쟁 개전 당시와 비교할 때 1918년에 이르자 세르비아는 6년 사이에 인구의 28퍼센트(약 120만 명)를 잃었고, 그 가운데 3분의 2가 민간인이었다. 그리고 이 수치는 종전 당시 7만 2,000명 이상의 상이군인이나 18만 명 이상의 전쟁미망인을 포함하지 않은 것이다. 세르비아 정부는 세르비아가 그 지역의 폭력적 격변의 결과로 국부國富의 절반을 상실했다고 추산했다.[40]

이제 고통의 시절에 대한 보답을 받을 때가 온 것이다. 다른 남슬라브인 병력으로 증강되고, 주로 이전 합스부르크 제국군 소속 크로아티아인과 슬로베니아인 병사들로 새로 결성된 유고슬라비아 부대들은 대체로(전적으로 그렇지는 않지만) 이전 헝가리 왕국의 일부 지역들과, 이제는 세르비아-크로아티아-슬로베니아인 왕국으로 포함된 영토들을 점령했다. 여기에는 바나트, 바카, 바라냐, 남부 헝가리, 보스니아, 헤르체고비나, 달마티아, 몬테네그로, 크로아티아, 슬로베니아가 있었다.[41] 1만 명가량의 세르비아인과 슬로베니아인 병사들 역시 1918년 가을과 1919년 봄에 오스트리아 주 카린티아(현 오스트리아의 케른텐 주—옮긴이)에서 군사 활동에 참가하여, 무력 병합 전망에 저항하던 오스트리아인들과 맞서 싸웠다.[42] 독일계와 슬로베니아계 주민 15만 명이 섞여 살던 카린티아는 1920년

10월 주민 투표를 통해 궁극적으로 독일계 오스트리아에 넘겨졌지만, 그 러한 결정이 날 때까지 그 지역은 세르비아와 슬로베니아 점령에 대한 저 항이 수시로 재발하면서 상당한 폭력을 겪었다. '패전 속의 승리'의 한 예 로서 독일계 오스트리아로의 카린티아 반환은 오스트리아 준군사 조직의 기억 문화에서 곧 결정적 역할을 하게 되는데, 외부의 적들과 빈의 '나약 한' 중앙 정부 둘 다에 맞서 준군사 활동가들의 꺾이지 않은 저항 정신을 입증했기 때문이다. 1919년 5월 2일에 대한 한 대중적 시는 푈커마르크트 마을을 '해방'한 날을 '슬라브인의 배반'에 대한 오스트리아의 투지의 승리 로 기린다. "너희 슬라브인들이여, 카린티아인의 주먹이 무쇠처럼 단단하 다는 중요한 교훈을 기억하라."[43]

영토 병합에도 불구하고 새로운 남슬라브 국가(세르비아−크로아티아−슬 로베니아인의 왕국)(이하 간단히 유고슬라비아 왕국으로 표기—옮긴이)는 전후 마찰들 때문에 중동부 유럽의 다른 주요 승전국, 즉 폴란드, 체코슬로바키 아, 루마니아보다 더 허약하게 등장했다. 여기에 대한 한 가지 이유는 유 고슬라비아 왕국이 다른 후계 국가들(그리고 이탈리아라는 아주 거침없이 발 언하는 지역 라이벌 국가)보다 파리에 친구가 별로 없었다는 점이다. 평화 협상가들은 발칸 지역과, 세르비아인, 크로아티아인, 슬로베니아인, 불가 리아인, 마케도니아인, 그리스인, 루마니아인, 유대인, 알바니아인, 여타 무슬림 집단들이 섞인 복잡한 인구 구성이 대단히 혼란스럽다고 느꼈다.[44] 비록 세르비아는 전쟁 기간 동안 연합국의 프로파간다에서 오스트리 아−헝가리의 부당한 침략의 '희생자'로 부각되었지만, 그와 동시에 대다 수의 서방 논평가들과 정책 결정자들은 발칸 지역에 관해 1870년부터 1차 세계대전까지 줄곧 여러 위기를 초래한 문제 많고 골치 아픈 폭력의 공간 이라는 본질주의적 시각을 품고 있었다.[45]

그러나 새로운 남슬라브 국가가 상대적으로 허약한 주요 이유는 국가의 미래 내부 모습에 대한 불확실성이었다. 미래에 대한 상이한 관념들은 왕국의 수립에서 핵심 역할을 한 두 행위자로 구현되었다. 바로 세르비아인 니콜라 파시치Nikola Pašić와 크로아티아인 안테 트룸비치Ante Trumbić이다.[46] 수십 년 동안 세르비아 정치에서 지배적 인물이었던 파시치는 불가리아 국경지대 자이차르라는 소읍 출신으로 1845년에 태어났다. 대전 전에 그는 세르비아 민중급진당의 창당 멤버 가운데 한 명이었는데, 급진당은 종족상 모든 세르비아인(합스부르크가 지배하는 보스니아에 거주하는 세르비아인을 포함하여)의 단일 국가 내 통합, 세르비아 농민 계층의 전통적인 지역 자율성 보존, 그리고 세르비아 군주정의 권위 제한을 지지했다. 1904년, 그는 세르비아 정치권을 거쳐 총리가 되었고, 이후 20년 동안 이 자리를 차지하게 된다. 오스트리아—헝가리가 붕괴했을 때 70대 중반이었던 파시치는 미래 남슬라브 국가를 그저 상당히 확대된 세르비아로 구상했다.[47]

트룸비치는 많은 측면에서 파시치가 대변한 것 일체의 안티테제였다. 그는 파시치보다 열여덟 살 연하로, 아드리아해에 면한 달마티아의 국제적인 도시 스플리트 출신이었다. 트룸비치는 자그레브에서 법학을 공부한 뒤 빈으로 가서 대학원에 진학했다. 33세에 그는 합스부르크 의회의 하원에 들어갔다.[48] 훗날 전쟁 시절에 남슬라브 연방 국가를 지지하게 되긴 하지만, 그는 무엇보다도 오스만 제국의 지배에 오랫동안 예속되었기 때문에 세르비아인이 문화적으로 열등하다고 여겼다. 그는 프랑스 언론과의 한 인터뷰에서 "수 세기에 걸쳐 오스트리아, 이탈리아, 헝가리와 예술적, 도덕적, 지적 교감을 통해 순수 서구인이 된 크로아티아인, 슬로베니아인, 달마티아인을 이 반≠문명화된 세르비아인, 저 슬라브인과 튀르크인의 발칸 잡종과 비교하지는 않으시겠지요?"라고 유명한 발언을 한 적이 있다.[49]

대전과 제국적 구조를 벗어난 남슬라브 국가라는 흥분되는 전망이 파시치와 트룸비치를 한자리로 불렀다. 적대 행위가 발발하자 트룸비치는 이탈리아로 피신했다가 파리와 런던으로 갔다. 그와 파시치는 1915년 4월에 파리에서 결성된 유고슬라브 국민 위원회에서 긴밀하게 협력했다.[50] 1917년 7월 두 사람은 세르비아, 크로아티아, 슬로베니아를 통일된 전후 국가 — 현재 세르비아를 다스리는 카라조르제비치 왕가의 왕이 재위하는 의회제 군주정 — 로 구상한 코르푸 선언에 합의했다. 신생 국가는 모든 종파들에 평등한 권리를 보장할 터였다. 트룸비치와 파시치가 합의하지 못한 것은 미래 유고슬라비아가 그 구성 민족들이 광범위한 지역 자치권을 갖춘 연방 국가가 될 것인가 아니면 중앙집권적 단일 국가가 될 것인가라는 골치 아픈 이슈였다. 트룸비치는 자신이 연방 모델에 서명했다고 믿었지만 파시치는 분명히 세르비아인의 이해관계를 가장 잘 도모할 단일 국가를 염원했다. 이 쟁점은 종전 후 금방 고개를 쳐들게 된다.[51]

남슬라브 국가 내 다른 지역들도 1918년 후 상황이 불만스러운 듯했다. 몬테네그로에서는 자신들의 왕가가 폐지되고 대★세르비아 국가로 흡수되는 것을 거부한 '녹군綠軍'과 세르비아와의 무조건적 통합을 선호한 '백군' 간에 내전이 벌어졌다.[52] 가능하면 어디서나 신생 남슬라브 국가를 약화시키려고 작정한 이탈리아는 소요를 조장하고 무장 저항을 조직하는 데 도움을 주었다. 몬테네그로의 니콜라 국왕 지지자 약 300명이 이탈리아 선박에 실려 몬테네그로 항구 바르로 수송되었다. 그들은 3,000명의 반군을 결집시켜 몬테네그로 수도 체티네를 공격하러 나섰지만 반대파 '백군'에 격퇴되어 이탈리아로 퇴각할 수밖에 없었다.[53]

궁극적으로 남슬라브 국가는 유고슬라비아 프로젝트에 쏟아부은 상이한 비전들 간의 간극을 메우는 데 실패했음을 입증하게 된다.[54] 유고슬라비아가 하나의 민족국가로서 존속하지 못한 실패의 불가피성이 어쩌면 과장되었다 하더라도, 국가 권력의 중앙집권화를 둘러싸고 타협하지 못한 정치가들의 무능력은 전간기 남슬라브 국가를 불행한 운명으로 내몰았고, 이는 그 지역에 거듭 분출되는 종족 간 폭력에 관해 많은 것을 설명해준다.[55]

13

패자는
비참하도다

　1919년 6월 28일 오후 3시, 강화 조약에 서명하는 달갑지 않은 임무를 맡은 두 독일 정부 각료 — 외무장관 헤르만 뮐러Hermann Müller와 교통부 장관 요하네스 벨Johannes Bell — 가 베르사유 거울의 방에 들어왔다. 서명 장소는 연로한 프랑스 총리이자 파리강화회의의 주최자인 조르주 클레망소가 세심하게 골랐다. 바로 그 자리에서 1870~1871년 프랑스−프로이센 전쟁에서 프랑스가 패배한 뒤 빌헬름 1세가 통일 독일 민족국가의 황제로 선포되었다. 평소에는 더 냉철했던 당시 프로이센 수상이자 곧 제국 재상이 될 오토 폰 비스마르크는 의식적으로 루이 14세의 궁전을 근래에 패배한 프랑스의 상징적 굴욕을 위한 무대로 골랐었다.[1]

　이제 거의 반세기 뒤에 프랑스가 그때의 굴욕을 되갚을 기회가 온 것이다. 조약에 서명하기 위해 뽑힌 두 독일 대표는 먼저 독일이 입힌 피해에 대한 살아 있는 증거로서 조인식에 초대되어 길게 도열한, 얼굴이 영구적으로 망가진 프랑스 상이군인들 앞을 지나가야 했다.[2] "모든 것이 적에게 최대한 굴욕적이도록 정교하게 연출되었다"고 우드로 윌슨 대통령의 핵심 외교 자문인 에드워드 하우스 대령Edward House은 적었다.[3] 한 영국 측 관찰자에 따르면 독일 고관들은 '판결문 낭독을 듣기 위해 불려 나온 수인들' 같이 보였다.[4] 조약에 서명한 다음 뮐러와 벨은 베를린으로 즉시 귀환했고 파리에서는 사람들이 거리로 나와 서명을 축하했다.

독일에서는 조약 내용들을 도저히 믿을 수 없다는 반응을 보였다. 독일은 영토의 13퍼센트(대략 4만 3,000제곱킬로미터)를 상실했고 그에 따라 인구의 10분의 1(약 650만 명)을 잃었다. 서부에서는 알자스로렌 지방이 독일 치하에서 거의 반세기 만에 프랑스에 반환된 한편, 오이펜과 말메디는 벨기에에 할양되었다. 그 결과 20만에서 30만 명 사이의 독일계 주민이 자발적으로 혹은 추방의 결과로 알자스로렌을 떠났다.[5] 독일은 폭 50킬로미터의 라인강 동안 지역에 대한 주권도 적어도 일시적으로는 상실했다. 강을 가로질러 세 지점에 연합국 교두보가 '확보되어 있는' 이곳은 대체로 프랑스 안보 우려를 불식하기 위한 비무장 지대였다. 세 군데의 교두보는 앞으로 독일이 조약 의무 조항들을 이행한다면 제거될 예정이었다. 프랑스-독일 국경지대의 주요 탄전지대이자 제조업 지역인 자르 지역은 독일이 북프랑스 지역을 황폐하게 만든 데 대한 보상으로 프랑스가 그 지역의 탄광을 15년간 개발할 수 있는 특별 허가를 받은 가운데 국제연맹이 관할하기로 했다.[6]

그러나 가장 대규모이고 가장 이견이 큰 영토 이전은 동부 영토 이전이었다. 새로운 폴란드 국가의 수립은 독일에 포젠(포즈난)과 서프로이센의 상당 부분, 그리고 상부 슐레지엔의 탄전지대 일부의 상실을 의미했다. 비스와강 어귀에 자리한 발트해 항구 도시 단치히(현 폴란드의 그단스크 — 옮긴이)도 새로 창립된 국제연맹의 명목상 관할을 받게 되었다. 윌슨의 14개 조에서 약속된 대로 폴란드가 발트해로 접근할 수 있도록 연합국은 동프로이센을 독일의 나머지 지역과 분리하는 '회랑'지대를 만들었다. 1919년 폴란드 회랑지대에 거주하던 독일인 110만 명 가운데 약 57만 5,000명이 6년 뒤 독일 바이마르 공화국으로 이주했다.[7]

몇몇 영유권 분쟁의 경우, 연합국은 주민 투표를 허용하여 문제가 되는 지역의 주민들이 어느 쪽 나라에 속하고 싶은지 결정하게 했다. 이 가운데 가장 중요한 투표는 혼합적 종족 구성으로 인한 영유권 분쟁을 베르사유 조약이 주민 투표로 해소하도록 규정한 독일 국경지대 세 곳 가운데 한 곳인, 석탄 매장량이 풍부한 상부 슐레지엔에서 실시되었다(다른 두 곳은 북부 슐레스비히와, 폴란드인과 독일인이 나란히 살아가는 소구역인 알렌슈타인과 마리엔베르더였다).[8] 상부 슐레지엔은 광산과 제철소 때문에 베를린과 바르샤바 둘 다에 아주 중요했다. 슐레지엔 광산은 독일의 연간 석탄 산출량의 거의 4분의 1, 아연의 81퍼센트, 납의 34퍼센트의 공급원이었다. 독일 정부는 상부 슐레지엔의 주민이 압도적으로 독일인이며, 그 지역은 수 세기 동안 독일 영토였고, 그곳의 번영은 전적으로 독일 산업과 독일 자본 덕분이라고 주장했다. 만약 독일이 상부 슐레지엔을 상실한다면 조약의 다른 의무 조항들을 이행할 수 없을 거라고 독일 측 보고서는 결론 내렸다.[9]

투표 전후로 상당한 폭력 사태를 동반한 상부 슐레지엔 주민 투표가 1921년 3월 20일 실시된 뒤 독일-폴란드 간의 최종적 국경선은 그해 10월 확정되었다. 파리강화회의 최고 위원회는 상부 슐레지엔 영토의 3분의 1과 인구의 43퍼센트를 폴란드에 넘겨주는 분할안을 채택했다. 여기에는 독일에 남는 쪽에 압도적으로 투표한 두 도시 카토비츠(카토비체)와 쾨니히스휘테(호주프) 시를 비롯하여 동쪽의 산업 삼각지대의 4분의 3이 포함되어 있었다. 독일에서 '승자의 정의' 행위로 널리 매도된 결과였다.[10]

동부의 영토 상실과 비교해 제국의 해외 식민지(다 합쳐 160만 제곱킬로미터 면적의 영토들)가 국제연맹의 위임 통치 아래 승전국들 사이에 재분배된 것을 신경쓰는 독일인은 거의 없었다. 독일령 카메룬, 토골란트(현재 가나의 볼타 지역 서부), 루안다-우룬디, 독일령 서남아프리카(나미비아), 그리고 독일령 남태평양 군도의 상실은 독일이 해외 영토 전부, 19세기 후반에 건설한 대양 제국을 잃었다는 뜻이었지만 당시에는 다른 관심사들이 독일인들에게 더 시급했다.[11]

당대 독일인들이 느낀 격분의 중심에는 베르사유 조약 231조와 232조가 있었다. 231조는 1914년의 전쟁 발발 책임을 독일과 그 동맹국들에 전적으로 돌린 한편, 232조는 전쟁에 책임이 있는 독일은 그것이 야기한 피해에 보상을 해야 한다고 규정했다. 231조와 232조가 독일인들에게 패전의 굴욕을 더하고, 영토적, 물질적 상실을 동반한 도덕적 규탄의 형태로 비쳤다면, 231조의 진짜 목적은 4년이 넘는 독일 점령 기간 동안 야기된 피해를 프랑스인과 벨기에인에게 보상하기 위해 연합국이 독일에 부과하는 징벌적인 재정적 배상을 정당화하는 것이었다. 독일의 '전쟁 책임'과 1914년 벨기에와 프랑스에서—특히 1917년 봄 독일군이 아라스와 생캉탱, 바이 사이의 고도로 요새화된 '지크프리트선'으로 전략적으로 퇴각하는 동안 초토화 정책을 실시하면서 저지른 만행에 대한 책임은 전쟁 기간 동안 입은 '모든 피해와 손실'에 대해 독일이 법적 책임을 지게 만들었다. 연합국은 이론상으로는 총알 하나하나와 고아 연금 하나하나에 대한 비용을 포괄하는, 그렇게 폭넓은 재정적 책임 개념은 독일의 지불 능력을 넘어서는 비현실적 주장으로 이어지리라는 점을 깨달았다. 그러나 그들은 배상 문제에서 그 어떤 양보도 여전히 전화戰禍에 휘청거리고 있는 자국 유권자들을 격앙시킬 것이라는 점도 알고 있었다. 특히 프랑스 국민들은 1871년 베를린이 부과했던 막대한 배상금(그것은 심지어 방대한 재산 손실이라는 타당한 근거도 없었다[1870~1871년 프랑스−프로이센 전쟁이 벌어진 전장은 프랑스 영토였기 때문에 독일 국민의 재산상 손실이 발생할 리 없었다. 그러나 거슬러 가면 패전국에 막대한 배상금을 물리는 정책은 나폴레옹이 일반화한 것이다─옮긴이])을 기억하고 있었다. 최종 금액을 확정하는 데 합의할 수 없었기 때문에 독일이 물어야 할 정확한 배상금 액수를 산정하는 일은 향후 시점으로 미루어졌다.[12]

1921년 런던 상환 계획London Schedule of Payments에서 합의된 최종 배상 액수는 세 가지 형태의 채권(A, B, C 채권)으로 구성된 1,320억 마르크였다. 그러나 이 어마어마해 보이는 금액의 많은 몫, 즉 820억 마르크에 달하는 이른바 C 채권은 결코 상환되리라 여겨지지 않았다. C 채권은 주로 연합국 진영의 여론을 달래기 위해 포함된 것이었다. 그 대신 독일은 다 합쳐 500억 마르크에 달하는 이른바 A와 B 채권의 이자를 36년에 걸쳐 상환함으로써 배상금을 지불할 예정이었다. 독일 전문가들은 비록 공개적으로는 시인하지 않았겠지만 이런 방식의 지불금은 감당할 만하다고 내심 확신했다.[13]

연합국은 더 나아가 대량의 무기를 몰수하여 독일이 다시는 전쟁을 벌일 수 없는 처지로 만들고자 했다. 베르사유 조약은 독일 육군의 규모를 최대 10만 명으로 제한했고, 탱크와 비행기, 잠수함 보유를 금했다.[14] 총 인원이 1만 5,000명으로 축소된 독일 해군은 사실상 해체되어, 대형 전함을 새로 건조하는 것이 금지되었다. 1914년 전에 팽창 정책으로 영국−독일 긴장 관계 조성에 크게 기여했던 독일 대양함대는 1918년 11월 이래 영국 오크니 제도의 스캐퍼플로 정박지 앞바다에 억류되어 있었다. 독일 대표들이 파리에서 조약에 서명하기 열하루 전, 함대 지휘관 루트비히 폰 로이터Ludwig von Reuter 제독은 독일 해군의 함대가 승전국들에 분배되는

것을 막고자 전함부터 구축함에 이르기까지 총 74척의 배 밑바닥에 구멍을 뚫어 침몰시키기로 했다.[15]

1919년 5월, 베를린의 독일 정부에 조약안이 건네지자마자 대다수의 독일인들은 조약의 조항들이 명명백백한 범죄나 다름없다고 규탄했다. 내부적으로 거의 모든 것을 두고 분열되어 있던 제국 이후 독일은 베르사유 조약에 대한 증오에서만큼은 하나였다. 1919년 5월 12일 독일 국민의회에서 필리프 샤이데만의 연설은 일반적인 분위기를 보여준다. "그 자신과 우리를 이러한 쇠사슬에 맨 어떤 손인들 말라비틀어지지 않겠는가?" 의사록에 따르면 민주적으로 선출된 독일 정부 초대 수반의 연설은 정치적 대립을 초월하여 동료 의원들로부터 '몇 분 동안 힘찬 박수'를 받았다.[16]

샤이데만과 다른 의원들은 자신들의 개혁 노력이 헛수고였다고 느낄 만한 이유가 충분했다. 그들 중 다수는 자신들이 배신당했다고, 특히, '정의로운 평화'에 대한 높은 기대를 걸었던 인물인 윌슨 대통령한테 배신당했다고 느꼈다. 윌슨은 1918년 11월 이전에 거듭하여, 중부 세력이 자국의 독재적인 지배자들을 없앤다면 협상을 바탕으로 명예로운 강화를 기대할 수 있다고 주장했다. 이제 1919년 5월에, 민주적으로 선출된 독일 정부는 최소한의 '협상' 시늉도 없었던 강요된 평화를 받아들여야 했다. 본국의 일부 정치인들과 장군들이 서방 연합국에 맞서 적대 행위 재개 가능성을 고려하는 동안 독일 대표단은 일부 강화 조건들을 완화해보려 했다.[17] 하지만 결국 독일은 강화 조약을 수용하는 것 말고는 대안이 없었다. 강화 조건을 수용하거나 아니면 전쟁 재개를 각오하라는 연합국의 6월 22일 최후통첩은 독일인들을 충분히 겁먹게 하여, 독일 대표단은 마지못해 조약에 서명했다.[18]

베를린과 여타 지역의 일반 국민들은 정치적 소속에 상관없이 격분했다. 독일을 열강의 지위에서 영구히 축출하려는 것 같은 강화 조약의 부당성에 항의하는 시위가 제국 전역에서 자발적으로 벌어졌다. 베를린과 미국이 독일의 독립과 통일을 보전하기 위해 상당히 노력했다는, 특히 라인란트를 분리하려는 프랑스의 시도를 저지하기 위해 애를 썼다는 사실은 대체로 간과되었다. 그 대신, 1918년에 민주주의의 도래를 반겼던 그토록 많은 독일인들의 열광은 강화 조약 앞에서 1년도 못 되어 철저한 배신감과 원한으로 바뀌었다.[19] 독일 국민의 상당수는 베르사유 조약을 1918년 혁명과 혁명이 가져온 결과인 바이마르 공화국과 연결했다. 혹자들, 특히 극우 진영의 사람들은 베르사유 조약을 바이마르의 '진짜 헌법'이라고 불렀다. 그들에게 바이마르 공화국은 외부적으로 강요된 '비독일적인' 국가 형태, 그 유일한 목적은 독일인을 대대로 예속시키는 것인 나라였다.[20]

그러한 견해는 1919년 12월에 출판되어 베스트셀러가 된 책 《강화의 경제적 귀결》에 잘 드러난 존 메이너드 케인스의 조약에 대한 격한 비판으로 강화되었다. 파리강화회의 기간 동안 영국 측 재무 전문가였던 케인스는 베르사유 조약을 카르타고식 평화, 기원전 146년 로마가 카르타고를 멸망시켰던 것처럼 독일을 사실상 파멸시키려고 작정한 조약으로 그렸다.[21] 당시나 그 이후로 일반적으로 간과되는 것은 독일이 사실은 다른 중부 세력 국가들보다 파리에서 더 나은 대접을 받았다는 점이다.[22] 예를 들어 1919년 9월에 서명된 생제르맹앙레 조약에서 독일계 오스트리아 잔류 국가는 남티롤을 이탈리아에, 스티리아 남부를 유고슬라비아 왕국에, 펠츠베르크와 뵘첼을 체코슬로바키아에 할양해야 했다. 합스부르크령 갈리치아는 이미 폴란드가 차지한 한편, 독일어 사용자 300만 명이 거주하는 보헤미아는 체코슬로바키아의 일부가 되었다. 생제르맹앙레 조약은 또한 오스트리아가 (헝가리와 더불어) 배상금을 지불하고, 구제국의 전쟁 부채

대부분을 떠맡아야 한다고 규정했다. 배상액을 산정하는 일은 결국 배상금 산정 위원회에 넘겨졌다(위원회는 2년 뒤에 오스트리아는 배상금을 전혀 지불할 수 없다고 결론 내렸다).[23]

독일계 오스트리아의 많은 주민들이 1848년 혁명 동안 자유주의적 민족주의자들의 염원의 실현으로서 합병—독일 제국과 오스트리아의 자발적 통합—을 희망했다면 그들은 지독한 실망을 맛볼 운명이었다.[24] 군사적 패배와 제국의 해체 이후 오스트리아 좌파(그리고 독일의 좌파)는 줄곧 두 국가 간 통합은 윌슨의 민족자결 이상과 부합하는 한편 신생 바이마르 공화국의 정통성을 크게 신장시켜줄 거라는 생각을 설파해왔다. 그러한 움직임에는 분명한 경제적 근거도 있었다. 비옥한 곡창지대인 헝가리와 보헤미아를 상실한 오스트리아가 600만 인구를 먹여 살릴 수 있으리라고는 거의 누구도 생각하지 않았다. 종전 직후 오스트리아의 농업 생산량은 전전 수준의 절반에 불과했던 한편, 국내 석탄 생산량은 1918~1919년의 매서운 겨울 동안 수요의 4분의 1밖에 충족하지 못했다.[25]

줄어든 자원의 효과는 유럽에서 세 번째로 큰 나라의 수도에서 하룻밤 사이에 이제 전 국민의 3분의 1이 거주하는 도시가 된 빈에서 가장 뼈저리게 느껴졌다. 전전에도 빈은 식량 공급을 전적으로 시골에 의존했다. 이 비축 식량이 급속히 바닥나자 빈 시의 주민들은 이미 전쟁 동안 시작되었던 경향이 급격히 심화되면서 매일 같은 아사의 위협에 직면하게 되었다.[26] "그해 겨울, 도시는 죽은 자의 거대하고 고요한 능묘였다"고 전후 빈에서 자원봉사자로 7년 동안 일했던 인도주의 활동가 프란체스카 윌슨Francesca Wilson은 회상했다.

기근 동안의 러시아에서처럼 거리에 죽어 있는 아이들이 보인다거나 송장을 나르는 수레에 시신들이 잔뜩 쌓여 있었다는 소리가 아니다. 그렇게 극적이지는 않았다. 도시의 상처는 감춰져 있었다. 무엇보다 고요가 두드러졌다. 땔감과 빵을 배급받으려고 줄을 선 사람들을 제외하면 거리는 텅 비어 있었다. 배급 줄을 선 사람들은 남자들뿐 아니라 여자들과 아이들까지 전부 닳고 해진 군용 코트를 걸친 채 옹기종기 모여 있었다. 춥고 배고픈 그들은 창백한 얼굴로 말없이 기다리고 있었다. 이것이 패전이었다. 이것이 한 거대한 제국이 요란한 굉음 없이, 아니 심지어 훌쩍거리는 소리도 없는 듯이 종말을 맞는 모습이었다. 오로지 굶주림과 추위, 절망뿐이었다.[27]

영국인 평화주의자 에설 스노든Ethel Snowden 역시 전후 빈의 사정을 본국에 보고할 때 비슷하게 황량한 절망의 초상을 그려 보였다. "제복을 입은 장교들이 카페에서 장미를 팔았다. 빛바랜 고급 옷을 걸친 우아한 여성들이 자식들과 함께 거리 구석에서 구걸을 했다. (…) 병원에서는 약품과 비누, 소독약이 전무한 가운데서도 (…) 씩씩한 의사들이 온몸이 종기로 뒤덮인 작은 아이들과 씨름하고 있었다."[28] 오스트리아의 우려스러운 상황에 대한 보고들이 파리의 강화 협상가들한테도 전달되었다. 1919년 1월, 현장의 상황을 평가하기 위해 빈으로 파견된 영국의 관리(이자 훗날 영국 복지국가의 아버지가 되는) 윌리엄 베버리지William Beverage는 즉각적인 구호가 없다면 사회가 완전히 붕괴할 거라고 경고했다.[29]

매우 심각한 경제적 궁핍에도 불구하고 1918년 후반과 1919년 초에 많은 오스트리아인들은 강화 조약이 윌슨 노선을 따를 것이라는 희망을 놓지 않았다. 사민당 출신 수상 카를 레너가 오스트리아의 강화 조건들을 수용하기 위해 파리로 떠날 때 빈의 철도역에 모인 낙관적인 군중은 "좋은 강화를 가져다주시오"라고 외쳤다.[30] 파리에서 레너는 혁명이 오스트리아를 민주국가로 탈바꿈시켰다는 주장을 펼쳤다. 새로운 오스트리아에 사라진 합스부르크 제국의 비행의 책임을 지워서는 안 된다. "우리는 패배당하고 무너진 제국의 일부로서 여러분 앞에 섰습니다"라고 레너는 역설했다. "다른 민족국가들과 똑같은 방식으로 우리의 공화국 역시 새롭게 탄생했고, 따라서 다른 민족국가가 구舊군주정의 계승자로 간주되지 않는 것과 마찬가지로 이 나라도 제국의 계승자로 간주될 수 없습니다."[31]

그는 곧 실망을 맞볼 운명이었다. 조약 초안을 처음 받아들었을 때 오스트리아 대표단은 분개했다. 대표단 가운데 한 명이 말한 대로였다. "그들이 우리한테 더 호의적일 거라고 기대했지만 결국 오스트리아가 독일보다 더 가혹한 강화 조건을 받았다는 것을 깨달았을 때 우리는 매우 슬프고, 분하고, 낙담했다."[32] 3일간의 추도 기간을 선포한 오스트리아에서는 베르사유 조약에 따른 충격과 환멸이 어마어마했다.[33] 외무장관 오토 바우어가 오스트리아 수도에서 지적한 것처럼 "우리 국민의 무려 5분의 2가 외국의 지배하에 놓이게 되었다. 아무런 주민 투표도 없이 그들의 명명백백한 의사에 반하여, 따라서 그들의 자결권을 박탈당한 채 말이다."[34] 바우어와 다른 많은 오스트리아인들에게 핵심 쟁점은 연합국의 합병 금지였다. 하지만 연합국의 관점에서 보자면 오스트리아와 독일 통합에 대한 거부는 완벽하게 이치에 맞았다. 전쟁의 결과가 영토가 적잖게 늘어나고 인구가 더 많아진 독일 국가의 출현이라면 협상가들이 영국이나 프랑스, 이탈리아 본국의 국민들에게 연합국이 왜 그렇게 오랫동안 힘들게 싸웠는지를 설명하기는 불가능했을 것이다. 그러나 그와 동시에 협상에 관여한 모든 이들에게 합병 금지가 민족자결 원칙의 노골적인 위반이라는 것은 명백했다. 연합국이 통합을 금지한 것은 끔찍한 결과를 낳게 된다. 1918~1919년에 합병이 좌파의 민주적 프로젝트였다고 한다면, 합병의 무산은 이내

오스트리아와 독일 양국의 극우 진영에 공화국이 약속을 이행하지 못하는 무능의 '증거'로 이용되었다.[35]

독일과 유사하게, 오스트리아는 약간의 양보를 얻어내기는 했다. 유고슬라비아도 영유권을 주장하던 카린티아 남부 클라겐푸르트 인근 지역에서 주민 투표가 1920년 10월 드디어 실시되어 다수가 오스트리아에 남는 쪽에 찬성표를 던졌다. 연합국은 헝가리 서쪽 끄트머리에 길쭉하게 자리 잡은 독일어 사용 지역 부르겐란트도 헝가리에서 독일계 오스트리아로 이전하는 데 동의했다. 그 지역 대부분이 오스트리아에 넘어가면서 부다페스트 정부 내에 커다란 긴장을 낳았다. 이러한 긴장은 1920~1921년에 헝가리 민병대가 오스트리아 경찰과 충돌했을 때 폭발하여 수십 명의 사망자를 낳았다. 1921년 12월에 외덴부르크 시에서 실시된 주민 투표로, 도시는 부다페스트 정부가 주민을 압박하고 투표 결과를 조작했다는 오스트리아의 격렬한 비난 속에서 헝가리에 반환되었다. 부르겐란트의 나머지 지역은 오스트리아에 남았다.[36]

부르겐란트 상실은 패전의 결과로 헝가리에 생긴 일 가운데 최악은 아니었다. 트리아농 조약의 조항들에 따라서 헝가리는 모두 합해 전전 영토의 3분의 2와 인구의 73퍼센트를 상실했는데 ─ 부다페스트에서의 정치적 격변과 루마니아의 헝가리 침공 탓에 ─ 조약은 1920년 6월에 가서야 간신히 체결되었다.[37] 4년의 전쟁과 혁명, 반혁명, 여기에 1919년 외국의 침공으로 만신창이가 된 나라는 조약에 서명하기 전에도 헝가리 소비재 산업의 생산 수준이 전전의 약 15퍼센트에 불과할 정도로 이미 경제적으로 파탄 난 상태였다.[38]

파리에서 강화 조약 결과를 받아들기를 기다리고 있던 헝가리 대표단도 오스트리아 대표단과 유사한 논거를 펼쳤다. 부다페스트에 합스부르크 제국의 죄를 물어서는 안 된다는 것이었다. 부다페스트에서 볼셰비키 정권이 몰락한 뒤 헝가리는 더이상 서방에 위협이 아니었다. 대표단의 단장 알베르트 어포니Albert Apponyi 백작은 또한 헝가리가 중부 세력의 다른 패전국들보다 더 심하게 처벌받고 있다는 점을 올바르게 지적했다. 그의 간청은 소용이 없었다. 연합국 지도자들과 자문들은 오랫동안 헝가리인들이 이중 군주국의 헝가리 쪽 절반에 엄격한 마자르화 정책을 실시하여 소수민족을 억압한 잘못이 있다고 여겨왔다.[39]

1920년 6월 4일, 파리 외곽 트리아농 궁에서 헝가리 대표단은 마지못해 조약에 서명했다. 본국의 부다페스트에서는 관공서마다 조기가 내걸렸고, 조기는 20년 뒤에 북부 트란실바니아가 2차 빈 영토 반환 중재에 의해 헝가리에 반환될 때까지 걸려 있게 된다. 2차 빈 영토 반환 중재 1년 뒤 헝가리군은 트리아농 조약의 수정과 볼셰비즘의 전 지구적 패배를 위한 '정당한 전쟁'으로 널리 여겨진 전쟁에서 독일국방군과 나란히 소련 영토로 깊숙이 진격했다. 그때까지 (그리고 다시금 1990년 이후로) 헝가리에서 '트리아농'은 연합국의 불의를 짧게 줄인 표현으로 쓰이면서, 기회가 생기는 대로 그 조항들을 무효화하려는 보편적이다시피 한 열망에 불을 지폈다.[40]

헝가리의 어마어마한 영토 상실과 비교할 때 독일, 합스부르크, 오스만 제국과 한편에서 싸운 유일한 발칸국가 불가리아의 영토 상실은 그보다는 살짝 덜 극적이었지만, 물론 불가리아인들은 그런 식으로 생각하지 않았다. 다른 패전 열강과 마찬가지로 불가리아는 파리강화회의에서 대표권이 없었다. 중부 세력의 다른 지도자들과 비슷하게 처음에 소피아의 신정부는 파리에서 불가리아의 새로운 국경선이 확정된 뒤에 자결 원칙이 적용될 거라고 희망했다. 불가리아의 이론상 국경선 바깥에 불가리아 주민이 다수를 점한 지역이 세 군데 있었기 때문이다. 바로, 흑해 서해안의 남부 도브루자와 에게해 꼭대기의 서부 트라키아, 그리고 마케도니아 일부였다. 문제는 그 세 지역의 영유권을 다른 나라들도 주장하고 있다는 것이었다. 그리고 그 나라들은 연합국의 우방으로 여겨졌다. 루마니아는 남부 도브루자를(그곳에 살고 있는 약 30만 명의 주민 가운데 루마니아계는 1만 명 미만이었음에도 불구하고), 그리스는 서부 트라키아를, 유고슬라비아 왕국은 마케도니아를 요구했다.[41]

불가리아 대표단은 1919년 7월에 파리로 호출되었지만 두 달 반이 지나서야 조약안을 받아들였다.[42] 연합국 협상가들은 그들을 적대감을 품고 맞이했다. 전전에 콘스탄티노플의 영국 대사관에서 근무했기 때문에 파리의 대다수 협상가들보다 발칸 지역을 더 잘 알았던 해럴드 니컬슨은 불가리아에 특히나 앙심을 품었다. "그들의 전통과 역사, 그리고 실제적 의무 사항에서 볼 때도 불가리아는 러시아와 협상 세력에 가담했어야 했다. 그들은 1913년에 기만적으로 행동했고, 대전 때도 이런 배신 행위를 되풀이했다. 영토 획득이라는 가장 물질적인 동기에서 독일 편에 가담했고, 그렇게 함으로써 전쟁을 무려 2년이나 연장시켰다."[43]

1919년 10월까지 불가리아 총리였던 테오도어 테오도로프는 불가리아 국민들은 독일과의 전시 동맹에 언제나 반대해왔으며 독일과의 동맹에 찬성했던 엘리트 지도부는 더이상 집권하고 있지 않다고 지적함으로써 그런 정서를 불식시키려 애썼다. 테오도로프는 많은 불가리아 장교들이 연합군에 동조적이거나 적극적으로 지지했다고도 역설했다. "다른 나라들이 오로지 협상 세력과의 동조 의식과 우호 덕분에 행복하게 보상을 받는다면 싸우기를 거부한 병사들한테 내려진 수천 건의 판결과 처형에서 확인되듯이 유사한 감정이 우리나라에 의해서도 표명되었다는 것을 왜 인정하지 못한단 말인가? 그리고 사실, 11명의 장군들과 100명이 넘는 불가리아 장

278

교들이 러시아군에 자원하여 독일군에 맞서 싸웠는데도 말이다."[44]

9월에 최종 조약안이 전달되었을 때, 그 내용은 가장 어두운 전망마저 넘어섰다. 1919년 11월에 조인된 뇌이 조약은 상대적인 관점에서 독일에 부과된 베르사유 조약의 조건보다 확실히 더 가혹했다. 조약은 소피아 정부에 서부 트라키아(그리스에 넘겨졌다)와, 유고슬라비아 왕국에 넘겨진 전략적 요충 도시 스트루미차와 차리브로드, 보실레그라드(각각, 현 마케도니아의 스트루미차와 현 세르비아의 디미트로브그라드와 보실레그라드 — 옮긴이) 주변 지역을 비롯한 국경 지역 네 군데를 포함해 총 1만 1,000제곱킬로미터의 영토 할양을 강요했다. 조약은 불가리아에 37년에 걸쳐 지불하도록 22억 5,000만 프랑이라는 어마어마한 배상금도 물렸다. 게다가 소피아는 그리스와 루마니아, 유고슬라비아 왕국에 대량의 가축과 철도 설비도 이전하는 데 동의해야 했고, 세르비아는 소피아로부터 연간 5만 톤의 석탄도 인도받기로 했다. 국가 규모와 GDP 대비로 볼 때, 불가리아는 중부 세력 가운데 가장 높은 금액의 배상 안에 직면했다.[45]

마지막으로 군 병력도 심하게 삭감되었다. 육군은 대략 70만 명에서 2만 명이라는 보잘것없는 규모로 감축될 예정이었다. 조약의 세부 내용들이 소피아로 전달되자 일부 장군들과 정치가들은 차라리 적대 행위를 재개하고 싶어 했지만, 테오도로프의 후임으로 불가리아 총리가 된 알렉산드르 스탐볼리스키 같은 현실주의자들은 대안이 없기 때문에 '나쁜 강화라도' 서명하겠다고 말했다.[46] 1919년 11월 27일 그는 뇌이의 오래된 시청사에서 짤막한 조인식 동안 그 말을 실천에 옮겼다. 조인식에 참석한 한 미국인이 말한 대로 그 자리는 "마치 어린 사환이 이사들의 회의에 불려 나온 것 같은 모습"이었다. 참석자 가운데는 조국에 서부 트라키아를 얻어내 "너무 기쁜 마음을 애써 감추려 하는" 그리스 총리 엘레프테리오스 베

니젤로스Eleftherios Venizelos도 있었다.[47]

　대다수의 불가리아인들이 보기에, 그리고 그럴 만한 근거도 없지 않으니, 뇌이 조약은 독립국가로서 불가리아의 국가적 실존에서 바닥을 상징했다. 국경선 재설정으로 불가리아는 (도브루자와 트라키아 같은) 농업 생산성이 풍부한 지역을 상실했고 에게해로 접근하는 길이 막혔다. 후자는 선박을 통한 교역이 불가리아 경제 전 부문에 결정적 요소였기 때문에 커다란 쟁점이 된 사안이었다.[48] 국경선 재설정으로 말미암아 불가리아는 마케도니아와 트라키아, 도브루자(그리고 할양된 서부 국경지대)로부터 또 한 번 대량 난민 유입, 즉 1913년 이후 2차 난민 물결을 경험했다. 1912년과 1920년 중반 사이에 불가리아는 대략 28만 명의 난민을 수용해야 했는데, 이는 전체 인구는 5퍼센트에 달했다. 이 난민들 가운데 대략 절반은 그리스에 할양된 영토(에게해 마케도니아와 서부 트라키아)에서 왔고, 25퍼센트는 오스만 제국(동부 트라키아)에서 왔다. 수는 더 적지만 이에 못지않게 급격한 인구 유입은 이제 유고슬라비아 왕국과 루마니아에 속하게 된 땅에서 온 난민들의 유입이었다(각각 12.5퍼센트와 11퍼센트).[49] 심각한 경제적, 사회적 위기 국면에서 그러한 대량 인구 유입은 다음 시기 동안 불가리아에 가장 커다란 어려움을 제기했다.[50] 스탐볼리스키가 1919년 11월 22일에 냉담한 프랑스 클레망소 총리한테 보낸 절박한 편지에서 표현한 대로였다. "불가리아 국민은 지금 진정으로 어지러운 나라에서 살고 있습니다. 나라의 재앙은 무수한 난민들의 고통으로 더 악화되고 있습니다. (…) 셀 수 없는 난민들, 집도 가진 것도 전혀 없는 이 사람들은 (…) 발칸의 국제관계에서 언제나 아물지 않은 상처가 될 것입니다."[51] 스탐볼리스키의 생각은 맞았다. 비록 그는 1923년 이후로 사태가 어떻게 전개되는지를 지켜볼 수 있을 만큼 오래 살지는 못했지만 말이다. 전간기 대부분의 기간 동안 불가리아는 패전의 인적, 재정적 비용과 경제 위기, 국제적 고립과 씨름해야 했고, 이는 깊은 내부 분열과 상이한 정치 진영 지지자들 간의 무력 충돌과 흔히 쿠데타를 통한 급속한 정부 교체로 이어졌다.[52]

불가리아의 오랜 식민 지배 국가이자 1918년까지 전시 동맹국이었던 오스만 제국의 제국 해체 과정은 정전 한참 전부터, 오스만 제국군의 대후퇴와 영국군과 현지 보조군의 진격이 제국의 아랍 영토를 '해방시켰을' 때부터 시작되었다. 1919년 1월 파리강화회의가 개최되기 전부터 ─ 그때 터키인은 협의 과정에서 대표권이 배제된 오스만 제국 내 유일 민족이었다 ─ 제국의 운명은 영국과 프랑스의 손에 달려 있다는 것은 분명해졌는데, 미국 대통령 우드로 윌슨이 중동의 전후 질서 수립에 관여하는 데 도통 관심을 보이지 않았기 때문이다. 미국은 오스만 제국을 상대로는 선전포고를 하지 않았고, 윌슨이 베르사유 조약이 조인된 그날 파리를 떠난 사실은 그가 콘스탄티노플과의 평화 협상에는 관심이 없다는 사실을 가리켰다. 반면 영국과 프랑스는 오스만 제국의 아랍 식민지 대부분을 자기들끼리 나눠 갖는 데 열심이었다.[53]

콘스탄티노플의 현실주의자들은 중동의 아랍 영토는 진작 포기한 반면, 윌슨의 14개조 가운데 12조의 엄격한 적용을 낙관적으로 희망하는 일부 정치가들도 있었다. 12조는 '현 오스만 제국의 터키 부분'에 대한 '확고한 주권'을 옹호했는데, '터키 부분'이란 바로 소아시아의 아나톨리아와 유럽의 동부 트라키아였다.[54] 1919년 6월 17일 자유주의자인 터키 수상 다마드 페리드는 다른 패전국들의 지도자들과 유사한 노선을 따라서 파리의 로이드 조지와 윌슨, 클레망소에게 그의 정부는 오스만 제국의 참전과 아르메니아 기독교도의 끔찍한 운명에 책임이 있는 전시 지도부 CUP와 아무런 공통점이 없다고 안심시켰다. 윌슨의 민족자결 원칙이 적용된다면 특히 아나톨리아는 터키 영토로 남아야 했다. 문제는 아나톨리아 일부에 대해 이제 다른 나라들도 영유권을 주장하고 있다는 것이었다. 1915년 초에 영국 외무장관 에드워드 그레이 경 Sir Edward Grey이 해준 모호한 약속 덕분에 이후 전쟁의 마지막 18개월 동안 연합국 편에 가담해 싸운 그리스는 상당수 그리스인 소수집단들의 근거지인 서부 아나톨리아에 영유권을 주장할 자격이 있다고 여겼다. 그리스는 서방에서 같은 기독교도로서 전통적으로 지지를 누려온 반면, 오스만 제국은 영국이나 프랑스로부터 딱히 지지를 기대할 수 없었다. 로이드 조지는 유명한 표현에서 터키인들을 '암적 존재, 자신들이 악정을 펴온 땅의 살에서 모든 생기를 갉아먹으며 서서히 퍼져가는 극심한 통증'이라고 일축했다.[55]

다른 기존 국가들이나 신생 국가들도 저마다 아나톨리아에 대한 속셈이 있었다. 1912년에 과거 오스만 제국령 도데카네스 제도를 점령한 바 있는 이탈리아는 서부 아나톨리아에 영구적 발판을 마련하고자 했다. 1915년 런던 조약에서 만일 오스만 제국이 해체된다면 로마도 '공정한 몫'을 받을 거라는 애매모호한 확약을 받은 뒤, 이탈리아 외교관들은 아나톨리아에서 세력권을 더욱 적극적으로 요구했다. 한편, 쿠르드족 — 아르메니아나 아랍, 또는 터키 치하 소수민족의 지위로 떨어지는 앞날을 두려워하던 — 역시 독립이나 외국의 보장을 동반한 자치를 요구했다. 마찬가지로 1918년 5월 아르메니아 민주 공화국을 선포한 이전 러시아령 아르메니아는 동방의 여러 오스만 영토 병합을 요구했다. 이곳에서는 1918년 봄에 아게트 Aghet(아르메니아어로 '파국', '참사'란 뜻으로, 아르메니아 인종 학살을 가리키는 용어 — 옮긴이)의 생존자들이 현지 무슬림 민간인들에게 복수를 하여 폭력이 걷잡을 수 없이 격화되었고, 특히 에르진잔과 에르주룸에서 자행된 학살로 1918년 1월부터 2월 중순까지 1만 명에 가까운 무슬림 터키인들이

살육당한 것으로 추정된다.[56]

영토 보상 요구와 폭력은 사실 수집 임무를 맡은 영국 관계자들이 분명하게 입증해 보인 대로 대전으로 이미 피폐해진 나라에서 상황을 더욱 악화시켰다. 콘스탄티노플에서 내륙으로 파견된 장교 중 한 명인 클래런스 파머 중위(그는 전쟁 동안 대부분의 기간을 오스만 제국의 포로수용소에서 보냈다)는 북서부 아나톨리아의 다양한 마을과 소읍을 방문한 다음 상관들에게 보고했다. 에스키셰히르에서 코니아로 가는 동안 그는 굶주림과 질병, 물자 부족에 시달리는 촌락과 마을을 맞닥뜨렸다. 파머는 추방된 아르메니아 난민들은 먹을 것에 자식들을 팔고, 농장 가축이 징발되고 남자들이 전쟁에서 죽고 없는 탓에 농업 생산과 제조업 생산이 중단된 상태라고 기록했다.[57]

1920년 8월, 베르사유 조약이 체결되고 1년이 더 지나서 승전 연합국은 다마드 페리드 휘하 술탄 정부와 마침내 강화 조약에 서명했다. 그것은 여러 파리강화조약들 가운데 마지막이 될 터였다. 8월 도자기 공장 전시실에서 조인된 세브르 조약은 콘스탄티노플 치하에 남게 될 영토를 대폭 축소했다. 아나톨리아의 3분의 1만이 이견의 여지 없는 터키 땅으로 인정되었다. 그리스는 5년 내로 주민 투표를 실시하는 조건으로 스미르나와 그 주변 지대를 얻었다. 아르메니아는 흑해의 트라브존부터 반 호수까지 뻗어 있는 동부 아나톨리아의 방대한 지역을 받았고, 쿠르디스탄은 자치 지역이 될 예정이었다. 보스포루스 해협은 국제 관할을 받게 되었다. 프랑스와 이탈리아는 각각 아나톨리아에 세력권을 보유했다.[58] 다른 패전국들처럼 콘스탄티노플(원문은 아나톨리아인데 문맥상 콘스탄티노플이 더 자연스럽다—옮긴이)은 조약 조건들을 받아들이고 나서 경악했다. 그러나 세브르 조약은 결코 비준되지 않았고, 2년 반 만에 매우 다른 강화 조약으로 대체되었다. 그 이유는 나중에 다시 살펴볼 것이다.

1918~1920년에 패전국에 복수하는 듯했던 연합국의 태도는 대전이 불러일으킨 민족주의 열정에 크게 기인했다.[59] 1914년 벨기에에서 독일의 만행, 1917년 전략적 퇴각 기간 동안 독일군이 야기한 피해, 1918년의 공세들, 그리고 전쟁으로 가족과 친구를 잃고 느낀 절망과 분노에 대한 기억은 1919년에 여전히 생생했다. 전쟁이 불러일으킨 격한 감정들이 아직 누그러지지 않았고, 대중의 지지에 의존하는 연합국 지도자들은 병사들과 그 가족들이 그들의 희생을 정당화하기 위하여 적으로부터 보상을 찾고 있음을 잘 알고 있었다. 또한 연합국이 보기에 중부 세력은 1918년에―불과 몇 개월 전에―브레스트리토프스크 조약과 부쿠레슈티 조약으로 러시아와 루마니아에 가혹한 조건을 부과해놓고는 갑자기 '정의로운 평화'를 운운하여 커다란 화를 자초했다. 그다음으로 물론 집단 안보라는 쟁점이 있었다. 승전 연합국은 패전국들의 군사적 부활, 특히 재기한 독일의 군사적 부활을 두려워했다. 베를린으로부터 복수전을 벌일 수단을 빼앗는 것이 전체적 평화의 유지와, 특히 프랑스의 영토 보전에 핵심이었다.

패전국 사이에서의 인식은 물론 근본적으로 달랐다. 유럽 패전국들에서 파리강화조약들에 느끼는 원한은 패전의 굴욕감으로만 부채질되지 않았다. 월슨의 민족자결 개념이 분명히 협상 세력의 우방으로 간주된 민족들(폴란드인, 체코인, 남슬라브인, 루마니아인, 그리스인)에만 적용되고, 적으로 간주된 민족(오스트리아인, 독일인, 헝가리인, 불가리아인, 터키인)에는 적용되지 않았기 때문에 강화 조약은 위선적이라고 느껴졌다. 설상가상으로 정신을 차릴 수 없을 정도로 종족 구성이 복잡한 영토들에 민족자결 원칙의 적용은 좋게 봐야 순진한 처방이었고, 실질적으로는 1차 세계대전의 폭력을 다수의 국경 분쟁과 내전으로 이전하도록 부추긴 셈이었다. 보헤미아의 체코인과 독일인 간의 적대처럼 옛 적대 관계에 테셴의 체코인과 폴란드인 간의 투쟁 같은 새로운 민족적 대립이 합세하자 중유럽의 종족적 경쟁 관계는 폭력적으로 변모했다.[60]

이 민족자결 원칙에 따라 건국되었다고 하는 신생국은 모두 자국 경계 내에 강하게 목소리를 내는 대규모 소수민족 집단이 있었고, 이들은 (대공황이 들이닥친 뒤에는 특히) 자신들의 '조국'과의 재통합을 요구하기 시작했다. 연합국의 민족자결 원칙의 위배로 인해 (독일계 오스트리아인을 포함해) 1,300만 독일인이 제국 경계 너머에 남았다. 한편, 부다페스트는 320만 명의 헝가리계 주민을 신생 이웃 국가들에 상실했다고 한탄했고, 체코슬로바키아와 유고슬라비아, 루마니아, 오스트리아에서 차지한 영토에서 건너온 42만 명가량의 난민들은 자신들의 고향 땅이 부다페스트에 반환되어야 한다고 요구하며, 전간기 헝가리를 급진화로 몰아간 존재였다.[61]

실지회복주의 문제는 유럽 정치를 계속해서 수십 년간 괴롭혔는데, 무엇보다도 중동부 유럽의 많은 후계 국가들이 사실은 미니 제국이었고, (여러 해에 걸친 참혹한 싸움으로 전전의 종족 갈등이 악화되었다는 문제까지 추가된 채) 자신들이 대체한 패전 육상 제국들만큼 다종족적이었기 때문이다.[62] 종족적으로 혼성적인 후계 국가들 안에서 소수집단이 된 사람들은 흔히 민족주의적 선동에 넘어갔다. 예를 들어 영유권 분쟁 지역인 슐레지엔에서 브레슬라우의 프리드리히 빌헬름 대학은 독일 민족주의 선동의 중심지가 되었다. 도시의 다종족적 구성을 반영하는 대학은 전통적으로 독일에서 가장 국제적인 교육 기관이었고, 19세기 내내 그 학생 집단에는 다수의 유대인 학생과 더불어 상당 비율의 폴란드인 학생이 있었다.[63] 하지만 1918년 이후, 분위기는 종족 간 공존에 대단히 적대적이었다. 젊은 독일 민족주의자들은 특히, 갈수록 유행하는 오스트포르슝Ostforschung(동부 연구) 분야의 자칭 전문가인 발터 쿤Walter Kuhn 같은 우익 지식인들에게 끌렸다. 쿤은 베르사유 조약을 뒤집고, 폴란드와 더 일반적으로는 중동부 유럽에서 '잃어버린' 독일 주민들을 회복할 필요성을 다룬 강의를 했다.[64] 그러한 사상들은 비옥한 땅에 씨를 뿌렸다. 일반적으로 볼 때 종족적으로 혼합된 경계 지대에 사는 독일인들은 높은 비율로 급진 우파를 지지하고, 결국에는 이런저런 형태로 나치 소속이 될 가능성이 더 서쪽의 도심지에 사는 독일인보다 높았다.[65] 나치 독일과 1930년대 후반과 1940년대 초반의 그 노골적인 절멸주의적 제국 프로젝트는 대전과 1918~1919년의 국경선 재설정으로 생겨난 종족 갈등과 실지회복주의의 논리에 크게 기인한다.[66]

전후 동유럽이나 중유럽, 또는 남동부 유럽에서 유일하게 종족적으로 동질적인 국가들은 패전 육상 제국들의 핵심 국가들이었다. 바로 바이마르 공화국, 오스트리아, 헝가리, 불가리아, 그리고 터키 공화국이었다 (1923년 10월 수립). 이러한 신생국들은 저마다, 다음 몇십 년에 걸쳐 괴롭힘을 당하거나 폭력에 시달리게 될 소규모 소수집단들(특히 중유럽의 유대인과 콘스탄티노플의 동방정교도 잔존 공동체)을 포함하고 있었지만 1920년대와 1930년대 초반의 소수집단 문제는 승전 후계 국가들에서 양적으로 훨씬 더 중요했다. 예를 들어 신생 민족국가 폴란드에서 비폴란드계 인구는 상당한 숫자의 우크라이나인과 벨라루스인, 리투아니아인, 독일인 소수집단을 비롯해 대략 35퍼센트에 달했다. 세르비아-크로아티아-슬로베니아인 왕국은 이 인구 집단들 어디에도 속하지 않은 대략 200만 명의 인구를 국명에 반영하지 않았는데, 이들은 주로 보스니아인 무슬림(9.6퍼센트), 헝가리인(4퍼센트), 알바니아인(3퍼센트), 그리고 독일계 주민(14퍼센트)이었다. 체코슬로바키아에는 슬로바키아인보다 독일계 주민이 더 많았고(전체 인구의 23퍼센트), 적잖은 규모의 루테니아인과 마자르인 소수집단도 있었다. 그리고 300만 명 정도의 헝가리인이 트란실바니아와 베사라비아, 부코비나, 그리고 널찍한 바나트 일부 지역을 흡수하여 전전보다 영토가 두 배로 늘어난 나라인 루마니아에 살았다.[67]

이 신생 민족국가들 내 대규모 소수민족들은 '민족자결'권이 협상 세력의 맹방으로 간주된 민족들에만 부여되고, 그들의 전시 적국들에는 적용되지 않았음을 매우 분명하게 드러냈다. 연합국은 비유럽인한테도 '민족자결'권을 적용할 의향이 없었다. 식민지의 민족주의자들이 자치권을 요구하면서 파리강화회의에서 로비를 했지만 우드로 윌슨은 영국과 프랑스의 제국적 야심을 제지하지 못하여 그들의 높은 기대에 부응하지 못했다. 영국과 프랑스는 특히 중동과 여타 지역에서 국제연맹의 위임통치를 통해 1918년 이후에 해외 제국이 더 늘어났다.[68] 식민지 자결권에 대한 윌슨의 지지 부재에 누구도 크게 놀라지 말았어야 했다. 자결권과 도덕적 협정에 관한 자유주의적 언사에도 불구하고 미국 대통령 — 이자 한편으로는 버지니아에서 온 진보적 학계 지식인 — 은 취임 직후 연방 기관 내 인종 분리를 허용하면서 미국에서 인종 분리를 노골적으로 지지했다.[69]

국제적인 맥락에서 봤을 때, 윌슨은 한 공동체가 자결권을 누릴 자격이 있는지 없는지를 결정할 때 (당대 대다수의 서양인들과 마찬가지로) 분명 인종이 중요하다고 믿었다. 윌슨이 각별히 애정을 쏟은 프로젝트, 바로 국제연맹 규약은 파리강화회의에서 도출된 다섯 개 조약의 전문으로 발표되었는데 승전 제국들의 식민지인들을 결코 언급하지 않았다.[70] 그 대신 연맹 규약은 과거 오스만 제국의 속령들을 이른바 'A급' 위임통치령, 즉 '현대 세계의 어려운 환경 속에서 아직 자립할 수 없는 주민들이 사는' 영토로 규정했다. 이곳들은 국가 운영이 성숙해지도록 위임통치국의 지도를 받은 뒤에 독립국가가 될 터였다. 영국과 프랑스는 결국 A급 위임통치령 — 메소포타미아(현재 이라크), 팔레스타인(요르단 포함), 시리아(레바논 포함)—을 자기들끼리 나눠 가진 한편, 히자즈(사우디아라비아)는 독립국이 되었다. 과거 독일의 아프리카 식민지 대부분인 이른바 'B급' 위임통치령은 위임통치국에 의한 확고한 지도가 필요하지만 장래 불특정 시점에 독립될 터였다. 남아 있는 다른 영토들, 특히 이전 독일령 서남아프리카(오늘날의 나미비아)와 과거 독일이 차지한 남태평양 제도는 'C급' 위임통치령이 되었다. 'C급' 위임통치령은 '위임통치국의 법률 아래 그 나라 영토의 일부로서 가장 잘 통치되는' 이름만 뺀 사실상의 식민지였다.[71] 백인 유럽인들이 거주하는 오스트리아–헝가리 제국의 이전 영토들과 달리—파리 강화 조약들의 위임통치 전 체계를 관통하는 확고하게 인종주의적인 원리는 그렇게 표현했다—식민지의 유색인종들은 스스로를 돌볼 준비가 되어 있지 않았다.[72]

유럽 안에서만 보자면, 파리의 강화 협상가들은 신생 민족국가들 내 치열한 다툼이 벌어지는 다종족성으로부터 발생하는 문제들을 어떤 식으로든 다루어야 함을 분명하게 인식했다. 1918~1919년 유럽의 영토 재편은 일부 설명에 의하면 실제로 소수집단으로 규정되는 주민 수를 총 6,000만 명에서 2,500만 명과 3,000만 명 사이로 절반으로 줄였지만 처음에 신생 후계 국가들은 소수집단의 권리를 보장할 법적 틀을 마련하지 않았다.[73] 그러므로 연합국은 이른바 소수집단 조약들Minorities Treaties, 즉 국가 지위를 국제적으로 인정받는 전제 조건으로서 각 신생국들이 서명해야 할 쌍무적인 일련의 협약들을 작성했다.[74]

탈脫제국 폴란드는 모델을 제공할 것으로 여겨졌다. 베르사유 조약과 같은 날 조인되어 '작은 베르사유' 조약으로도 알려진 폴란드 소수집단 조약Polish Minorities Treaty은 소수집단 주제와 관련하여 회의에서 나오는 모든 선언들에 지침을 제시할 터였고, 유사한 협약들이 무려 7개의 후계 국가들을 추가로 구속할 예정이었다.[75] 소수집단 조약은 중동부 유럽의 후계 국가들에서 살고 있는 모든 종족적, 종교적 소수집단들의 집단적 권리를 보호하고자 했다.[76] 신생 민족국가들은 토지 이전에 대한 보상과 더불어 정치 조직과 대표의 권리들, 법정과 학교에서 소수 언어의 사용을 보장해야 했다. 예를 들어 체코슬로바키아에서 국제적 조약은 소수집단들의 집단적 권리를 보장했다. 인구의 최소 20퍼센트를 구성하는 지역들에서 독일인들은 자신들의 언어(독일어)로 교육을 받고 당국과 일을 처리할 권리가 있었다. 독일계 주민들은 흔히 특정 지역에 몰려 살았으므로, 이는 사실상 체코슬로바키아 거주 독일계 주민의 90퍼센트가 이러한 권리의 혜택을 누릴 수 있다는 뜻이었다.[77]

조약을 위반할 경우 국제연맹 이사회와 국제사법재판소에 문제를 제기할 수 있었다. 의미심장하게도 국경 바깥의 당사자들도 권리 침해를 당한 소수집단을 대신하여 이의를 제기할 수 있었다. 예를 들어 헝가리 정부는 슬로바키아의 마자르인을 대신하여, 또는 바이마르 독일인들이 주데텐 지방의 독일인을 대신하여 소송을 제기할 수 있었다. 이것은 권리를 침해당한 소수집단들이 조약 위반 사항을 시정하고자 할 때 의지할 수 있는 (그리고 실제로 의지한) 법적 뼈대를 제공했기에 강화 회의에서 가장 의미 있는 성취 가운데 하나였다.[78]

붕괴한 로마노프 제국의 서부 국경지대 페일 정주지와 과거 합스부르크 제국의 동부(특히 서부 갈리치아와 헝가리)에서 살고 있는 대략 600만 명의 유대인들처럼 자신들의 이해관계를 옹호해줄 민족국가가 없는 소수집단의 경우에는 상황이 그처럼 분명하지 않았다. 로마노프 제국의 유대인들은 1914년 이전에 수시로 포그롬을 겪었지만 합스부르크 영토에 살고 있던 유대인들은 상대적으로 폭력에서 자유로웠다. 그들은 이중 군주국을 자신들의 권리와 제국의 시민이자 신민으로서의 지위를 보장해주는 존재로 올바르게 인식했었다. 그러므로 1920년대와 1930년대에 노스탤지어가 담긴 다수의 합스부르크 소설이 슈테판 츠바이크나 요제프 로트 같은 유대인 작가들에 의해 쓰인 것은 우연이 아니다. 요제프 로트의 유명한 《라데츠키 행진곡》의 핵심 인물인 갈리치아 출신 폴란드 귀족 호이니츠키 백작이 성난 예언적 논평에서 표현한 대로였다. "황제가 안녕히 주무시오라고 인사하자마자 우리는 수백 조각으로 산산조각 날 것이다. (…) 모든 민족이 저마다 지리멸렬한 소국을 세울 것이다. (…) 민족주의는 새로운 종교다."[79]

로트 같은 유대인에게는 소수집단에 법적 보호를 제공했던 다종족적 대제국에서 사는 것이 종족적이거나 종교적 배타성에 토대를 둔 더 작은 민족국가에서 사는 것보다는 훨씬 더 좋았다. 중유럽에서 제국들의 내파 직후 우크라이나와 발트 국가, 폴란드, 갈리치아, 부코비나, 보헤미아, 모라비아의 유대인 주민들은 갑작스레 사라진 제국들의 충성스러운 신민(그러므로 애국심이 의심되는)이라는 비난과 볼셰비즘 지지자라는 이중의 비난에 직면했다.[80]

전체적으로, 소수 종족집단에 일정 정도의 문화적 자율성과 법적 보호를 제공하고자 했던 조약들은 효과적이지 못한 것으로 드러났다. 일반적으로 후계 국가들 가운데 가장 관용적이고 민주적이라고 여겨지던 체코슬로바키아조차도 곧 비非체코계 주민들을 향해서 모호한 태도를 보였다. 적어도 이론상으로는 체코인과 슬로바키아인 사이 문화적 차이는 쉽게 간극을 좁힐 수 있었다. 아니, 체코인 어머니와 슬로바키아인 아버지 사이에서 태어난 토마시 마사리크는 그렇게 전제했다. 그러나 종교개혁으로 대다수의 체코인은 프로테스탄트가 되었던 반면, 10세기 이래로 헝가리의 지배를 받았던 슬로바키아인은 확고한 가톨릭이었다. 그리고 만약 슬로바키아인들이, 마사리크가 1918년 피츠버그 협약에서 한 약속들, 즉 슬로바키아인은 새로운 국가 안에서 광범위한 문화적 자율성을 부여받을 거라는 약속을 지키길 희망했었다면 그들의 바람은 곧 잘못으로 드러날 터였다.[81]

비록 독일인이 다수를 차지하는 지역들에서 '주데텐'은 상당한 정도의 문화적 자유를 누렸지만 제법 큰 독일인 소수집단에 대한 마사리크의 태도는 그보다 더 문제적이었다. 그렇지만 그와 동시에 그는 대토지(대체로 독일인이 소유한)를 분할하기로 하면서 — 체코인이 독일인 거주 서부 국경지대를 '식민화'하는 것을 가능케 한 조치 — 토지개혁을 위한 풀뿌리 압력을 주도했다.[82] 마사리크의 외무장관 에드바르드 베네시Edvard Beneš가 한 영국 외교관과의 대화에서 선뜻 인정한 대로 오스트리아–헝가리 지배의 종말은 종족적 위계질서의 역전을 가져왔다. "전쟁 전에는 독일인들이 여기에(천장을 가리키며) 있었고 우리는 저기에(바닥을 가리키며) 있었죠." 그는 동작을 반대로 하면서 "이제 우리는 여기 있고 그들은 저기 있지요"라고 선언했다. 베네시는 "독일인들에게 한 수 가르쳐주기 위해" 토지개혁이 "반드시 필요" 했다고 역설했다.[83]

유럽 패전국들의 관점에서 봤을 때, 소수집단 조약들은 새로운 세계 질서를 뒷받침할 거라고 착각했던 민족자결권이라는 근본 원칙에 대한 노골적 위반을 가려보려는 허튼수작에 불과했다. 패전국들은 나치가 무대에 등장하기 훨씬 전부터 조약 수정주의를 정치적 의제 상위에 놓음으로써 그들이 '상실한' 소수집단들을 무슨 일이 있어도 '돌려받아야' 한다는 데 뜻을 같이했다. 그것은 항구적 평화에 좋지 않은 토대였다.[84]

피우메

1919~1920년에 파리에서 구축된 새로운 세계 질서에 대한 반감은 패전국에만 국한되지 않았다. 그것은 전쟁에서 이겼지만 강화에서는 졌다고 믿는 사람들에 의해서도 뼈저리게 감지되었다. 일본—연합국최고전쟁위원회의 유일한 아시아 국가이자 이론상으로는 파리에서 정책 결정의 한가운데 있던 열강 가운데 하나—은 갈수록 자신들이 주변화되고 있다고 느꼈다. 비록 일본은 산둥 반도와 적도 위쪽의 독일령 태평양 제도에서 얼마간 영토를 획득했지만, 서방 연합국의 완전히 대등한 파트너로 인정받는 데에서는 전혀 진전을 보지 못했다. 국제연맹 규약에 '인종 평등' 조항을 넣자는 일본의 제안은 특히 골치 아픈 쟁점이었다. 그것은 주로 일본을 '백인' 서방 연합국과 대등한 지위에 놓기 위한 것이었지만, 자치령 내에 일본인 이민에 대한 엄격한 금지를 근거로 하여 영제국 대표단 내부에 균열을 초래했다. 자기 나라를 '백인' 자치령으로 계속 유지하려고 결심한 오스트레일리아 대표들은 국제 체제에서 인종 평등을 추구하는 일본의 앞길을 막았고 대표단 내부 토론에서 가까스로 이겼다. 이런 대접에 분개한 일

본 정치가들은 갈수록 서방에 등을 돌린 한편, 산둥 반도와 태평양 제도에서의 영토 확장은 대동아 지배라는 지나친 야망을 부추겼다.[1]

잃어버린 또는 '불구의' 승리라는 정서는 전쟁에서 영국보다 더 많은 병사를 잃은 나라 이탈리아에서 더욱 두드러졌다. 이탈리아 국민들은 로마가 참전하는 대가로 런던과 파리가 해준 영토 보상 약속이 더이상 진지하게 취급되지 않는다고 느꼈다. 과거 1915년에 이전 동맹국인 중부 세력에 선전포고를 하는 대가로 이탈리아는 실제로 새로운 동맹국들로부터 포괄적인 약속을 받았었다. 비밀 협약인 런던 조약에서 이탈리아는 상당한 영토를 얻기로 되어 있었다. 로마는 과거 오스만 제국령이었던 도데카네스 제도(1912년 이래로 점령하고 있던)를 계속 보유하고 알바니아에 대한 '보호령'을 획득할 뿐만 아니라, 합스부르크 제국이 지배하던 트렌티노와 북부 달마티아의 브렌네르 고개까지 독일인 인구가 밀집한 남南티롤, 그리고 항구 도시 트리에스테를 비롯해 오스트리아 연안 지역 전체를 할양 받기로 약속 받았다. 이 아낌없는 영토 보상 제안의 한 가지 문제점은, 그것이 독립국 유고슬라비아를 탄생시킨다는 생각이 없었고 '민족자결권'에 대한 이야기도 없었던 시점에 이루어졌다는 것이다. 다른 문제점은 1918년 말에 이르자 로마의 제국적 확장 욕구가 1915년에 약속된 영토를 넘어서까지 커졌다는 것이다. 이제 로마는 종전까지 헝가리가 통치해왔던 아드리아해 항구도시 피우메(리예카)도 원했다.[2]

로마는 1915년에 약속 받았던 영토 일부를 차지하기 위해 파리강화회의가 열릴 때까지 기다리지 않았다. 1918년 11월 3일 오스트리아-헝가리와 정전 협정에 서명하자마자 이탈리아 병사들은 이스트리아와 달마티아로 진군했다. 피우메의 미래를 어떻게 할 것인지는 더 해결하기 어려운 문제였는데, 베오그라드도 신생 남슬라브 국가를 위해 그 도시에 대한 영유권을 주장했기 때문이다. 파리의 이탈리아 외교관들은 아예 열강이 세르비아−크로아티아−슬로베니아인의 왕국을 인정하는 것을 저지하려고 적극적인 캠페인을 펼쳤지만 이 시도는 결국 수포로 돌아간다.[3]

1918~1919년 이탈리아의 비타협적 입장은 흔히 비판을 받지만 여기에는 얼마간 설명이 필요하다. 이전 교전국들의 다른 정부 수장들처럼 이탈리아 총리 비토리오 에마누엘레 오를란도는 대략 60만 명의 이탈리아 병사들의 죽음과 더불어 지난 3년의 전쟁 동안 엄청난 국민적 고통을 정당화해야 했다. 다른 승전국들에서와 마찬가지로 이곳 국민들도 영토상, 재정상의 보상을 최대한 요구했다.[4] 하지만 그와 동시에 파리에서 오를란도의 요구들은 이탈리아 자유주의적 제국주의의 더 오랜 전통 안에서 이해되어야 한다.[5] 1861년과 1870년 사이에 이탈리아 민족국가가 수립된 이래로 과거 로마 제국의 영토—특히 이탈리아 민족주의자들이 지중해를 일컫는 표현대로 마레 노스트룸mare nostrum(우리의 바다) 주변 지역—재정복에 대한 주장은 장차 이탈리아의 위상에 관한 공적 논의에서 중요하게 작용했다. 1911년에 이탈리아는 이러한 생각들을 실행하기 위해 움직여서, 이탈리아 제국주의자들은—로마의 유산을 의식하여—'리비아'(고대 로마의 북아프리카 속주를 가리키는 이름)라고 부르는, 오스만 제국의 북아프리카 빌라예트vilayet(오스만 제국 행정구역의 가장 큰 단위로 주에 해당하며 주지사를 파견해 통치한다—옮긴이)인 트리폴리타니아와 키레나이카에 대한 공격을 통해 제국적 팽창을 시작했다.[6] 지중해 건너편의 새로운 식민지는 마침내 이탈리아를 열강으로서의 지위를 입증할 제국을 거느린 유럽 열강 가운데 하나로 세우리라고 기대되었다. 그것은 15년 전(1896년) 에티오피아인들에게 아도와에서 패배함으로써 좌절되었던 야망이었다.[7]

실제로는 리비아에서 군사 개입은 대가가 대단히 큰 것으로 드러났는

데, 다른 무엇보다도 이탈리아의 침공에 맞선 현지와 오스만 제국의 저항이 완강했기 때문이다. 엔베르 베이—훗날 청년 튀르크당 삼두정치의 일원—같은 유능한 지휘관들이 통솔하고 젊은 무스파타 케말 같은 눈에 띄는 인물들이 섞여 있던 오스만 군대는 이탈리아군에 끈질기게 저항했고 이들의 항전에 곧 현지 아랍인들도 합세하여, 이른바 오스만 '압제자'에 대한 현지인의 충성심은 이탈리아 침략자들이 바랐던 것보다 더 강력한 것으로 드러났다.[8] 무력 충돌은 몇 달 동안 끌다가 결국 이탈리아의 불완전한 승리로 끝났다. 1912년 10월 전쟁이 막을 내릴 때까지 아도와 전투 전사자 수의 대략 2배인 약 1만 명의 이탈리아 병사가 전사했지만, 이탈리아는 원래 계획한 것처럼 그 지역 전체가 아니라 일부 연안 도시만 장악했을 뿐이었다.[9] 더욱이 오스만 제국과의 강화 조약에 뒤이어 현지 게릴라 집단들은 새로운 식민지 주인들과 거의 20년 가까이 싸움을 이어갔다. 이탈리아군은 1931년에 가서야 북아프리카의 새로운 영토를 완전히 장악할 수 있게 된다.[10]

그러므로 1918~1919년에 자유주의적 제국주의 정책을 추구했을 때, 비토리오 오를란도는 이탈리아 팽창주의의 더 오랜 전통에 기댈 수 있었다. 오스트리아-헝가리 제국의 와해는 역사적으로 둘도 없는 기회를 제공했다. 그가 (그리고 당대 많은 이탈리아인이) 보기에는 주세페 마치니 Giuseppe Mazzini와 주세페 가리발디 Giuseppe Garibaldi의 꿈 그리고 리소르지멘토, 바로 이탈리아인 거주 영토 전역을 단일한 통일 민족국가로 통합한다는 꿈을 실현할 때가 온 것이었다. 그리하여 1915년 5월 로마가 참전을 결정한 이후로 줄곧 존재해온 이탈리아 사회 내부의 깊은 분열도 극복되리라.[11]

이탈리아가 3국 동맹의 이전 동맹국들—독일과 오스트리아-헝가리 — 에 등을 돌리고 협상 세력에 가담하여 참전하기로 한 결정은 결코 논란의 여지가 없지 않았다.[12] 그것은 이탈리아 사회와 정치에 대단히 장기적인 균열을 낳았다. 바로 중립 지지파와 협상 세력 편에 가담한 무력 개입 지지파 사이의 균열이었다.[13] 1915년 봄 이탈리아가 선전포고를 하기에 앞서 9개월간의 치열한(때로는 폭력적인) 논쟁이 있었고 여기에서 보기 드문 제휴 관계들이 형성되었다. 예를 들어 민족주의자들과 급진 민주주의자들은 비록 목적이 달랐지만 함께 도심 광장에 모여 참전을 지지하는 시위를 벌였다. 민족주의 진영은 이탈리아를 진정한 열강으로 만들고자 했고, 급진 민주주의 진영은 프로이센 군사주의를 물리치고자 했다. 참전을 호소하는 목소리는 제국주의 전쟁에 엮이기를 원치 않고 유럽의 다른 사회당들보다 노동 계급의 국제적 연대라는 구호를 더 진지하게 받아들인 친親중립적 사회당 일각에서도 지지를 받았다. 이로 인해 베니토 무솔리니가 이끄는 참전 찬성파는 1914년 11월 사회당에서 축출되었다.[14] '개입주의' 프로파간다는 앞으로 국민을 분열시킬 강력한 서사를 만들어냈다. 한쪽은 남자다운 힘이 넘치고, 미래 지향적이고, 젊고, 따라서 전쟁에 찬성하며, 한쪽은 노쇠하고, 과거 지향적이고 겁이 많은 '두 이탈리아'라는 신화였다. '개입주의자'의 관점에서 볼 때, 전쟁이 '진정한 이탈리아'의 최상의 모습을 이끌어낸다고 한다면, 그것을 막으려고 하는 자들은 국가 정치체에서 제거되어야 할 자들이었다.[15]

오를란도는 파리에서 최대주의 의제를 추구할 때 물론 이런 점을 잘 알고 있었고 피우메를 이탈리아의 제국적 쇼핑 목록에 추가했다. 자국민을 상대로 한 위신 정치의 일환으로 시작했던 것은 곧 자체의 동력을 얻게 되었다.[16] 왜냐하면 피우메는 현란한 전사−시인으로서 '불구가 된 승리'라는 표현을 만들어낸 가브리엘레 단눈치오Gabriele D'Annunzio 같은 민족주의자들의 판타지를 자극했을 뿐 아니라 아방가르드의 정치적, 사회적 가치들이 전전의 보수적인 부르주아 질서를 대체하기를 바란 혁명가들의 열망도 자극했기 때문이다.[17]

이탈리아의 피우메 영유권 주장에 대한 강경한 반대는 역시 그 도시를 노리고 있던 유고슬라비아 왕국에서 나왔다. 비록 각자 이유는 달랐지만 베오그라드는 우드로 윌슨의 지지를 받았다. 윌슨은 일반적으로 비밀 외교를 반대했고, 그가 보기에 영국―프랑스와 이탈리아 사이 거래는 그런 비밀 외교의 완벽한 전형이었다. 그는 또한 인구의 절반만이 무리 없이 이탈리아인이라고 할 수 있고, 나머지 절반은 다른 종족집단 소속을 자처하는 도시에 이탈리아가 '민족자결권'에 입각하여 합법적 영유권을 주장할 수 있는지 의심스러웠다.[18] 그러나 파리의 이탈리아 외교관들은 물러서려 하지 않았고 연합국이 런던 조약의 조항들을 존중하여 이탈리아의 피우메 영유권을 수용해야 한다고 주장했다. 로마의 비타협적 태도에 격노한 윌슨은 성명서를 발표하여 이탈리아 국민에게 부당한 영유권을 포기해달라고 직접 호소했다. 자신의 14개조를 '신성한 의무 사항들'이라고 자찬하듯 거론한 것은 그의 명분에 보탬이 되지 않았다. 이튿날인 4월 24일, 이탈리아 대표단은 파리 회의장에서 철수해 로마로 귀환해버렸고, 대규모 반미 시위 군중이 대표단을 환영하는 가운데 일간 신문 〈레코파L'Epoca〉의 한 논설은 이렇게 물었다. "그(윌슨―옮긴이)는, 자신의 호소에 이탈리아 국민들이 정부에 반하여 들고일어나 자신만의 추상적 사고의 상아탑에 갇힌 한 외국인이 강요하는 정책을 받아들이도록 정부를 압박할 거라고 어떻게 단 한순간이라도 생각할 수 있을까?"[19]

윌슨의 성명서는 오를란도가 이탈리아의 희망 사항 목록에 피우메를 추가하겠다고 고집을 피움으로써 억지하고자 했던 이탈리아의 극단적 민족주의 세력을 더욱 격분시켰다. 1919년 여름, 독일과 베르사유 조약 체결 이후에도 그 쟁점은 여전히 해소되지 않아서 평화 협정에 불만을 품은 모든 이탈리아인을 결집시키는 계기를 제공했다. 그들 가운데 한 명은 단눈치오로서 그의 이름은 피우메를 둘러싼 연합국 진영 내 갈등과 떼려야 뗄 수 없이 엮여 있었다. 당대 가장 유명한 이탈리아 시인이었던 단눈치오는 국내적 명성은 물론, 그를 대표적인 세기말 작가들 가운데서도 높이 평가한 제임스 조이스James Joyce, 마르셀 프루스트Marcel Proust, 헨리 제임스Henry James 같은 작가들 사이에서 국제적 명성 또한 누렸다. 단눈치오는 정치적으로도 활발히, 다시 말해 이탈리아 실지회복주의irredentism 운동의 대변인으로서 활동했다. 이탈리아 실지회복주의 운동은 이탈리아가 19세기 중반 민족국가로서 통일될 때 수복하지 못하고irredenti 남은 '이탈리아인의' 영토 전체의 통합을 부르짖었다.[20] 1915년에 52세의 단눈치오는 중부 세력에 맞선 전쟁에 자원하고자 프랑스에서 이탈리아로 돌아왔다.[21] 그는 전쟁 기간 동안 훌륭하게 복무하면서 합스부르크령 트리에스테 공습과 빈 상공 선전물 투하를 비롯한 여러 차례의 비행 활약으로 이탈리아의 위대한 시인−전사로서의 명성을 쌓았다.[22]

전쟁이 끝난 뒤 단눈치오는 다른 많은 참전 군인들처럼 이탈리아가 치른 희생에 대한 보답을 기대했다. 그러나 1919년 4월, 이탈리아 국민에게 영토 요구 사항을 완화해달라는 우드로 윌슨의 공개적 호소에 뒤이어, 로마 정부가 미국의 압력에 곧 굴복할 거라는 소문이 군대 내에 퍼져나갔다. 이 의혹은 오를란도 총리가 사임한 뒤 1919년 6월 23일 경제학자이자 자유연합 내 급진파의 지도자인 프란체스코 사베리오 니티Francesco Saverio Nitti 가 그를 대체했을 때 더욱 굳어졌다.[23] 니티의 임명은 그가 오를란도보다 사리를 더 잘 알 거라고 믿은 파리의 다른 열강 대표단들에게 특히 환영을 받았다. 하지만 그들은 곧 실망하게 될 터였다. 대중적 압력, 특히 우파의 압력에 직면한 니티와 이탈리아 정부는 피우메 영유권을 포기하려 하지 않았다. 하지만 민족주의적 우파는 니티가 피우메 문제와 관련한 약속을 지킬 거라고 확신하지 못했다.[24]

그래서 단눈치오는 행동에 나서기로 했다. 9월 11일 그는 목적지에서 북서쪽으로 300킬로미터 정도 떨어진 론키 데이 레조나리(론케)에서 '피우메로의 행진'을 시작했다. 그한테는 고작 200명의 병사밖에 없었지만 곧 다른 이들이 합류했다. 단눈치오가 새빨간 피아트를 타고 피우메 외곽에 도달했을 때 그의 군대는 2,000명으로 불어나 있었는데, 그 대부분은 아르디티arditi, 즉 이탈리아 돌격 부대의 전직 군인들이었다. 대체로 이탈리아 병사들로 구성된 피우메 연합군 수비대는 총 한 발 쏘지 않고 단눈치오에게 권력을 넘겨주었다.[25]

다음 15개월간 단눈치오는 자체의 헌법과 통화를 가지고, 오늘날 역사에서 카르나로 섭정이라 부르는 시기에 모두가 인정하는 지도자(두체)로서 통치했다. 단눈치오 자신은 어떤 의미에서도 파시스트가 아니었고 피우메는 당대의 기준에서 볼 때 대단히 비폭력적인 공간으로 남았지만 새로운 도시 국가는 이탈리아 민족주의자들의 중심 기준점이 되었다.[26] 피우메 모험에 관해 처음에는 신중한 태도를 보였던 무솔리니는 나중에 단눈치오한테서 제국적, 세속적 민족주의 요소들과 상징적 제스처들(부분적으로는 단눈치오의 피우메 진군을 모델로 삼은 로마 진군을 비롯하여)을 빌려 오면서 그의 정치적 실험들과 의례들에 크게 의존하게 된다.[27]

카르나로 섭정기 내내 로마 정부는 피우메 해상 봉쇄를 유지함으로써 단눈치오의 통치를 끝내려고 애썼다. 그러나 이탈리아 정부는 피우메에 대한 직접적 군사 공격은 회피했는데, 어느 정도는 단눈치오의 불복종에 대한 광범위한 공감에 추동되는 민족주의 역풍을 불러올까 걱정했기 때문이다. 라팔로 조약(피우메를 자유국으로 전환한 조약) 서명 직후 1920년 12월에야 로마는 드디어 행동에 나서기로 했다. 크리스마스 전야에 이탈리아 해군의 포격 이후 단눈치오와 그의 지지자들은 도시를 넘겨주었다. 하지만 단눈치오가 가르다 호반의 빌라로 물러간 뒤에도 그의 정치적 유산은 존속했고 피우메는 민족주의자들의 의제로 남았다. 단눈치오의 '반항'을 공개적으로 기리고 그의 대중주의적 스타일을 모방했던 무솔리니는 곧 라팔로 조약 일부를 철회했고, 1923년 9월부터 도시는 다시금 이탈리아 땅이 되었다.[28]

15

스미르나에서
로잔까지

 1918년 이후 이탈리아의 제국적 야심은 피우메를 넘어섰다. 1915년 런던 조약은 종전 시 오스만 제국이 해체될 경우 로마에 오스만 제국 영토의 '정당한 몫'에 관한 모호한 약속을 해주었다. 1919년 5월 초, 이러한 약속들이 잊히지 않았음을 분명히 하고자 이탈리아는 다른 동맹국들과의 상의 없이 남부 아나톨리아의 아달리아(안탈리아) 항과 마르마리스 항에 병력을 상륙시켰다. 파리에서는 이탈리아 전함들이 기독교도 인구가 밀집한 서부 아나톨리아 해안의 항구 도시로서 그리스도 영유권을 주장하고 있는 스미르나로 향하고 있다는 소문도 돌았다.[1]
 5월 6일, 로이드 조지는 소아시아에서 이탈리아의 제국적 야망을 종식시키기 위해 그리스가 스미르나와 인근 지역을 점령하도록 허용해주자고 제안했다. 보통은 제국적인 땅따먹기에 반대했던 우드로 윌슨마저도 갈수록 성가시게 구는 이탈리아 정부에 한 수 가르쳐주기 위해서라도 이런 발상에 찬성했다. 그러자 로이드 조지는 그리스 총리 엘레프테리오스 베니젤로스를 불러 스미르나 상륙을 준비해줄 것을 부탁했다.[2] 베니젤로스는 런던과의 긴밀한 연계를 가지고 비잔틴 제국을 재수립하는 역할에 딱 맞게 선택된 사람 같았다. 1864년 오스만 제국 치하 크레타 섬에서 태어난 베니젤로스의 부유한 상인 집안은 아버지가 1886년 크레타 반란에 관여한 탓에 그리스 본토로 도망쳐야 했다. 법학을 전공한 변호사이자 1910년 이후로 총리이며, 자유당을 창당한 베니젤로스는 1914년 이후 줄곧 연합국 편에 가담한 참전에 찬성해왔다. 그의 이런 신념은 국왕 콘스탄티노스 1세와의 정면충돌을 야기했다. 콘스탄티노스는 젊은 시절 얼마 동안 독일에서 공부하며 지낸 친독일파였다. 그는 카이저 빌헬름 2세의 누이인 프로이센의 소피아와 결혼했고 처남은 그에게 독일 육군 원수라는 명예 계급을 선사했다. 비록 독일에 대한 애정을 감춘 적이 없지만 콘스탄티노스는 1914년 적대 행위가 개시되었을 때 그리스의 중립을 옹호했다. 하지만 베니젤로스는 국왕의 바람을 공공연히 무시하면서 영국과 프랑스 정부에, 그리스가 근래에 획득한 과거 오스만 제국의 항구 살로니카에 병력 파견을 요청했다. 이는 베니젤로스의 실각으로 이어졌고, 1916년 초에 국왕은 독일과 불가리아 병력이 동부 마케도니아와 트라키아에 진입하는 것을 허용했다.[3]

베니젤로스와 그 지지자들은 경악했고 1916년 8월 16일 아테네에서 열린 대중 집회에서 국왕의 친독일적 태도에 공개적인 분노를 표명했다. 콘스탄티노스와 베니젤로스 간의 대립은 결국 두 대립 정부의 구성으로 이어져, 아테네와 살로니카는 1916년 8월 사실상 분단된 그리스의 각각의 수도가 되었다. 연합국이 남부 그리스에 응징적인 해상 봉쇄를 부과하여 민간 인구에서 심각한 경제적 곤경을 초래하자 결국 베니젤로스가 권력 투쟁에서 승리했다. 콘스탄티노스는 1917년 7월 마침내 외부 압력에 굴복하여, 친서방적 입장 덕분에 연합국의 선택을 받은 차남 알렉산드로스에게 왕위를 넘겨주고 물러났다. 알렉산드로스의 즉위는 베니젤로스의 아테네 복귀와 중부 세력을 상대로 한 그리스의 전면적 참전에 길을 닦았다. 이제 중부 세력에 승리를 거둠에 따라 베니젤로스는 연합국의 명분을 지지한 보답을 받길 기대했다. 파리에서 로이드 조지는 그에게, 그리스의 스미르나 정복에 다른 승전국들은 반대하지 않으리라고 장담했다. 그러므로 그리스 총리는 이 문제에서 영국 정부의 전폭적인 지지를 누린다고 믿을 만한 이유가 충분했다. 하지만 베니젤로스는 당시 만남에 배석했던 영국 육군 원수 헨리 윌슨Henry Wilson의 엄중한 경고를 무시했다. 윌슨은 터키군이 패배하기는 했지만 완전히 파괴되지는 않았으므로 스미르나 점령은 결과가 불확실한 또 다른 전쟁을 낳을 거라고 경고했다. 이런 평가에는 외무부에서 아서 밸푸어의 오른팔인 커즌 경도 동조하여, 커즌은 그리스 총리에게 외부의 위협에 맞서 재결집할 수 있는 터키군의 능력을 과소평가하지 말라고 경고하는 공문을 여러 차례 보냈다.[4]

윌슨과 커즌 경만이 그리스의 스미르나 점령 구상에 강하게 반대했던 고위 전략가는 아니었다. 1915년 초 아나톨리아에서 광범위한 영토를 획득하는 대가로 협상 세력에 가담하는 것을 처음 고려했을 때, 베니젤로스는 1912년 1차 발칸전쟁에서 그리스의 성공을 배후에서 기획한 사람 중 한 명이자 1936년부터 1941년까지 장래 그리스의 군사 독재자가 되는 이오아니스 메탁사스Ioannis Metaxas 대령의 자문을 구했다. 메탁사스의 답변은 베니젤로스가 바라던 바가 아니었다. 그는 오스만 제국 그리스인들이 거주하고 있는 해안 지역은 방어가 쉽지 않은 곳이라고 강조했다. 그리스가 점령을 구상하는 지역은 외세의 지배에 들고일어날 수도 있는 무슬림 인구를 다수 포함하고 있었으며, 서부 아나톨리아의 비옥한 계곡지대는 아나톨리아 배후지로부터 터키군의 일체의 반격에 위험하게 노출되어 있었다. 터키 방어군이 공격자들을 여름과 겨울에 극한 기후를 자랑하는 중앙 아나톨리아 내륙으로 분명히 유인하려 할 것이기에 어떤 침공이든 나폴레옹의 처참한 러시아 원정과 유사한 것으로 쉽게 이어질 수 있었다.[5]

베니젤로스는 이러한 경고를 무시하기로 했다. 1918년에 이기는 편에 있었던 모든 사람들처럼 그도 역사적으로 유일무이한 기회라는 생각에 사로잡혔던 것 같다. 보통은 현실주의자인 그는 고대 그리스 지중해 제국의 재수립이 마침내 손에 잡히는 듯하다고 틀림없이 느꼈을 것이다. 메갈리 구상Megali Idea — 오스만 제국 치하 다양한 미수복 인구와 그리스 본토를 통일하기 위한 소아시아로의 영토 확장이라는 '대大구상' — 은 독립 입헌 군주국을 이룩한 1843년 혁명 이후로 그리스 정치 담론에서 줄곧 되풀이되는 두드러진 테마였다. 그 이후로 그리스 경계의 지속적인 팽창과 민족 국가 내로 미수복 그리스인 소수집단들이 점진적으로 흡수된 점은 오스만 제국 내 상당한 규모의 동방정교도 소수집단도 장래 흡수할 수 있으리라는 높은 기대를 낳았다. 이들은 대체로 서부와 북부 아나톨리아 해안 지역과 그 배후지 그리고 흑해의 남쪽 해변 폰투스 지역에 집중되어 있었다. 그 뿌리가 비잔틴 제국 시대로 거슬러가는 그리스정교 공동체는, 스미르나 주변으로 일어난 경제적 붐을 타고 그리스 본토와 동東에게해 섬들에서 무일푼인 사람들이 대량 이주해 오면서 19세기에 크게 확대되었다. 이런 추세는 1912년 1차 발칸전쟁의 여파로 공동체 간 긴장이 커지면서 역전되지만, 1914년에 총 35만 명 가운데 스미르나의 그리스정교도 인구는 여전히 20만 명에 달했다.[6] 폰투스계 그리스인들 역시 특히 흑해 인근의 도시 삼프손(삼순)과 트라페조우스(트라브존)에 상당한 규모의 공동체를 이루고 있었지만, 압도적으로 무슬림이 많이 거주하는 그 지역에서 결코 다수를 점하지 못했다.[7] 오스만 제국의 공식 통계에 따르면 폰투스 지역의 기독교

인구는 53만 명인 반면 무슬림은 100만 명에 약간 못 미쳤다.[8]

베니젤로스가 로이드 조지와 운명적인 대화를 나눈 지 고작 1주일이 조금 지난 5월 15일, 그리스 침공군이 스미르나에 상륙하여 기독교 주민들 사이에서는 흥분을, 무슬림 주민들 사이에서는 분노를 불러일으켰다. 일부 무슬림들은 터키 주민들에게 침략군에 저항할 것을 촉구하며 자발적으로 병합 반대 국민 위원회Redd-i İlhak Heyt-i Milliyesi를 결성했다.[9]

긴장이 폭발하는 데는 오래 걸리지 않았다. 그리스 병력이 상륙하여 도시로 진입하자 전쟁 동안 CUP의 '특별 기구Special Organization'에서 복무했던 살로니카 출신 터키 난민 하산 타신이라는 사람이 그들에게 발포했다.[10] 그리스 병사들은 근처 터키군 병영을 급습하여, 안에 있던 병사들을 붙잡아 항구 쪽으로 행진시켰다. 이 강제 행진 동안 포로들은 스미르나에 기반을 둔 어느 영국인 사업가가 회고한 대로 "한없이 굴욕을 당해야 했다".[11] 한 포로가 행렬에서 낙오하자 그는 총검에 찔려 죽었고, 다른 포로 살해가 여러 차례 뒤따랐다. 항구의 영국군 장교들은 살해된 터키인의 시신 여러 구가 바다에 내던져지는 것을 목격했다고 보고했다. 현지 그리스인 폭력배와 민족주의 폭력 집단들은 병사들의 행동을 보고 자신들도 나섰다. 전쟁 기간 동안 오스만 제국의 기독교도 탄압을 떠올린 그들은 터키인 거주 구역에서 폭동을 일으켜 마음대로 죽이고 손발을 자르고 약탈하고 강간했다. 그날 내내 벌어진 혼란 속에서 300명에서 400명 정도의 무슬림 민간인과 병사가 살해되었다. 그리스군 사상자는 두 명에 불과했다.[12]

군법이 부과되고, "여러분의 (무슬림) 동포가 지닌 개인적 자유와 종교적 신념을 존중"해달라고 그리스군 사령관이 공개적 호소했음에도 불구하고 폭력은 수그러들 줄 몰랐고, 이는 전쟁 기간 동안 다수의 기독교도 주민들이 강제 추방된 에리트라이아 반도 농촌 지역에서 특히 심했다.[13] 보우를라(우를라) 출신 한 기독교도가 일기에 자세히 적은 대로 그와 동포 그리스인들은 "보우를라 주변 터키인 마을로 몰려가서 약탈하기 시작"했고 일부 마을에는 불을 질렀다.[14] 스미르나와 그리스군이 점령한 배후지에서 자행된 잔학상은 연합국 진영 내에서 폭력과 보복의 악순환에 대한 심각한 우려를 자아냈다. "스미르나에서 일어난 사건들은 의심의 여지 없이 터키에서 모든 그리스인의 목숨을 파리 목숨으로 만들었다"고 연합국 소속 한 장군은 아나톨리아에서 파리에 보고했다. "터키인들에게 그리스군의 스미르나 상륙은 연합국 측의 고의적인 정전 협정 위반이자 추후의 부당한 침략에 대한 개연성 있는 전조로 여겨지고 있다."[15]

연합국이 지지를 철회할 수도 있다고 걱정한 베니젤로스는 최근 임명된 스미르나 고등판무관 아리스테이데스 스테르기아디스Aristeides Stergiadis에게 질서를 회복하라고 지시했다. 스테르기아디스는 5월 중순 그리스군의 상륙 이후 4일 만에야 스미르나에 도착했고, 무슬림을 상대로 한 잔학 행위에 책임 있는 자들 일부를 군법회의에 회부했다. 비록 그리스에서 스테르기아디스의 명성은 터키군이 1922년 스미르나를 재정복하기 하루 전날 도시에서 달아났다는 사실로 인해 오늘날까지 더럽혀져 있지만, 이전 3년 동안 균형 잡힌 통치를 유지하는 데서 그가 보여준 기록은 칭찬할 만했다. 고등판무관으로 재직하는 내내 그는 도시의 무슬림 인구가 2등 시민으로 취급되지 않도록 하려고 애썼다. 예를 들어 그는 반무슬림 법률을 도입하려는 동방정교와 스미르나 원로회의의 압력에 저항하며 법 앞에서의 평등을 역설했고, 행정 하급직에서 무슬림 직원들을 계속 유지했다.[16]

그러나 스테르기아디스가 도착한 후 스미르나의 자체 사정은 다소간 안정되었다 하더라도 그리스 병력이 배후지를 장악하려 하면서 주변 지역의 상황은 악화되었다. 1919년 여름 내내 연합국은 민간인을 상대로 한 그리스군과 터키 비정규군의 잔학 행위와, 광범위한 살인과 강간에 관한 거듭되는 보고를 받았고, 이런 잔학상은 1919년 6월과 7월에 도시가 양측 사이에 여러 차례 오고간 아이디니(아이딘) 전투 당시에 특히 심했다. 처음에 그리스군이 아이디니를 정복한 직후 터키 비정규군 çete(체테)은 합동 반격을 펼쳐서 그리스군을 몰아냈고, 그리스군은 퇴각하는 동안 터키인 거주 구역에 불을 지르고 다수의 무슬림을 학살했다.[17] 터키인들도 기독교도 민간인을 살해하고 그리스인 거주 구역에 불을 질러 같은 식으로 대응했다.[18] 이후 그리스군의 도시 재탈환은 폭력과 보복의 새로운 악순환으로 이어졌다. 한 그리스군 병사는 이렇게 기억했다.

> 우리는 도시를 포위했고 우리가 가까이 다가갈수록 더 많은 함성과 소총과 수류탄 소리가 들려왔다. 터키 정규군은 퇴각하고 있었지만 체테는 남아 있었다. 그들은 그리스인과 아르메니아인을 학살, 약탈, 고문하고 있었고, 여자들을 자기들의 하렘으로 몰아넣고 있었다. (…) 한 그리스인 거주 구역에서는 가족들 전체가 아이들까지 다 함께 집 안에서 몰살당했다. 그리스 깃발은 찢겨 있었고 그 위에 변을 싸놓았다. 몇몇 그리스인의 시신 엉덩이에는 깃대가 쑤셔넣어져 있었다. 우물에는 시신이 가득했다. (…) 그러자 보복이 시작되었다. 모스크가 불에 타고, 호자hodja(이슬람 사회에서 교사를 높이 부르는 말. 스승─옮긴이)들의 수염에도 불을 붙였다. 그들의 바지를 내린 다음 엉덩이에 대고 총을 쐈다. (…) 한 사제는 손에 긴 군도를 들고 나와 거리에서 마주치는 사람은 누구든 양처럼 도살했다. 터키인들이 그의 아내와 딸 중 한 명을 죽였던 것이다. (…) 그는 아무도, 심지어 개 한 마리도 살려두지 않았다.[19]

터키 쪽이 제기한 그리스 쪽의 만행을 조사하기 위해 1919년 7월 영국, 프랑스, 이탈리아, 미국의 고위 군 관계자들로 구성된 국제 특별 조사 위원회는 터키 쪽의 주장이 사실임을 다수 확인했다. 위원회는 터키 쪽보다는 그리스 쪽에 더 많은 책임을 돌려서 그리스 군사 개입에 대한 국제적 지지를 깎아내렸다.[20] 그와 동시에 소아시아에서 그리스 쪽의 만행은 그때까지 단편적이고 국지적인 터키 쪽의 저항에 힘을 불어넣고 하나로 뭉치게 했으며, 항전 세력은 국민의 사랑을 받지 못하는 콘스탄티노플의 술탄 정부와는 갈수록 독자적으로 활동했다. 아나톨리아 연안을 군사적으로 보호할 생각과 능력이 없어 보이는 정부는 이름난 민족주의자 장교들에게 군인으로 복귀할 이유를 제공했다. 에게해 연안을 따라 그리스군과 싸우는 일은 새로 태어난 '무슬림과 터키인' 국가의 이름으로 이번 무력 분쟁에서 승리함으로써 괴로운 패전의 기억을 극복할 기회를 제공했다.[21]

그리스군이 스미르나를 점령한 지 고작 나흘 뒤에 터키 항전의 장래 지도자인 무스타파 케말은 공식적으로 술탄 정부 소속의 군 감독관 자격으로 배를 타고 흑해의 항구 삼순에 도착했다. 하지만 케말의 진짜 속내는 달랐는데, 그는 그리스 침공에 맞서 터키 민족주의 진영의 저항을 결집하기를 꿈꾸고 있었다. 후세대 터키인들은 그가 삼순에 도착한 날을 아타튀르크(1934년 11월 무스타파 케말에게 수여된 '튀르크인의 아버지'라는 영예로운 호칭) 기념일로 기리게 된다.

케말은 당시 나라에서 알려지지 않은 인물이 아니었다. 1914년 전에는 당시 오스만 제국령 살로니카 출신 젊은 장교에 대해 들어본 사람이 거의 없었지만, 대전은 그를 국민적 영웅으로 탈바꿈시켰다.[22] 그의 명성은 연합군이 갈리폴리 반도 해변에 불행하게 끝나는 상륙 작전을 개시한 1915년 4월, 제국 수호에서 그가 한 중심적 역할에 근거한 것이었다.[23] 연합군의 첫 병사들이 척박한 갈리폴리 반도 해변에 상륙한 날, 오스만 병력은 처음에 어지러이 퇴각했다. 공황 상태에 빠진 병사들이 끊임없이 내륙으로 도망쳐 오는 것을 본 케말은 전선에 인접한 자신의 지휘소를 떠나 병사들을 전장으로 다시 이끌고 갔다. 그의 대담한 반격은 연합군의 진격을 멈춰 세웠고, 궁극적으로는 양측에 36만 명 이상의 사상자를 낳는 수개월 간의 피비린내 나는 교착 상태로 이어진다.[24]

갈리폴리 방어에서 케말의 중심적 역할은 간과되지 않아서 그는 준장으로 승진했고 대전이 끝날 무렵에는 시리아에 주둔한 제7군의 사령관이 되었다. 그의 군대는 1918년 9월 중반 연합군의 공세에 참패했지만, 갈리폴리 승리에서 그의 공로는 널리 인정받았다. 케말의 칭송자들이 보기에 그는 1916년 8월 러시아군의 동부 아나톨리아 침공을 격퇴했을 때 다시금 제국을 구해냈다. 그의 동포들 다수는 그러한 시각을 공유했고, 전시 CUP 정권의 지지자가 아니었던 사람들마저도 거기에 동의했다. 케말이 널리 인기를 얻는 데 일조한 것은 그가 이제는 신임을 잃은 CUP 지도부와 너무 가깝게 연결되지 않았다는 점이다. CUP의 일원이었으며, 청년 튀르크당의 염원과 완전히 양립하는 터키 국가에 대한 전후 비전을 고취하기는 했지만, 케말은 정치와 거리를 두었고 1914년 이후 CUP 지도부가 저지른 민간인 학살과 군사적 패착에 아무런 역할도 하지 않았다.[25]

1918년 11월 말 콘스탄티노플로 복귀했을 때 케말은 고국의 수도가 완전히 달라졌음을 깨달았다. 협상 세력의 아나톨리아 점령은 정전 한 달 이내에 시작되었고 소규모 수비대가 콘스탄티노플 여기저기에 주둔해 있었다. 대량의 병력을 상륙시키는 대신, 승전국들은 보스포루스 해협을 통과해 영국, 프랑스, 이탈리아, 그리스 전함 총 55척으로 구성된 선단을 파견했다. 전함의 존재가 분명히 암시하는 바는 정전 협정을 준수하지 않을 시

심각한 해상 포격이 따르리라는 것이었다. 다수의 무슬림 주민들에게는 정나미 떨어지게도, 정교도 군중은 함대, 특히 그리스 기함 게오르기오스 아베로프 호의 도착을 열렬히 환영했다.[26]

한편, CUP의 주도적 인사들이 수도에서 도망침에 따라 오스만 제국의 정치 리더십은 이제 CUP의 적수인 자유주의적 자유와 연합당이 이끄는 술탄의 신정부 수중에 들어갔다. 자유와 연합당은 정전 기간(1918~1923년) 동안 제국을 다스리면서 다수의 CUP 정책을 뒤집었고, 특히 오스만주의를 되살리기 위한, 궁극적으로는 실패로 돌아가는 시도로서 강제 추방된 아르메니아인과 쿠르드인의 귀향을 장려했다. 케말과 다른 많은 민족주의자들은 술탄 정부가 오스만 제국의 터키 핵심부의 폭력적 해체를 막기 위해 아무것도 하지 않는다고 확신했다. 거의 제지받지 않은 그리스군의 스미르나 상륙과 아르메니아인과 쿠르드인의 국가 독립 요구는 동부 아나톨리아에서 동시적 위협이 되었고, 이에 대한 무대응은 그러한 생각을 확인시켜주는 듯했다.

하지만 그와 동시에 민족주의적 저항은 1919년 늦봄에도 여전히 매우 단편적이었다. 현지 군벌들과 이전 청년 튀르크당 준군사 조직인 전시의 '특별 기구', 동원 해제된 제국군 장교들, 사회적 비적匪賊, 직업 범죄자와 여타 사람들이 분산적이고 국지적으로 활동하는 민족 저항집단을 이루었고, 그들은 그 지역의 지형지세에 대한 지식과 현지 무슬림 주민들의 지원 덕분에 그리스 침공군에 심각한 피해를 입힐 수 있었다.[27] 케말이 모두가 인정하는 조직력과 네트워킹 재능을 입증한 것은 이런 맥락에서였다. 삼순에 도착하자마자 그는 이제 동부와 서부 아나톨리아의 잔존 제국군을 지휘하는 옛 동료들과 접촉하며, 현지 민족주의자들이 꾸린 모임에 참석하고, 무슬림의 비적 활동을 지지하고, 술탄 정부를 공개적으로 비판하는

성명서를 내놓았다.[28]

케말의 활동에 관한 보고가 콘스탄티노플에 도착하기 시작하자 영국은 그를 소환하라고 술탄 정부를 압박했다. 1919년 6월 23일 콘스탄티노플 복귀 명령서를 받자 케말은 사임한 뒤 에르주룸에서 민족주의자들의 회의를 소집하여, 7월 23일(이날이 1908년 청년 튀르크당의 혁명 11주년이었던 것은 우연이 아니다) 회의가 개최되었다.[29] 민족주의 저항 운동과 콘스탄티노플의 술탄 정부 간 분열의 폭은 이제 너무 넓어져서 도저히 좁힐 수 없었다. 1919년 말에 새로운 오스만 의회 구성을 위한 총선이 실시되었을 때 케말의 국권 수호 운동은 압승을 거두었다. 1920년 1월 새 의회는 승전 연합국과 술탄 정부 양쪽에 도전하는 대담한 결의안을 통과시켰다. 이른바 '국민 협약National Pact'이었다. 국민 협약은 아나톨리아와 동부 트라키아가 모든 무슬림 터키인의 본향을 이룬다고 규정했다. 더 나아가 국민 협약은 이전 오스만 제국 영토들에서 제국의 일부로 남을지 남지 않을지를 결정하는 주민 투표가 실시되어야 한다고 요구했다.[30]

패전국의 어느 의회도 수정주의 정책을 그렇게 대담한 어조로 표명한 적은 없었고, 이에 따라 1920년 3월, 영국은 콘스탄티노플을 점령하고 주도적 민족주의 의원들을 다수 검거했다. 술탄은 의회를 해산했다. 하지만 케말은 그러한 압력에 굴하지 않았고, 그 대신 의회를 연합군 병력과 해상 공격에서 안전하게 멀리 떨어진 새로운 수도 앙카라로 이전시켰다. 그는 그가 장악한 영역 내의 연합군 병사들도 모조리 검거했는데, 여기에는 커즌 경이 아나톨리아에 파견해 케말이 어떤 강화 조건을 받아들일 수 있을지 타진해보라는 비밀 임무를 준 앨프리드 롤린슨 중령Alfred Rawlinson도 포함되어 있었다.[31]

콘스탄티노플 점령보다 민족주의 정서를 촉진하는 데 더 중요했던 것은

1920년 8월 10일 혹독한 세브르 조약의 체결이었다. 파리강화회의에서 도출한 이 마지막 조약에서, 이제 대체로 고립된 술탄 정부 대표단은 케말의 '국민 협약'에서 주장한 땅의 상당 부분을 그리스인과 아르메니아인, 쿠르드인에게 넘겨주는 데 동의한 한편, 나머지 여러 지역에서도 외국의 세력권을 허용했다.[32] 탈脫제국 터키는 재정 통제권도 상실할 터였다. 세브르 조약 231조에 따르면 터키는 "그들이 야기한 각종 손실과 희생에 대해 완전한 배상을 해야"했다. 독일의 전쟁 책임Kriegsschuld 조항과 마찬가지로 연합국은 이런 식의 배상금을 무는 일은, 특히 아랍어권 영토도 상실한 마당에 탈제국 터키의 능력을 한참 벗어날 것임을 인정했다. 그에 따라 세브르 조약은 프랑스, 영제국, 이탈리아 대표 각 1인과 이들과 상의할 권한을 가진 터키 대표 1인으로 구성된 재무 위원회를 설립했다. 이 위원회는 터키 정부 예산과 장래 정부 차관을 완전히 좌지우지할 권한을 비롯해 방대한 권한을 보유했다. 중부 세력의 다른 패전국 어디도 주권을 그 정도로 침해당하지는 않았다. 터키 민족주의자들에게 그것은 19세기 당시 오스만 제국의 사안에 대한 유럽의 굴욕적인 간섭을 더 극단적인 형태로 지속하는 것이었다.[33]

추가적인 영토 분할과 수십 년간의 채무 예속이라는 힘겨운 앞날에 대한 전망은 오히려 케말 주변의 터키 민족주의자들에게 커다란 힘을 실어주었으니, 앙카라의 민족주의 의회는 세브르 조약의 조건들과 터키 국민을 대표한다는 술탄 정부의 주장 둘 다를 거부했다.[34] 강화가 이루어졌다는 생각을 거부하면서 케말과 그의 부하들은 그저 싸움을 계속해나갔다. 1920년 9월, 세브르 조약이 터키 일부 지역을 포함한 아르메니아 독립 국가를 약속한 지 채 한 달도 되지 않아 케말 세력은 남쪽에서 아르메니아를 공격했다. 아르메니아인들은 격렬히 저항했지만 점차 밀려났고 11월

17일 결국 항복할 수밖에 없었다.[35]

그와 동시에 케말은 역시 우방국 하나 없는 모스크바 정부로부터 지원을 확보함으로써 뛰어난 솜씨로 조국의 정치적 고립을 극복해냈다. 케말은 공산주의에 별로 공감하지 않았지만 볼셰비키들이 자신의 적, 바로 영국의 적임을 알아볼 만큼 영리한 사람이었다. 그가 인식한 대로 1918년에 독립을 선포한 작은 공화국들—아르메니아, 조지아, 아제르바이잔—만이 터키와 볼셰비키 세력이 서방의 침략에 맞서 손을 잡고 공동 전선을 형성하는 것을 막고 있을 뿐이었다. 볼셰비키 세력은 열성적인 반응을 보였다. 민족 문제 담당 인민위원으로 새로 임명된 젊은 이오시프 스탈린과의 협상은 궁극적으로 1921년 3월 소비에트 정부와 터키 민족주의자들 간에 체결된 모스크바 조약으로 이어졌다. 이 조약의 조항에 따르면, 1918년 봄에 선포된 단명한 독립 아르메니아 공화국의 영토는 터키와 소련 사이에 분할될 예정이었다. 모스크바는 카르스와 아르다한 지방을 포함하는 터키의 새로운 국경선도 인정했다. 추가로 러시아는 서방 제국주의와 그리스 침공군에 맞서 싸우는 터키 민족주의 정부를 돕기 위해 두 개의 사단을 무장할 무기와 탄약뿐 아니라 1,000만 루블을 제공하기로 비밀리에 약속했다.[36]

남동 아나톨리아—1918년 12월 이후로 프랑스 병력이 점령하고 있던—에서도 케말은 군사적 해법을 추구했다.[37] 1920년 초에 케말의 부대는 남부 도시 마라슈와 안테브, 우르파에서 프랑스-아르메니아 군단과 더 소규모의 식민지 분견대를 상대로 여러 차례 결정적 승리를 거두었다. 프랑스군이 마라슈의 아르메니아 주민들을 버리고 퇴각하기로 하자 2월 10일 도시에 입성한 터키 병사들은 약 1만 명의 아르메니아인을 학살했다.[38] 프랑스군의 퇴각은 그해 내내 질질 끌었지만, 1920년 말이 되자 케말의 남부군은 이 지역 대부분을 장악했고 결국 프랑스 정부는 이듬해 프랑스군의 완전 철수에 합의했다.[39]

그리하여 1921년 초에 이르자 무스타파 케말은 다양한 전선에서의 군사적 대결을 서부 아나톨리아에서 그리스군을 상대로 한 더 관리 가능한 전쟁으로 전환하는 데 성공했다. 영국은 1921년 봄 런던 회의에서 앙카라 정부와 협상을 시도했지만 실패했고, 따라서 로이드 조지는 앙카라 주재 대립 정부를 끌어내린다는 더 노골적인 야심과 함께 그리스군의 공세 재개를 부추겼다. 이 전역의 초기 승리로 그리스군은 내륙으로 400킬로미터 정도 진격했지만 결정적 승리를 거두는 데는 실패했다. 수적으로 우세한 그리스군은 앙카라 함락을 시도했지만 이제 무스타파 케말이 직접 지휘하는 방어군은 굳건히 버텼다. 장교단의 80퍼센트를 비롯해 엄청난 사상자 수에도 불구하고 터키군은 끈질기게 저항하며 싸움을 계속하여 1921년 9월, 피비린내 나는 3주간의 살육 끝에 그리스군을 퇴각시켰고 사카리아강 서쪽에 자체 방어선을 구축했다. 교착 상태는 이제 거의 1년 동안 이어졌다.[40]

이 시점에 이르자 그리스 후방전선은 더이상 이견 없이 전쟁에 찬성하지 않았다. 처음에 그리스군의 군사 활동은 대체로 연합국의 차관으로 자금을 조달했지만 분쟁이 길어짐에 따라 아테네는 전비를 대기 위해 세금 인상과 통화 팽창 정책에 의존해야 했다. 직접적 전비는 이제 정부 지출의 56퍼센트에 달한 한편, 추가적인 지폐 발행은 급격한 인플레이션을 초래하여 기초 식량 가격이 1914년과 비교할 때 거의 600퍼센트 증가했다.[41] 베니젤로스에 대한 국민의 환멸이 커짐에 따라 1920년 11월 총선에서 그가 이끄는 자유당은 참패했고, 그 결과 망명을 떠났던 콘스탄티노스 국왕이 복귀하는 한편 베니젤로스가 정치 무대에서 잠시 퇴장했다. 소아시아 원정을 끝내겠다는 당선 전 약속과 반대로 디미트리오스 고우나리스Dimitrios Gounaris 총리가 이끄는 신정부는 1921년 봄 터키가 협상을 거부하자 군사 활동 강화로 대응했다. 6월 11일(율리우스 구력에 따르면 5월 29일로, 1453년 이슬람 세력에 콘스탄티노플이 함락된 대단히 상징적인 기념일)에 국왕과 총리는 스미르나로 출항했고, 국왕은 그곳에서 군의 최고 지휘권을 맡을 예정이었다. 그리스 내 '대大구상' 지지자들은 콘스탄티노스에게 높은 기대를 걸었으니, 비잔틴 제국의 마지막 황제(콘스탄티노스 11세 팔라이올로고스)와 이름이 같았던 국왕은 종종 콘스탄티노스 12세로 불렸다. 그러나 높은 기대와는 반대로 소아시아에서 국왕의 존재는 군사 작전의 성패에 별다른 효과를 미치지 못했다. 1921년 말에 이르러 콘스탄티노스가 아테네로 귀환했을 때 그리스군은 군사적 돌파구를 여는 데 실패했다.

그 대신 좌절한 그리스 병사들은 갈수록 체계적인 인종 청소 행위를 통해 무슬림 민간인에게 분노를 돌렸다. 1921년 국제 적십자사의 한 조사는 다음과 같이 보고했다.

> 그리스 점령군의 일원이 무슬림 주민 말살에 동원되었다. (…) 기지의 사실들―학살, 마을 방화, 주민들의 공포, 날짜와 장소의 일치―은 이 점에 관해 의심의 여지를 남기지 않는다. 우리가 눈으로 본, 또는 우리가 그 물리적 증거를 확인한 잔학 행위들은 무장 민간인tcheti들로 구성된 비정규 단체들과 정규군으로 편성된 부대들의 소행이었다. 우리가 아는 한 이러한 비행들이 군 지휘부에 의해 제지되거나 처벌된 경우는 없었다. 비정규 단체들은 무장 해제되거나 해체되기는커녕 그들의 활동에서 정규군 부대의 지원을 받았고 그들과 손을 잡고 협력했다.[42]

적십자사가 이즈미트 반도의 무슬림 촌락들의 초토화에 관해 보고하는 가운데, 흑해 연안 비점령지인 폰투스 지역에서는 무슬림 준군사 조직들이 보복 살해를 자행하고 있었다. 여기서 폰투스계 그리스인들에 대한 만행은 1921년 8월 초, 트라브존과 삼순에 대한 그리스 쪽의 현명치 못한 해상 포격으로 촉발되었는데, 이는 제2의 전선이 열릴지도 모른다는 터키 쪽의 불안감만 고조시킨 공격이었다. 이에 대응하여 케말파는 그 지역에서 '신뢰할 수 없는' 기독교도들을 제거하기로 했다. 악명 높은 군벌 '토팔' 오스만'Topal' Osman이 이끄는 민병대가 흑해 연안을 따라 있는 그리스인 촌락을 습격하여 1만 1,000명가량의 주민을 살해했다.[43]

오스만은 발칸전쟁에 자원한 역전의 용사였고 그때 부상을 당했다(그로써 '토팔' 오스만, 즉 '절름발이' 오스만이라는 별명도 얻었다). 대전 기간 동안 CUP의 '특별 기구'에서 핵심 역할을 한 그는 무수한 아르메니아인의 죽음에 직접적인 책임이 있었다. 전후 그 지역의 무력 분쟁은 그와 그의 부하들에게 종족 청소 작전을 이어갈 기회를 제공했다. 1921년 총과 도끼로 무장한 오스만과 그의 부하들이 마을을 공격했을 때 가까스로 살아남은 한 폰투스계 그리스인은 이렇게 기억했다. "그들은 마을 한가운데에 사람들을 모았다. 아이들은 따로 떼어놓았다. 그들은 옷을 벗긴 다음 아이들을 우물에 내던졌다. 그러고는 그 위에 돌을 던졌다. 우물에서 신음 소리가 들려왔다. 그들은 교회와 학교, 헛간에 노인들을 가득 밀어넣은 다음 불을 질렀다."[44] 그 일대의 여타 지역에서는 에민 소령과 케말 베이 대령 휘하의 특수 부대가 특히 1921년 7월의 바프라 학살을 비롯해 유사한 잔학 행위를 저질렀다.[45]

비록 앙카라 정부는 '학살을 중단'하고 대신 (비非살인) 강제 추방에 초점을 맞추라고 명시적으로 지시했지만 폭력은 몇 주 동안 수그러들지 않았다.[46] 근동구호위원회는 당시 한 보고서에서 3만 명의 폰투스계 그리스인 추방자 가운데 약 8,000명이 학대로 사망했다고 추정했다.[47] 현지 공동체에서 결성된 그리스인 게릴라 집단도 산 속에 숨어 지내며 수시로 촌락을 습격하여 무슬림 민간인을 살해하는 등 같은 식으로 대응했다.[48] 그리스 쪽의 저항이 강경해지고 터키 쪽의 손실이 커져감에 따라 폰투스계 그리스인이 그리스로 떠날 수 있는 항구까지 안전 통행을 보장하는 휴전이 합의되었고, 이로써 적어도 기원전 700년 이래로 흑해 지역에 존재해온 공동체가 사라지게 되었다.[49]

그사이 아테네와 스미르나에서 그리스 군사 전략 기획가들은 아나톨리아 원정이 성공을 거두려면 신속히 종결되어야 한다는 데 뜻을 같이했다. 1921년 늦여름에 그리스군은 넓은 영역―스미르나, 에스키셰히르, 아피온카라히사르 사이 삼각지대―을 장악하고 있었지만 보급선은 이제 황무지까지 수백 킬로미터에 걸쳐 있었다. 더욱이 점령지는 터키 정규군과 비정규 반군 양측의 침입에 방어가 불가능했다. 설상가상으로 케말 군대에 맞서 결정적 타격을 가하는 데 실패한 군 지도부는 일반 사병들 사이에서 급속한 환멸을 불러일으키고 있었다. 그런 병사들 가운데 한 명은 1921년 여름과 1922년 가을 사이 군사적 교착 상태 동안 일기에 이렇게 적었다. "앙카라를 함락하는 대신 우리는 지금 아나톨리아에서 제 무덤을 파고 있다."[50]

그리스 장군들이 여전히 터키군을 어떻게 패배시킬지 고민하고 있는 동안 케말은 그리스를 정치적으로 더욱 고립시키는 데 성공했다. 1921년 3월에, 그리고 다시 그해 10월에 파리 정부와 터키국민운동 간에 강화 조약들이 체결되어 킬리키아에서 분쟁이 종식되었고, 케말은 킬리키아에서 약 8만 명의 병력을 이전하여 그리스 침공군을 상대할 수 있게 되었다.[51]

프랑스의 사실상 아나톨리아 철수는 아테네가 더이상 서방 연합국의 절대적 지지에 의지할 수 없다는 뜻이었다. 영국은 계속해서 아테네에 따뜻한 격려의 말을 보냈지만 일체의 물적 지원은 중단했다. 그러므로 1922년 초에 전세는 점차 그리스 쪽에 불리하게 기울었다. 아테네는 아나톨리아에서 여전히 17만 7,000명이라는 무시 못할 전력을 보유했지만 더이상 전쟁을 계속해나갈 수단과 의지가 없었다.[52]

남부와 동부 아나톨리아에서 온 병력과 총동원령에 따라 입대한 신병들로 증강되고 활기를 되찾은 케말의 군대는 소련이 제공한 무기를 가지고 1922년 8월 26일 공격을 개시했다. 4일 뒤에 아피온(아피온카라히사르) 주변 그리스 방어선은 260문 이상의 포와 보병, 기병의 지속적인 공격에 무너졌다. 새로운 방어선을 구축할 수 없었던 그리스군은 혼란에 빠진 한편, 소아시아 그리스군의 무능한 사령관 게오르기오스 하차네스티스Georgios Hatzanestis는 지나치게 확대 배치된 군대에서 멀리 떨어진 스미르나 기지에서 지시를 내리겠다고 고집을 피웠다. 중앙 아나톨리아의 그리스 병사들 사이로 패닉이 확산되었다. 많은 병사들이 명령을 무시하고 허겁지겁 후퇴했다. 서부 아나톨리아 해안으로 퇴각하는 긴 시간 동안 군 규율의 붕괴는 터키 민간인을 상대로 한 야만적인 보복 행위로 나타났다. 그리스 병사들은 우샤크, 알라셰히르, 마니사를 비롯해 촌락들을 가루로 만들어, 그 지역 한 가톨릭 선교사는 "그리스인은 이제 터키의 야만성을 말할 권리가 없다"고 지적할 정도였다.[53]

수만 명의 그리스 병사들이 자신들을 안전한 곳으로 실어다줄 배에 오르기 위해 해안을 향해 서둘러 돌아오는 가운데 급조된 철수 작전이 실시되었다. 그들의 철수로 1897년과 1918년 사이 일어난 전쟁들을 다 합친 것보다 그리스에 더 큰 인명 피해를 야기한 군사 작전이 막을 내렸다. 소아시아 원정 동안 그리스군의 병력 손실은 전사 2만 3,000명에 부상 5만 명에 달했고, 여기에 포로로 붙잡힌 1만 8,000명이 추가되었다. 이는 현대 그리스 역사상 최악의 군사적 패배였다.[54]

병사들은 아나톨리아에서 소개된 반면, 아나톨리아의 기독교도 민간인은 그렇지 못했다. 퇴각하는 군대를 따라 서부 아나톨리아 전역의 마을에서 온 수만 명의 난민들이 스미르나에 도착하고 있었다. 9월 초에 이르자 수천 명의 그리스계 사람들이 거리와 공원에서 노숙해 도시는 거대한 난민 캠프를 닮아 있었다. 터키의 보복 앞에 그들이 보호를 바라며 희망을 건 대상은 항구 앞바다에 정박한 연합국 선박과 병사들이었다. 그들이 몰랐던 것은 연합국이 그리스−터키 갈등에 군사적으로 개입할 의도가 전혀 없었다는 사실이다.

그리스 당국도 서부 아나톨리아에서 기독교도 민간인의 대량 탈출을 돕기를 꺼렸다. 9월 1일 스미르나의 고등판무관 아리스테이디스 스테르기아디스는 기밀 명령을 내려 도시의 모든 그리스인 행정관들에게 짐을 꾸리고 소개에 대비할 것을 지시했지만, 스미르나의 기독교도들한테는 걱정할 것 없다고 공개적으로 안심시켰다. 스미르나에서 민간인을 일부만이라도 소개시키길 거부한 한 가지 이유는 모든 것을 잃고 정치화된 난민이 아테네에 대거 유입되면 혁명을 촉발할까봐 두려워한 탓이었다. 스테르기아디스가 터키군이 스미르나를 함락하기 며칠 전에 언급한 대로였다. "그들이 아테네로 가서 모든 것을 뒤엎는 것보다는 여기에 남아서 케말한테 학살당하는 게 차라리 낫다."[55] 스테르기아디스 본인은 9월 8일 아침 일찍 영국 선박을 타고 스미르나를 떠났다. 스미르나는 내버려졌고, 그곳의 기독교도 주민들과 난민들은 진격해오는 터키 정규군과 비정규군의 자비를 바랄 수밖에 없는 처지에 놓였다. 이 책의 도입부에 묘사된 대로 그러한 바

람은 곧 잘못된 것으로 드러난다.[56]

　1만 2,000명에서 3만 명으로 추정되는 기독교도가 살해되며 스미르나가 혼돈 상태로 빠져드는 동안 미틸레네와 키오스 섬으로 소개된 그리스 병사들은 패전에 책임이 있다고 여긴 아테네 정부에 반발하여 군사 반란을 일으켰다. 1922년 9월 24일 제1집단군의 지휘관 스틸리아노스 고나타스 대령Stylianos Gonatas과 터키인들한테서 '사탄의 군대'라는 별명을 얻은 엘리트 부대 에브조니 연대를 통솔한 니콜라스 플라스티라스Nikolas Plastiras 대령이 주도한 쿠데타가 일어났다. 상선과 전함이 뒤섞인 선단에 몸을 싣고 아테네로 간 쿠데타 세력은 콘스탄티노스 국왕의 퇴위와 의회 해산, 터키군과의 싸움이 계속되고 있던 동부 트라키아 전선에서의 즉각적 병력 증강을 요구했다. 9월 27일, 콘스탄티노스는 실제로 퇴위 요구를 받아들여 아들 게오르기오스 2세에게 왕위를 물려주고 시칠리아로 떠나 이듬해 1월 그곳에서 죽었다. 베니젤로스파는 다시 권력을 잡은 한편, 전 총리 디미트리오스 고우나리스와 소아시아 그리스군의 무능한 마지막 사령관 하차네스티스를 비롯해 소아시아 참사에 책임이 있다고 여겨진 6명의 대표적 왕당파는 사형 선고를 받고 처형되었다.[57]

　그리스 신정부는 1922년 10월 11일 무다니야에서 케말 정부와 정전 협정에 서명했다.[58] 정전 조건은 터키에 동부 트라키아를 넘기고 그리스 잔존 병력과 현지 정교 주민들은 2주 안으로 소개할 것을 명령했다. 다음은 〈토론토스타〉의 해외 통신원 어니스트 헤밍웨이가 기록으로 남긴 소개 과정이다.

　　암소와 수소, 진흙투성이 물소가 이끄는 수레와, 수레가 실어나르는 짐 옆에서 머리에 담요를 뒤집어쓴 채 빗길을 따라 무턱대고 비틀비틀 걸어가는 지친 남녀노소의 행렬이 30킬로미터에 걸쳐 이어졌다. (…) 온종일 나는, 갈색빛 황량한 트라키아 구릉지대를 가로질러 언덕길을 따라 걸어가는, 세찬 바람에 얼굴이 거칠어지고 수염도 깎지 않고 지저분하고 지친 병사들을 지나쳐 갔다. (…) 그들은 그리스라는 영광의 마지막이었다. 이것이 제2의 트로이 포위전의 결말이다.[59]

그리스 원정의 실패는 그 지역을 넘어서는 파장을 일으켜 연합국 진영 내 베니젤로스의 최대 지지자였던 로이드 조지의 실각을 가져왔다. 1922년 9월, 케말의 병력이 다르다넬스 해협의 중립지대로 점차 좁혀오는 가운데 영국군과 터키군 사이 직접적 군사 충돌이 임박해 보였다. 로이드 조지는 전쟁에 나설 각오였지만 본국과 국제 정치 무대 양쪽에서 대체로 고립되어 있었다. 영국이 자치령에 군사적 지원을 요청했을 때 캐나다와 오스트레일리아는 지원을 거절한 한편, 남아프리카는 아무런 공식 답변을 내놓지 않았다. 런던에서는 보수당이 전쟁에 확고히 반대하는 여론에 굴복하여 내각에서 빠지겠다는 의사를 표명했다. 그러므로 이른바 '차나크 위기'의 최대 패자는 열강의 전시 지도자 가운데 여전히 자리를 지키고 있던 마지막 인물 로이드 조지로서, 그의 연립 내각은 1922년 10월 19일 붕괴했다.[60] 결국 소아시아에서 적대 행위를 끝내는 임무는 뒤이어 들어선 앤드루 보나 로Andrew Bonar Law의 보수당 내각에 떨어졌다. 로가 다시 임명한 외무장관 커즌 경은 스위스 로잔 시에서 회의를 개최했을 때, 새 내각의 첫 주요 도전 과제에 직면했고, 결국 그곳에서 앙카라 신정부와의 항구적 강화가 마침내 체결되었다.

로잔에서 커즌과 프랑스 외무장관 레몽 푸앵카레Raymond Poincaré는 대전에서 승리한 열강을 대표했지만, 1919년 파리에서와 달리 그들은 이제 터키 대표단과 직접 협상하고 있었다. 여기에 불가리아의 총리 알렉산드르 스탐볼리스키와 새로 임명된 이탈리아 총리 베니토 무솔리니, 그리고 소비에트 외무인민위원 게오르기 치체린Georgi Chicherin 같은 다른 수정주의 정치가들이 합세했다. 참석자들의 면면은 급격하게 변모한 유럽의 새로운 정치 현실을 분명히 반영했다.

협상에서 도출된 로잔 조약은 세브르 조약의 가혹한 조건들을 완전히 뒤집었기 때문에 터키에서 외교적 승리로 널리 환영받았다. 아나톨리아와 동부 트라키아는 터키 영토로 남는 한편, 아르메니아의 독립이나 쿠르드인의 자치권을 확립하려던 앞선 계획들은 보류되었다.[61] 그리스 대표단과 케말의 신뢰를 받는 장군(이자 장래 터키 공화국의 대통령으로서 그의 뒤를 잇는) 이스메트 이뇌뉘Ismet İnönü 장군은 양측 간 강화에 따라 '인구 교환'에도 합의했는데, 인구 교환은 사실 로잔 회의가 개최될 때 이미 한창 진행 중이었다. 총 120만 명의 정교도 아나톨리아인이 터키에서 그리스로 이송된 한편, 40만 명에 가까운 무슬림이 터키에 재정착되었다. 1923년 1월 20일에 서명된 '강제 인구 교환 협약'에 따라 종교가 이러한 '교환'의 유일한 기준이었다.

이것은 다종족 국가 내 소수집단을 법적으로 보호하려 한 1919년 소수집단 조약들의 지도 논리를 과격하게 뒤집은 셈이었다. 하지만 전례가 아예 없지는 않았다. 인구 교환은 발칸전쟁 당시 베니젤로스에 의해 처음 제안되었고, 다시금 뇌이 조약 협상 기간 동안 소피아와 아테네는 서부 트라키아 영유를 둘러싼 장기 분쟁을 해소하기 위해 10만 명 정도의 '자발적' 인구 교환에 동의했었다.[62] 물론 현실적으로 많은 불가리아 난민들은 이 문제에서 선택의 여지가 없었지만, 로잔에서 승인된 인구 이동의 공공연하게 강제적인 성격은 로잔 조약을 이전의 어느 협정과도 다르게 만들었다.[63] 일각에서 볼 때 로잔 조약은 갈수록 대중적인 생각, 즉 '진정한' 민족 국가는 종족적이거나 종교적인 동질성의 원리 위에서만 수립될 수 있고, 이것은 거의 어떤 인적 희생을 치르고라도 달성되어야 한다는 생각을 확인시켜주었다.

로잔 조약이 체결되었을 때 오스만 제국 내 대다수의 그리스 정교도들은 극도로 힘든 상황 속에서 소아시아의 오랜 터전들을 이미 떠났다. 1922년 9월 중순에 스미르나의 군정 사령관 누레딘 파샤Nureddin Pasha는 서부 아나톨리아의 정교도 인구의 완전 소개에 2주의 기한을 설정했고, 나중에 이를 10월 8일까지 연장했다. 여기에서 유일한 예외 대상은 18세에서 45세 사이의 남성이었다. 그들은 남아서 노동 대대에서 복무하며, 그리스군이 퇴각하는 동안 파괴한 마을과 시를 재건해야 했다. 강제 노역에 동원된 이들 중 다수는 배후 내륙 지역으로 행군하는 과정에 사망했고, 특히 그리스 침공군에서 복무한 과거 오스만 제국 신민들과 메갈리 구상의 굳건한 지지자들로 여겨진 사제들과 교사들에게 조직적인 보복이 가해졌다. 호로스키오이(호로즈쾨) 출신 터키어 사용 그리스 정교도로서, 결국 이런 강제 노역에 끌려가게 된 에브리피데스 라파자니스Evripides Lafazanis가 나중에 기억한 대로 사제들과 교사들은 아나톨리아 내 그리스 민족주의의 명백한 주동자로 표적이 되었다. "악소스와 보우를라에서 온 남자 교사 여섯 명과 여자 교사 여섯 명, 사제 두 명과 찬송가 가수 두 명이 있었는데 (…) 그들은 그 사람들한테 석유를 들이붓고 산 채로 불태웠다."[64]

심지어 떠나는 것이 허락된 운 좋은 사람들에게도 미래는 대단히 불투명했다. 난민들 일부는 살로니카로 도망쳤고 일부는 아테네나 그리스 섬들로 갔다. 많은 이들이 이동 중에 죽었다. 살로니카로 도망쳤던 열 살짜리 소년은 나중에 이렇게 기억했다. "우리는 굶주렸다. 배는 급수를 위해서만 카발라에 잠시 기착했다. 나이가 많은 사람들과 어린이들 너덧 명이 죽었다. 그들의 시신은 바다에 던져졌다."[65] 생존자들은 지독히 힘든 상황에 처했다. 그리스에 있던 미국 적십자 대표 레인 로스 힐Lane Ross Hill은 살로니카의 처참한 생활 조건에 충격을 받았다.

> 난민은 살로니카 시에 7만 명, 주변 지역에 7만 명이 더 있다. 매일 100명에 가까운 난민이 죽어가고 있다. 캠프에는 말라리아가 창궐하고 식량, 의복, 의약품이 없다. 아픈 사람은 누구든 죽는다. (…) 난민들에게 7,500명분의 급식을 배급하는 살로니카의 유일한 무료 급식소에서는 매일 대규모 폭동이 일어난다. 급식을 받기 위해 사람들은 머리끄덩이를 붙잡고 넘어트리면서 서로 싸운다. (…) 최대의 비극 가운데 하나는 끔찍한 생활 조건을 더이상 견딜 수 없는 사람들의 자살이 속출한다는 점이다. 도시는 난민들로 넘쳐나며, 학교와 교회, 모스크, 대형 창고, 카페, 영화관, 폐허, 공립학교 복도, 기차역, 부두마다 난민들이 있다.[66]

상황은 아테네도 나을 것이 없어서 아테네 인구는 아나톨리아에서 대거 유입된 난민으로 인해 두 배로 불어났다. "이러한 급증 이전에 도시는 거의 졸음에 빠져 있는 것 같았다"고 당시 그리스 난민 재정착 위원회의 이사였던 헨리 모겐소Henry Morgenthau는 썼다. "이제 거리는 새로운 얼굴들로 북적거렸다. 낯선 그리스어 방언이 귀를 파고들었다. 소아시아 내륙에서 온 기이한 농민 복장이 눈길을 끌었다."[67]

1923년 로잔 조약은 이러한 강제 추방들을 사후적으로 승인했다. 중앙 아나톨리아에 남아 있던 정교도들은―총 19만 2,356명―다음 몇 달에 걸쳐 그리스로 이송되었고, 40만 명 정도의 루멜리아(발칸) 무슬림들이 에게해를 건너 반대 방향으로 갔다. 이러한 통계 뒤편에는 도저히 믿기 힘든 개인적, 집단적 수난사가 있었다. 그리스에서는 아나톨리아 난민들에게 이전에 무슬림이 거주한 땅을 내주어 그들에 대한 현지의 적대감을 키웠다. 재정착한 난민들 가운데 3만 명 정도는 터키어가 제1언어였다. 많은 난민들이 고용 기회와 사회적 지위 측면에서 차별을 받았다. 루멜리아 무슬림의 운명도 나을 것이 없었다. 상이한 생활양식과 억양, 관습으로 인해 아나톨리아의 다수 인구와 구분되는 그들을 새로운 이웃들은 두 팔 벌려 환영하지 않았다. 새로 정착한 난민 다수는 제1언어로 그리스어나 알바니아어를 썼다.[68]

그러므로 추방은 양국을 근본적으로 바꿔놓았다. 다종족적인 살로니카는 그리스적인 테살로니키가 되었다. 마케도니아 지방은 이제 압도적으로 그리스적이었다(그리스인 비율은 1912년에는 43퍼센트였는데 1923년에는 89퍼센트가 되었다). 아나톨리아에서 기독교도 주민이 지배적이었던 스미르나 시는 전적으로 무슬림만 거주하는 항구 도시 이즈미르가 되었다. '소아시아 파국'의 결과 450만 명의 인구가 4분의 1만큼 증가한 그리스는 그리하여 '전후' 시기의 마지막 패전국이 되었다. 재정 능력을 초과한 과다한 지출로 추후 여러 해 동안 속수무책이었던 아테네 정부는 극빈 가구에 적절한 주거나 위생 설비를 제공할 수 없었고, 그들 중 다수는 1920년대를 한참 지나서까지도 치료 가능한 질병으로 죽어갔다.[69] 그리스는 난민이 쇄도하는 국가가 완전히 붕괴하는 것을 막고자 잉글랜드 은행에 연달아 두 차례 긴급 차관을 요청했다. 메갈리 구상의 꿈은 미크라시아티키 카타스트로피mikrasiatiki katastrofi, 즉 '대파국의 악몽'으로 탈바꿈했다.[70]

그러나 로잔 협약은 그것이 명목상으로 적용된 그리스와 터키의 맥락을 한참 넘어서는 중요성을 띠었다. 협약은 국가 정부가 '타자성'에 근거하여 자국 시민을 대량 추방할 수 있는 합법적 권리를 실질적으로 확립했다. 그 것은 갈망하는 하나의 이상이자 유럽 육상 제국들 내의 대다수 사람들 이 — 그들의 온갖 다툼에도 불구하고 — 수 세기 동안 퍽 잘 대처해왔던 현실로서의 문화적, 종교적, 종족적 다원성을 치명적으로 약화시켰다.[71] 로잔은 소수집단 조약을 통해서 취약한 소수민족들을 보호하기로 한 서방 의 약속이 운명적으로 뒤집혔음을 알렸다.[72] 만약 1919년에 종족적 공존 이 여전히 보호할 만한 가치가 있는 것으로 여겨졌다면, 미래는 이제 민 족국가들이 평화롭게 살아가기 위한 일종의 선결 조건으로서 종족적 동 질성에 속한 것처럼 보였다. 비록 로잔 협약은 다양한 종교집단 간 집단 폭력을 방지하고자 작성되었지만 이런 논리를 동유럽에 적용하는 일은 파국으로 드러나게 된다. 패전한 중유럽 육상 제국들의 다종족적 영토들 에서 단일 종족적이거나 단일 종교적인 공동체라는 유토피아는 극단적 폭력을 통해서만 달성될 수 있기 때문이었다. 정말이지, 동유럽에서 수백 만 독일계 주민의 강제 추방이 완료된 1940년대 후반에 가서야 막을 내리 는 다음 25년의 역사가 바로 그런 경우였다.[73]

1918년과 1923년 사이 아나톨리아에서 전개된 상황을 아돌프 히틀러 보다 더 큰 관심을 가지고 지켜본 정치가도 별로 없었으니, 히틀러는 훗날 그와 무솔리니가 대전의 여파 속에서 대담한 저항과 의지력이 어떻게 서 방의 '침략'에 맞서 승리할 수 있는지를 보여주는 모델로서 무스타파 케말 을 우러러봤다고 술회한다. 히틀러는 연합국의 압력에 맞선 케말의 물러 서지 않는 항전을 칭송했을 뿐 아니라, 처참한 패전 뒤에 급진적으로 세속 적이고 민족주의적이며, 종족적으로 동질적인 민족국가를 건설한 그의 수 단을 모방하려 했다. 아르메니아인을 향한 CUP의 인종 학살적인 전시 정 책들과 케말의 무자비한 정교도 오스만 제국인 강제 추방은 나치의 사고

속에 두드러지게 등장한다. 그것들은 1939년 9월 1일 마침내 폴란드 침공으로 이어지는 세월 동안 히틀러의 계획과 꿈에 영감의 원천이자 본보기가 되었다.[74]

O 단결하는 한 독일 민족은 역사상 결코 패배한 적이 없다. 1918년의 분열만이 붕괴로 이어졌다. 그러므로 이 단합을 깨트리는 자는 누구든 이제 국민의 적으로서 절멸을 기대할 수밖에 없다.

_아돌프 히틀러, '독일 국민에 대한 포고' 1939년 9월 3일

Δ 우리는 1,000년을 이어온 우리 땅의 72퍼센트를 상실하며 트리아농에서 처참한 대접을 받았습니다. 뭔가를 소유하고 있던 사람은 모두 재산을 잃었습니다. 그리고 괜찮은 사람들은 전부 다 전선에 있을 때 유대인들이 여기서 혁명을 획책했고 볼셰비즘을 가져온 것입니다.

_미클로시 호르티, 1940년 7월 히틀러에게 보낸 편지에서

에필로그

'전후'와 20세기 중반 유럽의 위기

1923년은 유럽에 마침내 평화가 도래한 해일까? 상대적인 경제적 안정화와 더불어 국가 간 전쟁과 내전의 종식은 과연 그렇다고 가리킨다. 아나톨리아와 동부 트라키아에서 갈등을 종식시킨 로잔 조약이 체결된 뒤 1923년 후반부터 유럽 전반은 상대적으로 정치적, 경제적 안정기에 들어갔다.[1] 국제적으로는 새로운 관계 회복의 기운이, 독일의 배상금을 더 감당 가능한 것으로 만들고자 한 1924년 도스 안Dawes Plan, 독일이 서부의 새로운 국경선을 인정함으로써 베를린과 파리와의 긴장 관계를 개선한 1925년 로카르노 조약, 그리고 자위 차원을 제외하고는 외교 정책의 수단으로서 전쟁을 사실상 금지한 1928년의 켈로그—브리앙 협약 같은 협정들에 재빨리 구현되었다.[2] 국제 관계에서 이러한 상전벽해와도 같은 변화의 의미를 부각시키기라도 하듯, 로카르노 조약의 주요 설계자들—영국 외무장관 오스틴 체임벌린Austin Chamberlain과 독일과 프랑스 쪽 그의 동료 구스타프 슈트레제만Gustav Stresemann과 아리스티드 브리앙Aristide Briand—은 1925년과 1926년에 각각 노벨 평화상을 받았다. 국제적 관계 개선의 전반적 기후는 총리로서 베니젤로스의 끝에서 두 번째 임기(1928~1932) 동안 마침내 우호 조약Treaty of Friendship(1930)으로 이어진 앙카라와 아테네 간의 상징적 화해를 가능케 했다. 1919~1922년의 그리스–터키 전쟁 당시 파괴, 몰수된 재산의 보상을 둘러싼 논란 많은 쟁점을 해결했으며, 그 전쟁을 시작했던 베니젤로스는 심지어 아타튀르크를 노벨 평화상 후보로 추천했다.[3]

이러한 사태 전개에 발맞춰, 1920년대와 1930년대에 가장 중요한 국제 조직인 국제연맹은 전후 난민 위기가 초래한 문제들을 해소하기 위해 지칠 줄 모르고 노력한 한편, 산하의 다양한 기구들을 통해 보건, 마약 통제, 경제 협력, 노동 입법, 군비 축소, '백인 노예' 밀매(여성 인신매매 — 옮긴이) 방지 등의 분야에 상당한 공헌을 했다.[4]

그러나 이러한 고무적인 신호들에도 불구하고 1929년에 이르자 유럽은 이미 다시 한 번 위기와 폭력적 무질서로 빠져들었다. 1929년 10월 월스트리트의 주식 폭락으로 시작된 대공황은 다른 어떤 사건보다 유럽의 경제 회복과 국제 관계 개선의 짤막한 시대를 끝내는 데 커다란 역할을 했다. 미국 은행들이 유럽의 온건한 경제 회복을 재정적으로 뒷받침해온 대출금을 회수하면서 월스트리트 붕괴는 유럽에 즉각적인 연쇄반응 효과를 일으켰다. 독일의 경우가 특히 그랬는데, 상당한 규모의 미국발發 대출의 수혜자였던 독일의 사업 부문에서 대출금이 회수되자 다수의 회사들은 도산하거나 직원들을 해고할 수밖에 없었다. 1931년에 이르자 독일 노동력의 3분의 1은 실업자였고, 취업자 가운데 수백만 명도 위태로운 단기 고용 계약 상태였다.[5]

대전의 후유증에서 아직 완전히 회복하지 못했던 이웃 나라 오스트리아도 타격을 심하게 받았다. 오스트리아는 서방 강대국의 재정 지원에 의지해 생존을 이어가며 1920년대 내내 잇따른 경제 위기에 휘청거렸다. 대공황 이전에도 연간 실업률은 10퍼센트를 훌쩍 넘었고, 오스트리아 최대 은행 중 하나인 크레디트안슈탈트의 파산이 중유럽 전역의 금융 체제에 충격파를 불러일으키던 불황기 동안 더욱 높아졌다. 이미 경제적으로 허약한 불가리아와 헝가리도 월스트리트 붕괴에 심한 영향을 받았다.[6]

1929년 이후 유럽의 경제적, 정치적 위기는 민주주의에 얼마라도 남아 있던 신뢰를 치명적으로 약화시켰고, 서구 자본주의의 모든 병폐를 치유하고, 1918~1920년 유럽 패전국들에 부과된 부당한 조치를 뒤집을 신질서를 모색하는 움직임을 가속화했다. 민주주의를 '외래적이고' 원치 않게 채택된 정치 시스템이라고 규탄해온 극좌와 극우 정당들은 급진적 수단으로 조국의 경제적, 정치적 위기를 해결하겠다는 대중주의적 약속으로 갈수록 지지를 누렸다.[7] 이런 양상은 특히 독일에 해당되었는데, 여기서 경제 불황은 히틀러의 나치당을 정치권의 언저리에서 정중앙으로 혜성처럼 등장시켰다. 1928년 총선에서 히틀러는 고작 2.8퍼센트를 득표했지만 1932년 7월 연방의회 선거에서 37퍼센트 이상으로 늘어난다. 나치가 독일의 경제 위기와 정치 위기를 초래한 것은 아니었지만 그들이 그 주요 수혜자임이 곧 드러났다. 많은 투표자들이 갈수록 나치당을 공산당의 유일한 현실적 대안으로 바라보았는데 공산당 역시 동일한 위기의식에 대한 반응으로서 꾸준히 성장하고 있었던 것이다. 경제 위기와 격렬한 사회적 갈등을 조정하지 못하는 것처럼 보이는 자유민주주의의 무능은 1929년과 1932년 사이 히틀러의 선거 승리에 결정적이었다.[8]

유럽의 다른 지역들에서도 불황은 유권자들을 극단적 정당 쪽으로 밀어붙이고 정치가들이 '안정'과 '질서'의 이름으로 의회정치를 우회할 구실을 만들어냈다. 전후 세계는 '민주주의에 안전한' 곳이 될 거라는 우드로 윌슨의 낙관적 예견과는 반대로, 1918년 유럽에 수립된 대부분의 민주정은 결국 이런저런 권위주의 정권으로 교체되었다.[9] 불가리아에서는 이탈리아와 독일에서 영감을 받은 알렉산드르 찬코프가 이끄는 극우 인민사회운동의 세력이 커진 한편, 좌파 진영에서는 공산당인 불가리아 노동자당이 도시 지역에서 상당한 지지를 받았다.[10] 1934년 5월, 반왕당파 엘리트 민족주의 단체 '즈베노Zveno'가 다른 극우 집단들의 지지를 받아 쿠데타를 감행해 집권에 성공했다.[11] 신정부는 정당과 노동조합을 폐지하고, 검열을 도입했으며, 이탈리아 파시즘의 모델을 따라서 조합주의 국가를 추구하며 행정을 중앙집권화했다. 하지만 채 1년도 안 돼 즈베나리Zvenari는 쫓겨나고 정부는 보리스 3세와 그의 순종적인 총리 게오르기 키오세이바노프Georgi Kioseivanov 휘하 사실상의 독재 왕정으로 교체되었다.[12]

오스트리아에서는 일찍이 1933년에 엥겔베르트 돌푸스Engelbert Dolfuss 수상이 의회를 정지시키고, 좌파를 탄압하고 오스트리아 나치당을 금지시키는 등 독재 권력을 잡았다. 돌푸스가 1934년 7월 오스트리아 나치당의 쿠데타 시도 당시 살해되자 쿠르트 슈슈니히Kurt Schschnigg가 그의 뒤를 이어 계속 수상의 명령을 통해 통치하다가 결국 히틀러가 1938년 합병으로 오스트리아를 독일 제국에 강제로 흡수하기에 이른다.[13]

1930년대 중반에 이르자 권위주의 정권이나 다양한 형태의 노골적인 독재 정권은 중유럽과 동유럽에서 당연한 것이 되었고, 유럽 대륙의 미래를 가리키는 열쇠를 쥐고 있는 듯했다.[14] 그들의 공통분모는 한편으로는 의회 민주정과 서구 자본주의에 대한 근본적 반대이자, 또 한편으로는 반볼셰비즘이었다. 하지만 그들 사이에는 심대한 차이점도 존재했다. 예를 들어 폴란드에서는 1918년 조국을 독립과 민주주의로 이끌었던 요제프 피우수트스키가 1926년 군사 쿠데타를 일으켜 1935년 죽을 때까지 집권했다. 중유럽의 다른 많은 국가들과 달리 피우수트스키의 폴란드는 결코 파시스트 독재 국가가 아니었지만 1926년 전보다는 확실히 더 권위주의적이었다.[15] 이러한 권위주의 정권의 등장은 에스토니아와 1934년의 라트비아에서처럼 때로는 군사 쿠데타를 통해, 또는 불가리아와 유고슬라비아에서처럼 때로는 왕실의 개입을 통해 동유럽의 많은 후계 국가들에서 흔한 패턴이 되었다. 1929년 1월 의회 내 크로아티아 농민당 소속 여러 지도자들에 대한 저격 사건 이후, 유고슬라비아 국왕 알렉산드르는 의회를 해산하고 왕정 독재를 선포했다가 5년 뒤에 마르세유에서 암살당하는데, 이는 곧 임로와 우스타샤의 합동 작전이었음이 드러난다.[16]

1929년 이후 혼돈의 시대에는 폭력의 분출이 뒤따랐는데, 1917년과 1923년 사이에 이미 두드러진 역할을 했던 개인이나 집단이 저지른 경우가 많았다. 1923년과 1929년 사이에 물리적 폭력은 훨씬 덜 만연했지만 더 넓은 차원에서 폭력적 수사와 제복 정치, 길거리 싸움의 문화는 1920년대 내내 지속되었다. 좌파 쪽에서는 유럽의 다양한 공산당들이 소련을 넘어 볼셰비키 혁명을 수출하려는 꿈을 키운 한편, 모스크바는 코민테른이나 제3인터내셔널(1919~1943)을 통해 이들을 지배했다. 반대로 극우 진영에서는 나치의 돌격대SA: Strumabteilung나 헝가리의 화살 십자Arrow Cross, 오스트리아의 하임베어Heimwehr, 크로아티아의 우스타샤 같은 다양한 준군사 운동 조직들과 리투아니아 소총수 연합, 라트비아의 아이츠사르기Aizsargi, 에스토니아의 카이트셀리트Kaitseliit 같은 발트 국방의용군Baltic Home Guards이 1917년으로 거슬러가는 두려움, 바로 공산주의 혁명에 대한 사라지지 않는 위협에 무력으로 맞선다는 생각에서 번성했다.

대공황의 여파 속에서 비등하던 이러한 갈등들이 전투적 정치 세력 간의 잦은 충돌로 비화하는 가운데, 많은 나라들이 종전 직후 기간 동안 만연했던 내전과 유사한 상태로 돌아갔다. 예를 들어 바이마르 공화국 최종 국면에서 길거리 폭력은 약 400명의 사상자를 낳은 한편, 오스트리아에서 1934년 돌푸스 수상의 피살은 정치적 동기에 의한 폭력의 더 일반적인 급증을 가리켰다.[17] 불가리아에서의 상황은 더 심각하여, 이곳에서 폭력의 수위는 1920년대 내내 극단적으로 높았고 1930년대에도 계속 심화되었다. 공산주의와 반공주의 폭력과 탄압의 악순환과 더불어 불가리아는 전간기 내내 미결의 마케도니아 문제로 시달렸다. 1923년 스탐볼리스키 총리를 잔혹하게 살해하는 데 두드러진 역할을 하며 대담해진 마케도니아 임로는 무솔리니의 지지를 등에 업고 활동을 강화하여, 군인과 헌병대원 수백 명을 납치, 암살하는 등 1934년 이전에 유고슬라비아에서 460차례의 무장 작전을 실행했다.[18]

더 서쪽에서는 포르투갈과 에스파냐 역시 민주주의를 버리고 폭력 상태로 빠져들었다. 이미 1926년에 리스본에서 일어난 쿠데타는 처음에는 디타두라 나시오날Ditadura Nacional과 그 다음에는 안토니우 데 올리베이라 살라자르António de Oliveira Salazar 휘하 에스타도 누에보Estado Nuevo를 수립했고, 살라자르는 1932년부터 1968년까지 포르투갈을 지배하게 되었다.[19] 마드리드에서는 미겔 프리모 데 리베라Miguel Primo de Rivera 장군이 1923년 군사 독재를 수립하여 1930년까지 이어졌다. 1931년 군주정이 무너지자 에스파냐는 6년간 민주정으로 복귀하지만 1936년 2월부터 집권한 사회당과 공산당의 인민전선 연립 내각은 7월에 일어난 군부 쿠데타에 도전을 받기에 이른다. 곧 세계 각지에서 온 자원병으로 구성된 국제 연단의 지지를 받은 좌파 진영은 공화국 수호를 위해 결집하여 다음 3년 동안 프란시스코 프랑코 장군 휘하 민족주의 쿠데타 세력과 싸웠다. 나치 독일과 파시스트 이탈리아가 프랑코를 지원하고 에스파냐 좌파는 소련으로부터 얼마간 지원을 받으며, 국제사회가 이 갈등에 끼어들자 사태는 더 악화되었다. 50만 명 이상이 사망한 내전은 결국 프랑코의 승리로 끝났다.[20]

1930년대 후반에 이르자 1918년에 유럽 대륙에 발명된 신생국 가운데 단 두 나라―핀란드와 체코슬로바키아―만이 자유민주주의 국가로 남아 있었다. 하지만 체코슬로바키아는 히틀러가 1938년 주데텐란트를 병합한 뒤, 1939년 3월에 나머지 체코 영토를 점령하고 나서 점령지에 1918년 이전 합스부르크 지명인 보헤미아와 모라비아란 이름을 붙였을 때 사라졌다.[21] 한편 핀란드는 극한 폭력이 난무한 1939~1940년의 겨울 전쟁 동안 가까스로 독립을 지켜냈지만 모스크바 조약(1940)에서 영토 축소를 받아들여야 했다.[22]

그러므로 2차 세계대전 전야에 유럽에는 대전 전보다 민주주의 국가가 훨씬 적었다. 심지어 대전의 두 승전국 프랑스와 영국에서도 경제 불안정이 극단주의 운동의 부상을 초래했다. 진정한 권력 도전자는 아니었지만 오즈월드 모슬리Oswald Mosley의 영국 파시스트 연합은 1934년 인기 절정기에 5만 명가량의 회원을 자랑했다.[23] 프랑스에서는 극좌와 극우 양 진영이 갈수록 전투적으로 흘렀다. 왕당파 악시옹 프랑세즈Action Française와 극우 퇴역병 단체 크루아 드 푀 같은 준군사 조직이 급증했고 크루아 드 푀Croix de Feu의 경우, 1930년대 중반에 회원이 거의 50만 명에 달할 만큼 성장했다.[24] 영국과 프랑스는 정치의 급진화를 이겨내고 민주주의 국가로 살아남았지만, 1938~1939년에 양국이 직면하고 있던 국제 상황은 암울했다. 유럽의 독일과 이탈리아, 극동의 일본과 같이 재기한 수정주의 강국들은 1919년 파리에서 수립되었던 쇠약해진 국제 체제에서 그나마 남아 있던 것마저도 완전히 해체하려고 작정했다.

1939년 9월에 시작되어 1941년 전례 없는 규모의 지구적 갈등으로 변모한 전쟁에 불가피했던 점은 없었지만 그 중심의 핵심 쟁점들 다수—그리고 그 전쟁을 수행한 방식—은 대전의 최종 국면과 그 직후로 기원을 거슬러갈 수 있다. 1914년 이전의 유럽 대부분은 많은 국가들이 시민들에게 제공한 상대적인 법적 안전성과 안정성을 자랑했다. 신기하게도 1차 세계대전 동안에도 경찰에 의해 유지되는 국가의 폭력 독점은 전선에서 떨어진 방대한 영역에서 계속 지배적이었다. 1917년 러시아 2월혁명의 새로운 특징 가운데 하나는 전쟁의 압력이 이 시스템의 첫 주요 균열로 이어지고 이내 그 완전한 내파가 뒤따랐다는 점이다. 우리가 앞서 본대로, 1914년 이전 사회적, 정치적 갈등을 특징지었던 상대적인 제약이 사라진 채 새로운 행위자들의 폭력적인 권력 다툼을 가능케 한 것은 대전에서의 패배 그리고 전전 시스템의 붕괴였다.

이 시절의 첫 번째 숙명적 유산은 국제 갈등과 국내 갈등에 스며들어 결국 2차 세계대전 기간 동안 동부전선의 전쟁에서 절정에 달하는 새로운 폭력의 논리에 있었다. 1941년 개시된 나치 독일의 바르바로사 작전의 목적은 더이상 상대편 군대에 군사적 패배를 안기고 패배한 소련에 가혹한 강화 조건을 부과하는 데 있지 않았다. 그보다는 그 과정 속에서 정권을 파괴하고 상당한 비율의 민간인 인구를 말살하는 데 있었다. 중유럽과 동유럽의 모든 나라들에서 인종적으로나 정치적으로 바람직하지 않다고 여겨지던 자들이 제거될 터였다.[25] 식민지 세계의 이른바 '열등한' 주민들과 관련하여 더 오랜 전통을 갖고 있고, 발칸전쟁과 아르메니아 학살의 밑바탕에 자리잡은 이 논리는 1917년과 1923년 사이 다양한 갈등들에서 범유럽적인 돌파구를 마련했다. 이것은 16세기와 17세기 종교전쟁들 이래로 전투원과 비전투원을 구분하고, 적을 유스투스 호스티스(정당한 적대자)로 비범죄자화함으로써 무력 갈등을 순치하려 했던 유럽의 정책 결정자들의 오랜 야심을 급격히 뒤집는 것이었다.[26] 이 책에서 논의된 국내적, 국제적 무력 분쟁에서, 그리고 1930년대 중반부터 줄곧 일어난 내전과 국가 간 전쟁에서 상대방은 흔히 자비나 군사적 제약의 대상으로서 가치가 없는 범죄자가 되고 비인간화된 적으로 묘사되고 인식되었다. 1차 세계대전 동안 이미 흐려진 민간인과 전투원 사이의 구분은 이런 유형의 갈등에서 완전히 사라졌다. 1918년과 1923년 사이 기간 동안 그리고 다시금 1930년대부터, 무력 분쟁에서 살해된 민간인 수가 전사자 수를 일반적으로 능가했던 것은 우연이 아니다.

적의 비인간화와 범죄자화는 외부적 상대에만 국한되지 않았다. 그것은 다양한 모습의 내부의 적에게도 적용되었다. '적성 민간인enemy civilians'을 향한 이러한 새로운 태도에서 중심적인 것은, 유토피아적 신사회가 들어설 수 있기 전에 공동체에서 '이질적' 분자들을 깨끗이 제거해야 하고, 공동체의 균형에 해가 되는 것으로 여겨지는 자들은 박멸해야 한다는 인식이 널리 퍼졌다는 것이었다. 정치적 우파에서, 내부의 적이 일소된, 종족적으로 동질적인 민족 공동체만이 미래의 전쟁에서 승리할 수 있다는 믿음은 1917년과 1940년대 사이 유럽에서 급진 정치와 활동에서 널리 통용되는 강력한 요소였다. 이는 대전과 전후 갈등의 결과에 불만을 품은 나라들에서 특히 그랬다. 급진 좌파 진영에서, '정화된 공동체'라는 생각은 다른 의미를 띠었고 폭력은 주로 실제나 추정상의 계급의 적을 향했다. 그러나 소련에서 정치적 박해(궁극적으로 소련 성인 인구의 1퍼센트를 죽여 없앤 1937~1938년의 대숙청에서 절정에 달한) 역시, 스탈린은 1940년대 중반에서 후반에 일어날 거라고 예상한 장래 나치 독일과의 전쟁에서 잠재적 '제5열'과 믿을 수 없는 인구 집단들을 향했다.[27]

대전의 패전국들에서 횡행한 내부 폭력의 방향과 목적은, 전쟁의 승패는 1918년까지 확정적이지 않았고 중부 세력의 패배는 오로지 후방전선의 배신의 결과일 뿐이라는 널리 퍼진 믿음으로 유도되었다. 이 '배신'과 '마무리되지 않은 일'에 대한 언급은 흔했다.[28] 특히 나치 독일에서 1918년 11월의 사건들에 책임이 있다고 주장되는 집단들은 히틀러가 수상으로 임명된 순간부터 나치 테러의 희생양으로 두드러지게 등장한다. 히틀러가 국민을 전쟁에 대비시키기 시작하면서 1930년대 중반부터 테러는 더 체계적으로 자행되었다. 그는—그가 보기에 그리고 다른 많은 독일인이 보기에—후방전선의 소수의 혁명가들과 유대인들이 전쟁 수행 노력을 배신하고 군사적 붕괴를 야기했던 1918년 11월이 되풀이되는 것을 방지하겠다고 굳게 결심했다.

내부 배신에 대한 나치의 강박 관념은 1945년 봄에 연합군이 국경을 넘어 제국으로 진입하던 당시 수천 명의 탈영자들이나 이른바 '패배주의자'들이 총살당하거나 독일의 거리를 따라 늘어선 가로수와 가로등에 매달릴 때까지 뇌리를 떠나지 않았다. 하지만 대부분의 독일 병사들은 배신의 대가를 상기시키는 그러한 소름 끼치는 본보기가 필요하지 않았다. 붉은 군대의 보복에 대한 두려움과 명예를 지킨 죽음이 1918년의 재연보다 낫다는 믿음에 내몰린 독일 국방군은 최후까지 헛된 싸움을 계속하여, 결국 전쟁 마지막 3개월 동안 추가로 150만 명이 전사했다.[29]

이탈리아에서도 대전으로 거슬러가는 내부 분열에 대한 강박 관념은 폭력적으로 펼쳐져, 무솔리니 정권은 실제나 잠재적인 반체제 분자들을 검거하고, 폭력으로 겁박하고, 남부 이탈리아의 외딴곳으로 강제 이주시켰다. 게슈타포의 이탈리아 버전인 정치 경찰political police, 즉 1926년에 수립된 '폴폴PolPol'은 반체제 인물들의 편지를 감시하는 임무를 맡았던 반파시즘 탄압 자경 조직OVRA : Organisation for Vigilance and Repression of Anti-Fascism(오브라)과 손잡고 활동했다. 게슈타포와 유사하게 폴폴과 오브라는 다수의 밀고자를 고용했는데, 그들 중 일부는 협력을 강요받거나 재정적 유인을 통해 밀고자로 일하도록 설득된 과거 사회주의자나 공산주의자였다.[30]

폭력 논리의 존속은 과거 합스부르크 영토에서도 추적 가능한데, 그 지역의 복잡한 종족성을 폭력적으로 '분리un-mixing'한다는 조잡한 관념들은 전투적인 반볼셰비즘과 과격화된 반유대주의와 더불어 치명적인 유산을 남겼다. 1919~1920년 헝가리의 백색 테러는 특히 유대인에 대한 광범위한 포그롬을 통해서 대전이 끝난 뒤 그 나라에 쇼비니즘과 인종주의 분위기가 얼마나 만연했는지를 보여준다. 그런 분위기는 1930년대 초반과 1940년대 중반 사이에 되살아나 (그리고 한층 폭넓은 대중적 기반을 토대로) 더욱 맹위를 떨쳤고, 결국 나치의 조직적인 헝가리 유대인 학살에 일부 헝가리인들이 적극적으로 협력하기에 이른다.[31] 동일한 태도는 오스트리아에서도 감지되었는데, 여기서 전통적인 반유대주의와 반슬라브 정서는 대전 기간 동안 그리고 그 여파로 중동부 유럽의 유대인들이 빈으로 이주해 오면서 강화되어 짧막한 상대적 안정기가 1920년대 중반 경제 불황과 정치적 혼란으로 대체된 뒤 더욱 강도 높게 표면화된다.[32]

이런 종류와 수위의 폭력은 그 자체로 딱히 놀라운 것은 아닌데 1917~1923년의 폭력 행위자들은 1930년대와 1940년대 초반에 새로운 폭력의 악순환을 촉발할 자들과 흔히 동일했기 때문이다. 1930년대 독일과 오스트리아, 헝가리의 많은 파시스트들에게 1918~1919년의 경험들은 정치적 급진화의 결정적인 촉매와 일련의 정치적 의제들을 제공했고, 그 의제들의 실행은 1923년과 1929년 사이 상대적 안정기 동안 미뤄졌을 뿐이다. 종전 직후 시기 이름을 떨친 준군사 조직의 활동가들은 베테랑 파시스트 대원들이 무솔리니의 독재 정권에서 눈에 띄는 지위를 부여받았던 이탈리아뿐 아니라 중유럽 우파 독재 정권에서 재부상하게 된다.[33] 헝가리에서도 페렌츠 살러시 Ferenc Szálasi 같은 화살 십자의 대표적 일원들은 1918년 11월부터 1920년 6월 트리아농 조약 체결까지의 시기를 자신들의 '정치적 각성기'로 되풀이해서 지적했다. 1932년에, 전후 가장 악명 높은 헝가리 준군사 조직 지도자들인 팔 프로너이와 줄러 오슈텐부르그 Gyula Ostenburg 는 단명한 헝가리 국가파시스트당 Magyar Országos Fascist Párt을 창당했다. 히틀러가 1944년 살러시의 화살 십자에 권력을 넘겼을 때 프로너이는 새로운 민병대 설립을 도왔고, 이들은 1944년 12월과 1945년 2월 사이 부다페스트 전투 기간 동안 붉은 군대에 맞서 싸웠다.[34]

오스트리아에서도 종전 직후 시기의 무력 갈등과 1939년부터 시작되는 그 후속편 사이의 인적 연속성은 쉽게 확인된다. 예를 들어, 한때 준군사 조직 오버란트 리그의 티롤 지부 지도자였던 로베르트 리터 폰 그라임 Robert Ritter von Greim은 헤르만 괴링의 후임으로 독일 공군의 사령관이 되었다. 전후 시기 다른 오스트리아 준군사 조직원들도 2차 세계대전 동안 중책의 자리에 올랐다. 스티리아 하임베어의 급진화에 결정적으로 공헌한 한스 알빈 라우터는 나치가 점령한 네덜란드에서 친위대와 경찰 상급 지도자가 되었고, 그의 동포이자 친구인 에른스트 칼텐브루너 Ernst Kaltenbrunner는 1943년 라인하르트 하이드리히의 뒤를 이어 나치의 주요 테러 기구인 국가보안본부 RSHA: Reich Security Main Office의 수장이 되었다. 이들 모두에게 파시스트 독재는 묵은 원한을 갚고, 1918년의 수치스러운 패배가 볼셰비키 혁명 위협과 제국의 붕괴와 더불어 제기한 몇몇 이슈들을 '해결'할 기회를 제공했다.

물론 1918년 이후 준군사주의와 1930년대와 1940년대 초반의 다양한 파시스트 운동 간의 관계가 언제나 그렇게 단순명료하지만은 않았다. 종전 직후 시기의 저명한 많은 준군사 조직원들은 1918년에 헌신적인 반볼셰비키이자 반유대주의자였지만, 결국에는 자신들의 정치적 야심이 나치의 야심과 어긋난다는 것을 깨닫게 되었다. 1919년 이후에 히틀러와 친밀한 개인적 관계를 누렸던 (그리고 실제로 1923년 11월에 나치의 실패한 뮌헨 쿠데타에도 참여했던) 전 하임베어 지도자 에른스트 뤼디거 슈타렘베르크는 1930년대에 오스트리아 나치 운동에 반대하고, 자신의 전후 반유대주의를 '헛소리'로 거부했으며, 1938년 오스트리아 독립을 옹호하고 심지어 2차 세계대전 동안에는 영국군과 자유프랑스군에서 전투기 조종사로 복무했다.[35] 슈타렘베르크는 오스트리아의 국가적 '재생'을 위한 자신의 비전이 나치즘과 양립할 수 없음을 깨닫게 된 유일한 유명 준군사 조직원이 아니었다. 대전이 끝난 뒤 왕당파 지하조직 '오슈타라'를 창립하고 그 수장이 된 카를 부리안Karl Burian 대위는 결국 1944년 게슈타포에 체포되어 처형당함으로써 왕당파적 신념을 포기하지 않은 대가를 치렀다.[36] 심지어 독일에서도 과거 의용군 지도자들 다수가 숙청되었는데, 특히 1934년 6월 긴 칼의 밤Night of Long Knives(돌격대 수장 에른스트 룀을 비롯해 히틀러의 반대파를 대대적으로 숙청한 사건. 이로써 돌격대 대신 친위대가 나치 정권의 핵심 기구로 부상한다―옮긴이) 동안 당시 SA 지도부에 있었던 의용군 출신들이 여러 명 살해되기도 했다.

이는 물론 나치가 의용군을 1919년 파리의 강화 협상가들에게 영웅적으로 또 폭력적으로 공공연하게 맞선, 자신들의 정신적 선배로 기리는 것을 막지는 않았다. 하인리히 힘러와 라인하르트 하이드리히 같은 저명인사들은 비록 본인들은 1918년 이후에 제한적인 군사 활동만을 경험했을 뿐이지만 왕년의 의용군 전력을 강조했다. 제3제국에서 건립되는 최대의 기념비 가운데 하나가 1921년 5월, 슐레지엔 '성산Holy Mountain'에서 폴란드 반란군을 상대로 의용군 병사들이 격전 끝에 거둔 승리를 기리는 상부 슐레지엔 아나베르크 추도비라는 점은 시사하는 바가 크다. 의용군은 아나베르크 전투에서 '패전 속의 승리'를 통해 이후 1930년대부터 나치가 줄곧 실행하게 된 폭력적 수정주의를 구현했다.[37]

상실한 영토와 인구를 '수복'하려는 욕망으로 추동되는 바로 이런 조약 수정주의가 종전 직후 시기로부터 길이 지속된 두 번째 유산이다. 1923년 로잔 회의는 패전국이 승전국이 될 수 있음을 입증해 보였으니, 무스타파 케말이 오스만 제국의 '터키 핵심부'를 동질적이고 세속적인 민족국가로 전환시킨다는 목표를 달성함과 동시에 세브르 조약을 파기하는 데 성공했기 때문이다. 히틀러와 무솔리니는 케말의 '성공'과, 필요하다면 서방 제국주의에 맞서 전쟁도 불사한다는 태도에 감명을 받고 고무되었다. 1919년 수립된 국제 체제에 도전하겠다는 공동의 결의가 결국 에스파냐 내전에 대한 개입을 시작으로 베를린과 로마가 손을 잡게 만들었고, 이때 체결한 우호 조약(1936)이 전시 '추축Axis'의 기반을 이루게 된다.[38] 우호 조약은 이탈리아와 독일의 프로파간다에서, 오랫동안 억눌려왔지만 이제 다시 고개를 들고 있는 두 국가가 자신들이 세계적 열강 사이에서 정당한 자리를 차지하는 것을 막아온 공동의 적들에 맞서 힘을 합친 것으로 환영받았다.[39]

양국 간 동맹은 히틀러가 일본과 협정을 맺으면서 전 지구적으로 확대되었고 협정은 이내 '반코민테른 협정(방공 협정)'으로 알려지게 되었다. 일본인에 대한 인종적 편견에도 불구하고 히틀러는, 특히 일본과 독일 둘 다 파리에서 수립된 국제 체제의 제약을 벗어나는 길을 모색한다는 점에서 양국이 상호 보완적인 지정학적 이해관계를 갖고 있다고 보았다. 일본은 어떤 의미에서도 '파시스트'로 묘사될 수 있는 정권의 지배를 받지 않았지만 도쿄의 주도적 정치가들은 1930년대에 나치 독일과 파시스트 이탈리

왜 제1차 세계대전은 끝나지 않았는가

아와 얼마간 공통의 기반을 공유하게 되었다. 어쩌면 이 점이 가장 중요할 텐데, 여기에는 한편으로는 자유주의 정치 질서와 한편으로 소비에트 스타일 볼셰비즘에 대한 공통적인 이데올로기적 거부와 더불어 그 두 정치 질서에 대해 비非공산주의적 권위주의의 대안을 제시하려는 야심이 존재했다.[40] 더욱이 도쿄의 정치가들은 미국과 영국 자치령들이, 1919년 파리에서 일본 외교관들의 핵심 요구 사항 중 하나였던 국제연맹 규약에 '인종 평등' 조항을 집어넣는 것을 저지했던 사실을 잊지 않았다. 인종 평등은 19세기 후반에 일본이 극동의 경제적, 군사적 강국으로 부상한 이래 도쿄의 정치 의제 가운데 줄곧 상위를 차지해왔고, 1894~1895년 청일전쟁에서 중국을 상대로 그리고 10년 뒤 러시아 제국을 상대로 놀라운 승리를 거둔 뒤에는 더욱 중요해졌다. 1차 세계대전에서 승전국이 된 뒤에도 인종적으로 동등한 파트너로 인정받지 못한 점은 많은 일본인들을 몹시 화나게 했다.[41]

비록 베를린, 도쿄, 로마 간의 완전한 군사 동맹은 1940년 9월에 가서야 3국 협정(이후 헝가리와 불가리아 같은 다른 수정주의 국가들이 합세한다)을 통해서 공식화되지만, 세계의 다른 강대국들에 매우 분명하고 우려스러운 메시지를 처음 보낸 것은 우호 조약과 방공 협정이었다. 가장 완강한 수정주의 세력들이 얼마 남지 않은 파리강화조약의 잔재를 극복하기 위해 공동전선을 펴고 있다는 메시지를 보낸 것이다.[42]

유럽에서 전면전의 발발 가능성은 1930년대 중반 이후로 크게 증가했고, 히틀러나 무솔리니 어느 쪽도 그것이 어떤 긍정적인 일, 다시 말해 국민들 가운데 '인종적 정수'를 끌어내는 길이리라는 자신들의 굳은 믿음을 딱히 감추지 않았다. 두 사람은 서방과 소비에트 러시아와의 대심판의 날이 장기적으로 불가피하다는 데 뜻이 같았다. 무솔리니 본인은 1940년부

터 서방 연합국에 맞선 이탈리아의 참전을 '변함없이 진보를 저해해왔고 이탈리아 민족의 존재 자체를 위협해온 서방의 금권 정치와 반동적인 민주주의'에 대한 전쟁이라고 묘사했다.[43]

1919년 파리 평화 협정을 되돌리기 위한 히틀러의 첫 조치는 독일의 재무장을 개시하고 그럼으로써 베르사유 조약의 조항들을 공개적으로 무시하는 것이었다. 1936년 3월 독일군 병사들은 파리나 런던과 아무런 사전 협의 없이 비무장지대 라인란트로 진입했다. 2년 뒤 히틀러는 자신이 태어난 나라 오스트리아를 합병했고, 많은 오스트리아인들은 생제르맹 조약에 대한 이러한 '시정' 조치를 거리낌없이 열광하며 반겼다. 히틀러는 오스트리아 국경 바로 너머 그가 태어난 곳 브라우나우 암 인에 금의환향했고, 그가 빈으로 갔을 때 수천 명의 오스트리아인들은 헬덴플라츠에 모여 합병을 축하하며 다시금 그를 개선장군처럼 맞이했다.

1938년 합병 때까지 히틀러는 베르사유 조약의 규정들을 무효화하고도 아무런 제재를 받지 않았는데, 당시 많은 이들이, 심지어 서유럽에서조차 그의 조치들이 파리 평화 협정에서 강요된 부당한 처사에 대해 아주 불합리하지만은 않은 시정이라고 여겼기 때문이다. 히틀러가 1918년과 1919년에 수립된 다른 후계 국가들에 대한 공격을 시작하면서, 1938년 여름부터 비로소 이런 분위기가 바뀌기 시작했다. 1938년 9월 뮌헨 회담에서 영국과 프랑스는 나치 독일이 체코슬로바키아 주변부 영토로서 독일계 주민 약 300만 명이 살고 있던 주데텐란트를 병합하는 것을 허용했지만, 더이상의 영토 확장은 용인하지 않을 것임을 분명히 했다. 1938년 9월에 더 전면적인 전쟁은 가까스로 피할 수 있었지만, 히틀러는 공격적인 외교 정책을 포기할 생각이 없었다. 그 대신 그는 군비 확충 속도를 높이고 중동부 유럽 국가들에 추축 진영에 가담하라는 압박을 강화했다. 그 단계

왜 제1차 세계대전은 끝나지 않았는가

에 이르자 헝가리는 이미 독일과 무솔리니의 이탈리아에 바싹 다가섰다. 뮌헨 협정이 체결되고 1939년 9월 히틀러가 나머지 체코 영토를 점령함에 따라, 헝가리는 슬로바키아 땅 일부와 루테니아 전체의 반환을 요구하여 뜻을 이루었다. 히틀러가 동부에서 더 전면적인 전쟁을 감행하기로 결정함에 따라 헝가리 국가수반 미클로시 호르티가 유고슬라비아와 루마니아를 희생시켜 바나트 일부와 트란실바니아의 5분의 2를 되찾는 데 히틀러의 지지를 얻어냈을 때 부다페스트는 더 많은 영토를 획득했다. 이 수정주의는 베를린에 커다란 힘을 실어주었는데, 서방 연합국은 (그들이 체코슬로바키아를 배신할 때까지) 정의상 대전 후에 수립된 국경선을 지지할 의무가 있었기 때문이다. 호르티와 무솔리니는 정도의 차이는 있어도 똑같이 히틀러를 두려워했고 독일의 군사력에 불안감을 품고 있었다. 하지만 본인들도 전후의 부당한 처사를 기반으로 정권을 세웠기에 그들이 나치의 궤도 안으로 포섭되는 것은 막을 도리가 없었다.

불가리아도 유럽의 다른 수정주의 세력을 따랐다. 차르 보리스는 전후 강화 조약 체제를 파괴하려는 나치의 목표에 동의하기는 했지만, 1938년까지는 불가리아의 중립을 유지하려 애썼다. 하지만 1938년 3월 오스트리아 합병과 11월 뮌헨 협정 이후 소피아 정부는 갑자기 친추축국 파벌로부터 상당한 국내적 압력을 받게 되었는데, 압력 집단들이 올바르게 지적한 대로 불가리아는 파리강화조약들의 영토 조항 수정으로 아직까지 혜택을 보지 못한 유일한 패전국이었던 것이다. 1939년 9월 2차 세계대전이 발발한 뒤 불가리아는 갈수록 독일 진영으로 쏠렸다. 1940년 9월, 독일이 루마니아를 압박해 크라이오바 조약을 체결하게 함으로써 소피아는 남부 도브루자를 수복했다. 1941년 봄에 불가리아는 공식적으로 추축국에 가담했고, 더 동쪽에서 벌어지는 전쟁에서 싸우도록 독일 국방군을 풀어주기

위해 마케도니아와 서부 트라키아, 동부 세르비아 일부 지역에 점령군을 파견했다.[44]

1939년에 시작되어 2년 뒤 지구적으로 확대된 유럽 전쟁의 중심에는 그러므로 양립 불가능한 정치 체제들 간의 무력 충돌뿐 아니라, 상실한 영토와 1918년 이후 '외세의 지배'하에 살아가던 소수집단들을 되찾으려는 움직임이 있었다. 히틀러와 나치에게 이 소수집단들의 반환은 지상 과제였고, 이는 부다페스트와 소피아 정부에도 마찬가지였다.[45] 헝가리 — 과거와 미래 독일의 전시 맹방 — 에 이제 루마니아, 체코슬로바키아, 유고슬라비아 치하에서 사는 300만 명에 가까운 마자르인은 반드시 바로잡아야 할 불의였다. 소피아도 1919년에 다른 나라들에 '상실한' 100만 명의 불가리아계 주민들에 대해 똑같은 심정을 느꼈다. 하지만 그와 동시에 팽창주의 — 독일과 이탈리아, 그리고 소련의 경우에 특히 그렇지만 일본의 경우도 해당된다 — 는 그 이상을 넘어서 그야말로 상충하는 신新제국적 프로젝트에 다름 아니었다. 유럽 안에서 이 신제국적 프로젝트의 충돌은 1918~1919년에 독립국이 된 중동부 유럽의 과거 제국 영토들에서 폭력적으로 전개되었다.[46]

일본의 경우에 주도적인 사업가 집단과 군부는 식민화와 경제 착취를 위한 안정적 지역을 확보하기 위해 북중국에서 영토 정복을 주창해왔다. 수년간 일본의 대기업들(자이바쓰)은 관동군이라는 강력한 군대의 보호를 받으며 만주 지방의 탄광과 철광석 매장지를 개발해왔다. 중국과의 관계가 악화되고 북쪽으로부터 소련의 위협이 커짐에 따라 만주에서 도쿄의 이해관계가 위험에 빠진 가운데, 대공황은 일본 경제에 심한 타격을 입혔다. 일본군은 관동군 우익 지도부의 부추김을 받아 1931년 9월 만주 전역을 장악하고 1932년 2월 괴뢰 국가 만주국을 수립했다.[47]

왜 제1차 세계대전은 끝나지 않았는가

만주 사변과 중국의 간곡한 지원 요청에 대해 서방의 보여준 우유부단한 대응은 다른 수정주의 국가들에 놓칠 수 없는 중요한 교훈을 주었다. 그들이 일으킨 사건들은, 얼핏 보면 멀리 떨어져 있지만, 1918년과 1920년 사이에 수립된 국제 체제에 대한 도전들이라는 동일한 네트워크의 일부였다. 무솔리니는 만주 사변에 대한 서방의 반응(그보다는 반응의 부재)을 도쿄의 선례를 따르라는 신호로 보고 지중해와 북아프리카에서 이탈리아의 영향력을 증대함과 더불어 이탈리아의 자그마한 식민지 유산(리비아, 소말리아, 에리트레아)을 제2의 로마 제국으로 확대하기 위한 더 공격적인 외교 정책을 채택했다.[48] 1932년 이탈리아 외무장관은 19세기 후반 제국주의 세력의 아프리카 쟁탈전 동안 식민지 치하에 들어가지 않은 몇 안 되는 아프리카 국가인 에티오피아(아비시니아) 정복 계획을 세우기 시작했다. 1935년 10월 이탈리아군은 에티오피아를 침공했고, 군사적 표적과 민간인 표적을 가리지 않고 무차별적인 독가스 공격과 공중 폭격을 한 끝에 이듬해 봄 승리를 거두었다.[49]

북중국에서 일본의 무력 팽창과 북아프리카와 지중해에서 무솔리니의 스파치오 비탈레spazio vitale의 꿈은 중동부 유럽에서 레벤스라움Lebensraum(둘 다 '생활공간'이란 뜻―옮긴이)을 개척하려는 히틀러의 야심과 기능상 동일했다.[50] 독일 민족을 위해 바르샤바와 우랄산맥 사이 영토에 '종족 청소된' 생활공간을 창출하고자 한 히틀러의 제국 프로젝트는 1차 세계대전 이전으로 거슬러가는 뿌리를 갖고 있었다. '동방'은 오랫동안 경제적 지배와 심지어 식민화를 위한 우선 지역으로 여겨졌다.[51] 1918년에 독일 제국을 (비록 단명지만) 주요 유럽 육상 제국으로 수립했던 브레스트리토프스크 조약은 동유럽을 가능성의 공간으로 보는 인식을 강화했다. '동방'을 늘어가는 독일 인구의 생활공간으로 보는 히틀러의 시각은 이렇게 널리 논의된 생각 중에서도 특히 극단적인 형태였는데, 자신들이 원치 않는 그 지역의 주민 수백만 명을 의도적으로 아사시키거나 죽이는 방식으로 전시에 실행되었다는 점에서 그렇다. 하지만 중동부 유럽의 넓은 공간에서 새로운 인종 질서를 폭력적으로 수립하려는 히틀러의 강박 관념도 과거의 사건들에 대한 히틀러의 독해의 직접적 결과물이었다. 만일 독일 제국이 대전 전에 그리고 대전 동안 동유럽을 '문명화'하고 영구적으로 복속하는 데 실패했다면 당시 선택된 수단들이 충분히 급진적이지 않았기 때문이라는 것이다. 미래의 전쟁은 1935년 처음 출간된 같은 제목의 책Der Totale Krieg 에서 루덴도르프가 지칭했던 것처럼 '총력전'이 되어야 할 터였다. 히틀러가 이해하는 의미에서 그 총력전이란 국내와 국외의 적 둘 다를 상대로 수행될 때만 승리할 수 있다.[52]

인종주의는 추축국 세 나라의 팽창주의와 제국 건설의 핵심에 위치했는데, 바로 그것이 '열등' 인종 — 그들이 슬라브인이든 중국인이든 아니면 아프리카인이든 — 이 사는 영토 정복과 적 민간인의 살상이나 강간을 정당화하기 때문이다. 대동아 '공영권'을 창출하겠다는 수사에도 불구하고, 일본 정권은 병사들이 한국과 중국 민간인들을 집단 학살하고 또 성적으로 학대하는 것을 허용했다.[53] 심지어 2차 세계대전이 발발하기 전에도 무솔리니는 새로운 정복지를 '평정'하는 수단으로서 에티오피아의 지식인과 전문가 집단을 일소하는 정책을 채택했다. 생물학적 인종주의는 확실히 독일에서 가장 멀리 나갔고, 전시 나치의 반유대주의는 독일에 점령된 유럽에서 유대인을 한 명도 남김 없이 살해하겠다는 야심에서 전무후무한 경우였다.[54]

1941년 6월 소련에 대한 기습 공격 뒤, 종족 청소된 동유럽 제국에 대한 히틀러의 비전은 국가 독립을 추구한 토착 세력의 움직임, 그리고 역시

1918년으로 거슬러가는 중동부 유럽에 대한 소련의 제국적 야심과 격렬하게 충돌하게 되었다. 종전 직후 레닌은 근래에 상실한 과거 차르 제국의 서부 영토 수복을 꿈꿨지만, 1920년 소련 정부가 에스토니아, 리투아니아, 라트비아와 어쩔 수 없이 강화 조약을 맺어 발트 지역에 대한 모스크바의 영유권을 사실상 포기했을 때 그 꿈을 잠시 접어야 했다. 몇 달 뒤인 1921년 3월, 소련과 폴란드 사이에 체결된 리가 조약은 서부 벨라루스와 동부 갈리치아, 볼히니아를 바르샤바에 넘겼다.[55]

그러나 그 밖의 곳에서 볼셰비키 정권은 대전의 마지막 몇 달 사이에 잠시 상실했던 영토를 수복하는 데 더 성공을 거두었다. 소비에트 러시아가 내전에서 빠져나올 무렵, 모스크바는 이미 아르메니아, 아제르바이잔, 조지아와 우크라이나를 되찾았다.[56] 하지만 볼셰비키의 야심은 거기서 그치지 않았다. 1939년 말에 이르자, 그해 8월에 체결된 독소 불가침 조약의 비밀 조항에 따라 스탈린은 발트 3국과 동부 폴란드에 지배권을 재수립하여 한때 로마노프 왕가가 지배하던 영토 가운데 계속해서 독립을 유지한 나라로 핀란드만을 남겨두었다. 1941년 이후 히틀러가 독소 불가침 조약을 위반하고 소련을 공격하여 바르샤바와 우랄산맥 사이에서 제국을 개척하려다 결국 실패하자, 스탈린은 의존 국가들을 세워 동구권을 수립하는 방식으로 소비에트 제국을 더욱 확대할 기회를 얻었다. 1918년 로마노프 제국이 영영 몰락한 지 고작 30년 만에 소련은 제정 러시아의 역사 그 어느 때보다도 더 크고 더 강력해졌다.[57]

그 시기를 살아낸 당대인들은 1917~1923년 시기와 2차 세계대전 간의 연속성을 이후의 많은 학자들보다 더 분명하게 이해했다. 2차 세계대전 이전과 당시의 대표적 정치가들은 자신들을 둘러싼 세계를 이해하려는 시도에서, 또는 자신들의 지정학적 야심을 역사적 맥락에 위치시키고 정당화하려는 시도에서 끊임없이 '전후' 시절을 돌이켜 언급하며 행동의 전거로 삼았다. 예를 들어, 파시이탈리아니디콤바티멘토(이탈리아 파시스트 전투단)의 창단 20주년을 기념한 1939년의 유명한 연설에서 베니토 무솔리니는 파시즘의 부상에서 전후 시대의 중심성과 전후의 투쟁에서 죽은 자들에 대한 기억을 행동으로써 기릴 필요성을 역설했다.

> 1919년 3월 23일 우리는 파시스트 혁명의 검은 깃발을 올리고 유럽 부활의 선구자로 우뚝 섰다. 참호의 용사들과 젊은이들이 이 깃발 주위로 몰려들어 전투단을 이루었다. 1789년의 사악한 영향력에서 인민을 자유롭게 하기 위해, 그들은 비겁한 정부들과 치명적인 동방의 이데올로기들에 맞서 행진하고 싶어 했다. 수천 명의 전우들이 이탈리아의 광장과 거리에서, 아프리카와 에스파냐에서, 진정으로 로마적인 의미에서 영웅답게 싸우다 이 깃발 주위에 쓰러졌다. 그들의 기억은 우리 마음속에 언제나 살아 있다. 어떤 이들은 전후 시절의 역경을 잊었을지 모르나[청중 가운데 누군가 '아무도!'라고 외친다] 스콰드리스티는 잊지 않았고, 잊을 수도 없다. [청중 가운데 누군가 '절대로!'라고 외친다].[58]

1년 남짓 뒤인 1940년 6월에, 이탈리아 병사들이 지중해와 북아프리카, 발칸 지역, 러시아에 배치되는 모습을 보게 될 전쟁에 추축국으로 가담하던 순간, 무솔리니는 다시 이 테마로 돌아가서 이탈리아의 외부의 적들을 상대로 묵은 빚을 갚음으로써 파시스트 국가 '혁명'이 곧 완수될 거라고 주장한다. 이탈리아가 곧 가담할 전쟁은 '우리 혁명의 논리적 발전 과정에서 한 단계일 뿐'인 것이다.[59]

히틀러도 연설과 상징적 제스처를 통해 거듭하여 '전후' 시절을 돌이키며 행동의 전거로 삼았다. 예를 들어, 1940년에 프랑스와의 정전 협정 서명을 1918년 11월에 독일이 패배를 인정했던 콩피에뉴 숲의 같은 열차 차량에서 하기로 한 그의 결정은 상징으로 충만한 행위로서, 그 의미는 전년도의 단치히와 서프로이센 합병과 같은 의미로 널리 이해되고 평가되었다. 총통은 대전이 끝난 뒤 독일에 가해진 역사적 불의를 바로잡고 있다는 것이었다.

발트 3국과 우크라이나에서도 2차 세계대전은 20년 전 붉은 군대에 맞서 싸운 전쟁의 기억을 불러왔다. 적어도 처음에는 그 지역의 많은 민족주의자들은 1941년 6월 소련을 상대로 한 독일군의 공세를 1918년에 처음 수립된 독립 국가로 복귀하는 신호탄으로 환영했다. 북쪽 핀란드에서는 1939년 붉은 군대의 공세 당시 총사령관으로 다시 임명된 카를 만네르하임이 핀란드 국방군에 대한 바로 첫 명령에서 그들 앞에 놓인 전쟁은 1918년에 시작되었던 무력 충돌의 연장일 뿐이라고 강조했다. "핀란드의 용맹한 병사들이여! 1918년에 그랬던 것처럼 우리의 숙적은 다시금 조국을 침략하고 있다. (…) 이 전쟁은 우리 독립전쟁의 마지막 장에 불과하다."[60] 결국, 겨울 전쟁은 그 이야기의 마지막 장이 아니었으니, 1941~1944년의 잔혹한 계속 전쟁(소련과 핀란드 간의 겨울 전쟁이 1940년에 종결된 뒤 1년 만에 양측 간에 다시 전쟁이 벌어졌기 때문에 '계속 전쟁'이라고 한다―옮긴이)이 뒤따랐기 때문이다. 오늘날까지 많은 핀란드 민족주의자들은 핀란드가 2차 세계대전에 참전한 게 아니라, 1918년과 1944년 사이, 상호 연관된 여러 에피소드들을 통해 격렬하게 전개된 국가 독립을 위한 무력 분쟁에 참여한 것이라고 주장한다.

위에서 인용한 무솔리니와 만네르하임의 발언들이 매우 분명하게 보여주듯, 당대인들은 대전이 끝날 때 그리고 그 즉각적 여파가 남아 있던 시기 동안, 역사적 발전을 동시적으로 끝장내거나 진척시키거나 개시하면서 유럽사에서 옛 구조를 무너트리고 새로운 구조를 만들던 그 시기 동안, 그토록 격렬하게 치러진 분쟁들의 쉬이 사라지지 않는 존재감을 느꼈다. 유럽 여러 국민들의 집단 기억 속에서 이 시기는 혁명적 혼란이나 국가적 승리, 또 다른 전쟁을 통해 되갚아야 한다고 인식되던 국가적 치욕의 시기로 부각된다. 그러므로 이 시기는 우리가 흔히 1939년 너머로 뻗어간 추후 폭력의 악순환의 논리와 목적을 이해하는 데 도움이 된다. 유고슬라비아의 경우, 그 유산들은 1990년대에도 여전히 감지되었다. 그때까지 대체로 요시프 브로즈 티토 덕분에 하나로 뭉쳐 있던 다중족 국가들은 잔혹한 내전으로 빠져들었고, 내전에 뛰어든 모든 행위자들은 스스로를 정당화하려 하면서 그 세기 전반기의 참상과 불의를 되풀이했다.

유럽의 해안가를 벗어나서도 대전의 유산들과 그 직접적 여파는 수십 년 동안 감지되었다. 1918년에 레닌과 윌슨의 자결권과 약소민족의 권리에 대한 발언은 극동부터 북아프리카에 이르기까지 어디서나 제국의 적들에게 영감을 불어넣었고, 막 등장한 탈식민 운동은 인종적 평등이나 자치권 아니면 전면적인 독립을 요구했다. 그러한 요구들은 대체로 무력과 맞닥뜨렸고, 전간기에 프랑스나 영국이 각자의 제국 내 모종의 식민지 소요를 진압하는 데 엮이지 않고 지나간 해는 거의 없었다. 비록 1939~1945년의 더 참혹한 또 다른 전쟁이 1950년대와 1960년대에 전 지구적 제국의 해체를 완료하는 과정을 불러왔지만, 그 기원들은 1918년의 '윌슨적 계기Wlisonian moment'와 그 직후 영국과 프랑스 제국의 추가적 확대와 일치한다.[61] 이러한 탈제국적 갈등 가운데 가장 끈질긴 것은 한때 오스만 제국에 지배되었던 아랍 지방을 괴롭히는 갈등으로 드러나게 된다. 여기서 폭력은 한 세기 가깝게 대단히 주기적으로 분출되고 있다. 대전 100주년에 시리아와 이라크에서의 내전, 이집트에서의 혁명, 팔레스타인 문제를 둘러싼 유대인과 아랍인 간의 격렬한 충돌이 뒤따르고 있는 데에는 섬뜩한 역사적 아이러니가 없지 않다. 이 갈등들은 대전과 그 직후의 여파가 제기했지만 해결하지 못한 이슈들 가운데 최소한 몇몇은 오늘날까지 우리한테 남아 있다는 증거를 제공하고 있는 게 아닐까?

자료
목록

도판 목록

(출판사는 저작권자와 접촉하기 위해 최선을 다했습니다. 오류나 누락이 있다면 추후 판에서 바로잡을 예정입니다.)

왜 제1차 세계대전은 끝나지 않았는가

19. 1919년 5월, '소비에트 공화국' 몰락 뒤 뮌헨 거리로 포로들을 앞세우고 행진하는 의용군 병사들과 정부군 병사들 (사진: National Library 'Cyril and Methodius', Sofia (C II 1292))

20. 1919년 11월 27일 뇌이 조약 서명 (사진: National Library 'Cyril and Methodius', Sofia (C II 1292))

21. 1923년 6월 반反바누 쿠데타 당시 체포된 스탐볼리스키의 하인 (사진: Süddeutsche Zeitung Photo)

22. 1992년 '로마 진군' 당시 무솔리니와 이탈리아 검은셔츠단원들 (사진: BIPs/Getty Images)

23. 1919년 부다페스트 한복판에서 루마니아군의 열병식 (사진: De Agostini/Getty Images)

24. 1919년 3월 오스트리아에서 반反체코 시위 (사진: Scherl/Süddeutsche Zeitung Photo)

25. 1920년 서프로이센에서 오는 독일계 난민들 (사진: Scherl/Süddeutsche Zeitung Photo)

26. 그리스-터키 전쟁 당시 아나톨리아 고원을 가로질러 진격하는 그리스군 보병들 (사진: Topfoto)

27. 1919년, 무스타파 케말과 참모부 (사진: Scherl/Süddeutsche Zeitung Photo)

28. 1922년 9월, 화염에 휩싸인 스미르나 (사진: Alamy)

29. 1922년 9월, 바다로 스미르나에서 도망치는 그리스인 난민들 (사진: Getty Images)

30. 1931년 부다페스트, 트리아농 조약 반대 시위 (사진: Scherl/Süddeutsche Zeitung Photo)

31. 1940년 6월, 독일이 정전협정에 서명했던 열차 차량이 프랑스 박물관에서 반출되고 있다 (사진: Bundesarchiv, Koblenz (Bild 146-2004-0147))

주

서문

1. 그리스의 스미르나 점령에 관해서는 이하를 보라. Evangelia Achladi, 'De la guerre àl'administration grecque: la fin de la Smyrne cosmopolite', in Marie-Carmen Smyrnelis (ed.), *Smyrne, la ville oubliée? 1830-1930: Mémoires d'un grand port ottoman* (Paris: Editions Autrement, 2006), 180-95; Michael Llewellyn Smith, *Ionian Vision: Greece in Asia Minor 1919-1922* (London: Allen Lane, 1973).

2. Marjorie Housepian Dobkin, *Smyrna 1922: The Destruction of a City* (New York: Newmark Press, 1998), 133-4에서 인용.

3. 스미르나 약탈에 관한 상세한 서술은 Giles Milton, *Paradise Lost: Smyrna 1922: The Destruction of Islam's City of Tolerance* (London: Sceptre, 2008)를 보라.

4. Daily Mail, 16 September 1922.

5. Ernest Hemingway, 'On the Quai at Smyrna', in 같은 저자, *In Our Time* (New York: Boni and Liveright, 1925). 헤밍웨이는 당시 콘스탄티노플을 근거지로 하고 있었다. Matthew Stewart, 'It Was All a Pleasant Business: The Historical Context of "On the Quai at Smyrna"', in *Hemingway Review 23* (2003), 58-71.

6. Martin Gilbert, *Winston Churchill*, vol. IV, part 3: April 1921-November 1922 (London: Heinemann, 1977), 2,070.

7. 스트루베는 Peter Holquist, *Making War, Forging Revolution: Russia's Continuum of Crisis, 1914-1921* (Cambridge, MA: Harvard University Press, 2002), 2에서 인용.

8. Peter Calvert, *A Study of Revolution* (Oxford and New York: Oxford University Press, 1970), 183-4.

9. 'Krieg im Frieden', Innsbrucker Nachrichten, 25 May 1919.

10. 아일랜드와 폴란드 간의 유사점은 Julia Eichenberg, 'The Dark Side of Independence: Paramilitary Violence in Ireland and Poland after the First World War', in *Contemporary European History* 19 (2010), 231-48; Tim Wilson, *Frontiers of Violence: Conflict and Identity in Ulster and Upper Silesia, 1918-1922* (Oxford and New York: Oxford University Press, 2010)를 보라.

11. 1917~1923년의 더 폭넓은 유럽의 위기가 예이츠의 생각과 작품 속에, 'The Second Coming'뿐 아니라 연작시 'Nineteen Hundred and Nineteen'(1921, 원래 제목은 'Thoughts on the Present State of the World')에 얼마나 두드러지게 나타나는지 지적해준 예이츠의 전기 작가 로이 포스터에게 감사한다.

12. 여러 저술 중에서도 이하를 참고하라. Pieter M. Judson, *The Habsburg Empire: A New History* (Cambridge, MA: Harvard University Press, 2016); John Boyer, 'Boundaries and Transitions in Modern Austrian History', in Günter Bischof and Fritz Plasser (eds), *From Empire to Republic: Post-World War I Austria* (New Orleans, LA: University of New Orleans Press, 2010), 13-23; Gary B.

Cohen, 'Nationalist Politics and the Dynamics of State and Civil Society in the Habsburg Monarchy 1867-1914', in *Central European History* 40 (2007), 241-78. Tara Zahra, *Kidnapped Souls: National Indifference and the Battle for Children in the Bohemian Lands, 1900-1948* (Ithaca, NY: Cornell University Press, 2008); Laurence Cole and Daniel L. Unowsky (eds), *The Limits of Loyalty: Imperial Symbolism, Popular Allegiances, and State Patriotism in the late Habsburg Monarchy* (New York and Oxford: Berghahn Books, 2007); John Deak, 'The Great War and the Forgotten Realm: The Habsburg Monarchy and the First World War', in *The Journal of Modern History* 86 (2014), 336-80; Maureen Healy, *Vienna and the Fall of the Habsburg Empire: Total War and Everyday Life in World War I* (Cambridge and New York: Cambridge University Press, 2004). 독일 제국에 관해서는 이제 고 전이 된 수정주의 역사서인 David Blackbourn and Geoff Eley, *The Peculiarities of German History: Bourgeois Society and Politics in Nineteenth-Century Germany* (Oxford and New York: Oxford University Press, 1984)와 Christopher Clark, *Iron Kingdom: The Rise and Downfall of Prussia, 1600-1947* (London: Allen Lane, 2006); and the essays in Dominik Geppert and Robert Gerwarth (eds), *Wilhelmine Germany and Edwardian Britain: Essays on Cultural Affinity* (Oxford and New York: Oxford University Press, 2008)를 보라.

13. Michelle U. Campos, *Ottoman Brothers: Muslims, Christians, and Jews in Early Twentieth-Century Palestine* (Stanford, CA: Stanford University Press, 2011), 1-19.

14. M. Sükrü Hanioğlu, *A Brief History of the Late Ottoman Empire* (Princeton, NJ: Princeton University Press, 2006), 187-8.

15. Nicholas Doumanis, *Before the Nation: Muslim-Christian Coexistence and its Destruction in Late Ottoman Anatolia* (Oxford and New York: Oxford University Press, 2013), 152.

16. 스페인 독감은 Howard Phillips and David Killingray (eds), *The Spanish Influenza Pandemic of 1918-19: New Perspectives* (London and New York: Routledge, 2003)를 보라. 봉쇄와 그 효과에 관 해서는 Nigel Hawkins, *The Starvation Blockades: Naval Blockades of World War I* (Barnsley: Leo Cooper, 2002); Eric W. Osborne, *Britain's Economic Blockade of Germany, 1914-1919* (London and New York: Frank Cass, 2004); C. Paul Vincent, *The Politics of Hunger: The Allied Blockade of Germany, 1915-1919* (Athens, OH: Ohio University Press, 1985); N. P. Howard, 'The Social and Political Consequences of the Allied Food Blockade of Germany, 1918-19', in *German History* 11 (1993), 161-88를 보라.

17. Peter Holquist, 'Violent Russia, Deadly Marxism? Russia in the Epoch of Violence, 1905-21', in Kritika: *Explorations in Russian and Eurasian History* 4 (2003), 627-52, 이 책 645.

18. 처칠의 발언은 Norman Davies, *White Eagle, Red Star: The Polish-Soviet War, 1919-20*, 2nd edition (London: Pimlico, 2004), 21에서 인용. 비교적이거나 초국적인 각도에서 혁명과 반혁명, 종족 갈 등을 탐구한 더 근래의 사례는 Robert Gerwarth and John Horne (eds), *War in Peace: Paramilitary Violence after the Great War* (Oxford and New York: Oxford University Press, 2012)이다. 주목할 만 한 예외는 선구적인 연구서 Sven Reichardt, *Faschistische Kampfbünde: Gewalt und Gemeinschaft im italienischen Squadrismus und in der deutschen SA* (Cologne, Weimar and Vienna: Böhlau Verlag, 2002)이다.

19. Michael Provence, 'Ottoman Modernity, Colonialism, and Insurgency in the Arab Middle East', in *International Journal of Middle East Studies* 43 (2011), 206; Dietrich Beyrau and Pavel P. Shcherbinin, 'Alles für die Front: Russland im Krieg 1914-1922', in Horst Bauerkämper and Elise

Julien (eds), *Durchhalten! Krieg und Gesellschaft im Vergleich 1914-1918* (Göttingen: Vandenhoeck and Ruprecht, 2010), 151-77, 이 책 151.

20. Balfour to Lord Walter Rothschild, 2 November 1917. 그 맥락에 관해서는 Provence, 'Ottoman Modernity', 206와 가장 최근의, Eugene Rogan, *The Fall of the Ottomans: The Great War in the Middle East, 1914-1920* (London: Allen Lane, 2015).

21. 이 전쟁들에 관해 추산하기는 어렵기로 악명 높지만 대략적 수치는 Davies, *White Eagle, Red Star*, 247를 보라. 이 책은 폴란드 병사 5만 명이 전사하고 20만 명이 다치거나 실종된 것으로 보고, 소련 측 사상자 수는 이보다 더 많다고 추정한다.

22. Michael A. Reynolds, *Shattering Empires: The Clash and Collapse of the Ottoman and Russian Empires, 1908-1918* (Cambridge and New York: Cambridge University Press, 2011); Alexander V. Prusin, *The Lands Between: Conflict in the East European Borderlands, 1870-1992* (Oxford and New York: Oxford University Press, 2010), 72-97; Piotr Wróbel, 'The Seeds of Violence: The Brutalization of an East European Region, 1917-1921', *Journal of Modern European History* 1 (2003), 125-49. Peter Gatrell, 'Wars after the War: Conflicts, 1919-1923', in John Horne (ed.), *A Companion to World War I* (Chichester: Wiley-Blackwell, 2010), 558-75; Richard Bessel, 'Revolution', in Jay Winter (ed.), *The Cambridge History of the First World War*, vol. 2 (Cambridge and New York: Cambridge University Press, 2014), 126-44, 이 책 138.

23. 이에 관한 논의로는 William Mulligan, *The Great War for Peace* (New Haven, CT, and London: Yale University Press, 2014)를 보라.

24. Richard Bessel, 'Revolution', 127.

25. Richard C. Hall, *The Balkan Wars, 1912-1913: Prelude to the First World War* (London and New York: Routledge, 2000).

26. George F. Kennan, *The Decline of Bismarck's European Order: Franco-Russian Relations, 1875-1890* (Princeton, NJ: Princeton University Press, 1981).

27. George L. Mosse, *Fallen Soldiers: Reshaping the Memory of the World Wars* (Oxford and New York: Oxford University Press, 1990). 유사한 주장들이 이탈리아와 유럽 전반에 관해서도 있었다. 이탈리아의 경우는 Adrian Lyttleton, 'Fascism and Violence in Post-War Italy: Political Strategy and Social Conflict', in Wolfgang J. Mommsen and Gerhard Hirschfeld (eds), *Social Protest, Violence and Terror* (London: Palgrave Macmillan, 1982), 257-74, 이 책 262-3를 보라. 유럽에 관한 더 일반적인 논의는 Enzo Traverso, *Fire and Blood: The European Civil War, 1914-1945* (New York: Verso, 2016)를 보라.

28. 조지 모스의 책에 대한 비판적 논의는 Antoine Prost, 'The Impact of War on French and German Political Cultures', in *The Historical Journal* 37 (1994), 209-17. Benjamin Ziemann, *War Experiences in Rural Germany, 1914-1923* (Oxford and New York: Berg, 2007); Dirk Schumann, 'Europa, der Erste Weltkrieg und die Nachkriegszeit: Eine Kontinuität der Gewalt?', in *Journal of Modern European History* 1 (2003), 24-43도 보라. 또한 Antoine Prost and Jay Winter (eds), *The Great War in History: Debates and Controversies, 1914 to the Present* (Cambridge and New York: Cambridge University Press, 2005)를 보라.

29. Robert Gerwarth and John Horne (eds), 'Vectors of Violence: Paramilitarism in Europe after the Great War, 1917-1923', in *The Journal of Modern History* 83 (2011), 489-512.

30. Robert Gerwarth and John Horne, 'Bolshevism as Fantasy: Fear of Revolution and Counter-

Revolutionary Violence, 1917-1923', in Gerwarth and Horne (eds), *War in Peace*, 40-51.

31. Wolfgang Schivelbusch, *The Culture of Defeat: On National Trauma, Mourning and Recovery* (New York: Holt, 2003).

32. Gerwarth and Horne, 'Vectors of Violence', 493.

33. 영국에 관해서는 Jon Lawrence, 'Forging a Peaceable Kingdom: War, Violence, and Fear of Brutalization in Post-First World War Britain', in *Journal of Modern History* 75 (2003), 557-89. 프랑스에 관해서는 John Horne, 'Defending Victory: Paramilitary Politics in France, 1918-26', in Gerwarth and Horne (eds), *War in Peace*, 216-33.

34. Hannah Arendt, *The Origins of Totalitarianism* (New York: Harcourt, Brace and Company, 1951), 260.

35. 이 테마에 관해서는, Wilson, *Frontiers of Violence*; Annemarie H. Sammartino, *The Impossible Border: Germany and the East, 1914-1922* (Ithaca, NY, and London: Cornell University Press, 2010). Eric D. Weitz and Omer Bartov (eds), *Shatterzones of Empires: Coexistence and Violence in the German, Habsburg, Russian, and Ottoman Borderlands* (Bloomington, IN: Indiana University Press, 2013); Gerwarth and Horne (eds), *War in Peace*; Reynolds, *Shattering Empires*.

36. John Paul Newman, 'Serbian Integral Nationalism and Mass Violence in the Balkans 1903-1945', in *Tijdschrift voor Geschiedenis*, 124 (2011), 448-63, 같은 저자, *Yugoslavia in the Shadow of War: Veterans and the Limits of State Building, 1903-1945* (Cambridge and New York: Cambridge University Press, 2015). 러시아에 관해서는 Holquist, 'Violent Russia', 627-52. 아일랜드에 관해서는 Matthew J. Kelly, *The Fenian Ideal and Irish Nationalism, 1882-1916* (Woodbridge: Boydell and Brewer, 2006).

1장

1. Robert Service, *Lenin: A Biography* (London: MacMillan, 2000), 256-64.

2. 위의 책.

3. 1916년 아일랜드 공화파에 대한 독일의 지원에 관해서는 Jerome aan de Wiel, *The Irish Factor 1899-1919: Ireland's Strategic and Diplomatic Importance for Foreign Powers* (Dublin: Irish Academic Press, 2008); Matthew Plowman, 'Irish Republicans and the Indo-German Conspiracy of World War I', in *New Hibernia Review* 7 (2003), 81-105를 보라. 지하드에 대한 지원은 Tilman Lüdke, *Jihad Made in Germany: Ottoman and German Propaganda and Intelligence Operations in the First World War* (Münster: Lit Verlag, 2005), 117-25; Rudolf A. Mark, *Krieg an Fernen Fronten: Die Deutschen in Zentralasien und am Hindukusch 1914-1924* (Paderborn: Ferdinand Schöningh, 2013), 17-42.

4. Jörn Leonhard, *Die Büchse der Pandora: Geschichte des Ersten Weltkriegs* (Munich: C. H. Beck, 2014), 654. Gerd Koenen, *Der Russland-Komplex: Die Deutschen und der Osten, 1900-1945* (Munich: C. H. Beck, 2005), 63ff.

5. Reinhard R. Doerries, *Prelude to the Easter Rising: Sir Roger Casement in Imperial Germany* (London and Portland: Frank Cass, 2000); Mary E. Daly (ed.), *Roger Casement in Irish and World History* (Dublin: Royal Irish Academy, 2005).

6. Willi Gautschi, *Lenin als Emigrant in der Schweiz* (Zürich: Benziger Verlag, 1973), 249-56; Helen

Rappaport, *Conspirator: Lenin in Exile* (New York: Basic Books, 2010), 286-98.

7. Christopher Read, *Lenin: A Revolutionary Life* (Abingdon and New York: Routledge, 2005), 30; Hélène Carrère d'Encausse, *Lenin: Revolution and Power* (New York and London: Longman, 1982); Service, *Lenin*, 109.

8. Service, *Lenin*, 137.

9. 위의 책. 135-42; Leonhard, *Pandora*, 652; Read, *Lenin*, 56ff.

10. Leonhard, *Pandora*, 652.

11. 위의 책. 이 시기 취리히와 스위스에 관해서는 Georg Kreis, *Insel der unsicheren Geborgenheit: die Schweiz in den Kriegsjahren 1914-1918* (Zürich: NZZ, 2014); Roman Rossfeld, Thomas Buomberger and Patrick Kury (eds), *14/18. Die Schweiz und der Grosse Krieg* (Baden: hier + jetzt, 2014).

12. 이 논쟁에 관해서는 David Priestland, *The Red Flag: A History of Communism* (London: Penguin, 2009), 52-60; Robert Service, *Comrades! World History of Communism* (Cambridge, MA: Harvard University Press, 2007), 36-57.

13. 1914년 당시 사회주의에 관해서는 고전적인 저작인 Georges Haupt, *Socialism and the Great War: The Collapse of the Second International* (Oxford: Clarendon Press, 1972).

14. Read, *Lenin*, 36-42.

15. Leonhard, *Pandora*, 654; Service, Lenin, 254ff.

16. Leonhard, *Pandora*, 655.

17. 위의 책; Service, *Lenin*, 260.

2장

1. '뜀뛰기'에 관해서는 고전적인 저작 Alexander Gerschenkron, *Economic Backwardness in Historical Perspective: A Book of Essays* (Cambridge, MA: Belknap Press of Harvard University Press, 1962) 가운데 특히 2장을 보라. Hans Rogger, *Russia in the Age of Modernization and Revolution, 1881-1917* (London: Longman, 1983), 102-7; Malcolm E. Falkus, *The Industrialization of Russia, 1700-1914* (London: Macmillan, 1972), 61-74.

2. Douglas Smith, *Former People: The Final Days of the Russian Aristocracy* (London: Macmillan, 2012), 21. 또한 W. Bruce Lincoln, *In War's Dark Shadow: The Russians Before the Great War* (London: Dial Press, 1983), 35; Orlando Figes, *A People's Tragedy: The Russian Revolution, 1891-1924* (London: Jonathan Cape, 1996), 88도 보라.

3. Smith, *Former People*, 25. 러시아 귀족 계급에 관해서는 Dominic Lieven, *Russian Rulers under the Old Regime* (London and New Haven, CT: Yale University Press, 1989). Elise Kimerling Wirtschafter, *Social Identity in Imperial Russia* (DeKalb, IL: Northern Illinois Press, 1997), 21-37; Andreas Grenzer, *Adel und Landbesitz im ausgehenden Zarenreich* (Stuttgart: Steiner, 1995); Roberta Thompson Manning, *The Crisis of the Old Order in Russia: Gentry and Government* (Princeton, NJ: Princeton University Press, 1983); Manfred Hildermeier (ed.), *Der russische Adel von 1700 bis 1917* (Göttingen: Vandenhoeck and Ruprecht, 1990); Seymour Becker, *Nobility and Privilege in Late Imperial Russia* (DeKalb, IL: Northern Illinois Press, 1985).

4. Anton Chekhov, *The Cherry Orchard*, in idem, *Four Great Plays by Anton Chekhov*, trans. Constance Garnet(New York: Bantam Books, 1958); Smith, *Former People*, 27.

5. 부닌의《수호돌》에 관해서는 Katherine Bowers and Ani Kokobobo, *Russian Writers and the Fin de Siècle: The Twilight of Realism* (Cambridge and New York: Cambridge University Press, 2015), 154ff; Smith, *Former People*, 57ff.

6. Rogger, *Russia*, 109-11; Smith, *Former People*, 29ff; Carsten Goehrke, *Russischer Alltag: Geschichte in neun Zeitbildern*, vol. 2 (Zürich: Chronos, 2003), 365-8.

7. Lincoln, *War's Dark Shadow*, 103-34; Smith, *Former People*, 29ff.

8. Dietrich Beyrau, 'Brutalization Revisited: The Case of Bolshevik Russia', in *Journal of Contemporary History* 50 (2015), 15-37, 이 책 20. 1905년 혁명의 다른 층위들에 관해서는 Toivo U. Raun, 'The Revolution of 1905 in the Baltic Provinces and Finland', in *Slavic Review* 43 (1984), 453-67; Jan Kusber, *Krieg und Revolution in Russland 1904-1906: Das Militär im Verhältnis zu Wirtschaft, Autokratie und Gesellschaft* (Stuttgart: Franz Steiner, 1997).

9. 이 시기 모스크바의 경찰 폭력에 관해서는 Felix Schnell, *Ordnungshüter auf Abwegen? Herrschaft und illegitime polizeiliche Gewalt in Moskau, 1905-1914* (Wiesbaden: Harrassowitz, 2006).

10. Anna Geifman, *Thou Shalt Kill: Revolutionary Terrorism in Russia, 1894-1917* (Princeton, NJ: Princeton University Press 1993), 18-21; Peter Holquist, 'Violent Russia, Deadly Marxism? Russia in the Epoch of Violence, 1905-1921', in *Kritika* 4 (2003), 627-52.

11. Leopold Haimson, 'The Problem of Stability in Urban Russia, 1905-1917', in *Slavic Review* 23 (1964), 619-42; and 24 (1965), 1-22. Michael S. Melancon, *The Lena Goldfields Massacre and the Crisis of the Late Tsarist State* (College Station, TX: Texas A&M University Press, 2006); Ludmilla Thomas, *Geschichte Sibiriens: Von den Anfängen bis zur Gegenwart* (Berlin: Akademie-Verlag 1982), 115ff.

12. Beyrau, 'Brutalization Revisited', 21; David Saunders, 'The First World War and the End of Tsarism', in Ian D. Thatcher (ed.), *Reinterpreting Revolutionary Russia: Essays in Honour of James D. White* (Basingstoke: Palgrave Macmillan, 2006), 55-71.

13. Figes, *People's Tragedy*, 3-6. Wayne Dowler, *Russia in 1913* (DeKalb, IL: Northern Illinois University Press, 2010).

14. Beyrau, 'Brutalization Revisited', 15-37.

15. 후자에 관해서는 Joshua Sanborn, *Drafting the Russian Nation: Military Conscription, Total War, and Mass Politics, 1905-1925* (DeKalb, IL: Northern Illinois University Press, 2003).

16. Heinrich August Winkler, *The Age of Catastrophe: A History of the West 1914-1945* (New Haven, CT, and London: Yale University Press, 2015), 19. 차리나에 관해서는 Detlef Jena, *Die Zarinnen Rußlands (1547-1918)* (Graz: Styria, 1999), 326-7를 보라.

17. David Stone, *The Russian Army in the Great War: The Eastern Front, 1914-1917* (Lawrence, KS: University of Kansas Press, 2015); 사상자 숫자는 Rüdiger Overmans, 'Kriegsverluste', in Gerhard Hirschfeld, Gerd Krumeich and Irina Renz (eds), *Enzyklopädie Erster Weltkrieg*, 2nd revised edition(Paderborn: Schoeningh, 2004), 663-6; 전쟁포로 숫자에 관해서는 Reinhard Nachtigal, *Kriegsgefangenschaft an der Ostfront 1914-1918: Literaturbericht zu einem neuen Forschungsfeld* (Frankfurt: Peter Lang, 2003), 15-19.

18. Beyrau, 'Brutalization Revisited', 22.

19. Peter Holquist, *Making War, Forging Revolution: Russia's Continuum of Crisis* (Cambridge, MA:

Harvard University Press, 2002), 30, 44.

20. 비밀경찰은 Smith, *Former People*, 65에서 인용.

21. Stephen Smith, *Red Petrograd: Revolution in the Factories, 1917-1918* (Cambridge: Cambridge University Press, 1983); Reynolds, *Long Shadow*, 43.

22. 2월혁명은 Helmut Altrichter, *Rußland 1917: Ein Land auf der Suche nach sich selbst* (Paderborn: Schöningh, 1997), 110-40; Manfred Hildermeier, *Geschichte der Sowjetunion 1917-1991: Entstehung und Niedergang des ersten sozialistischen Staates* (Munich: C. H. Beck, 1998), 64-80; Peter Gatrell, *Russia's First World War, 1914-1917: A Social and Economic History* (London: Pearson, 2005), 197-220; Rex A. Wade, *The Russian Revolution, 1917* (Cambridge and New York: Cambridge University Press, 2000); Stephen Smith, *The Russian Revolution: A Very Short Introduction* (Oxford and New York: Oxford University Press, 2002), chapter 1; Christopher Read, *From Tsar to Soviets: The Russian People and their Revolution, 1917-1921* (Oxford and New York: Oxford University Press, 1996); Tsuyoshi Hasegawa, 'The February Revolution', in Edward Acton, Vladimir Iu. Cherniaev and William G. Rosenberg (eds), *Critical Companion to the Russian Revolution 1914-1921* (London: Arnold, 1997), 48-61; Barbara Alpern Engel, 'Not by Bread Alone: Subsistence Riots in Russia during World War I', in *Journal of Modern History*, 69 (1997), 696-721; Allan K. Wildman, *The End of the Russian Imperial Army*, vol. 1: *The Old Army and the Soldiers' Revolt (March-April 1917)* (Princeton, NJ: Princeton University Press, 1980).

23. W. Bruce Lincoln, *Passage through Armageddon: The Russians in War and Revolution* (New York: Simon and Schuster, 1986), 321-5; Richard Pipes, *The Russian Revolution 1899-1919* (London: Harvill Press, 1997), 274-5; Rogger, *Russia*, 266-7.

24. Dominic Lieven, *Nicholas II: Emperor of all the Russians* (London: Pimlico, 1994), 226.

25. Wildman, *End of the Russian Imperial Army*, vol. 1, 123-4.

26. Lincoln, *Passage*, 327-31; Rogger, *Russia*, 266-7; Figes, *People's Tragedy*, 311-20.

27. Smith, *Former People*, 72; Lincoln, *Passage*, 331-3; Pipes, *Russian Revolution*, 279-81; Figes, *People's Tragedy*, 320-1.

28. Pipes, *Russian Revolution*, 307-17; Lincoln, *Passage*, 337-45.

29. Lincoln, *Passage*, 334-44; Figes, *People's Tragedy*, 327-49. Robert Paul Browder and Alexander F. Kerensky (eds), *The Russian Provisional Government 1917: Documents*, 3 vols (Stanford, CA: Stanford University Press, 1961); William G. Rosenberg, *The Liberals in the Russian Revolution: The Constitutional Democratic Party, 1917-1921* (Princeton, NJ: Princeton University Press, 1974), 114-16.

30. Marc Ferro, *October 1917: A Social History of the Russian Revolution* (London: Routledge and Kegan Paul, 1980).

31. Figes, *People's Tragedy*, 323-31; Smith, *Former People*, 73.

32. 레닌은 Service, *Lenin*, 268에서 인용.

33. Figes, *People's Tragedy*, 334-5; Pipes, *Russian Revolution*, 320-3.

34. Figes, *People's Tragedy*, 361-84.

35. Lincoln, *Passage*, 346-71; Altrichter, *Rußland 1917*, 166-70.

36. Joshua Sanborn, *Imperial Apocalypse: The Great War and the Destruction of the Russian Empire* (Oxford and New York: Oxford University Press, 2014), 205-11.

37. 위의 책, 209.

38. Andrejs Plakans, *The Latvians: A Short History* (Stanford, CA: Stanford University Press, 1995), 108.

39. Wildman, *End of the Russian Imperial Army*, 369; Mark von Hagen, *War in a European Borderland: Occupations and Occupation Plans in Galicia and Ukraine, 1914-1918* (Seattle, WA: University of Washington Press, 2007), 84-5.

40. Allan K. Wildman, *The End of the Russian Imperial Army*, vol. 2: *The Road to Soviet Power and Peace* (Princeton, NJ: Princeton University Press, 1987), 225-31; Sanborn, *Drafting the Russian Nation*, 173-4.

41. Figes, *People's Tragedy*, 423-35; Ronald G. Suny, 'Toward a Social History of the October Revolution', in *American Historical Review* 88 (1983), 31-52.

42. George Katkov, *The Kornilov Affair: Kerensky and the Breakup of the Russian Army* (London and New York: Longman, 1980); Harvey Ascher, 'The Kornilov Affair: A Reinterpretation', in *Russian Review* 29 (1970), 286-300.

43. 위의 책; Smith, *Former People*, 105.

44. 트로츠키에 관해서는 Isaac Deutscher, *The Prophet Armed: Trotsky, 1879-1921* (Oxford: Oxford University Press, 1954); Robert Service, *Trotsky: A Biography* (Cambridge, MA: Harvard University Press, 2009); Geoffrey Swain, *Trotsky and the Russian Revolution* (London and New York, 2014); Joshua Rubenstein, *Leon Trotsky: A Revolutionary's Life* (New Haven, CT, and London: Yale University Press, 2006).

45. Vladimir Ilyich Lenin, 'The State and Revolution', in Lenin, *Collected Works*, 45 vols (Moscow, 1964-74), vol. 25, 412ff. Winkler, *Age of Catastrophe*, 26-7.

46. Pipes, *Russian Revolution*, 439-67. 자치권 요구라는 도전에 관해서는 Andreas Kappeler, *Rußland als Vielvölkerreich: Entstehung-Geschichte-Zerfall* (Munich: C. H. Beck, 1993); Mark, *Krieg an fernen Fronten*, 131-4.

47. Figes, *People's Tragedy*, 462-3.

48. Orlando Figes, *Peasant Russia, Civil War: The Volga Countryside in Revolution, 1917-21* (Oxford and New York: Oxford University Press, 1989), 21-2; Graeme J. Gill, *Peasants and Government in the Russian Revolution* (New York: Barnes and Noble, 1979), 157-8; Altrichter, *1917*, 330-58.

49. Lincoln, *Passage*, 463-8.

50. Pipes, *Russian Revolution*, 492.

51. Leonhard, *Pandora*, 679; Hildermeier, *Geschichte*, 117; Rex A. Wade, 'The October Revolution, the Constituent Assembly, and the End of the Russian Revolution', in Ian D. Thatcher, *Reinterpreting Revolutionary Russia: Essays in Honour of James D. White* (London: Palgrave Macmillan, 2006), 72-85.

52. Pipes, *Russian Revolution*, 541-55.

53. Figes, *People's Tragedy*, 492-7; Alexander Rabinowitch, *The Bolsheviks in Power: The First Year of Soviet Rule in Petrograd* (Bloomington, IN: Indiana University Press, 2007), 302-4.

54. Smith, *Former People*, 118; Lincoln, *Passage*, 458-61; Pipes, *Russian Revolution*, 499.

55. Figes, *Peasant Russia*, 296-7.

56. Smith, *Former People*, 134; Gill, *Peasants*, 154.

57. Sean McMeekin, *History's Greatest Heist: The Looting of Russia by the Bolsheviks* (New Haven, CT,

and London: Yale University Press, 2009), 12-13, 24-5, 73-91. 한 지역의 사례 연구로는 Donald J. Raleigh, *Experiencing Russia's Civil War: Politics, Society and Revolutionary Culture in Saratov, 1917-1922* (Princeton, NJ: Princeton University Press, 2002).

3장

1. 브레스트리토프스크에 관해서는 Vejas Gabriel Liulevicius, *War Land on the Eastern Front: Culture, National Identity and German Occupation in World War I* (Cambridge and New York: Cambridge University Press, 2000), 204-7; Sanborn, *Imperial Apocalypse*, 232ff; 고전적인 저작인 Winfried Baumgart, *Deutsche Ostpolitik 1918: Von Brest-Litovsk bis zum Ende des Ersten Weltkriegs* (Vienna and Munich: Oldenbourg, 1966), 13-92도 보라.

2. Baumgart, *Deutsche Ostpolitik 1918*, 16.

3. 호프만의 설명은 Karl Friedrich Nowak (ed.), *Die Aufzeichnungen des Generalmajors Max Hoffmann*, 2 vols (Berlin: Verlag für Kulturpolitik, 1929), 이 책 vol. 2, 190. 브레스트리토프스크 조약안 작성에 관여한 또 다른 독일 고위 외교관의 설명은 Frederic von Rosenberg: Winfried Becker, *Frederic von Rosenberg (1874-1937): Diplomat vom späten Kaiserreich bis zum Dritten Reich, Außenminister der Weimarer Republik* (Göttingen: Vandenhoeck and Ruprecht, 2011), 26-40; Baumgart, *Deutsche Ostpolitik 1918*, 14를 보라.

4. Richard von Kühlmann, *Erinnerungen* (Heidelberg: Schneider, 1948), 523ff; Leon Trotsky, *My Life: The Rise and Fall of a Dictator* (New York and London: Butterworth, 1930); Nowak (ed.), *Die Aufzeichnungen des Generalmajors*, 207ff; Werner Hahlweg, *Der Diktatfrieden von Brest-Litowsk 1918 und die bolschewistische Weltrevolution* (Münster: Aschendorff, 1960); Christian Rust, 'Self-Determination at the Beginning of 1918 and the German Reaction', in *Lithuanian Historical Studies* 13 (2008), 43-6.

5. Ottokar Luban, 'Die Massenstreiks fuer Frieden und Demokratie im Ersten Weltkrieg', in Chaja Boebel and Lothar Wentzel (eds), *Streiken gegen den Krieg: Die Bedeutung der Massenstreiks in der Metallindustrie vom Januar 1918* (Hamburg: VSA-Verlag, 2008), 11-27.

6. Oleksii Kurayev, *Politika Nimechchini i Avstro-Uhorshchini v Pershii svitovij vijni: ukrayinskii napryamok* (Kiev: Inst. Ukraïnskoi Archeohrafiïta Džereloznavstva Im. M. S. Hrusevskoho, 2009), 220-46; Wolfdieter Bihl, *Österreich-Ungarn und die Friedensschlüsse von Brest-Litovsk* (Vienna, Cologne and Graz: Böhlau, 1970), 60-2; Caroline Milow, *Die ukrainische Frage 1917-1923 im Spannungsfeld der europäischen Diplomatie* (Wiesbaden: Harrassowitz, 2002), 110-15; Stephan M. Horak, *The First Treaty of World War I: Ukraine's Treaty with the Central Powers of February 9, 1918* (Boulder, CO: East European Monographs, 1988); Frank Golczewski, *Deutsche und Ukrainer 1914-1939* (Paderborn: Schöningh, 2010), 240-6.

7. Oleh S. Fedyshyn, *Germany's Drive to the East and the Ukrainian Revolution, 1917-1918* (New Brunswick, NJ: Rutgers University Press, 1971); Peter Borowsky, 'Germany's Ukrainian Policy during World War I and the Revolution of 1918-19', in Hans-Joachim Torke and John-Paul Himka (eds), *German-Ukrainian Relations in Historical Perspective* (Edmonton: Canadian Institute of Ukrainian Studies, 1994), 84-94; Golczewski, *Deutsche und Ukrainer*, 289-306; Olavi Arens, 'The Estonian

왜 제1차 세계대전은 끝나지 않았는가

Question at Brest-Litovsk', in *Journal of Baltic Studies* 25 (1994), 309; Rust, 'Self-Determination'; Gert von Pistohlkors (ed.), *Deutsche Geschichte im Osten Europas Baltische Länder* (Berlin: Siedler, 1994), 452-60; Hans-Erich Volkmann, *Die deutsche Baltikumpolitik zwischen Brest-Litowsk und Compiègne* (Cologne and Vienna: Böhlau, 1970).

8. Baumgart, *Deutsche Ostpolitik 1918*, 14ff; Dietmar Neutatz, *Träume und Alpträume: Eine Geschichte Russlands im 20. Jahrhundert* (Munich: C. H. Beck, 2013), 158-60; Hahlweg, *Der Diktatfrieden von Brest-Litowsk*, 50-2.

9. Hannes Leidinger and Verena Moritz, *Gefangenschaft, Revolution, Heimkehr. Die Bedeutung der Kriegsgefangenproblematik für die Geschichte des Kommunismus in Mittel- und Osteuropa 1917-1920* (Vienna, Cologne and Weimar: Böhlau, 2003); Reinhard Nachtigal, *Russland und seine österreichisch-ungarischen Kriegsgefangenen (1914-1918)* (Remshalden: Verlag Bernhard Albert Greiner, 2003); Alan Rachaminow, *POWs and the Great War: Captivity on the Eastern Front* (Oxford and New York: Berg, 2002).

10. 러시아에 200만 명 정도 붙잡혀 있던 것으로 추정되는 합스부르크 전쟁포로들에 관해서는 Nachtigal, *Kriegsgefangenen (1914-1918)*; Lawrence Sondhaus, *World War One: The Global Revolution* (Cambridge and New York: Cambridge University Press, 2011), 421. 특히 티토에 관해서는 Vladimir Dedijer, *Novi prilozi za biografiju Josipa Broza Tita 1* (Zagreb and Rijeka: Mladost i Spektar; Liburnija, 1980), 57-9 (reprint of the original 1953 edition)를 보라.

4장

1. Michael Reynolds, 'The Ottoman-Russian Struggle for Eastern Anatolia and the Caucasus, 1908-1918: Identity, Ideology and the Geopolitics of World Order', PhD Dissertation: Princeton University, 2003, 308에서 인용.

2. David Kennedy, *Over Here: The First World War and American Society* (Oxford and New York: Oxford University Press, 1980), 169.

3. Keith Hitchins, *Rumania, 1866-1947* (Oxford and New York: Oxford University Press, 1994), 273ff.

4. 대전 동안 오스트리아-헝가리에 관해서는 Manfried Rauchensteiner, *Der Tod des Doppeladlers: Österreich-Ungarn und der Erste Weltkrieg* (Graz: Styria, 1993).

5. 위의 책; 브루실로프 공세에 관해서는 Alexander Watson, *Ring of Steel: Germany and Austria-Hungary at War, 1914-18* (London: Allen Lane, 2014), 300-10.

6. Nicola Labanca, 'La guerra sul fronte italiano e Caporetto', in Stéphane Audoin-Rouzeau and Jean-Jacques Becker (eds), *La prima guerra mondiale*, vol. 1 (Turin: Einaudi, 2007), 443-60.

7. 루덴도르프의 발언은 Manfred Nebelin, *Ludendorff: Diktator im Ersten Weltkrieg* (Munich: Siedler, 2010), 404에서 인용.

8. 1917년 12월 31일자 일기는 Albrecht von Thaer, *Generalstabsdienst an der Front und in der OHL: Aus Briefen und Tagebuchaufzeichnungen, 1915-1919* (Göttingen: Vandenhoeck and Ruprecht, 1958), 150-1; Watson, *Ring of Steel*, 514에서 인용.

9. Watson, *Ring of Steel*, 514ff.

10. Michael S. Neiberg, *The Second Battle of the Marne* (Bloomington, IN: Indiana University Press,

2008), 34; Michael Geyer, *Deutsche Rüstungspolitik 1860-1980* (Frankfurt am Main: Suhrkamp, 1984), 83-96; Richard Bessel, *Germany after the First World War* (Oxford and New York: Clarendon Press, 1993), 5. 독일군 병력의 이전에 관해서는 Giordan Fong, 'The Movement of German Divisions to the Western Front, Winter 1917-1918', in *War in History* 7 (2000), 225-35, 이 책 229-30.

11. Eugene Rogan, *The Fall of the Ottomans: The Great War in the Middle East, 1914-1920* (London: Allen Lane, 2015), 356-7; Ryan Gingeras, *Fall of the Sultanate: The Great War and the End of the Ottoman Empire, 1908-1922* (Oxford and New York: Oxford University Press, 2016), 244-5.

12. Rogan, *The Fall of the Ottomans*, 356; Gingeras, *Fall of the Sultanate*, 244.

13. Gingeras, *Fall of the Sultanate*, 244-5; Rudolf A. Mark, *Krieg an Fernen Fronten: Die Deutschen in Zentralasien und am Hindukusch 1914-1924* (Paderborn: Ferdinand Schöningh, 2013), 164ff.

14. Jörn Leonhard, *Die Büchse der Pandora: Geschichte des Ersten Weltkriegs* (Munich: C. H. Beck, 2014), 805.

15. David Stevenson, *With our Backs to the Wall: Victory and Defeat in 1918* (London: Allen Lane, 2011), 7(공세의 인적 비용에 관해서), 35(대안의 부재에 관해서).

16. 공세에 대한 매우 상세한 설명은 David T. Zabecki, *The German 1918 Offensives: A Case Study in the Operational Level of War* (New York: Routledge, 2006), 126-33. 더 압축적인 근래의 설명은 Watson, *Ring of Steel*, 517ff.

17. Ernst Jünger, *In Stahlgewittern: Ein Kriegstagebuch*, 24th edition(Berlin: Mittler 1942), 244ff. 편집본은 윙거의 원래 일기 기록과 크게 다르지 않다. Ernst Jünger, *Kriegstagebuch 1914-1918*, ed. Helmuth Kiesel (Stuttgart: Klett-Cotta, 2010), 375ff(1918년 3월 21일자 일기). 윙거의 일생은 Helmuth Kiesel, *Ernst Jünger: Die Biographie* (Munich: Siedler, 2007)를 보라.

18. Watson, *Ring of Steel*, 519ff; Martin Middlebrook, *The Kaiser's Battle: The First Day of the German Spring Offensive* (London: Viking, 1978).

19. J. Paul Harris, *Douglas Haig and the First World War* (Cambridge and New York: Cambridge University Press, 2008), 454-6.

20. Alan Kramer, *Dynamic of Destruction: Culture and Mass Killing in the First World War* (Oxford and New York: Oxford University Press, 2007), 269-71; Holger Herwig, *The First World War: Germany and Austria-Hungary, 1914-1918* (London: Edward Arnold, 1997), 400-16. 프랑스와 독일 경쟁 관계의 극복에 관해서는 Elizabeth Greenhalgh, *Victory through Coalition: Politics, Command and Supply in Britain and France, 1914-1918* (Cambridge and New York: Cambridge University Press, 2005).

21. Georg Alexander von Müller, *The Kaiser and his Court: The Diaries, Notebooks, and Letters of Admiral Alexander von Müller* (London: Macdonald, 1961), 344.

22. 후젠베르크의 발언은 Nebelin, *Ludendorff*, 414-15에서 인용.

23. Watson, *Ring of Steel*, 520.

24. Zabecki, *German 1918 Offensives*, 139-73; David Stevenson, *With Our Backs to the Wall: Victory and Defeat in 1918* (London: Allen Lane, 2011), 67.

25. Wilhelm Deist, 'Verdeckter Militärstreik im Kriegsjahr 1918?', in Wolfram Wette (ed.), *Der Krieg des kleinen Mannes: Eine Militärgeschichte von unten* (Munich and Zürich: Piper, 1998), 146-67, 이 책 149-50.

26. Alexander Watson, *Enduring the Great War: Combat Morale and Collapse in the German and*

British Armies, 1914-1918 (Cambridge and New York: Cambridge University Press, 2008), 181.

27. Zabecki, *German 1918 Offensives*, 184-205; Watson, *Ring of Steel*, 521; Robert Foley, 'From Victory to Defeat: The German Army in 1918', in Ashley Ekins (ed.), *1918: Year of Victory* (Auckland and Wollombi, NSW: Exisle, 2010), 69-88, 이 책 77.

28. Stevenson, *With Our Backs to the Wall*, 78-88.

5장

1. Holger Herwig, *The First World War: Germany and Austria-Hungary, 1914-1918* (London: Bloomsbury, 1996), 414; Leonard V. Smith, Stéphane Audoin-Rouzeau and Annette Becker, *France and the Great War, 1914-1918* (Cambridge and New York: Cambridge University Press, 2003), 151; David Stevenson, *With Our Backs to the Wall: Victory and Defeat in 1918* (London: Allen Lane, 2011), 345.

2. Scott Stephenson, *The Final Battle: Soldiers of the Western Front and the German Revolution of 1918* (Cambridge and New York: Cambridge University Press, 2009), 25.

3. 위의 책, 25.

4. Oliver Haller, 'German Defeat in World War I, Influenza and Postwar Memory', in Klaus Weinhauer, Anthony McElligott and Kirsten Heinsohn (eds), *Germany 1916-23: A Revolution in Context* (Bielefeld: Transcript, 2015), 151-80, 이 책 173ff. Eckard Michels, 'Die "Spanische Grippe" 1918/19: Verlauf, Folgen und Deutungen in Deutschland im Kontext des Ersten Weltkriegs', in *Vierteljahrshefte für Zeitgeschichte* (2010), 1-33; Frieder Bauer and Jörg Vögele, 'Die "Spanische Grippe" in der deutschen Armee 1918: Perspektive der Ärzte und Generäle', in *Medizinhistorisches Journal* 48 (2013), 117-52; Howard Phillips and David Killingray (eds), *The Spanish Influenza Pandemic of 1918-19: New Perspectives* (London and New York: Routledge, 2003)도 보라.

5. Stephenson, *Final Battle*, 25.

6. 마지막 몇 주 동안 일선 부대들의 상태에 관해서는 A. Philipp (ed.), *Die Ursachen des Deutschen Zusammenbruches im Jahre 1918. Zweite Abteilung: Der innere Zusammenbruch*, vol. 6 (Berlin: Deutsche Verlagsgesellschaft für Politik, 1928), 321-86에 실린 보고를 보라.

7. Bernd Ulrich and Benjamin Ziemann (eds), *Frontalltag im Ersten Weltkrieg: Wahn und Wirklichkeit. Quellen und Dokumente* (Frankfurt am Main: Fischer, 1994), 94 (report of 4 September 1918).

8. Stevenson, *With Our Backs to the Wall*, 112-69.

9. Manfred Nebelin, *Ludendorff: Diktator im Ersten Weltkrieg* (Munich: Siedler, 2010), 423-4.

10. Wolfgang Foerster, *Der Feldherr Ludendorff im Unglück: Eine Studie über seine seelische Haltung in der Endphase des ersten Weltkrieges* (Wiesbaden: Limes Verlag, 1952), 73-4.

11. 도이란 전투와 불가리아에서 이를 추모하는 방식에 관해서는 Nikolai Vukov, 'The Memory of the Dead and the Dynamics of Forgetting: "Post-Mortem" Interpretations of World War I in Bulgaria', in Oto Luthar (ed.), *The Great War and Memory in Central and South-Eastern Europe* (Leiden: Brill, 2016); Ivan Petrov, *Voynata v Makedonia (1915-1918)* (Sofia: Semarsh, 2008); Nikola Nedev and Tsocho Bilyarski, *Doyranskata epopeia, 1915-1918* (Sofia: Aniko/Simolini, 2009)도 보라.

12. 도브로 폴레에서 돌파에 관해서는 Richard C. Hall, *Balkan Breakthrough: The Battle of Dobro Pole*

1918 (Bloomington, IN: Indiana University Press, 2010); Dimitar Azmanov and Rumen Lechev, 'Probivatna Dobropoleprezsptemvri 1918 godina', in *Voennoistoricheski sbornik* 67 (1998), 154-75.

13. 상세한 내용은 Bogdan Kesyakov, *Prinos kym diplomaticheskata istoriya na Bulgaria (1918-1925): Dogovori, konventsii, spogodbi, protokoli i drugi syglashenia i diplomaticheski aktove s kratki belejki* (Sofia: Rodopi, 1925); Petrov, *Voynata v Makedonia*, 209-11.

14. 불가리아의 1, 2차 발칸전쟁 참전에 관해서는 Mincho Semov, *Pobediteliat prosi mir: Balkanskite voyni 1912-1913* (Sofia: Universitetsko izdatelstvo 'Sv. Kliment Ohridski', 1995); V. Tankova et al., *Balkanskite voyni 1912-1913: pamet i istoriya* (Sofia: Akademichno izdatelstvo 'Prof. Marin Drinov', 2012); Georgi Markov, *Bulgaria v Balkanskia sayuz sreshtu Osmanskata imperia, 1911-1913* (Sofia: Zahariy Stoyanov, 2012).

15. Richard Hall, 'Bulgaria in the First World War', http://russiasgreatwar.org/media/arc/bulgaria.shtml (last accessed 24 February 2016).

16. 위의 책.

17. 2차 발칸전쟁이 끝난 뒤 불가리아로의 난민 유입에 관해서는 Delcho Poryazov, *Pogromat nad trakijskite bãlgari prez 1913 g.: razorenie i etnichesko iztreblenie* (Sofia: Akademichno izdatelstvo 'Prof. Marin Drinov', 2009); Carnegie Endowment for International Peace (ed.), *Report of the International Commission to Inquire into the Causes and Conduct of the Balkan Wars* (reprint, Washington D.C.: Carnegie, 2014), esp. 123-135.

18. Richard C. Hall, 'Bulgaria', in Ute Daniel et al. (eds), *1914-1918 online. International Encyclopedia of the First World War*.

19. 불가리아의 1차 세계대전 참전에 관해서는 특히 Georgi Markov, *Golyamata voina i bulgarskiat klyuch kym evropeiskiat pogreb (1914-1916)* (Sofia: Akademichno izdatelstvo 'Prof. Marin Drinov', 1995); Georgi Markov, *Golyamata voyna i bulgarskata strazha mezhdu Sredna Evropa i Orienta, 1916-1919* (Sofia: Akademichno izdatelstvo 'Prof. Marin Drinov', 2006)를 보라.

20. Hall, 'Bulgaria in the First World War'.

21. 투트라칸 전투와 북부전선에 관해서는 Petar Boychev, *Tutrakanska epopeia* (Tutrakan: Kovachev, 2003); Petar Boychev and Volodya Milachkov, *Tutrakanskata epopeya i voynata na Severnia front, 1916-1918* (Silistra: Kovachev, 2007). 불가리아 역사 서술에서는 '도브리치 서사시'로 알려진 도브리치 전투에 관련된 출판물들은 Radoslav Simeonov, Velichka Mihailova and Donka Vasileva, *Dobrichkata epopeia, 1916* (Dobrich: Ave fakta, 2006); Georgi Kazandjiev et al., *Dobrichkata epopeia, 5-6 septemvri 1916* (Dobrich: Matador, 2006).

22. Hall, 'Bulgaria in the First World War'.

23. Kanyo Kozhuharov, *Radomirskata republika, 1918-1948* (Sofia: BZNS, 1948), 11.

24. 위의 책, 12.

25. Andrej Mitrović, *Serbia's Great War, 1914-1918* (London: Hurst, 2007), 312-19.

26. Gunther Rothenberg, *The Army of Francis Joseph* (West Lafayette, IN: Purdue University Press, 1997), 212-13.

27. Alexander Watson, *Ring of Steel: Germany and Austria-Hungary at War, 1914-18* (London: Allen Lane, 2014), 538.

28. Mario Isnenghi and Giorgio Rochat, *La Grande Guerra 1914-1918* (Milan: La Nuova Italia, 2000), 438-52.

29. Mark Thompson, *The White War: Life and Death on the Italian Front 1915-1919* (London: Faber and Faber, 2009), 344-6; Mark Cornwall, *The Undermining of Austria-Hungary: The Battle for Hearts and Minds* (Basingstoke: Macmillan, 2000), 287-99.

30. Watson, *Ring of Steel*, 538.

31. 위의 책, 540; Arthur May, *The Passing of the Habsburg Monarchy*, vol. 2 (Philadelphia, PA: University of Pennsylvania Press, 1966), 760-3.

32. Rudolf Neck (ed.), *Österreich im Jahre 1918: Berichte und Dokumente* (Vienna: Oldenbourg, 1968), 104-13.

33. Isnenghi and Rochat, *La Grande Guerra 1914-1918*, 463-4에서 인용.

34. Erik Jan Zürcher, 'The Ottoman Empire and the Armistice of Moudros', in Hugh Cecil and Peter H. Liddle (eds), *At the Eleventh Hour: Reflections, Hopes, and Anxieties at the Closing of the Great War, 1918* (London: Leo Cooper, 1998), 266-75.

35. Timothy W. Childs, *Italo-Turkish Diplomacy and the War over Libya, 1911-1912* (New York: Brill, 1990), 36.

36. Carnegie Endowment for International Peace (ed.), *Report of the International Commission to Inquire into the Causes and Conduct of the Balkan Wars* (reprint, Washington DC: Carnegie, 2014).

37. M. Sükrü Hanioğlu, *A Brief History of the Late Ottoman Empire* (Princeton, NJ: Princeton University Press, 2006), 165.

38. Mustafa Aksakal, 'The Ottoman Empire', in Jay Winter (ed.), *The Cambridge History of the First World War*, vol. 1 (Cambridge and New York: Cambridge University Press, 2014), 459-78, 이 책 470.

39. Mustafa Aksakal, *The Ottoman Road to War in 1914: The Ottoman Empire and the First World War* (Cambridge and New York: Cambridge University Press, 2008), 93-118.

40. 위의 책, 178-87.

41. Edward J. Erickson, *Ordered to Die: A History of the Ottoman Army in the First World War* (Westport, CT, and London: Greenwood Press, 2001); Carl Alexander Krethlow, *Generalfeldmarschall Colmar Freiherr von der Goltz Pascha: Eine Biographie* (Paderborn: Ferdinand Schöningh, 2012).

42. Aksakal, *The Ottoman Road to War*, 94.

43. Hanioğlu, *Brief History of the Late Ottoman Empire*, 180-1; David Reynolds, *The Long Shadow: The Great War and the Twentieth Century* (London: Simon and Schuster, 2013), 88.

44. *A Brief Record of the Advance of the Egyptian Expeditionary Force under the Command of General Sir Edmund H. H. Allenby, G.C.B., G.C.M.G. July 1917 to October 1918* (London: His Majesty's Stationery Office, 1919), 25-36; James Kitchen, *The British Imperial Army in the Middle East* (London: Bloomsbury, 2014).

45. Ryan Gingeras, *Fall of the Sultanate: The Great War and the End of the Ottoman Empire, 1908-1922* (Oxford and New York: Oxford University Press, 2016), 248; Gwynne Dyer, 'The Turkish Armistice of 1918. 2: A Lost Opportunity: The Armistice Negotiations of Moudros', in *Middle Eastern Studies* 3 (1972), 313-48.

46. Eugene Rogan, *The Fall of the Ottomans: The Great War in the Middle East, 1914-1920* (London: Allen Lane, 2015), 285-7 and 359-60.

47. 'Turquie: Convention d'armistice 30 Octobre 1918', in *Guerre Européenne: Documents 1918:*

Conventions d'armistice passées avec la Turquie, la Bulgarie, l'Autriche-Hongrie et l'Allemagne par les puissances Alliées et associées (Paris: Ministère des Affaires Étrangères, 1919), 7–9. Gingeras, *Fall of the Sultanate*, 249도 보라.

48. Dyer, 'The Turkish Armistice of 1918', 319.

49. Patrick Kinross, *Atatürk: A Biography of Mustafa Kemal, Father of Modern Turkey* (London: Weidenfeld and Nicolson, 1964), 15에서 인용.

50. Ryan Gingeras, *Mustafa Kemal Atatürk: Heir to an Empire* (Oxford and New York: Oxford University Press, 2015); Irfan Orga and Margarete Orga, *Atatürk* (London: Michael Joseph, 1962), 164.

51. Elie Kedourie, 'The End of the Ottoman Empire', in *Journal of Contemporary History of the Ottoman Empire* 2 (1968), 19–28, 이 책 19. 종합적인 역사 서술은 Caroline Finkel, *Osman's Dream: The Story of the Ottoman Empire, 1300-1923* (London: John Murray, 2005)를 보라.

52. Albrecht von Thaer, *Generalstabsdienst an der Front und in der OHL: Aus Briefen und Tagebuchaufzeichnungen, 1915-1919* (Göttingen: Vandenhoeck and Ruprecht, 1958), 234 (1918년 10월 1일 자 일기).

53. 위의 책.

54. Herbert Michaelis, Ernst Schraepler and Günter Scheel (eds), *Ursachen und Folgen,* vol. 2: *Der militärische Zusammenbruch und das Ende des Kaiserreichs* (Berlin: Verlag Herbert Wendler, 1959), 319–20.

55. Harry Rudolph Rudin, *Armistice 1918* (New Haven, CT, and London: Yale University Press, 1944), 53–4.

56. Lothar Machtan, *Prinz Max von Baden: Der letzte Kanzler des Kaisers* (Berlin: Suhrkamp, 2013).

57. Heinrich August Winkler, *The Age of Catastrophe: A History of the West 1914-1945* (New Haven, CT, and London: Yale University Press, 2015), 61–2. 10월 개혁에 관해서는 가장 근래의 연구인 Anthony McElligott, *Rethinking the Weimar Republic: Authority and Authoritarianism, 1916-1936* (London: Bloomsbury, 2014), 19–26를 보라.

58. Rudin, *Armistice 1918*, 53 and 56–80; Watson, *Ring of Steel*, 547–8.

59. Rudin, *Armistice 1918*, 173, and Watson, *Ring of Steel*, 550–1에서 인용.

60. Nebelin, *Ludendorff*, 493.

61. 위의 책, 497–8; Watson, *Ring of Steel*, 551.

62. Martin Kitchen, *The Silent Dictatorship: The Politics of the German High Command under Hindenburg and Ludendorff, 1916-1918* (New York: Holmes and Meier, 1976); Richard Bessel, 'Revolution', in Jay Winter (ed.), *The Cambridge History of the First World War*, vol. 2 (Cambridge and New York: Cambridge University Press, 2014), 126–44.

63. 서독 역사가들은 독일 내부에서 생겨난 병사 평의회들에 특히 관심을 보였다. 그들은 이 평의회들이 바이마르 공화국(과 공화국의 구 엘리트 계층과의 치명적 타협)과 극단적인 볼셰비키 스타일 정권 둘 다에 대한 대안으로서 독일의 정치적 운명에 '제3의 길'을 제시할 수 있었을지 오랫동안 논쟁해왔다. Reinhard Rürup, 'Demokratische Revolution und der "dritte Weg": Die deutsche Revolution von 1918/19 in der neueren wissenschaftlichen Diskussion', in *Geschichte und Gesellschaft* 9 (1983), 278–301.

64. Wilhelm Deist, 'Die Politik der Seekriegsleitung und die Rebellion der Flotte Ende Oktober 1918', in *Vierteljahrshefte für Zeitgeschichte* 14 (1966), 341–68; 영역 인용문은 Watson, *Ring of Steel*, 552에

왜 제1차 세계대전은 끝나지 않았는가

서 가져옴.

65. Gerhard Groß, 'Eine Frage der Ehre? Die Marineführung und der letzte Flottenvorstoß? 1918', in Jörg Duppler and Gerhard P. Groß(eds), *Kriegsende 1918: Ereignis, Wirkung, Nachwirkung* (Munich: Oldenbourg, 1999), 349-65, 이 책 354-65; Watson, *Ring of Steel*, 552.

66. Holger Herwig, *'Luxury Fleet': The Imperial German Navy 1888-1918*, revised edition (London: Ashfield Press, 1987), 247 and 250; Watson, *Ring of Steel*, 552.

67. Hannes Leidinger, 'Der Kieler Aufstand und die deutsche Revolution', in idem and Verena Moritz (eds), *Die Nacht des Kirpitschnikow. Eine andere Geschichte des Ersten Weltkriegs* (Vienna: Deuticke, 2006), 220-35; Daniel Horn, *Mutiny on the High Seas: Imperial German Naval Mutinies of World War One* (London: Leslie Frewin, 1973), 234-46; Watson, *Ring of Steel*, 553.

68. Watson, *Ring of Steel*, 554.

69. Ulrich Kluge, 'Militärrevolte und Staatsumsturz. Ausbreitung und Konsolidierung der Räteorganisation im rheinisch-westfälischen Industriegebiet', in Reinhard Rürup (ed.), *Arbeiter- und Soldatenräte im rheinisch-westfälischen Industriegebiet* (Wuppertal: Hammer, 1975), 39-82.

70. Ulrich Kluge, *Soldatenräte und Revolution: Studien zur Militärpolitik in Deutschland 1918/19* (Göttingen: Vandenhoeck and Ruprecht, 1975), 48-56.

71. Harry Graf Kessler, *Das Tagebuch 1880-1937*, eds Roland Kamzelak and Günter Riederer, vol. 6: *1916-1918* (Stuttgart: Klett-Cotta, 2006), 616.

72. 독일 왕가들의 종말에 관한 자세한 설명은 Lothar Machtan, *Die Abdankung: Wie Deutschlands gekrönte Häupter aus der Geschichte fielen* (Berlin: Propyläen Verlag, 2008)를 보라.

73. Rudin, *Armistice 1918*, 327-9 and 349-51.

74. Stephenson, *The Final Battle*, 83-90.

75. Rudin, *Armistice 1918*, 345-59; Kluge, *Soldatenräte*, 82-7.

76. Manfred Jessen-Klingenberg, 'Die Ausrufung der Republik durch Philipp Scheidemann am 9. November 1918', in *Geschichte in Wissenschaft und Unterricht* 19 (1968), 649-56, 이 책 653.

77. Winkler, *Age of Catastrophe*, 67.

78. Watson, *Ring of Steel*, 55ff.

79. Rudin, *Armistice 1918*, 427-32; Watson, *Ring of Steel*, 556.

6장

1. 여기에 관해서는 Annemarie H. Sammartino, *The Impossible Border: Germany and the East, 1914-1922* (Ithaca, NY, and London: Cornell University Press, 2010), chapter 2; Timothy Snyder, *The Reconstruction of Nations: Poland, Ukraine, Lithuania, Belarus, 1569-1999* (New Haven, CT, and London, 2004), 62-3; Vejas Gabriel Liulevicius, *War Land on the Eastern Front: Culture, National Identity and German Occupation in World War I* (Cambridge and New York: Cambridge University Press, 2000), 228ff. 국가 독립을 위해서 싸운 발트 지역 준군사 조직들에 관해서는 Tomas Balkelis, 'Turning Citizens into Soldiers: Baltic Paramilitary Movements after the Great War', in Robert Gerwarth and John Horne (eds), *War in Peace: Paramilitary Violence after the Great War* (Oxford and New York: Oxford University Press, 2012), 126-44를 보라.

2. 에스토니아와 라트비아가 특히 이 경우에 해당된다. James D. White, 'National Communism and World Revolution: The Political Consequences of German Military Withdrawal from the Baltic Area in 1918-19', in *Europe-Asia Studies* 8 (1994), I, 349-69. 발트 지역에 관한 훌륭한 통사는 Andres Kasekamp, *A History of the Baltic States* (New York: Palgrave Macmillan, 2010); Andrejs Plakans, *A Concise History of the Baltic States* (Cambridge and New York: Cambridge University Press, 2011); 고전적인 저작인 Georg von Rauch, *The Baltic States: The Years of Independence: Estonia, Latvia, Lithuania, 1917-1940* (Berkeley, CA: University of California Press, 1974)를 보라.

3. 비쇼프와 '철사단'에 관해서는 Tanja Bührer, *Die Kaiserliche Schutztruppe für Deutsch-Ostafrika: Koloniale Sicherheitspolitik und transkulturelle Kriegführung, 1885 bis 1918* (Munich: Oldenbourg, 2011), 211; Bernhard Sauer, 'Vom "Mythos eines ewigen Soldatentums". Der Feldzug deutscher Freikorps im Baltikum im Jahre 1919', in *Zeitschrift für Geschichtswissenschaft* 43 (1995), 869-902; 그리고 자전적 설명은 Josef Bischoff, *Die letzte Front: Geschichte der Eisernen Division im Baltikum 1919* (Berlin: Buch- und Tiefdruck Gesellschaft, 1935).

4. Liulevicius, *War Land on the Eastern Front*, 56ff.

5. John Hiden, *The Baltic States and Weimar Ostpolitik* (Cambridge and New York: Cambridge University Press, 1987), 16; Sammartino, *The Impossible Border*, 48.

6. Rüdiger von der Goltz, *Meine Sendung in Finnland und im Baltikum* (Leipzig: Koehler, 1920), 156(숫자에 관해서).

7. Hagen Schulze, *Freikorps und Republik, 1918-1920* (Boppard am Rhein: Boldt, 1969), 143.

8. Sammartino, *The Impossible Border*, 53.

9. Alfred von Samson-Himmelstjerna, 'Meine Erinnerungen an die Landwehrzeit', Herder Institut, Marburg, DSHI 120 BR BLW 9, p. 20.

10. Rudolf Höss, *Death Dealer: The Memoirs of the SS Kommandant at Auschwitz*, ed. Steven Paskuly (Buffalo, NY: Prometheus Books, 1992), 60.

11. Robert G. L. Waite, *Vanguard of Nazism: The Free Corps Movement in Postwar Germany, 1918-1923* (Cambridge, MA: Harvard University Press, 1952), 118-19.

12. Erich Balla, *Landsknechte wurden wir: Abenteuer aus dem Baltikum* (Berlin: W. Kolk, 1932), 111-12. 발라의 윤색된 서술은 독자에게 충격을 주고 폭력적인 보복을 정당화하려는 특정한 의도를 띤 것이다.

13. 위의 책.

14. John Hiden and Martyn Housden, *Neighbours or Enemies? Germans, the Baltic, and Beyond* (Amsterdam and New York: Editions Rodopi, 2008), 21.

15. Sammartino, *The Impossible Border*, 55.

16. Plakans, *The Latvians*, 108.

17. Julien Gueslin, 'Riga, de la métropole russe à la capitale de la Lettonie 1915-1919', in Philippe Chassaigne and Jean-Marc Largeaud (eds), *Villes en guerre (1914-1945)* (Paris: Amand Colin, 2004), 185-95; Suzanne Pourchier-Plasseraud, 'Riga 1905-2005: A City with Conflicting Identities', in *Nordost-Archiv* 15 (2006), 175-94, 이 책 181.

18. Uldis Ģērmanis, *Oberst Vācietis und die lettischen Schützen im Weltkrieg und in der Oktoberrevolution* (Stockholm: Almqvist and Wiksell, 1974), 147, 155.

19. Balla, *Landsknechte*, 180-1.

20. Marguerite Yourcenar, *Coup de Grâce* (Paris: Éditions Gallimard, 1939).

21. Waite, *Vanguard of Nazism*, 118-19.

22. Sammartino, *The Impossible Border*, 59.

23. Charles L. Sullivan, 'The 1919 German Campaign in the Baltic: The Final Phase', in Stanley Vardys and Romuald Misiunas, *The Baltic States in Peace and War, 1917-1945* (London: Pennsylvania State University Press, 1978), 31-42.

24. Schulze, *Freikorps und Republik*, 184; Liulevicius, *War Land on the Eastern Front*, 232; Sammartino, *Impossible Border*, 63.

25. 발트 전역의 종결에 관해서는 광범위한 언론 보도가 포함된 the Herder Institut, Marburg, DSHI 120 BLW/ BR 1/2를 보라.

26. Friedrich Wilhelm Heinz, *Sprengstoff* (Berlin: Frundsberg Verlag, 1930), 8-9.

27. Ernst von Salomon, *Die Geächteten* (Berlin: Rowohlt, 1923), 144-5.

28. 이러한 테러리즘 행위에 책임이 있는 콘술 조직Organisation Consul에 관해서는 특히 이하의 서류 파일들을 보라. the Institut für Zeitgeschichte (Munich), Fa 163/1 and MA 14412. See also Martin Sabrow, *Die verdrängte Verschwörung: Der Rathenau-Mord und die deutsche Gegenrevolution* (Frankfurt am Main: Fischer, 1999).

7장

1. Evan Mawdsley, *The Russian Civil War* (Boston, MA, and London: Allen and Unwin, 1987), 45ff(ch. 4: 'The Allies in Russia, October 1917-November 1918, Archangelsk/Murmansk'); Alexandre Sumpf, 'Russian Civil War', in Ute Daniel, Peter Gatrell, Oliver Janz, Heather Jones, Jennifer Keene, Alan Kramer and Bill Nasson (eds), *1914-1918 online. International Encyclopedia of the First World War*; Jonathan D. Smele, *The 'Russian'Civil Wars 1916-1926: Ten Years that Shook the World* (Oxford: Oxford University Press, 2015); Peter Holquist, *Making War, Forging Revolution: Russia's Continuum of Crisis, 1914-1921* (Cambridge, MA: Harvard University Press, 2002).

2. 적위대에 대해서는 Rex Wade, *Red Guards and Workers'Militias in the Russian Revolution* (Palo Alto, CA: Stanford University Press, 1984); 신생 붉은 군대에 대해서는 Mark von Hagen, *Soldiers in the Proletarian Dictatorship: The Red Army and the Soviet Socialist State, 1917-1930* (Ithaca, NY: Cornell University Press, 1990)를 보라.

3. William G. Rosenberg, 'Paramilitary Violence in Russia's Civil Wars, 1918-1920', in Robert Gerwarth and John Horne (eds), *War in Peace: Paramilitary Violence after the Great War* (Oxford and New York: Oxford University Press, 2012), 21-39, 37.

4. Nikolaus Katzer, 'Der weiße Mythos: Russischer Antibolschewismus im europäischen Nachkrieg', in Robert Gerwarth and John Horne (eds), *Krieg im Frieden. Paramilitärische Gewalt in Europa nach dem Ersten Weltkrieg* (Göttingen: Wallstein, 2013), 57-93; and idem, *Die weiße Bewegung: Herrschaftsbildung, praktische Politik und politische Programmatik im Bürgerkrieg* (Cologne, Weimar and Vienna: Böhlau, 1999).

5. Viktor P. Danilov, Viktor V. Kondrashin and Teodor Shanin (eds), *Nestor Makhno: M. Kubanin, Makhnovshchina. Krestyanskoe dvizhenie na Ukraine 1918-1921 gg. Dokumenty i Materialy* (Moscow: ROSSPEN, 2006); Felix Schnell, *Räume des Schreckens. Gewalt und Gruppenmilitanz in*

der Ukraine 1905-1933 (Hamburg: Hamburger Edition, HIS Verlag, 2012), 325-31; Serhy Yekelchyk, 'Bands of Nation- Builders? Insurgency and Ideology in the Ukrainian Civil War', in Gerwarth and Horne (eds), *War in Peace*, 107-25, 이 책 120. 1918~20년 우크라이나에서 농민 반란에 관해서는 Andrea Graziosi, *The Great Soviet Peasant War: Bolsheviks and Peasants, 1917-1933* (Cambridge, MA: Harvard University Press, 1996), 11-37를 보라.

6. Sumpf, 'Russian Civil War', *1914-1918 online*.

7. Lenin, 'The Chief Task of Our Day', 12 March 1918, in Vladimir Ilyich Lenin, *Collected Works*, 45 vols, 4th English Edition, vol. 27 (Moscow: Progress Publishers, 1964-74), 15.

8. Geoffrey Swain, 'Trotsky and the Russian Civil War', in Ian D. Thatcher (ed.), *Reinterpreting Revolutionary Russia: Essays in Honour of James D. White* (Basingstoke: Palgrave, 2006), 86-104.

9. Evan Mawdsley, 'International Responses to the Russian Civil War (Russian Empire)', in *1914-1918 online. International Encyclopedia of the First World War*.

10. Mark Levene, *The Crisis of Genocide*, vol.1, 203.

11. Edward Hallett Carr, 'The Origins and Status of the Cheka', in *Soviet Studies* 10 (1958), 1-11; George Leggett, *The Cheka: Lenin's Political Police, the All-Russian Extraordinary Commission for Combating Counter-Revolution and Sabotage (December 1917 to February 1922)* (Oxford: Clarendon Press, 1981); Semen S. Chromow, *Feliks Dzierzynski: Biographie*, 3rd edition (East Berlin: Dietz, 1989).

12. Edward Hallett Carr, *The Bolshevik Revolution 1917-1923* (London: Macmillan, 1950), vol. 1, ch. 7 ('Consolidating the Dictatorship').

13. 레닌의 발언은 Julie Fedor, *Russia and the Cult of State Security: The Chekist Tradition, from Lenin to Putin* (London: Routledge, 2011), 186, n. 12에서 인용.

14. Douglas Smith, *Former People: The Final Days of the Russian Aristocracy* (London: Macmillan, 2012), 143.

15. 위의 책; W. Bruce Lincoln, *Red Victory: A History of the Russian Civil War* (New York: Simon and Schuster, 1989), 159-61; Vladimir Petrovich Anichkov, *Ekaterinburg-Vladivostok, 1917-1922* (Moscow: Russkiĭ put', 1998), 155.

16. Orlando Figes, *Peasant Russia, Civil War: The Volga Countryside in Revolution, 1917-21* (Oxford and New York: Oxford University Press, 1989), 332, 351-3; Jonathan Aves, *Workers against Lenin: Labour Protest and Bolshevik Dictatorship* (London: Tauris Publishers, 1996); Felix Schnell, 'Der Sinn der Gewalt: Der Ataman Volynec und der Dauerpogrom von Gajsyn im russischen Bürgerkrieg', in *Zeithistorische Forschung* 5 (2008), 18-39; idem, *Räume des Schreckens*, 245-365.

17. Arno J. Mayer, *The Furies: Violence and Terror in the French and Russian Revolutions* (Princeton, NJ: Princeton University Press, 2000), 135, 272-4, 279-80.

18. 레닌의 발언은 Bertrand M. Patenaude, *The Big Show in Bololand: The American Relief Expedition to Soviet Russia in the Famine of 1921* (Stanford, CA: Stanford University Press, 2002), 20에서 인용.

19. Katzer, *Die weiße Bewegung*, 269-70; Martin, *'Für ein freies Russland ...': Die Bauernaufstände in den Gouvernements Tambov und Tjumen 1920-1922* (Heidelberg: Winter, 2010), 168; James E. Mace, *Communism and the Dilemmas of National Liberation: National Communism in Soviet Ukraine 1918-1933* (Cambridge, MA: Harvard University Press, 1983), 65ff.

20. Bruno Cabanes, *The Great War and the Origins of Humanitarianism 1918-1924* (Cambridge and

New York: Cambridge University Press, 2014), 197. 남부 볼가강 지역의 식량 여단에 관해서는 Figes, *Peasant Russia*, 262-7를 보라.

21. V. V. Kuraev, E. B. Bosh and A. E. Minkin에게 보낸 레닌의 편지는 11 August 1918, Ronald Grigor Suny, *The Structure of Soviet History: Essays and Documents* (Oxford and New York: Oxford University Press, 2014), 83에서 인용.

22. Taisia Osipova, 'Peasant Rebellions: Origins, Scope, Dynamics, and Consequences', in Vladimir N. Brovkin (ed.), *The Bolsheviks in Russian Society* (New Haven, CT, and London: Yale University Press, 1997), 154-76.

23. Dietrich Beyrau, 'Brutalization Revisited: The Case of Bolshevik Russia', in *Journal of Contemporary History* 50 (2015), 36; Figes, Peasant Russia, 319-28, 333-46; Krispin, *'Für ein freies Russland…'*, 181-97, 400-2; Vladimir N. Brovkin, *Behind the Front Lines of the Civil War: Political Parties and Social Movements in Russia, 1918-1922* (Princeton, NJ: Princeton University Press, 1994), 82-5; Holquist, *Making War*, 166-205; Orlando Figes, *A People's Tragedy: The Russian Revolution, 1891-1924* (London: Jonathan Cape, 1996), 757.

24. Maxim Gorky, 'On the Russian Peasantry', in Robert E. F. Smith (ed.), *The Russian Peasant, 1920 and 1984* (London: Routledge, 1977), 11-27, here 16ff.

25. Rudolph Joseph Rummel, *Lethal Politics: Soviet Genocide and Mass Murder since 1917* (Piscataway, NJ: Transaction Publishers, 1990), 38. 독가스 사용에 관해서는 Richard Pipes, *Russia under the Bolshevik Regime* (New York: Knopf, 1993), 387-401를 보라. Nicolas Werth, 'L'ex-Empire russe, 1918-1921: Les mutations d'une guerre prolongée', in Stéphane Audoin-Rouzeau and Christophe Prochasson (eds), *Sortir de la Grande Guerre: Le monde et l'après-1918* (Paris: Tallandier, 2008), 285-306.

26. David Bullock, *The Czech Legion, 1914-20* (Oxford: Osprey, 2008), 17-24; John F. N. Bradley, *The Czechoslovak Legion in Russia, 1914-1920* (Boulder, CO: East European Monographs, 1991), 156; Gerburg Thunig-Nittner, *Die Tschechoslowakische Legion in Rußland: Ihre Geschichte und Bedeutung bei der Entstehung der 1. Tschechoslowakischen Republik* (Wiesbaden: Harrassowitz, 1970), 73ff; Victor M. Fic, *The Bolsheviks and the Czechoslovak Legion: The Origins of their Armed Conflict (March-May 1918)* (New Delhi: Shakti Malik, 1978).

27. Thunig-Nittner, *Tschechoslowakische Legion, 61-90.* 전간기 체코슬로바키아에서 그들의 영웅시하기에 관해서는 Natali Stegmann, *Kriegsdeutungen, Staatsgründungen, Sozialpolitik: Der Helden- und Opferdiskurs in der Tschechoslowakei, 1918-1948* (Munich: Oldenbourg, 2010), 69-70.

28. Fic, *The Bolsheviks and the Czechoslovak Legion*, 284ff.

29. Gustav Habrman, Mévzpomínky z války (Prague: Svĕcený, 1928), 46-7. 포로와 비무장 민간인에 대해 극단적 폭력 행사를 갈수록 마다하지 않은 경향은 Thunig-Nittner, *Tschechoslowakische Legion*, 46-57.

30. Manfred Hildermeier, *Geschichte der Sowjetunion 1917-1991: Entstehung und Niedergang des ersten sozialistischen Staates* (Munich: C. H. Beck, 1998), 137-9; Heinrich August Winkler, *The Age of Catastrophe: A History of the West 1914-1945* (New Haven, CT, and London: Yale University Press, 2015), 59.

31. John Channon, 'Siberia in Revolution and Civil War, 1917-1921', in Alan Wood (ed.), *The History of Siberia: From Russian Conquest to Revolution* (London and New York: Routledge, 1991), 158-80, 이 책 165-6; Brovkin, *Behind the Front Lines of the Civil War*, 300ff.

32. Thunig-Nittner, *Tschechoslowakische Legion*, 57ff; Jonathan D. Smele, *Civil War in Siberia: The Anti-Bolshevik Government of Admiral Kolchak, 1918-1920* (Cambridge: Cambridge University Press, 1996), 33ff; Norman G. O. Pereira, *White Siberia: The Politics of Civil War* (Montreal: McGill-Queen's University Press, 1996), 67ff.

33. Hélène Carrère d'Encausse, *Nikolaus II: Das Drama des letzten Zaren* (Vienna: Zsolnay, 1998), 471; Edvard Radzinsky, *The Last Tsar: The Life and Death of Nicholas II* (New York: Doubleday, 1992), 304.

34. Dominic Lieven, *Nicholas II: Emperor of all the Russians* (London: Pimlico, 1994), 244-6.

35. Mawdsley, *The Russian Civil War*, 70.

36. 핀리슨의 보고는 Catherine Margaret Boylan, 'The North Russia Relief Force: A Study of Military Morale and Motivation in the Post-First World War World', unpublished PhD thesis, King's College London, 2015, 이 책 252에서 인용.

37. Sumpf, 'Russian Civil War', *1914-1918 online*.

38. Winfried Baumgart, *Deutsche Ostpolitik 1918: Von Brest-Litovsk bis zum Ende des Ersten Weltkriegs* (Vienna and Munich: Oldenbourg, 1966), 140ff; Mawdsley, 'International Responses', *1914-1918 online*.

39. 데니킨에 관해서는 Dimitry V. Lehovich, *White against Red: The Life of General Anton Denikin* (New York: W. W. Norton, 1974); Yu. N. Gordeev, *General Denikin: Voenno-istoricheski ocherk* (Moscow: TPF 'Arkaiur', 1993).

40. Mawdsley, 'International Responses', *1914-1918 online*; Peter Flemming, *The Fate of Admiral Kolchak* (London: Hart-Davis, 1964); K. Bogdanov, *Admiral Kolchak: Biograficheskaia povest-khronika* (St Petersburg: Sudostroenie, 1993).

41. 연합국의 개입에 대한 더 오래된 문헌들 외에도 근래에 특히 영국의 개입과 관련한 박사학위 논문들이 많이 나왔다. Lauri Kopisto, 'The British Intervention in South Russia 1918-1920', unpublished PhD thesis, University of Helsinki, 2011; Boylan, 'North Russia Relief Force'; Steven Balbirnie, 'British Imperialism in the Arctic: The British Occupation of Archangel and Murmansk, 1918-1919', unpublished PhD thesis, University College Dublin, 2015를 보라.

42. Margaret MacMillan, *Peacemakers: The Paris Conference of 1919 and its Attempt to End War* (London: John Murray, 2001), 81.

43. John Keep, '1917: The Tyranny of Paris over Petrograd', in *Soviet Studies* 20 (1968), 22-35.

44. 'Can "Jacobinism"Frighten the Working Class?'(7 July 1917), in Lenin, *Collected Works*, vol. 25, 121-2.

45. Winkler, *Age of Catastrophe*, 165.

46. Rosenberg, 'Paramilitary Violence in Russia's Civil Wars', in Gerwarth and Horne (eds), *War in Peace*, 21-39. 개요와 구체적인 예는 Figes, *People's Tragedy*. 여러 지역들에 대한 뛰어난 연구들이 존재한다. 트랜스캅카스 지방에 관해서는 Jörg Baberowski, *Der Feind ist überall: Stalinismus im Kaukasus* (Munich: Deutsche Verlags-Anstalt, 2003); 중앙아시아에 관해서는 Hélène Carrère d'Encausse, *Islam and the Russian Empire: Reform and Revolution in Central Asia* (Berkeley, CA, and London: University of California Press, 1988); 서부와 우크라이나에 관해서는 Christoph Mick, 'Vielerlei Kriege: Osteuropa 1918-1921', in Dietrich Beyrau et al. (eds), *Formen des Krieges von der Antike bis zur Gegenwart* (Paderborn: Schöningh, 2007), 311-26; Piotr J. Wróbel, 'The Seeds of Violence: The

왜 제1차 세계대전은 끝나지 않았는가

Brutalization of an East European Region 1917-1921', in *Journal of Modern European History* 1 (2003), 125-49; Schnell, *Räume des Schreckens*를 보라.

47. Williard Sunderland, *The Baron's Cloak: A History of the Russian Empire in War and Revolution* (Ithaca, NY, and London: Cornell University Press, 2014), 133ff.

48. Katzer, *Die weiße Bewegung*, 285; Anthony Reid, *The World on Fire: 1919 and the Battle with Bolshevism* (London: Pimlico, 2009), 23.

49. James Palmer, *The Bloody White Baron: The Extraordinary Story of the Russian Nobleman who Became the Last Khan of Mongolia* (New York: Basic Books, 2014), 153-7(우르가 정복에 관해서), 179(중국으로부터 몽골의 독립에 관해서), 196(웅게른에 대한 태도 변화에 관해서).

50. D. D. Aleshin, 'Aziatskaya Odisseya', in S. L. Kuz'min (ed.), *Baron Ungern v dokumentach i memuarach* (Moscow: Tovariščestvo *Naučnych* Izd. KMK, 2004), 421.

51. Udo B. Barkmann, *Geschichte der Mongolei oder Die 'Mongolische Frage': Die Mongolen auf ihrem Weg zum eigenen Nationalstaat* (Bonn: Bouvier Verlag, 1999) 192-6, 202-5; Canfield F. Smith, 'The Ungernovščina-How and Why?' in *Jahrbücher für Geschichte Osteuropas* 28 (1980), 590-5.

52. Hiroaki Kuromiya, *Freedom and Terror in the Donbas: A Ukrainian-Russian Borderland 1870s-1990s* (Cambridge and New York: Cambridge University Press, 1998), 95-114; Katzer, *Die weiße Bewegung*, 284-91; Oleg Budnitskii, *Russian Jews between the Reds and Whites, 1917-1920* (Philadelphia, PA: University of Pennsylvania Press, 2011), 123ff.

53. Budnitskii, *Russian Jews between the Reds and Whites*.

54. Greg King and Penny Wilson, *The Fate of the Romanovs* (Hoboken, NJ: John Wiley and Sons, 2003), 352-3; Léon Poliakov, *The History of Anti-Semitism*, vol. 4: *Suicidal Europe, 1870-1933* (Philadelphia, PA: University of Pennsylvania Press, 2003), 182; Mark Levene, *Crisis of Genocide*, vol. 1: *The European Rimlands 1912-1938* (Oxford and New York: Oxford University Press, 2014), 191.

55. Norman Cohn, *Warrant for Genocide: The Myth of the Jewish World Conspiracy and the Protocols of the Elders of Zion* (London: Serif, 1996).

56. Tomas Balkelis, 'Turning Citizens into Soldiers: Baltic Paramilitary Movements after the Great War', in Gerwarth and Horne (eds), *War in Peace*, 136; Aivars Stranga, 'Communist Dictatorship in Latvia: December 1918-January 1920: Ethnic Policy', in *Lithuanian Historical Studies* 13 (2008), 161-78, 171ff.

57. Levene, *Crisis of Genocide*, vol. 1, 187-8.

58. 1918년 리비우의 악명 높은 포그롬에 관해서는 Hagen, 'The Moral Economy of Ethnic Violence'; Wehrhahn, *Die Westukrainische Volksrepublik*, 154-6; Mroczka, 'Przyczynek do kwestii zydowskiej w Galicji', 300ff. Christoph Mick, *Lemberg-Lwów-L'viv, 1914-1947: Violence and Ethnicity in a Contested City* (West Lafayette, IN: Purdue University Press, 2015). Mark Mazower, 'Minorities and the League of Nations in Interwar Europe', in *Daedalus* 126 (1997), 47-63, 이 책 50. Frank Golczewski, *Polnisch-jüdische Beziehungen, 1881-1922: Eine Studie zur Geschichte des Antisemitismus in Osteuropa* (Wiesbaden: Steiner, 1981), 205-13.

59. 프로스쿠로프 포그롬은 다른 여러 포그롬 사례와 함께 적십자사가 지원한 '포그롬 희생자를 위한 전全 우크라이나 구호 위원회' 대표단에 의해 조사되었다. 구호 위원회는 1919년에 현장 조사를 한 뒤 미국 유대인 구호 위원회에서 출간할 보고서를 준비했다. Elias Heifetz, *The Slaughter of the Jews in the Ukraine in 1919*

(New York: Thomas Seltzer, 1921). 이것들은 개별 보고서들로도 존재한다. 여기서 인용한 목격자들의 증언은 A. I. Hillerson in the Committee of the Jewish Delegations, *The Pogroms in the Ukraine under the Ukrainian Governments (1917-1920)*, ed. I. B. Schlechtmann (London: Bale, 1927), 176-80에서 가져옴.

60. Hillerson, *The Pogroms in the Ukraine*, 176-80.

61. 위의 책, ('evidence of Joseph Aptman, restaurant keeper at Felshtin'), annex no. 30, p. 193ff.

62. Mayer, *The Furies*, 524.

63. Leonard Schapiro, 'The Role of Jews in the Russian Revolutionary Movement', in *The Slavonic and East European Review* 40.94 (1961), 148-67; Zvi Y. Gitelman, *Jewish Nationality and Soviet Politics: The Jewish Sections of the CPSU 1917-1930* (Princeton, NJ: Princeton University Press, 1972), 114-19, 163-8.

64. Budnitskii, *Russian Jews between the Reds and Whites*, 397.

65. Baberowski, *Der Feind ist überall*, 158-60.

66. Mawdsley, 'International Responses', *1914-1918 online*.

67. Beyrau, 'Brutalization Revisited', 33.

68. Sumpf, 'Russian Civil War', *1914-1918 online*.

69. Mawdsley, 'International Responses', *1914-1918 online*.

70. Sumpf, 'Russian Civil War', *1914-1918 online*.

71. Mawdsley, 'International Responses', *1914-1918 online*.

72. Mawdsley, *The Russian Civil War*, 377-86; Sumpf, 'Russian Civil War', *1914-1918 online*; MacMillan, *Peacemakers*, 90.

73. 러시아의 기근에 관해서는 Patenaude, *The Big Show in Bololand*. 고전적인 저작인 Robert Conquest, *The Harvest of Sorrows: Soviet Collectivization and the Terror-Famine* (Oxford and New York: Oxford University Press, 1986)도 보라. 지역 연구는 Mary McAuley, *Bread and Justice: State and Society in Petrograd, 1917-1922* (Oxford: Clarendon Press, 1991), 397. 인구 변동에 관해서는 Sergueï Adamets, *Guerre civile et famine en Russie: Le pouvoir bolchevique et la population face à la catastrophe démographique, 1917-1923* (Paris: Institut d'études slaves, 2003).

74. 이 추정치들에 관해서는 Dietrich Beyrau, 'Post-War Societies (Russian Empire)', in *1914-1918 online. International Encyclopedia of the First World War*; Jurij Aleksandrovicč Poljakov et al., *Naselenie Rossii v XX veke: istoričeskie očerki*, vol. 1 (Moscow: ROSSPEN, 2000), 94-5.

75. Conquest, *Harvest of Sorrows*, 54ff.

76. *American Relief Administration Bulletin*, December 1923; Cabanes, *Origins of Humanitarianism*, 202ff에서 인용.

77. Mawdsley, *The Russian Civil War*, 399-400; Nicholas Riasanovsky and Mark Steinberg, *A History of Russia* (Oxford and New York: Oxford University Press, 2005), 474-5; Donald J. Raleigh, 'The Russian Civil War 1917-1922', in Ronald Grigor Suny (ed.), *The Cambridge History of Russia*, vol. 3 (Cambridge: Cambridge University Press, 2006), 140-67; Alan Ball, 'Building a New State and Society: NEP, 1921-1928', in Ronald Grigor Suny (ed.), *The Cambridge History of Russia*, vol. 3 (Cambridge: Cambridge University Press, 2006), 168-191; Smith, *Former People*, 213.

78. 정확한 난민의 숫자는 저마다 다르다. Poljakov et al., *Naselenie*, vol. 1, 134; Boris Raymond and David

R. Jones, *The Russian Diaspora 1917-1941* (Lanham, MD: Scarecrow, 2000), 7-10; Michael Glenny and Norman Stone (eds), *The Other Russia: The Experience of Exile* (London: Faber and Faber, 1990), xx; Raleigh, 'The Russian Civil War', 166.

79. 전시 난민에 관해서는 특히 Peter Gatrell, *A Whole Empire Walking: Refugees in Russia during World War I* (Bloomington, IN: Indiana University Press, 1999); Nick Baron and Peter Gatrell, 'Population Displacement, State-Building and Social Identity in the Lands of the Former Russian Empire, 1917- 1923', in *Kritika: Explorations in Russian and Eurasian History* 4 (2003), 51-100; Alan Kramer, 'Deportationen', in Gerhard Hirschfeld, Gerd Krumeich and Irina Renz (eds), *Enzyklopädie Erster Weltkrieg* (Paderborn: Schöningh, 2009), 434-5. Joshua A. Sanborn, 'Unsettling the Empire: Violent Migrations and Social Disaster in Russia during World War I', in *The Journal of Modern History* 77 (2005), 290-324, 310; Mark von Hagen, *War in a European Borderland: Occupations and Occupation Plans in Galicia and Ukraine, 1914-1918* (Seattle, WA: University of Washington Press, 2007). 서부전선에서의 이동에 관해서는 Philippe Nivet, *Les réfugiés français de la Grande Guerre, 1914-1920: Les 'boches du nord'* (Paris: Institut de stratégie comparée, 2004); Pierre Purseigle, '"A Wave on to Our Shores": The Exile and Resettlement of Refugees from the Western Front, 1914-1918', in *Contemporary European History* 16 (2007), 427-44.

80. Catherine Goussef, *L'Exil russe: La fabrique du réfugiéapatride (1920-1939)* (Paris: CNRS Editions, 2008), 60-3.

81. 벌린에 관해서는 Michael Ignatieff, *Isaiah Berlin: A Life* (London: Chatto and Windus, 1998).

82. Marc Raef, *Russia Abroad: A Cultural History of the Russian Emigration, 1919-1939* (Oxford and New York: Oxford University Press, 1990). 프랑스에 관해서는 Goussef, *L'Exil russe*. 프라하에 관해서 는 Catherine Andreyev and Ivan Savicky, *Russia Abroad: Prague and the Russian Diaspora 1918- 1938* (New Haven, CT, and London: Yale University Press, 2004)를 보라.

83. Robert C. Williams, *Culture in Exile: Russian Emigrés in Germany, 1881-1941* (Ithaca, NY: Cornell University Press, 1972), 114; Fritz Mierau, *Russen in Berlin, 1918-1933* (Berlin: Quadriga, 1988), 298; Karl Schlögel (ed.), *Chronik russischen Lebens in Deutschland, 1918 bis 1941* (Berlin: Akademie Verlag, 1999).

84. Viktor Petrov, 'The Town on the Sungari', in Stone and Glenny (eds), *The Other Russia*, 205-21.

85. Paul Robinson, *The White Russian Army in Exile, 1920-1941* (Oxford and New York: Oxford University Press, 2002), 41; Cabanes, *Origins of Humanitarianism*, 141ff.

86. International Red Cross Report on Russian Refugees in Constantinople, *Origins of Humanitarianism*, 142에서 인용.

87. Ibid, 155ff. 난센에 관해서는 Roland Huntford, *Nansen: The Explorer as Hero* (New York: Barnes and Noble Books, 1998); Martyn Housden, 'When the Baltic Sea was a Bridge for Humanitarian Action: The League of Nations, the Red Cross and the Repatriation of Prisoners of War between Russia and Central Europe, 1920-22', in *Journal of Baltic Studies* 38 (2007), 61-83를 보라.

88. Michael Kellogg, *The Russian Roots of Nazism: White Russians and the Making of National Socialism, 1917-1945* (Cambridge and New York: Cambridge University Press, 2005).

89. Robert Gerwarth and John Horne (eds), 'Vectors of Violence: Paramilitarism in Europe after the Great War, 1917-1923', in *The Journal of Modern History* 83 (2011), 497.

90. Robert Gerwarth and John Horne, 'Bolshevism as Fantasy: Fear of Revolution and Counter-

Revolutionary Violence, 1917-1923', in Gerwarth and Horne (eds), *War in Peace*, 40ff.

91. 처칠의 발언은 MacMillan, *Peacemakers*, 75에서 인용.

92. 온갖 참상에 관해서는 George Pitt-Rivers, *The World Significance of the Russian Revolution* (London: Blackwell, 1920); Read, *The World on Fire*, 23.

93. *The New York Times*, David Mitchell, *1919: Red Mirage* (London: Jonathan Cape, 1970), 20ff에서 인용.

94. Mark William Jones, 'Violence and Politics in the German Revolution, 1918-19', unpublished PhD thesis, European University Institute, 2011, 89-90에서 인용.

95. Gerwarth and Horne, 'Bolshevism as Fantasy', 46-8.

96. Robert Gerwarth and Martin Conway, 'Revolution and Counter-Revolution', in Donald Bloxham and Robert Gerwarth (eds), *Political Violence in Twentieth-Century Europe* (Cambridge and New York: Cambridge University Press, 2011), 140-75.

97. David Kirby, *A Concise History of Finland* (Cambridge and New York: Cambridge University Press, 2006), 152ff.

98. Pertti Haapala and Marko Tikka, 'Revolution, Civil War and Terror in Finland in 1918', in Gerwarth and Horne (eds), *War in Peace*, 71-83.

99. 영어로 쓰인 핀란드 내전에 관해서는 Anthony Upton, *The Finnish Revolution, 1917-18* (Minneapolis, MN: University of Minnesota Press, 1980); Risto Alapuro, *State and Revolution in Finland* (Berkeley, CA: University of California Press, 1988); Tuomas Hoppu and Pertti Haapala (eds), *Tampere 1918: A Town in the Civil War* (Tampere: Tampere Museums, 2010); Jason Lavery, 'Finland 1917-19: Three Conflicts, One Country', in *Scandinavian Review* 94 (2006), 6-14; Mawdsley, *The Russian Civil War*, 27-9.

100. 위의 책.

8장

1. *Berliner Tageblatt*, 10 November 1918.

2. Adam Seipp, *The Ordeal of Demobilization and the Urban Experience in Britain and Germany, 1917-1921* (Farnham: Ashgate, 2009); Scott Stephenson, *The Final Battle: Soldiers of the Western Front and the German Revolution of 1918* (Cambridge and New York: Cambridge University Press, 2009), 187; Richard Bessel, *Germany after the First World War* (Oxford and New York: Oxford University Press, 1993).

3. Ian Kershaw, *Hitler*, vol. 1: *Hubris, 1889-1936* (London: Allen Lane, 1998), 102.

4. Karl Hampe, *Kriegstagebuch 1914-1919*, ed. Folker Reichert and Eike Wolgast, 2nd edition(Munich: Oldenbourg, 2007), 775 (entry of 10 November 1918).

5. Elard von Oldenburg-Januschau, *Erinnerungen* (Berlin: Loehler and Amelang, 1936), 208; Elard von Oldenburg-Januschau, in Stephan Malinowski, *Vom König zum Führer: Sozialer Niedergang und politische Radikalisierung im deutschen Adel zwischen Kaiserreich und NS-Staat* (Frankfurt am Main: Fischer, 2003), 207에서 인용.

6. Bernhard von Bülow, *Denkwürdigkeiten* (Berlin: Ullstein, 1931), 305-12.

7. Eberhard Straub, *Albert Ballin: Der Reeder des Kaisers* (Berlin: Siedler, 2001), 257-61.

8. Heinrich August Winkler, *Weimar 1918-1933: Die Geschichte der ersten deutschen Demokratie* (Munich: C. H. Beck, 1993), 25ff and 87ff.

9. Walter Mühlhausen, *Friedrich Ebert, 1871-1925: Reichspräsident der Weimarer Republik* (Bonn: Dietz Verlag, 2006), 42ff. Dieter Dowe and Peter-Christian Witt, *Friedrich Ebert 1871-1925: Vom Arbeiterführer zum Reichspräsidenten* (Bonn: Friedrich-Ebert-Stiftung, 1987)도 보라.

10. Dieter Engelmann and Horst Naumann, *Hugo Haase: Lebensweg und politisches Vermächtnis eines streitbaren Sozialisten* (Berlin: Edition Neue Wege, 1999).

11. Heinrich Winkler, *Von der Revolution zur Stabilisierung: Arbeiter und Arbeiterbewegung in der Weimarer Republik, 1918 bis 1924* (Berlin: Dietz, 1984), 39에서 인용. 에베르트의 일생에 관해서는 Dowe and Witt, *Friedrich Ebert*; Mühlhausen, *Friedrich Ebert*.

12. Bernd Braun, 'Die "Generation Ebert"', in idem and Klaus Schönhoven (eds), *Generationen in der Arbeiterbewegung* (Munich: Oldenbourg, 2005), 69-86.

13. Klaus Hock, *Die Gesetzgebung des Rates der Volksbeauftragten* (Pfaffenweiler: Centaurus, 1987); Friedrich-Carl Wachs, *Das Verordnungswerk des Reichsdemobilmachungsamtes* (Frankfurt am Main: Peter Lang, 1991); Bessel, *Germany after the First World War*.

14. 이 개념에 관해서는 Wolfgang Schivelbusch, *The Culture of Defeat: On National Trauma, Mourning and Recovery* (New York: Holt, 2003). 패전의 트라우마와 집단 기억에 관해서는 Jay Winter, *Sites of Memory, Sites of Mourning: The Great War in European Cultural History* (Cambridge and New York: Cambridge University Press, 1995); Stefan Goebel, 'Re-Membered and Re-Mobilized: The "Sleeping Dead" in Interwar Germany and Britain', in *Journal of Contemporary History* 39 (2004), 487-501; Benjamin Ziemann, *Contested Commemorations: Republican War Veterans and Weimar Political Culture* (Cambridge and New York: Cambridge University Press, 2013); Claudia Siebrecht, *The Aesthetics of Loss: German Women's Art of the First World War* (Oxford and New York: Oxford University Press, 2013).

15. Heinz Hürten (ed.), *Zwischen Revolution und Kapp-Putsch: Militaer und Innenpolitik, 1918-1920* (Düsseldorf: Droste, 1977).

16. Gerald D. Feldman, 'Das deutsche Unternehmertum zwischen Krieg und Revolution: Die Entstehung des Stinnes-Legien-Abkommens', in idem, *Vom Weltkrieg zur Weltwirtschaftskrise: Studien zur deutschen Wirtschafts- und Sozialgeschichte 1914-1932* (Göttingen: Vandenhoeck and Ruprecht, 1984), 100-27; idem and Irmgard Steinisch, *Industrie und Gewerkschaften 1918-1924: Die überforderte Zentralarbeitsgemeinschaft* (Stuttgart: DVA, 1985), 135-7.

17. Winkler, *Weimar*, 69.

18. 오스트리아-헝가리의 마지막 몇 년과 혁명에 관해서는 Holger Herwig, *The First World War: Germany and Austria-Hungary, 1914-1918* (London: Bloomsbury, 1996)와 더 최근의 연구, Alexander Watson, *Ring of Steel: Germany and Austria-Hungary at War, 1914-18* (London: Allen Lane, 2014)를 보라. 자세한 고전적 서술은 Richard G. Plaschka, Horst Haselsteiner and Arnold Suppan, *Innere Front. Militärassistenz, Widerstand und Umsturz in der Donaumonarchie 1918*, 2 vols (Vienna: Verlag für Geschichte und Politik, 1974); Manfried Rauchensteiner, *Der Tod des Doppeladlers: Österreich-Ungarn und der Erste Weltkrieg* (Graz: Styria, 1993)에서 찾을 수 있다. 전쟁이 빈에 미친 영향에 관한 예리한 연구는 Maureen Healy, *Vienna and the Fall of the Habsburg Empire: Total War and Everyday Life in World War I* (Cambridge and New York: Cambridge University Press, 2004). 논문

집 Günther Bischof, Fritz Plasser and Peter Berger (eds), *From Empire to Republic: Post-World War I Austria* (Innsbruck: Innsbruck University Press, 2010)도 보라.

19. 이 입장과 이에 관한 해체는 Clifford F. Wargelin, 'A High Price for Bread: The First Treaty of Brest-Litovsk and the Break-up of Austria-Hungary, 1917-1918', in *The International History Review* 19 (1997), 757-88.

20. 위의 책.

21. 위의 책, 762.

22. Reinhard J. Sieder, 'Behind the Lines: Working-Class Family Life in Wartime Vienna', in Richard Wall and Jay Winter (eds), *The Upheaval of War: Family, Work and Welfare in Europe, 1914-1918* (Cambridge and New York: Cambridge University Press, 1988), 125-8; Wargelin, 'A High Price for Bread', 777. 파업에 관해서는 Plaschka et al., *Innere Front*, vol. 1, 59-106, 251-74.

23. Otto Bauer, *Die österreichische Revolution* (Vienna: Wiener Volksbuchhandlung, 1923), 66; Plaschka et al., *Innere Front*, vol. 1, 107-48; Wargelin, 'A High Price for Bread', 783.

24. Bauer, *Die österreichische Revolution*, 71-2; Plaschka et al., *Innere Front*, vol. 1, 62-103. 합스부르크 군대의 군사적 능력에 대한 더 긍정적인 근래의 시각은 István Deák, *Beyond Nationalism: A Social and Political History of the Habsburg Officer Corps, 1848-1918* (Oxford and New York: Oxford University Press, 1990); Greyton A. Tunstall, *Blood on the Snow: The Carpathian Winter War of 1915* (Lawrence, KS: University Press of Kansas, 2010).

25. Karel Pichlík, 'Der militärische Zusammenbruch der Mittelmächte im Jahre 1918', in Richard Georg Plaschka and Karlheinz Mack (eds), *Die Auflösung des Habsburgerreiches: Zusammenbruch und Neuorientierung im Donauraum* (Munich: Verlag für Geschichte und Politik, 1970), 249-65.

26. Bauer, *Die österreichische Revolution*, 79, 82, 90-2, 97; Rauchensteiner, *Tod des Doppeladlers*, 612-14.

27. Patrick J. Houlihan, 'Was There an Austrian Stab-in-the-Back Myth? Interwar Military Interpretations of Defeat', in Bischof et al. (eds), From Empire to Republic, 67-89, 이 책 72. 20세기 오스트리아에서의 권위주의 운동과 반유대주의에 대한 역사는 오스트리아판 '등에 칼 꽂기' 신화를 간단히 언급하지만 자세히 다루지는 않는다. Steven Beller, *A Concise History of Austria* (Cambridge: Cambridge University Press, 2006), 209를 보라. Francis L. Carsten, *Fascist Movements in Austria: From Schönerer to Hitler* (London: Sage, 1977), 95; Bruce F. Pauley, *From Prejudice to Persecution: A History of Austrian Anti-Semitism* (Chapel Hill, NC: University of North Carolina Press, 1992), 159도 보라. 그 신화가 전직 장교들의 회고록을 통해 어떻게 유포되었는지에 대한 더 깊이 있는 분석은 Gergely Romsics, *Myth and Remembrance: The Dissolution of the Habsburg Empire in the Memoir Literature of the Austro-Hungarian Political Elite* (New York: Columbia University Press, 2006), 37-43를 보라.

28. Wolfgang Maderthaner, 'Utopian Perspectives and Political Restraint: The Austrian Revolution in the Context of Central European Conflicts', in Bischof et al. (eds), *From Empire to Republic*, 52-66, 53; Francis L. Carsten, *Die Erste Österreichische Republik im Spiegel zeitgenössischer Quellen* (Vienna: Böhlau, 1988), 11ff.

29. 아들러에 관해서는 Douglas D. Alder, 'Friedrich Adler: Evolution of a Revolutionary', in *German Studies Review* 1 (1978), 260-84; John Zimmermann, *'Von der Bluttat eines Unseligen': Das Attentat Friedrich Adlers und seine Rezeption in der sozialdemokratischen Presse* (Hamburg: Verlag Dr. Kovač, Hamburg, 2000); 아인슈타인과 그의 관계에 관해서는 Michaela Maier and Wolfgang

왜 제1차 세계대전은 끝나지 않았는가

Maderthaner (eds), *Physik und Revolution: Friedrich Adler-Albert Einstein: Briefe, Dokumente, Stellungnahmen* (Vienna: Locker, 2006).

30. *Neues Wiener Tagblatt*, 3 November 1918, as quoted in Maderthaner, 'Utopian Perspectives and Political Restraint', 52ff.

31. Bauer, *Die österreichische Revolution*, 121.

32. Maderthaner, 'Utopian Perspectives and Political Restraint', 55.

33. Netherlands Institute for War, Holocaust and Genocide Studies, Amsterdam: Rauter Papers, Doc I 1380, H, 2.

34. Oberösterreichisches Landesarchiv (Linz), Ernst Rüdiger Starhemberg Papers, Aufzeichnungen, 20-2.

35. Franz Brandl, *Kaiser, Politiker, und Menschen: Erinnerungen eines Wiener Polizeipräsidenten* (Vienna and Leipzig: Günther, 1936), 265-6.

36. Maderthaner, 'Utopian Perspectives and Political Restraint', 61.

37. Peter Broucek, *Karl I (IV.): Der politische Weg des letzten Herrschers der Donaumonarchie* (Vienna: Böhlau, 1997); Pieter M. Judson, *The Habsburg Empire: A New History* (Cambridge, MA: Harvard University Press, 2016), 338-442.

38. Margaret MacMillan, *Peacemakers: The Paris Conference of 1919 and Its Attempt to End War* (London: John Murray, 2001), 261.

39. Maderthaner, 'Utopian Perspectives and Political Restraint', 57.

40. Lyubomir Ognyanov, *Voynishkoto vastanie 1918 [The Soldiers' Uprising]* (Sofia: Nauka i izkustvo, 1988), 74.

41. Nikolai Vukov, 'The Aftermaths of Defeat: The Fallen, the Catastrophe, and the Public Response of Women to the End of the First World War in Bulgaria', in Ingrid Sharp and Matthew Stibbe (eds), *Aftermaths of War: Women's Movements and Female Activists, 1918-1923* (Leiden: Brill, 2011), 29-47.

42. 편지는 Ognyanov, *Voynishkoto vastanie 1918*, 84 and 89에서 인용.

43. 전후 불가리아에서 병사 봉기와 폭력에 관해서는 Ognyanov, *Voynishkoto vastanie 1918; Boyan Kastelov, Ot fronta do Vladaya: Dokumentalen ocherk* (Sofia: BZNS, 1978); idem, *Bulgaria-ot voyna kam vastanie* (Sofia: Voenno izdatelstvo, 1988); Ivan Draev, *Bulgarskata 1918: Istoricheski ocherk za Vladayskoto vastanie* (Sofia: Narodna prosveta, 1970); Tsvetan Grozev, *Voynishkoto vastanie, 1918: Sbornik dokumenti i spomeni* (Sofia: BKP, 1967).

44. 공산주의 시절과 1989년 이후의 역사 서술에서 이러한 해석에 관해서는 Georgi Georgiev, *Propusnata pobeda-Voynishkoto vastanie, 1918* (Sofia: Partizdat, 1989); Nikolay Mizov, V*liyanieto na Velikata oktomvriyska sotsialisticheska revolyutsia varhu Vladayskoto vaorazheno vastanie na voynishkite masi u nas prez septembri 1918 godina* (Sofia: NS OF, 1957); Kanyu Kozhuharov, *Radomirskata republika, 1918-1948* (Sofia: BZNS, 1948); Kosta Nikolov, *Kletvoprestapnitsite: Vladayskite sabitiya prez septemvri 1918* (Sofia: AngoBoy, 2002).

45. Richard C. Hall, 'Bulgaria in the First World War', in russiasgreatwar. org.

46. Ryan Gingeras, *Fall of the Sultanate: The Great War and the End of the Ottoman Empire, 1908-1922* (Oxford and New York: Oxford University Press, 2016), 236ff.

47. 같은 책, 253.

48. Edward J. Erickson, *Ordered to Die: A History of the Ottoman Army in the First World War* (Westport, CT, and London: Greenwood Press, 2001), 237-43. 질병으로 사망한 병사들의 숫자는 Erik J. Zürcher, 'The Ottoman Soldier in World War I', in idem, *The Young Turk Legacy and Nation Building: From the Ottoman Empire to Atatürk's Turkey* (London: I. B. Tauris, 2010), 167-87를 보라.

49. Mustafa Aksakal, 'The Ottoman Empire', in Robert Gerwarth and Erez Manela (eds), *Empires at War, 1911-1923* (Oxford and New York: Oxford University Press, 2014), 17-33. 아르메니아 인종 학살에 관해서는 Donald Bloxham, 'The First World War and the Development of the Armenian Genocide', in Ronald Grigor Suny, Fatma Müge Göçek and Norman M. Naimark (eds), *A Question of Genocide: Armenians and Turks at the End of the Ottoman Empire* (Oxford and New York: Oxford University Press, 2011), 260-75; Ronald Grigor Suny, 'Explaining Genocide: The Fate of the Armenians in the Late Ottoman Empire', in Richard Bessel and Claudia Haake (eds), *Removing Peoples: Forced Removal in the Modern World* (Oxford and New York: Oxford University Press, 2009), 209-53, 이 책 220를 보라. 중동의 전시 사상자 숫자와 메뚜기떼 습격과 그것이 초래한 절박한 상황에 관해서는 Salim Tamari (ed.), *Year of the Locust: A Soldier's Diary and the Erasure of Palestine's Ottoman Past* (Berkeley, CA: University of California Press, 2011); Elizabeth F. Thompson, *Colonial Citizens: Republican Rights, Paternal Privilege, and Gender in French Syria and Lebanon* (New York: Columbia University Press, 2000)를 보라.

50. James Sheehan, *Where Have All the Soldiers Gone? The Transformation of Modern Europe* (New York: Houghton Mifflin, 2008), 94.

51. 독일의 경우는 Kathleen Canning, 'The Politics of Symbols, Semantics, and Sentiments in the Weimar Republic', in *Central European History* 43 (2010), 567-80. 오스트리아에 관해서는 Wolfgang Maderthaner, 'Die eigenartige Größe der Beschränkung. Österreichs Revolution im mitteleuropäischen Spannungsfeld', in Helmut Konrad and Wolfgang Maderthaner (eds), *... der Rest ist Österreich: Das Werden der Ersten Republik*, vol. 1 (Vienna: Gerold's Sohn, 2008), 187-206, 이 책 192를 보라.

9장

1. Heinrich August Winkler, *Von der Revolution zur Stabilisierung: Arbeiter und Arbeiterbewegung in der Weimarer Republik, 1918 bis 1924* (Berlin: Dietz, 1984), 122-3; idem, *Weimar 1918-1933. Die Geschichte der ersten deutschen Demokratie* (Munich: C. H. Beck, 1993), 58.

2. 카를 리프크네히트에 관해서는 Helmut Trotnow, *Karl Liebknecht: Eine Politische Biographie* (Cologne: Kiepenheuer and Witsch, 1980); Heinz Wohlgemuth, *Karl Liebknecht: Eine Biographie* (East Berlin: Dietz, 1975); Annelies Laschitza and Elke Keller, *Karl Liebknecht: Eine Biographie in Dokumenten* (East Berlin: Dietz, 1982); Annelies Laschitza, *Die Liebknechts: Karl und Sophie, Politik und Familie* (Berlin: Aufbau, 2009); Anthony Read, *The World on Fire: 1919 and the Battle with Bolshevism* (London: Pimlico, 2009), 29.

3. Read, *World on Fire*, 29; Mark William Jones, 'Violence and Politics in the German Revolution, 1918-19', unpublished PhD thesis, European University Institute, 2011, 91.

4. Peter Nettl, *Rosa Luxemburg* (Frankfurt am Main: Büchergilde Gutenberg, 1968), 67(그녀의 신체적 장

왜 제1차 세계대전은 끝나지 않았는가

애에 관해서); Annelies Laschitza, *Im Lebensrausch, trotz alledem. Rosa Luxemburg: Eine Biographie* (Berlin: Aufbau, 1996/2002), 25; Jason Schulman (ed.), *Rosa Luxemburg: Her Life and Legacy* (New York: Palgrave Macmillan, 2013); Mathilde Jacob, *Rosa Luxemburg: An Intimate Portrait* (London: Lawrence and Wishart, 2000); Read, *World on Fire*, 29ff.

5. Laschitza, *Rosa Luxemburg*, 584.

6. Rosa Luxemburg, *Gesammelte Werke*, vol. 4: *August 1914-Januar 1919* (East Berlin: Dietz, 1974), 399; Karl Egon Lönne (ed.), *Die Weimarer Republik, 1918-1933: Quellen zum politischen Denken der Deutschen im 19. und 20. Jahrhundert* (Darmstadt: Wissenschaftliche Buchgesellschaft, 2002), 79-82.

7. Ulrich Kluge, *Soldatenräte und Revolution: Studien zur Militärpolitik in Deutschland 1918/19* (Göttingen: Vandenhoeck and Ruprecht, 1975), 241-3; Winkler, *Von der Revolution*, 109-10; Scott Stephenson, *The Final Battle: Soldiers of the Western Front and the German Revolution of 1918* (Cambridge and New York: Cambridge University Press, 2009), 262-71. 혁명의 이 국면에서 폭력에 관해서는 Jones, 'Violence and Politics', 177-96를 보라.

8. Eduard Bernstein, *Die deutsche Revolution*, vol. 1: *Ihr Ursprung, ihr Verlauf und ihr Werk* (Berlin: Verlag Gesellschaft und Erziehung, 1921), 131-5; Winkler, *Von der Revolution*, 120.

9. Winkler, *Weimar*, 58.

10. Winkler, *Von der Revolution*, 122.

11. Andreas Wirsching, *Vom Weltkrieg zum Bürgerkrieg: Politischer Extremismus in Deutschland und Frankreich 1918-1933/39. Berlin und Paris im Vergleich* (Munich: Oldenbourg, 1999), 134; Winkler, *Von der Revolution*, 124; Gustav Noske, *Von Kiel bis Kapp: Zur Geschichte der deutschen Revolution* (Berlin: Verlag für Politik und Wirtschaft, 1920), 68.

12. 의용군에 관해서는 Hagen Schulze, *Freikorps und Republik, 1918-1920* (Boppard am Rhein: Boldt, 1969); Hannsjoachim W. Koch, *Der deutsche Bürgerkrieg: Eine Geschichte der deutschen und österreichischen Freikorps 1918-1923* (Berlin: Ullstein, 1978); Wolfram Wette, *Gustav Noske: Eine politische Biographie* (Düsseldorf: Droste, 1987); Bernhard Sauer, 'Freikorps und Antisemitismus', in *Zeitschrift für Geschichtswissenschaft* 56 (2008), 5-29; Klaus Theweleit, *Male Fantasies*, 2 vols (Minneapolis, MN: University of Minnesota Press, 1987); Rüdiger Bergien, 'Republikschützer oder Terroristen? Die Freikorpsbewegung in Deutschland nach dem Ersten Weltkrieg', in *Militärgeschichte* (2008), 14-17; idem, *Die bellizistische Republik: Wehrkonsens und Wehrhaftmachung in Deutschland, 1918-1933* (Munich: Oldenbourg, 2012), 64-9.

13. Starhemberg, 'Aufzeichnungen', in Starhemberg Papers, Oberösterreichisches Landesarchiv, 26.

14. Robert Gerwarth, 'The Central European Counter-Revolution: Paramilitary Violence in Germany, Austria and Hungary after the Great War', in *Past & Present 200* (2008), 175-209.

15. 위의 책.

16. Jürgen Reulecke, *'Ich möchte einer werden so wie die _': Männerbünde im 20. Jahrhundert* (Frankfurt am Main: Campus, 2001), 89ff.

17. Ernst von Salomon, *Die Geächteten* (Berlin: Rowohlt, 1923), 10-11. 의용군의 자전적 문학은 특히 Matthias Sprenger, *Landsknechte auf dem Weg ins Dritte Reich? Zu Genese und Wandel des Freikorps-Mythos* (Paderborn: Schöningh, 2008)를 보라.

18. Joseph Roth, *Das Spinnennetz* (first serialized in 1923, first book edition: Cologne and Berlin:

Kiepenheuer and Witsch, 1967), 6.

19. Friedrich Wilhelm Heinz, *Sprengstoff* (Berlin: Frundsberg Verlag, 1930), 7.

20. Boris Barth, *Dolchstoßlegenden und politische Disintegration: Das Trauma der deutschen Niederlage im Ersten Weltkrieg* (Düsseldorf: Droste, 2003); Gerd Krumeich, 'Die Dolchstoß-Legende', in Etienne François and Hagen Schulze (eds), *Deutsche Erinnerungsorte*, vol. 1 (Munich: C. H. Beck, 2001), 585–99; Wolfgang Schivelbusch, *The Culture of Defeat: On National Trauma, Mourning and Recovery* (New York: Holt, 2003), 203–47.

21. Manfred von Killinger, *Der Klabautermann: Eine Lebensgeschichte*, 3rd edition (Munich: Eher, 1936), 263. 킬링거에 관해서는 Bert Wawrzinek, *Manfred von Killinger (1886-1944): Ein politischer Soldat zwischen Freikorps und Auswärtigem Amt* (Preussisch Oldendorf: DVG, 2004)를 보라.

22. 프로이센 의회에 관한 보고는 *Sammlung der Drucksachen der Verfassunggebenden Preußischen Landesversammlung, Tagung 1919/21*, vol. 15 (Berlin: Preußische Verlagsanstalt, 1921), 7,705; 또한 Dieter Baudis and Hermann Roth, 'Berliner Opfer der Novemberrevolution 1918/19', in *Jahrbuch für Wirtschaftsgeschichte* (1968), 73-149, 이 책 79도 보라.

23. Karl Liebknecht, *Ausgewählte Reden, Briefe und Aufsätze* (East Berlin: Dietz, 1952), 505–20.

24. Rosa Luxemburg, *Politische Schriften*, ed. Ossip K. Flechtheim, vol. 3 (Frankfurt am Main: Europäische Verlags-Anstalt, 1975), 203–9, 이 책 209.

25. 두 사람의 발각과 체포에 관해서는 Klaus Gietinger, *Eine Leiche im Landwehrkanal: Die Ermordnung Rosa Luxemburgs* (Hamburg: Edition Nautilus, 2008), 18를 보라. 팝스트에 관해서는 Klaus Gietinger, *Der Konterrevolutionär: Waldemar Pabst-eine deutsche Karriere* (Hamburg: Edition Nautilus, 2009)를 보라.

26. 리프크네히트가 어떤 취급을 받았는지는 이하에 수록된 증거 요약을 보라. BA-MA PH8 v/2 Bl. 206-20: 'Schriftsatz in der Untersuchungsache gegen von Pflugk-Harttung und Genossen. Berlin, den 15 März 1919', and further Bl. 221-7.

27. 룩셈부르크가 티어가르텐에서 어떻게 살해되었는지는(이튿날 플루크 하르퉁이 바이츠제커한테 말한 것처럼) Leonidas E. Hill (ed.), *Die Weizsäcker-Papiere 1900-1934* (Berlin: Propyläen, 1982), 325를 보라. Gietinger, *Leiche im Landwehrkanal: Die Ermordung Rosa Luxemburgs* (Hamburg: Edition Nautilus, 2008), 37 and 134 (annex document 1). 이하에 수록된 파일도 보라. BA-MA PH8 v/10, esp. Bl.1-3, 'Das Geständnis. Otto Runge, 22 Jan. 1921'.

28. Winkler, *Von der Revolution*, 171-82; Jones, 'Violence and Politics', 313-50, esp. 339-40.

29. 아이스너에 관해서는 Bernhard Grau, *Kurt Eisner, 1867-1919: Eine Biografie* (Munich: C. H. Beck, 2001); Allan Mitchell, *Revolution in Bavaria 1918-19: The Eisner Regime and the Soviet Republic* (Princeton, NJ: Princeton University Press, 1965), 66-7; Read, *World on Fire*, 33-7.

30. Heinrich Hillmayr, 'München und die Revolution 1918/1919', in Karl Bosl (ed.), *Bayern im Umbruch. Die Revolution von 1918, ihre Voraussetzungen, ihr Verlauf und ihre Folgen* (Munich and Vienna: Oldenbourg, 1969), 453-504; Grau, *Eisner*, 344; Mitchell, *Revolution in Bavaria*, 100; David Clay Large, *Where Ghosts Walked: Munich's Road to the Third Reich* (New York: W. W. Norton, 1997), 78-9; Read, *World on Fire*, 35.

31. Holger Herwig, 'Clio Deceived: Patriotic Self-Censorship in Germany after the Great War', in *International Security* 12 (1987), 5-22, 인용은 p. 9.

32. Grau, *Eisner*, 397ff.

33. Susanne Miller, *Die Bürde der Macht: Die deutsche Sozialdemokratie 1918-1920* (Düsseldorf: Droste, 1978), 457; Grau, *Eisner*, 439; Hans von Pranckh, *Der Prozeß gegen den Grafen Anton Arco-Valley, der den bayerischen Ministerpräsidenten Kurt Eisner erschossen hat* (Munich: Lehmann, 1920).

34. Mitchell, *Revolution in Bavaria*, 271; Winkler, *Weimar*, 77; Pranckh, *Der Prozeß gegen den Grafen Anton Arco-Valley*.

35. Wilhelm Böhm, *Im Kreuzfeuer zweier Revolutionen* (Munich: Verlag für Kulturpolitik, 1924), 297; Maderthaner, 'Utopian Perspectives and Political Restraint: The Austrian Revolution in the Context of Central European Conflicts', in Günter Bischof, Fritz Plasser and Peter Berger (eds), *From Empire to Republic: Post-World War I Austria* (New Orleans, LA, and Innsbruck: UNO Press and Innsbruck University Press, 2010), 58.

36. 뮈잠의 발언은 Read, *World on Fire*에서 인용.

37. Read, *World on Fire*, 152.

38. 지노비예프의 발언은 David Mitchell, *1919: Red Mirage* (London: Jonathan Cape, 1970), 165에서 인용.

39. Thomas Mann, *Diaries 1919-1939*, trans. Richard and Clare Winston (London: AndréDeutsch, 1983), 44.

40. 랜싱의 발언은 Alan Sharp, 'The New Diplomacy and the New Europe', in Nicholas Doumanis, *The Oxford Handbook of Europe 1914-1945* (Oxford and New York: Oxford University Press, 2016)에서 인용.

41. 밤베르크로의 피신에 관해서는 Wette, *Noske*, 431를 보라. 종려 주일의 사건들에 관해서는 Heinrich Hillmayr, *Roter und Weißer Terror in Bayern nach 1918* (Munich: Nusser, 1974), 43; Wette, *Noske*, 434; Mitchell, *Revolution in Bavaria*, 316-17를 보라.

42. Mitchell, *Revolution in Bavaria*, 304-31.

43. Ernst Toller, *I Was a German: The Autobiography of Ernst Toller* (New York: Paragon House, 1934), 180-9; Mitchell, *Revolution in Bavaria*, 320.

44. Wolfgang Zorn, *Geschichte Bayerns im 20. Jahrhundert* (Munich: C. H. Beck, 1986), 194.

45. Read, *World on Fire*, 154; Mitchell, *Revolution in Bavaria*, 322.

46. Mitchell, *Revolution in Bavaria*, 322; Read, *World on Fire*, 155.

47. 이런 풍문들에 관해서는 Jones, 'Violence and Politics', 377-8; Hillmayr, *Roter und Weißer Terror in Bayern*, 136-7.

48. Wette, *Noske*, 440.

49. Hillmayr, *Roter und Weißer Terror in Bayern*, 108-10.

50. Victor Klemperer, *Man möchte immer weinen und lachen in einem: Revolutionstagebuch 1919* (Berlin: Aufbau, 2015).

51. Mitchell, *Revolution in Bavaria*, 331, n. 51.

52. Thomas Mann, *Thomas Mann: Tagebücher 1918-1921*, ed. Peter de Mendelsohn (Frankfurt am Main: S. Fischer, 1979), 218.

53. György Borsányi, *The Life of a Communist Revolutionary: Béla Kun* (Boulder, CO: Social Science Monographs, 1993), 45(포로수용소에서 석방), and 77(부다페스트 도착).

54. 전쟁 동안 식량 부족과 정치적 급진화에 관해서는 Péter Bihari, *Lövészárkok a hátországban. Középosztály, zsidókérdés, Antiszemitizmus az első*

világháború Magyarországán (Budapest: Napvilág Kiadó, 2008), esp. 94-5.

55. 카로이 치하에서 토지 개혁 실패에 관해서는 József Sipos, *A pártok és a földrefom 1918-1919* (Budapest: Gondolat, 2009), 200-9.

56. *The New York Times*, 5 January 1919, Read, *World on Fire*, 157에서 인용.

57. Miklós Molnár, *From Béla Kun to János Kádár: Seventy Years of Hungarian Communism* (New York: St Martin's Press, 1990), 2-4.

58. 헝가리와 유럽 역사에서 평의회 공화국의 위상에 관해서는 Tamás Krausz and Judit Vértes (eds), *1919. A Magyarországi Tanácsköztársaság és a kelet-európai forradalmak* (Budapest: L'Harmattan-ELTE BTK Kelet-Európa Története Tanszék, 2010)를 보라.

59. *Vörös Újság*, 11 February 1919.

60. 공산주의자들을 기소한 검찰에 관한 당대의 기록은 Albert Váry, *A Vörös Uralom Áldozatai Magyarországon* (Szeged: Szegedi Nyomda, 1993). 이 기록은 1922년에 처음 출간되었다. Gusztáv Gratz (ed.), *A Bolsevizmus Magyarországon* (Budapest: Franklin-Társulat, 1921); Ladislaus Bizony, *133 Tage Ungarischer Bolschewismus Die Herrschaft Béla Kuns und Tibor Szamuellys Die Blutigen Ereignisse in Ungarn* (Leipzig and Vienna: Waldheim-Eberle, 1920)도 보라. 근래의 설명은 Konrád Salamon, 'Proletárditarúra és a Terror', *Rubicon* (2011), 24-35를 보라.

61. Wolfgang Maderthaner, 'The Austrian Revolution', 59.

62. 농민층의 반응에 대한 최고의 연구는 여전히 Ignác Romsics, *A Duna-Tisza Köze Hatalmi Viszonyai 1918-19-ben* (Budapest: Akadémiai Kiadó, 1982)이다.

63. Thomas Sakmyster, *A Communist Odyssey: The Life of József Pogány* (Budapest and New York: Central European University Press, 2012), 44-6.

64. Peter Pastor, *Hungary between Wilson and Lenin: The Hungarian Revolution of 1918-1919 and the Big Three* (New York: Columbia University Press, East European Monograph, 1976).

65. Julius Braunthal, *Geschichte der Internationale*, vol. 2 (Hanover: J. H. W. Dietz, 1963), 160.

66. Maderthaner, 'The Austrian Revolution', 60ff.

67. 위의 책, 61.

68. 상세한 설명은 Hans Hautmann, *Die Geschichte der Rätebewegung in Österreich 1918-1924* (Vienna: Europaverlag, 1987), 329ff.

69. 쿤 정권에 대한 가톨릭교회의 거부는 Gabriel Adriányi, *Fünfzig Jahre Ungarische Kirchengeschichte, 1895-1945* (Mainz: v. Hase and Koehler Verlag, 1974), 53-9를 보라.

70. Frank Eckelt, 'The Internal Policies of the Hungarian Soviet Republic', in Iván Völgyes (ed.), *Hungary in Revolution, 1918-1919* (Lincoln, NB: University of Nebraska Press, 1971), 61-88.

71. Thomas Sakmyster, *Hungary's Admiral on Horseback: Miklós Horthy, 1918-1944* (Boulder, CO: Eastern European Monographs, 1994).

72. Béla Kelemen, *Adatok a szegedi ellenforradalom és a szegedi kormány történetéhez* (Szeged: SzerzöKiadása, 1923), 495-6.

73. Miklós Kozma, *Makensens Ungarische Husaren: Tagebuch eines Frontoffiziers, 1914-1918* (Berlin and Vienna: Verlag für Kulturpolitik, 1933), 459. 부다페스트에서 반혁명에 관해서는 Eliza Ablovatski, '"Cleansing the Red Nest": Counter-Revolution and White Terror in Munich and Budapest', 1919, unpublished PhD Dissertation, New York, 2004를 보라.

74. Kozma, *Makensens Ungarische Husaren*, 461. '붉은 아마존에 관해서는 *Innsbrucker Nachrichten*, 23

왜 제1차 세계대전은 끝나지 않았는가

March 1919, 2.

75. Starhemberg, 'Aufzeichnungen', 16-17. Emil Fey, *Schwertbrüder des Deutschen Ordens* (Vienna: Lichtner, 1937), 218-20도 보라.

76. Harold Nicolson, *Peacemaking, 1919* (London: Grosset and Dunlap, 1933), 298 (diary entry for April 1919).

77. 위의 책, 293.

78. Francis Deák, *Hungary at the Peace Conference: The Diplomatic History of the Treaty of Trianon* (New York: Columbia University Press, 1942), 78.

79. Read, *World on Fire*, 192-3.

80. Deák, *Hungary at the Peace Conference*, 78.

81. Rudolf Tokes, 'Bela Kun: The Man and Revolutionary', in Ivan Völgyes (ed.), *Hungary in Revolution* (Lincoln, NB: University of Nebraska Press), 170-207, 이 책 202-3.

82. Deák, *Hungary at the Peace Conference*, 112-28.

83. 루마니아 병사들의 행태와 수도 약탈에 관해서는 Krisztián Ungváry, 'Sacco di Budapest, 1919. Gheorghe Mârdârescu tábornok válasza Harry Hill Bandholtz vezérőrnagy nem diplomatikus naplójára', in *Budapesti Negyed* 3-4 (2000), 173-203.

84. Miklós Lackó, 'The Role of Budapest in Hungarian Literature 1890-1935', in Tom Bender (ed.), *Budapest and New York: Studies in Metropolitan Transformation, 1870-1930* (New York: Russell Sage Foundation, 1994), 352-66, 352ff.

85. Miklós Kozma, *Az összeomlás 1918-1919* (Budapest: Athenaeum, 1933), 380. 코즈마의 전쟁 경험에 관해서는 Kozma, *Makensens Ungarische Husaren*를 보라. 더 일반적인 백색 테러 전반에 관해서는 Béla Bodó, 'The White Terror in Hungary, 1919-21: The Social Worlds of Paramilitary Groups', in *Austrian History Yearbook* 42 (2011), 133-63; Gerwarth, 'The Central European Counter-Revolution', 175-209.

86. 두 사람의 암살에 관해서는 Ernő Gergely and Pál Schönwald, *A Somogyi-Bacsó-Gyilkosság* (Budapest: Kossuth, 1978).

87. Rolf Fischer, 'Anti-Semitism in Hungary 1882-1932', in Herbert A. Strauss (ed.), *Hostages of Modernization: Studies of Modern Antisemitism 1870-1933/39*, vol. 2: *Austria, Hungary, Poland, Russia* (Berlin and New York: de Gruyter, 1993), 863-92, 883-4; Nathaniel Katzburg, *Zsidópolitika Magyarországon, 1919-1943* (Budapest: Bábel, 2002), 36-9.

88. Rudolf Tokes, *Béla Kun and the Hungarian Soviet Republic: The Origins and Role of the Communist Party of Hungary in the Revolutions of 1918-1919* (New York and Stanford, CA: Praeger, 1967), 159. Borsányi, *The Life of a Communist Revolutionary*도 보라.

89. Pál Prónay, *A határban a halál kaszál: fejezetek Prónay Pál feljegyzéseiből*, eds Ágnes Szabó and Ervin Pamlényi (Budapest: Kossuth, 1963), 90. 프로너이 본인에 관해서는 Béla Bodó, *Pál Prónay: Paramilitary Violence and Anti-Semitism in Hungary, 1919-1921* (Pittsburgh, PA: University of Pittsburgh Press, 2011).

90. Gerwarth, 'Central European Counter-Revolution', 175-209. 그 맥락에 관해서는 Bruno Thoss, *Der Ludendorff-Kreis München als Zentrum der mitteleuropäischen Gegenrevolution zwischen Revolution und Hitler-Putsch* (Munich: Wölfle, 1978); Lajos Kerekes, 'Die "weiße" Allianz: Bayerisch-österreichisch-ungarische Projekte gegen die Regierung Renner im Jahre 1920', in

Österreichische Osthefte 7 (1965), 353-66; Ludger Rape, *Die österreichischen Heimwehren und die bayerische Rechte 1920-1923* (Vienna: Europa-Verlag, 1977); Horst G. Nusser, *Konservative Wehrverbände in Bayern, Preussen und Österreich mit einer Biographie von Georg Escherich 1870-1941*, 2 vols (Munich: Nusser, 1973).

91. Hans Jürgen Kuron, 'Freikorps und Bund Oberland', unpublished PhD thesis, Munich 1960, 134; Sabine Falch, 'Zwischen Heimatwehr und Nationalsozialismus. Der "Bund Oberland" in Tirol', in *Geschichte und Region* 6 (1997), 51-86; Verena Lösch, 'Die Geschichte der Tiroler Heimatwehr von ihren Anfängen bis zum Korneuburger Eid(1920-1930)', unpublished PhD thesis, Innsbruck 1986, 162.

92. 안톤 레하르의 일생에 관해서는 Anton Broucek (ed.), *Anton Lehár. Erinnerungen. Gegenrevolution und Restaurationsversuche in Ungarn 1918-1921* (Munich: Oldenbourg, 1973). 프란츠 레하르에 관해서는 Norbert Linke, *Franz Lehár* (Reinbek bei Hamburg: Rowohlt, 2001).

93. Österreichisches Staatsarchiv(ÖStA), B 1477: 'Die Politik des deutschen Widerstands'(1931).

94. Bundesarchiv(Berlin), Pabst Papers, NY4035/6, 37-9. 팝스트에 관해서는 Doris Kachulle, *Waldemar Pabst und die Gegenrevolution* (Berlin: Organon, 2007).

95. Alfred Krauss, *Unser Deutschtum!* (Salzburg: Eitel, 1921), 7-13.

96. Alfred Rosenberg, 'Die russisch-jüdische Revolution', in *Auf gut Deutsch*, 24 May 1919.

97. Léon Poliakov, *The History of Anti-Semitism*, vol. 4: *Suicidal Europe, 1870-1933* (Philadelphia, PA: University of Pennsylvania Press, 2003), 274-6.

98. Mark Levene, *War, Jews, and the New Europe: The Diplomacy of Lucien Wolf, 1914-1919* (Oxford and New York: Oxford University Press, 1992), 212; idem, *Crisis of Genocide*, vol. 1: *The European Rimlands 1912-1938* (Oxford and New York: Oxford University Press, 2014), p. 184에서 인용.

99. Winston Churchill, 'Zionism versus Bolshevism', *Illustrated Sunday Herald*, 8 February 1920.

100. Norman Cohn, *Warrant for Genocide: The Myth of the Jewish World Conspiracy and the Protocols of the Elders of Zion* (London: Serif, 1996).

101. 헝가리에서 1918년 이후 반유대주의에 관해서는 Robert M. Bigler, 'Heil Hitler and Heil Horthy! The Nature of Hungarian Racist Nationalism and its Impact on German-Hungarian Relations 1919-1945', in *East European Quarterly* 8 (1974), 251-72; Béla Bodó, '"White Terror", the Hungarian Press and the Evolution of Hungarian Anti-Semitism after World War I', in *Yad Vashem Studies* 34 (2006), 45-86; Nathaniel Katzburg, *Hungary and the Jews: Policy and Legislation, 1920-1943* (Ramat-Gan: Bar-Ilan University Press, 1981); and Rolf Fischer, *Entwicklungsstufen des Antisemitismus in Ungarn, 1867-1939: Die Zerstörung der magyarisch-jüdischen Symbiose* (Munich: Oldenbourg, 1998).

102. Josef Halmi, 'Akten über die Pogrome in Ungarn', in Jakob Krausz, *Martyrium. Ein jüdisches Jahrbuch* (Vienna: self-published, 1922), 59-66. Oszkár Jászi, *Magyariens Schuld: Ungarns Sühne. Revolution und Gegenrevolution in Ungarn* (Munich: Verlag für Kulturpolitik, 1923), 168-79도 보라. Josef Pogány, *Der Weiße Terror in Ungarn* (Vienna: Neue Erde, 1920); British Joint Labour Delegation to Hungary, *The White Terror in Hungary. Report of the British Joint Labour Delegation to Hungary* (London: Trade Union Congress and Labour Party, 1920); and The National Archives (TNA), London: FO 371/3558/206720: 'The Jews in Hungary: Correspondence with His Majesty's Government, presented to the Jewish Board of Deputies and the Council of the Anglo-Jewish

Association', October 1920.

103. Halmi, 'Akten über die Pogrome in Ungarn', 64.

104. 대전이 일어날 때까지 반유대주의의 역사에 관해서는 Peter Pulzer, *The Rise of Political Anti-Semitism in Germany and Austria*, 2nd revised edition (Cambridge, MA: Harvard University Press, 1988); and John W. Boyer, 'Karl Lueger and the Viennese Jews', in *Yearbook of the Leo Baeck Institute* 26 (1981), 125-44를 보라. 전시 '유대인 폭리 취득자'에 관한 이미지는 Maureen Healy, *Vienna and the Fall of the Habsburg Empire: Total War and Everyday Life in World War I* (Cambridge and New York: Cambridge University Press, 2004)를 보라. 오스트리아 대학들에서 반유대주의는 Michael Gehler, *Studenten und Politik: Der Kampf um die Vorherrschaft an der Universität Innsbruck 1919-1938* (Innsbruck: Haymon-Verlag, 1990), 93-8를 보라.

105. Bruce F. Pauley, 'Politischer Antisemitismus im Wien der Zwischenkriegszeit', in Gerhard Botz et al. (eds), *Eine zerstörte Kultur: Jüdisches Leben und Antisemitismus in Wien seit dem 19. Jahrhundert* (Buchloe: Obermayer, 1990), 221-3.

106. Steven E. Aschheim, *Brothers and Strangers: The East European Jew in German and German-Jewish Consciousness, 1800-1923* (Madison, WI, and London: University of Wisconsin Press, 1982).

107. Lina Heydrich, *Leben mit einem Kriegsverbrecher* (Pfaffenhofen: Ludwig, 1976), 42ff.

108. Krauss, *Unser Deutschtum!*, 20.

109. 위의 책, 16-17.

110. 일례로, the article series on 'The Racial-Political Causes of the Collapse', *Neue Tiroler Stimmen*, 9, 10 and 30 December 1918, and 2 January 1919, F. L. Carsten, *Revolution in Central Europe, 1918-1919* (London: Temple Smith, 1972), 261에서 인용. *Innsbrucker Nachrichten*, 8 April 1919. 더 폭넓은 맥락에 관해서는 Paul Rena, *Der christlichsoziale Antisemitismus in Wien 1848-1938*, unpublished PhD thesis, Vienna, 1991; and Christine Sagoschen, *Judenbilder im Wandel der Zeit: die Entwicklung des katholischen Antisemitismus am Beispiel jüdischer Stereotypen unter besonderer Berücksichtigung der Entwicklung in der ersten Republik*, unpublished PhD thesis, Vienna, 1998.

111. *Tagespost* (Graz), 27 May 1919.

112. Thomas Lorman, 'The Right-Radical Ideology in the Hungarian Army, 1921-23', in *Central Europe* 3 (2005), 67-81, esp. 76.

113. Oszkár Szőllősy, 'The Criminals of the Dictatorship of the Proletariat', as printed in Cecile Tormay, *An Outlaw's Diary*, 2 vols (London: Allan, 1923), vol. 2, 226.

114. Thomas Sakmyster, 'Gyula Gömbös and the Hungarian Jews, 1918-1936', in *Hungarian Studies Review* 8 (2006), 156-68, 이 책 161.

115. Bodó, *Paramilitary Violence*, 134.

116. Bundesarchiv(Koblenz), Bauer Papers, NL 22/69: memoirs of Max Bauer's secretary, 33.

117. NIOD, Rauter Papers, Doc I-1380 Pr 6-12-97, 46-7; Oberösterreichisches Landesarchiv(OÖLA), Starhemberg Papers: Starhemberg, 'Meine Stellungnahme zur Judenfrage'.

118. 스탐볼리스키와 바우에 관해서는 Kanyu Kozhuharov, *Reformatorskoto delo na Aleksandar Stambolijski* (Sofia: Fond 'Aleksandar Stambolijski', 1948); Mihail Genovski, *Aleksandar Stambolijski-otblizo i daleko: dokumentalni spomeni* (Sofia: BZNS, 1982); Evgeni Tanchev,

Darzhavno-pravnite vazgledi na Alexandar Stambolijski (Sofia: BZNS, 1984).

119. Richard J. Crampton, 'The Balkans', 251; Stephane Groueff, *Crown of Thorns: The Reign of King Boris III of Bulgaria, 1918-1943* (Lanham, MD: Madison Books, 1987), 61ff.

120. Margaret Fitzherbert, *The Man Who Was Greenmantle: A Biography of Aubrey Herbert* (London: John Murray, 1983), 235; Margaret MacMillan, *Peacemakers: The Paris Conference of 1919 and its Attempt to End War* (London: John Murray, 2001), 148.

121. Groueff, *Crown of Thorns*, 75; MacMillan, *Peacemakers*, 148.

122. Crampton, 'The Balkans', 251; Tsocho Bilyarski, *BZNS, Aleksandar Stambolijski i VMRO: nepoznatata voyna* (Sofia: Aniko, 2009).

123. Stefan Troebst, *Das makedonische Jahrhundert: Von den Anfängen der nationalrevolutionären Bewegung zum Abkommen von Ohrid 1893-2001* (Munich: Oldenbourg, 2007), 85-110.

124. Richard Crampton, 'Bulgaria', in Robert Gerwarth (ed.), *Twisted Paths: Europe, 1914-1945* (Oxford and New York: Oxford University Press, 2007), 237-70, 이 책 251.

125. Doncho Daskalov, *1923-Sadbonosni resheniya i sabitiya* (Sofia: BZNS, 1983), 24.

126. 위의 책, 18.

127. John D. Bell, *Peasants in Power: Alexander Stamboliski and the Bulgarian Agrarian National Union 1899-1923* (Princeton, NJ: Princeton University Press, 1977), 149.

128. Daskalov, *1923*, 25.

129. 쿠데타와 농지개혁론자 정권의 종식에 관한 상세한 설명은 Yono Mitev, *Fashistkiyat prevrat na deveti yuni 1923 godina i Yunskoto antifashistko vastanie* (Sofia: BZNS, 1973); Nedyu Nedev, *Aleksandar Stambolijski i zagovorat* (Sofia: BZNS, 1984); Daskalov, *1923*.

130. *Izvestia na darzhavnite arhivi* 15 (1968), 99.

131. Richard J. Crampton, *Bulgaria* (Oxford and New York: Oxford University Press, 2007), 96-8; John Paul Newman, 'The Origins, Attributes, and Legacies of Paramilitary Violence in the Balkans', in Gerwarth and Horne (eds), *War in Peace*, 145-63, 이 책 153.

132. Simeon Damyanov, 'Dokumenti za devetoyunskia prevrat i Septem- vriyskoto vastanie prez 1923 g. vav Frenskia diplomaticheski arhiv', in *Izvestia na darzhavnite arhivi* 30 (1975), 167-82, 이 책 172.

133. Andreya Iliev, *Atentatat v 'Sveta Nedelya'i teroristite* (Sofia: Ciela, 2011).

10장

1. 에스파냐에 미친 대전의 문화적 충격에 관해서는 Maximiliano Fuentes Codera, *España en la Primera Guerra Mundial: Una movilización cultural* (Madrid: Akal, 2014), and Francisco J. Romero Salvadó, *Spain, 1914-1918: Between War and Revolution* (London: Routledge, 1999). 노동 불안에 관해서는 Edward E. Malefakis, *Agrarian Reform and Peasant Revolution in Spain: Origins of the Civil War* (New Haven, CT, and London: Yale University Press, 1970); Gerald H. Meaker, *The Revolutionary Left in Spain 1914-1923* (Stanford, CA: Stanford University Press, 1974). Fernando del Rey Reguillo, 'El empresario, el sindicalista y el miedo', in Manuel Pérez Ledesma and Rafael Cruz (eds), *Cultura y movilización en la España contemporánea* (Madrid: Alianza, 1997), 235-72, and Rafael Cruz, '¡Luzbel

vuelve al mundo!: las imágenes de la Rusia soviética y la acción colectiva en España', in Ledesma and Cruz (eds), *Cultura y movilización*, 273-303.

2. Anthony Read, *The World on Fire: 1919 and the Battle with Bolshevism* (London: Pimlico, 2009), 166ff. 에스파냐에서 볼셰비키 혁명에 대한 반응은 Juan Avilés Farré, *La fe que vino de Rusia. La revolución bolchevique y los españoles (1917-1931)* (Madrid: Biblioteca Nueva, 2009), and Francisco J. Romero Salvadó, *The Foundations of Civil War: Revolution, Social Conflict and Reaction in Liberal Spain, 1916-1923* (London: Routledge, 2008)을 보라.

3. *La Voz del Cantero*, 11 March 1918, Meaker, *The Revolutionary Left*, 137에서 인용. Juan Díaz del Moral, *Historia de las agitaciones campesinas andaluzas. Córdoba. Antecedentes para una reforma agraria* (Madrid: Alianza, 1995); idem: 'Historia de las agitaciones campesinas andaluzas', in Isidoro Moreno Navarro (ed.), *La identidad cultural de Andalucía, aproximaciones, mixtificaciones, negacionismo y evidencias* (Seville: Fundación Pública Andaluza Centro de Estudios Andaluces, 2008).

4. Del Rey Reguillo, 'El empresario', 235-72, and Cruz, '¡Luzbel vuelve al mundo!, 273-303.

5. 추방 과정에 관한 배경 설명은 Mikel Aizpuru, 'La expulsión de refugiados extranjeros desde España en 1919: exiliados rusos y de otros países', in *Migraciones y Exilios* 11 (2010), 107-26; James Matthews, 'Battling Bolshevik Bogeymen', *Journal of Military History*, 80 (2016), 725-55를 보라.

6. 프리모 데 리베라에 관해서는 Shlomo Ben-Ami, *Fascism from Above: The Dictatorship of Primo de Rivera in Spain 1923-1930* (Oxford: Clarendon Press, 1983); Alejandro Quiroga, *Making Spaniards: Primo de Rivera and the Nationalization of the Masses, 1923-30* (London and New York: Palgrave Macmillan, 2007). 더 일반적으로는 Raymond Carr, *Modern Spain, 1875-1980* (Oxford: Clarendon Press, 1980)를 보라. 더 근래의 설명은 Julián Casanova, *Twentieth-Century Spain: A History* (Cambridge and New York: Cambridge University Press, 2014)를 보라.

7. Guy Pedroncini, *Les Mutineries de 1917*, 3rd edition (Paris: Presses universitaires de France, 1996); Leonard V. Smith, Stéphane Audoin-Rouzeau and Annette Becker, *France and the Great War, 1914-1918* (Cambridge and New York: Cambridge University Press, 2003), 113-45.

8. John Horne, 'Defending Victory: Paramilitary Politics in France, 1918- 26', in Robert Gerwarth and John Horne (eds), *War in Peace: Paramilitary Violence after the Great War* (Oxford and New York: Oxford University Press, 2012).

9. Beatrice Potter Webb, *Diaries 1912-1924*, ed. Margaret Cole (London: Longmans, Green and Company, 1952), 136 (entry of 11 November 1918).

10. 로이드 조지의 발언은 Margaret MacMillan, *Peacemakers: The Paris Conference of 1919 and its Attempt to End War* (London: John Murray, 2001), 208에서 인용.

11. John Buchan, *The Three Hostages* (London: Nelson, 1948), 210.

12. Read, *World on Fire*, 317; Beverly Gage, *The Day Wall Street Exploded: A Story of America in its First Age of Terror* (Oxford and New York: Oxford University Press, 2008).

13. Richard Bessel, 'Revolution', in Jay Winter (ed.), *The Cambridge History of the First World War*, vol. 2 (Cambridge and New York: Cambridge University Press, 2014), 135.

14. Antonio Gibelli, *La Grande Guerra degli italiani 1915-1918* (Milan: Sansoni, 1998), 221. 비토리오 베네토의 전투에 관해서는 Piero del Negro, 'Vittorio Veneto e l'armistizio sul fronte italiano', in Stéphane Audoin-Rouzeau and Jean-Jacques Becker (eds), *La prima guerra mondiale*, vol. 2

(Torino: Einaudi, 2007), 333-43.

15. Rino Alessi, *La luminosa visione di Trieste redenta*, 'Il Secolo', 6 November 1918, reprinted in Franco Contorbia (ed.), *Giornalismo italiano*, vol. 2: *1901-1939* (Milan: Arnoldo Mondadori, 2007), 908-9.

16. Benedetto Croce, *Carteggio con Vossler (1899-1949)* (Bari: Laterza, 1951), 106.

17. Mark Thompson, *The White War: Life and Death on the Italian Front 1915-1919* (London: Faber and Faber, 2009); Fulvio Cammarano (ed.), *Abbasso la Guerra. Neutralisti in Piazza alla vigilia della Prima Guerra mondiale* (Florence: Le Monnier, 2015).

18. Giovanna Procacci, *Warfare-welfare: Intervento dello Stato e diritti dei cittadini 1914-18* (Rome: Carocci, 2013), 128-9. Andrea Fava, 'Il "fronte interno" in Italia. Forme politiche della mobilitazione patriottica e delegittimazione della classe dirigente liberale', in *Ricerche storiche* 27 (1997), 503-32. 1차 세계대전 동안 '전체주의의 유혹'과 관련하여 이탈리아의 경우는 Angelo Ventrone, *La seduzione totalitaria. Guerra, modernità, violenza politica (1914-1918)* (Rome: Donzelli, 2003)를 보라. 프로파간다 캠페인은 Gian Luigi Gatti, *Dopo Caporetto. Gli ufficiali P nella Grande Guerra: propaganda, assistenza, vigilanza* (Gorizia: LEG, 2000). Barbara Bracco, 'L'Italia e l'Europa da Caporetto alla vittoria nella riflessione degli storici italiani', in Giampietro Berti and Piero Del Negro (eds), *Al di qua e al di là del Piave. L'ultimo anno della Grande Guerra* (Milan: Franco Angeli, 2001), 531-2; Fava, 'Il "fronte interno" in Italia', 509-21.

19. Giovanna Procacci, *Dalla rassegnazione alla rivolta. Mentalità e comportamenti popolari nella Grande Guerra* (Rome: Bulzoni, 1999).

20. 무솔리니의 발언은 MacGregor Knox, *To the Threshold of Power, 1922/23: Origins and Dynamics of the Fascist and National Socialist Dictatorship* (New York: Cambridge University Press, 2007), 222 에서 인용.

21. Emilio Gentile, *Fascismo e antifascismo: I partiti italiani fra le due guerre* (Florence: Le Monnier, 2000), 40-6; Simonetta Ortaggi, 'Mutamenti sociali e radicalizzazione dei conflitti in Italia tra guerra e dopoguerra', in *Ricerche storiche* 27 (1997), 673-89; Elio Giovannini, *L'Italia massimalista: Socialismo e lotta sociale e politica nel primo Dopoguerra* (Rome: Ediesse 2001); Roberto Bianchi, *Pace, pane, terra. Il 1919 in Italia* (Rome: Odradek, 2006).

22. Guido Crainz, *Padania. Il mondo dei braccianti dall'Ottocento alla fuga dalle campagne* (Rome: Donzelli, 1994), 159.

23. Fabio Fabbri, *Le origini della Guerra civile: L'Italia dalla Grande Guerra al fascismo (1918-1921)* (Turin: Utet, 2009), 191-2.

24. 무솔리니의 '변신'에 대한 고전적인 두 저작은 Renzo de Felice, *Mussolini il rivoluzionario, 1883-1920* (Turin: Einaudi, 1965); Zeev Sternhell, *Naissance de l'idéologie fasciste* (Paris: Fayard, 1989)이다. 더 최근의 설명은 Richard Bosworth, *Mussolini* (London: Arnold, 2002), 100-22.

25. Paul O'Brien, *Mussolini in the First World War: The Journalist, the Soldier, the Fascist* (London: Bloomsbury, 2005).

26. Benito Mussolini, 'Col ferro e col fuoco', in *Il Popolo d'Italia*, 22 November 1917.

27. Benito Mussolini, 'Una politica', in *Il Popolo d'Italia*, 23 February 1918.

28. 무솔리니의 이데올로기적 재정렬에 관해서는 Sternhell, *Naissance de l'idéologie fasciste*; Emilio Gentile, *The Origins of Fascist Ideology, 1918-1925* (New York: Enigma, 2005).

29. 사회적 구성에 관해서는 Emilio Gentile, *The Sacralization of Politics in Fascist Italy* (Cambridge, MA: Harvard University Press, 1996), 364-6, 556-8; Roberta Suzzi Valli, 'The Myth of Squadrismo in the Fascist Regime', in *Journal for Contemporary History* 35 (2000), 131-50.

30. Alberto Aquarone, 'Violenza e consenso nel fascismo Italiano', in *Storia contemporanea* 10 (1979), 145-55; Adrian Lyttleton, 'Fascism and Violence in Post-War Italy: Political Strategy and Social Conflict', in Wolfgang J. Mommsen and Gerhard Hirschfeld (eds), *Social Protest, Violence and Terror* (London: Palgrave Macmillan, 1982), 257-74; Jens Petersen, 'Il problema della violenza nel fascismo italiano', in *Storia contemporanea* 13 (1982), 985-1,008; and Paolo Nello, 'La rivoluzione fascista ovvero dello squadrismo nazional rivoluzionario', in *Storia contemporanea* 13 (1982), 1,009-25.

31. 예를 들어 스콰드리스타 Mario Piazzesi의 일기, *Diario di uno Squadrista Toscano: 1919-1922* (Rome: Bonacci, 1981), 73-4, 77-8를 보라. Salvatore Lupo, *Il fascismo: La politica in un regime totalitario* (Rome: Donzelli, 2000), 85; Antonio Gibelli, *Il popolo bambino. Infanzia e nazione dalla Grande Guerra a Salò* (Turin: Einaudi, 2005), 187-90. 맥락에 관해서는 Sven Reichardt, *Faschistische Kampfbünde: Gewalt und Gemeinschaft im italienischen Squadrismus und in der deutschen SA* (Cologne, Weimar and Vienna: Böhlau Verlag, 2002).

32. 무솔리니 본인은 이 은유를 1920년 4월 페라라에서의 유명한 연설에서 사용했다. *Opera Omnia*, vol. 16, 239-46. Francesca Rigotti, 'Il medico-chirurgo dello Stato nel linguaggio metaforico di Mussolini', in Civiche Raccolte Storiche Milano (ed.), *Cultura e società negli anni del fascismo* (Milan: Cordani, 1987); David Forgacs, 'Fascism, Violence and Modernity', in Jana Howlett and Rod Mengham (eds), *The Violent Muse: Violence and the Artistic Imagination in Europe, 1910-1939* (Manchester: Manchester University Press, 1994), 5-6.

33. Brunella Dalla Casa, 'La Bologna di Palazzo d'Accursio', in Mario Isnenghi and Giulia Albanese (eds), *Gli Italiani in guerra: Conflitti, identità, memorie dal Risorgimento ai nostri giorni*, vol. 4/1: *Il ventennio fascista: Dall'impresa di Fiume alla Seconda Guerra mondiale (1919-1940)* (Turin: Utet, 2008), 332-8.

34. Fabbri, *Le origini della Guerra civile*, 349-58; and idem, 'Paramilitary Violence in Italy: The Rationale of Fascism and the Origins of Totalitarianism', in Gerwarth and Horne (eds), *War in Peace*, 85-106, 이 책 92.

35. Emilio Gentile, *Storia del partito fascista*, vol. 1: *1919-1922, movimento e milizia* (Rome: Laterza, 1989), 472-5.

36. Lupo, *Il fascismo*, 86-98.

37. Benito Mussolini, 'Il "Pus"a congresso', in *Il Popolo d'Italia*, 14 January 1921, reprinted in Benito Mussolini, *Opera Omnia*, vol. 16 (Florence: La Fenice, 1955), 116-17.

38. Richard Bosworth and Giuseppe Finaldi, 'The Italian Empire', in Robert Gerwarth and Erez Manela (eds), *Empires at War 1911-1923* (Oxford: Oxford University Press, 2014), 34-51.

39. 로마 진군에 관해서는 Giulia Albanese, *La marcia su Roma* (Rome and Bari: Laterza, 2006).

40. Adrian Lyttelton, *The Seizure of Power: Fascism in Italy 1919-1929* (London: Weidenfeld and Nicolson, 1973); Phillip Morgan, *Italian Fascism, 1919-1945* (London: Macmillan, 1995), 51.

41. Emilio Gentile, *E fu subito regime: Il fascismo e la marcia su Roma* (Rome and Bari: Laterza, 2012) 에서 서문을 참고하라.

42. Gentile, 'Paramilitary Violence', 98.

43. Matteo Millan, *Squadrismo e squadristi nella dittatura fascista* (Rome: Viella, 2014); Emilio Gentile, 'Fascism in Power: the Totalitarian Experiment', in Adrian Lyttelton (ed.), *Liberal and Fascist Italy 1900-1945* (Oxford and New York: Oxford University Press, 2002), 139-42.

44. Harry Graf Kessler, *Das Tagebuch 1880-1937*, eds Roland Kamzelak and Günter Riederer, vol. 7: *1919-1923* (Stuttgart: Klett-Cotta, 2007), 564 (diary entry of 29 October 1922).

45. Ernst Deuerlein (ed.), *Der Hitler-Putsch: Bayerische Dokumente zum 8./9. November 1923* (Stuttgart: DVA, 1962); Hans Mommsen, 'Adolf Hitler und der 9. November 1923', in Johannes Willms (ed.), *Der 9. November. Fünf Essays zur deutschen Geschichte*, 2nd edition(Munich: C. H. Beck, 1995), 33-48.

46. Thomas Weber, *Hitler's First War: Adolf Hitler, the Men of the List Regiment, and the First World War* (Oxford and New York: Oxford University Press, 2010).

47. Othmar Plöckinger, *Unter Soldaten und Agitatoren. Hitlers prägende Jahre im deutschen Militär 1918-1920* (Paderborn: Schöningh, 2013).

48. Peter Longerich, *Hitler: Biographie* (Munich: Siedler, 2015); Plöckinger, *Hitlers prägende Jahre*.

49. Johannes Erger, *Der Kapp-Lüttwitz-Putsch: Ein Beitrag zur deutschen Innenpolitik, 1919-20* (Düsseldorf: Droste, 1967); Erwin Könnemann and Gerhard Schulze (eds), *Der Kapp-Lüttwitz-Putsch: Dokumente* (Munich: Olzog, 2002); Read, *World on Fire*, 319ff.

50. Read, *World on Fire*, 320.

51. 위의 책, 321.

52. Kessler, *Tagebuch*, vol. 7: *1919-1923*, 294 (1920년 3월 19일 자 일기).

53. 위의 책, 295 (1920년 3월 20일 자 일기).

54. Deuerlein (ed.), *Hitler-Putsch*; Mommsen, 'Adolf Hitler und der 9. November 1923', 33-48.

55. 이것은 1930년대로 거슬러가는 해석적 접근법으로, 특히 프랑스에서 망명 생활 동안 출간된 유명한 책 Angelo Tasca, *La Naissance du fascisme* (Paris: Gallimard, 1938)에서 뒷받침되었다. 이 테마에 대한 더 최근의 변주는 Roberto Vivarelli, *Storia delle origini del fascismo: L'Italia dalla Grande Guerra alla marcia su Roma* (Bologna: il Mulino, 2012)를 보라.

11장

1. David Lloyd George, *The Truth About the Peace Treaties*, 2 vols (London: Gollancz, 1938), vol. 1, 565; Margaret MacMillan, *Peacemakers: The Paris Conference of 1919 and its Attempt to End War* (London: John Murray, 2001), 5; Bruno Cabanes, '1919: Aftermath', in Jay Winter (ed.), *Cambridge History of the First World War*, vol. 1 (Cambridge and New York: Cambridge University Press, 2014), 172-97.

2. MacMillan, *Peacemakers*, 7; 피우메 위기에 관해서는 같은 책, 302-21.

3. Bruno Cabanes, *La victoire endeuillée: La sortie de guerre des soldats français (1918-1920)* (Paris: Éditions du Seuil, 2004).

4. Robert E. Bunselmeyer, *The Cost of War 1914-1919: British Economic War Aims and the Origins of Reparation* (Hamden, CT: Archon Books, 1975), 141; MacMillan, *Peacemakers*, 100; David Reynolds,

The Long Shadow: The Great War and the Twentieth Century (London: Simon and Schuster, 2013), 93; Heinrich August Winkler, *The Age of Catastrophe: A History of the West 1914-1945* (New Haven, CT, and London: Yale University Press, 2015), 125.

5. Leonard V. Smith, 'The Wilsonian Challenge to International Law', in *The Journal of the History of International Law* 13 (2011), 179-208. 'Les États-Unis et l'échec d'une seconde mobilisation', in Stéphane Audoin-Rouzeau and Christophe Prochasson (eds), *Sortir de la Guerre de 14-18* (Paris: Tallandier, 2008), 69-91도 보라. Manfred F. Boemeke, 'Woodrow Wilson's Image of Germany, the War-Guilt Question and the Treaty of Versailles', in idem, Gerald D. Feldman and Elisabeth Glaser (eds), *The Treaty of Versailles: A Reassessment after 75 Years* (Cambridge and New York: Cambridge University Press, 1998), 603-14. Alexander Sedlmaier, *Deutschlandbilder und Deutschlandpolitik Studien zur Wilson-Administration (1913-1921)* (Stuttgart: Steiner, 2003)도 보라.

6. Leonard V. Smith, 'Empires at the Paris Peace Conference', in Robert Gerwarth and Erez Manela (eds), *Empires at War, 1911-1923* (Oxford and New York: Oxford University Press, 2014), 254-76.

7. Adam Tooze, *The Deluge: The Great War and the Re-Making of Global Order* (London: Allen Lane, 2014).

8. 특히 Boemeke, Feldman and Glaser (eds), *The Treaty of Versailles*; David A. Andelman, *A Shattered Peace: Versailles 1919 and the Price We Pay Today* (Hoboken, NJ: Wiley, 2008); MacMillan, *Peacemakers*; Alan Sharp, *The Versailles Settlement: Peacemaking after the First World War, 1919-1923*, 2nd edition (London: Palgrave, 2008)를 보라.

9. Boemeke, Feldman and Glaser (eds), *The Treaty of Versailles*, 11-20; Zara Steiner, 'The Treaty of Versailles Revisited', in Michael Dockrill and John Fisher (eds), *The Paris Peace Conference 1919: Peace without Victory?* (Basingstoke: Palgrave Macmillan, 2001), 13-33; Mark Mazower, 'Two Cheers for Versailles', in *History Today* 49 (1999); Alan Sharp, *Consequences of the Peace: The Versailles Settlement-Aftermath and Legacy 1919-2010* (London: Haus, 2010), 1-40; Sally Marks, 'Mistakes and Myths: The Allies, Germany and the Versailles Treaty, 1918-1921', in *Journal of Modern History* 85 (2013), 632-59.

10. 예를 들어 Andelman, *A Shattered Peace*; Norman Graebner and Edward Bennett, *The Versailles Treaty and Its Legacy: The Failure of the Wilsonian Vision* (Cambridge and New York: Cambridge University Press, 2011)를 보라.

11. Aviel Roshwald, *Ethnic Nationalism and the Fall of Empires: Central Europe, Russia and the Middle East, 1914-1923* (London: Routledge, 2001).

12. 이에 관해서는 Gerwarth and Manela (eds), *Empires at War, 1911-23*의 서문과 각 장의 개관을 보라. 특히 독일의 경우는 Annemarie H. Sammartino, *The Impossible Border: Germany and the East, 1914-1922* (Ithaca, NY, and London: Cornell University Press, 2010); Vejas G. Liulevicius, 'Der Osten als apokalyptischer Raum: Deutsche Fronterfahrungen im und nach dem Ersten Weltkrieg', in Gregor Thum (ed.), *Traumland Osten: Deutsche Bilder vom östlichen Europa im 20. Jahrhundert* (Göttingen: Vandenhoeck and Ruprecht, 2006), 47-65를 보라.

13. 아일랜드의 경우는 근래의 연구인 Diarmaid Ferriter, *A Nation and not a Rabble: The Irish Revolution 1913-1923* (London: Profile Books, 2015); Charles Townshend, *The Republic: The Fight for Irish Independence 1918-1923* (London: Allen Lane, 2013)를 보라.

14. Erez Manela, *The Wilsonian Moment: Self-Determination and the International Origins of*

Anticolonial Nationalism (Oxford and New York: Oxford University Press, 2007), 37~43; Woodrow
Wilson, 'Fourteen Points, January 8 1918', in Michael Beschloss (ed.), *Our Documents: 100
Milestone Documents from the National Archives* (Oxford and New York: Oxford University Press,
2006), 149-51. 레닌과 윌슨이 제시한 상이한 비전에 관해서는 Arno Mayer, *Wilson vs. Lenin: Political
Origins of the New Democracy, 1917-1918* (Cleveland, OH: World, 1964), and Eric D. Weitz, 'From
the Vienna to the Paris System: International Politics and the Entangled Histories of Human Rights,
Forced Deportations, and Civilizing Missions', in *The American Historical Review* 113 (2008), 313-
43를 보라.

15. MacMillan, *Peacemakers*, 67; Sharp, *The Versailles Settlement*.

16. 케이스 연구는 Gerwarth and Manela (eds), *Empires at War*, David M. Anderson and David Killingray
(eds), *Policing and Decolonisation: Politics, Nationalism and the Police, 1917-1965* (Manchester:
Manchester University Press, 1992); Derek Sayer, 'British Reaction to the Amritsar Massacre, 1919-
1920', in *Past & Present* 131 (1991), 130-64; Jon Lawrence, 'Forging a Peaceable Kingdom: War,
Violence and Fear of Brutalization in Post-First World War Britain', in *Journal of Modern History*
75 (2003), 557-89; Susan Kingsley Kent, *Aftershocks: Politics and Trauma in Britain, 1918-1931*
(Basingstoke and New York: Palgrave Macmillan, 2009), 64-90.

17. Ian Kershaw, *To Hell and Back: Europe, 1914-1949* (London: Allen Lane, 2015), 122.

18. Gerwarth and Manela (eds), *Empires at War*에 수록된 논문들, 특히 Leonard Smith, 'Empires at the
Paris Peace Conference', 254-76, Christopher Capozzo, 'The United States Empire', 235-53, and
Frederick R. Dickinson, 'The Japanese Empire', 197-213를 보라.

19. 무솔리니는 Richard J. B. Bosworth, *Mussolini* (London: Arnold, 2002), 121에서 인용.

20. Béla Király, 'East Central European Society and Warfare in the Era of the Balkan Wars', in idem
and Dimitrije Đorđević, *East Central European Society and the Balkan Wars* (Boulder, CO: Social
Science Monographs, 1987), 3-13; Peter Bartl, *Albanci, od Srednjeg veka do danas* (Belgrade:
CLIO, 2001), 124-38.

21. Richard C. Hall, *The Balkan Wars, 1912-1913: Prelude to the First World War* (London and New
York: Routledge, 2000).

22. Uğur Ümit Üngör, 'Mass Violence against Civilians during the Balkan Wars', in Dominik
Geppert, William Mulligan and Andreas Rose (eds), *The Wars Before the Great War: Conflict and
International Politics Before the Outbreak of the First World War* (Cambridge and New York:
Cambridge University Press, 2015).

23. Richard Bessel, 'Revolution', in Winter (ed.), *The Cambridge History of the First World War*, vol. 2,
127. Jeffrey R. Smith, *A People's War: Germany's Political Revolution, 1913-1918* (Lanham, MD:
University Press of America, 2007), 25-49도 보라.

24. Robert A. Kann, *Geschichte des Habsburgerreiches 1526 bis 1918* (Vienna and Cologne: Böhlau,
1990), 581; Peter Haslinger, 'Austria-Hungary', in Gerwarth and Manela (eds), *Empires at War*, 73-
90.

25. Haslinger, 'Austria-Hungary', 74.

26. Andrej Mitrović, *Serbia's Great War: 1914-1918* (London: Hurst, 2007), 96. 더 전반적인 맥락은
Frédéric Le Moal, *La Serbie: Du martyre à la victoire 1914-1918* (Paris: Soteca, 2008)을 보라.

27. Bela K. Király and Nandor F. Dreisiger (eds), *East Central European Society in World War I*

왜 제1차 세계대전은 끝나지 않았는가

(New York: East European Monographs, 1985), 305-6, 더 일반적인 논의는, Jonathan E. Gumz, *The Resurrection and Collapse of Empire in Habsburg Serbia, 1914-1918* (Cambridge and New York: Cambridge University Press, 2009)를 보라. Pieter M. Judson, *The Habsburg Empire: A New History* (Cambridge, MA: Harvard University Press, 2016), 406도 보라.

28. Miklós Bánffy, *The Phoenix Land: The Memoirs of Count Miklós Bánffy* (London: Arcadia Books, 2003), 3-4.

29. Maureen Healy, *Vienna and the Fall of the Habsburg Empire: Total War and Everyday Life in World War I* (Cambridge and New York: Cambridge University Press, 2004), 279-99; Mark Cornwall, 'Morale and Patriotism in the Austro-Hungarian Army, 1914-1918', in John Horne (ed.), *State, Society, and Mobilization in Europe during the First World War* (Cambridge: Cambridge University Press, 1997), 173-91. John W. Boyer, *Culture and Political Crisis in Vienna: Christian Socialism in Power, 1897-1918* (Chicago, IL: University of Chicago Press, 1995), 369-443; Laurence Cole and Daniel L. Unowsky (eds), *The Limits of Loyalty: Imperial Symbolism, Popular Allegiances and State Patriotism in the Late Habsburg Monarchy* (New York and Oxford: Berghahn Books, 2007).

30. Mark Cornwall, *The Undermining of Austria-Hungary: The Battle for Hearts and Minds* (Basingstoke: Macmillan, 2000). Kenneth J. Calder, *Britain and the Origins of the New Europe, 1914-1918* (Cambridge and New York: Cambridge University Press, 1976)를 보라. 20세기 중유럽 역사 서술(영어로 된)은 오랫동안 이 전시 프로파간다에 근거를 두었다. Oszkár Jászi와 C. A. Macartney 같은 유력한 역사가들은 위에서 언급한 역사가들의 연구를 토대로 하여 1914년 8월 적대 행위가 개시되기 전부터 합스부르크 군주정이 민족 갈등으로 인해 빈사 상태였다고 주장했다. Oszkár Jászi, *The Dissolution of the Habsburg Monarchy* (Chicago, IL: University of Chicago Press, 1929); Carlile A. Macartney, *The Habsburg Empire, 1790-1918* (London: Weidenfeld and Nicolson, 1969). 전쟁이 제국 몰락의 촉매에 불과했다는 데 동의하는 이후 세대 역사가들의 실례는 Robert A. Kann, *The Multinational Empire: Nationalism and National Reform in the Habsburg Monarchy, 1848-1918*, 2 vols (New York: Columbia University Press, 1950); A. J. P. Taylor, *The Habsburg Monarchy, 1809-1918: A History of the Austrian Empire and Austria-Hungary* (London: Hamish Hamilton, 1948)를 보라.

31. Reynolds, *The Long Shadow*, 15.

32. Andrea Orzoff, *Battle for the Castle* (Oxford and New York: Oxford University Press, 2009), 24.

33. Haslinger, 'Austria-Hungary'.

34. Mark Levene, *War, Jews, and the New Europe: The Diplomacy of Lucien Wolf, 1914-1919* (Oxford and New York: Oxford University Press, 1992), 181. Alan Sharp, '"The Genie that Would Not Go Back into the Bottle": National Self-Determination and the Legacy of the First World War and the Peace Settlement', in Seamus Dunn and T. G. Fraser (eds), *Europe and Ethnicity: The First World War and Contemporary Ethnic Conflict* (London and New York: Routledge, 1996), 10-29, 18-19.

35. 미국은 1919년 2월 7일에 공식적으로 이 신생국을 인정했고, 프랑스와 영국은 베르사유 조약이 최종적으로 체결될 때 공식 인정했다. Andrej Mitrović, *Jugoslavija na Konferenciji mira 1919-1920* (Belgrade: Zavod za izdavanje udžbenike SR Srbije, 1969), 62-3.

36. Mark Mazower, *Dark Continent: Europe's Twentieth Century* (New York: Vintage Books, 1998), 46.

37. 이 선언의 배경에 대해서는 Manfried Rauchensteiner, *Der Tod des Doppeladlers: Österreich-Ungarn und der Erste Weltkrieg* (Graz: Styria, 1993), 603-8; Edmund Glaise-Horstenau, *The Collapse of the Austro-Hungarian Empire* (London and Toronto: J. M. Dent, 1930), 107-9; Judson, *The Habsburg*

Empire, 432; Alexander Watson, *Ring of Steel: Germany and Austria-Hungary at War, 1914-18* (London: Allen Lane, 2014), 541를 보라.

38. Jörn Leonhard, *Die Büchse der Pandora: Geschichte des Ersten Weltkriegs* (Munich: C. H. Beck, 2014), 896ff.

39. Jan Křen, *Die Konfliktgemeinschaft: Tschechen und Deutsche, 1780-1918* (Munich: Oldenbourg, 1996), 371-2.

40. Macartney, *The Habsburg Empire*, 831.

41. 더 폭넓은 맥락에 관해서는 Eugene Rogan, *The Fall of the Ottomans: The Great War in the Middle East, 1914-1920* (London: Allen Lane, 2015)를 보라.

42. 이 지역에 대한 프랑스의 집착을 정당화하는 당대의 논의는 Comte Roger de Gontaut-Biron, *Comment la France s'est installée en Syrie, 1918-1919* (Paris: Plon, 1922), 특히 1-10를 보라.

43. 사이크스-피코 협정에 관해서는 David Fromkin, *A Peace to End All Peace: The Fall of the Ottoman Empire and the Creation of the Modern Middle East* (New York: Henry Holt and Company, 1989), 188-99; David Stevenson, *The First World War and International Politics* (Oxford: Oxford University Press, 1988), 129-30를 보라.

44. Gudrun Krämer, *A History of Palestine: From the Ottoman Conquest to the Founding of the State of Israel* (Princeton, NJ: Princeton University Press, 2008), 146; Malcolm E. Yapp, *The Making of the Modern Near East: 1792-1923* (London: Longman, 1987), 281-6.

45. 파이잘에 관해서는 Ali A. Allawi, *Faisal I of Iraq* (New Haven, CT, and London: Yale University Press, 2014); 로런스에 관해서는 Scott Anderson, *Lawrence in Arabia: War, Deceit, Imperial Folly and the Making of the Modern Middle East* (New York: Doubleday, 2013)를 보라.

46. Jonathan Schneer, *The Balfour Declaration: The Origins of Arab-Israeli Conflict* (London and Basingstoke: Macmillan, 2014); John Darwin, *Britain, Egypt and the Middle East: Imperial Policy in the Aftermath of War, 1918-1922* (London and Basingstoke: Macmillan, 1981), 156.

47. 바이츠만에 관해서는 Jehuda Reinharz, *Chaim Weizmann: The Making of a Statesman*, 2nd edition(Oxford and New York: Oxford University Press, 1993)를 보라.

48. 상세한 설명은 Schneer, *The Balfour Declaration*를 보라.

49. Malcolm E. Yapp, *The Near East Since the First World War: A History to 1995* (London: Longman, 1996), 116.

50. *ha-Herut*, Mustafa Aksakal, 'The Ottoman Empire', in Winter (ed.), *The Cambridge History of the First World War*, vol. 1, 459-78에서 인용, 이 책 477; Abigail Jacobson, *From Empire to Empire: Jerusalem between Ottoman and British Rule* (Syracuse, NY: Syracuse University Press, 2011), 27.

51. 벤구리온에 관해서는 Shabtai Teveth, *Ben-Gurion and the Palestinian Arabs: From Peace to War* (Oxford and New York: Oxford University Press, 1985); idem, *The Burning Ground: A Biography of David Ben-Gurion* (Tel Aviv: Schoken, 1997); Anita Shapira, *Ben-Gurion: Father of Modern Israel* (New Haven, CT, and London: Yale University Press, 2014). 유대인 군단에 관해서는 Martin Watts, *The Jewish Legion and the First World War* (London and New York: Palgrave, 2004)를 보라.

52. Ryan Gingeras, *Fall of the Sultanate: The Great War and the End of the Ottoman Empire, 1908-1922* (Oxford and New York: Oxford University Press, 2016), 230.

53. Jacobson, *From Empire to Empire*, 145; and Aksakal, 'Ottoman Empire', in Winter (ed.), *First World War*, 477에서 인용.

왜 제1차 세계대전은 끝나지 않았는가

54. United States Department of State, *Papers relating to the Foreign Relations of the United States The Paris Peace Conference, 1919* (U.S. Government Printing Office, 1919), vol. XII, 793-5.

55. Bernard Wasserstein, *The British in Palestine: The Mandatory Government and the Arab-Jewish Conflict 1917-1929* (Oxford: Blackwell, 1991).

12장

1. Thomas Sakmyster, *Hungary's Admiral on Horseback: Miklós Horthy, 1918-1944* (Boulder, CO: Eastern European Monographs, 1994), 11.

2. Alexander Watson, *Ring of Steel: Germany and Austria-Hungary at War, 1914-18* (London: Allen Lane, 2014), 542; Pieter M. Judson, *The Habsburg Empire: A New History* (Cambridge, MA: Harvard University Press, 2016), 437.

3. József Galántai, *Hungary in the First World War* (Budapest: Akad. Kiadó, 1989), 315-22; Judson, *The Habsburg Empire*, 438-9; Watson, *Ring of Steel*, 542.

4. Richard G. Plaschka, Horst Haselsteiner and Arnold Suppan, *Innere Front: Militärassistenz, Widerstand und Umsturz in der Donaumonarchie 1918*, 2 vols (Vienna: Verlag für Geschichte und Politik, 1974), vol. 2, 247-59; Watson, *Ring of Steel*, 543.

5. 티서 살해에 관해서는 Ferenc Pölöskei, *A rejtélyes Tisza-gyilkosság* (Budapest: Helikon Kiadó, 1988)를 보라.

6. Plaschka, Haselsteiner and Suppan, *Innere Front*, vol. 2, 260-77. 티서의 죽음은 Arthur May, *The Passing of the Habsburg Monarchy*, vol. 2 (Philadelphia, PA: University of Pennsylvania Press, 1966), 789; Watson, *Ring of Steel*, 543를 보라.

7. Manfried Rauchensteiner, *Der Tod des Doppeladlers: Österreich-Ungarn und der Erste Weltkrieg* (Graz: Styria, 1993), 614-15; Watson, *Ring of Steel*, 543.

8. Zbyněk Zeman, *The Masaryks: The Making of Czechoslovakia* (London: I. B. Tauris, 1976), 115.

9. Plaschka, Haselsteiner and Suppan, *Innere Front*, vol. 2, 143-58, 184-5 and 217; Watson, *Ring of Steel*, 544.

10. Ante Pavelić, *Doživljaji*, reprint (Zagreb: Naklada Starčević, 1996), 459. 1918년 그의 입장과 이후 우스타사에서 그의 역할은 Fikreta Jelić-Butić, *Ustaše i Nezavisna država Hrvatska 1941-1945* (Zagreb: Školska Knjiga, 1977), 13-14; Mario Jareb, *Ustaško-domobranski pokret od nastanka do travnja 1941* (Zagreb: Hrvatski institut za povijest-Školska Knjiga, 2006), 33-4 를 보라.

11. Watson, *Ring of Steel*, 544; Alexander V. Prusin, *The Lands Between: Conflict in the East European Borderlands, 1870-1992* (Oxford and New York: Oxford University Press, 2010), 72-97; Piotr J. Wróbel, 'The Seeds of Violence: The Brutalization of an East European Region 1917-1921', in *Journal of Modern European History* 1 (2003), 125-49.

12. Timothy Snyder, *The Reconstruction of Nations: Poland, Ukraine, Lithuania, Belarus 1569-199* (New Haven, CT, and London: Yale University Press, 2003), 137-41; Judson, *Habsburg Empire*, 438.

13. Margaret MacMillan, *Peacemakers: The Paris Conference of 1919 and its Attempt to End War* (London: John Murray, 2001), 217.

14. Włodzimierz Borodziej, *Geschichte Polens im 20. Jahrhundert* (Munich: C. H. Beck, 2010), 97; 폴란드에서 미국 구호 행정청의 역할은 Matthew Lloyd Adams, 'When Cadillacs Crossed Poland: The American Relief Administration in Poland, 1919-1922', PhD thesis, Armstrong Atlantic State University, 2005; Paul Niebrzydowski, *The American Relief Administration in Poland after the First World War, 1918-1923* (Washington DC: IARO Scholar Research Brief, 2015); William Remsburgh Grove, *War's Aftermath: Polish Relief in 1919* (New York: House of Field, 1940)를 보라.

15. Piotr Stefan Wandycz, *The Lands of Partitioned Poland, 1795-1918* (Seattle, WA: University of Washington Press, 1974), 291-3; Norman Davies, *God's Playground*, vol. 2: *1795 to the Present* (Oxford and New York: Oxford University Press, 2005), 52-3; MacMillan, *Peacemakers*, 219ff; Jochen Böhler, 'Generals and Warlords, Revolutionaries and Nation State Builders: The First World War and its Aftermath in Central and Eastern Europe', in idem, Włodzimierz Borodziej and Joachim von Puttkamer (eds), *Legacies of Violence: Eastern Europe's First World War* (Munich: Oldenbourg, 2014), 51-66도 보라.

16. 피우수트스키에 관해서는 Peter Hetherington, *Unvanquished: Joseph Pilsudski, Resurrected Poland, and the Struggle for Eastern Europe*, 2nd edition (Houston, TX: Pingora Press, 2012); Wacław Je.drzejewicz, *Pilsudski: A Life for Poland* (New York: Hippocrene Books, 1990); Holger Michael, *Marschall Józef Pilsudski 1867-1935: Schöpfer des modernen Polens* (Bonn: Pahl-Rugenstein, 2010)를 보라.

17. Davies, *God's Playground*, vol. 2, 385.

18. 위의 책, 5ff.

19. Jochen Böhler, 'Enduring Violence. The Post-War Struggles in East-Central Europe 1917-1921', in *Journal of Contemporary History* 50 (2015), 58-77; idem, 'Generals and Warlords, Revolutionaries and Nation State Builders'.

20. 폴란드-우크라이나 분쟁은 Torsten Wehrhahn, *Die Westukrainische Volksrepublik: Zu den polnisch-ukrainischen Beziehungen und dem Problem der ukrainischen Staatlichkeit in den Jahren 1918 bis 1923* (Berlin: Weißensee Verlag, 2004), 102-12; Mykola Lytvyn, *Ukrayins'ko-pol's'ka viyna 1918-1919rr* (L'viv: Inst. Ukraïnoznavstva Im. I. Krypjakevyča NAN Ukraïny; Inst. Schidno-CentralnoïJevropy, 1998); MichałKlimecki, *Polsko-ukraiń ska wojna o Lwów i Wschodnią Galicję 1918-1919 r. Aspekty polityczne I wojskowe* (Warsaw: Wojskowy Instytut Historyczny, 1997).

21. MacMillan, *Peacemakers*, 235.

22. Kay Lundgreen-Nielsen, *The Polish Problem at the Paris Peace Conference: A Study in the Policies of Great Powers and the Poles, 1918-1919* (Odense: Odense University Press, 1979), 222-3, 279-88.

23. 상부 슐레지엔에 관해서는 Timothy Wilson, *Frontiers of Violence: Conflict and Identity in Ulster and Upper Silesia 1918-1922* (Oxford and New York: Oxford University Press, 2010)를 보라. 폴란드-리투아니아 분쟁에 관해서는 Andrzej Nowak, 'Reborn Poland or Reconstructed Empire? Questions on the Course and Results of Polish Eastern Policy(1918- 1921)', in *Lithuanian Historical Studies* 13 (2008), 134-42; Snyder, *Reconstruction of Nations*, 57-65를 보라.

24. Norman Davies, *White Eagle, Red Star: The Polish-Soviet War, 1919-1920 and 'the Miracle on the Vistula'* (London: Pimlico, 2003), 152-9; Jerzy Borzęcki, *The Soviet-Polish Peace of 1921 and the*

왜 제1차 세계대전은 끝나지 않았는가

Creation of Interwar Europe (New Haven, CT, and London: Yale University Press, 2008), 92.

25. Adam Zamoyski, *Warsaw 1920: Lenin's Failed Conquest of Europe* (London: Harper Press, 2008), 67; Davies, *White Eagle, Red Star*, 141, 152ff. 잔학 행위들은 Jerzy Borzęcki, 'German Anti-Semitism àla Polonaise: A Report on Poznanian Troops'Abuse of Belarusian Jews in 1919', in *East European Politics and Cultures* 26 (2012), 693-707를 보라.

26. Arnold Zweig, *Das ostjüdische Antlitz* (Berlin: Welt Verlag, 1920), 9-11.

27. 프랑스의 개입은 Frédéric Guelton, 'La France et la guerre polono-bolchevique', in *Annales: Académie Polonaise des Sciences, Centre Scientifique à Paris* 13 (2010), 89-124; idem, 'Le Capitaine de Gaulle et la Pologne (1919-1921)', in Bernard Michel and Józef Łaptos (eds), *Les Relations entre la France et la Pologne au XXe siècle* (Cracow: Eventus, 2002), 113-27를 보라.

28. Davies, *White Eagle, Red Star*, 261ff; Borzęcki, *The Soviet-Polish Peace of 1921*.

29. Piotr Stefan Wandycz, *France and her Eastern Allies, 1919-25: French-Czechoslovak-Polish Relations from the Paris Peace Conference to Locarno* (Minneapolis, MN: University of Minnesota Press, 1962), 75-91.

30. Robert Howard Lord, 'Poland', in Edward M. House and Charles Seymour (eds), *What Really Happened at Paris: The Story of the Peace Conference by American Delegates* (London: Hodder and Stoughton, 1921), 67-86, 82-3; 논쟁에 관해서는 Harold Temperley (ed.), *A History of the Peace Conference of Paris*, 6 vols (London: Frowde and Hodder and Stoughton, 1921-4), vol. 4, 348-63를 보라.

31. 전간기 초기 독일-체코 분쟁에 관해서는 Karl Braun, 'Der 4. März 1919. Zur Herausbildung Sudetendeutscher Identität', in *Bohemia* 37 (1996), 353-80; Johann Wolfgang Brügel, *Tschechen und Deutsche 1918-1938* (Munich: Nymphenburger Verlagshandlung, 1967), 75-78; Rudolf Kučera, 'Exploiting Victory, Sinking into Defeat: Uniformed Violence in the Creation of the New Order in Czechoslovakia and Austria 1918-1922', in *Journal of Modern History* (근간)을 보라.

32. 전쟁의 국제적 맥락은 Miklos Lojko, *Meddling in Middle Europe: Britain and the 'Lands Between',1918-1925* (Budapest and New York: Central European University Press, 2006), 13-38; Dagmar Perman, *The Shaping of the Czechoslovak State: Diplomatic History of the Boundaries of Czechoslovakia* (Leiden: Brill, 1962); Wandycz, *France and Her Eastern Allies*, 49-74를 보라.

33. 귀환에 관해서는 Gerburg Thunig-Nittner, *Die Tschechoslowakische Legion in Rußland: Ihre Geschichte und Bedeutung bei der Entstehung der 1. Tschechoslowakischen Republik* (Wiesbaden: Harrassowitz, 1970), 112-23. 체코슬로바키아 공화국에서 체코 군단병들의 특별한 지위에 관해서는 Natalie Stegmann, *Kriegsdeutungen, Staatsgründungen, Sozialpolitik: Der Helden-und Opferdiskurs in der Tschechoslowakei, 1918-1948* (Munich: Oldenbourg, 2010), 63-116.

34. Ivan Šedivý, 'Zur Loyalität der Legionäre in der ersten Tschechoslowakischen Republik', in Martin Schulze Wessel (ed.), *Loyalitäten in der Tschechoslowakischen Republik 1918-1938: Politische, nationale und kulturelle Zugehörigkeiten* (Munich: Oldenbourg, 2004), 141-52; Kučera, 'Exploiting Victory, Sinking into Defeat'. 알자스로렌과 체코 국경지대 사이 비교사적 연구는 Tara Zahra, 'The "Minority Problem": National Classification in the French and Czechoslovak Borderlands', in *Contemporary European Review* 17 (2008), 137-65를 보라.

35. Kučera, 'Exploiting Victory, Sinking into Defeat'.

36. Peter A. Toma, 'The Slovak Soviet Republic of 1919', in *American Slavic and East European Review*

17 (1958), 203-15; Ladislav Lipscher, 'Die Lage der Juden in der Tschechoslowakei nach deren Gründung 1918 bis zu den Parlamentswahlen 1920', in *East Central Europe* 1 (1989), 1-38. 더 폭 넓은 중유럽적 맥락은 Eliza Ablovatski, 'The 1919 Central European Revolutions and the Judeo-Bolshevik Myth', in *European Review of History* 17 (2010), 473-49; Paul Hanebrink, 'Transnational Culture War: Christianity, Nation and the Judeo-Bolshevik Myth in Hungary 1890-1920', in *Journal of Modern History* (2008), 55-80; Kučera, 'Exploiting Victory, Sinking into Defeat'를 보라.

37. Kučera, 'Exploiting Victory, Sinking into Defeat'.

38. Andrej Mitrović, *Serbia's Great War: 1914-1918* (London: Hurst, 2007), 320; Mile Bjelajac, *Vojska Kraljevine Srba, Hrvata i Slovenaca 1918-1921* (Belgrade: Narodna knjiga, 1988), 28-9.

39. Milorad Ekmečić, *Stvaranje Jugoslavije 1790-1918*, vol. 2 (Belgrade: Prosveta, 1989), 838; Holm Sundhaussen, *Geschichte Serbiens: 19.-21. Jahrhundert* (Vienna: Böhlau, 2007).

40. John Paul Newman, *Yugoslavia in the Shadow of War: Veterans and the Limits of State Building, 1903-1945* (Cambridge and New York: Cambridge University Press, 2015), 189.

41. Mile Bjelajac, '1918: oslobođenje ili okupacija nesrpskih krajeva?', in Milan Terzić, *Prvi svetski rat i Balkan-90 godina* (Belgrade: Institut za strategijska istraživanja, 2010), 201-23.

42. 카린티아에 관해서는 Bjelajac, *Vojska Kraljevine Srba*, 56; Siegmund Knaus, *Darstellungen aus den Nachkriegskämpfen deutscher Truppen und Freikorps*, vols 7 and 8 (Berlin: Mittler and Sohn, 1941-2); Wilhelm Neumann, *Abwehrkampf und Volksabstimmung in Kärnten, 1918-1920: Legenden und Tatsachen*, 2nd edition (Klagenfurt: Kärntner Landesarchiv, 1985); Jaromir Diakow, in ÖStA, Kriegsarchiv B727, Diakow Papers의 자전적 서술을 보라.

43. 카린티아와 작자 미상의 시에 관해서는, 'Der Sturm auf Völkermarkt am 2. Mai 1919', in ÖStA, Kriegsarchiv, B694, Knaus Papers, 31를 보라.

44. MacMillan, *Peacemakers*, 125.

45. Christopher Clark, *Sleepwalkers: How Europe Went to War in 1914* (London: Allen Lane, 2012), 7 and 367-76; MacMillan, *Peacemakers*, 120ff.

46. 유고슬라비아 국가 형성기의 대표적인 세르비아인과 크로아티아인 정치가들과 그들의 관계에 관해서는 Dejan Djokić, *Pašić and Trumbić: The Kingdom of Serbs, Croats, and Slovenes* (London: Haus, 2010)를 보라.

47. 위의 책.

48. 위의 책.

49. 트룸비치의 발언은 MacMillan, *Peacemakers*, 123에서 인용.

50. Mitrović, *Serbia's Great War*, 94-5; Branko Petranović, *Istorija Jugoslavije*, vol. 1 (Belgrade: Nolit, 1988), 12.

51. MacMillan, *Peacemakers*, 124.

52. Srdja Pavlović, *Balkan Anschluss: The Annexation of Montenegro and the Creation of a Common South Slav State* (West Lafayette, IN: Purdue University Press, 2008), 153; Novica Rakoečvić, *Crna Gora u Prvom svetskom ratu 1914-1918* (Cetinje: Obod, 1969), 428-9.

53. Djordje Stanković, 'Kako je Jugoslavija počela', in Milan Terzić, *Prvi svetski rat i Balkan-90 godina kasnije* (Belgrade: Institut za strategijska istraživanja, 2010), 242.

54. Newman, *Yugoslavia*.

55. Dejan Djokić, *Elusive Compromise: A History of Interwar Yugoslavia* (Oxford and New York:

Oxford University Press, 2007).

13장

1. Bruno Cabanes, '1919: Aftermath', in Jay Winter (ed.), *Cambridge History of the First World War*, vol. 1 (Cambridge: Cambridge University Press, 2014), 172-98, 이 책 174.
2. Stéphane Audoin-Rouzeau, 'Die Delegation der "Gueules cassées" in Versailles am 28. Juni 1919', in Gerd Krumeich et al. (eds), *Versailles 1919: Ziele, Wirkung, Wahrnehmung* (Essen: Klartext Verlag, 2001), 280-7.
3. Edward M. House, *The Intimate Papers of Colonel House Arranged as a Narrative by Charles Seymour*, vol. IV (Boston, MA, and New York: Houghton Mifflin, 1926-8), 487.
4. Cabanes, '1919: Aftermath', 172-98.
5. Laird Boswell, 'From Liberation to Purge Trials in the "Mythic Provinces": Recasting French Identities in Alsace and Lorraine, 1918-1920', in *French Historical Studies* 23 (2000), 129-62, 이 책 141.
6. Alan Sharp, 'The Paris Peace Conference and its Consequences', in *1914-1918 online. International Encyclopedia of the First World War*.
7. Gotthold Rhode, 'Das Deutschtum in Posen und Pommerellen in der Zeit der Weimarer Republik', in Senatskommission für das Studium des Deutschtums im Osten an der Rheinischen Friedrich-Wilhelms-Universität Bonn (ed.), *Studien zum Deutschtum im Osten* (Cologne and Graz: Böhlau, 1966), 99. 다른 추정치들은 더 높다. Richard Blanke, *Orphans of Versailles: The Germans in Western Poland*, 1918-1939 (Lexington, KY: University Press of Kentucky, 1993), 32-4를 보라.
8. 상부 슐레지엔의 드라마틱하고도 대단히 양가적인 민족국가화 과정에 대한 온전한 이야기는 James E. Bjork, *Neither German Nor Pole: Catholicism and National Indifference in a Central European Borderland, 1890-1922* (Ann Arbor, MI: University of Michigan Press, 2008); T. Hunt Tooley, 'German Political Violence and the Border Plebiscite in Upper Silesia, 1919-1921', in *Central European History* 21 (1988), 56-98, and idem, *National Identity and Weimar Germany: Upper Silesia and the Eastern Border, 1918-22* (Lincoln, NB, and London: University of Nebraska Press, 1997)를 보라. Tim K. Wilson, 'The Polish-German Ethnic Dispute in Upper Silesia, 1918-1922: A Reply to Tooley', in *Canadian Review of Studies in Nationalism* 32 (2005), 1-26도 보라.
9. Margaret MacMillan, *Peacemakers: The Paris Conference of 1919 and its Attempt to End War* (London: John Murray, 2001), 230.
10. Waldemar Grosch, *Deutsche und polnische Propaganda während der Volksabstimmung in Oberschlesien 1919-1921* (Dortmund: Forschungsstelle Ostmitteleuropa, 2003).
11. 영국과 프랑스는 독일령 카메룬과 토골란트를 분할했다. 벨기에는 독일령 동아프리카 북서부의 루안다-우룬디를 차지한 한편, 독일령 서남아프리카(나미비아)는 위임 통치에 따라 남아프리카 공화국이 차지했다. 태평양에서는 일본이 적도 이북의 독일령 섬들(마셜 제도, 캐럴라인 제도, 마리아나 제도, 팔라우 제도)과 중국의 자오저우만을 얻었다. 독일령 사모아는 뉴질랜드에, 독일령 뉴기니와 비스마르크 군도, 나우루 섬은 오스트레일리아 몫이 되었다. Alan Sharp, *The Versailles Settlement: Peacemaking after the First World War, 1919-1923*, 2nd edition (London: Palgrave, 2008), 109-38.
12. Wolfgang Elz, 'Versailles und Weimar', in *Aus Politik und Zeitgeschichte*, 50/51 (2008), 31-8.

13. Sally Marks, 'The Myths of Reparations', in *Central European History* 11 (1978), 231-9; Niall Ferguson, *The Pity of War: Explaining World War I* (London: Allen Lane, 1998), 399-432. 런던 상환 계획은 1924년(도스Dawes 안)과 1929년(영Young 안)에 두 차례 개정되었다가 대공황 때 일시적으로 유예되었다. 히틀러가 집권하자 추가적인 상환은 모두 취소되었다. 1919년과 1932년 사이에 독일은 (1921년에 A 채권과 B 채권으로 합의된 총 500억 마르크 가운데) 200억 마르크를 조금 넘게 상환했을 뿐이다. Manfred F. Boemeke, Gerald D. Feldman and Elisabeth Glaser (eds), *The Treaty of Versailles: A Reassessment after 75 Years* (Cambridge and New York: Cambridge University Press, 1998), 424.

14. Richard J. Evans, *The Coming of the Third Reich* (London: Penguin, 2004), 65; Alan Sharp, 'The Paris Peace Conference and its Consequences', in *1914-1918 online. International Encyclopedia of the First World War*, MacMillan, *Peacemakers*, 186.

15. Andreas Krause, *Scapa Flow: Die Selbstversenkung der Wilhelminischen Flotte* (Berlin: Ullstein, 1999).

16. *Verhandlungen der verfassunggebenden Deutschen Nationalversammlung. Stenographische Berichte*, vol. 327 (Berlin: Norddeutsche Buchdruckerei u. Verlagsanstalt, 1920), 1,082ff.

17. Alexander Watson, *Ring of Steel: Germany and Austria-Hungary at War, 1914-18* (London: Allen Lane, 2014), 561; MacMillan, *Peacemakers*, 475-81. 윌슨의 1918년 10월 23일자 전문은 Harry Rudolph Rudin, *Armistice 1918* (New Haven, CT, and London: Yale University Press, 1944), 173를 보라.

18. Sharp, *Versailles*, 37-9.

19. Evans, *Coming of the Third Reich*, 66.

20. Heinrich August Winkler, *The Age of Catastrophe: A History of the West 1914-1945* (New Haven, CT, and London: Yale University Press, 2015), 888.

21. John Maynard Keynes, *The Economic Consequences of the Peace* (London: Macmillan, 1919).

22. Elz, 'Versailles und Weimar', 33.

23. 생제르맹 조약에 관해서는 Nina Almond and Ralph Haswell Lutz (eds), *The Treaty of St. Germain: A Documentary History of its Territorial and Political Clauses* (Stanford, CA: Stanford University Press, 1935); Isabella Ackerl and Rudolf Neck (eds), *Saint-Germain 1919: Protokoll des Symposiums am 29. und 30. Mai 1979 in Wien* (Vienna: Verlag für Geschichte und Politik, 1989); Fritz Fellner, 'Der Vertrag von St. Germain', in Erika Weinzierl and Kurt Skalnik (eds), *Österreich 1918-1938*, vol. 1 (Vienna: Böhlau, 1983), 85-106; Lorenz Mikoletzky, 'Saint-Germain und Karl Renner: Eine Republik wird diktiert', in Helmut Konrad and Wolfgang Maderthaner (eds), *Das Werden der Ersten Republik ... der Rest ist Österreich*, vol. 1 (Vienna: Carl Gerald's Sohn, 2008), 179-86. Erich Zöllner, *Geschichte Österreichs: Von den Anfängen bis zur Gegenwart*, 8th edition (Vienna: Verlag für Geschichte und Politik, 1990), 499를 보라.

24. S. W. Gould, 'Austrian Attitudes toward Anschluss: October 1918-September 1919', in *Journal of Modern History* 22 (1950), 220-31; Walter Rauscher, 'Die Republikgründungen 1918 und 1945', in Klaus Koch, Walter Rauscher, Arnold Suppan and Elisabeth Vyslonzil (eds), *Außenpolitische Dokumente der Republik Österreich 1918-1938. Sonderband: Von Saint-Germain zum Belvedere: Österreich und Europa 1919-1955* (Vienna and Munich: Verlag für Geschichte und Politik, 2007), 9-24. 독일에서 합병을 둘러싼 논쟁은 Robert Gerwarth, 'Republik und Reichsgründung: Bismarcks kleindeutsche Lösung im Meinungsstreit der ersten deutschen Demokratie', in Heinrich August Winkler (ed.), *Griff nach der Deutungsmacht: Zur Geschichte der Geschichtspolitik in Deutschland*

(Göttingen: Wallstein, 2004), 115-33를 보라.

25. Ivan T. Berend, *Decades of Crisis: Central and Eastern Europe before World War II* (Berkeley, CA: University of California Press, 1998), 224-6.

26. Maureen Healy, *Vienna and the Fall of the Habsburg Empire: Total War and Everyday Life in World War I* (Cambridge and New York: Cambridge University Press, 2004), 309; Manfried Rauchensteiner, 'L'Autriche entre confiance et résignation, 1918-1920', in Stéphane Audoin-Rouzeau and Christophe Prochasson (eds), *Sortir de la Grande Guerre* (Paris: Tallandier, 2008), 165-85.

27. Francesca M. Wilson, *Rebel Daughter of a Country House: The Life of Eglantyne Jebb, Founder of the Save the Children Fund* (Boston, MA, and London: Allen and Unwin, 1967), 198.

28. 에설 스노든의 발언은 Ian Kershaw, *To Hell and Back: Europe, 1914-1949* (London: Allen Lane, 2015), 99에서 인용.

29. Almond and Lutz (eds), *St. Germain*, 92.

30. Karl Rudolf Stadler, *Birth of the Austrian Republic 1918-1921* (Leyden: Sijthoff, 1966), 41-2.

31. MacMillan, *Peacemakers*, 258에서 인용.

32. Stadler, *Birth of the Austrian Republic*, 48.

33. MacMillan, *Peacemakers*, 261.

34. 바우어의 발언은 위의 책, 259.

35. Evans, *Coming of the Third Reich*, 62ff; Gerwarth, 'Republik und Reichsgründung'.

36. MacMillan, *Peacemakers*, 264; Stadler, *Birth of the Austrian Republic*, 136-41; József Botlik, *Nyugat-Magyarország sorsa, 1918-1921* (Vasszilvány: Magyar Nyugat Könyvkiadó, 2008); Jon Dale Berlin, 'The Burgenland Question 1918-1920: From the Collapse of Austria-Hungary to the Treaty of Trianon', unpublished PhD dissertation, Madison, WI, 1974; Gerald Schlag, 'Die Grenzziehung Österreich-Ungarn 1922/23', in *Burgenländisches Landesarchiv* (ed.), *Burgenland in seiner pannonischen Umwelt: Festgabe für August Ernst* (Eisenstadt: Burgenländisches Landesarchiv, 1984), 333-46.

37. 트리아농 조약이 초래한 결과에 대한 일반적인 논의는 Robert Evans, 'The Successor States', in Robert Gerwarth (ed.), *Twisted Paths: Europe 1914-45* (Oxford and New York: Oxford University Press, 2007), 210-36; Raymond Pearson, 'Hungary: A State Truncated, a Nation Dismembered', in Seamus Dunn and T. G. Fraser, *Europe and Ethnicity: World War I and Contemporary Ethnic Conflict* (London and New York: Routledge, 1996), 88-109, 이 책 95-6. Ignác Romsics, *A trianoni békeszerződés* (Budapest: Osiris, 2008); Dániel Ballabás, *Trianon 90 év távlatából: Konferenciák, műhelybeszélgetések* (Eger: Líceum Kiadó, 2011)를 보라.

38. Berend, *Decades of Crisis*, 224-6.

39. MacMillan, *Peacemakers*, 277; Francis Deák, *Hungary at the Peace Conference: The Diplomatic History of the Treaty of Trianon* (New York: Columbia University Press, 1942), 539-49.

40. Jörg K. Hoensch, *A History of Modern Hungary, 1867-1994* (London and New York: Longman, 1995), 103-4.

41. Georgi P. Genov, *Bulgaria and the Treaty of Neuilly* (Sofia: H. G. Danov and Co., 1935), 31; MacMillan, *Peacemakers*, 248-50.

42. Genov, *Neuilly*, 25 and 49; MacMillan, *Peacemakers*, 150.

43. Harold Nicolson, *Peacemaking, 1919* (London: Grosset and Dunlap, 1933), 34.

44. 테오도르 테오도로프가 뇌이 강화회의 서기 뒤타스트에게 1919년 9월 2일에 보낸 편지. Tsocho Bilyarski and Nikola Grigorov (eds), *Nyoiskiyat pogrom i terorat na bulgarite: Sbornik dokumenti i materiali* (Sofia: Aniko, 2009), 90.

45. Richard J. Crampton, *Aleksandur Stamboliiski: Bulgaria* (Chicago, IL: Haus Publishing and University of Chicago Press, 2009), 75-109; Nejiski Mir, *Vojna enciklopedija* (Belgrade: Vojno-izdavaćki zavod, 1973), 19.

46. MacMillan, *Peacemakers*, 151.

47. 위의 책.

48. Doncho Daskalov, *1923-Sadbonosni resheniya i sabitiya* (Sofia: BZNS, 1983), 23.

49. Theodora Dragostinova, 'Competing Priorities, Ambiguous Loyalties: Challenges of Socioeconomic Adaptation and National Inclusion of the Interwar Bulgarian Refugees', in *Nationalities Papers* 34 (2006), 549-74, 이 책 553. 전간기 불가리아에서 난민 위기에 대한 상세한 초기 분석과 통찰력 있는 해석은 Dimitar Popnikolov, *Balgarite ot Trakiya i spogodbite na Balgaria s Gartsia i Turtsia* (Sofia: n.p., 1928)를 보라.

50. 1차 세계대전이 끝난 뒤 불가리아에서 난민 수용의 사회적, 경제적 어려움에 대한 상세한 설명은 Georgi Dimitrov, *Nastanyavane i ozemlyavane na balgarskite bezhantsi* (Blagoevgrad: n.p., 1985); Karl Hitilov, *Selskostopanskoto nastanyavane na bezhantsite 1927-1932* (Sofia: Glavna direktsiya na bezhantsite, 1932)를 보라.

51. 알렉산드르 스탐볼리스키가 조르주 클레망소에게 1919년 11월 22일에 보낸 편지. Bilyarski and Grigorov (eds), *Nyoiskiyat pogrom*, 312를 보라.

52. Richard J. Crampton, 'The Balkans', in Gerwarth (ed.), *Twisted Paths*, 이 책 250-2.

53. MacMillan, *Peacemakers*, 386-7.

54. Erik Jan Zürcher, 'The Ottoman Empire and the Armistice of Moudros', in Hugh Cecil and Peter H. Liddle (eds), *At the Eleventh Hour: Reflections, Hopes, and Anxieties at the Closing of the Great War, 1918* (London: Leo Cooper, 1998), 266-75.

55. George Goldberg, *The Peace to End Peace: The Paris Peace Conference of 1919* (London: Pitman, 1970), 196.

56. Michael A. Reynolds, 'Ottoman-Russian Struggle for Eastern Anatolia and the Caucasus, 1908-1918: Identity, Ideology and the Geopolitics of World Order', PhD thesis, Princeton University, 2003, 377. 민족주의적 관점에서는 Justin McCarthy, *Death and Exile: The Ethnic Cleansing of Ottoman Muslims 1821-1922* (Princeton, NJ: Darwin Press, 2004), 198-200; Salahi Sonyel, *The Great War and the Tragedy of Anatolia: Turks and Armenians in the Maelstrom of Major Powers* (Ankara: Turkish Historical Society, 2000), 161-3를 보라.

57. Ryan Gingeras, *Fall of the Sultanate: The Great War and the End of the Ottoman Empire, 1908-1922* (Oxford and New York: Oxford University Press, 2016), 255.

58. Hasan Kayali, 'The Struggle for Independence', in Reşat Kasaba (ed.), *The Cambridge History of Turkey*, vol. 4: *Turkey in the Modern World* (Cambridge and New York: Cambridge University Press, 2008), 118ff.

59. Gerd Krumeich (ed.), *Versailles 1919: Ziele, Wirkung, Wahrnehmung* (Essen: Klartext Verlag,

2001).

60. Henryk Batowski, 'Nationale Konflikte bei der Entstehung der Nachfolgestaaten', in Richard Georg Plaschka and Karlheinz Mack (eds), *Die Auflösung des Habsburgerreiches: Zusammenbruch und Neuorientierung im Donauraum* (Munich: Oldenbourg, 1970), 338–49.

61. Dudley Kirk, *Europe's Population in the Interwar Years* (Geneva and New York: League of Nations, 1946); Pearson, 'Hungary', 98–9; István I. Mócsy, *The Effects of World War I: The Uprooted: Hungarian Refugees and their Impact on Hungary's Domestic Politics, 1918–1921* (New York: Columbia University Press, 1983), 10.

62. Hannah Arendt, *The Origins of Totalitarianism* (New York: Harcourt, Brace and Company, 1951), 260; 이 일반적 테마에 관해서는 Karen Barkey and Mark von Hagen (eds), *After Empires: Multiethnic Societies and Nation-Building: The Soviet Union, and the Russian, Ottoman, and Habsburg Empires* (Boulder, CO: Westview Press, 1997), and Leonard V. Smith, 'Empires at the Paris Peace Conference', in Gerwarth and Manela (eds), *Empires at War*, 254-276를 보라.

63. Norman Davies, *Microcosm: A Portrait of a Central European City* (London: Pimlico, 2003), 337.

64. 위의 책, 389-90.

65. 마이클 만이 지적했듯이, 분쟁이 종식된 뒤 국경이 이동함에 따라 터전을 잃은 사람들이 홀로코스트 가해자들 사이에서 차지하는 비율은 인구 대비로 봤을 때 평균보다 6배 더 높다. Michael Mann, *The Dark Side of Democracy: Explaining Ethnic Cleansing* (Cambridge and New York: Cambridge University Press, 2005), 223–8.

66. Mark Mazower, *Hitler's Empire: How the Nazis Ruled Europe* (New York: Penguin Press, 2008).

67. 통계 수치는 M. C. Kaser and E. A. Radice (eds), *The Economic History of Eastern Europe, 1919-1975*, vol. 1: *Economic Structure and Performance Between the Two Wars* (Oxford: Clarendon Press, 1985), 25를 따랐다. 이 이슈에 관한 상세한 논의는 Alexander V. Prusin, *The Lands Between: Conflict in the East European Borderlands, 1870-1992* (Oxford and New York: Oxford University Press, 2010), 11-124를 보라.

68. Erez Manela, *The Wilsonian Moment: Self-Determination and the International Origins of Anticolonial Nationalism* (Oxford and New York: Oxford University Press, 2007), esp. 60-1 and 145-7. 5·4운동에 관해서는 Rana Mitter, *A Bitter Revolution: China's Struggle with the Modern World* (Oxford and New York: Oxford University Press, 2004)를 보라.

69. Eric Yellin, *Racism in the Nation's Service: Government Workers and the Color Line in Woodrow Wilson's America* (Chapel Hill, NC: University of North Carolina Press, 2016). 윌슨의 인생을 더 공감가게 서술한 전기는 John Milton Cooper, *Woodrow Wilson: A Biography* (New York: Random House, 2009)를 보라.

70. Leonard V. Smith, 'The Wilsonian Challenge to International Law', in *The Journal of the History of International Law* 13 (2011), 179-208. 동일 저자의 'Les États-Unis et l'échec d'une seconde mobilisation', in Stéphane Audoin-Rouzeau and Christophe Prochasson (eds), *Sortir de la Guerre de 14-18* (Paris: Tallandier, 2008), 69-91도 보라.

71. Smith, 'Empires at the Paris Peace Conference'.

72. 위임 통치 시스템에 관해서는 Susan Pedersen, 'The Meaning of the Mandates System: An Argument', in *Geschichte und Gesellschaft* 32 (2006), 1-23; Susan Pedersen, *The Guardians: The League of Nations and the Crisis of Empire* (Oxford and New York: Oxford University Press, 2015), 17~44를

보라. Nadine Méouchy and Peter Sluglett (eds), *The British and French Mandates in Comparative Perspective* (Leiden: Brill, 2004); and David K. Fieldhouse, *Western Imperialism in the Middle East, 1914-1958* (Oxford and New York: Oxford University Press, 2006), 3-20; Lutz Raphael, *Imperiale Gewalt und Mobilisierte Nation: Europa 1914-1945* (Munich: C. H. Beck, 2011), 74-5도 보라.

73. Alan Sharp, '"The Genie that Would Not Go Back into the Bottle": National Self-Determination and the Legacy of the First World War and the Peace Settlement', in Seamus Dunn and T. G. Fraser (eds), *Europe and Ethnicity: The First World War and Contemporary Ethnic Conflict* (London and New York: Routledge, 1996), 25; Raymond Pearson, *National Minorities in Eastern Europe: 1848-1945* (London: Macmillan, 1983), 136.

74. Mark Levene, *Crisis of Genocide*, vol. 1: *The European Rimlands 1912-1938* (Oxford and New York: Oxford University Press, 2014), 230-40.

75. 'Treaty of Peace between the United States of America, the British Empire, France, Italy, and Japan and Poland', in *American Journal of International Law* 13, Supplement, Official Documents(1919), 423-40. Carole Fink, 'The Minorities Question at the Paris Peace Conference: The Polish Minority Treaty, June 28, 1919', in Manfred Boemeke, Gerald Feldman and Elisabeth Glaser, (eds), *The Treaty of Versailles: A Reassessment after 75 Years* (Cambridge: Cambridge University Press, 1998), 249-74.

76. 위의 책.

77. Jaroslav Kucera, *Minderheit im Nationalstaat: Die Sprachenfrage in den tschechisch-deutschen Beziehungen 1918-1938* (Munich: Oldenbourg, 1999), 307.

78. Carole Fink, *Defending the Rights of Others: The Great Powers, the Jews, and International Minority Protection* (Cambridge and New York: Cambridge University Press, 2004), 260; Zara Steiner, *The Lights that Failed: European International History 1919-1933* (Oxford and New York: Oxford University Press, 2005), 86.

79. Joseph Roth, *The Radetzky March* (New York: Viking Press, 1933), 148-9. 문화적 맥락은 Adam Kozuchowski, *The Afterlife of Austria-Hungary: The Image of the Habsburg Monarchy in Interwar Europe* (Pittsburgh, PA: University of Pittsburgh Press, 2013)을 보라.

80. Levene, *Crisis of Genocide*, vol. 1.

81. Mary Heimann, *Czechoslovakia: The State that Failed* (New Haven, CT, and London: Yale University Press, 2009), 33-4(피츠버그 협정에 관해서) and 61-2(깨진 약속에 관해서).

82. 토지 개혁에 관해서는 Daniel E. Miller, 'Colonizing the Hungarian and German Border Areas during the Czechoslovak Land Reform, 1918-1938', in *Austrian History Yearbook* 34 (2003), 303-17.

83. Mark Cornwall, 'National Reparation? The Czech Land Reform and the Sudeten Germans 1918-38', in *Slavonic and East European Review* 75 (1997), 280. 전간기 체코슬로바키아에서 독일인과 체코인 간의 더 일반적인 관계는 Jaroslav Kucera, *Minderheit im Nationalstaat*; Jörg Hoensch and Dusan Kovac (eds), *Das Scheitern der Verständigung: Tschechen, Deutsche und Slowaken in der Ersten Republik (1918-1938)* (Essen: Klartext, 1994)를 보라.

84. 수정주의에 관해서는 다음의 논문 모음을 보라. Marina Cattaruzza, Stefan Dyroff and Dieter Langewiesche (eds), *Territorial Revisionism and the Allies of Germany in the Second World War: Goals, Expectations, Practices* (New York and Oxford: Berghahn Books, 2012).

14장

1. 일본과 1차 세계대전, 전후 일본의 인종 평등 추구 움직임에 관해서는 Frederick R. Dickinson, *War and National Reinvention: Japan in the Great War, 1914-1919* (Cambridge, MA, and London: Harvard University Press, 1999); Thomas W. Burkman, *Japan and the League of Nations: Empire and World Order, 1914-1938* (Honolulu: University of Hawai'i Press, 2008); Naoko Shimazu, *Japan, Race and Equality: The Racial Equality Proposal of 1919* (London: Routledge, 1998), 117-36를 보라.

2. Glenda Sluga, *The Problem of Trieste and the Italo-Yugoslav Border: Difference, Identity, and Sovereignty in Twentieth-Century Europe* (Albany, NY: SUNY Press, 2001).

3. Misha Glenny, *The Balkans, 1804-1999* (London: Granta Books, 1999), 307-92, 특히 370-7.

4. Mario Isnenghi, *L'Italia in piazza. I luoghi della vita pubblica dal 1848 ai giorni nostri* (Milan: Arnoldo Mondadori, 1994), 231-6를 보라.

5. 이탈리아의 팽창주의적 야심의 지속에 관해서는 Claudio G. Segré, 'Il colonialismo e la politica estera: variazioni liberali e fasciste', in Richard J. B. Bosworth and Sergio Romano (eds), *La politica estera italiana 1860-1985* (Bologna: il Mulino, 1991), 121-46를 보라.

6. 일례로 Giuseppe Piazza, *La nostra terra promessa: lettere dalla Tripolitania marzo-maggio 1911* (Rome: Lux, 1911)를 보라. 배경에 관해서는 R. J. B. Bosworth, *Italy: The Least of the Great Powers: Italian Foreign Policy before the First World War* (Cambridge: Cambridge University Press, 1979), and Gianpaolo Ferraioli, *Politica e diplomazia in Italia tra XIX e XX secolo: vita di Antonino di San Giuliano (1852-1914)* (Soveria Mannelli: Rubbettino, 2007)를 보라.

7. Richard J. B. Bosworth and Giuseppe Finaldi, 'The Italian Empire', in Robert Gerwarth and Erez Manela (eds), *Empires at War, 1911-1923* (Oxford: Oxford University Press, 2014), 34-51; Claudio G. Segré, 'Il colonialismo e la politica estera: variazioni liberali e fasciste', in Richard Bosworth and Romano (eds), *La politica estera italiana 1860-1985*, 123. Nicola Labanca: *Oltremare* (Bologna: il Mulino, 2002), and idem, *La guerra italiana per la Libia, 1911-1931* (Bologna: il Mulino, 2012)도 보라.

8. Angelo Del Boca, *Gli Italiani in Libia, Tripoli bel Suol d'Amore* (Milan: Arnoldo Mondadori, 1993), 110. William Stead, *Tripoli and the Treaties* (London: Bank Buildings, 1911), 59-81; Rachel Simon, *Libya Between Ottomanism and Nationalism* (Berlin: Klaus Schwarz, 1987).

9. Labanca, *Oltremare*, 121; Angelo del Boca, *A un passo dalla forca* (Milan: Baldini Castoli Dalai, 2007), 80.

10. Labanca, *La guerra italiana per la Libia*.

11. Glenny, *The Balkans*, 370.

12. Gian Enrico Rusconi, *L'azzardo del 1915: Come l'Italia decide la sua guerra* (Bologna: il Mulino, 2005); Luca Riccardi, *Alleati non amici: le relazioni politiche tra l'Italia e l'Intesa durante la prima guerra mondiale* (Brescia: Morcelliana, 1992).

13. 이 테마에 대한 개관은 Antonio Gibelli, 'L'Italia dalla neutralità al Maggio Radioso', in Stéphane Audoin-Rouzeau and Jean-Jacques Becker (eds), *La prima guerra mondiale*, vol. 1 (Turin: Einaudi, 2007), 185-95를 보라.

14. Matteo Pasetti, *Tra classe e nazione. Rappresentazioni e organizzazione del movimento nazional-sindacalista, 1918-1922* (Rome: Carocci, 2008).

15. Emilio Gentile, *La Grande Italia: Ascesa e declino del mito della nazione nel ventesimo secolo* (Milan: Arnoldo Mondadori, 1997); Angelo Ventrone, *La seduzione totalitaria: Guerra, modernità, violenza politica, 1914-1918* (Rome: Donzelli, 2003), 233-55.

16. Michael A. Ledeen, *The First Duce: D'Annunzio at Fiume* (Baltimore, MD, and London: Johns Hopkins University Press, 1977), 13; Glenny, *The Balkans*, 371.

17. Claudia Salaris, *Alla festa della rivoluzione. Artisti e libertari con D'Annunzio a Fiume* (Bologna: il Mulino, 2002). 알체스테 데 암브리스에 관해서는 Renzo De Felice (ed.), *La Carta del Carnaro nei testi di Alceste De Ambris e di Gabriele D'Annunzio* (Bologna: il Mulino, 1973).

18. Glenny, *The Balkans*, 371-2.

19. George Goldberg, *The Peace to End Peace: The Paris Peace Conference of 1919* (London: Pitman, 1970), 170.

20. Lucy Hughes-Hallett, *The Pike: Gabrielle D'Annunzio: Poet, Seducer and Preacher of War* (New York: Fourth Estate, 2013), 267.

21. 위의 책, 369.

22. Ledeen, *The First Duce*, 2; Glenny, *The Balkans*, 372-3.

23. 니티에 관해서는 Francesco Barbagallo, *Francesco Saverio Nitti* (Turin: Utet, 1994)를 보라.

24. Glenny, *The Balkans*, 374.

25. 놀랍게도 아르디티에 관해서는 근래의 연구가 없다. 최상의 '고전적' 연구서는 여전히 Giorgio Rochat, *Gli arditi della grande guerra: origini, battaglie e miti* (Milan: Feltrinelli, 1981)이다.

26. Hughes-Hallett, *The Pike*, 4 and 546.

27. Leeden, *The First Duce*, vii. 다른 학자들은, 점령 첫 15개월 동안 피우메는 문화적, 예술적 혁신을 담은 정치적 실험(예를 들어 '카르나로 헌장')의 장소이자 '쇼 정치'의 탄생지가 되었다고 주장해왔다. Salaris, *Alla festa della rivoluzione*를 보라.

28. Glenny, *The Balkans*, 376.

15장

1. Margaret MacMillan, *Peacemakers: The Paris Conference of 1919 and its Attempt to End War* (London: John Murray, 2001), 298ff.

2. 위의 책, 364ff.

3. 베니젤로스에 관해서는 Thanos Veremis and Elias Nikolakopoulos (eds), *O Eleftherios Venizelos ke I epochi tou* (Athens: Ellinika Grammata, 2005).

4. Misha Glenny, *The Balkans, 1804-1999* (London: Granta Books, 1999), 380; MacMillan, *Peacemakers*, 443 and 449.

5. Glenny, *The Balkans*, 380; Alexandros A. Pallis, *Greece's Anatolian Venture-and After: A Survey of the Diplomatic and Political Aspects of the Greek Expedition to Asia Minor (1915-1922)* (London: Methuen and Company, 1937), 22-5.

6. 이 수치는 Dimitris Stamatopoulos, 'I mikrasiatiki ekstratia. I anthropogheografia tis katastrofis', in Antonis Liakos (ed.), *To 1922 ke i prosfighes, mia nea matia* (Athens: Nefeli, 2011), 57를 따랐다.

7. 위의 책, 58.

8. Dimitri Pentzopoulos, *The Balkan Exchange of Minorities* (Paris and The Hague: Mouton, 1962), 29–30.

9. Michalis Rodas, *I Ellada sti Mikran Asia* (Athens: n.p., 1950), 60–1. 로다스는 1919년부터 1922년까지 스미르나 고등판무관실의 언론 검열관으로 일했다. Evangelia Achladi, 'De la guerre àl'administration grecque: la fin de la Smyrne cosmopolite', in Marie–Carmen Smyrnelis (ed.), *Smyrne, la ville oubliée? 1830–1930: Mémoires d'un grand port ottoman* (Paris: Éditions Autrement, 2006), 180–95도 보라.

10. Michael Llewellyn Smith, *Ionian Vision: Greece in Asia Minor 1919–1922* (London: Allen Lane, 1973), 89–91. 이후 벌어진 총격에서 사망한 하산 타신의 조각상은 오늘날에도 여전히 이즈미르에 전시되어 있으며, 'Ilk Kurşun Anıtı'(첫 발의 순간)이라고 불린다.

11. Llewellyn Smith, *Ionian Vision*, 89; Glenny, *The Balkans*, 382–3.

12. 보고된 희생자 숫자는 정보원에 따라 제각각이다. 이 사태를 살펴보기 위해 파견된 연합국 조사위원회의 보고서는 그리스군 병사 2명 사망, 6명 부상, 그리스 시민 60명이 부상당했다고 기록했다. 보고서는 사망자와 부상자를 구분하지 않고 터키인 희생자도 300명에서 400명가량 된다고 언급한다. Llewellyn Smith, *Ionian Vision*, 180.

13. Tasos Kostopoulos, *Polemos ke ethnokatharsi, I ksehasmeni plevra mias dekaetous ethnikis eksormisis, 1912–1922* (Athens: Vivliorama, 2007), 99.

14. 에파미논다스 칼리온치스의 미출간 일기 중 일부, 신문 *Kathimerini* 20/5/2007에서 인용. Ioannis A. Gatzolis, *Ghioulbaxes. Vourlas. Erithrea. Anamnisis. Perigrafes. Laografika. Katastrofi 1922* (Chalkidiki: Nea Syllata, 1988), 45–6.

15. Harold M. V. Temperley, (ed.), *A History of the Peace Conference of Paris*, vol. 6 (London: Frowde and Hodder and Stoughton, 1921–4), 72.

16. Giorgos Giannakopoulos, 'I Ellada sti Mikra Asia: To chroniko tis Mikrasiatikis peripetias', in Vassilis Panagiotopoulos (ed.), *Istoria tou Neou Ellinismou, 1770–2000*, vol. 6, 84–6; Efi Allamani and Christa Panagiotopoulou, 'I Ellada sti Mikra Asia', in *Istoria tou ellinikou ethnous*, vol. 15 (Athens: Ekdotiki Athinon, 1978), 118–32.

17. 연합국 조사위원회 보고서, Rodas, *I Ellada sti Mikran Asia*, 152.

18. 그리스 점령군 지휘관은 희생자 수를 1,000명으로 잡지만, 터키 측 자료는 대조적으로 무슬림 4000명, 기독교도 400명이 살해되었다고 말한다. Kostopoulos, *Polemos ke ethnokatharsi*, 100를 보라.

19. Christos Karagiannis, *I istoria enos stratioti (1918–1922)*, ed. Filippos Drakontaeidis (Athens: Kedros 2013), 117–21.

20. Llewellyn Smith, *Ionian Vision*, 111–14.

21. Ryan Gingeras, *Fall of the Sultanate: The Great War and the End of the Ottoman Empire, 1908–1922* (Oxford and New York: Oxford University Press, 2016), 262.

22. Vamik D. Voltan and Norman Itzkowitz, *The Immortal Atatürk: A Psychobiography* (Chicago, IL: Chicago University Press, 1984), 152.

23. Victor Rudenno, *Gallipoli: Attack from the Sea* (New Haven, CT, and London: Yale University Press, 2008), 162ff.

24. M. SükrüHanioğlu, *Atatürk: An Intellectual Biography* (Princeton, NJ: Princeton University Press, 2011), 77.

25. 위의 책, 82.

26. Gingeras, *Fall of the Sultanate*, 249.

27. Ryan Gingeras, *Sorrowful Shores: Violence, Ethnicity, and the End of the Ottoman Empire 1912-1923* (Oxford and New York: Oxford University Press, 2009), 68ff.

28. Hanioğlu, *Atatürk*, 97ff; Ryan Gingeras, *Mustafa Kemal Atatürk: Heir to an Empire* (Oxford and New York: Oxford University Press, 2015)도 보라.

29. Hanioğlu, *Atatürk*, 95-7.

30. 위의 책.

31. 위의 책.

32. A. E. Montgomery, 'The Making of the Treaty of Sèvres of 10 August 1920', in *The Historical Journal* 15 (1972), 775-87.

33. Leonard V. Smith, 'Empires at the Paris Peace Conference', in Robert Gerwarth and Erez Manela (eds), *Empires at War, 1911-1923* (Oxford and New York: Oxford University Press, 2014). Paul C. Helmreich, *From Paris to Sèvres: The Partition of the Ottoman Empire at the Paris Peace Conference of 1919-1920* (Columbus, OH: Ohio State University Press, 1974)도 보라.

34. Briton Cooper Busch, *Madras to Lausanne: Britain's Frontier in West Asia, 1918-1923* (Albany, NY: State University of New York Press, 1976), 207.

35. Christopher J. Walker, *Armenia: The Survival of a Nation*, 2nd edition (London: Routledge, 1990), 315-16.

36. Gingeras, *Fall of the Sultanate*, 279.

37. Vahé Tachjian, *La France en Cilicie et en Haute-Mésopotamie: aux confins de la Turquie, de la Syrie et de l'Irak, 1919-1933* (Paris: Éditions Karthala, 2004).

38. 목격자의 증언은 Stanley E. Kerr, *The Lions of Marash: Personal Experiences with American Near East Relief, 1919-1922* (Albany, NY: State University of New York Press, 1973), 99-142를 보라.

39. Erik Jan Zürcher, *Turkey: A Modern History* (London and New York: I. B. Tauris, 2004), 154.

40. Peter Kincaid Jensen, 'The Greco-Turkish War, 1920-1922', in *International Journal of Middle East Studies* 10 (1979), 553-65.

41. Giorgos Mitrofanis, 'Ta dimosia ikonomika. Ikonomiki anorthossi ke polemi, 1909-1922', in Vassilis Panagiotopoulos (ed.), *Istoria tou Neou Ellinismou, 1770-2000*, vol. 6 (Athens: Ellinika Grammata, 2003), 124-7.

42. Arnold J. Toynbee, *The Western Question in Greece and Turkey: A Study in the Contact of Civilisations* (Boston, MA: Constable, 1922), 285.

43. Konstantinos Fotiadis, 'Der Völkermord an den Griechen des Pontos', in Tessa Hofmann (ed.), *Verfolgung, Vertreibung und Vernichtung der Christen im Osmanischen Reich 1912-1922*, 2nd edition (Berlin: LIT-Verlag, 2010), 193-228.

44. Paschalis M. Kitromilides (ed.), *Exodos*, vol. 3 (Athens: Centre for Asia Minor Studies, 2013), 220-3에서 카테리니 인근, 네오카이사레이아 출신 Stylianos Savvides의 증언을 보라.

45. Nicholas Doumanis, *Before the Nation: Muslim-Christian Coexistence and its Destruction in Late Ottoman Anatolia* (Oxford and New York: Oxford University Press, 2013), 161.

46. Kostopoulos, *Polemos ke ethnokatharsi*, 241.

47. 위의 책, 240.

48. Kitromilides (ed.), *Exodos*, vol. 3, 206-7에 실린 코자니 인근, 바틸라코스 출신 Savvas Papadopoulos의

증언도 보라.

49. 위의 책, 220-3에 실린, 카테리니 인근, 네오카이사레이아 출신 Stylianos Savvides의 증언도 보라.

50. Karagiannis, *I istoria enos stratioti*, 215.

51. Giorgos Margaritis, 'I polemi', in Christos Hadjiiosif (ed.), *Istoria tis Elladas tou Ikostou eona*, vol. A (Athens: Vivliorama, 2002), 149-87, 이 책 182, n. 26.

52. Glenny, *The Balkans*, 388.

53. Doumanis, *Before the Nation*, 162.

54. Margaritis, 'I polemi', 186.

55. Kostopoulos, *Polemos ke ethnokatharsi*, 138.

56. Victoria Solomonidis, *Greece in Asia Minor: The Greek Administration of the Vilayet of Aidin, 1919-1922*, unpublished PhD thesis, King's College, University of London, 1984, 248-9; Llewellyn Smith, Ionian Vision, 520.

57. George Mavrogordatos, 'Metaxi dio polemon. Politiki Istoria 1922-1940', in Vassilis Panagiotopoulos (ed.), *Istoria tou Neou Ellinismou*, vol. 7 (Athens: Ellinika Grammata, 2003), 9-10.

58. Yiannis Yianoulopoulos, 'Exoteriki politiki', in Christos Chatziiosif (ed.), *Istoria tis Elladas tou Ikostou eona*, vol. 2, 140-1.

59. *Toronto Star*, 22 October 1922.

60. Zara Steiner, *The Lights that Failed: European International History 1919-1933* (Oxford and New York: Oxford University Press, 2005), 114-19.

61. MacMillan, *Peacemakers*, 464.

62. Mark Mazower, *Dark Continent: Europe's Twentieth Century* (New York: Vintage Books, 1998), 53; Mark Levene, *Crisis of Genocide*, vol. 1: *The European Rimlands 1912-1938* (Oxford and New York: Oxford University Press, 2014), 230-40. Theodora Dragostinova, *Between Two Motherlands: Nationality and Emigration among the Greeks of Bulgaria, 1900-1949* (Ithaca, NY: Cornell University Press, 2011)도 보라.

63. Levene, *Crisis of Genocide*, vol. 1, 230-40.

64. 라파자니스의 증언은 F. D. Apostolopoulos (ed.), *Exodos*, vol. 1 (Athens: Centre for Asia Minor Studies, 1980), 131-6를 보라. 유명한 그리스 소설가 엘리아스 베네지스Elias Venezis는 그리스-터키 전쟁 당시 3,000명의 노동 대대에 끌려갔을 때 열여덟 살이었고, 23명에 불과한 생존자 가운데 한 명이다. 그의 소설 *The Number 31, 328*은 노동 대대에서의 체험을 그린 것인데, 흥미롭게도 추방자 출신인 다른 유명한 그리스 소설가들의 작품과 마찬가지로 민족주의적 혹은 반터키 정서를 담지 않고, 전에는 지역공동체 간에 좋은 관계를 누렸던 민간인들의 비극에만 초점을 맞춘다. Elias Venezis, *To noumero 31328* (1931)와 소아시아에서 온 난민들에 대한 냉대를 다룬 그의 소설 *Galini* (1939)를 보라.

65. Mark Mazower, *Salonica, City of Ghosts: Christians, Muslims and Jews, 1430-1950* (New York: Harper Perennial, 2005), 335.

66. 1922년 11월 8일 아테네에서 레인 로즈 힐이 워싱턴의 미국 적십자본부에 보낸 편지. Records of the Department of State Relating to Internal Affairs of Greece, 1910-1929, National Archives and Records Administration (NARA), M 44, 868.48/297. 이 문헌을 제공해준 Ayhan Aktar에게 감사드린다.

67. Henry Morgenthau, *I Was Sent to Athens* (Garden City, NY: Doubleday, 1929), 50. Bruce Clark, *Twice a Stranger: How Mass Expulsion Forged Greece and Turkey*(London: Granta Books, 2006)도 보라.

68. Anastasia Karakasidou, *Fields of Wheat, Hills of Blood: Passages to Nationhood in Greek Macedonia, 1870-1990* (Chicago, IL: University of Chicago Press, 1997), 147; Nikos Marantzidis, 'Ethnic Identity, Memory and Political Behavior: The Case of Turkish-Speaking Pontian Greeks', in *South European Society and Politics* 5 (2000), 56-79, 이 책 62-4.

69. Stathis Gauntlett, 'The Contribution of Asia Minor Refugees to Greek Popular Song, and its Reception', in Renée Hirschon (ed.), *Crossing the Aegean: An Appraisal of the 1923 Compulsory Population Exchange between Greece and Turkey* (New York: Berghahn Books, 2003), 247-60.

70. Renée Hirschon, 'Consequences of the Lausanne Convention: An Overview', in idem (ed.), *Crossing the Aegean: An Appraisal of the 1923 Compulsory Population Exchange between Greece and Turkey* (New York: Berghahn Books, 2003), 14-15; Justin McCarthy, *Death and Exile: The Ethnic Cleansing of Ottoman Muslims 1821-1922* (Princeton, NJ: Darwin Press, 2004), 302.

71. Levene, *Crisis of Genocide*, vol. 1, 236ff.

72. 위의 책.

73. 위의 책, 233ff. Norman M. Naimark, *Fires of Hatred: Ethnic Cleansing in Twentieth-Century Europe* (Cambridge, MA: Harvard University Press, 2002), 특히, 1장 'The Armenians and Greeks of Anatolia', 17-56도 보라.

74. Stefan Ihrig, *Atatürk in the Nazi Imagination* (Cambridge, MA: Harvard University Press, 2014).

에필로그

1. 이 테마에 관해서는 이하에 실린 논문을 보라. Robert Gerwarth (ed.), *Twisted Paths: Europe 1914-1945* (Oxford and New York: Oxford University Press, 2007). 미국의 재정 능력과 영국의 정치적 영향력 사이 협조를 통한 경제 회복과 상대적인 정치적 안정에 관해서는 Patrick Cohrs, *The Unfinished Peace after World War I: America, Britain and the Stabilisation of Europe, 1919-1932* (Cambridge and New York: Cambridge University Press, 2006).

2. Zara Steiner, *The Lights that Failed: European International History 1919-1933* (Oxford and New York: Oxford University Press, 2005).

3. Paschalis M. Kitromilides (ed.), *Eleftherios Venizelos: The Trials of Statesmanship* (Edinburgh: Edinburgh University Press, 2008), 223.

4. Patricia Clavin, 'Europe and the League of Nations', in Gerwarth (ed.), *Twisted Paths*, 325-54; Pedersen, *The Guardians*; Steiner, *The Lights that Failed*. Alan Sharp, *Consequences of the Peace: The Versailles Settlement-Aftermath and Legacy 1919-2010* (London: Haus, 2010), 217도 보라.

5. 대공황과 그 영향에 대한 일반적인 개관은 Patricia Clavin, *The Great Depression in Europe, 1929-1939* (Basingstoke and New York: Palgrave, 2000)를, 특히 독일에 미친 영향에 관해서는 Harold James, *The German Slump: Politics and Economics 1924-1936* (Oxford and New York: Oxford University Press, 1986)를 보라.

6. 오스트리아에 관해서는 Eduard März, 'Die große Depression in Österreich 1930-1933', in *Wirtschaft und Gesellschaft* 16 (1990), 409-38를 보라. 불가리아와 헝가리에 관해서는 M. C. Kaser and E. A. Radice (eds), *The Economic History of Eastern Europe 1919-1975*, vol. 2: *Interwar Policy, the War and Reconstruction* (Oxford: Clarendon Press, 1986); and Richard J. Crampton, *Eastern Europe in the*

Twentieth Century and After (London and New York: Routledge, 1997)를 보라.

7. 전간기 유럽에서 경제와 정치의 이중 위기에 관해서는 Robert Boyce, *The Great Interwar Crisis and the Collapse of Globalization* (Basingstoke: Palgrave Macmillan, 2009)를 보라.

8. Richard J. Evans, *The Coming of the Third Reich* (London: Penguin, 2004), 232-308.

9. Richard J. Overy, *The Interwar Crisis, 1919-1939* (Harlow: Pearson, 1994), 44ff; 우드로 윌슨의 발언은 1917년 4월 2월 미국 의회에서 한 연설에서 가져온 것이다. http://wwi.lib.byu.edu/index.php/Wilson%27s_War_Message_to_Congress, last accessed 9 January 2016.

10. Dimitrina Petrova, *Aleksandar Tzankov i negovata partia: 1932-1944* (Sofia: Dio Mira, 2011); Georgi Naumov, *Aleksandar Tzankov i Andrey Lyapchev v politikata na darzhavnoto upravlenie* (Sofia: IF 94, 2004).

11. Valentina Zadgorska, *Kragat 'Zveno'(1927-1934)* (Sofia: 'Sv. Kliment Ohridski', 2008), 8.

12. 보리스 3세와 그의 통치에 관해서는 Georgi Andreev, *Koburgite i katastrofite na Bulgaria* (Sofia: Agato, 2005); Nedyu Nedev, *Tsar Boris III: Dvoretsat i tayniyat cabinet* (Plovdiv: IK 'Hermes', 2009); Stefan Gruev, *Korona ot trani* (Sofia: Balgarski pisatel, 2009)를 보라.

13. 이 시기 오스트리아는 Emmerich Tálos, *Das austrofaschistische Herrschaftssystem: Österreich 1933-1938* (Berlin, Münster and Vienna: LIT, 2013); Jill Lewis, 'Austria: Heimwehr, NSDAP and the Christian Social State', in Aristotle A. Kalis (ed.), *The Fascism Reader* (London and New York: Routledge, 2003), 212-22를 보라. 이 시기 폭력에 관해서는 특히 Gerhard Botz: *Gewalt in der Politik: Attentate, Zusammenstöße, Putschversuche, Unruhen in Österreich 1918 bis 1938* (Munich: Fink, 1983)를 보라.

14. Mark Mazower, *Dark Continent: Europe's Twentieth Century* (New York: Vintage Books, 1998), 140-1. Charles S. Maier, *Leviathan 2.0: Inventing Modern Statehood* (Cambridge, MA: Harvard University Press, 2014), 273도 보라.

15. Christoph Kotowski, *Die 'moralische Diktatur' in Polen 1926 bis 1939: Faschismus oder autoritäres Militärregime?* (Munich: Grin, 2011); 그의 페르소나를 둘러싼 숭배 현상은 Heidi Hein-Kircher: *Der Piłsudski-Kult und seine Bedeutung für den polnischen Staat 1926-1939* (Marburg: Herder-Institut, 2001)를 보라.

16. Dmitar Tasić, 'The Assassination of King Alexander: The Swan Song of the Internal Macedonian Revolutionary Organization', in *Donau. Tijdschrift over Zuidost-Europa* (2008), 30-9.

17. Gerhard Botz, 'Gewaltkonjunkturen, Arbeitslosigkeit und gesellschaftliche Krisen: Formen politischer Gewalt und Gewaltstrategien in der ersten Republik', in Helmut Konrad and Wolfgang Maderthaner (eds), *Das Werden der ersten Republik _ der Rest ist Österreich*, vol. 1 (Vienna: Carl Gerold's Sohn, 2008), 229-362, 이 책 341.

18. Archive of Yugoslavia (Belgrade), 37 (Papers of Prime Minister Milan Stojadinović), 22/326. 맥락에 관해서는 Stefan Troebst, *Mussolini, Makedonien und die Mächte 1922-1930. Die 'Innere Makedonische Revolutionäre Organisation', in der Südosteuropapolitik des faschistischen Italien* (Cologne and Vienna: Böhlau, 1987).

19. Filipe de Meneses, *Salazar: A Political Biography* (New York: Enigma Books, 2009).

20. 이 주제에 관한 문헌은 방대하다. 근래의 저작은 Julián Casanova and Martin Douch, *The Spanish Republic and Civil War* (Cambridge and New York: Cambridge University Press, 2010); Nigel Townson, *The Crisis of Democracy in Spain: Centrist Politics under the Second Republic, 1931-*

1936 (Brighton: Sussex University Press, 2000); Helen Graham, *The Spanish Civil War: A Very Short Introduction* (Oxford and New York: Oxford University Press, 2005); Stanley Payne, *Franco and Hitler: Spain, Germany, and World War II* (New Haven, CT, and London: Yale University Press, 2008); Paul Preston, *The Spanish Civil War: Reaction, Revolution, and Revenge* (New York: W. W. Norton and Company, 2006) 등이 있다.

21. Chad Bryant, *Prague in Black: Nazi Rule and Czech Nationalism* (Cambridge, MA: Harvard University Press, 2007).

22. Robert Edwards, *White Death: Russia's War on Finland 1939-40* (London: Weidenfeld and Nicolson, 2006).

23. Andrzej Olechnowicz, 'Liberal Anti-Fascism in the 1930s: The Case of Sir Ernest Barker', in *Albion: A Quarterly Journal Concerned with British Studies* 36 (2004), 636-60, 이 책 643. BUF에 관한 더 일 반적인 논의는 Martin Pugh, *'Hurrah for the Blackshirts!' Fascists and Fascism in Britain between the Wars* (London: Pimlico, 2006)를 보라.

24. Philippe Bernard and Henri Dubief, *The Decline of the Third Republic, 1914-1958* (Cambridge and New York: Cambridge University Press, 1985), 290.

25. Christian Gerlach, *Krieg, Ernährung, Völkermord: Deutsche Vernichtungspolitik im Zweiten Weltkrieg* (Zürich and Munich: Pendo, 1998), 11-53.

26. Jörn Leonhard, *Die Büchse der Pandora: Geschichte des Ersten Weltkriegs* (Munich: C. H. Beck, 2014), 955; David Reynolds, *The Long Shadow: The Great War and the Twentieth Century* (London: Simon and Schuster, 2013).

27. Robert Conquest, *The Great Terror: A Reassessment* (Oxford and New York: Oxford University Press, 1990); Nicolas Werth, 'The NKVD Mass Secret Operation no. 00447 (August 1937-November 1938)', *Online Encyclopedia of Mass Violence*, 2010년 5월 24일 게재, 2016년 1월 22일 접속, http://www.massviolence.org/The-NKVD-Mass-Secret-Operation-no-00447-August-1937.

28. Hans-Christof Kraus, *Versailles und die Folgen: Außenpolitik zwischen Revisionismus und Verständigung 1919-1933* (Berlin: be.bra, 2013), 15-33.

29. Michael Geyer, "'Endkampf'1918 and 1945: German Nationalism, Annihilation, and Self-Destruction', in Richard Bessel, Alf Lüdtke and Bernd Weisbrod (eds), *No Man's Land of Violence: Extreme Wars of the 20th Century* (Göttingen: Wallstein, 2006), 37-67. Ian Kershaw, *The End: The Defiance and Destruction of Hitler's Germany, 1944-1945* (London and New York: Allen Lane, 2011)도 보라.

30. Christopher Duggan, *Fascist Voices: An Intimate History of Mussolini's Italy* (London: The Bodley Head, 2012), 151ff.

31. Christian Gerlach and Götz Aly, *Das letzte Kapitel: Der Mord an den ungarischen Juden 1944-1945* (Frankfurt am Main: Fischer, 2004).

32. 빈에서 유대인의 삶과 반유대주의의 역사에 대한 훌륭한 개관은 Gerhard Botz, Nina Scholz, Michael Pollak and Ivar Oxaal (eds), *Eine zerstörte Kultur. Jüdisches Leben und Antisemitismus in Wien seit dem 19. Jahrhundert* (Vienna: Czernin, 2002)를 보라.

33. Matteo Millan, 'The Institutionalization of Squadrismo: Disciplining Paramilitary Violence in the Fascist Dictatorship', in *Contemporary European History* 22 (2013).

34. 부다페스트 방어에서 프로너이의 역할에 관해서는 Krisztián Ungváry, *A magyar honvédség a második*

világháborúban (Budapest: Osiris Kiadó, 2004), 418-20; Béla Bodó, *Pál Prónay: Paramilitary Violence and Anti-Semitism in Hungary, 1919-1921* (Pittsburgh, PA: University of Pittsburgh Press, 2011).

35. 1930년대에 슈타렘베르크는 유대인 세계 지배 음모에 대한 신화를 '헛소리'로, '과학적' 인종주의를 선 전술의 '거짓말'로 거부했다. Ernst Rüdiger Starhemberg, 'Aufzeichnungen des Fürsten Ernst Rüdiger Starhemberg im Winter 1938/39 in Saint Gervais in Frankreich', in Starhemberg Papers, Oberösterreichisches Landesarchiv Linz.

36. ÖStA, B 1394, Burian Papers, 게슈타포가 작성한 부리안의 파일을 보라.

37. James Bjork and Robert Gerwarth, 'The Annaberg as a German-Polish *lieu de mémoire*', in *German History* 25 (2007), 372-400.

38. Elizabeth Wiskemann, *The Rome-Berlin Axis: A History of the Relations between Hitler and Mussolini* (New York and London: Oxford University Press, 1949), 68. Jens Petersen, *Hitler-Mussolini: Die Entstehung der Achse Berlin-Rom 1933-1936* (Tübingen: De Gruyter Niemeyer, 1973), 60도 보라.

39. Ian Kershaw, *Hitler*, vol. 2: *Nemesis, 1936-1945* (London: Penguin, 2001), 26.

40. Robert Gerwarth, 'The Axis: Germany, Japan and Italy on the Road to War', in Richard J. B. Bosworth and Joe Maiolo (eds), *The Cambridge History of the Second World War*, vol. 2: *Politics and Ideology* (Cambridge and New York: Cambridge University Press, 2015), 21-42.

41. Naoko Shimazu, *Japan, Race and Equality: The Racial Equality Proposal of 1919* (London: Routledge, 1998); Frederick R. Dickinson, 'Commemorating the War in Post-Versailles Japan', in John W. Steinberg, Bruce W. Menning, David Schimmelpenninck van der Oye, David Wolff and Shinji Yokote (eds), *The Russo-Japanese War in Global Perspective: World War Zero* (Leiden and Boston, MA: Brill, 2005), 523-43. Mark Mazower, *Governing the World: The History of an Idea* (London: Penguin, 2013), 252-5; and Frederick R. Dickinson, *War and National Reinvention: Japan in the Great War, 1914-1919* (Cambridge, MA, and London: Harvard University Press, 1999).

42. 추축국에 관해서는 Shelley Baranowski, 'Making the Nation: Axis Imperialism in the Second World War', in Nicholas Doumanis, *The Oxford Handbook of Europe 1914-1945* (Oxford and New York: Oxford University Press, 2016); MacGregor Knox, *Common Destiny: Dictatorship, Foreign Policy, and War in Fascist Italy and Nazi Germany* (Cambridge and New York: Cambridge University Press, 2000); Lutz Klinkhammer, Amedeo Osto Guerrazzi, and Thomas Schlemmer (eds), *Die 'Achse'im Krieg: Politik, Ideologie und Kriegführung 1939-1945* (Paderborn, Munich, Vienna, and Zurich: Schöningh, 2010).

43. Knox, *Common Destiny*, 124.

44. Marshall Lee Miller, *Bulgaria during the Second World War* (Stanford, CA: Stanford University Press, 1975).

45. 독일의 경우는 Mark Mazower, *Hitler's Empire: How the Nazis Ruled Europe* (New York and London: Allen Lane, 2008).

46. Timothy Snyder, *Bloodlands: Europe between Hitler and Stalin* (New York: Basic Books, 2010).

47. Rana Mitter, *China's War with Japan, 1937-1945: The Struggle for Survival* (London: Allen Lane, 2014); Edward L. Dreyer, *China at War, 1901-1949* (London: Longman, 1995); Louise Young, *Japan's Total Empire: Manchuria and the Culture of Wartime Imperialism* (Berkeley, CA: University

of California Press, 1998); Prasenjit Duara, *Sovereignty and Authenticity: Manchukuo and the East Asian Modern* (Lanham, MD: Rowman and Littlefield, 2003). 만주국에 관해서는 Yoshihisa Tak Matsusaka, *The Making of Japanese Manchuria, 1904-1932* (Cambridge, MA: Harvard University Press, 2001)를 보라.

48. Dennis Mack Smith, *Mussolini's Roman Empire* (London: Longman, 1976). 이 시기 국제 정치는 Zara Steiner, *The Triumph of the Dark: European International History, 1933-1939* (Oxford and New York: Oxford University Press, 2011); Anthony D'Agostino, *The Rise of Global Powers: International Politics in the Era of the World Wars* (Cambridge: Cambridge University Press, 2012), 295-302를 보라.

49. Alberto Sbacchi, *Ethiopia under Mussolini: Fascism and the Colonial Experience* (London: Zed Books, 1985); Angelo Del Boca, *The Ethiopian War 1935-1941* (Chicago, IL: University of Chicago Press, 1969); David Nicolle, *The Italian Invasion of Abyssinia 1935-1936* (Westminster, MD: Osprey, 1997); George W. Baer, *The Coming of the Italo-Ethiopian War* (Cambridge, MA: Harvard University Press, 1967); idem, *Test Case: Italy, Ethiopia and the League of Nations* (Stanford, CA: Hoover Institution Press, 1976); H. James Burgwyn, *Italian Foreign Policy in the Interwar Period 1918-1940* (Westport, CT: Praeger, 1997).

50. Knox, *Common Destiny*; Davide Rodogno, *Fascism's European Empire Italian Occupation during the Second World War* (Cambridge: Cambridge University Press, 2008); Gustavo Corni, 'Impero e spazio vitale nella visione e nella prassi delle dittature (1919-1945)', in *Ricerche di Storia Politica* 3 (2006), 345-57; Aristotle Kallis, *Fascist Ideology: Territory and Expansionism in Italy and Germany, 1922-1945* (London: Routledge, 2000).

51. Philipp Ther, 'Deutsche Geschichte als imperiale Geschichte: Polen, slawophone Minderheiten und das Kaiserreich als kontinentales Empire', in Sebastian Conrad und Jürgen Osterhammel (eds), *Das Kaiserreich transnational: Deutschland in der Welt 1871-1914* (Göttingen: Vandenhoeck and Ruprecht, 2004), 129-48.

52. Vejas Gabriel Liulevicius, *War Land on the Eastern Front: Culture, National Identity and German Occupation in World War I* (Cambridge and New York: Cambridge University Press, 2000); Gregor Thum (ed.), *Traumland Osten: Deutsche Bilder vom östlichen Europa im 20. Jahrhundert* (Göttingen: Vandenhoeck and Ruprecht, 2006).

53. Peter Duus, Ramon H. Myers and Mark R. Peattie, *The Japanese Wartime Empire, 1931-1945* (Princeton, NJ: Princeton University Press, 1996). 한국에 대해서는 Alexis Dudden, *Japan's Colonization of Korea: Discourse and Power* (Honolulu: University of Hawai'i Press, 2005).

54. Paul Brooker, *The Faces of Fraternalism: Nazi Germany, Fascist Italy, and Imperial Japan* (Oxford and New York: Oxford University Press, 1991). 일본의 인종주의에 관해서는 John Dower, *War Without Mercy: Race and Power in the Pacific War* (New York: Pantheon, 1986)를 보라.

55. Steiner, *The Lights that Failed*, 특히 5장 (The Primacy of Nationalism: Reconstruction in Eastern and Central Europe)을 보라.

56. Terry Martin, *The Affirmative Action Empire: Nations and Nationalism in the Soviet Union, 1923-1939* (Ithaca, NY: Cornell University Press, 2001).

57. Joshua Sanborn, *Imperial Apocalypse: The Great War and the Destruction of the Russian Empire* (Oxford and New York: Oxford University Press, 2014).

58. Benito Mussolini, *Opera omnia*, vol. 29 (Florence: La Fenice, 1955-9), 249-50.

59. 위의 책, 404.

60. 만네르하임의 발언은 Eyal Lewin, *National Resilience during War: Refining the Decision-Making Model* (Lanham, MD, Boulder, CO, and New York: Lexington Books, 2012), 166에서 인용. 만네르하임의 삶과 경력에 관해서는 Stig Jägerskiöld, *Mannerheim: Marshal of Finland* (London: Hurst, 1986)를 보라.

61. Erez Manela, *The Wilsonian Moment: Self-Determination and the International Origins of Anticolonial Nationalism* (Oxford and New York: Oxford University Press, 2007); Robert Gerwarth and Erez Manela (eds), *Empires at War, 1911–1923* (Oxford and New York: Oxford University Press, 2014).

참고
문헌

아카이브

오스트리아
Oberöosterreichisches Landesarchiv (Linz)
Österreichisches Staatsarchiv, Kriegsarchiv (Vienna)

불가리아
Archive of the Regional History Museum, Pazardjik (Pazardjik)
Bulgarian State Archives (Sofia)
National Library 'Cyril and Methodius' (Sofia)

독일
Bundesarchiv (Berlin)
Bundesarchiv (Koblenz)
Bundesarchiv- Militäararchiv (Freiburg)
Herder Institut (Marburg)
Institut füur Zeitgeschichte (Munich)
Staatsarchiv Freiburg (Freiburg)

헝가리
Hungarian Military Archive (Budapest)
Hungarian National Archives (Budapest)

세르비아
Archive of Yugoslavia (Belgrade)

네덜란드
Netherlands Institute for War, Holocaust and Genocide Studies (Amsterdam)

영국
Imperial War Museum (London)
The National Archives (London)

미국

National Archives and Record Administration (NARA)

신문과 정기간행물

Berliner Tageblatt, Daily Mail, Illustrated Sunday Herald, Innsbrucker Nachrichten, Il Popolo d'Italia, Münchner Neueste Nachrichten, Neue Tiroler Stimmen, Neues Wiener Tagblatt, Die Rote Fahne, Tagespost (Graz), *Vöoröos ÚUjsáag, Toronto Star, Vorwärts*

1차 문헌

* *A Brief Record of the Advance of the Egyptian Expeditionary Force under the Command of General Sir Edmund H. H. Allenby, G.C.B., G.C.M.G. July 1917 to October 1918* (London: His Majesty's Stationery Office, 1919).
* Almond, Nina, and Ralph Haswell Lutz (eds), *The Treaty of St. Germain: A Documentary History of its Territorial and Political Clauses* (Stanford, CA: Stanford University Press, 1935).
* Balla, Erich, *Landsknechte wurden wir: Abenteuer aus dem Baltikum* (Berlin: W. Kolk, 1932).
* Bánffy, Miklós, *The Phoenix Land: The Memoirs of Count Miklós Bánffy* (London: Arcadia Books, 2003).
* Beschloss, Michael (ed.), *Our Documents: 100 Milestone Documents from the National Archives* (Oxford and New York: Oxford University Press, 2006).
* Bischoff, Josef, *Die letzte Front: Geschichte der Eisernen Division im Baltikum 1919* (Berlin: Buch- und Tiefdruck Gesellschaft, 1935).
* Bizony, Ladislaus, *133 Tage Ungarischer Bolschewismus. Die Herrschaft Béla Kuns und Tibor Szamuellys: Die Blutigen Ereignisse in Ungarn* (Leipzig and Vienna: Waldheim-Eberle, 1920).
* Böhm, Wilhelm, *Im Kreuzfeuer zweier Revolutionen* (Munich: Verlag für Kulturpolitik, 1924).
* Brandl, Franz, *Kaiser, Politiker, und Menschen: Erinnerungen eines Wiener Polizeipräsidenten* (Vienna and Leipzig: Günther, 1936).
* British Joint Labour Delegation to Hungary, *Report of the British Joint Labour Delegation to Hungary* (London: Trades Union Congress and Labour Party, 1920).
* Browder, Robert Paul, and Alexander F. Kerensky (eds), *The Russian Provisional Government 1917: Documents*, 3 vols (Stanford, CA: Stanford University Press, 1961).
* Buchan, John, *The Three Hostages* (London: Nelson, 1948).
* Bülow, Bernhard von, *Denkwürdigkeiten* (Berlin: Ullstein, 1931).
* Carnegie Endowment for International Peace (ed.), *Report of the International Commission to Inquire into the Causes and Conduct of the Balkan Wars* (reprint, Washington DC: Carnegie, 2014).
* Chekhov, Anton, *The Cherry Orchard, in idem, Four Great Plays by Anton Chekhov*, trans. Constance Garnet (New York: Bantam Books, 1958).
* Committee of the Jewish Delegations, *The Pogroms in the Ukraine under the Ukrainian Governments (1917-1920)*, ed. I. B. Schlechtmann (London: Bale, 1927).
* Croce, Benedetto, *Carteggio con Vossler (1899-1949)* (Bari: Laterza, 1951).
* Deuerlein, Ernst (ed.), *Der Hitler-Putsch: Bayerische Dokumente zum 8./9. November 1923* (Stuttgart: DVA, 1962).

- Fey, Emil, *Schwertbrüuder des Deutschen Ordens* (Vienna: Lichtner, 1937).
- Genov, Georgi P., *Bulgaria and the Treaty of Neuilly* (Sofia: H. G. Danov and Co., 1935).
- Glaise-Horstenau, Edmund, *The Collapse of the Austro-Hungarian Empire* (London and Toronto: J. M. Dent, 1930).
- Goltz, Rüdiger von der, *Meine Sendung in Finnland und im Baltikum* (Leipzig: Koehler, 1920).
- Gontaut-Biron, Roger, Comte de, *Comment la France s'est installéee en Syrie, 1918-1919* (Paris: Plon, 1922).
- Gorky, Maxim, 'On the Russian Peasantry', 16-18, in Robert E. F. Smith (ed.), *The Russian Peasant, 1920 and 1984* (London: Routledge, 1977), 11-27.
- Habrman, Gustav, *Mé vzpomíinky z války* (Prague: Svěcený1928).
- Halmi, Josef, 'Akten über die Pogrome in Ungarn', in Jakob Krausz, *Martyrium. Ein jüisches Jahrbuch* (Vienna: self-published, 1922), 59-66.
- Hampe, Karl, *Kriegstagebuch 1914-1919*, ed. Folker Reichert and Eike Wolgast, 2nd edition (Munich: Oldenbourg, 2007).
- Heifetz, Elias, *The Slaughter of the Jews in the Ukraine in 1919* (New York: Thomas Seltzer, 1921).
- Hemingway, Ernest, *In Our Time* (New York: Boni and Liveright, 1925).
- Heydrich, Lina, *Leben mit einem Kriegsverbrecher* (Pfaffenhofen: Ludwig, 1976).
- Höss, Rudolf, *Death Dealer: The Memoirs of the SS Kommandant at Auschwitz*, ed. Steven Paskuly (Buffalo, NY: Prometheus Books, 1992).
- Jünger, Ernst, *In Stahlgewittern: Ein Kriegstagebuch*, 24th edition (Berlin: Mittler 1942).
- Jünger, Ernst, *Kriegstagebuch 1914-1918*, ed. Helmuth Kiesel (Stuttgart: Klett-Cotta, 2010).
- Kerr, Stanley E., *The Lions of Marash: Personal Experiences with American Near East Relief, 1919-1922* (Albany, NY: State University of New York Press, 1973).
- Kesyakov, Bogdan, *Prinos kym diplomaticheskata istoriya na Bulgaria (1918-1925): Dogovori, konventsii, spogodbi, protokoli i drugi syglashenia i diplomaticheski aktove s kratki belejki* (Sofia: Rodopi, 1925).
- Kessler, Harry Graf, *Das Tagebuch 1880-1937*, eds Roland Kamzelak and Günter Riederer, vols 5-7 (Stuttgart: Klett-Cotta, 2006-8).
- Keynes, John Maynard, *The Economic Consequences of the Peace* (London: Macmillan, 1919).
- Killinger, Manfred von, *Der Klabautermann: Eine Lebensgeschichte*, 3rd edition (Munich: Eher, 1936).
- Klemperer, Victor, *Man möchte immer weinen und lachen in einem: Revolutionstagebuch 1919* (Berlin: Aufbau, 2015).
- Knaus, Siegmund, *Darstellungen aus den Nachkriegskämpfen deutscher Truppen und Freikorps*, vols 7 and 8 (Berlin: Mittler and Sohn, 1941-2).
- Könnemann, Erwin, and Gerhard Schulze (eds), *Der Kapp-Lüttwitz-Luden-dorf-Putsch: Dokumente* (Munich: Olzog, 2002).
- Kozma, Miklós, *Az összeomlás 1918-1919* (Budapest: Athenaeum, 1933).
- Kozma, Miklós, *Makensens Ungarische Husaren: Tagebuch eines Frontoffiziers, 1914-1918* (Berlin and Vienna: Verlag für Kulturpolitik, 1933).
- Krauss, Alfred, *Unser Deutschtum!* (Salzburg: Eitel, 1921).

- Krausz, Jakob (ed.), *Martyrium: ein jüdisches Jahrbuch* (Vienna: self-published, 1922).
- Kühlmann, Richard von, *Erinnerungen* (Heidelberg: Schneider, 1948).
- Lenin, Vladimir Ilyich, *Collected Works*, 45 vols, 4th English edition (Moscow: Progress Publishers, 1964–74).
- Liebknecht, Karl, *Ausgewälte Reden, Briefe und Aufsätze* (East Berlin: Dietz, 1952).
- Lloyd George, David, *The Truth About the Peace Treaties*, 2 vols (London: Gollancz, 1938).
- Lord, Robert Howard, 'Poland', in Edward M. House and Charles Seymour (eds), *What Really Happened at Paris: The Story of the Peace Conference by American Delegates* (London: Hodder and Stoughton, 1921), 67–86.
- Luxemburg, Rosa, *Gesammelte Werke*, vol. 4: August 1914–Januar 1919 (East Berlin: Dietz, 1974).
- Luxemburg, Rosa, *Politische Schriften*, ed. Ossip K. Flechtheim, vol. 3 (Frankfurt am Main: Europäische Verlags-Anstalt, 1975).
- Mann, Thomas, *Thomas Mann: Tagebüher 1918-1921*, ed. Peter de Mendelsohn (Frankfurt am Main: S. Fischer, 1979).
- Michaelis, Herbert, Ernst Schraepler and Güter Scheel (eds), *Ursachen und Folgen*, vol. 2: *Der militärische Zusammenbruch und das Ende des Kaiserreichs* (Berlin: Verlag Herbert Wendler, 1959).
- Müller, Georg Alexander von, *The Kaiser and His Court: The Diaries, Notebooks, and Letters of Admiral Alexander von Müler* (London: Macdonald, 1961).
- Nicolson, Harold, *Peacemaking, 1919* (London: Grosset and Dunlap, 1933).
- Nowak, Karl Friedrich (ed.), *Die Aufzeichnungen des Generalmajors Max Hoffmann*, 2 vols (Berlin: Verlag für Kulturpolitik, 1929).
- Pavelić, *Ante, Doživljaji, reprint* (Zagreb: Naklada Starčević, 1996).
- Philipp, Albrecht (ed.), *Die Ursachen des Deutschen Zusammenbruches im Jahre 1918. Zweite Abteilung: Der innere Zusammenbruch*, vol. 6 (Berlin: Deutsche Verlagsgesellschaft für Politik, 1928).
- Piazzesi, Mario, *Diario di uno Squadrista Toscano: 1919-1922* (Rome: Bonacci, 1981).
- Pogány, Josef, *Der Weiße Terror in Ungarn* (Vienna: Neue Erde, 1920).
- Potter Webb, Beatrice, *Diaries 1912-1924*, ed. Margaret Cole (London: Longmans, Green and Company, 1952).
- Pranckh, Hans von, *Der Prozeß gegen den Grafen Anton Arco-Valley, der den bayerischen Ministerpräidenten Kurt Eisner erschossen hat* (Munich: Lehmann, 1920).
- Prónay, Pál, *A hatában a halál kaszál: fejezetek Prónay Pál feljegyzéseiből*, eds Ágnes Szabó and Ervin Pamlényi (Budapest: Kossuth, 1963).
- *Report of the International Commission to Inquire into the Causes and Conduct of the Balkan Wars* (Washington, DC: Carnegie Endowment for International Peace, 1914).
- Roth, Joseph, *Das Spinnennetz* (Cologne and Berlin: Kiepenheuer and Witsch, 1967).
- Roth, Joseph, *The Radetzky March* (New York: Viking Press, 1933).
- Salomon, Ernst von, *Die Geächteten* (Berlin: Rowohlt, 1923).
- *Sammlung der Drucksachen der Verfassunggebenden Preußischen Landesversammlung, Tagung 1919/21*, vol. 15 (Berlin: Preußische Verlagsanstalt, 1921).
- Thaer, Albrecht von, *Generalstabsdienst an der Front und in der OHL: Aus Briefen und*

Tagebuchaufzeichnungen, 1915-1919 (Göttingen: Vandenhoeck and Ruprecht, 1958).

- Toller, Ernst, *I Was a German: The Autobiography of Ernst Toller* (New York: Paragon House, 1934).
- 'Treaty of Peace between the United States of America, the British Empire, France, Italy, and Japan and Poland', in *American Journal of International Law* 13, Supplement, Official Documents(1919), 423-40.
- Trotsky, Leon, *My Life: The Rise and Fall of a Dictator* (New York and London: Butterworth, 1930).
- 'Turquie: Convention d'armistice 30 Octobre 1918', *Guerre Européenne: Documents 1918: Conventions d'armistice passées avec la Turquie, la Bulgarie, l'Autriche-Hongrie et l'Allemagne par les puissances Alliées et associées* (Paris: Ministère des Affaires Étrangères, 1919).
- Ulrich, Bernd, and Benjamin Ziemann (eds), *Frontalltag im Ersten Weltkrieg: Wahn und Wirklichkeit. Quellen und Dokumente* (Frankfurt am Main: Fischer, 1994).
- *Verhandlungen der verfassunggebenden Deutschen Nationalversammlung. Stenographische Berichte, vol. 327* (Berlin: Norddeutsche Buchdruckerei u. Verlagsanstalt, 1920).
- Wilson, Francesca M., *Rebel Daughter of a Country House: The Life of Eglantyne Jebb, Founder of the Save the Children Fund* (Boston, MA, and London: Allen and Unwin, 1967).
- Woodrow Wilson's speech to the US Congress on 2 April 1917: http://wwi. lib.byu.edu/index.php/ Wilson%27s_War_Message_to_Congress.
- Yourcenar, Marguerite, *Le Coup de grâce* (Paris: Éditions Gallimard, 1939).
- Zweig, Arnold, *Das ostjüdische Antlitz* (Berlin: Welt Verlag, 1920).

2차 문헌

- Ablovatski, Eliza, '"Cleansing the Red Nest': Counter-Revolution and White Terror in Munich and Budapest', 1919, unpublished PhD Dissertation, New York, 2004.
- Ablovatski, Eliza, 'The 1919 Central European Revolutions and the Judeo-Bolshevik Myth', in *European Review of History* 17 (2010), 473-89.
- Achladi, Evangelia, 'De la guerre à l'administration grecque: la fin de la Smyrne cosmopolite', in Marie-Carmen Smyrnelis (ed.), *Smyrne, la ville oubliée? 1830-1930: Mémoires d'un grand port ottoman* (Paris: Éditions Autrement, 2006), 180-95.
- Ackerl, Isabella, and Rudolf Neck (eds), *Saint-Germain 1919: Protokoll des Symposiums am 29. und 30. Mai 1979 in Wien* (Vienna: Verlag für Geschichte und Politik, 1989).
- Adamets, Serguei, *Guerre civile et famine en Russie: Le pouvoir bolchevique et la population face à la catastrophe démographique, 1917-1923* (Paris: Institut d'études slaves, 2003).
- Adams, Matthew Lloyd, 'When Cadillacs Crossed Poland: The American Relief Administration in Poland, 1919-1922', unpublished PhD thesis, Armstrong Atlantic State University, 2005.
- Adriányi, Gabriel, *Fünfzig Jahre Ungarische Kirchengeschichte, 1895-1945* (Mainz: v. Hase and Koehler Verlag, 1974).
- Aizpuru, Mikel, 'La expulsión de refugiados extranjeros desde España en 1919: exiliados rusos y de otros pasíes', in *Migraciones y Exilios* 11 (2010), 107-26.
- Aksakal, Mustafa, *The Ottoman Road to War in 1914: The Ottoman Empire and the First World War* (Cambridge and New York: Cambridge University Press, 2008).
- Aksakal, Mustafa, 'The Ottoman Empire', in Gerwarth and Manela (eds), *Empires at War*, 17-33.

- Aksakal, Mustafa, 'The Ottoman Empire', in Jay Winter (ed.), *Cambridge History of the First World War*, vol. 1 (Cambridge: Cambridge University Press, 2014), 459–78.
- Alapuro, Risto, *State and Revolution in Finland* (Berkeley, CA: University of California Press, 1988).
- Albanese, Giulia, *La marcia su Roma* (Rome and Bari: Laterza, 2006).
- Alder, Douglas D., 'Friedrich Adler: Evolution of a Revolutionary', in *German Studies Review* 1 (1978), 260–84.
- Aleshin, D. D., 'Aziatskaya Odisseya', in Sergej L. Kuz'min (ed.), *Baron Ungern v dokumentach i memuarach* (Moscow: Tovariščestvo Naučnych Izd. KMK, 2004).
- Allamani, Efi, and Christa Panagiotopoulou, 'I Ellada sti Mikra Asia', in *Istoria tou ellinikou ethnous* (Athens: Ekdotiki Athinon, 1978), vol. 15, 118–32.
- Allawi, Ali A., *Faisal I of Iraq* (New Haven, CT, and London: Yale University Press, 2014).
- Alpern Engel, Barbara, 'Not by Bread Alone: Subsistence Riots in Russia during World War I', in *Journal of Modern History*, 69 (1997), 696–721.
- Altrichter, Helmut, *Rußland 1917: Ein Land auf der Suche nach sich selbst* (Paderborn: Schöningh, 1997).
- Andelman, David A., *A Shattered Peace: Versailles 1919 and the Price We Pay Today* (Hoboken, NJ: Wiley, 2008).
- Anderson, David M., and David Killingray (eds), *Policing and Decolonisation: Politics, Nationalism and the Police, 1917–1965* (Manchester: Manchester University Press, 1992).
- Anderson, Scott, *Lawrence in Arabia: War, Deceit, Imperial Folly and the Making of the Modern Middle East* (New York: Doubleday, 2013).
- Andreev, Georgi, *Koburgite i katastrofite na Bulgaria* (Sofia: Agato, 2005).
- Andreyev, Catherine, and Ivan Savicky, *Russia Abroad: Prague and the Russian Diaspora 1918–1938* (New Haven, CT, and London: Yale University Press, 2004).
- Anichkov, Vladimir Petrovich, *Ekaterinburg–Vladivostok 1917–1922* (Moscow: Russkiĭ put´, 1998).
- Apostolopoulos, F. D. (ed.), *Exodos*, vol. 1 (Athens: Centre for Asia Minor Studies, 1980).
- Aquarone, Alberto, 'Violenza e consenso nel fascismo Italiano', in *Storia contemporanea* 10 (1979), 145–55.
- Arendt, Hannah, *The Origins of Totalitarianism* (New York: Harcourt, Brace and Company, 1951).
- Arens, Olavi, 'The Estonian Question at Brest-Litovsk', in *Journal of Baltic Studies* 25 (1994), 305–30.
- Ascher, Harvey, 'The Kornilov Affair: A Reinterpretation', in *Russian Review* 29 (1970), 286–300.
- Aschheim, Steven E., *Brothers and Strangers: The East European Jew in German and German-Jewish Consciousness, 1800–1923* (Madison, WI, and London: University of Wisconsin Press, 1982).
- Audoin-Rouzeau, Stéphane, and Christophe Prochasson (eds), *Sortir de la Grande Guerre: Le monde et l'après-1918* (Paris: Tallandier, 2008).
- Audoin-Rouzeau, Stéphane, and Jean-Jacques Becker (eds), *La prima guerra mondiale*, vols 1 and 2 (Turin: Einaudi, 2007).
- Audoin-Rouzeau, Stéphane, 'Die Delegation der "Gueules cassées" in Versailles am 28. Juni 1919', in Gerd Krumeich et al. (eds), *Versailles 1919: Ziele, Wirkung, Wahrnehmung* (Essen: Klartext Verlag, 2001), 280–7.
- Audoin-Rouzeau, Stéphane, Annette Becker and Leonard V. Smith, *France and the Great War,*

1914-1918 (Cambridge and New York: Cambridge University Press, 2003).

- Aves, Jonathan, *Workers against Lenin: Labour Protest and Bolshevik Dictatorship* (London: I. B. Tauris, 1996).
- Avilés Farré, Juan, *La fe que vino de Rusia. La revolución bolchevique y los españles (1917-1931)* (Madrid: Biblioteca Nueva, 2009).
- Azmanov, Dimitar, and Rumen Lechev, 'Probivatna Dobropoleprezsptemvri 1918 godina', in *Voennoistoricheskisbornik* 67 (1998), 154-75.
- Baberowski, Jörg, *Der Feind ist überall: Stalinismus im Kaukasus* (Munich: Deutsche Verlags-Anstalt, 2003).
- Baer, George W., *Test Case: Italy, Ethiopia and the League of Nations* (Stanford, CA: Hoover Institution Press, 1976).
- Baer, George W., *The Coming of the Italo-Ethiopian War* (Cambridge, MA: Harvard University Press, 1967).
- Balbirnie, Steven, 'British Imperialism in the Arctic: The British Occupation of Archangel and Murmansk, 1918-1919', unpublished PhD thesis, University College Dublin, 2015.
- Balkelis, Tomas, 'Turning Citizens into Soldiers: Baltic Paramilitary Movements after the Great War', in Gerwarth and Horne (eds), *War in Peace*, 126-44.
- Ball, Alan, 'Building a New State and Society: NEP, 1921-1928', in Ronald Grigor Suny (ed.), *The Cambridge History of Russia*, vol. 3 (Cambridge: Cambridge University Press, 2006), 168-91.
- Ballabás, Dániel, *Trianon 90 év távlatából: Konferenciák, műhelybeszélgetések* (Eger: Líceum Kiadó2011).
- Baranowski, Shelley, 'Making the Nation: Axis Imperialism in the Second World War', in Nicholas Doumanis, *The Oxford Handbook of Europe 1914-1945* (Oxford and New York: Oxford University Press, 2016).
- Barbagallo, Francesco, *Francesco Saverio Nitti* (Turin: Utet, 1994).
- Barkey, Karen, and Mark von Hagen (eds), *After Empires: Multiethnic Societies and Nation-Building: The Soviet Union, and the Russian, Ottoman, and Habsburg Empires* (Boulder, CO: Westview Press, 1997).
- Barkmann, Udo B., *Geschichte der Mongolei oder Die 'Mongolische Frage': Die Mongolen auf ihrem Weg zum eigenen Nationalstaat* (Bonn: Bouvier Verlag, 1999).
- Baron, Nick, and Peter Gatrell, 'Population Displacement, State-Building and Social Identity in the Lands of the Former Russian Empire, 1917-1923', in *Kritika: Explorations in Russian and Eurasian History* 4 (2003), 51-100.
- Barth, Boris, *Dolchstoßlegenden und politische Disintegration: Das Trauma der deutschen Niederlage im Ersten Weltkrieg* (Düsseldorf: Droste, 2003).
- Batowski, Henryk, 'Nationale Konflikte bei der Entstehung der Nachfolgestaaten', in Richard Georg Plaschka and Karlheinz Mack (eds), *Die Auflösung des Habsburgerreiches: Zusammenbruch und Neuorientierung im Donauraum* (Munich: Oldenbourg, 1970), 338-49.
- Baudis, Dieter, and Hermann Roth, 'Berliner Opfer der Novemberrevolution 1918/19', in *Jahrbuch für Wirtschaftsgeschichte* (1968), 73-149.
- Bauer, Frieder, and Jörg Vögele, 'Die "Spanische Grippe" in der deutschen Armee 1918: Perspektive

왜 제1차 세계대전은 끝나지 않았는가

der Ärzte und Generäle', in *Medizinhistorisches Journal* 48 (2013), 117–52.

- Bauer, Otto, *Die österreichische Revolution* (Vienna: Wiener Volksbuchhandlung, 1923).
- Baumgart, Winfried, *Deutsche Ostpolitik 1918: Von Brest-Litovsk bis zum Ende des Ersten Weltkriegs* (Vienna and Munich: Oldenbourg, 1966).
- Becker, Seymour, *Nobility and Privilege in Late Imperial Russia* (DeKalb, IL: Northern Illinois Press, 1985).
- Becker, Winfried, *Frederic von Rosenberg (1874-1937): Diplomat vom späten Kaiserreich bis zum Dritten Reich, Außenminister der Weimarer Republik* (Göttingen: Vandenhoeck and Ruprecht, 2011).
- Bell, John D., *Peasants in Power: Alexander Stamboliski and the Bulgarian Agrarian National Union 1899-1923* (Princeton, NJ: Princeton University Press, 1977).
- Beller, Steven, *A Concise History of Austria* (Cambridge: Cambridge University Press, 2006).
- Ben-Ami, Shlomo, *Fascism from Above: The Dictatorship of Primo de Rivera in Spain 1923-1930* (Oxford: Clarendon Press, 1983).
- Berend, Ivan T., *Decades of Crisis: Central and Eastern Europe before World War II* (Berkeley, CA: University of California Press, 1998).
- Bergien, Rüdiger, *Die bellizistische Republik: Wehrkonsens und Wehrhaftmachung in Deutschland, 1918-1933* (Munich: Oldenbourg, 2012).
- Bergien, Rüdiger, 'Republikschüzer oder Terroristen? Die Freikorpsbewegung in Deutschland nach dem Ersten Weltkrieg', in *Militärgeschichte* (2008), 14–17.
- Berlin, Jon Dale, 'The Burgenland Question 1918-1920: From the Collapse of Austria-Hungary to the Treaty of Trianon', unpublished PhD dissertation, Madison, WI, 1974.
- Bernard, Philippe, and Henri Dubief, *The Decline of the Third Republic, 1914-1958* (Cambridge and New York: Cambridge University Press, 1985).
- Bernstein, Eduard, *Die deutsche Revolution*, vol. 1: *Ihr Ursprung, ihr Verlauf und ihr Werk* (Berlin: Verlag Gesellschaft und Erziehung, 1921).
- Bessel, Richard, *Germany after the First World War* (Oxford: Clarendon Press, 1993).
- Bessel, Richard, 'Revolution', in Jay Winter (ed.), *The Cambridge History of the First World War*, vol. 2 (Cambridge and New York: Cambridge University Press, 2014), 126–44.
- Beyrau, Dietrich, 'Brutalization Revisited: The Case of Bolshevik Russia', in *Journal of Contemporary History* 50 (2015), 15–37.
- Beyrau, Dietrich, 'Post-War Societies (Russian Empire)', in *1914-1918 online. International Encyclopedia of the First World War*.
- Beyrau, Dietrich, and Pavel P. Shcherbinin, 'Alles für die Front: Russland im Krieg 1914-1922', in Horst Bauerkämper and Elise Julien (eds), *Durchhalten! Krieg und Gesellschaft im Vergleich 1914-1918* (Göttingen: Vandenhoeck and Ruprecht, 2010), 151–77.
- Bianchi, Roberto, *Pace, pane, terra. Il 1919 in Italia* (Rome: Odradek, 2006).
- Bigler, Robert M., 'Heil Hitler and Heil Horthy! The Nature of Hungarian Racist Nationalism and its Impact on German-Hungarian Relations 1919-1945', in *East European Quarterly* 8 (1974), 251–72.
- Bihari, Péter, *Lövészárkok a hátországban. Középosztály, zsidókérdés, Antiszemitizmus az első vilagháorú Magyarországán* (Budapest: NapvilágKiadó2008).

- Bihl, Wolfdieter, *Öterreich-Ungarn und die Friedensschlüse von Brest-Litovsk* (Vienna, Cologne and Graz: Böhlau, 1970).
- Bilyarski, Tsocho, *BZNS, Aleksandar Stambolijski i VMRO: nepoznatata voyna* (Sofia: Aniko, 2009).
- Bilyarski, Tsocho, and Nikola Grigorov (eds), *Nyoiskiyat pogrom i terorat na bulgarite: Sbornik dokumenti i materiali* (Sofia: Aniko, 2009).
- Bischof, Günther, Fritz Plasser and Peter Berger (eds), *From Empire to Republic: Post-World War I Austria* (Innsbruck: Innsbruck University Press, 2010).
- Bjelajac, Mile, *Vojska Kraljevine Srba, Hrvata i Slovenaca 1918-1921* (Belgrade: Narodna knjiga, 1988).
- Bjelajac, Mile, '1918: oslobođenje ili okupacija nesrpskih krajeva?', in Milan Terzić, *Prvi svetski rat i Balkan-90 godina* (Belgrade: Institut za strategijska istraživanja, 2010), 201-23.
- Bjork, James E., *Neither German Nor Pole: Catholicism and National Indifference in a Central European Borderland, 1890-1922* (Ann Arbor, MI: University of Michigan Press, 2008).
- Bjork, James E., and Robert Gerwarth, 'The Annaberg as a German-Polish lieu de mémoire', in *German History* 25 (2007), 372-400.
- Blackbourn, David, and Geoff Eley, *The Peculiarities of German History: Bourgeois Society and Politics in Nineteenth-Century Germany* (Oxford and New York: Oxford University Press, 1984).
- Blanke, Richard, *Orphans of Versailles: The Germans in Western Poland, 1918-1939* (Lexington, KY: University Press of Kentucky, 1993).
- Bloxham, Donald, 'The First World War and the Development of the Armenian Genocide', in Ronald Grigor Suny, Fatma Müge Göçek and Norman M. Naimark (eds), *A Question of Genocide: Armenians and Turks at the End of the Ottoman Empire* (Oxford and New York: Oxford University Press, 2011), 260-75.
- Bodó Béa, *Pál Prónay: Paramilitary Violence and Anti-Semitism in Hungary, 1919-1921* (Pittsburgh, PA: University of Pittsburgh Press, 2011).
- Bodó Béla, '"White Terror", the Hungarian Press and the Evolution of Hungarian Anti-Semitism after World War I', in *Yad Vashem Studies* 34 (2006), 45-86.
- Bodó Béla, 'The White Terror in Hungary, 1919-21: The Social Worlds of Paramilitary Groups', in *Austrian History Yearbook* 42 (2011), 133-63.
- Boemeke, Manfred F., 'Woodrow Wilson's Image of Germany, the War-Guilt Question and the Treaty of Versailles', in idem, Gerald D. Feldman and Elisabeth Glaser (eds), *The Treaty of Versailles: A Reassessment after 75 Years* (Cambridge and New York: Cambridge University Press, 1998), 603-14.
- Boemeke, Manfred F., Gerald D. Feldman and Elisabeth Glaser (eds), *The Treaty of Versailles: A Reassessment after 75 years* (Cambridge and New York: Cambridge University Press, 1998).
- Bogdanov, K., *Admiral Kolchak: Biograficheskaia povest-khronika* (St Petersburg: Sudostroenie, 1993).
- Böhler, Jochen, 'Enduring Violence: The Post-War Struggles in East-Central Europe 1917-1921', in *Journal of Contemporary History* 50 (2015), 58-77.
- Böhler, Jochen, 'Generals and Warlords, Revolutionaries and Nation State Builders: The First World War and its Aftermath in Central and Eastern Europe', in idem, Wlodzimierz Borodziej and Joachim

von Puttkamer (eds), *Legacies of Violence: Eastern Europe's First World War* (Munich: Oldenbourg, 2014), 51-66.

- Borodziej, Włodzimierz, *Geschichte Polens im 20. Jahrhundert* (Munich: C. H. Beck, 2010).
- Borowsky, Peter, 'Germany's Ukrainian Policy during World War I and the Revolution of 1918-19', in Hans-Joachim Torke and John-Paul Himka (eds), *German-Ukrainian Relations in Historical Perspective* (Edmonton: Canadian Institute of Ukrainian Studies, 1994), 84-94.
- Borsányi, György, *The Life of a Communist Revolutionary: Béla Kun* (Boulder, CO: Social Science Monographs, 1993).
- Borzęcki, Jerzy, *The Soviet-Polish Peace of 1921 and the Creation of Interwar Europe* (New Haven, CT, and London: Yale University Press, 2008).
- Borzęcki, Jerzy, 'German Anti-Semitism àla Polonaise: A Report on Poznanian Troops' Abuse of Belarusian Jews in 1919', in *East European Politics and Cultures*, 26 (2012), 693-707.
- Boswell, Laird, 'From Liberation to Purge Trials in the "Mythic Provinces": Recasting French Identities in Alsace and Lorraine, 1918-1920', in *French Historical Studies* 23 (2000), 129-62.
- Bosworth, Richard J. B., *Italy: The Least of the Great Powers: Italian Foreign Policy before the First World War* (Cambridge: Cambridge University Press, 1979).
- Bosworth, Richard J. B., *Mussolini* (London: Arnold, 2002).
- Bosworth, Richard J. B., and Giuseppe Finaldi, 'The Italian Empire', in Robert Gerwarth and Erez Manela (eds), *Empires at War, 1911-1923* (Oxford: Oxford University Press, 2014), 34-51.
- Botlik, József, *Nyugat-Magyarország sorsa, 1918-1921* (Vasszilvány: Magyar Nyugat Könyvkiadó 2008).
- Botz, Gerhard, *Gewalt in der Politik: Attentate, Zusammenstöße, Putschversuche, Unruhen in Österreich 1918 bis 1938* (Munich: Fink, 1983).
- Botz Gerhard, 'Gewaltkonjunkturen, Arbeitslosigkeit und gesellschaftliche Krisen: Formen politischer Gewalt und Gewaltstrategien in der ersten Republik', in Helmut Konrad and Wolfgang Maderthaner (eds), *Das Werden der ersten Republik – der Rest ist Österreich*, vol. 1 (Vienna: Carl Gerold's Sohn, 2008), 229-362.
- Botz, Gerhard, Nina Scholz, Michael Pollak and Ivar Oxaal (eds), *Eine zerstörte Kultur: Jüdisches Leben und Antisemitismus in Wien seit dem 19. Jahrhundert* (Vienna: Czernin, 2002).
- Bowers, Katherine, and Ani Kokobobo, *Russian Writers and the Fin de Siècle: The Twilight of Realism* (Cambridge and New York: Cambridge University Press, 2015).
- Boyce, Robert, *The Great Interwar Crisis and the Collapse of Globalization* (Basingstoke: Palgrave Macmillan, 2009).
- Boychev, Petar, and Volodya Milachkov, *Tutrakanskata epopeya i voynata na Severnia front, 1916-1918* (Silistra: Kovachev, 2007).
- Boychev, Petar, *Tutrakanska epopeia* (Tutrakan: Kovachev, 2003).
- Boyer, John W., *Culture and Political Crisis in Vienna: Christian Socialism in Power, 1897-1918* (Chicago: University of Chicago Press, 1995).
- Boyer, John W., 'Boundaries and Transitions in Modern Austrian History', in Günter Bischof and Fritz Plasser (eds), *From Empire to Republic: Post-World War I Austria* (New Orleans, LA: University of New Orleans Press, 2010), 13-23.

- Boyer, John W., 'Karl Lueger and the Viennese Jews', in *Yearbook of the Leo Baeck Institute* 26 (1981), 125–44.
- Boylan, Catherine Margaret, 'The North Russia Relief Force: A Study of Military Morale and Motivation in the Post-First World War World', unpublished PhD thesis, King's College London, 2015.
- Bracco, Barbara, 'L'Italia e l'Europa da Caporetto alla vittoria nella riflessione degli storici italiani', in Giampietro Berti and Piero del Negro (eds), *Al di qua e al di là del Piave: L'ultimo anno della Grande Guerra* (Milan: Franco Angeli, 2001).
- Bradley, John F. N., *The Czechoslovak Legion in Russia, 1914–1920* (Boulder, CO: East European Monographs, 1991).
- Braun, Bernd, Die 'Generation Ebert', in idem and Klaus Schönhoven (eds), *Generationen in der Arbeiterbewegung* (Munich: Oldenbourg, 2005), 69–86.
- Braun, Karl, 'Der 4. März 1919. Zur Herausbildung Sudetendeutscher Identität', in *Bohemia* 37 (1996), 353–80.
- Braunthal, Julius, *Geschichte der Internationale*, vol. 2 (Hanover: J. H. W. Dietz, 1963).
- Brooker, Paul, *The Faces of Fraternalism: Nazi Germany, Fascist Italy, and Imperial Japan* (Oxford and New York: Oxford University Press, 1991).
- Broucek, Anton (ed), *Anton Lehár: Erinnerungen. Gegenrevolution und Restaurationsversuche in Ungarn 1918–1921* (Munich: Oldenbourg, 1973).
- Broucek, Peter, *Karl I. (IV.): Der politische Weg des letzten Herrschers der Donaumonarchie* (Vienna: Böhlau, 1997).
- Brovkin, Vladimir N., *Behind the Front Lines of the Civil War: Political Parties and Social Movements in Russia, 1918–1922* (Princeton, NJ: Princeton University Press, 1994).
- Brown, Archie, *The Rise and Fall of Communism* (New York: Harper Collins, 2009).
- Brügel, Johann Wolfgang, *Tschechen und Deutsche 1918–1938* (Munich: Nymphenburger Verlagshandlung, 1967).
- Bryant, Chad, *Prague in Black: Nazi Rule and Czech Nationalism* (Cambridge, MA: Harvard University Press, 2007).
- Budnitskii, Oleg, *Russian Jews between the Reds and Whites, 1917–1920* (Philadelphia, PA: University of Pennsylvania Press, 2011).
- Bührer, Tanja, *Die Kaiserliche Schutztruppe für Deutsch-Ostafrika: Koloniale Sicherheitspolitik und transkulturelle Kriegführung, 1885 bis 1918* (Munich: Oldenbourg, 2011).
- Bullock, David, *The Czech Legion, 1914–20* (Oxford: Osprey, 2008).
- Bunselmeyer, Robert E., *The Cost of War 1914–1919: British Economic War Aims and the Origins of Reparation* (Hamden, CT: Archon Books, 1975).
- Burgwyn, H. James, *Italian Foreign Policy in the Interwar Period 1918–1940* (Westport, CT: Praeger, 1997).
- Burkman, Thomas W., *Japan and the League of Nations: Empire and World Order, 1914–1938* (Honolulu: University of Hawai'i Press, 2008).
- Burleigh, Michael, *The Third Reich: A New History* (London: Pan Macmillan, 2001).
- Busch, Briton Cooper, *Madras to Lausanne: Britain's Frontier in West Asia, 1918–1923* (Albany,

NY: State University of New York Press, 1976).

- Cabanes, Bruno, *La victoire endeuillée: La sortie de guerre des soldats françis (1918-1920)* (Paris: Éditions du Seuil, 2004).
- Cabanes, Bruno, *The Great War and the Origins of Humanitarianism 1918-1924* (Cambridge and New York: Cambridge University Press, 2014).
- Cabanes, Bruno, '1919: Aftermath', in Jay Winter (ed.), *Cambridge History of the First World War*. vol. 1 (Cambridge: Cambridge University Press, 2014), 172-98.
- Calder, Kenneth J., *Britain and the Origins of the New Europe, 1914-1918* (Cambridge and New York: Cambridge University Press, 1976).
- Calvert, Peter, *A Study of Revolution* (Oxford and New York: Oxford University Press, 1970).
- Cammarano, Fulvio (ed.), *Abbasso la Guerra. Neutralisti in Piazza alla vigilia della Prima Guerra mondiale* (Florence: Le Monnier, 2015).
- Campos, Michelle U., *Ottoman Brothers: Muslims, Christians, and Jews in Early Twentieth-Century Palestine* (Stanford, CA: Stanford University Press, 2011).
- Canning, Kathleen, 'The Politics of Symbols, Semantics, and Sentiments in the Weimar Republic', in *Central European History* 43 (2010), 567-80.
- Capozzola, Christopher, 'The United States Empire', in Gerwarth and Manela (eds), *Empires at War*, 235-53.
- Carr, Edward Hallett, *The Bolshevik Revolution 1917-1923* (London: Macmillan, 1950).
- Carr, Edward Hallett, 'The Origins and Status of the Cheka', in *Soviet Studies* 10 (1958), 1-11.
- Carr, Raymond, *Modern Spain, 1875-1980* (Oxford: Clarendon Press, 1980).
- Carrère d'Encausse, Hélène, *Islam and the Russian Empire: Reform and Revolution in Central Asia* (Berkeley, CA, and London: University of California Press, 1988).
- Carrère d'Encausse, Hélène, *Lenin: Revolution and Power* (New York and London: Longman, 1982).
- Carrère d'Encausse, Hélène, *Nikolaus II: Das Drama des letzten Zaren* (Vienna: Zsolnay, 1998).
- Carsten, Francis L., *Die Erste Österreichische Republik im Spiegel zeitgenössischer Quellen* (Vienna: Bölau, 1988).
- Carsten, Francis L., *Fascist Movements in Austria: From Schönerer to Hitler* (London: Sage, 1977).
- Carsten, Francis L., *Revolution in Central Europe, 1918-1919* (London: Temple Smith, 1972).
- Casa, Brunella Dalla, 'La Bologna di Palazzo d'Accursio', in Mario Isnenghi and Giulia Albanese (eds), *Gli Italiani in guerra: Conflitti, identità e memorie dal Risorgimento ai nostri giorni*, vol. 4/1: *Il ventennio fascista: Dall'impresa di Fiume alla Seconda Guerra mondiale (1919-1940)* (Turin: Utet, 2008), 332-8.
- Casanova, Julián, *Twentieth-Century Spain: A History* (Cambridge and New York: Cambridge University Press, 2014).
- Casanova, Julián, and Martin Douch, *The Spanish Republic and Civil War* (Cambridge and New York: Cambridge University Press, 2010).
- Cattaruzza, Marina, Stefan Dyroff and Dieter Langewiesche (eds), *Territorial Revisionism and the Allies of Germany in the Second World War: Goals, Expectations, Practices* (New York and Oxford: Berghahn Books, 2012).
- Channon, John, 'Siberia in Revolution and Civil War, 1917-1921', in Alan Wood (ed.), *The History of*

Siberia: From Russian Conquest to Revolution (London and New York: Routledge, 1991) 158-80.

- Chickering, Roger, *Imperial Germany and the Great War, 1914-1918* (Cambridge and New York: Cambridge University Press 1998).
- Childs, Timothy W., *Italo-Turkish Diplomacy and the War over Libya, 1911-1912* (New York: Brill, 1990).
- Chromow, Semen S., *Feliks Dzierzynski: Biographie*, 3rd edition (East Berlin: Dietz, 1989).
- Clark, Bruce, *Twice a Stranger: How Mass Expulsion Forged Greece and Turkey* (London: Granta Books, 2006).
- Clark, Christopher, *Iron Kingdom: The Rise and Downfall of Prussia, 1600-1947* (London: Allen Lane, 2006).
- Clark, Christopher, *The Sleepwalkers: How Europe Went to War in 1914* (London: Allen Lane, 2012).
- Clavin, Patricia, *The Great Depression in Europe, 1929-1939* (Basingstoke and New York: Palgrave, 2000).
- Clavin, Patricia, 'Europe and the League of Nations', in Robert Gerwarth (ed.), *Twisted Paths: Europe 1914-1945* (Oxford and New York: Oxford University Press, 2007), 325-54.
- Codera, Maximiliano Fuentes, *España en la Primera Guerra Mundial: Una movilización cultural* (Madrid: Akal, 2014).
- Cohen, Gary B., 'Nationalist Politics and the Dynamics of State and Civil Society in the Habsburg Monarchy 1867-1914', in *Central European History* 40 (2007), 241-78.
- Cohn, Norman, *Warrant for Genocide: The Myth of the Jewish World Conspiracy and the Protocols of the Elders of Zion* (London: Serif, 1996).
- Cohrs, Patrick, *The Unfinished Peace after World War I: America, Britain and the Stabilisation of Europe, 1919-1932* (Cambridge and New York: Cambridge University Press, 2006).
- Cole, Laurence, and Daniel L. Unowsky (eds), *The Limits of Loyalty: Imperial Symbolism, Popular Allegiances and State Patriotism in the Late Habsburg Monarchy* (New York and Oxford: Berghahn Books, 2007).
- Conquest, Robert, *The Great Terror: A Reassessment* (Oxford and New York: Oxford University Press, 1990).
- Conquest, Robert, *The Harvest of Sorrows: Soviet Collectivization and the Terror-Famine* (Oxford and New York: Oxford University Press, 1986).
- Contorbia, Franco (ed.), *Giornalismo italiano*, vol. 2: *1901-1939* (Milan: Arnoldo Mondadori, 2007).
- Cooper, John Milton, *Woodrow Wilson: A Biography* (New York: Random House, 2009).
- Corni, Gustavo, 'Impero e spazio vitale nella visione e nella prassi delle dittature (1919-1945)', in *Ricerche di Storia Politica* 3 (2006), 345-57.
- Cornwall, Mark, *The Undermining of Austria-Hungary: The Battle for Hearts and Minds* (Basingstoke: Macmillan, 2000).
- Cornwall, Mark, 'Morale and Patriotism in the Austro-Hungarian Army, 1914-1918', in John Horne (ed), *State, Society, and Mobilization in Europe during the First World War* (Cambridge: Cambridge University Press, 1997), 173-92.
- Cornwall, Mark, 'National Reparation? The Czech Land Reform and the Sudeten Germans 1918-38', in *Slavonic and East European Review* 75 (1997), 259-80.

- Crainz, Guido, *Padania: Il mondo dei braccianti dall'Ottocento alla fuga dalle campagne* (Rome: Donzelli, 1994).
- Crampton, Richard J., *Aleksandur Stamboliiski: Bulgaria* (Chicago, IL: Haus Publishing and University of Chicago Press, 2009).
- Crampton, Richard J., *Bulgaria* (Oxford and New York: Oxford University Press, 2007).
- Crampton, Richard J., *Eastern Europe in the Twentieth Century and After* (London and New York: Routledge, 1997).
- Crampton, Richard J., 'The Balkans', in Robert Gerwarth (ed.), *Twisted Paths: Europe 1914-1945* (Oxford and New York, 2007), 237-70.
- Cruz, Rafael, '¡Luzbel vuelve al mundo!: las imágenes de la Rusia soviética y la acción colectiva en España', in Manuel Ledesma Péez and Rafael Cruz (eds), *Cultura y movilización en la España contemporánea* (Madrid: Alianza, 1997), 273-303.
- Ciuljat, Tomislav, 'Nejiski mir', in *Vojna enciklopedija*, vol. 6: *Nauloh-Podvodni*, 2nd edition (Belgrade: Izd. Redakcije vojne Enciklopedije, 1973).
- D'Agostino, Anthony, *The Rise of Global Powers: International Politics in the Era of the World Wars* (Cambridge: Cambridge University Press, 2012).
- Daly, Mary E. (ed.), *Roger Casement in Irish and World History* (Dublin: Royal Irish Academy, 2005).
- Damyanov, Simeon, 'Dokumenti za devetoyunskia prevrat i Septemvriyskoto vastanie prez 1923 g. vav Frenskia diplomaticheski arhiv', in *Izvestia na darzhavnite arhivi* 30 (1975), 167-82.
- Danilov, Viktor P., Viktor V. Kondrashin and Teodor Shanin (eds), *Nestor Makhno: M. Kubanin, Makhnovshchina. Krestyanskoe dvizhenie na Ukraine 1918-1921 gg. Dokumenty i Materialy* (Moscow: ROSSPEN, 2006).
- Darwin, John, *Britain, Egypt and the Middle East: Imperial Policy in the Aftermath of War, 1918-1922* (London and Basingstoke: Macmillan, 1981).
- Daskalov, Doncho, *1923-Sadbonosni resheniya i sabitiya* (Sofia: BZNS, 1983).
- Davies, Norman, *God's Playground*, vol. 2: *1795 to the Present* (Oxford and New York: Oxford University Press, 2005).
- Davies, Norman, *Microcosm: A Portrait of a Central European City* (London: Pimlico, 2003).
- Davies, Norman, *White Eagle, Red Star: The Polish-Soviet War, 1919-1920 and 'the Miracle on the Vistula'* (London: Pimlico, 2003).
- Deak, John, 'The Great War and the Forgotten Realm: The Habsburg Monarchy and the First World War', in *The Journal of Modern History* 86 (2014), 336-80.
- Deák, Francis, *Hungary at the Peace Conference: The Diplomatic History of the Treaty of Trianon* (New York: Columbia University Press, 1942).
- Deák, István, *Beyond Nationalism: A Social and Political History of the Habsburg Officer Corps, 1848-1918* (Oxford and New York: Oxford University Press, 1990).
- Dedijer, Vladimir, *Novi prilozi za biografiju Josipa Broza Tita I* (Zagreb and Rijeka: Mladost i Spektar; Liburnija, 1980); reprint of the original 1953 edition.
- De Felice, Renzo, *Mussolini il rivoluzionario, 1883-1920* (Turin: Einaudi, 1965).
- De Felice, Renzo (ed.), *La Carta del Carnaro nei testi di Alceste De Ambris e di Gabriele D'Annunzio* (Bologna: il Mulino, 1973).

- Deist, Wilhelm, 'Die Politik der Seekriegsleitung und die Rebellion der Flotte Ende Oktober 1918', in *Vierteljahrshefte für Zeitgeschichte* 14 (1966), 341-68.
- Deist, Wilhelm, 'Verdeckter Militästreik im Kriegsjahr 1918?', in Wolfram Wette (ed.), *Der Krieg des kleinen Mannes: Eine Militägeschichte von unten* (Munich and Züich: Piper, 1998), 146-67.
- Del Boca, Angelo, *A un passo dalla forca* (Milan: Baldini Castoli Dalai, 2007).
- Del Boca, Angelo, *Gli Italiani in Libia, Tripoli bel Suol d'Amore* (Milan: Arnoldo Mondadori, 1993).
- Del Boca, Angelo, *The Ethiopian War 1935-1941* (Chicago, IL: University of Chicago Press, 1969).
- Deliyski, Bozhan, *Doyranskata epopeia-zabravena i nezabravima* (Sofia: BolTenInKo, 1993).
- Deutscher, Isaac, *The Prophet Armed: Trotsky, 1879-1921* (Oxford: Oxford University Press, 1954).
- Dickinson, Frederick R., *War and National Reinvention: Japan in the Great War, 1914-1919* (Cambridge, MA, and London: Harvard University Press, 1999).
- Dickinson, Frederick R., 'Commemorating the War in Post-Versailles Japan', in John W. Steinberg, Bruce W. Menning, David Schimmelpenninck van der Oye, David Wolff and Shinji Yokote (eds), *The Russo-Japanese War in Global Perspective: World War Zero* (Leiden and Boston, MA: Brill, 2005), 523-43.
- Dickinson, Frederick R., 'The Japanese Empire', in Gerwarth and Manela (eds), *Empires at War*, 197-213.
- Dimitrov, Georgi, *Nastanyavane i ozemlyavane na balgarskite bezhantsi* (Blagoevgrad: n.p., 1985).
- Djokić, Dejan, *Elusive Compromise: A History of Interwar Yugoslavia* (Oxford and New York: Oxford University Press, 2007).
- Djokić, Dejan, *Pašić and Trumbić: The Kingdom of Serbs, Croats, and Slovenes* (London: Haus, 2010).
- Dobkin, Marjorie Housepian, *Smyrna 1922: The Destruction of a City* (New York: Newmark Press, 1988).
- Doerries, Reinhard R., *Prelude to the Easter Rising: Sir Roger Casement in Imperial Germany* (London and Portland: Frank Cass, 2000).
- Doumanis, Nicholas, *Before the Nation: Muslim-Christian Coexistence and its Destruction in Late Ottoman Anatolia* (Oxford and New York: Oxford University Press, 2013).
- Doumanis, Nicholas (ed.), *The Oxford Handbook of Europe 1914-1945* (Oxford and New York, 2016).
- Dowe, Dieter, and Peter-Christian Witt, *Friedrich Ebert 1871-1925: Vom Arbeiterfürer zum Reichspräsidenten* (Bonn: Friedrich-Ebert-Stiftung, 1987).
- Dower, John, *War Without Mercy: Race and Power in the Pacific War* (New York: Pantheon, 1986).
- Dowler, Wayne, *Russia in 1913* (DeKalb, IL: Northern Illinois University Press, 2010).
- Draev, Ivan, *Bulgarskata 1918: Istoricheski ocherk za Vladayskoto vastanie* (Sofia: Narodna prosveta, 1970).
- Dragostinova, Theodora, *Between Two Motherlands: Nationality and Emigration among the Greeks of Bulgaria, 1900-1949* (Ithaca, NY: Cornell University Press, 2011).
- Dragostinova, Teodora, 'Competing Priorities, Ambiguous Loyalties: Challenges of Socioeconomic Adaptation and National Inclusion of the Interwar Bulgarian Refugees', in *Nationalities Papers* 34 (2006), 549-74.

- Dreyer, Edward L., *China at War, 1901-1949* (London: Longman, 1995).
- Duara, Prasenjit, *Sovereignty and Authenticity: Manchukuo and the East Asian Modern* (Lanham, MD: Rowman and Littlefield, 2003).
- Dudden, Alexis, *Japan's Colonization of Korea: Discourse and Power* (Honolulu: University of Hawai'i Press, 2005).
- Duggan, Christopher, *Fascist Voices: An Intimate History of Mussolini's Italy* (London: The Bodley Head, 2012).
- Duus, Peter, Ramon H. Myers and Mark R. Peattie, *The Japanese Wartime Empire, 1931-1945* (Princeton, NJ: Princeton University Press, 1996).
- Dyer, Gwynne, 'The Turkish Armistice of 1918. 2: A Lost Opportunity: The Armistice Negotiations of Moudros', in *Middle Eastern Studies* 3 (1972), 313-48.
- Eckelt, Frank, 'The Internal Policies of the Hungarian Soviet Republic', in Iván Vögyes (ed.), *Hungary in Revolution, 1918-1919* (Lincoln, NB: University of Nebraska Press, 1971), 61-88.
- Edwards, Robert, *White Death: Russia's War on Finland 1939-40* (London: Weidenfeld and Nicolson, 2006).
- Eichenberg, Julia, 'The Dark Side of Independence: Paramilitary Violence in Ireland and Poland after the First World War', in *Contemporary European History* 19 (2010), 231-48.
- Ekmečićć, Milorad, *Stvaranje Jugoslavije 1790-1918*, vol. 2 (Belgrade: Prosveta, 1989).
- Elz, Wolfgang, 'Versailles und Weimar', in *Aus Politik und Zeitgeschichte*, 50/51 (2008), 31-8.
- Engelmann, Dieter, and Horst Naumann, *Hugo Haase: Lebensweg und politisches Vermähtnis eines streitbaren Sozialisten* (Berlin: Edition Neue Wege, 1999).
- Erger, Johannes, *Der Kapp-Lütwitz-Putsch: Ein Beitrag zur deutschen Innenpolitik, 1919-20* (Düsseldorf: Droste, 1967).
- Erickson, Edward J., *Ordered to Die: A History of the Ottoman Army in the First World War* (Westport, CT, and London: Greenwood Press, 2001).
- Evans, Richard J., *The Coming of the Third Reich* (London: Allen Lane, 2004).
- Evans, Robert, 'The Successor States', in Robert Gerwarth (ed.), *Twisted Paths: Europe 1914-45* (Oxford and New York: Oxford University Press, 2007), 210-36.
- Fabbri, Fabio, *Le origini della Guerra civile: L'Italia dalla Grande Guerra al fascismo (1918-1921)* (Turin: Utet, 2009).
- Falch, Sabine, 'Zwischen Heimatwehr und Nationalsozialismus. Der "Bund Oberland" in Tirol', in *Geschichte und Region* 6 (1997), 51-86.
- Falkus, Malcolm E., *The Industrialization of Russia, 1700-1914* (London: Macmillan, 1972).
- Fava, Andrea, 'Il "fronte interno" in Italia. Forme politiche della mobilitazione patriottica e delegittimazione della classe dirigente liberale', in *Ricerche storiche* 27 (1997), 503-32.
- Fedor, Julie, *Russia and the Cult of State Security: The Chekist Tradition, from Lenin to Putin* (London: Routledge, 2011).
- Fedyshyn, Oleh S., *Germany's Drive to the East and the Ukrainian Revolution, 1917-1918* (New Brunswick, NJ: Rutgers University Press, 1971).
- Feldman, Gerald D., 'Das deutsche Unternehmertum zwischen Krieg und Revolution: Die Entstehung des Stinnes-Legien-Abkommens', in idem, *Vom Weltkrieg zur Weltwirtschaftskrise:*

Studien zur deutschen Wirtschafts-und Sozialgeschichte 1914-1932 (Göttingen: Vandenhoeck and Ruprecht, 1984), 100-27.

- Feldman, Gerald D., and Irmgard Steinisch, *Industrie und Gewerkschaften 1918-1924: Die überforderte Zentralarbeitsgemeinschaft* (Stuttgart: DVA, 1985).

- Fellner, Fritz, 'Der Vertrag von St. Germain', in Erika Weinzierl and Kurt Skalnik (eds), *Österreich 1918-1938*, vol. 1 (Vienna: Böhlau, 1983), 85-106.

- Ferguson, Niall, *The Pity of War: Explaining World War I* (London: Allen Lane, 1998).

- Ferraioli, Gianpaolo, *Politica e diplomazia in Italia tra XIX e XX secolo: vita di Antonino di San Giuliano (1852-1914)* (Soveria Mannelli: Rubbettino, 2007).

- Ferriter, Diarmaid, *A Nation and not a Rabble: The Irish Revolution 1913-1923* (London: Profile Books, 2015).

- Ferro, Marc, *October 1917: A Social History of the Russian Revolution* (London: Routledge and Kegan Paul, 1980).

- Fic, Victor M., *The Bolsheviks and the Czechoslovak Legion: The Origins of their Armed Conflict (March-May 1918)* (New Delhi: Shakti Malik, 1978).

- Fieldhouse, David K., *Western Imperialism in the Middle East, 1914-1958* (Oxford and New York: Oxford University Press, 2006).

- Figes, Orlando, *A People's Tragedy: The Russian Revolution, 1891-1924* (London: Jonathan Cape, 1996).

- Figes, Orlando, *Peasant Russia, Civil War: The Volga Countryside in Revolution, 1917-21* (Oxford and New York: Oxford University Press, 1989).

- Fikreta Jelić-Butić, *Ustaši Nezavisna držva Hrvatska 1941-1945* (Zagreb: Sveučiliša naklada Liber and Šolska knjiga, 1977).

- Fink, Carole, 'The Minorities Question at the Paris Peace Conference: The Polish Minority Treaty, June 28, 1919', in Manfred Boemeke, Gerald Feldman and Elisabeth Glaser (eds), *The Treaty of Versailles: A Reassessment after 75 Years* (Cambridge: Cambridge University Press, 1998), 249-74.

- Fink, Carole, *Defending the Rights of Others: The Great Powers, the Jews, and International Minority Protection* (Cambridge and New York: Cambridge University Press, 2004).

- Fischer, Rolf, 'Anti-Semitism in Hungary 1882-1932', in Herbert A. Strauss (ed.), *Hostages of Modernization: Studies of Modern Antisemitism 1870-1933/39*, vol. 2: *Austria, Hungary, Poland, Russia* (Berlin and New York: de Gruyter, 1993), 863-92.

- Fischer, Rolf, *Entwicklungsstufen des Antisemitismus in Ungarn, 1867-1939: Die Zerstörung der magyarisch-jüdischen Symbiose* (Munich: Oldenbourg, 1998).

- Fitzherbert, Margaret, *The Man Who Was Greenmantle: A Biography of Aubrey Herbert* (London: John Murray, 1983).

- Flemming, Peter, *The Fate of Admiral Kolchak* (London: Hart-Davis, 1963).

- Foerster, Wolfgang, *Der Feldherr Ludendorff im Unglück. Eine Studie üer seine seelische Haltung in der Endphase des ersten Weltkrieges* (Wiesbaden: Limes Verlag, 1952).

- Foley, Robert, 'From Victory to Defeat: The German Army in 1918', in Ashley Ekins (ed.), *1918: Year of Victory* (Auckland and Wollombi, NSW: Exisle, 2010), 69-88.

- Fong, Giordan, 'The Movement of German Divisions to the Western Front, Winter 1917-1918', in

War in History 7 (2000), 225–35.

- Forgacs, David, 'Fascism, Violence and Modernity', in Jana Howlett and Rod Mengham (eds), *The Violent Muse: Violence and the Artistic Imagination in Europe, 1910-1939* (Manchester: Manchester University Press, 1994), 5–21.

- Fotiadis, Konstantinos, 'Der Völkermord an den Griechen des Pontos', in Tessa Hofmann (ed.), *Verfolgung, Vertreibung und Vernichtung der Christen im Osmanischen Reich 1912-1922*, 2nd edition (Berlin: LIT-Verlag, 2010), 193–228.

- Fromkin, David, *A Peace to End All Peace: The Fall of the Ottoman Empire and the Creation of the Modern Middle East* (New York: Henry Holt and Company, 1989).

- Gage, Beverly, *The Day Wall Street Exploded: A Story of America in its First Age of Terror* (Oxford and New York: Oxford University Press, 2008).

- Galántai, József, *Hungary in the First World War* (Budapest: Akad. Kiadó 1989).

- Gatrell, Peter, *A Whole Empire Walking: Refugees in Russia during World War I* (Bloomington, IN: Indiana University Press, 1999).

- Gatrell, Peter, *Russia's First World War, 1914-1917: A Social and Economic History* (London: Pearson, 2005).

- Gatrell, Peter, 'Wars after the War: Conflicts, 1919–1923', in John Horne (ed.), *A Companion to World War I* (Chichester: Wiley-Blackwell, 2010), 558–75.

- Gatti, Gian Luigi, *Dopo Caporetto. Gli ufficiali P nella Grande Guerra: propaganda, assistenza, vigilanza* (Gorizia: LEG, 2000).

- Gatzolis, Ioannis A., *Ghioulbaxes. Vourlas. Erithrea. Anamnisis. Perigrafes. Laografika. Katastrofi 1922* (Chalkidiki: Nea Syllata, 1988).

- Gauntlett, Stathis, 'The Contribution of Asia Minor Refugees to Greek Popular Song, and its Reception', in Renée Hirschon (ed.), *Crossing the Aegean: An Appraisal of the 1923 Compulsory Population Exchange between Greece and Turkey* (New York: Berghahn Books, 2003), 247–60.

- Gautschi, Willi, *Lenin als Emigrant in der Schweiz* (Zürich: Benziger Verlag, 1973).

- Gehler, Michael, *Studenten und Politik: Der Kampf um die Vorherrschaft an der Universität Innsbruck 1919-1938* (Innsbruck: Haymon-Verlag, 1990).

- Geifman, Anna, *Thou Shalt Kill: Revolutionary Terrorism in Russia, 1894-1917* (Princeton, NJ: Princeton University Press 1993).

- Genovski, Mihail, *Aleksandar Stambolijski-otblizo i daleko: dokumentalni spomeni* (Sofia: BZNS, 1982).

- Gentile, Emilio, *E fu subito regime: Il fascismo e la Marcia su Roma* (Rome and Bari: Laterza, 2012).

- Gentile, Emilio, *Fascismo e antifascismo: I partiti italiani fra le due guerre* (Florence: Le Monnier, 2000).

- Gentile, Emilio, *La Grande Italia: Ascesa e declino del mito della nazione nel ventesimo secolo* (Milan: Arnoldo Mondadori, 1997).

- Gentile, Emilio, *Storia del partito fascista*, vol. 1: *1919-1922, movimento e milizia* (Rome: Laterza, 1989).

- Gentile, Emilio, *The Origins of Fascist Ideology, 1918-1925* (New York: Enigma, 2005).

- Gentile, Emilio, *The Sacralization of Politics in Fascist Italy* (Cambridge, MA: Harvard University

Press, 1996).

- Gentile, Emilio, 'Fascism in Power: The Totalitarian Experiment', in Adrian Lyttelton (ed.), *Liberal and Fascist Italy 1900-1945* (Oxford and New York: Oxford University Press, 2002).

- Gentile, Emilio, 'Paramilitary Violence in Italy: The Rationale of Fascism and the Origins of Totalitarianism', in Gerwarth and Horne (eds), *War in Peace*, 85-106.

- Georgiev, Georgi, *Propusnata pobeda-Voynishkoto vastanie, 1918* (Sofia: Partizdat, 1989).

- Geppert, Dominik, and Robert Gerwarth, (eds), *Wilhelmine Germany and Edwardian Britain: Essays on Cultural Affinity* (Oxford and New York: Oxford University Press, 2008).

- Gergely, Ernő, and Pál Schönwald, *A Somogyi-Bacsó-Gyilkosság* (Budapest: Kossuth, 1978).

- Gerlach, Christian, *Krieg, Ernärung, Völkermord: Deutsche Vernichtungspolitik im Zweiten Weltkrieg* (Zürich and Munich: Pendo, 1998).

- Gerlach, Christian, and Götz Aly, *Das letzte Kapitel: Der Mord an den ungarischen Juden 1944-1945* (Frankfurt am Main: Fischer, 2004).

- Gērmanis, Uldis, *Oberst Vācietis und die lettischen Schützen im Weltkrieg und in der Oktoberrevolution* (Stockholm: Almqvist and Wiksell, 1974).

- Gerschenkron, Alexander, *Economic Backwardness in Historical Perspective: A Book of Essays* (Cambridge, MA: Belknap Press of Harvard University Press, 1962).

- Gerwarth, Robert, 'Republik und Reichsgrüdung: Bismarcks kleindeutsche Löung im Meinungsstreit der ersten deutschen Demokratie', in Heinrich August Winkler (ed.), *Griff nach der Deutungsmacht: Zur Geschichte der Geschichtspolitik in Deutschland* (Göttingen: Wallstein, 2004), 115-33.

- Gerwarth, Robert, 'The Axis: Germany, Japan and Italy on the Road to War', in Richard J. B. Bosworth and Joe Maiolo (eds), *The Cambridge History of the Second World War*, vol. 2: *Politics and Ideology* (Cambridge and New York: Cambridge University Press, 2015), 21-42.

- Gerwarth, Robert, 'The Central European Counter-Revolution: Paramilitary Violence in Germany, Austria and Hungary after the Great War', in *Past & Present* 200 (2008), 175-209.

- Gerwarth, Robert (ed.), *Twisted Paths: Europe 1914-1945* (Oxford and New York: Oxford University Press, 2007).

- Gerwarth, Robert, and John Horne, 'Bolshevism as Fantasy: Fear of Revolution and Counter-Revolutionary Violence, 1917-1923', in Gerwarth and Horne (eds), *War in Peace*, 40-51.

- Gerwarth, Robert, and Martin Conway, 'Revolution and Counter-Revolution', in Donald Bloxham and Robert Gerwarth (eds), *Political Violence in Twentieth-Century Europe* (Cambridge and New York: Cambridge University Press, 2011), 140-75.

- Gerwarth, Robert, and Erez Manela (eds), *Empires at War, 1911-1923* (Oxford and New York: Oxford University Press, 2014).

- Gerwarth, Robert, and John Horne (eds), *War in Peace: Paramilitary Violence after the Great War* (Oxford and New York: Oxford University Press, 2012).

- Gerwarth, Robert, and John Horne (eds), 'Vectors of Violence: Paramilitarism in Europe after the Great War, 1917-1923', in *The Journal of Modern History* 83 (2011), 489-512.

- Geyer, Michael, *Deutsche Rüstungspolitik 1860-1980* (Frankfurt am Main: Suhrkamp, 1984).

- Geyer, Michael, 'Endkampf 1918 and 1945: German Nationalism, Annihilation, and Self-Destruction', in Richard Bessel, Alf Lütke and Bernd Weisbrod (eds) *No Man's Land of Violence: Extreme Wars of the 20th Century* (Göttingen: Wallstein, 2006), 37 –67.

- Giannakopoulos, Giorgos, 'I Ellada sti Mikra Asia: To chroniko tis Mikrasiatikis peripetias', in Vassilis Panagiotopoulos (ed.), *Istoria tou Neou Ellinismou, 1770-2000*, vol. 6 (Athens: Ellinika Grammata, 2003), 84 –6.
- Gibelli, Antonio, *Il popolo bambino: Infanzia e nazione dalla Grande Guerra a Salò* (Turin: Einaudi, 2005).
- Gibelli, Antonio, *La Grande Guerra degli italiani 1915-1918* (Milan: Sansoni, 1998).
- Gibelli, Antonio, 'L'Italia dalla neutralitàal Maggio Radioso', in Audoin-Rouzeau and Becker (eds), *La prima guerra mondiale*, vol. 1, 185 –95.
- Gietinger, Klaus, *Der Konterrevolutionä: Waldemar Pabst-eine deutsche Karriere* (Hamburg: Edition Nautilus, 2009).
- Gietinger, Klaus, *Eine Leiche im Landwehrkanal: Die Ermordung Rosa Luxemburgs* (Hamburg: Edition Nautilus, 2008).
- Gilbert, Martin, *Winston Churchill*, vol. IV, part 3: April 1921 –November 1922 (London: Heinemann, 1977).
- Gill, Graeme J., *Peasants and Government in the Russian Revolution* (New York: Barnes and Noble, 1979).
- Gingeras, Ryan, *Fall of the Sultanate: The Great War and the End of the Ottoman Empire, 1908-1922* (Oxford and New York: Oxford University Press, 2016).
- Gingeras, Ryan, *Mustafa Kemal Atatük: Heir to an Empire* (Oxford and New York: Oxford University Press, 2015).
- Gingeras, Ryan, *Sorrowful Shores: Violence, Ethnicity, and the End of the Ottoman Empire 1912-1923* (Oxford and New York: Oxford University Press, 2009).
- Gingeras, Ryan, 'Nation-States, Minorities, and Refugees, 1914 –1923', in Nicholas Doumanis (ed.), *The Oxford Handbook of Europe 1914-1945* (Oxford and New York: Oxford University Press, 2016).
- Giovannini, Elio, *L'Italia massimalista: Socialismo e lotta sociale e politica nel primo Dopoguerra* (Rome: Ediesse 2001).
- Gitelman, Zvi Y., *Jewish Nationality and Soviet Politics: The Jewish Sections of the CPSU 1917-1930* (Princeton, NJ: Princeton University Press, 1972).
- Glenny, Michael, and Norman Stone (eds), *The Other Russia: The Experience of Exile* (London: Faber and Faber, 1990).
- Glenny, Misha, *The Balkans, 1804-1999* (London: Granta Books, 1999).
- Goebel, Stefan, 'Re-Membered and Re-Mobilized: The "Sleeping Dead" in Interwar Germany and Britain', in *Journal of Contemporary History* 39 (2004), 487 –501.
- Goehrke, Carsten, *Russischer Alltag: Geschichte in neun Zeitbildern*, vol. 2 (Zürich: Chronos, 2003).
- Golczewski, Frank, *Deutsche und Ukrainer 1914-1939* (Paderborn: Schöningh, 2010).
- Golczewski, Frank, *Polnisch-jüdische Beziehungen 1881-1922: Eine Studie zur Geschichte des Antisemitismus in Osteuropa* (Wiesbaden: Steiner, 1981).
- Goldberg, George, *The Peace to End Peace: The Paris Peace Conference of 1919* (London: Pitman, 1970).

- Gordeev, Yu. N., *General Denikin: Voenno-istoricheski Ocherk* (Moscow: TPF 'Arkaiur', 1993).
- Gould, S. W., 'Austrian Attitudes toward Anschluss: October 1918–September 1919', in *Journal of Modern History* 22 (1950), 220–31.
- Goussef, Catherine, *L'Exil russe. La fabrique du réfugiéapatride* (1920–1939) (Paris: CNRS Éditions, 2008).
- Graebner, Norman, and Edward Bennett, *The Versailles Treaty and Its Legacy: The Failure of the Wilsonian Vision* (Cambridge and New York: Cambridge University Press, 2011).
- Graham, Helen, *The Spanish Civil War: A Very Short Introduction* (Oxford and New York: Oxford University Press, 2005).
- Gratz, Gusztáv (ed.), *A Bolsevizmus Magyarországon* (Budapest: Franklin-Társulat, 1921).
- Grau, Bernhard, *Kurt Eisner, 1867–1919: Eine Biografie* (Munich: C. H. Beck, 2001).
- Graziosi, Andrea, *The Great Soviet Peasant War: Bolsheviks and Peasants, 1917–1933* (Cambridge, MA: Harvard University Press, 1996).
- Greenhalgh, Elizabeth, *Victory through Coalition: Politics, Command and Supply in Britain and France, 1914–1918* (Cambridge and New York: Cambridge University Press, 2005).
- Grenzer, Andreas, *Adel und Landbesitz im ausgehenden Zarenreich* (Stuttgart: Steiner, 1995).
- Grosch, Waldemar, *Deutsche und polnische Propaganda während der Volksabstimmung in Oberschlesien 1919–1921* (Dortmund: Forschungsstelle Ostmitteleuropa, 2003).
- Groß, Gerhard, 'Eine Frage der Ehre? Die Marineführung und der letzte Flottenvorstoß 1918', in Jörg Duppler and Gerhard P. Groß (eds), *Kriegsende 1918: Ereignis, Wirkung, Nachwirkung* (Munich: Oldenbourg, 1999), 349–65.
- Groueff, Stephane, *Crown of Thorns: The Reign of King Boris III of Bulgaria, 1918–1943* (Lanham, MD: Madison Books, 1987).
- Grove, William Remsburgh, *War's Aftermath: Polish Relief in 1919* (New York: House of Field, 1940).
- Grozev, Tsvetan, *Voynishkoto vastanie, 1918: Sbornik dokumenti i spomeni* (Sofia: BKP, 1967).
- Gruev, Stefan, *Korona ot trani* (Sofia: Balgarski pisatel, 2009).
- Guelton, Frédéric, 'La France et la guerre polono-bolchevique', in *Annales: Académie Polonaise des Sciences, Centre Scientifique à Paris* 13 (2010), 89–124.
- Guelton, Frédéric, 'Le capitaine de Gaulle et la Pologne (1919–1921)', in Bernard Michel and Józef Łaptos (eds), *Les relations entre la France et la Pologne au XXe siècle* (Cracow: Eventus, 2002), 113–27.
- Gueslin Julien, 'Riga, de la métropole russe à la capitale de la Lettonie 1915–1919', in Philippe Chassaigne and Jean-Marc Largeaud (eds), *Villes en guerre (1914–1945)* (Paris: Armand Colin, 2004), 185–95.
- Gumz, Jonathan E., *The Resurrection and Collapse of Empire in Habsburg Serbia, 1914–1918* (Cambridge and New York: Cambridge University Press, 2009).
- Haapala, Pertti, and Marko Tikka, 'Revolution, Civil War and Terror in Finland in 1918', in Gerwarth and Horne (eds), *War in Peace*, 71–83.
- Hagen, Mark von, *Soldiers in the Proletarian Dictatorship: The Red Army and the Soviet Socialist State, 1917–1930* (Ithaca, NY: Cornell University Press, 1990).

- Hagen, Mark von, *War in a European Borderland: Occupations and Occupation Plans in Galicia and Ukraine, 1914-1918* (Seattle, WA: University of Washington Press, 2007).
- Hagen, William W., 'The Moral Economy of Ethnic Violence: The Pogrom in Lwów, November 1918', in *Geschichte und Gesellschaft* 31 (2005), 203-26.
- Hahlweg, Werner, *Der Diktatfrieden von Brest-Litowsk 1918 und die bolschewistische Weltrevolution* (Münster: Aschendorff, 1960).
- Haimson, Leopold, 'The Problem of Stability in Urban Russia, 1905-1917', in *Slavic Review* 23 (1964), 619-42, and 24 (1965), 1-22.
- Hall, Richard C., *Balkan Breakthrough: The Battle of Dobro Pole 1918* (Bloomington, IN: Indiana University Press, 2010).
- Hall, Richard C., 'Balkan Wars 1912-1913', in Ute Daniel et al. (eds), *1914-1918 online. International Encyclopedia of the First World War*.
- Hall, Richard C., *The Balkan Wars, 1912-1913: Prelude to the First World War* (London and New York: Routledge, 2000).
- Haller, Oliver, 'German Defeat in World War I, Influenza and Postwar Memory', in Klaus Weinhauer, Anthony McElligott and Kirsten Heinsohn (eds), *Germany 1916-23: A Revolution in Context* (Bielefeld: Transcript, 2015), 151-80.
- Hanebrink, Paul, 'Transnational Culture War: Christianity, Nation and the Judeo-Bolshevik Myth in Hungary 1890-1920', in *Journal of Modern History* (2008), 55-80.
- Hanioğlu, M. Sükrü, *A Brief History of the Late Ottoman Empire* (Princeton, NJ: Princeton University Press, 2006).
- Hanioğlu, M. Sükrü, *Atatürk: An Intellectual Biography* (Princeton, NJ: Princeton University Press, 2011).
- Harris, J. Paul, *Douglas Haig and the First World War* (Cambridge and New York: Cambridge University Press, 2008).
- Hasegawa, Tsuyoshi, 'The February Revolution', in Edward Acton, Vladimir Iu. Cherniaev and William G. Rosenberg, (eds), *Critical Companion to the Russian Revolution 1914-1921* (London: Arnold, 1997), 48-61.
- Haslinger, Peter, 'Austria-Hungary', in Gerwarth and Manela (eds), *Empires at War*, 73-90.
- Haumann, Heiko, *Beginn der Planwirtschaft. Elektrifizierung, Wirtschaftsplanung und gesellschaftliche Entwicklung Sowjetrusslands, 1917-1921* (Düsseldorf: Bertelsmann, 1974).
- Haupt, Georges, *Socialism and the Great War: The Collapse of the Second International* (Oxford: Clarendon Press, 1972).
- Hautmann, Hans, *Die Geschichte der Räebewegung in Österreich 1918-1924* (Vienna: Europaverlag, 1987).
- Hawkins, Nigel, *The Starvation Blockades: Naval Blockades of World War I* (Barnsley: Leo Cooper, 2002).
- Healy, Maureen, *Vienna and the Fall of the Habsburg Empire: Total War and Everyday Life in World War I* (Cambridge and New York: Cambridge University Press, 2004).
- Heifetz, Elias, *The Slaughter of the Jews in the Ukraine in 1919* (New York: Thomas Seltzer, 1921).
- Heimann, Mary, *Czechoslovakia: The State that Failed* (New Haven, CT, and London: Yale University

Press, 2009).

- Hein-Kircher, Heidi, *Der Piłsudski-Kult und seine Bedeutung füden polnischen Staat 1926-1939* (Marburg: Herder-Institut, 2001).
- Heinz, Friedrich Wilhelm, *Sprengstoff* (Berlin: Frundsberg Verlag, 1930).
- Helmreich, Paul C, *From Paris to Sèrȇs: The Partition of the Ottoman Empire at the Paris Peace Conference of 1919-1920* (Columbus, OH: Ohio State University Press, 1974).
- Herwig, Holger, *'Luxury Fleet': The Imperial German Navy 1888-1918*, revised edition (London: Ashfield Press, 1987).
- Herwig, Holger, *The First World War: Germany and Austria-Hungary, 1914-1918* (London: Edward Arnold, 1996).
- Herwig, Holger, 'Clio Deceived: Patriotic Self-Censorship in Germany after the Great War', in *International Security* 12 (1987), 5-22.
- Hetherington, Peter, *Unvanquished: Joseph Pilsudski, Resurrected Poland, and the Struggle for Eastern Europe*, 2nd edition (Houston, TX: Pingora Press, 2012).
- Hiden, John, *The Baltic States and Weimar Ostpolitik* (Cambridge and New York: Cambridge University Press, 1987).
- Hiden, John, and Martyn Housden, *Neighbours or Enemies? Germans, the Baltic, and Beyond* (Amsterdam and New York: Editions Rodopi, 2008).
- Hildermeier, Manfred, *Geschichte der Sowjetunion 1917-1991: Entstehung und Niedergang des ersten sozialistischen Staates* (Munich: C. H. Beck, 1998).
- Hildermeier, Manfred (ed.), *Der russische Adel von 1700 bis 1917* (Götingen: Vandenhoeck and Ruprecht, 1990).
- Hillmayr, Heinrich, *Roter und Weißer Terror in Bayern nach 1918* (Munich: Nusser, 1974).
- Hillmayr, Heinrich, 'München und die Revolution 1918/1919', in Karl Bosl (ed.), *Bayern im Umbruch. Die Revolution von 1918, ihre Voraussetzungen, ihr Verlauf und ihre Folgen* (Munich and Vienna: Oldenbourg, 1969), 453-504.
- Hirschon, Renée, 'Consequences of the Lausanne Convention: An Overview', in idem (ed.), *Crossing the Aegean: An Appraisal of the 1923 Compulsory Population Exchange between Greece and Turkey* (New York: Berghahn Books, 2003), 13-20.
- Hitchins, Keith, *Rumania, 1866-1947* (Oxford and New York: Oxford University Press, 1994).
- Hitilov, Karl, *Selskostopanskoto nastanyavane na bezhantsite 1927-1932* (Sofia: Glavna direktsiya na bezhantsite, 1932).
- Hock, Klaus, *Die Gesetzgebung des Rates der Volksbeauftragten* (Pfaffenweiler: Centaurus, 1987).
- Hoensch, Jörg, *A History of Modern Hungary, 1867-1994* (London and New York: Longman, 1995).
- Hoensch, Jörg, and Dusan Kovac (eds), *Das Scheitern der Verstädigung: Tschechen, Deutsche und Slowaken in der Ersten Republik (1918-1938)* (Essen: Klartext, 1994).
- Holquist, Peter, *Making War, Forging Revolution: Russia's Continuum of Crisis, 1914-1921* (Cambridge, MA: Harvard University Press, 2002).
- Holquist, Peter, 'Violent Russia, Deadly Marxism? Russia in the Epoch of Violence, 1905-21', in *Kritika: Explorations in Russian and Eurasian History* 4 (2003), 627-52.
- Hoppu, Tuomas, and Pertti Haapala (eds), *Tampere 1918: A Town in the Civil War* (Tampere:

Tampere Museums, 2010).

- Horak, Stephan M., *The First Treaty of World War I: Ukraine's Treaty with the Central Powers of February 9, 1918* (Boulder, CO: East European Monographs, 1988).
- Horn, Daniel, *Mutiny on the High Seas: Imperial German Naval Mutinies of World War One* (London: Leslie Frewin, 1973).
- Horne, John, 'Defending Victory: Paramilitary Politics in France, 1918-26', in Gerwarth and Horne (eds), *War in Peace*, 216-33.
- Houlihan, Patrick J., 'Was There an Austrian Stab-in-the-Back Myth? Interwar Military Interpretations of Defeat', in Günther Bischof, Fritz Plasser and Peter Berger (eds), *From Empire to Republic: Post-World War I Austria* (Innsbruck: Innsbruck University Press, 2010), 67-89.
- Housden, Martyn, 'When the Baltic Sea was a Bridge for Humanitarian Action: The League of Nations, the Red Cross and the Repatriation of Prisoners of War between Russia and Central Europe, 1920-22', in *Journal of Baltic Studies* 38 (2007), 61-83.
- House, Edward M., *The Intimate Papers of Colonel House Arranged as a Narrative by Charles Seymour* (Boston, MA, and New York: Houghton Mifflin, 1926-8).
- Howard, N. P., 'The Social and Political Consequences of the Allied Food Blockade of Germany, 1918-19', in *German History* 11 (1993), 161-88.
- Hughes-Hallett, Lucy, *The Pike: Gabriele D'Annunzio: Poet, Seducer and Preacher of War* (New York: Fourth Estate, 2013).
- Hunt Tooley, T., *National Identity and Weimar Germany: Upper Silesia and the Eastern Border, 1918-22* (Lincoln, NB, and London: University of Nebraska Press, 1997).
- Hunt Tooley, T., 'German Political Violence and the Border Plebiscite in Upper Silesia, 1919-1921', in *Central European History* 21 (1988), 56-98.
- Huntford, Roland, *Nansen: The Explorer as Hero* (New York: Barnes and Noble Books, 1998).
- Hürten, Heinz (ed.), *Zwischen Revolution und Kapp-Putsch: Militär und Innenpolitik, 1918-1920* (Düsseldorf: Droste, 1977).
- Ignatieff, Michael, *Isaiah Berlin: A Life* (London: Chatto and Windus, 1998).
- Ihrig, Stefan, *Atatürk in the Nazi Imagination* (Cambridge, MA: Harvard University Press, 2014).
- Iliev, Andreya, *Atentatat v 'Sveta Nedelya'i teroristite* (Sofia: Ciela, 2011).
- Isnenghi, Mario, *L'Italia in piazza. I luoghi della vita pubblica dal 1848 ai giorni nostri* (Milan: Arnoldo Mondadori, 1994).
- Isnenghi, Mario, and Rochat, Giorgio, *La Grande Guerra 1914-1918* (Milan: La Nuova Italia, 2000).
- Jacob, Mathilde, *Rosa Luxemburg: An Intimate Portrait* (London: Lawrence and Wishart, 2000).
- Jacobson, Abigail, *From Empire to Empire: Jerusalem between Ottoman and British Rule* (Syracuse, NY: Syracuse University Press, 2011).
- Jägerskiöld, Stig, *Mannerheim: Marshal of Finland* (London: Hurst, 1986).
- James, Harold, *The German Slump: Politics and Economics 1924-1936* (Oxford and New York: Oxford University Press, 1986).
- Jareb, Mario, *Ustaško-domobranski pokret od nastanka do travnja 1941* (Zagreb: Hrvatski institut za povijest-Šolska Knjiga, 2006).
- Jászi, Oszkár, *Magyariens Schuld: Ungarns Sühne. Revolution und Gegenrevolution in Ungarn*

(Munich: Verlag für Kulturpolitik, 1923).

- Jászi, Oszkár, *The Dissolution of the Habsburg Monarchy* (Chicago, IL: University of Chicago Press, 1929).
- Jędrzejewicz, Wacław, *Pilsudski: A Life for Poland* (New York: Hippocrene Books, 1990).
- Jelić-Butić, Fikreta, *Ustaši Nezavisna država Hrvatska 1941-1945* (Zagreb: Šolska Knjiga, 1977).
- Jena, Detlef, *Die Zarinnen Rußlands (1547-1918)* (Graz: Styria, 1999).
- Jensen, Peter K., 'The Greco-Turkish War, 1920-1922', in *International Journal of Middle East Studies* 10 (1979), 553-65.
- Jessen-Klingenberg, Manfred, 'Die Ausrufung der Republik durch Philipp Scheidemann am 9. November 1918', in *Geschichte in Wissenschaft und Unterricht* 19 (1968), 649-56.
- Jones, Mark William, 'Violence and Politics in the German Revolution, 1918-19', unpublished PhD thesis, European University Institute, 2011.
- Jones, Nigel H., *Hitler's Heralds: The Story of the Freikorps 1918-1923* (London: John Murray, 1987).
- Judson, Pieter M., *The Habsburg Empire: A New History* (Cambridge, MA: Harvard University Press, 2016).
- Kachulle, Doris, *Waldemar Pabst und die Gegenrevolution* (Berlin: Organon, 2007).
- Kallis, Aristotle, *Fascist Ideology: Territory and Expansionism in Italy and Germany, 1922-1945* (London: Routledge, 2000).
- Kann, Robert A., *Geschichte des Habsburgerreiches 1526 bis 1918* (Vienna and Cologne: Bölau, 1990).
- Kann, Robert A., *The Multinational Empire: Nationalism and National Reform in the Habsburg Monarchy, 1848-1918*, 2 vols (New York: Columbia University Press, 1950).
- Kappeler, Andreas, *Rußland als Vielvökerreich: Entstehung-Geschichte-Zerfall* (Munich: C. H. Beck, 1993).
- Karagiannis, Christos, *I istoria enos stratioti (1918-1922)*, ed. Filippos Drakontaeidis (Athens: Kedros 2013).
- Karakasidou, Anastasia, *Fields of Wheat, Hills of Blood: Passages to Nationhood in Greek Macedonia, 1870-1990* (Chicago, IL: University of Chicago Press, 1997).
- Kasekamp, Andres, *A History of the Baltic States* (New York: Palgrave Macmillan, 2010).
- Kaser, Michael Charles, and Edward Albert Radice (eds), *The Economic History of Eastern Europe, 1919-1975*, vol. 1: *Economic Structure and Performance Between the Two Wars* (Oxford: Clarendon Press, 1985).
- Kaser, Michael Charles, and Edward Albert Radice (eds), *The Economic History of Eastern Europe, 1919-1975*, vol. 2: *Interwar Policy, the War and Reconstruction* (Oxford: Clarendon Press, 1986).
- Kastelov, Boyan, *Bulgaria-ot voyna kam vastanie* (Sofia: Voenno izdatelstvo, 1988).
- Kastelov, Boyan, *Ot fronta do Vladaya: Dokumentalen ocherk* (Sofia: BZNS, 1978).
- Katkov, George, *The Kornilov Affair: Kerensky and the Breakup of the Russian Army* (London and New York: Longman, 1980).
- Katzburg, Nathaniel, *Hungary and the Jews: Policy and Legislation, 1920-1943* (Ramat-Gan: Bar-Ilan University Press, 1981).

* Katzburg, Nathaniel, *Zsidópolitika Magyarországon, 1919-1943* (Budapest: Bábel, 2002).
* Katzer, Nikolaus, *Die weiße Bewegung: Herrschaftsbildung, praktische Politik und politische Programmatik im Bügerkrieg* (Cologne, Weimar and Vienna: Bölau, 1999).
* Katzer, Nikolaus, 'Der weiße Mythos: Russischer Antibolschewismus im europäschen Nachkrieg', in Robert Gerwarth and John Horne (eds), *Krieg im Frieden. Paramilitäische Gewalt in Europa nach dem Ersten Weltkrieg* (Götingen: Wallstein, 2013), 57-93.
* Kayali, Hasan, 'The Struggle for Independence', in Reşat Kasaba (ed.), *The Cambridge History of Turkey*, vol. 4: *Turkey in the Modern World* (Cambridge and New York: Cambridge University Press, 2008).
* Kazandjiev, Georgi et al., *Dobrichkata epopeia, 5-6 septemvri 1916* (Dobrich: Matador, 2006).
* Kedourie, Elie, 'The End of the Ottoman Empire', in *Journal of Contemporary History* 2 (1968), 19-28.
* Keep, John, '1917: The Tyranny of Paris over Petrograd', in *Soviet Studies* 20 (1968), 22-35.
* Kelemen, Béla, *Adatok a szegedi ellenforradalom és a szegedi kormány történetéhez* (Szeged: Szerzö Kiadása, 1923).
* Kellogg, Michael, *The Russian Roots of Nazism: White Russians and the Making of National Socialism, 1917-1945* (Cambridge and New York: Cambridge University Press, 2005).
* Kelly, Matthew J., *The Fenian Ideal and Irish Nationalism, 1882-1916* (Woodbridge: Boydell and Brewer, 2006).
* Kennan, George F., *The Decline of Bismarck's European Order: Franco-Russian Relations, 1875-1890* (Princeton, NJ: Princeton University Press, 1981).
* Kennedy, David, *Over Here: The First World War and American Society* (Oxford and New York: Oxford University Press, 1980).
* Kerekes, Lajos, 'Die "weiße"Allianz: Bayerisch-österreichisch-ungarische Projekte gegen die Regierung Renner im Jahre 1920', in *Österreichische Osthefte* 7 (1965), 353-66.
* Kershaw, Ian, *Hitler*, vol. 1: *Hubris, 1889-1936* (London: Penguin, 1998).
* Kershaw, Ian, *Hitler*, vol. 2: *Nemesis, 1936-1945* (London: Penguin, 2001).
* Kershaw, Ian, *The End: The Defiance and Destruction of Hitler's Germany, 1944-1945* (London and New York: Allen Lane, 2011).
* Kershaw, Ian, *To Hell and Back: Europe, 1914-1949* (London: Allen Lane, 2015).
* Kiesel, Helmuth, *Ernst Jünger: Die Biographie* (Munich: Siedler, 2007).
* Kimerling Wirtschafter, Elise, *Social Identity in Imperial Russia* (DeKalb, IL: Northern Illinois Press, 1997).
* King, Greg, and Penny Wilson, *The Fate of the Romanovs* (Hoboken, NJ: John Wiley and Sons, 2003).
* Kingsley Kent, Susan, *Aftershocks: Politics and Trauma in Britain, 1918-1931* (Basingstoke and New York: Palgrave Macmillan, 2009).
* Kinross, Patrick, *Atatürk: A Biography of Mustafa Kemal, Father of Modern Turkey* (London: Weidenfeld and Nicolson, 1964).
* Király, Béla, 'East Central European Society and Warfare in the Era of the Balkan Wars', in idem and Dimitrije/Ðordević, *East Central European Society and the Balkan Wars* (Boulder, CO: Social

Science Monographs, 1987), 3-13.

* Király, Béla K. and Nandor F. Dreisiger, (eds), *East Central European Society in World War I* (New York: East European Monographs, 1985).

* Kirby, David, *A Concise History of Finland* (Cambridge and New York: Cambridge University Press, 2006).

* Kirk, Dudley, *Europe's Population in the Interwar Years* (Geneva and New York: League of Nations, 1946).

* Kitchen, James, *The British Imperial Army in the Middle East* (London: Bloomsbury, 2014).

* Kitchen, Martin, *The Silent Dictatorship: The Politics of the German High Command under Hindenburg and Ludendorff, 1916-1918* (New York: Holmes and Meier, 1976).

* Kitromilides, Paschalis M. (ed.), *Eleftherios Venizelos: The Trials of Statesmanship* (Edinburgh: Edinburgh University Press, 2008).

* Kitromilides, Paschalis M. (ed.), *Exodos*, vol. 3 (Athens: Centre for Asia Minor Studies, 2013).

* Klimecki, Michał, *Polsko-ukraińska wojna o Lwów i Wschodnią Galicję 1918-1919 r. Aspekty polityczne I wojskowe* (Warsaw: Wojskowy Instytut Historyczny, 1997).

* Klinkhammer, Lutz, Amedeo Osto Guerrazzi and Thomas Schlemmer (eds), *Die 'Achse' im Krieg: Politik, Ideologie und Kriegführung 1939-1945* (Paderborn, Munich, Vienna and Zurich: Schöningh, 2010).

* Kluge, Ulrich, *Soldatenräte und Revolution: Studien zur Militärpolitik in Deutschland 1918/19* (Götingen: Vandenhoeck and Ruprecht, 1975).

* Kluge, Ulrich, 'Militärrevolte und Staatsumsturz. Ausbreitung und Konsolidierung der Räteorganisation im rheinisch-westfälischen Industriegebiet', in Reinhard Rüup (ed.), *Arbeiter-und Soldatenräte im rheinisch-westfälischen Industriegebiet* (Wuppertal: Hammer, 1975), 39-82.

* Knox, MacGregor, *Common Destiny: Dictatorship, Foreign Policy, and War in Fascist Italy and Nazi Germany* (Cambridge: Cambridge University Press, 2000).

* Knox, MacGregor, *To the Threshold of Power, 1922/23: Origins and Dynamics of the Fascist and National Socialist Dictatorship* (New York: Cambridge University Press, 2007).

* Koch, Hannsjoachim W., *Der deutsche Bürgerkrieg: Eine Geschichte der deutschen und österreichischen Freikorps 1918-1923* (Berlin: Ullstein, 1978).

* Koenen, Gerd, *Der Russland-Komplex: Die Deutschen und der Osten, 1900-1945* (Munich: C. H. Beck, 2005).

* Kopisto, Lauri, 'The British Intervention in South Russia 1918-1920', unpublished PhD thesis, University of Helsinki, 2011.

* Kostopoulos, Tasos, *Polemos ke ethnokatharsi, I ksehasmeni plevra mias dekaetous ethnikis eksormisis, 1912-1922* (Athens: Vivliorama, 2007).

* Kotowski, Christoph, *Die 'moralische Diktatur', in Polen 1926 bis 1939: Faschismus oder autoritäres Militärregime?* (Munich: Grin, 2011).

* Kozhuharov, Kanyu. *Radomirskata republika, 1918-1948* (Sofia: BZNS, 1948).

* Kozhuharov, Kanyu, *Reformatorskoto delo na Aleksandar Stambolijski* (Sofia: Fond 'Aleksandar Stambolijski', 1948).

* Kozuchowski, Adam, *The Afterlife of Austria-Hungary: The Image of the Habsburg Monarchy in*

왜 제1차 세계대전은 끝나지 않았는가

Interwar Europe (Pittsburgh, PA: University of Pittsburgh Press, 2013).

* Kramer, Alan, *Dynamic of Destruction: Culture and Mass Killing in the First World War* (Oxford and New York: Oxford University Press, 2007).

* Kramer, Alan, 'Deportationen', in Gerhard Hirschfeld, Gerd Krumeich and Irina Renz (eds), *Enzyklopädie Erster Weltkrieg* (Paderborn: Schöningh, 2009), 434-5.

* Krämer, Gudrun, *A History of Palestine: From the Ottoman Conquest to the Founding of the State of Israel* (Princeton, NJ: Princeton University Press, 2008).

* Kraus, Hans-Christof, *Versailles und die Folgen: Außenpolitik zwischen Revisionismus und Verstädigung 1919-1933* (Berlin: be.bra, 2013).

* Krause, Andreas, *Scapa Flow: Die Selbstversenkung der Wilhelminischen Flotte* (Berlin: Ullstein, 1999).

* Krausz, Tamás, and Judit Vértes (eds), *1919. A Magyarországi Tanácsköztársaság és a kelet-európai forradalmak* (Budapest: L'Harmattan-ELTE BTK Kelet-Európa Története Tanszék, 2010).

* Kreis, Georg, *Insel der unsicheren Geborgenheit: die Schweiz in den Kriegsjahren 1914-1918* (Zürich: NZZ, 2014).

* Křen, Jan, *Die Konfliktgemeinschaft: Tschechen und Deutsche, 1780-1918* (Munich: Oldenbourg, 1996).

* Krethlow, Carl Alexander, *Generalfeldmarschall Colmar Freiherr von der Goltz Pascha: Eine Biographie* (Paderborn: Ferninand Schöingh, 2012).

* Krispin, Martin, *'Für ein freies Russland...': Die Bauernaufstäde in den Gouvernements Tambov und Tjumen 1920-1922* (Heidelberg: Winter, 2010)

* Krumeich, Gerd (ed), *Versailles 1919: Ziele, Wirkung, Wahrnehmung* (Essen: Klartext Verlag, 2001).

* Krumeich, Gerd, 'Die Dolchstoß-Legende', in Etienne Françis and Hagen Schulze (eds), *Deutsche Erinnerungsorte*, vol. 1 (Munich: C. H. Beck, 2001), 585-99.

* Kucera, Jaroslav, *Minderheit im Nationalstaat. Die Sprachenfrage in den tschechisch-deutschen Beziehungen 1918-1938* (Munich: Oldenbourg, 1999).

* Kučera, Rudolf, 'Exploiting Victory, Sinking into Defeat: Uniformed Violence in the Creation of the New Order in Czechoslovakia and Austria 1918-1922', in *Journal of Modern History* (forthcoming).

* Kurayev, Oleksii, *Politika Nimechchini i Avstro-Uhorshchini v Pershii svitovij vijni: ukrayinskii napryamok* (Kiev: Inst. Ukraïskoi Archeohrafiïta Džreloznavstva Im. M. S. Hrusevskoho, 2009).

* Kuromiya, Hiroaki, *Freedom and Terror in the Donbas: A Ukrainian-Russian Borderland 1870s-1990s* (Cambridge and New York: Cambridge University Press, 1998).

* Kuron, Hans Jürgen, *Freikorps und Bund Oberland*, unpublished PhD thesis, Munich 1960.

* Kusber, Jan, *Krieg und Revolution in Russland 1904-1906: Das Militär im Verhältnis zu Wirtschaft, Autokratie und Gesellschaft* (Stuttgart: Franz Steiner, 1997).

* Labanca, Nicola, *La guerra italiana per la Libia, 1911-1931* (Bologna: il Mulino, 2012).

* Labanca, Nicola, *Oltremare* (Bologna: il Mulino, 2002).

* Labanca, Nicola, 'La guerra sul fronte italiano e Caporetto', in Audoin-Rouzeau and Becker (eds), *La prima guerra mondiale*, vol. 1, 443-60.

* Lackó, Miklós, 'The Role of Budapest in Hungarian Literature 1890-1935', in Tom Bender (ed.),

Budapest and New York: Studies in Metropolitan Transformation, 1870-1930 (New York: Russell Sage Foundation, 1994), 352-66.

- Large, David Clay, *Where Ghosts Walked: Munich's Road to the Third Reich* (New York: W. W. Norton, 1997).

- Laschitza, Annelies, *Die Liebknechts: Karl und Sophie, Politik und Familie* (Berlin: Aufbau, 2009).

- Laschitza, Annelies, *Im Lebensrausch, trotz alledem. Rosa Luxemburg: Eine Biographie* (Berlin: Aufbau, 1996/2002).

- Laschitza, Annelies, and Elke Keller, *Karl Liebknecht: Eine Biographie in Dokumenten* (East Berlin: Dietz, 1982).

- Lavery, Jason, 'Finland 1917-19: Three Conflicts, One Country', in *Scandinavian Review* 94 (2006), 6-14.

- Lawrence, Jon, 'Forging a Peaceable Kingdom: War, Violence, and Fear of Brutalization in Post-First World War Britain', in *Journal of Modern History* 75 (2003), 557-89.

- Le Moal, Frédéric, *La Serbie: Du martyre à la victoire 1914-1918* (Paris: Soteca, 2008).

- Leeden, Michael A., *The First Duce: D'Annunzio at Fiume* (Baltimore, MD, and London: Johns Hopkins University Press, 1977).

- Leggert, George, *The Cheka: Lenin's Political Police, the All-Russian Extraordinary Commission for Combating Counterrevolution and Sabotage (December 1917 to February 1922)* (Oxford: Clarendon Press, 1981).

- Lehovich, Dimitry V., *White against Red: The Life of General Anton Denikin* (New York, W. W. Norton, 1974).

- Leidinger, Hannes, 'Der Kieler Aufstand und die deutsche Revolution', in idem and Verena Moritz (eds), *Die Nacht des Kirpitschnikow. Eine andere Geschichte des Ersten Weltkriegs* (Vienna: Deuticke, 2006), 220-35.

- Leidinger, Hannes, and Verena Moritz, *Gefangenschaft, Revolution, Heimkehr. Die Bedeutung der Kriegsgefangenproblematik füdie Geschichte des Kommunismus in Mittel- und Osteuropa 1917-1920* (Vienna, Cologne and Weimar: Bölau, 2003).

- Leonhard, Jörn, *Die Büchse der Pandora: Geschichte des Ersten Weltkriegs* (Munich: C. H. Beck, 2014).

- Levene, Mark, *Crisis of Genocide*, vol. 1: *The European Rimlands 1912-1938* (Oxford and New York: Oxford University Press, 2014).

- Levene, Mark, *War, Jews, and the New Europe: The Diplomacy of Lucien Wolf, 1914-1919* (Oxford and New York: Oxford University Press, 1992).

- Lewis, Jill, 'Austria: Heimwehr, NSDAP and the Christian Social State', in Aristotle A. Kallis (ed.), *The Fascism Reader* (London and New York: Routledge, 2003) 212-22.

- Lieven, Dominic, *Nicholas II: Emperor of all the Russians* (London: Pimlico, 1994).

- Lieven, Dominic, *Russian Rulers under the Old Regime* (New Haven, CT, and London: Yale University Press, 1989).

- Lincoln, W. Bruce, *In War's Dark Shadow: The Russians Before the Great War* (London: Dial Press, 1983).

- Lincoln, W. Bruce, *Passage through Armageddon: The Russians in War and Revolution* (New York:

Simon and Schuster, 1986).

- Lincoln, W. Bruce, *Red Victory: A History of the Russian Civil War* (New York: Simon and Schuster, 1989).

- Linke, Norbert, *Franz Lehár* (Reinbek bei Hamburg: Rowohlt, 2001).

- Lipscher, Ladislav, 'Die Lage der Juden in der Tschechoslowakei nach deren Gründung 1918 bis zu den Parlamentswahlen 1920', in *East Central Europe* 1 (1989), 1–38.

- Liulevicius, Vejas Gabriel, *War Land on the Eastern Front: Culture, National Identity and German Occupation in World War I* (Cambridge and New York: Cambridge University Press, 2000).

- Liulevicius, Vejas Gabriel, 'Der Osten als apokalyptischer Raum: Deutsche Fronterfahrungen im und nach dem Ersten Weltkrieg', in Gregor Thum (ed.), *Traumland Osten: Deutsche Bilder vom östlichen Europa im 20. Jahrhundert* (Göttingen: Vandenhoeck and Ruprecht, 2006), 47–65.

- Lojko, Miklos, *Meddling in Middle Europe: Britain and the 'Lands Between', 1918–1925* (Budapest and New York: Central European University Press, 2006).

- Longerich, Peter, *Hitler: Biographie* (Munich: Siedler, 2015).

- Lorman, Thomas, 'The Right-Radical Ideology in the Hungarian Army, 1921–23', in *Central Europe* 3 (2005), 67–81.

- Lönne, Karl Egon (ed.), *Die Weimarer Republik, 1918–1933: Quellen zum politischen Denken der Deutschen im 19. und 20. Jahrhundert* (Darmstadt: Wissenschaftliche Buchgesellschaft, 2002).

- Lösch, Verena, 'Die Geschichte der Tiroler Heimatwehr von ihren Anfängen bis zum Korneuburger Eid (1920–1930)', unpublished PhD thesis, Innsbruck 1986.

- Łossowski, Piotr, *Konflikt polsko-litewski 1918–1920*, 2nd edition (Warsaw: Książka i Wiedza, 1996).

- Luban, Ottokar, 'Die Massenstreiks füFrieden und Demokratie im Ersten Weltkrieg', in Chajal Boebel and Lothar Wentzel (eds), *Streiken gegen den Krieg: Die Bedeutung der Massenstreiks in der Metallindustrie vom Januar 1918* (Hamburg: VSA-Verlag, 2008), 11–27.

- Lüdke, Tilman, *Jihad Made in Germany: Ottoman and German Propaganda and Intelligence Operations in the First World War* (Münster: Lit Verlag, 2005).

- Lundgreen-Nielsen, Kay, *The Polish Problem at the Paris Peace Conference: A Study of the Policies of the Great Powers and the Poles, 1918–1919* (Odense: Odense University Press, 1979).

- Lupo, Salvatore, *Il fascismo: La politica in un regime totalitario* (Rome: Donzelli, 2000).

- Lyttelton, Adrian, *The Seizure of Power: Fascism in Italy 1919–1929* (London: Weidenfeld and Nicolson, 1973).

- Lyttleton, Adrian, 'Fascism and Violence in Post-War Italy: Political Strategy and Social Conflict', in Wolfgang J. Mommsen and Gerhard Hirschfeld (eds), *Social Protest, Violence and Terror* (London: Palgrave Macmillan, 1982), 257–74.

- Lytvyn, Mykola R., *Ukrayins'ko-pol's'ka viyna 1918–1919rr* (Lviv: Inst. Ukraïoznavstva Im. I. Krypjakevyča NAN Ukraïy; Inst. Schidno-CentralnoïJevropy, 1998).

- Macartney, Carlile A., *National States and National Minorities* (Oxford and New York: Oxford University Press, 1934).

- Macartney, Carlile A., *The Habsburg Empire, 1790–1918* (London: Weidenfeld and Nicolson, 1969).

- Mace, James E., *Communism and the Dilemmas of National Liberation: National Communism in Soviet Ukraine 1918–1933* (Cambridge, MA: Harvard University Press, 1983).

- Machtan, Lothar, *Die Abdankung: Wie Deutschlands gekröte Häpter aus der Geschichte fielen* (Berlin: Propyläen, 2008).

- Machtan, Lothar, *Prinz Max von Baden: Der letzte Kanzler des Kaisers* (Berlin: Suhrkamp, 2013).

- Mack Smith, Denis, *Mussolini's Roman Empire* (London: Longman, 1976).

- MacMillan, Margaret, *Peacemakers: The Paris Conference of 1919 and its Attempt to End War* (London: John Murray, 2001).

- Maderthaner, Wolfgang, 'Utopian Perspectives and Political Restraint: The Austrian Revolution in the Context of Central European Conflicts', in Günter Bischof, Fritz Plasser and Peter Berger (eds), *From Empire to Republic: Post-World War I Austria* (New Orleans, LA, and Innsbruck: UNO Press and Innsbruck University Press, 2010), 52–66.

- Maderthaner, Wolfgang, 'Die eigenartige Größe der Beschränkung. Österreichs Revolution im mitteleuropäischen Spannungsfeld', in Helmut Konrad and Wolfgang Maderthaner (eds), *… der Rest ist Österreich. Das Werden der Ersten Republik*, vol. 1 (Vienna: Carl Gerold's Sohn, 2008), 187–206.

- Maier, Charles S., *Leviathan 2.0: Inventing Modern Statehood* (Cambridge, MA: Harvard University Press, 2014).

- Maier, Michaela, and Wolfgang Maderthaner (eds), *Physik und Revolution: Friedrich Adler–Albert Einstein: Briefe, Dokumente, Stellungnahmen* (Vienna: Locker, 2006).

- Malefakis, Edward E., *Agrarian Reform and Peasant Revolution in Spain: Origins of the Civil War* (New Haven, CT, and London: Yale University Press, 1970).

- Malinowski, Stephan, *Vom König zum Führer: Sozialer Niedergang und politische Radikalisierung im deutschen Adel zwischen Kaiserreich und NS-Staat* (Frankfurt am Main: Fischer, 2003).

- Manela, Erez, *The Wilsonian Moment: Self-Determination and the International Origins of Anticolonial Nationalism* (Oxford and New York: Oxford University Press, 2007).

- Mann, Michael, *The Dark Side of Democracy: Explaining Ethnic Cleansing* (Cambridge and New York: Cambridge University Press, 2005).

- Mann, Thomas, *Diaries 1919–1939, trans. Richard and Clare Winston* (London: André Deutsch, 1983).

- Marantzidis, Nikos, 'Ethnic Identity, Memory and Political Behavior: The Case of Turkish-Speaking Pontian Greeks', in *South European Society and Politics* 5 (2000), 56–79.

- Mark, Rudolf A., *Krieg an Fernen Fronten: Die Deutschen in Zentralasien und am Hindukusch 1914-1924* (Paderborn: Ferdinand Schöingh, 2013).

- Markov, Georgi, *Bulgaria v Balkanskia sayuz sreshtu Osmanskata imperia, 1911-1913* (Sofia: Zahariy Stoyanov, 2012).

- Markov, Georgi, *Goliamata voina i bulgarskata strazha mezhdu Sredna Evropa i Orienta, 1916-1919* (Sofia: Akademichno izdatelstvo 'Prof. Marin Drinov', 2006).

- Markov, Georgi, *Golyamata voina i bulgarskiat klyuch kym evropeiskiat pogreb (1914-1916)* (Sofia: Akademichno izdatelstvo 'Prof. Marin Drinov', 1995).

- Marks, Sally, 'The Myths of Reparations', in *Central European History* 11 (1978), 231–9.

- Martin, Terry, *The Affirmative Action Empire: Nations and Nationalism in the Soviet Union, 1923-1939* (Ithaca, NY: Cornell University Press, 2001).

- März, Eduard, 'Die große Depression in Österreich 1930-1933', in *Wirtschaft und Gesellschaft* 16

(1990), 409-38.

- Matsusaka, Yoshihisa Tak, *The Making of Japanese Manchuria, 1904-1932* (Cambridge, MA: Harvard University Press, 2001).
- Matthew, James, 'Battling Bolshevik Bogeymen: Spain's Cordon Sanitaire against Revolution from a European Perspective, 1917-1923', *Journal of Military History*, 80 (2016), 725-55.
- Mavrogordatos, George, 'Metaxi dio polemon. Politiki Istoria 1922-1940', in Vassilis Panagiotopoulos (ed.), *Istoria tou Neou Ellinismou*, vol. 7 (Athens: Ellinika Grammata, 2003), 9-10.
- Mawdsley, Evan, *The Russian Civil War* (Boston, MA, and London: Allen and Unwin, 1987).
- Mawdsley, Evan, *The Russian Civil War* (London: Birlinn, 2000).
- Mawdsley, Evan, 'International Responses to the Russian Civil War (Russian Empire)', in *1914-1918 online. International Encyclopedia of the First World War*.
- May, Arthur, *The Passing of the Habsburg Monarchy*, vol. 2 (Philadelphia, PA: University of Pennsylvania Press, 1966).
- Mayer, Arno, *Wilson vs. Lenin: Political Origins of the New Democracy, 1917-1918* (Cleveland, OH: World, 1964).
- Mayer, Arno J., *The Furies: Violence and Terror in the French and Russian Revolutions* (Princeton, NJ: Princeton University Press, 2000).
- Mazower, Mark, *Dark Continent: Europe's Twentieth Century* (New York: Vintage Books, 1998).
- Mazower, Mark, *Governing the World: The History of an Idea* (London: Penguin, 2013).
- Mazower, Mark, *Hitler's Empire: How the Nazis Ruled Europe* (New York and London: Allen Lane, 2008).
- Mazower, Mark, *Salonica, City of Ghosts: Christians, Muslims and Jews, 1430-1950* (New York: Harper Perennial, 2005).
- Mazower, Mark, 'Minorities and the League of Nations in Interwar Europe', in Daedalus 126 (1997), 47-63.
- McAuley, Mary, *Bread and Justice: State and Society in Petrograd, 1917-1922* (Oxford: Clarendon Press, 1991).
- McCarthy, Justin, *Death and Exile: The Ethnic Cleansing of Ottoman Muslims 1821-1922* (Princeton, NJ: Darwin Press, 2004).
- McCarthy, Justin, *The Ottoman Peoples and the End of Empire* (London: Arnold, 2005).
- McElligott, Anthony, *Rethinking the Weimar Republic: Authority and Authoritarianism, 1916-1936* (London: Bloomsbury, 2014).
- McMeekin, Sean, *History's Greatest Heist: The Looting of Russia by the Bolsheviks* (New Haven, CT, and London: Yale University Press, 2009).
- McRandle, James, and James Quirk, 'The Blood Test Revisited: A New Look at German Casualty Counts in World War I', in *Journal of Military History* 70 (2006), 667-702.
- Meaker, Gerald H., *The Revolutionary Left in Spain 1914-1923* (Stanford, CA: Stanford University Press, 1974).
- Melancon, Michael S., *The Lena Goldfields Massacre and the Crisis of the Late Tsarist State* (College Station, TX: Texas A&M University Press, 2006).
- Meneses, Filipe de, *Salazar: A Political Biography* (New York: Enigma Books, 2009).

- Méouchy, Nadine, and Peter Sluglett (eds), *The British and French Mandates in Comparative Perspective* (Leiden: Brill, 2004).

- Meyer, Gert, *Studien zur sozialöonomischen Entwicklung Sowjetrusslands 1921-1923: Die Beziehungen zwischen Stadt und Land zu Beginn der Neuen Ökonomischen Politik* (Cologne: Pahl-Rugenstein, 1974).

- Michael, Holger, *Marschall József Pitsudski 1867-1935: Schöpfer des modernen Polens* (Bonn: Pahl-Rugenstein, 2010).

- Michels, Eckard, 'Die "Spanische Grippe" 1918/19: Verlauf, Folgen und Deutungen in Deutschland im Kontext des Ersten Weltkriegs', in *Vierteljahrshefte für Zeitgeschichte* (2010), 1-33.

- Mick, Christoph, 'Vielerlei Kriege: Osteuropa 1918-1921', in Dietrich Beyrau et al. (eds), *Formen des Krieges von der Antike bis zur Gegenwart* (Paderborn: Schöningh 2007), 311-26.

- Mick, Christoph, *Lemberg-Lwów-L'viv, 1914-1947: Violence and Ethnicity in a Contested City* (West Lafayette, IN: Purdue University Press, November 2015).

- Middlebrook, Martin, *The Kaiser's Battle: The First Day of the German Spring Offensive* (London: Viking, 1978).

- Mierau, Fritz, *Russen in Berlin, 1918-1933* (Berlin: Quadriga, 1988).

- Mikoletzky, Lorenz, 'Saint-Germain und Karl Renner: Eine Republik wird diktiert', in Konrad and Maderthaner (eds), *Das Werden der Ersten Republik … der Rest ist Österreich*, vol. 1, 179-86.

- Millan, Matteo, *Squadrismo e squadristi nella dittatura fascista* (Rome: Viella, 2014).

- Millan, Matteo, 'The Institutionalization of Squadrismo: Disciplining Paramilitary Violence in the Fascist Dictatorship', in *Contemporary European History* 22 (2013), 551-74.

- Miller, Daniel E., 'Colonizing the Hungarian and German Border Areas during the Czechoslovak Land Reform, 1918-1938', in *Austrian History Yearbook* 34 (2003), 303-17.

- Miller, Marshall Lee, *Bulgaria during the Second World War* (Stanford, CA: Stanford University Press, 1975).

- Miller, Susanne, *Die Bürde der Macht: Die deutsche Sozialdemokratie 1918-1920* (Düsseldorf: Droste, 1978).

- Milow, Caroline, *Die ukrainische Frage 1917-1923 im Spannungsfeld der europäischen Diplomatie* (Wiesbaden: Harrassowitz, 2002).

- Milton, Giles, *Paradise Lost: Smyrna 1922: The Destruction of Islam's City of Tolerance* (London: Sceptre, 2008).

- Minchev, Dimitre, *Participation of the Population of Macedonia in the First World War* (Sofia: Voenno izdatelstvo, 2004).

- Mir, Nejiski, *Vojna enciklopedija* (Belgrade: Vojno-izdavački zavod, 1973).

- Mitchell, Allan, *Revolution in Bavaria 1918-19: The Eisner Regime and the Soviet Republic* (Princeton, NJ: Princeton University Press, 1965).

- Mitchell, David, *1919: Red Mirage* (London: Jonathan Cape, 1970).

- Mitev, Yono, *Fashistkiyat prevrat na deveti yuni 1923 godina i Yunskoto antifashistko vastanie* (Sofia: BZNS, 1973).

- Mitter, Rana, *China's War with Japan, 1937-1945: The Struggle for Survival* (London: Allen Lane, 2014).

- Mitrofanis, Giorgos, 'Ta dimosia ikonomika. Ikonomiki anorthossi ke polemi, 1909–1922', in Vassilis Panagiotopoulos (ed.), *Istoria tou Neou Ellinismou, 1770-2000*, vol. 6 (Athens: Ellinika Grammata, 2003), 124–7.

- Mitrović, Andrej, *Jugoslavija na Konferenciji mira 1919-1920* (Belgrade: Zavod za izdavanje udženika SR Srbije, 1969).

- Mitrović, Andrej, *Serbia's Great War, 1914-1918* (London: Hurst, 2007).

- Mitter, Rana, *A Bitter Revolution: China's Struggle with the Modern World* (Oxford and New York: Oxford University Press, 2004).

- Mizov, Nikolay, *Vliyanieto na Velikata oktomvriyska sotsialisticheska revolyutsia varhu Vladayskoto vaorazheno vastanie na voynishkite masi u nas prez septembri 1918 godina\[The Impact of the Great October Socialist Revolution upon the Vladaya Armed Uprising of the Soldiers'Masses in September 1918\]* (Sofia: NS OF, 1957).

- Mócsy, István, *The Effects of World War I: The Uprooted: Hungarian Refugees and their Impact on Hungary's Domestic Politics, 1918-1921* (New York: Columbia University Press, 1983).

- Molnár, Miklós, *From Béla Kun to János Kádár: Seventy Years of Hungarian Communism* (New York: St Martin's Press, 1990).

- Mommsen, Hans, 'Adolf Hitler und der 9. November 1923', in Johannes Willms (ed.), *Der 9. November. Füf Essays zur deutschen Geschichte*, 2nd edition (Munich: C. H. Beck, 1995), 33–48.

- Montgomery, A. E., 'The Making of the Treaty of Sères of 10 August 1920', in *The Historical Journal* 15 (1972), 775–87.

- Moral, Juan Díaz del, *Historia de las agitaciones campesinas andaluzas. Córdoba. Antecedentes para una reforma agraria* (Madrid: Alianza, 1995).

- Moral, Juan Díaz del, 'Historia de las agitaciones campesinas andaluzas', in Isidoro Moreno Navarro (ed.), *La identidad cultural de Andalucía, aproximaciones, mixtificaciones, negacionismo y evidencias* (Seville: Fundación Pública Andaluza Centro de Estudios Andaluces, 2008).

- Morgan, Philip, *Italian Fascism, 1919-1945* (London: Macmillan, 1995).

- Morgenthau, Henry, *I Was Sent to Athens* (Garden City, NY: Doubleday, 1929).

- Mosse, George L., *Fallen Soldiers: Reshaping the Memory of the World Wars* (Oxford and New York: Oxford University Press, 1990).

- Mroczka, Ludwik, 'Przyczynek do kwestii żydowskiej w Galicji u progu Drugiej Rzeczpospolitej', in Feliksa Kiryka (ed.), *Żydzi w Małopolsce. Studia z dziejóosadnictwa i życia społ ecznego* (Przemyśl: Południowo-Wschodni Instytut Naukowy w Przemyślu, 1991), 297–308.

- Mühlhausen, Walter, *Friedrich Ebert, 1871-1925: Reichspräsident der Weimarer Republik* (Bonn: Dietz Verlag, 2006).

- Mulligan, William, *The Great War for Peace* (New Haven, CT, and London: Yale University Press, 2014).

- Mussolini, Benito, *Opera omnia*, vols 16 and 29 (Florence: La Fenice, 1955–9).

- Nachtigal, Reinhard, *Kriegsgefangenschaft an der Ostfront 1914-1918: Literaturbericht zu einem neuen Forschungsfeld* (Frankfurt: Peter Lang, 2003).

- Nachtigal, Reinhard, *Russland und seine österreichisch-ungarischen Kriegsgefangenen (1914-1918)* (Remshalden: Verlag Bernhard Albert Greiner, 2003).

- Nachtigal, Reinhard, 'Die kriegsgefangenen k. u. k. Generalitätin Russland während des Ersten Weltkriegs', in *Österreich in Geschichte und Literatur* (mit Geographie) 47 (2003), 258-74.
- Naimark, Norman M, *Fires of Hatred: Ethnic Cleansing in Twentieth-Century Europe* (Cambridge, MA: Harvard University Press, 2002).
- Naumov, Georgi, *Aleksandar Tzankov i Andrey Lyapchev v politikata na darzhavnoto upravlenie* (Sofia: IF 94, 2004).
- Nebelin, Manfred, *Ludendorff: Diktator im Ersten Weltkrieg* (Munich: Siedler, 2010).
- Neck, Rudolf (ed.), *Österreich im Jahre 1918: Berichte und Dokumente* (Vienna: Oldenbourg, 1968).
- Nedev, Nedyu, *Aleksandar Stambolijski i zagovorat* (Sofia: BZNS, 1984).
- Nedev, Nedyu, *Tsar Boris III: Dvoretsat i tayniyat cabinet* (Plovdiv: IK 'Hermes', 2009).
- Nedev, Nikola, and Tsocho Bilyarski, *Doyranskata epopeia, 1915-1918* (Sofia: Aniko/Simolini, 2009).
- Negro, Piero del, 'Vittorio Veneto e l'armistizio sul fronte italiano', in Audoin- Rouzeau and Becker (eds), *La prima guerra mondiale*, vol. 2, 333-43.
- Neiberg, Michael S., *The Second Battle of the Marne* (Bloomington, IN: Indiana University Press, 2008).
- Nello, Paolo, 'La rivoluzione fascista ovvero dello squadrismo nazional rivoluzionario', in *Storia contemporanea* 13 (1982), 1,009-25.
- Nettl, Peter, *Rosa Luxemburg* (Frankfurt am Main: Bühergilde Gutenberg, 1968).
- Neumann, Wilhelm, *Abwehrkampf und Volksabstimmung in Känten, 1918-1920: Legenden und Tatsachen*, 2nd Édition (Klagenfurt: Kärntner Landesarchiv, 1985).
- Neutatz, Dietmar, *Träume und Alpträume: Eine Geschichte Russlands im 20. Jahrhundert* (Munich: C. H. Beck, 2013).
- Newman, John Paul, 'Serbian Integral Nationalism and Mass Violence in the Balkans 1903-1945', in *Tijdschrift voor Geschiedenis*, 124 (2011), 448-63.
- Newman, John Paul, 'The Origins, Attributes, and Legacies of Paramilitary Violence in the Balkans', in Gerwarth and Horne (eds), *War in Peace*, 145-63.
- Newman, John Paul, *Yugoslavia in the Shadow of War: Veterans and the Limits of State Building, 1903-1945* (Cambridge and New York: Cambridge University Press, 2015).
- Nicolle, David, *The Italian Invasion of Abyssinia 1935-1936* (Westminster, MD: Osprey, 1997).
- Niebrzydowski, Paul, *The American Relief Administration in Poland after the First World War, 1918-1923* (Washington DC: IARO Scholar Research Brief, 2015).
- Nikolov, Kosta, *Kletvoprestapnitsite: Vladayskite sabitiya prez septemvri 1918 [The Oath-breakers: The Vladaya Events in September 1918]* (Sofia: Angoboy, 2002).
- Nivet, Philippe, *Les réfugiés françis de la Grande Guerre, 1914-1920: Les 'boches du nord'* (Paris: Institut de Stratégie Comparée, 2004).
- Norman Davies, *White Eagle, Red Star: The Polish-Soviet War, 1919-20*, 2nd edition (London: Pimlico, 2004).
- Noske, Gustav, *Von Kiel bis Kapp: Zur Geschichte der deutschen Revolution* (Berlin: Verlag für Politik und Wirtschaft, 1920).
- Nowak, Andrzej, 'Reborn Poland or Reconstructed Empire? Questions on the Course and Results of

Polish Eastern Policy (1918-1921)', in *Lithuanian Historical Studies* 13 (2008), 134-42.

- Nusser, Horst G., *Konservative Wehrverbände in Bayern, Preussen und Österreich mit einer Biographie von Georg Escherich 1870-1941*, 2 vols (Munich: Nusser, 1973).

- O'Brien, Paul, *Mussolini in the First World War: The Journalist, the Soldier, the Fascist* (London: Bloomsbury, 2005).

- Ognyanov, Lyubomir, *Voynishkoto vastanie 1918 [The Soldiers' Uprising]* (Sofia: Nauka i izkustvo, 1988).

- Olechnowicz, Andrzej, 'Liberal Anti-Fascism in the 1930s: The Case of Sir Ernest Barker', in *Albion: A Quarterly Journal Concerned with British Studies* 36 (2004), 636-60.

- Orga, Irfan, and Margarete Orga, *Atatürk* (London: Michael Joseph, 1962).

- Ortaggi, Simonetta, 'Mutamenti sociali e radicalizzazione dei conflitti in Italia tra guerra e dopoguerra', in *Ricerche storiche* 27 (1997), 673-89.

- Orzoff, Andrea, *Battle for the Castle* (Oxford and New York: Oxford University Press, 2009).

- Osborne, Eric W., *Britain's Economic Blockade of Germany, 1914-1919* (London and New York: Frank Cass, 2004).

- Osipova, Taisia, 'Peasant Rebellions: Origins, Scope, Dynamics, and Consequences', in Vladimir N. Brovkin (ed.), *The Bolsheviks in Russian Society* (New Haven, CT, and London: Yale University Press, 1997), 154-76.

- Overmans, Rüdiger, 'Kriegsverluste', in Gerhard Hirschfeld, Gerd Krumeich and Irina Renz (eds), *Enzyklopädie Erster Weltkrieg*, 2nd revised edition (Paderborn: Schöningh, 2004), 663-6.

- Overy, Richard J., *The Interwar Crisis, 1919-1939* (Essex: Pearson, 1994).

- Pallis, Alexandros A, *Greece's Anatolian Venture-and After: A Survey of the Diplomatic and Political Aspects of the Greek Expedition to Asia Minor* (1915-1922) (London: Methuen and Company, 1937).

- Palmer, James, *The Bloody White Baron: The Extraordinary Story of the Russian Nobleman who Became the Last Khan of Mongolia* (New York: Basic Books, 2009).

- Pasetti, Matteo, *Tra classe e nazione. Rappresentazioni e organizzazione del movimento nazional-sindacalista, 1918-1922* (Rome: Carocci, 2008).

- Pastor, Peter, *Hungary between Wilson and Lenin: The Hungarian Revolution of 1918-1919 and the Big Three* (New York: Columbia University Press, East European Monograph, 1976).

- Patenaude, Bertrand M., *The Big Show in Bololand: The American Relief Expedition to Soviet Russia in the Famine of 1921* (Stanford, CA: Stanford University Press, 2002).

- Pauley, Bruce F., *From Prejudice to Persecution: A History of Austrian Anti-Semitism* (Chapel Hill, NC: University of North Carolina Press, 1992).

- Pauley, Bruce F., 'Politischer Antisemitismus im Wien der Zwischenkriegszeit', in Gerhard Botz et al. (eds), *Eine zerstörte Kultur. Jüdisches Leben und Antisemitismus in Wien seit dem 19. Jahrhundert* (Buchloe: Obermayer, 1990), 221-3.

- Pavlović, Srdja, *Balkan Anschluss: The Annexation of Montenegro and the Creation of a Common South Slav State* (West Lafayette, IN: Purdue University Press, 2008).

- Payne, Stanley, *Franco and Hitler: Spain, Germany, and World War II* (New Haven, CT, and London: Yale University Press, 2008).

- Pearson, Raymond, 'Hungary: A State Truncated, a Nation Dismembered', in Seamus Dunn and T.

G. Fraser, *Europe and Ethnicity: World War I and Contemporary Ethnic Conflict* (London and New York: Routledge, 1996), 88–109.

- Pearson, Raymond, *National Minorities in Eastern Europe: 1848-1945* (London: Macmillan, 1983).
- Pedersen, Susan, *The Guardians: The League of Nations and the Crisis of Empire* (Oxford and New York: Oxford University Press, 2015).
- Pedersen, Susan, 'The Meaning of the Mandates System: An Argument', in *Geschichte und Gesellschaft* 32 (2006), 1–23.
- Pentzopoulos, Dimitri, *The Balkan Exchange of Minorities* (Paris and The Hague: Mouton, 2002).
- Pereira, Norman G. O., *White Siberia: The Politics of Civil War* (Montreal: McGill-Queen's University Press, 1996).
- Perman, Dagmar, *The Shaping of the Czechoslovak State: Diplomatic History of the Boundaries of Czechoslovakia* (Leiden: Brill, 1962).
- Petersen, Jens, *Hitler-Mussolini: Die Entstehung der Achse Berlin-Rom 1933-1936* (Tübingen: De Gruyter Niemeyer, 1973).
- Petersen, Jens, 'Il problema della violenza nel fascismo italiano', in *Storia contemporanea* 13 (1982), 985–1,008.
- Petranović, Branko, *Istorija Jugoslavije*, vol. 1 (Belgrade: Nolit, 1988).
- Petrov, Ivan Metodiev, *Voynata v Makedonia (1915-1918)* (Sofia: Semarsh, 2008).
- Petrov, Viktor, 'The Town on the Sungari', in Stone and Glenny (eds), *The Other Russia*, 205–21.
- Petrova, Dimitrina, *Aleksandar Tzankov i negovata partia: 1932-1944* (Sofia: Dio Mira, 2011).
- Phillips, Howard, and David Killingray (eds), *The Spanish Influenza Pandemic of 1918-19: New Perspectives* (London and New York: Routledge, 2003).
- Piazza, Giuseppe, *La nostra terra promessa: lettere dalla Tripolitania marzo-maggio 1911* (Rome: Lux, 1911).
- Pichlík, Karel, 'Der militärische Zusammenbruch der Mittelmächte im Jahre 1918', in Richard Georg Plaschka and Karlheinz Mack (eds), *Die Auflöung des Habsburgerreiches: Zusammenbruch und Neuorientierung im Donauraum* (Munich: Verlag für Geschichte und Politik, 1970), 249–65.
- Pipes, Richard, *Russia under the Bolshevik Regime* (New York: Knopf, 1993).
- Pipes, Richard, *The Russian Revolution 1899-1919* (London: Harvill Press, 1990, 1997)
- Pistohlkors, Gert von (ed.), *Deutsche Geschichte im Osten Europas. Baltische Länder* (Berlin: Siedler, 1994).
- Pitt-Rivers, George, *The World Significance of the Russian Revolution* (London: Blackwell, 1920).
- Plakans, Andrejs, *A Concise History of the Baltic States* (Cambridge and New York: Cambridge University Press, 2011).
- Plakans, Andrejs, *The Latvians: A Short History* (Stanford, CA: Hoover Institution Press, 1995).
- Plaschka, Richard G., *Horst Haselsteiner and Arnold Suppan, Innere Front: Militärassistenz, Widerstand und Umsturz in der Donaumonarchie 1918*, 2 vols (Vienna: Verlag für Geschichte und Politik, 1974).
- Plöckinger, Othmar, *Unter Soldaten und Agitatoren. Hitlers prägende Jahre im deutschen Militär 1918-1920* (Paderborn: Schöningh, 2013).
- Plowman, Matthew, 'Irish Republicans and the Indo-German Conspiracy of World War I', in *New*

왜 제1차 세계대전은 끝나지 않았는가

Hibernia Review 7 (2003), 81-105.

* Poliakov, Léon, *The History of Anti-Semitism*, vol. 4: *Suicidal Europe, 1870-1933* (Philadelphia, PA: University of Pennsylvania Press, 2003).

* Poljakov, Jurij Aleksandrovič et al., *Naselenie Rossii v XX veke: istoričeskie očerki* (Moscow: ROSSPEN, 2000).

* Pölöskei, Ferenc, *A rejtélyes Tisza-gyilkosság* (Budapest: Helikon Kiadó1988).

* Popnikolov, Dimitar, *Balgarite ot Trakiya i spogodbite na Balgaria s Gartsia i Turtsia* (Sofia: n.p., 1928).

* Poryazov, Delcho, *Pogromat nad trakijskite bǎldgari prez 1913 g.: razorenie i etnichesko iztreblenie* (Sofia: Akademichno izdatelstvo 'Prof. Marin Drinov', 2009).

* Pourchier-Plasseraud, Suzanne, 'Riga 1905-2005: A City with Conflicting Identities', in *Nordost-Archiv* 15 (2006), 175-94.

* Preston, Paul, *The Spanish Civil War: Reaction, Revolution, and Revenge* (New York: W. W. Norton and Company, 2006).

* Priestland, David, *The Red Flag: A History of Communism* (London: Penguin, 2009).

* Procacci, Giovanna, *Dalla rassegnazione alla rivolta. Mentalità e comportamenti popolari nella Grande Guerra* (Rome: Bulzoni, 1999).

* Procacci, Giovanna, *Warfare-welfare: Intervento dello Stato e diritti dei cittadini 1914-18* (Rome: Carocci, 2013).

* Prost, Antoine, 'The Impact of War on French and German Political Cultures', in *The Historical Journal* 37 (1994), 209-17.

* Prost, Antoine, and Jay Winter (eds), *The Great War in History: Debates and Controversies, 1914 to the Present* (Cambridge and New York: Cambridge University Press, 2005).

* Provence, Michael, 'Ottoman Modernity, Colonialism, and Insurgency in the Arab Middle East', in *International Journal of Middle East Studies* 43 (2011), 205-25.

* Prusin, Alexander V., *The Lands Between: Conflict in the East European Borderlands, 1870-1992* (Oxford and New York: Oxford University Press, 2010).

* Pugh, Martin, *Hurrah for the Blackshirts! Fascists and Fascism in Britain between the Wars* (London: Pimlico, 2006).

* Pulzer, Peter, *The Rise of Political Anti-Semitism in Germany and Austria*, 2nd revised edition (Cambridge, MA: Harvard University Press, 1988).

* Purseigle, Pierre, A '"Wave on to Our Shores": The Exile and Resettlement of Refugees from the Western Front, 1914-1918', in *Contemporary European History*, 16 (2007), 427-44.

* Quiroga, Alejandro, *Making Spaniards: Primo de Rivera and the Nationalization of the Masses, 1923-30* (London and New York: Palgrave Macmillan, 2007).

* Rabinowitch, Alexander, *The Bolsheviks in Power: The First Year of Soviet Rule in Petrograd* (Bloomington, IN: Indiana University Press, 2007).

* Rachaminow, Alan, *POWs and the Great War: Captivity on the Eastern Front* (Oxford and New York: Berg, 2002).

* Radzinsky, Edvard, *The Last Tsar: The Life and Death of Nicholas II* (New York: Doubleday, 1992).

* Raef, Marc, *Russia Abroad: A Cultural History of the Russian Emigration, 1919-1939* (Oxford and

New York: Oxford University Press, 1990).

- Rakočević, Novica, *Crna Gora u Prvom svetskom ratu 1914-1918* (Cetinje: Obod, 1969).
- Raleigh, Donald J., *Experiencing Russia's Civil War: Politics, Society and Revolutionary Culture in Saratov, 1917-1922* (Princeton, NJ: Princeton University Press, 2002).
- Raleigh, Donald J., 'The Russian Civil War 1917-1922', in Ronald Grigor Suny (ed.), *The Cambridge History of Russia*, vol. 3 (Cambridge: Cambridge University Press, 2006), 140-67.
- Rape, Ludger, *Die österreichischen Heimwehren und die bayerische Rechte 1920-1923* (Vienna: Europa-Verlag, 1977).
- Raphael, Lutz, *Imperiale Gewalt und Mobilisierte Nation: Europa 1914-1945* (Munich: C. H. Beck, 2011).
- Rappaport, Helen, *Conspirator: Lenin in Exile* (New York: Basic, 2010).
- Rauch, Georg von, *The Baltic States: The Years of Independence: Estonia, Latvia, Lithuania, 1917-1940* (Berkeley, CA: University of California Press, 1974).
- Rauchensteiner, Manfried, *Der Tod des Doppeladlers: Österreich-Ungarn und der Erste Weltkrieg* (Graz: Styria, 1993).
- Rauchensteiner, Manfried, 'L'Autriche entre confiance et résignation, 1918-1920', in Audoin-Rouzeau and Prochasson (eds), *Sortir de la Grande Guerre*, 165-85.
- Raun, Toivo U., 'The Revolution of 1905 in the Baltic Provinces and Finland', in *Slavic Review* 43 (1984), 453-67.
- Rauscher, Walter, 'Die Republikgründungen 1918 und 1945', in Klaus Koch, Walter Rauscher, Arnold Suppan and Elisabeth Vyslonzil (eds), *Außenpolitische Dokumente der Republik Österreich 1918-1938. Sonderband: Von Saint-Germain zum Belvedere: Österreich und Europa 1919-1955* (Vienna and Munich: Verlag für Geschichte und Politik, 2007), 9-24.
- Raymond, Boris, and David R. Jones, *The Russian Diaspora 1917-1941* (Lanham, MD: Scarecrow, 2000).
- Read, Anthony, *The World on Fire: 1919 and the Battle with Bolshevism* (London: Pimlico, 2009).
- Read, Christopher, *From Tsar to Soviets: The Russian People and their Revolution, 1917-1921* (Oxford and New York: Oxford University Press, 1996).
- Read, Christopher, *Lenin: A Revolutionary Life* (Abingdon and New York: Routledge, 2005).
- Reichardt, Sven, *Faschistische Kampfbünde: Gewalt und Gemeinschaft im italienischen Squadrismus und in der deutschen SA* (Cologne, Weimar and Vienna: Böhlau Verlag, 2002).
- Reinharz, Jehuda, *Chaim Weizmann: The Making of a Statesman*, 2nd edition (Oxford and New York: Oxford University Press, 1993).
- Rena, Paul, 'Der christlichsoziale Antisemitismus in Wien 1848-1938', unpublished PhD thesis, Vienna, 1991.
- Reulecke, Jürgen, *'Ich möchte einer werden so wie die ...': Männerbünde im 20. Jahrhundert* (Frankfurt am Main: Campus, 2001).
- Reynolds, David, *The Long Shadow: The Great War and the Twentieth Century* (London: Simon and Schuster, 2013).
- Reynolds, Michael A., 'The Ottoman-Russian Struggle for Eastern Anatolia and the Caucasus, 1908-1918: Identity, Ideology and the Geopolitics of World Order', PhD thesis, Princeton University, 2003.

- Reynolds, Michael A., *Shattering Empires: The Clash and Collapse of the Ottoman and Russian Empires, 1908-1918* (Cambridge and New York: Cambridge University Press, 2011).
- Rey Reguillo, Fernando del, 'El empresario, el sindicalista y el miedo', in Manuel Pérez Ledesma and Rafael Cruz (eds), *Cultura y movilización en la España contemporánea* (Madrid: Alianza, 1997), 235-72.
- Rhode, Gotthold, 'Das Deutschtum in Posen und Pommerellen in der Zeit der Weimarer Republik', in Senatskommission für das Studium des Deutschtums im Osten an der Rheinischen Friedrich-Wilhelms-Universität Bonn (ed.), Studien zum Deutschtum im Osten (Cologne and Graz: Böhlau, 1966), 88-132.
- Riasanovsky, Nicholas Valentine, and Mark Steinberg, *A History of Russia* (Oxford and New York: Oxford University Press, 2005).
- Riccardi, Luca, *Alleati non amici: le relazioni politiche tra l'Italia e l'Intesa durante la prima guerra mondiale* (Brescia: Morcelliana, 1992).
- Rigotti, Francesca, 'Il medico-chirurgo dello Stato nel linguaggio metaforico di Mussolini', in Civiche Raccolte Storiche Milano (ed.), *Cultura e società negli anni del fascismo* (Milan: Cordani, 1987).
- Robinson, Paul, *The White Russian Army in Exile, 1920-1941* (Oxford and New York: Oxford University Press, 2002).
- Rochat, Giorgio, *Gli arditi della grande guerra: origini, battaglie e miti* (Milan: Feltrinelli, 1981).
- Rodogno, Davide, *Fascism's European Empire: Italian Occupation during the Second World War* (Cambridge: Cambridge University Press, 2008).
- Rogan, Eugene, *The Fall of the Ottomans: The Great War in the Middle East, 1914-1920* (London: Allen Lane, 2015).
- Rogger, Hans, *Russia in the Age of Modernization and Revolution, 1881-1917* (London: Longman, 1983).
- Romero Salvadó, Francisco J., *Spain, 1914-1918: Between War and Revolution* (London: Routledge, 1999).
- Romero Salvadó, Francisco J., *The Foundations of Civil War: Revolution, Social Conflict and Reaction in Liberal Spain, 1916-1923* (London: Routledge, 2008).
- Romsics, Gergely, *Myth and Remembrance: The Dissolution of the Habsburg Empire in the Memoir Literature of the Austro-Hungarian Political Elite* (New York: Columbia University Press, 2006).
- Romsics, Ignác, *A Duna-Tisza Köze Hatalmi Viszonyai 1918-19-ben* (Budapest: Akadémiai Kiadó, 1982).
- Romsics, Ignác, *A trianoni békeszerződés* (Budapest: Osiris, 2008).
- Rosenberg, William G., *The Liberals in the Russian Revolution: The Constitutional Democratic Party, 1917-1921* (Princeton, NJ: Princeton University Press, 1974).
- Rosenberg, William G., 'Paramilitary Violence in Russia's Civil Wars, 1918-1920', in Gerwarth and Horne (eds), *War in Peace*, 21-39.
- Roshwald, Aviel, *Ethnic Nationalism and the Fall of Empires: Central Europe, Russia and the Middle East, 1914-1923* (London: Routledge, 2001).
- Rossfeld, Roman, Thomas Buomberger and Patrick Kury (eds), *14/18. Die Schweiz und der Grosse Krieg* (Baden: hier + jetzt, 2014).

- Rothenberg, Gunther, *The Army of Francis Joseph* (West Lafayette, IN: Purdue University Press, 1997).
- Rubenstein, Joshua, *Leon Trotsky: A Revolutionary's Life* (New Haven, CT, and London: Yale University Press, 2006).
- Rudenno, Victor, *Gallipoli: Attack from the Sea* (New Haven, CT, and London: Yale University Press, 2008).
- Rudin, Harry Rudolph, *Armistice 1918* (New Haven, CT, and London: Yale University Press, 1944).
- Rummel, Rudolph Joseph, *Lethal Politics: Soviet Genocide and Mass Murder since 1917* (Piscataway, NJ: Transaction Publishers, 1990).
- Rürup, Reinhard, 'Demokratische Revolution und der "dritte Weg": Die deutsche Revolution von 1918/19 in der neueren wissenschaftlichen Diskussion', in *Geschichte und Gesellschaft* 9 (1983), 278–301.
- Rusconi, Gian Enrico, *L'azzardo del 1915: Come l'Italia decide la sua guerra* (Bologna: il Mulino, 2005).
- Rust, Christian, 'Self-Determination at the Beginning of 1918 and the German Reaction', in *Lithuanian Historical Studies* 13 (2008), 41–66.
- Sabrow, Martin, *Die verdrängte Verschwörung: Der Rathenau-Mord und die deutsche Gegenrevolution* (Frankfurt am Main: Fischer, 1999).
- Sagoschen, Christine, *Judenbilder im Wandel der Zeit: die Entwicklung des katholischen Antisemitismus am Beispiel jüdischer Stereotypen unter besonderer Berücksichtigung der Entwicklung in der ersten Republik*, unpublished PhD thesis, Vienna, 1998.
- Sakmyster, Thomas, *A Communist Odyssey: The Life of József Pogány* (Budapest and New York: Central European University Press, 2012).
- Sakmyster, Thomas, *Hungary's Admiral on Horseback: Miklós Horthy, 1918-1944* (Boulder, CO: Eastern European Monographs, 1994).
- Sakmyster, Thomas, 'Gyula Gömbös and the Hungarian Jews, 1918-1936', in *Hungarian Studies Review* 8 (2006), 156–68.
- Salamon, Konrád, 'Proletárditarúra és a Terror', in *Rubicon* (2011), 24–35.
- Salaris, Claudia, *Alla festa della rivoluzione. Artisti e libertari con D'Annunzio a Fiume* (Bologna: il Mulino 2002).
- Sammartino, Annemarie H., *The Impossible Border: Germany and the East, 1914-1922* (Ithaca, NY, and London: Cornell University Press, 2010).
- Sanborn, Joshua, *Drafting the Russian Nation: Military Conscription, Total War, and Mass Politics, 1905-1925* (DeKalb, IL: Northern Illinois University Press, 2003).
- Sanborn, Joshua, *Imperial Apocalypse: The Great War and the Destruction of the Russian Empire* (Oxford and New York: Oxford University Press, 2014).
- Sanborn, Joshua A., 'Unsettling the Empire: Violent Migrations and Social Disaster in Russia during World War I', in *The Journal of Modern History* 77 (2005), 290–324.
- Sauer, Bernhard, 'Freikorps und Antisemitismus', in *Zeitschrift für Geschichtswissenschaft* 56 (2008), 5–29.
- Sauer, Bernhard, 'Vom "Mythos eines ewigen Soldatentums". Der Feldzug deutscher Freikorps im

Baltikum im Jahre 1919', in *Zeitschrift für Geschichtswissenschaft* 43 (1995), 869-902.

* Saunders, David, 'The First World War and the End of Tsarism', in Ian D. Thatcher (ed.), *Reinterpreting Revolutionary Russia: Essays in Honour of James D. White* (Basingstoke: Palgrave Macmillan, 2006).

* Sayer, Derek, 'British Reaction to the Amritsar Massacre, 1919-1920', in *Past & Present* 131 (1991), 130-64.

* Sbacchi, Alberto, *Ethiopia under Mussolini: Fascism and the Colonial Experience* (London: Zed Books, 1985).

* Schapiro, Leonard, 'The Role of Jews in the Russian Revolutionary Movement', in *The Slavonic and East European Review* 40:94 (1961), 148-67.

* Schivelbusch, Wolfgang, *The Culture of Defeat: On National Trauma, Mourning and Recovery* (New York: Holt, 2003).

* Schlag, Gerald, 'Die Grenzziehung Österreich-Ungarn 1922/23', in Burgenlädisches Landesarchiv (ed.), *Burgenland in seiner pannonischen Umwelt: Festgabe für August Ernst* (Eisenstadt: Burgenlädisches Landesarchiv, 1984), 333-46.

* Schlögel, Karl (ed.) *Chronik russischen Lebens in Deutschland, 1918 bis 1941* (Berlin: Akademie Verlag, 1999).

* Schneer, Jonathan, *The Balfour Declaration: The Origins of Arab-Israeli Conflict* (London and Basingstoke: Macmillan, 2014).

* Schnell, Felix, *Ordnungshüter auf Abwegen? Herrschaft und illegitime polizeiliche Gewalt in Moskau, 1905-1914* (Wiesbaden: Harrassowitz, 2006).

* Schnell, Felix, *Räume des Schreckens. Gewalt und Gruppenmilitanz in der Ukraine 1905-1933* (Hamburg: Hamburger Edition, HIS Verlag, 2012).

* Schnell, Felix, 'Der Sinn der Gewalt: Der Ataman Volynec und der Dauerpogrom von Gajsyn im russischen Bürgerkrieg', in *Zeithistorische Forschung* 5 (2008), 18-39.

* Schulman, Jason (ed.), *Rosa Luxemburg: Her Life and Legacy* (New York: Palgrave Macmillan, 2013).

* Schulze, Hagen, *Freikorps und Republik, 1918-1920* (Boppard am Rhein: Boldt, 1969).

* Schumann, Dirk, 'Europa, der Erste Weltkrieg und die Nachkriegszeit: Eine Kontinuität der Gewalt?', in *Journal of Modern European History* 1 (2003), 24-43.

* Schuster, Frank M., *Zwischen allen Fronten: Osteuropäische Juden wärend des Ersten Weltkriegs (1914-1919)* (Cologne: Böhlau, 2004).

* Šdivý, Ivan, 'Zur Loyalität der Legionäre in der ersten Tschechoslowakischen Republik', in Martin Schulze Wessel (ed.), *Loyalitäen in der Tschechoslowakischen Republik 1918-1938: Politische, nationale und kulturelle Zugehörigkeiten* (Munich: Oldenbourg, 2004), 141-52.

* Sedlmaier, Alexander, *Deutschlandbilder und Deutschlandpolitik Studien zur Wilson-Administration (1913-1921)* (Stuttgart: Steiner, 2003).

* Segré, Claudio G., 'Il colonialismo e la politica estera: variazioni liberali e fasciste', in Richard J. B. Bosworth and Sergio Romano (eds), *La politica estera italiana 1860-1985* (Bologna: il Mulino, 1991), 121-46.

* Seipp, Adam, *The Ordeal of Demobilization and the Urban Experience in Britain and Germany, 1917-1921* (Farnham: Ashgate, 2009).

- Semov, Mincho, *Pobediteliat prosi mir: Balkanskite voyni 1912-1913* (Sofia: Universitetsko izdatelstvo 'Sv. Kliment Ohridski', 1995).
- Service, Robert, *Comrades! World History of Communism* (Cambridge, MA: Harvard University Press, 2007).
- Service, Robert, *Lenin: A Biography* (London: Macmillan, 2000).
- Service, Robert, *Trotsky: A Biography* (Cambridge, MA: Harvard University Press, 2009).
- Shapira, Anita, *Ben-Gurion: Father of Modern Israel* (New Haven, CT, and London: Yale University Press, 2014).
- Sharp, Alan, *Consequences of the Peace: The Versailles Settlement-Aftermath and Legacy 1919-2010* (London: Haus, 2010).
- Sharp, Alan, *The Versailles Settlement: Peacemaking after the First World War, 1919-1923*, 2nd edition (London: Palgrave, 2008).
- Sharp, Alan, '"The Genie that Would Not Go Back into the Bottle": National Self-Determination and the Legacy of the First World War and the Peace Settlement', in Seamus Dunn and T. G. Fraser (eds), *Europe and Ethnicity: The First World War and Contemporary Ethnic Conflict* (London and New York: Routledge, 1996), 10-29.
- Sharp, Alan, 'The New Diplomacy and the New Europe', in Nicholas Doumanis, *The Oxford Handbook of Europe 1914-1945* (Oxford and New York, 2016).
- Sharp, Alan, 'The Paris Peace Conference and Its Consequences', in Ute Daniel et al. (eds), *1914-1918 online. International Encyclopedia of The First World War*.
- Sheehan, James, *Where Have All the Soldiers Gone? The Transformation of Modern Europe* (New York: Houghton Mifflin, 2008).
- Shimazu, Naoko, *Japan, Race and Equality: The Racial Equality Proposal of 1919* (London: Routledge, 1998).
- Siebrecht, Claudia, *The Aesthetics of Loss: German Women's Art of the First World War* (Oxford and New York: Oxford University Press, 2013).
- Sieder, Reinhard J., 'Behind the Lines: Working-Class Family Life in Wartime Vienna', in Richard Wall and Jay Winter (eds), *The Upheaval of War: Family, Work and Welfare in Europe, 1914-1918* (Cambridge and New York: Cambridge University Press, 1988), 109-38.
- Simeonov, Radoslav, *Velichka Mihailova and Donka Vasileva, Dobrichkata epopeia, 1916* (Dobrich: Ave fakta, 2006).
- Simon, Rachel, *Libya Between Ottomanism and Nationalism* (Berlin: Klaus Schwarz, 1987).
- Sipos, József, *A pártok és a földreform 1918-1919* (Budapest: Gondolat, 2009).
- Sluga, Glenda, *The Problem of Trieste and the Italo-Yugoslav Border: Difference, Identity, and Sovereignty in Twentieth-Century Europe* (Albany, NY: SUNY Press, 2001).
- Smele, Jonathan D., *Civil War in Siberia: The Anti-Bolshevik Government of Admiral Kolchak, 1918-1920* (Cambridge: Cambridge University Press, 1996).
- Smele, Jonathan D., *The 'Russian' Civil Wars 1916-1926: Ten Years that Shook the World* (Oxford: Oxford University Press, 2015).
- Smith, Canfield, F., 'The Ungernovščina–How and Why?', in *Jahrbücher für Geschichte Osteuropas* 28 (1980), 590-5.

- Smith, Douglas, *Former People: The Final Days of the Russian Aristocracy* (London: Macmillan, 2012).
- Smith, Jeffrey R., *A People's War: Germany's Political Revolution, 1913-1918* (Lanham, MD: University Press of America, 2007).
- Smith, Leonard V., 'Empires at the Paris Peace Conference', in Gerwarth and Manela (eds), *Empires at War*, 254-76.
- Smith, Leonard V., 'Les États-Unis et l'échec d'une seconde mobilisation', in Stéphane Audoin-Rouzeau and Christophe Prochasson (eds), *Sortir de la Guerre de 14-18* (Paris: Tallandier, 2008), 69-91.
- Smith, Leonard V., 'The Wilsonian Challenge to International Law', in *The Journal of the History of International Law* 13 (2011), 179-208.
- Smith, Leonard V., *Stéphane Audoin-Rouzeau and Annette Becker, France and the Great War, 1914-1918* (Cambridge and New York: Cambridge University Press, 2003).
- Smith, Michael Llewellyn, *Ionian Vision: Greece in Asia Minor 1919-1922* (London: Allen Lane, 1973).
- Smith, Robert E. F. (ed.), *The Russian Peasant, 1920 and 1984* (London: Routledge, 1977).
- Smith, Stephen, *Red Petrograd: Revolution in the Factories, 1917-1918* (Cambridge: Cambridge University Press, 1983).
- Smith, Stephen, *The Russian Revolution: A Very Short Introduction* (Oxford and New York: Oxford University Press, 2002).
- Snyder, Timothy, *Bloodlands: Europe between Hitler and Stalin* (New York: Basic Books, 2010).
- Snyder, Timothy, *The Reconstruction of Nations: Poland, Ukraine, Lithuania, Belarus 1569-199* (New Haven, CT, and London: Yale University Press, 2003).
- Solomonidis, Victoria, 'Greece in Asia Minor: The Greek Administration of the Vilayet of Aidin, 1919-1922', unpublished PhD thesis, King's College, University of London, 1984.
- Sondhaus, Lawrence, *World War One: The Global Revolution* (Cambridge and New York: Cambridge University Press, 2011).
- Sonyel, Salahi, *The Great War and the Tragedy of Anatolia: Turks and Armenians in the Maelstrom of Major Powers* (Ankara: Turkish Historical Society, 2000).
- Sprenger, Matthias, *Landsknechte auf dem Weg ins Dritte Reich? Zu Genese und Wandel des Freikorps-Mythos* (Paderborn: Schöingh, 2008).
- Stadler, Karl Rudolf, *The Birth of the Austrian Republic 1918-1921* (Leyden: Sijthoff, 1966).
- Stamatopoulos, Dimitris, 'I mikrasiatiki ekstratia. I anthropogheografia tis katastrofis', in Antonis Liakos (ed.), *To 1922 ke i prosfighes, mia nea matia* (Athens: Nefeli, 2011), 55-100.
- Stanković, Djordje, 'Kako je Jugoslavija počela', in Milan Terzić, *Prvi svetski rat i Balkan-90 godina kasnije* (Belgrade: Institut za strategijska istraživanja, 2010).
- Stead, William, *Tripoli and the Treaties* (London: Bank Buildings, 1911).
- Stegmann, Natalie, *Kriegsdeutungen, Staatsgründungen, Sozialpolitik: Der Helden- und Opferdiskurs in der Tschechoslowakei, 1918-1948* (Munich: Oldenbourg, 2010).
- Steiner, Zara, *The Lights that Failed: European International History, 1919-1933* (Oxford and New York: Oxford University Press, 2005).

- Steiner, Zara, *The Triumph of the Dark: European International History, 1933-1939* (Oxford and New York: Oxford University Press, 2011).
- Stephenson, Scott, *The Final Battle: Soldiers of the Western Front and the German Revolution of 1918* (Cambridge and New York: Cambridge University Press, 2009).
- Sternhell, Zeev, *Naissance de l'idéologie fasciste* (Paris: Fayard, 1989).
- Stevenson, David, *The First World War and International Politics* (Oxford: Oxford University Press, 1988).
- Stevenson, David, *With Our Backs to the Wall: Victory and Defeat in 1918* (London: Allen Lane, 2011).
- Stewart, Matthew, 'It Was All a Pleasant Business: The Historical Context of "On the Quai at Smyrna"', in *Hemingway Review* 23 (2003), 58-71.
- Stone, David, *The Russian Army in the Great War: The Eastern Front, 1914-1917* (Lawrence, KS: University of Kansas Press, 2015).
- Stranga, Aivars, 'Communist Dictatorship in Latvia: December 1918–January 1920: Ethnic Policy', in *Lithuanian Historical Studies* 13 (2008), 161-78.
- Straub, Eberhard, *Albert Ballin: Der Reeder des Kaisers* (Berlin: Siedler, 2001).
- Sullivan, Charles L., 'The 1919 German Campaign in the Baltic: The Final Phase', in Stanley Vardys and Romuald Misiunas, *The Baltic States in Peace and War, 1917-1945* (London: Pennsylvania State University Press, 1978), 31-42.
- Sumpf, Alexandre, 'Russian Civil War', in Ute Daniel, Peter Gatrell, Oliver Janz, Heather Jones, Jennifer Keene, Alan Kramer and Bill Nasson (eds), *1914-1918 online. International Encyclopedia of the First World War.*
- Sunderland, Williard, *The Baron's Cloak: A History of the Russian Empire in War and Revolution* (Ithaca, NY, and London: Cornell University Press, 2014).
- Sundhaussen, Holm, *Geschichte Serbiens: 19.-21. Jahrhundert* (Vienna: Böhlau, 2007).
- Suny, Ronald Grigor, *The Structure of Soviet History: Essays and Documents* (Oxford and New York: Oxford University Press, 2014).
- Suny, Ronald Grigor, 'Explaining Genocide: The Fate of the Armenians in the Late Ottoman Empire', in Richard Bessel and Claudia Haake (eds), *Removing Peoples: Forced Removal in the Modern World* (Oxford and New York: Oxford University Press, 2009), 209-53.
- Suny, Ronald Grigor, 'Toward a Social History of the October Revolution', in *American Historical Review* 88 (1983), 31-52.
- Swain, Geoffrey, *Trotsky and the Russian Revolution* (London and New York: Routledge, 2014).
- Swain, Geoffrey, 'Trotsky and the Russian Civil War', in Ian D. Thatcher (ed.), *Reinterpreting Revolutionary Russia: Essays in Honour of James D. White* (Basingstoke: Palgrave, 2006), 86-104.
- Tachjian, Vahé, *La France en Cilicie et en Haute-Mésopotamie: aux confins de la Turquie, de la Syrie et de l'Irak, 1919-1933* (Paris: Editions Karthala, 2004).
- Tálos, Emmerich, *Das austrofaschistische Herrschaftssystem: Österreich 1933-1938* (Berlin, Münster and Vienna: LIT, 2013).
- Tamari, Salim (ed.), *Year of the Locust: A Soldier's Diary and the Erasure of Palestine's Ottoman Past* (Berkeley, CA: University of California Press, 2011).

- Tanchev, Evgeni, *Darzhavno-pravnite vazgledi na Alexandar Stambolijski* (Sofia: BZNS, 1984).
- Tankova, V. et al., *Balkanskite voyni 1912-1913: pamet i istoriya* (Sofia: 'Prof. Marin Drinov', 2012).
- Tasca, Angelo, *La Naissance du fascisme* (Paris: Gallimard, 1938).
- Tasić, Dmitar, 'The Assassination of King Alexander: The Swan Song of the Internal Macedonian Revolutionary Organization', in *Donau. Tijdschrift over Zuidost-Europa* (2008), 30-9.
- Taylor, A.J.P., *The Habsburg Monarchy, 1809-1918: A History of the Austrian Empire and Austria-Hungary* (London: Hamish Hamilton, 1948).
- Temperley, Harold M. V. (ed.), *A History of the Peace Conference of Paris*, 6 vols (London: Frowde and Hodder and Stoughton, 1921-4).
- Teveth, Shabtai, *Ben-Gurion and the Palestinian Arabs: From Peace to War* (Oxford and New York: Oxford University Press, 1985).
- Teveth, Shabtai, *The Burning Ground: A Biography of David Ben-Gurion* (Tel Aviv: Schoken, 1997).
- Ther, Philipp, 'Deutsche Geschichte als imperiale Geschichte: Polen, slawophone Minderheiten und das Kaiserreich als kontinentales Empire', in Sebastian Conrad and Jürgen Osterhammel (eds), *Das Kaiserreich transnational: Deutschland in der Welt 1871-1914* (Göttingen: Vandenhoeck and Ruprecht, 2004), 129-48.
- Theweleit, Klaus, *Male Fantasies*, 2 vols (Minneapolis, MN: University of Minnesota Press, 1987).
- Thomas, Ludmilla, *Geschichte Sibiriens: Von den Anfängen bis zur Gegenwart* (Berlin: Akademie-Verlag 1982).
- Thompson, Elizabeth F., *Colonial Citizens: Republican Rights, Paternal Privilege, and Gender in French Syria and Lebanon* (New York: Columbia University Press, 2000).
- Thompson, Mark, *The White War: Life and Death on the Italian Front 1915-1919* (London: Faber and Faber, 2009).
- Thompson Manning, Roberta, *The Crisis of the Old Order in Russia: Gentry and Government* (Princeton, NJ: Princeton University Press, 1983).
- Thoss, Bruno, *Der Ludendorff-Kreis: Müchen als Zentrum der mitteleuropäischen Gegenrevolution zwischen Revolution und Hitler-Putsch* (Munich: Wölfle, 1978).
- Thum, Gregor (ed.), *Traumland Osten: Deutsche Bilder vom östlichen Europa im 20. Jahrhundert* (Göttingen: Vandenhoeck and Ruprecht, 2006).
- Thunig-Nittner, Gerburg, *Die Tschechoslowakische Legion in Rußland: Ihre Geschichte und Bedeutung bei der Entstehung der 1. Tschechoslowakischen Republik* (Wiesbaden: Harrassowitz, 1970).
- Tokes, Rudolf, *Béla Kun and the Hungarian Soviet Republic: The Origins and Role of the Communist Party of Hungary in the Revolutions of 1918-1919* (New York and Stanford, CA: Praeger, 1967).
- Tokes, Rudolf, 'Bela Kun: The Man and Revolutionary', in Ivá Völgyes (ed.), *Hungary in Revolution* (Lincoln, NB: University of Nebraska Press), 170- 207.
- Toma, Peter A., 'The Slovak Soviet Republic of 1919', in *American Slavic and East European Review* 17 (1958), 203-15.
- Tooze, Adam, *The Deluge: The Great War and the Re-Making of Global Order* (London: Allen Lane, 2014).
- Tormay, Cecile, *An Outlaw's Diary*, 2 vols (London: Allan, 1923).

- Townshend, Charles, *The Republic: The Fight for Irish Independence 1918-1923* (London: Allen Lane, 2013).
- Townson, Nigel, *The Crisis of Democracy in Spain: Centrist Politics under the Second Republic, 1931-1936* (Brighton: Sussex University Press, 2000).
- Toynbee, Arnold J., *The Western Question in Greece and Turkey: A Study in the Contact of Civilisations* (Boston, MA: Constable, 1922).
- Traverso, Enzo, *Fire and Blood: The European Civil War, 1914-1945* (New York: Verso, 2016).
- Troebst, Stefan, *Das makedonische Jahrhundert: Von den Anfängen der nationalrevolutionären Bewegung zum Abkommen von Ohrid 1893-2001* (Munich: Oldenbourg, 2007).
- Troebst, Stefan, *Mussolini, Makedonien und die Mähte 1922-1930. Die 'Innere Makedonische Revolutionäe Organisation', in der Süosteuropapolitik des faschistischen Italien* (Cologne and Vienna: Böhlau, 1987).
- Trotnow, Helmut, *Karl Liebknecht: Eine Politische Biographie* (Cologne: Kiepenheuer and Witsch, 1980).
- Tunstall, Greyton A., *Blood on the Snow: The Carpathian Winter War of 1915* (Lawrence, KS: University Press of Kansas, 2010).
- Üngör, Uğur Ümit, *The Making of Modern Turkey: Nation and State in Eastern Anatolia, 1913-1950* (Oxford and New York: Oxford University Press, 2011).
- Üngör, Uğur Ümit, 'Mass Violence against Civilians during the Balkan Wars', in Dominik Geppert, William Mulligan and Andreas Rose (eds), *The Wars Before the Great War: Conflict and International Politics Before the Outbreak of the First World War* (Cambridge and New York: Cambridge University Press, 2015), 76-91.
- Ungváry, Krisztián, *A magyar honvédség a második világháborúban* (Budapest: Osiris Kiadó2004).
- Ungváry, Krisztián, 'Sacco di Budapest, 1919. Gheorghe Mârdârescu tábornok válasza Harry Hill Bandholtz vezér rnagy nem diplomatikus naplójára', in *Budapesti Negyed* 3-4 (2000), 173-203.
- Upton, Anthony, *The Finnish Revolution, 1917-18* (Minneapolis, MN: University of Minnesota Press, 1980).
- Valli, Roberta Suzzi, 'The Myth of Squadrismo in the Fascist Regime', in *Journal for Contemporary History* 35 (2000), 131-50.
- Váry, Albert, *A Vörös Uralom Áldozatai Magyarországon* (Szeged: Szegedi Nyomda, 1993).
- Ventrone, Angelo, *La seduzione totalitaria: Guerra, modernità, violenza politica, 1914-1918* (Rome: Donzelli, 2003).
- Veremis, Thanos, and Elias Nikolakopoulos (eds), *O Eleftherios Venizelos ke I epochi tou* (Athens: Ellinika Grammata, 2005).
- Vincent, C. Paul, *The Politics of Hunger: The Allied Blockade of Germany, 1915-1919* (Athens, OH: Ohio University Press, 1985).
- Vivarelli, Roberto, *Storia delle origini del fascismo: L'Italia dalla Grande Guerra alla marcia su Roma* (Bologna: il Mulino, 2012).
- Volkmann, Hans-Erich, *Die deutsche Baltikumpolitik zwischen Brest-Litowsk und Compiène* (Cologne and Vienna: Böhlau, 1970).

- Voltan, Vamik D., and Norman Itzkowitz, *The Immortal Atatük: A Psychobiography* (Chicago, IL: Chicago University Press, 1984).
- Vukov, Nikolai, 'The Aftermaths of Defeat: The Fallen, the Catastrophe, and the Public Response of Women to the End of the First World War in Bulgaria', in Ingrid Sharp and Matthew Stibbe (eds), *Aftermaths of War: Women's Movements and Female Activists, 1918-1923* (Leiden: Brill, 2011), 29–47.
- Vukov, Nikolai, 'Commemorating the Dead and the Dynamics of Forgetting: "Post-Mortem" Interpretations of World War I in Bulgaria', in Oto Luthar (ed.), *The Great War and Memory in Central and South-Eastern Europe* (Leiden: Brill 2016), 162–87.
- Wachs, Friedrich-Carl, *Das Verordnungswerk des Reichsdemobilmachungsamtes* (Frankfurt am Main: Peter Lang, 1991).
- Wade, Rex, *Red Guards and Workers' Militias in the Russian Revolution* (Palo Alto, CA: Stanford University Press, 1984).
- Wade, Rex A., *The Russian Revolution, 1917* (Cambridge and New York: Cambridge University Press, 2000).
- Wade, Rex A., 'The October Revolution, the Constituent Assembly, and the End of the Russian Revolution', in Ian D. Thatcher (ed.), *Reinterpreting Revolutionary Russia: Essays in Honour of James D. White* (London: Palgrave Macmillan, 2006), 72–85.
- Waite, Robert G. L., *Vanguard of Nazism: The Free Corps Movement in Postwar Germany, 1918-1923* (Cambridge, MA: Harvard University Press, 1952).
- Walker, Christopher J., *Armenia: The Survival of a Nation*, 2nd edition (London: Routledge, 1990).
- Wandycz, Piotr Stefan, *France and her Eastern Allies, 1919-25: French-Czechoslovak-Polish Relations from the Paris Peace Conference to Locarno* (Minneapolis, MN: University of Minnesota Press, 1962).
- Wandycz, Piotr Stefan, *The Lands of Partitioned Poland, 1795-1918* (Seattle, WA: University of Washington Press, 1974).
- Wargelin, Clifford F., 'A High Price for Bread: The First Treaty of Brest-Litovsk and the Break-up of Austria-Hungary, 1917-1918', in *The International History Review* 19 (1997), 757–88.
- Wasserstein, Bernard, *The British in Palestine: The Mandatory Government and the Arab-Jewish Conflict 1917-1929* (Oxford: Blackwell, 1991).
- Watson, Alexander, *Enduring the Great War: Combat Morale and Collapse in the German and British Armies, 1914-1918* (Cambridge and New York: Cambridge University Press, 2008).
- Watson, Alexander, *Ring of Steel: Germany and Austria-Hungary at War, 1914-18* (London: Allen Lane, 2014).
- Watts, Martin, *The Jewish Legion and the First World War* (London and New York: Palgrave, 2004).
- Wawrzinek, Bert, *Manfred von Killinger (1886-1944): Ein politischer Soldat zwischen Freikorps und Auswärtigem Amt* (Preussisch Oldendorf: DVG, 2004).
- Weber, Thomas, *Hitler's First War: Adolf Hitler, the Men of the List Regiment, and the First World War* (Oxford and New York: Oxford University Press, 2010).
- Wehrhahn, Torsten, *Die Westukrainische Volksrepublik: Zu den polnisch-ukrainischen Beziehungen und dem Problem der ukrainischen Staatlichkeit in den Jahren 1918 bis 1923* (Berlin: Weißensee

Verlag, 2004).

- Weitz, Eric D., and Omer Bartov (eds), *Shatterzones of Empires: Coexistence and Violence in the German, Habsburg, Russian, and Ottoman Borderlands* (Bloomington, IN: Indiana University Press, 2013).
- Weitz, Eric D., 'From the Vienna to the Paris System: International Politics and the Entangled Histories of Human Rights, Forced Deportations, and Civilizing Missions', in *The American Historical Review* 113 (2008), 1,313–43.
- Werth, Nicolas, 'The NKVD Mass Secret Operation no. 00447 (August 1937–November 1938)', *Online Encyclopedia of Mass Violence*, published 24 May 2010, last accessed 22 January 2016, URL: http://www.massviolence.org/The-NKVD-Mass-Secret-Operation-no-00447-August-1937.
- Werth, Nicolas, 'L'ex-Empire russe, 1918–1921: Les mutations d'une guerre prolongée', in Audoin-Rouzeau and Prochasson (eds), *Sortir de la Grande Guerre*, 285–306.
- Wette, Wolfram, *Gustav Noske: Eine politische Biographie* (Düseldorf: Droste, 1987).
- White, James D., 'National Communism and World Revolution: The Political Consequences of German Military Withdrawal from the Baltic Area in 1918–19', in *Europe-Asia Studies* 8 (1994), 1,349–69.
- Wiel, Jerome aan de, *The Irish Factor 1899-1919: Ireland's Strategic and Diplomatic Importance for Foreign Powers* (Dublin: Irish Academic Press, 2008).
- Wildman, Allan K., *The End of the Russian Imperial Army*, vol. 1: *The Old Army and the Soldiers' Revolt (March-April 1917)* (Princeton, NJ: Princeton University Press, 1980).
- Wildman, Allan K., *The End of the Russian Imperial Army*, vol. 2: *The Road to Soviet Power and Peace* (Princeton, NJ: Princeton University Press, 1987).
- Williams, Robert C., *Culture in Exile: Russian Emigré in Germany, 1881-1941* (Ithaca, NY: Cornell University Press, 1972).
- Wilson, Timothy K., *Frontiers of Violence: Conflict and Identity in Ulster and Upper Silesia, 1918-1922* (Oxford and New York: Oxford University Press, 2010).
- Wilson, Tim K., 'The Polish-German Ethnic Dispute in Upper Silesia, 1918–1922: A Reply to Tooley', in *Canadian Review of Studies in Nationalism* 32 (2005), 1–26.
- Winkler, Heinrich August, *The Age of Catastrophe: A History of the West 1914-1945* (New Haven, CT, and London: Yale University Press, 2015).
- Winkler, Heinrich August, *Von der Revolution zur Stabilisierung: Arbeiter und Arbeiterbewegung in der Weimarer Republik, 1918 bis 1924* (Berlin: Dietz, 1984).
- Winkler, Heinrich August, *Weimar 1918-1933. Die Geschichte der ersten deutschen Demokratie* (Munich: C. H. Beck, 1993).
- Winter, Jay, *Sites of Memory, Sites of Mourning: The Great War in European Cultural History* (Cambridge and New York: Cambridge University Press, 1995).
- Wirsching, Andreas, *Vom Weltkrieg zum Bürgerkrieg: Politischer Extremismus in Deutschland und Frankreich 1918-1933/39. Berlin und Paris im Vergleich* (Munich: Oldenbourg, 1999).
- Wiskemann, Elizabeth, *The Rome-Berlin Axis: A History of the Relations between Hitler and Mussolini* (New York and London: Oxford University Press, 1949).
- Wohlgemuth, Heinz, *Karl Liebknecht: Eine Biographie* (East Berlin: Dietz, 1975).

- Wróbel, Piotr J., 'The Seeds of Violence: The Brutalization of an East European Region 1917-1921', in *Journal of Modern European History* 1 (2003), 125-49.
- Yapp, Malcolm E., *The Making of the Modern Near East: 1792-1923* (London: Longman, 1987).
- Yapp, Malcolm E., *The Near East Since the First World War: A History to 1995* (London: Longman, 1996).
- Yekelchyk, Serhy, 'Bands of Nation-Builders? Insurgency and Ideology in the Ukrainian Civil War', in Gerwarth and Horne (eds), *War in Peace*, 107-25.
- Yellin, Eric, *Racism in the Nation's Service: Government Workers and the Color Line in Woodrow Wilson's America* (Chapel Hill, NC: University of North Carolina Press, 2016).
- Yianoulopoulos, Yiannis, 'Exoteriki politiki', in Christos Chatziiosif (ed.), *Istoria tis Elladas tou Ikostou eona*, vol. 2, 140-1.
- Young, Louise, *Japan's Total Empire: Manchuria and the Culture of Wartime Imperialism* (Berkeley, CA: University of California Press, 1998).
- Zabecki, David T., *The German 1918 Offensives: A Case Study in the Operational Level of War* (New York: Routledge, 2006).
- Zadgorska, Valentina, *Kragat 'Zveno' (1927-1934)* (Sofia: 'Sv. Kliment Ohridski', 2008).
- Zahra, Tara, *Kidnapped Souls: National Indifference and the Battle for Children in the Bohemian Lands, 1900-1948* (Ithaca, NY: Cornell University Press, 2008).
- Zahra, Tara, 'The "Minority Problem": National Classification in the French and Czechoslovak Borderlands', in *Contemporary European Review* 17 (2008), 137-65.
- Zamoyski, Adam, *Warsaw 1920: Lenin's Failed Conquest of Europe* (London: Harper Press, 2008).
- Zeman, Zbyněk, *The Masaryks: The Making of Czechoslovakia* (London: I. B. Tauris, 1976).
- Ziemann, Benjamin, *Contested Commemorations: Republican War Veterans and Weimar Political Culture* (Cambridge and New York: Cambridge University Press, 2013).
- Ziemann, Benjamin, *War Experiences in Rural Germany, 1914-1923* (Oxford and New York: Berg, 2007).
- Zimmermann, John, *'Von der Bluttat eines Unseligen': Das Attentat Friedrich Adlers und seine Rezeption in der sozialdemokratischen Presse* (Hamburg: Verlag Dr. Kovač, 2000).
- Zöllner, Erich, *Geschichte Österreichs: Von den Anfängen bis zur Gegenwart*, 8th edition (Vienna: Verlag für Geschichte und Politik, 1990).
- Zorn, Wolfgang, *Geschichte Bayerns im 20. Jahrhundert* (Munich: C. H. Beck, 1986).
- Zürcher, Erik Jan, 'The Ottoman Empire and the Armistice of Moudros', in Hugh Cecil and Peter H. Liddle (eds), *At the Eleventh Hour: Reflections, Hopes, and Anxieties at the Closing of the Great War, 1918* (London: Leo Cooper, 1998), 266-75.
- Zürcher, Erik Jan, *The Young Turk Legacy and Nation Building: From the Ottoman Empire to Atatürk's Turkey* (London: I. B. Tauris, 2010).
- Zürcher, Erik Jan, *Turkey: A Modern History* (London and New York: I. B. Tauris, 2004).

감사의 글

소름 끼치는 수준의 집단 폭력이 중심을 차지하는 책을 집필하는 일은 고독하고 우울한 작업일 수도 있다. 하지만 암울한 주제에도 불구하고 조사하고 집필하는 과정은 대단한 성취감을 주었고 심지어 유쾌하기까지 했는데, 무엇보다도 이 책이 완성되는 데 이런저런 식으로 기여하고 영감을 제공하는 훌륭한 동료들과 친구들 사이에서 이 작업을 했기 때문이다. 거의 10년 전에 이 책의 기저를 이루는 테마에 관해 처음 생각한 이래로 나는 갚을 길이 없는 많은 빚을 졌다. 그동안 나를 도와준 사람들에게 감사를 표시하는 것은 이러한 빚을 공개적으로 인정하는 일에 불과하다.

지난 8년 동안, 나는 1차 세계대전과 더 일반적으로 현대의 분쟁을 다루는 연구에서 가장 역동적인 공간인 더블린에서 살며 연구하는 행운을 누렸다. 더블린을 기반으로 한 뛰어난 동료들 및 친구들—특히 존 혼, 윌리엄 멀리건, 앨런 크레이머—과의 무수한 대화는, 나의 몇몇 주장은 예리하게 다듬고 또 일부 주장은 내버리는 데 큰 도움이 되었다. 2007년과 2009년 사이에 존 혼과 나는 1918년 이후 준군사 조직의 폭력에 관한 연

왜 제1차 세계대전은 끝나지 않았는가

구 프로젝트를 이끌었는데, 아일랜드 연구 위원회의 연구비 후원을 받은 이 프로젝트는 정확히 언제 대전이 끝났는지에 관한 오랜 성찰 기간의 출발점을 제공했다. 2009년과 2014년 사이에는 유럽의 '전후戰後'에 관한 또 다른 연구 프로젝트가 뒤따랐는데, 나는 유럽 연구 위원회가 후원한 이 사업을 주관하는 크나큰 특권을 누렸다. 바로 이 프로젝트를 진행하는 동안 이 책을 관통하는 아이디어들이 서서히 틀을 갖춰갔다. 이는 유니버시티 칼리지 더블린에 있는 전쟁 연구 센터의 대단히 유능한 박사 후 과정 연구자 열두 명과 함께 작업한 덕택이다. 이들은 모두 이 시기의 전문가로서 이후로 학계에서 빛나는 커리어를 이어가고 있었다. 토마스 발켈리스, 율리아 아이헨베르크, 마리아 팔리나, 마크 존스, 매슈 루이스, 제임스 매슈스, 마테오 밀란, 존 폴 뉴먼, 메르세데스 페냘바소토리스, 가젠드라 싱, 드미타르 타시치와 우우르 위미트 윙괴르—이 연구자들이 발칸 지역, 발트 국가, 독일, 인도, 아일랜드, 이탈리아, 오스만 제국, 팔레스타인, 폴란드, 스페인같이 다양한 지리적 지역들에 대해 수행한 중요한 실증 연구가 없었다면 나는 도저히 이 책을 쓸 수 없었을 것이다.

그들의 연구 작업에서 지속적으로 나온 새로운 실증적 자료와 더불어 우리는 주제별로 2주마다 한 번씩 세미나를 열어 이 시기 유럽사와 세계사에 관한 국제적인 전문가들을 모셨다. 초청 발표자들 모두가 우리의 논의에 직접적인 도움을 주었고, 더블린이나 세계 각지의 다른 대학들에서 열린 '전후' 시기에 관한 여러 국제 학회에 참석한 모든 역사가들도 마찬가지였다. 이런 행사들을 조직해준 더블린의 나의 연구 행정관 크리스티나 그리슬러와 수전 다시, 그리고 모스크바, 부에노스아이레스, 웨스턴오스트레일리아주 퍼스에서 열린 학회와 주제별 워크숍에서 후한 대접을 베풀어준 니콜라우스 카처, 마리아 이네스 타토, 마크 에덜에게 특히 감사한다. 또 최근에 루돌프 쿠체라는 친절하게도 나를 초대하여 프라하 체코 아카데미에서 열린 학회에서 '전후' 폭력에 관한 개막 강연과 토론을 할 수 있는 기회를 제공해주었다.

또 연구 보조원들을 후원해준 해리 프랭크 구겐하임 재단과 유럽 연구위원회에도 감사드린다. 연구 보조원들은 내가 읽을 수 없는 언어들로 쓰인 최근 문헌들을 번역하고 지속적으로 1차 사료들을 찾아주었다. 대전이 끝났을 때 유럽 패전국들에 대한 조리 있는 설명을 제공하려는 어느 저자든 러시아어부터 헝가리어, 불가리아어, 독일어, 우크라이나어, 터키어에 이르기까지, 한 학자가 도저히 다 숙달할 수 없을 만큼 다양한 언어를 사용한 민족들의 고향이었던 광범위한 영역에 관해 글을 써야 하는 도전에 직면한다. 공식적으로는 전쟁에서 승리했지만 강화에서 졌다고 생각하는 나라들까지 포함하면 그 언어 목록은 더 길어진다. 나는 이 다양한 언어들로 쓰인 탁월한 연구들을 이 책에 가능한 한 많이 포함시키려고 노력했다. 이들 언어로 쓰인 중요한 연구나 사료를 번역하거나 자신의 중요한 연구 성과를 나와 공유함으로써 언어적 장벽을 뛰어넘는 데 도움을 준 많은 사람들의 지원이 없었다면 떠맡지 못했을 과업이다.

베를린의 얀 보켈만, 베오그라드의 드미타르 타시치, 소피아의 니콜라이 부코프, 아테네의 스피로스 카코우리오티스의 지원에 특별히 감사의 말을 드리고 싶다. 인스부르크, 빈, 린츠의 다양한 기록 보관소들에서 다수의 문서를 취합해준 우르술라 팔크, 에릭 위버(부다페스트), 마테오 파세티(핵심적인 이탈리아어 문헌들을 번역해주고 전문적인 조언을 해준)에게도 마찬가지다. 한편 모스크바 독일역사연구소의 루돌프 마르크와 카티야 브루이슈는 핵심 러시아어 문헌들과 시각 자료들을 찾아내는 데 도움을 주었다.

나는 오스만 제국 후기에 관해 연구하는 그 세대 학자들 가운데 가장 뛰어난 두 사람, 라이언 긴제라스와 우우르 위미트 윙괴르와의 다년간 긴밀한 협력으로부터 커다란 혜택을 보았다. 또 이스탄불에서는 아이한 악타르가 그리스와 터키 간 '인구 교환'에 관해 기꺼이 문서들을 제공해주고 또 추가적으로 조언도 해주었다. 피터 저드슨은 합스부르크 제국에 관한 자신의 최신 원고를 출간 전에 너그럽게 제공해주었고, 로널드 서니는 출간, 미출간 저작을 친절하게 공유해주었다.

이 책의 개념을 잡는 초기 연구 작업은 모든 연구자들의 낙원일 프린스턴 고등연구소에서 이루어졌다. 거기서 나는 무스타파 악사칼, 윌리엄 헤이건과 함께 지내는 행운을 누렸는데 두 사람은 유럽 육상 제국들의 종말이라는 공통의 관심사에 관해 영감을 주는 대화 상대였다. 이 책의 초반 집필은 2014년 페르낭 브로델 연구원으로 여러 달을 보내는 행운을 누린 유럽 대학 연구소에서 이루어졌다. 그곳에서 나는 더크 모지스, 피터 저드슨, 루리 라이얼, 타라 자라 같은 지적인 동료들의 덕을 보았다. 그들의 환대와 비판적인 지적에 진심으로 감사드린다.

다른 동료들과 친구들도 원고를 읽는 데 아낌없이 시간을 할애해주었다. 벨러 보도, 요헨 뵈흘러, 니콜라스 두마니스, 로이 포스터, 존 혼, 스티븐 말리놉스키, 하르트무트 포게 슈트란트만, 펠릭스 슈넬, 레너드 V. 스미스는 초고에 대한 광범위한 피드백을 통해 오류들을 제거하고 일부 논의들을 강화하는 데 도움을 주었다. 물론 이 책에 여전히 남아 있는 사실 오류나 판단 오류는 전적으로 나의 책임이다.

나는 이 책을 쓰기 위해 연구하는 동안 유럽 전역의 다양한 기록 보관소를 방문했는데, 그곳의 모든 직원들에게 고맙다. 특히 린츠 오버외스터라이히세스 란데스아르키브에 소장된 에른스트 뤼디거 슈타렘베르크의 개인 문서에 마음대로 접근할 수 있게 허락해준 슈타렘베르크 집안에 특히 감사드린다. 나는 마르부르크의 헤르더 연구소에서 알렉산더 폰 훔볼트 선임 연구원으로 한 학기를 보내는 특권을 누렸는데, 그곳에서 도로테 쾨체와 페터 뵈르스터의 전문적인 조언을 얻을 수 있었다. 두 사람은 대전이 끝난 뒤 발트 국가들에서 계속된 싸움에 관해 헤르더 연구소가 소장하고 있는 광범위한 자료들을 살펴볼 수 있게 탁월한 안내를 해주었다. 두 분과 나의 멋진 호스트, 마르부르크 헤르더 연구소의 소장 페터 하슬리어에게 진심으로 감사드린다.

나는 앤드루 와일리라는 훌륭한 에이전트를 두는 행운을 누렸다. 와일리와 런던의 와일리 에이전시 직원들, 특히 스테파니 더비셔는 영어권뿐 아니라 세계 곳곳에서 이 책에 꼭 맞는 출판사를 찾아준 데 대해 마땅한 공로를 인정받아야 할 것이다. 런던에서 사이먼 윈더는 초고를 읽고 개선할 점에 관해 무수히 훌륭한 조언을 해주었다. 매우 효율적으로 그리고 언제나 기분 좋게 제작 과정 내내 원고를 살펴준 윈더와 펭귄 출판사의 그의 팀에 감사드린다. 원고 교열 과정에서 멋진 작업을 해준 리처드 메이슨에게 특별히 감사드린다. 또 뉴욕에서는 에릭 친스키와 패러, 스트라우스, 앤드 지로 출판사의 그의 동료들이 귀중한 노력과 격려를 베풀어주었다. 그들보다 더 좋은 편집자를 바랄 수는 없을 것이다.

마지막 감사의 말은 언제나 그렇듯이 가족들에게 돌아가야 할 것이다. 부모님은 나의 잦은 베를린 방문 기간 동안 각종 지원을 아끼지 않았다. 더블린에서 아내 포샤는 유럽의 폭력적인 전후에 대한 나의 오랜 강박을 참아주었을 뿐 아니라, 그 주제에 관한 나의 생각(과 글쓰기)의 틀을 적극적으로 잡아주었다. 또 본인의 바쁜 스케줄에도 불구하고 비판적인 피드백을 해주고 여러 차례 문체상의 조언도 아끼지 않았다. 책상에서 떨어져 있을 때 행복한 순간들은 아내와 우리의 두 아들, 오스카와 루시언과 함께 보낸 시간이었다. 태어난 순간부터 이 책과 함께 살아온 두 아이는 집필 기간 내내 머리를 식힐 멋진 기회를 셀 수 없이 제공해주었다. 이 책은 우리가 지금까지 함께 보낸 5년간의 사랑스러운 기억을 기리며 두 아이에게 바친다.

로버트 거워스

2016년 여름, 더블린에서

O 이 책은 나의 청년기뿐만 아니라 한 세대의 청년기를 그리고 있다. (…) 이 시대의 청년들은 여러 길을 갔으며, 잘못된 신들을 따랐고, 잘못된 지도 자들을 따를 수밖에 없었지만 항상 명료함과 정신의 가르침을 얻기 위해 노력했다.

_에른스트 톨러, 《독일에서의 청춘》*

△ 우리는 벌써 희미한 미래의 불빛 속에서 새로운 전투들을 본다. 우리—이상에 대한 열정이 살아 있는 이 땅의 젊은이들을 말한다—는 그 전투들을 겁내지 않을 것이다. 우리는 죽은 자들의 거룩한 기억을 기리며 서 있다. 비록 외부의 무력과 내부의 야만은 먹구름을 드리우지만 검劍의 날이 어둠 속에 불꽃을 일으키는 한 이렇게 말할 수 있으리라. '독일은 살아 있고 결코 굴복하지 않을 것이다!'

_에른스트 윙거, 《강철 폭풍 속에서》**

---

*   에른스트 톨러(1893-1939): 유대계 독일의 극작가, 시인. 1차 세계대전에 참전했다가 부상을 입고 제대하여 바이에른 소비에트 공화국에 참여했다.
** 에른스트 윙거(1895-1998): 독일의 작가. 1차 세계대전 당시 4년 동안 서부전선에서 복무하며 프로이센군의 최고 훈장인 푸르르메리트 훈장을 받았다. 전후 전장 일기를 토대로 한 수기 《강철 폭풍 속에서》로 세계적 명성을 얻었다.

옮긴이의 말

누군가는 '모든 전쟁을 끝내기 위한 전쟁'이라고 했고 누군가는 '세계를 민주주의에 더 안전하게' 만들기 위한 전쟁이라고 했다. 그리하여 4년 반 동안 사상 초유의 총력전이 전개되어 1,000만 명에 가까운 전사자를 낳고 1918년 11월 11일 마침내 전쟁이 끝났다. 아니, 대전은 과연 막을 내렸던 것일까?

《왜 제1차 세계대전은 끝나지 않았는가》는 서구의 많은 독자들이 알고 있는 것과 달리 1918년 11월 서부전선의 포성이 그쳤음에도 대전이 유럽 곳곳에서 다양한 형태로 1920년대 전반까지 지속되었음을 보여준다. 이러한 폭력의 지속은 폴란드−소비에트 전쟁이나 그리스−터키 전쟁처럼 국가 간 영토 전쟁의 형태를 띨 때도 있었고, 러시아, 핀란드, 헝가리, 불가리아, 독일 일부 지역들처럼 사회 혁명, 즉 내전의 형태를 띠기도 했으며, 핀란드나 발트 3국, 단명한 트랜스캅카스 연방의 경우처럼 민족 혁명, 즉 독립 전쟁의 형태를 띠기도 했다. 그러나 이 세 가지 형태의 무력 충돌 간 구분이 언제나 명확하지는 않다. 오히려 민족 혁명과 사회 혁명이 동시적으로 진행되면서 중첩된 갈등들은 상호 강화하면서 폭력이 점증, 격화되는 양상을 보였다.

이렇듯 공식적인 종전 이후에도 갈등이 지속된 지역들은 주로 패전국들이었으니, 패전의 와중 속에 구제국들—로마노프 제국과 합스부르크 제국, 오스만 제국, 독일 제국—이 붕괴했으나 과거의 제국 질서를 대체할 안정적인 신질서가 자리 잡지 못한 탓이다. 한편으로, 원래는 승전국이었지만 그리스-터키 전쟁으로 사실상 패전국으로 전락한 그리스나 전장에서는 승리했으나 전후 협상장에서는 패배했다고 믿은 이탈리아에서도 1차 세계대전의 여파는 쉽사리 가라앉지 않고 다양한 형태의 폭력과 갈등이 지속되었다.

1차 세계대전의 후속편 격이라 할 수 있는 이 '전후' 갈등들은 1920년대 중반의 짧막한 경제적 안정기에 잠시 수면 아래로 가라앉았으나 대공황과 함께 1930년대 다시 표면화되었고 결국 2차 세계대전이라는 지난 세기 최대의 전쟁으로 이어지게 되었다. 그리고 '전후' 시기 폭력의 불길한 유산은 2차 세계대전 기간 동안 민간인 인구를 체계적으로 학살한 동부전선의 전쟁에서 절정에 달하는 새로운 폭력의 논리로 다시 나타났다. 이제 전쟁의 목표는 더 이상 특정 영토를 획득하는 데 그치지 않는다. 전쟁의 목표는 특정한 영토 내에 '계급의 적'이나 '민족의 적' 같은 '이질적 분자'를 일소한 동질적 민족 공동체를 수립하는 것이다. 특정 영토 내에서 인구 구성을 동질화하는 수단이 반드시 홀로코스트 같은 종족 학살일 필요는 없다. 이질적 분자의 물리적 제거는 종족 학살뿐만 아니라 강제 인구 교환이나 강제 이주, 추방 등으로도 가능하기 때문이다. 우리는 이러한 물리적 제거에 민간인 사망자 수가 전사자 수를 크게 능가하는 2차 세계대전과 한국전쟁, 베트남전쟁 등을 목격한 시대만이 만들어낼 수 있는, '종족청소ethnic cleansing'라는 아주 '적절한' 표현을 갖고 있다. 그리고 '종족청소'는 2차 세계대전과 이후 유고내전 등에서 대단한 위력을 발휘했다. 100년이 지난 지금도 1차 세계대전 '전후' 시기 유산은 여전히 건재하다.

더 읽을거리

본문 뒤에 실린 긴 참고문헌 가운데 국내에 번역, 소개된 작품만 따로 추려서 더 읽을거리로 소개한다.

제정 러시아 귀족 사회의 몰락은 이반 부닌의 《수호돌》(삶과꿈, 2006)과 안톤 체호프의 유명한 희곡 《벚꽃 동산》(여러 판본)을 참고하라. 발트 지역의 내전을 배경으로 한 마르그리트 유르스나르의 중편은 《은총의 일격》(문학동네, 2017)으로 소개되어 있다. 슈테판 츠바이크와 함께 전전 합스부르크 제국의 초상을 잘 그려낸 작가로 손꼽히는 요제프 로트의 작품은 국내에 《거미줄》(지만지, 2017)과 《라데츠키 행진곡》(창작과비평사, 2012) 등이 소개되어 있다.

에른스트 윙거의 1차 세계대전 참전 체험을 기록한 《강철 폭풍 속에서》(뿌리와이파리, 2014)는 1920년 처음 출간된 이래로 저자가 수차례 개정했고 국내에 소개된 판본은 최종 개정판인 제8판(1961년판)을 번역한 것이다. 그러므로 이 글 첫머리에 인용된 독일어판 제3판(1924년판)의 마지막 문단은 국내 번역본에는 없는 내용이며, 역자가 영역본(1929년판)에서 번역해 인용한 것임을 밝혀둔다. 에른스트의 톨러의 자서전 《독일에서의 청춘》(지만지, 2017)은 1,2차 바이에른 소비에트 공화국을 내부자의 시선에서 바라볼 수 있는 기회를 제공한다.

러시아 혁명가 레온 트로츠키는 그의 대표 전기가 모두 국내에 출간되어 있다. 아이작 도이처의 트로츠키 전기 3부작 중 본서와 관련하여 제1권 《무장한 예언자 트로츠키, 1879-1921》(시대의창, 2017)과 로버트 서비스가 쓴 전기 《트로츠키》(교양인, 2014)를 참고하라. 레닌의 생애 역시 로버트 서비스의 전기 《레닌》(교양인, 2017)을 참고하면 좋을 것이다. 히틀러의 생애는 이언 커쇼의 두툼한 전기 《히틀러》1, 2권(교양인, 2010)을 참고하라.

1차 세계대전 당시 중동전선의 전황과 전후 처리에 관해서는 데이비드 프롬킨의 《현대 중동의 탄생》(갈라파고스, 2015)과 스콧 앤더슨, 《아라비아의 로렌스》(글항아리, 2017)를 참고하라. 1차 세계대전 발발 원인을 다룬 크리스토퍼 클라크의 *The Sleepwalkers: How Europe Went to War in 1914*와 동일 저자가 17세기부터 2차 세계대전 종전까지 프로이센 국가의 흥망성쇠를 다룬 *Iron Kingdom: The Rise and Fall of Prussia 1600-1947*은 조만간 국내에 출간될 예정이라고 알고 있다. 마크 마조워의 《암흑의 대륙》(후마니타스, 2009)은 전간기부터 1990년대까지 파시즘과 공산주의의 흥망, 유럽 민주주의의 부침 그리고 그 과정에서 유럽 대륙을 휩쓴 극단적 폭력을 조명한다. 야만화 테제에 대한 자세한 설명은 조지 L. 모스의 《전사자 숭배》(문학동네, 2015)를 보라. 이 책은 전사자를 기리고 추모하는 방식을 주로 독일의 사례를 중심으로 하여 살펴보면서 현대의 준종교가 된 내셔널리즘의 작동 방식을 파헤친다.

《왜 제1차 세계대전은 끝나지 않았는가》는 1차 세계대전보다는 전후의 여파 속에서 육상 제국들이 해체되고 유럽이 재편되는 과정을 다루고 있는데, 사실 국내에는 부족한 1차 세계대전 자체에 대한 소개도 필요하다고 본다. 1차 세계대전에 대한 짤막한 개관은 마이클 하워드의 《제1차 세계대전》(교유서가, 2014)과 그 책의 역자후기에 실린 더 읽을거리를 참고하기 바란다.

2018년 11월

최파일

왜 제1차 세계대전은 끝나지 않았는가

'빵 강화' 62

왜 제1차 세계대전은 끝나지 않았는가